COLLECTION COMPLI

DES

LOIS,

Décrets, Ordonnances, Réglemens,

AVIS DU CONSEIL-D'ÉTAT,

PUBLIÉE SUR LES ÉDITIONS OFFICIELLES DU LOUVRE ; DE L'IMPRIMERIE NATIONALE, PAR BAUDOUIN ; ET DU BULLETIN DES LOIS ;

(De 1788 à 1830 inclusivement, par ordre chronologique),

Continuée depuis 1830 ;

Avec un choix d'*Actes inédits*, d'*Instructions ministérielles*, et des Notes sur chaque Loi, indiquant : 1° les Lois analogues; 2° les *Décisions* et *Arrêts* des Tribunaux et du Conseil-d'État ; 3° les *Discussions* rapportées au Moniteur ;

SUIVIE D'UNE TABLE ANALYTIQUE ET RAISONNÉE DES MATIÈRES,

PAR J. B. DUVERGIER,

Avocat à la Cour royale de Paris

TOME CINQUIÈME.

Deuxième Édition.

PARIS

CHEZ A. GUYOT ET SCRIBE, LIBRAIRES-ÉDITEURS,

RUE NEUVE-DES-PETITS-CHAMPS, N° 37.

1834.

LOIS, DÉCRETS,

ORDONNANCES, RÉGLEMENS,

AVIS DU CONSEIL-D'ÉTAT.

———

TOME CINQUIÈME.

DE L'IMPRIMERIE DE A. GUYOT,

IMPRIMEUR DU ROI, DE LA MAISON D'ORLÉANS,

ET DE L'ORDRE DES AVOCATS AUX CONSEILS ET A LA COUR DE CASSATION,

Rue Neuve-des-Petits-Champs, N° 37.

COLLECTION COMPLÈTE

DES

LOIS, DÉCRETS,

ORDONNANCES, RÉGLEMENS,

ET

AVIS DU CONSEIL-D'ÉTAT.

DEPUIS 1788 JUSQU'A 1830.

CONVENTION NATIONALE.

20 SEPTEMBRE 1792. — Arrêté sur la vérification des pouvoirs des députés. (B. 25, 1.)

20 SEPTEMBRE 1792. — Déclaration de la Convention nationale sur la constitution de la Convention. (B. 25, 2.)

20 SEPTEMBRE 1792. — Décret sur la nomination du président et des secrétaires. (B. 25, 2.)

20 SEPTEMBRE 1792. — Décret qui indique la réunion de la Convention au lendemain. (B. 25, 2.)

21 = 22 SEPTEMBRE 1792. — Déclaration sur l'acceptation de la constitution, et sur la sauve-garde des personnes et des propriétés. (L. 11, 555 ; B. 25, 2.)

La Convention nationale déclare: 1° qu'il ne peut y avoir de constitution que celle qui est acceptée par le peuple ;

2° Que les personnes et les propriétés sont sous la sauve-garde de la nation.

21 = 22 SEPTEMBRE 1792. — Décret qui abolit la royauté en France. (L. 11, 556 ; B. 25, 3.)

Voy. loi du 6 = 8 OCTOBRE 1792.

La Convention nationale décrète, à l'unanimité, que la royauté est abolie en France (1).

21 SEPTEMBRE 1792. — Décret contre les membres qui interrompraient les orateurs. (B. 25, 3.)

La Convention nationale décrète que tout membre qui, sans avoir obtenu la parole du président, interrompra un de ses collègues, sera rappelé à l'ordre, et qu'en cas de récidive, il lui sera infligé une peine plus sévère.

21 = 22 SEPTEMBRE 1792. — Décret qui ordonne l'exécution provisoire des lois non abrogées, maintient les pouvoirs non révoqués ou non suspendus, et prescrit la continuation du paiement des contributions publiques. (L. 11, 555 ; B. 25, 3.)

---

(1) *Voy.* les notes sur l'article 14, titre Ier de la loi du 29 septembre = 6 octobre 1791, relative au notariat.

5.

21 SEPTEMBRE 1792. — Décret pour la conservation des papiers des comités à l'Assemblée législative. (B. 25 , 2.)

21 SEPTEMBRE 1792. — Décret sur la notification au Corps-Législatif de la constitution de la Convention. (B. 25, 2.)

21 SEPTEMBRE 1792. — Décret pour la nomination d'un vice-président. (B. 25, 2, 3 et 4.)

21 = 22 SEPTEMBRE 1792. — Décret sur la proclamation de celui portant abolition de la royauté. (B. 25, 4.)

21 SEPTEMBRE 1792. — Décret qui ordonne l'impression du discours de l'orateur de l'Assemblée législative et de la réponse du président de la Convention. (B. 25, 4.)

21 SEPTEMBRE 1792. — Décret qui maintient provisoirement les divers comités et commissions existant sous l'Assemblée législative. (B. 25, 4.)

21 = 25 SEPTEMBRE 1792. — Décret portant nomination de commissaires pour rendre compte des travaux du camp sous Paris. (B. 25, 4.)

21 = 25 SEPTEMBRE 1792. — Décret portant nomination de commissaires pour vérifier la caisse de l'extraordinaire et de la Trésorerie. (B. 25, 5.)

21 = 25 SEPTEMBRE 1792. — Décret qui ordonne le rapport d'un décret relatif au paiement d'officiers de gendarmerie. (B. 25, 5.)

21 = 25 SEPTEMBRE 1792. — Décret qui charge le pouvoir exécutif de prendre des informations sur la destination des caisses de fusils arrêtées à Boulogne-sur-mer. (B. 25, 5.)

21 SEPTEMBRE 1792. — Décret pour l'admission des pétitionnaires. (B. 25, 6.)

21 = 25 SEPTEMBRE 1792. — Décret sur les monumens des arts qui existent à Versailles. (B. 25, 5.)

21 SEPTEMBRE 1792. — Aisne. Voy. 19 SEPTEMBRE 1792. — Sieur Auran. Voy. 3 SEPTEMBRE 1792. — Sieur Bernizen. Voy 15 SEPTEMBRE 1792. — Biens des religionnaires. Voy. 20 SEPTEMBRE 1792. — Blessés d'Issengeaux. Voy. 17 SEPTEMBRE 1792. — Certificats de résidence. Voy. 3 SEPTEMBRE 1792. — Sieur Cloître, dit Dauphiné. Voy. 19 SEPTEMBRE 1792. — Commissaires des guerres. Voy. 3 SEPTEMBRE 1792. — Commissaires des monnaies. Voy. 20 SEPTEMBRE 1792. — Compagnies des Indes. Voy. 19 SEPTEMBRE 1792. — Contributions. Voy. 3 SEPTEMBRE 1792. — Courriers. Voy. 19 SEPTEMBRE 1792. — Sieurs Delporte. Voy. 17 SEPTEMBRE 1792. — Digues. Voy. 3 SEPTEMBRE 1792. — Domaines nationaux. Voy. 17 SEPTEMBRE 1792. — Imprimeurs. Voy. 18 SEPTEMBRE 1792. — Infirmeries militaires. Voy. 17 SEPTEMBRE 1792. — Maîtres d'hôtels garnis de Paris. Voy. 3 SEPTEMBRE 1792. — Officiers de marine. Voy. 18 SEPTEMBRE 1792. — Officiers généraux. Voy. 3 SEPTEMBRE 1792. — Tableaux, etc. Voy. 19 SEPTEMBRE 1792. — Thionville. Voy. 20 SEPTEMBRE 1792. — Toulouse. Voy. 17 SEPTEMBRE 1792.

22 = 25 SEPTEMBRE 1792. — Décret relatif au renouvellement des corps administratifs, municipaux et judiciaires. (L. 11, 564; B. 25, 6.) Voy. lois du 19 = 20 OCTOBRE 1792.

La Convention nationale décrète que les corps administratifs, municipaux et judiciaires, les juges-de-paix et leurs greffiers seront renouvelés en entier, sauf la faculté de réélire ceux qui auraient bien mérité de la patrie ;

Déclare que le peuple a le droit de choisir ses juges indistinctement parmi tous les citoyens ; décrète que les renouvellemens faits par les corps électoraux et par les assemblées primaires dans les corps administratifs, municipaux et judiciaires, sont confirmés (1).

22 = 25 SEPTEMBRE 1792. — Décret relatif à la date des actes publics. (L. 11, 562; B. 25, 6.)

Un membre demande que l'on date dorénavant les actes, *l'an premier de la République française.*

Un autre membre propose d'y joindre l'ère en usage, *l'an quatrième de la liberté.*

Cet amendement est écarté, et il est décrété que tous les actes publics porteront dorénavant la date de *l'an premier de la République française.*

22 = 25 SEPTEMBRE 1792. — Décret qui change le sceau des archives de l'Etat et de tous les corps administratifs. (L. 11, 562; B. 25, 7.)

La Convention nationale décrète que le sceau des archives nationales sera changé, et portera pour type une femme appuyée d'une main sur un faisceau, tenant de l'autre main

---

(1) La rédaction de la Collection du Louvre est différente; elle est une espèce de procès-verbal de la séance.

une lance surmontée du bonnet de la liberté, et pour légende, ces mots : *Archives de la République française*, et que ce changement sera étendu au sceau de tous les corps administratifs.

22 = 25 SEPTEMBRE 1792. — Déclaration sur le droit du peuple de choisir ses juges. (B. 25, 6.)

22 = 22 SEPTEMBRE 1792. — Décrets sur l'admission des pétitionnaires. (B. 25, 7 et 9.)

22 SEPTEMBRE 1792. — Décret interprétatif de celui concernant les comités et commissaires de l'Assemblée législative. (B. 25, 7.)

22 = 25 SEPTEMBRE 1792. — Décret qui ordonne l'envoi de trois commissaires à Orléans. (B. 25, 7.)

22 = 25 SEPTEMBRE 1792. — Décret pour la confirmation des renouvellemens faits dans les corps administratifs, etc. (B. 25, 7.)

22 = 22 SEPTEMBRE 1792. — Décret sur les comptes à rendre à la Convention et sur l'ordre de son travail. (B. 25, 8.)

22 SEPTEMBRE 1792. — Décret sur les cartes d'entrée pour les séances de la Convention. (B. 25, 8.)

22 SEPTEMBRE 1792. — Décret pour la vérification des pouvoirs contenus dans les procès-verbaux d'élection qui arrivent de nouveau. (B. 25, 8.)

22 SEPTEMBRE 1792. — Décret sur la formation et organisation des comités. (B. 25, 9.)

22 SEPTEMBRE = 6 OCTOBRE 1792. — Décret pour l'envoi des commissaires à Lyon. (B. 25, 9.)

22 = 25 SEPTEMBRE 1792. — Décret additionnel au décret sur les réélections des corps administratifs et tribunaux. (B. 25, 10.)

22 SEPTEMBRE 1792. — Décret portant que douze membres de la Convention demeureront dans la salle pendant l'intervalle des séances. (B. 25, 9.)

22 SEPTEMBRE 1792. — Abolition de la royauté ; Constitution ; Lois non abrogées. *Voy.* 21 SEPTEMBRE 1792.

23 = 25 SEPTEMBRE 1792. — Décret relatif à la nomination des commissaires nationaux et des greffiers. (B. 25, 10.)

L'Assemblée décrète que les commissaires nationaux et les greffiers seront nommés de la même manière et dans les mêmes formes que les membres des corps administratifs et des tribunaux.

23 SEPTEMBRE 1792. — Décret qui ordonne la nomination d'un comité de la guerre. (B. 25, 10.)

23 SEPTEMBRE 1792. — Décret relatif à la nomination de commissaires pour la fabrication des assignats. (B. 25, 10.)

23 = 25 SEPTEMBRE 1792. — Décret qui destitue le général Montesquiou. (B. 25, 11.)

23 SEPTEMBRE 1792. — Décret pour la nomination d'un état-major vers les Pyrénées. (B. 25, 11.)

23 = 25 SEPTEMBRE 1792. — Décret pour la nomination de commissaires dans les départemens voisins des Pyrénées. (B. 25, 11.)

24 = 25 SEPTEMBRE 1792. — Décret portant suppression des rentes apanagères. (L. 11, 563 ; B. 25, 13.)

La Convention nationale décrète que, ne reconnaissant plus de princes français, elle supprime, à compter de ce jour, les rentes apanagères.

24 SEPTEMBRE 1792. — Décret par lequel la Convention passe à l'ordre du jour sur la visite domiciliaire de nuit dans les maisons de jeu et de débauche. (B. 25, 13.)

Un membre propose un décret additionnel au décret de l'Assemblée nationale législative, qui défend les visites domiciliaires pendant la nuit. Il demande que la Convention prononce une exception relativement aux maisons de jeu et de débauche, où les officiers de police doivent avoir la faculté d'entrer de nuit comme de jour. On observe que la loi de police qui autorise la visite dans ces maisons, la nuit comme le jour, subsiste dans son intégrité, et, sur ce motif, la Convention passe à l'ordre du jour.

24 = 24 SEPTEMBRE 1792. — Décret portant qu'il sera sursis à l'exécution du jugement rendu par le tribunal criminel contre les deux condamnés pour crime de vol au Garde-Meuble. (L. 11, 569 ; B. 25, 12.) *Voy.* loi du 18 OCTOBRE 1792.

24 SEPTEMBRE 1792. — Décret sur la rédaction des motions et projets de décret. (B. 25, 11.)

24 = 25 SEPTEMBRE 1792. — Décret relatif aux pouvoirs des commissaires envoyés vers les Pyrénées. (B. 25, 11.)

24 = 25 SEPTEMBRE 1792. — Décret qui nomme des commissaires chargés d'assurer l'exécution du décret qui destitue le général Montes-

26 = 26 SEPTEMBRE 1792. — Décret qui suspend l'exécution de celui relatif à la destitution du général Montesquiou. (B. 25, 22.)

26 SEPTEMBRE 1792. — Décret qui ordonne l'impression du mémoire du ministre des affaires étrangères et autres pièces. (B. 25, 22.)

26 SEPTEMBRE 1792. — Décret relatif aux adresses et lettres envoyées à la Convention. (B. 25, 16.)

26 SEPTEMBRE 1792. — Haute-cour nationale. *Voy.* 25 SEPTEMBRE 1792.

27 = 27 SEPTEMBRE 1792. — Décret relatif à la réduction des pensions accordées aux ecclésiastiques qui ne sont pas employés. (L. 11, 580 ; B. 25, 23.)

La Convention nationale décrète que les pensions accordées par l'Assemblée constituante aux ecclésiastiques réguliers ou séculiers qui ne sont pas employés, sont réduites de manière que leur *maximum* n'excédera pas mille livres, et qu'à l'avenir lesdites pensions ne seront pas payées d'avance. Charge le pouvoir exécutif provisoire d'expédier dans le jour des courriers extraordinaires dans tous les départemens, et d'en recommander la plus prompte exécution.

27 = 28 SEPTEMBRE 1792. — Décret relatif à la levée des scellés apposés sur les meubles et effets des émigrés et des maisons religieuses. (L. 11, 582 ; B. 25, 25.)

La Convention nationale décrète que les administrations de district et la municipalité de Paris, faisant les fonctions de district dans l'étendue de son territoire, leveront les scellés apposés sur les meubles et effets des émigrés et des maisons religieuses, feront inventaire desdits effets, sépareront ceux qui pourront servir au campement des troupes, et, après en avoir fait faire estimation, les tiendront à la disposition du ministre de la guerre et des généraux, auxquels ils les délivreront sur une réquisition faite en forme de leur part.

27 = 28 SEPTEMBRE 1792. — Décret relatif aux marchés pour la fabrication des assignats. (L. 11, 581 ; B. 25, 24.)

27 SEPTEMBRE 1792. — Décret sur la formation du comité de la guerre. (B. 25, 22.)

27 = 28 SEPTEMBRE 1792. — Décret relatif aux explications demandées au maréchal Luckner. (B. 25, 22.)

27 SEPTEMBRE 1792. — Décret qui ordonne un changement dans la formule du serment prêté par les défenseurs de la patrie admis à défiler dans la salle de l'Assemblée. (B. 25, 23.)

27 SEPTEMBRE 1792. — Décret relatif à différentes sommes remises au secrétaire-commis chargé de recevoir les dons patriotiques. (B. 25, 23.)

27 = 27 SEPTEMBRE 1792. — Décret sur la formation et l'équipement de la quatrième division de gendarmerie. (B. 25, 24.)

27 = 28 SEPTEMBRE 1792. — Décret en faveur des habitans de Thionville, relativement à leur conduite pendant le bombardement de la ville, et qui leur accorde vingt mille livres pour les besoins et dépenses secrètes de la commune. (B. 25, 24.)

27 SEPTEMBRE 1792. — Décret qui défend de faire à la Convention lecture de lettres particulières. (B. 25, 25.)

27 SEPTEMBRE 1792. — Camp de Paris. *Voy.* 26 SEPTEMBRE 1792. — Officiers supprimés. *Voy.* 15 SEPTEMBRE 1792.

28 = 30 SEPTEMBRE 1792. — Décret sur les déclarations relatives aux matières d'or et d'argent et aux bijoux retirés des maisons royales, des églises et autres lieux publics ou particuliers. (L. 11, 583 ; B. 25, 26.)

Voy. loi du 30 AOUT 1792.

Art. 1er. La municipalité de Paris, les commissaires des sections de Paris, le garde des archives et autres dépositaires, quels qu'ils puissent être, feront la déclaration, dans le jour, à la Convention, s'ils ont ou non reçu ou retiré des matières d'or, d'argent et des bijoux, soit des maisons dites *royales*, soit des églises ou autres lieux publics ou particuliers, de la remise qu'ils ont dû en faire à la Trésorerie nationale, conformément au décret du 31 août dernier.

2. La remise des matières d'or, d'argent et des bijoux mentionnés dans le décret du 31 août 1792, sera faite directement à l'hôtel des monnaies, en présence du directeur, de deux commissaires de la monnaie, du fondé de pouvoir des commissaires de la Trésorerie, et d'un orfèvre nommé par eux pour procéder à la délivrance, vérification du poids et du titre, description des effets, et il en sera dressé procès-verbal, qui sera livré à l'impression.

3. Après que les formalités prescrites par le précédent article auront été remplies, le directeur de la monnaie donnera sa reconnaissance de la remise qui lui aura été faite,

et versera les espèces provenant de la fabrication desdites matières à la Trésorerie nationale.

4. A l'égard des diamans et autres objets qui ne contiendront ni or ni argent, qui auront pu être retirés par les commissaires de la commune et des sections de Paris et autres agens publics, ils seront déposés à la caisse de l'extraordinaire, où il en sera fait inventaire par un expert nommé à cet effet par le commissaire à la caisse de l'extraordinaire. Il en sera également rapporté procès-verbal, qui sera livré à l'impression, et le caissier chargé du dépôt en délivrera sa reconnaissance au pied dudit inventaire.

28 = 30 SEPTEMBRE 1792. — Décret qui ordonne au département de Paris de reprendre le titre ordinaire de département. (L. 11, 585 ; B. 25, 27.)

La Convention nationale décrète que défenses sont faites aux membres composant le département actuel de Paris de prendre le titre de *commission administrative*, et lui ordonne de reprendre le titre ordinaire de *département*, conformément à la loi.

28 SEPTEMBRE 1792. — Réglement à l'usage des séances de la Convention nationale. (B. 25, 28.)

CHAPITRE Ier. Du bureau.

Art. 1er. Il y aura un président et six secrétaires.

2. Le président ne pourra être nommé que pour quinze jours, et il ne sera rééligible qu'après l'intervalle d'une quinzaine.

3. Le président sera nommé par appel nominal et à la majorité absolue.

4. Les secrétaires seront renouvelés par moitié tous les quinze jours; le sort décidera, pour la première fois, de ceux qui seront remplacés.

5. Ils seront élus à la pluralité relative, par appel nominal, dans une séance du soir qui sera tenue, à cet effet, chaque quinzaine.

6. Les fonctions de président seront de maintenir l'ordre dans l'Assemblée, d'y faire observer les réglemens, d'y accorder la parole, d'énoncer les questions sur lesquelles l'Assemblée aura à délibérer, d'annoncer le résultat des suffrages, de prononcer la décision de l'Assemblée, et de porter la parole en son nom.

7. Les lettres et paquets destinés à la Convention nationale, et qui seront adressés au président, seront ouverts dans l'Assemblée.

8. Le président fera l'ouverture et la clôture des séances, et, en cas de réclamations, il consultera l'Assemblée. En l'absence du président, le dernier des ex-présidens qui sera dans la salle remplira ses fonctions.

9. Le président annoncera, à la fin de chaque séance, les objets dont on devra s'occuper dans la séance suivante, conformément à l'ordre du jour.

10. L'ordre du jour sera consigné dans un registre dont le président sera dépositaire. Il sera tenu registre des ajournemens prononcés par l'Assemblée. Ce registre restera sur le bureau.

11. L'ordre du jour sera affiché dans plusieurs parties de la salle.

CHAPITRE II. Ordre de la salle.

Art. 1er. L'ouverture de la séance est fixée à neuf heures du matin.

2. Dans le cas où, avant la levée de la séance, l'Assemblée se trouverait réduite à moins de deux cents membres, si l'appel nominal est réclamé par un seul, le président y fera procéder sur-le-champ.

3. Tous les appels nominaux seront imprimés.

4. La séance commence par la lecture du procès-verbal de la veille.

5. A midi précis, l'ordre du jour indiqué la veille sera commencé : on ne pourra l'interrompre, à moins que, pour des objets d'un intérêt majeur et pressant, l'Assemblée n'en décrète l'interruption.

6. Il n'y aura chaque jour qu'une séance ; elle ne pourra être moindre de six heures ; mais le président pourra, si les circonstances l'exigent, faire des convocations extraordinaires.

7. Chaque membre sera tenu de rester en place et assis, et le bureau restera toujours libre.

8. La barre de l'Assemblée sera réservée pour les citoyens qui auront des pétitions à faire, ou pour ceux qui seront admis ou appelés devant l'Assemblée.

9. Les huissiers veilleront exactement à ce qu'aucun étranger ne s'introduise dans la salle pendant la séance : ils sont autorisés à mettre en état d'arrestation ceux qui s'y introduiraient ; ils en rendront compte au président, qui prononcera contre les délinquans la peine de la prison pendant trois jours, si c'est pour la première fois; la peine sera d'un mois à la seconde.

10. La majeure partie des tribunes sera ouverte indistinctement à tous les citoyens.

Le surplus sera réservé aux citoyens des départemens et aux étrangers qui y seront admis, d'après un mode arrêté par les commissaires-inspecteurs de la salle.

11. Il y aura une place marquée pour les suppléans, pour les députations et pour les pétitionnaires, et, en aucun cas, ils ne pourront se placer dans l'enceinte destinée aux membres de la Convention.

12. Si un des membres trouble l'ordre, il y sera rappelé nominativement par le prési-

dent; s'il continue, le président sera tenu d'ordonner l'inscription nominative du rappel à l'ordre au procès-verbal; en cas de résistance, l'Assemblée sera consultée, et prononcera une peine proportionnée au désordre excité.

13. Ces peines seront : l'inscription au procès-verbal avec censure, l'exclusion de la séance, les arrêts, et enfin la prison pour un temps que l'Assemblée déterminera.

14. La parole sera accordée à tout membre qui, rappelé à l'ordre, s'y serait soumis aussitôt, et demanderait à se justifier.

15. S'il s'élève du tumulte dans l'Assemblée, et que le président ne puisse le calmer par les moyens ordinaires, il se couvrira : ce signal indiquera qu'il n'est plus permis de parler, que la chose publique souffre : à l'instant tous les membres se tiendront assis, découverts et en silence.

16. Le président ne se découvrira que lorsque le calme sera entièrement rétabli.

Chapitre III. Ordre de la parole.

Art. 1er. Aucun membre ne pourra parler qu'après avoir demandé la parole au président et l'avoir obtenue.

2. On ne pourra parler qu'à la tribune; néanmoins, ceux qui n'auront qu'une observation, un amendement ou un sous-amendement à proposer, pourront le faire sans quitter leur place, après avoir obtenu la parole.

3. Un des secrétaires tiendra note des membres qui demanderont la parole, afin qu'il ne puisse y avoir de préférence, et que chacun l'obtienne suivant l'ordre de la demande qu'il en aura faite; s'il y a réclamation, l'Assemblée donnera la parole.

4. La liste n'aura d'effet que pour une seule séance.

5. Dans les discours, les opinans parleront alternativement pour et contre.

6. Le président rappellera à la question l'opinant qui s'en écartera, et, s'il ne le fait pas, il pourra y être invité.

7. Si quelque membre veut contredire les faits exposés par l'opinant, il se levera pour l'annoncer ; il sera entendu immédiatement après l'opinant qu'il aura interrompu.

8. Si l'opinant s'écarte du respect dû à l'Assemblée ou au président, le président le rappellera nominativement à l'ordre.

9. Toutes personnalités sont défendues.

10. Le président ne pourra prendre la parole sur un débat que pour présenter l'état de la discussion ou y ramener.

11. S'il veut discuter lui-même ou présenter une opinion, il se fera inscrire, et, lorsque son tour sera venu, il quittera le fauteuil pour monter à la tribune.

Chapitre IV. Des motions.

Art. 1er. Tout membre qui voudra proposer une motion se fera inscrire au bureau.

2. Aucune motion ne pourra être discutée que lorsqu'elle sera appuyée par quatre membres, et elle sera préalablement déposée sur le bureau.

3. Quoique la discussion soit ouverte sur une motion, celui qui l'a proposée peut la retirer; mais, s'il y a réclamation, la discussion sera continuée.

4. Aucun membre, sans excepter l'auteur de la motion, ne parlera plus de deux fois sur une motion, à moins qu'il n'y soit autorisé par l'Assemblée.

5. Les motions de priorité, d'amendement, de renvoi aux comités, d'ajournement, d'ordre du jour, ou question préalable ou de rappel au réglement, auront la préférence sur la motion principale, et en suspendront toujours la discussion.

Toute autre motion incidente sera écartée.

6. Les sous-amendemens et ensuite les amendemens seront mis aux voix avant la question principale.

7. La question préalable ne pourra pas être demandée sur une motion après que cette motion aura obtenu la priorité.

8. La discussion épuisée, l'auteur de la motion pourra la réduire en des termes simples, pour être délibérée par oui et par non.

9. Tout membre pourra demander la division d'une question complexe.

10. Tout membre pourra demander la parole pour poser la question.

11. Sur toutes motions, les voix seront recueillies par assis et levé.

12. En cas de doute, l'épreuve sera recommencée.

13. Si cette seconde épreuve ne prononce pas évidemment la majorité, le président ordonnera l'appel nominal.

S'il y a réclamation, l'Assemblée sera consultée.

14. Aucune motion relative à la constitution ou à la législation ne pourra être décrétée qu'après avoir été portée deux fois, et à deux jours différens, à la discussion. La seconde discussion ne pourra commencer qu'après que la motion aura été imprimée distribuée, et annoncée à l'ordre du jour.

Chapitre V. Des députations et pétitions.

Art. 1er. La séance du dimanche sera particulièrement consacrée à entendre les députations et les pétitions à la barre.

2. La Convention nationale, comptable de tous ses momens à la nation entière, ne peut permettre à aucune troupe particulière de citoyens armés ou non armés de défiler dans la salle de ses séances; mais, suivant les

circonstances, elle enverra des commissaires pour recevoir leurs hommages au nom des représentans du peuple.

3. La Convention nationale ne recevra désormais aucune déposition qui n'aurait pour objet que de lui adresser des complimens et des félicitations; mais toutes les adresses de ce genre seront annoncées par les secrétaires.

4. Les députations qui, pour des objets d'intérêt général ou particulier, désireraient obtenir la parole, seront tenues de faire passer au président la copie ou un extrait de leur adresse ; et, sur le compte qui en sera rendu à l'Assemblée, elle décidera ou de l'admission, ou du renvoi aux comités compétens.

Il en sera de même usé à l'égard des pétitions.

5. Immédiatement après la lecture et l'adoption du procès-verbal, les membres qui auraient à communiquer à la Convention quelques objets relatifs à leur département auront la parole pour l'exposer sommairement.

6. Les comités seront tenus, lorsque les pétitions auront pour objet des réclamations particulières, d'en rendre compte dans la huitaine.

7. Le rapport de ces objets particuliers et autres non compris dans l'ordre du jour sera renvoyé au jeudi, à moins que l'Assemblée ne le juge d'un intérêt trop pressant pour en différer la décision.

CHAPITRE VI. Des procès-verbaux.

Art. 1er. Les procès-verbaux seront rédigés alternativement par chaque secrétaire.

2. Immédiatement après qu'ils auront été adoptés, ils seront mis au net, signés du président ou du secrétaire, et envoyés de suite à l'impression.

3. Les épreuves continueront à être corrigées par le secrétaire commis à cet effet au bureau des procès-verbaux.

4. L'imprimeur délivrera tous les mois à chaque député, à domicile, un exemplaire complet et broché des procès-verbaux du mois.

5. Il en sera de même pour toutes les pièces dont l'impression aura été ordonnée.

6. L'imprimeur de la Convention nationale communiquera directement avec le président et les secrétaires ; il ne recevra d'ordres que d'eux ou des comités.

7. Les impressions relatives aux objets de la discussion seront distribuées au bureau destiné à cet effet, depuis neuf heures du matin jusqu'à midi.

8. Le commis à la distribution ne recevra point d'imprimés particuliers, à moins qu'on ne lui en remette un nombre suffisant pour tous les députés.

9. Toute pièce originale qui sera remise à l'Assemblée sera d'abord copiée par l'un des commis du bureau ; la copie, collationnée par un des secrétaires et signée de lui, demeurera au secrétariat : l'original sera aussitôt après déposé et enregistré aux archives.

10. Il y aura deux minutes originales du procès-verbal, dont l'une sera déposée aux archives, et l'autre demeurera au secrétariat pour l'usage de l'Assemblée.

11. Les procès-verbaux seront toujours signés par le président qui aura tenu la séance.

12. Toutes les lois seront envoyées au pouvoir exécutif dans les trois jours qui suivront l'époque de leur date.

13. Les lois relatives à la sûreté générale, qui devront être envoyées au pouvoir exécutif immédiatement après qu'elles auront été rendues, seront lues préalablement à l'Assemblée par le secrétaire.

14. Il y aura toujours auprès du bureau deux commis aux procès-verbaux, pour y recevoir les ordres qui leur seront donnés par les secrétaires.

CHAPITRE VII. Des comités.

Art. 1er. Personne ne pourra être membre de deux comités.

2. Lorsqu'il y aura quelques commissions particulières à nommer, elles le seront par l'Assemblée directement, et jamais par les comités.

CHAPITRE VIII. Des tribunes.

Art. 1er. Aussitôt l'ouverture de la séance, et jusqu'à ce qu'elle soit levée, les citoyens assistant se tiendront assis et découverts; ils auront soin de garder et de faire observer entre eux le silence nécessaire à la tranquillité des délibérations, et généralement de porter aux représentans le respect dû à leurs fonctions, et de conserver le calme commandé par les grands intérêts de l'État.

La Convention nationale compte, à cet égard, sur le patriotisme et la sagesse des citoyens ; elle leur rappelle qu'ils ne peuvent honorer leur représentans sans s'honorer eux-mêmes.

2. S'il arrivait qu'un ou plusieurs individus troublassent les délibérations, ils seront considérés comme perturbateurs à dessein, et, comme tels, punis ainsi qu'il suit, et d'après la gravité des infractions : 1° exclus des tribunes par leurs inspecteurs; 2° mis en prison pour vingt-quatre heures, sur l'ordre du président ou des commissaires-inspecteurs de la salle; 3° condamnés depuis trois jours jusqu'à un mois de détention, par l'Assemblée.

Tous les articles du réglement étant obligatoires, il est du devoir de chacun d'en réclamer l'exécution.

28 = 30 SEPTEMBRE 1792. — Décret qui adjoint un commissaire à ceux envoyés dans le Midi. (B. 25, 25.)

28 SEPTEMBRE = 5 OCTOBRE 1792. — Décret qui met à la disposition du ministre de la marine trois millions pour un armement extraordinaire à Toulon. (B. 25, 26.),

28 SEPTEMBRE 1792. — Décret relatif au mode de nomination des ministres. (B. 25, 26.)

28 = 30 SEPTEMBRE 1792. — Décret qui ordonne au département de Paris de rendre compte des sommes destinées à aider les caisses de confiance et de secours de Paris. (B. 25, 27.)

28 = 30 SEPTEMBRE 1792. — Décret qui ordonne la célébration d'une fête en mémoire du succès des armes françaises en Savoie. (L. 11, 586 ; B. 25, 25.)

28 SEPTEMBRE 1792. — Décret qui renvoie au pouvoir exécutif la demande d'une ampliation de pouvoirs pour le général Duhoux. (B. 25, 27.)

28 SEPTEMBRE 1792. — Assignats. *Voy.* 27 SEPTEMBRE 1792. — Directeur, etc. des postes. *Voy.* 26 SEPTEMBRE 1792. — Meubles des émigrés. *Voy.* 27 SEPTEMBRE 1792. — Pensions, etc. *Voy.* 14 SEPTEMBRE 1792. — République. *Voy.* 25 SEPTEMBRE 1792.

29 SEPTEMBRE 1792. — Décret portant établissement d'un comité de constitution. (L. 11, 587 ; B. 25, 34.)

29 SEPTEMBRE 1792. — Décret portant que les ministres ne pourront être pris dans le sein de la Convention. (B. 25, 34.)

29 = 29 SEPTEMBRE 1792. — Décret qui ordonne la mise en liberté des citoyens Goubeau et Nillier, membres de la commune de Paris et commissaires du pouvoir exécutif, arrêtés à Lisieux. (B. 25, 34.)

29 SEPTEMBRE 1792. — Décret pour l'établissement d'un comité de constitution. (B. 25, 34.)

29 SEPTEMBRE 1792. — Décret qui renvoie au ministre de l'intérieur une demande du sieur Colson, à l'effet de conserver son logement au Louvre. (B. 25, 34.)

30 SEPTEMBRE = 5 OCTOBRE 1792. — Décret portant que la ville de Bourbon-l'Archambault portera le nom de Burges-les-Bains. (L. 11, 589 ; B. 25, 35.)

30 SEPTEMBRE = 2 OCTOBRE 1792. — Décret qui suspend les élections dans le canton de Gacé. (B 25, 35.)

30 SEPTEMBRE = 2 OCTOBRE 1792. — Décret sur l'envoi aux districts et municipalités des pièces dont l'envoi est ordonné aux départemens. (L. 11, 588; B. 25, 35.)

30 SEPTEMBRE 1792. — Décret qui suspend l'exécution de celui du 27 septembre sur la disposition des effets de campement trouvés chez les émigrés. (B. 25, 35.)

30 SEPTEMBRE 1792. — Décret qui accorde un drapeau aux grenadiers de la gendarmerie nationale. (B. 25, 35.)

30 = 30 SEPTEMBRE 1792. — Décret qui accorde un secours de cinquante mille livres aux habitans de Voncq. (B. 25, 36.)

30 SEPTEMBRE 1792. — Décret pour l'exécution de celui qui ordonne le renouvellement de la municipalité de Paris, et la reddition du compte de sa gestion. (B. 25, 36.)

30 SEPTEMBRE 1792. — Décret qui nomme des commissaires pour les départemens du Nord. (B. 25, 36.)

30 SEPTEMBRE 1792. — Armes, etc.; Assignats. *Voy.* 19 SEPTEMBRE 1792. — Département de Paris. *Voy.* 28 SEPTEMBRE 1792. — Fête. *Voy.* 28 SEPTEMBRE 1792. — Officiers supprimés. *Voy.* 15 SEPTEMBRE 1792. — Or et argent. *Voy.* 28 SEPTEMBRE 1792. — Ordre de Saint-Lazare, etc. *Voy.* 19 SEPTEMBRE 1792. — Pensions. *Voy.* 14 SEPTEMBRE 1792. — Police de sûreté générale. *Voy.* 11 AOUT 1792. — Soldats renvoyés. *Voy.* 19 SEPTEMBRE 1792.

1er OCTOBRE 1792. — Décret qui divise les forces armées de la France en huit armées. (L. 12, 1; B. 25, 40.)

La Convention nationale décrète que le conseil exécutif provisoire est autorisé à diviser les forces armées de la République en huit armées, qui seront : celles du Nord, des Ardennes, de la Moselle, du Rhin, des Vosges, des Alpes, des Pyrénées et de l'intérieur ; à établir d'ailleurs un commandement particulier pour les côtes, et qu'il sera pris des mesures nécessaires pour fournir aux dépenses que cette division des armées nécessitera.

1er = 3 OCTOBRE 1792. — Décret qui ordonne la communication des renseignemens demandés par les comités et les commissions de la Convention. (L. 12, 2 ; B. 25, 37.)

La Convention nationale décrète que le

conseil exécutif provisoire, les corps administratifs et judiciaires, seront tenus de fournir aux comités et commissions de la Convention les renseignemens qui leur seront demandés par lesdits comités et commissions.

1er = 3 OCTOBRE 1792. — Décret qui défend de brûler les pièces de compte et comptabilité desquelles il pourra résulter des débets. (L. 12, 3 ; B. 25, 36.)

La Convention nationale décrète que les pièces de compte et comptabilité desquelles il pourra résulter des débets seront exceptées de la disposition de l'article 6 du décret du 19 août dernier, et ne seront pas brûlées.

1er OCTOBRE 1792. — Décret relatif aux moyens d'assurer l'envoi des décrets aux membres de la Convention. (B. 25, 37.)

1er OCTOBRE 1792. — Décret qui annule la révocation faite par l'assemblée électorale de la Somme de la nomination des citoyens Hourier-Eloi, Mailly et Dufestel, comme députés à la Convention. (B. 25, 37.)

1er = 3 OCTOBRE 1792. — Décret qui ordonne de fournir aux commissaires envoyés à l'armée du Nord les instructions relatives à leurs pouvoirs à l'égard du général Duhoux. (B. 25, 37.)

1er OCTOBRE 1792. — Décret qui établit une commission de vingt-quatre membres pour l'examen des papiers déposés au comité de surveillance de la municipalité de Paris. (B. 25, 38.)

1er OCTOBRE 1792. — Décret relatif à la conservation et à la composition de divers comités de la Convention. (B. 25, 38.)

1er = 3 OCTOBRE 1792. — Décret qui autorise le ministre de la guerre à expédier des ordonnances pour l'habillement des gardes nationales. (B. 25, 39.)

1er OCTOBRE 1792. — Décret pour l'exécution de celui qui ordonne la présentation d'un aperçu des dépenses du camp de Paris. (B. 25, 39.)

1er OCTOBRE 1792. — Décret qui enjoint au ministre de la justice de rendre compte de l'exécution des lois relatives aux émigrés pris les armes à la main. (B, 25, 39.)

1er = 3 OCTOBRE 1792. — Décret qui exempte de la garde nationale les ouvriers employés à la préparation des salpêtres. (B. 25, 40.)

1er OCTOBRE 1792. — Hôpitaux. *Voy.* 26 AOUT 1792.

2 = 5 OCTOBRE 1792. — Décret relatif au compte à rendre au comité de sûreté générale des arrestations faites dans toute l'étendue de la France, relativement à la révolution du 10 août 1792. (L. 12, 6 ; B. 25, 43.)

La Convention nationale, après avoir entendu le rapport de son comité de sûreté générale, décrète que le même comité est autorisé à se faire rendre compte des arrestations relatives à la révolution qui ont eu lieu dans toute l'étendue de la République depuis le 10 août ; de prendre connaissance de leurs motifs ; de se faire représenter la correspondance des personnes arrêtées, et généralement toutes les pièces tendant ou à leur justification, ou à donner des preuves des délits dont elles sont accusées, pour en faire le rapport à la Convention nationale, et pour être par elle pris telle détermination qu'elle jugera convenable.

La Convention décrète, en outre, que le rapport du comité de sûreté générale sera imprimé et envoyé aux quatre-vingt-trois départemens.

2 = 5 OCTOBRE 1792. — Décret relatif à la fabrication du papier des assignats. (L. 12, 7 ; B. 25, 42.)

Art. 1er. Le directeur général de la confection des assignats emploiera, pour la fabrication de trois mille rames de papier pour les assignats, dans les dimensions du papier de cinquante livres décrété le 30 avril dernier par l'Assemblée législative, les formes ci-devant employées à la fabrication du papier assignat de la même somme.

2. Les anciens filigranes du papier de l'assignat de cinquante livres seront détachés des anciennes formes et déposés aux archives nationales ; ils seront remplacés par les filigranes adoptés par l'Assemblée nationale législative pour cette nouvelle fabrication.

2 = 2 OCTOBRE 1792. — Décret qui met à la disposition du ministre de l'intérieur deux millions pour les subsistances des villes assiégées, et qui avance quatre cent mille livres à la ville de Lille. (L. 12, 4 ; B. 25, 41.)

2 = 5 OCTOBRE 1792. — Décret qui accorde aux trois compagnies de la 32e division de la gendarmerie nationale la solde provisoire fixée par le décret du 26 août 1792. (L. 12, 5 ; B. 25, 41.)

2 OCTOBRE 1792. — Décret qui renvoie au pouvoir exécutif une pétition de la commune de Vaucresson. (B. 25, 40.)

2 OCTOBRE 1792. — Décret relatif à la formation des comités. (B. 25, 41.)

2 = 2 OCTOBRE 1792. — Décret qui nomme le citoyen Duquesnoy à la place du citoyen Loisel, pour commissaire dans le département du Nord. (B. 25, 40.)

2 OCTOBRE 1792. — Décret relatif à l'exécution du décret concernant la nouvelle salle pour les séances de la Convention. (B. 25, 41.)

2 OCTOBRE 1792. — Envoi de pièces. *Voy.* 30 SEPTEMBRE 1792.

3 = 3 OCTOBRE 1792. — Décret qui met une somme de trois cent cinquante mille livres à la disposition du ministre des contributions, pour le paiement des dépenses courantes à la charge de la liste civile. (L. 12, 8; B. 25, 43.)

La Convention nationale, ayant entendu le rapport du comité de l'ordinaire des finances sur la proposition faite par le ministre des contributions publiques de mettre à sa disposition une somme de trois cent cinquante mille livres, pour subvenir, jusqu'à l'expiration du prix des baux, aux dépenses courantes relatives aux biens dépendant ci-devant de la liste civile, conformément à l'article 4 du décret du 6 septembre dernier,

Décrète que la Trésorerie nationale tiendra à la disposition du ministre des contributions publiques la somme de trois cent cinquante mille liv., pour être par lui employée, sous sa responsabilité, au paiement des garde-forêts, concierges, frais d'ouvrages d'entretien, gages au-dessous de six cents livres, à-comptes des marchés à la charge de la ci-devant liste civile, et autres dépenses courantes.

3 = 6 OCTOBRE 1792. — Décret relatif aux réclamations des cantons de Berne et d'Uri, pour l'évacuation de l'évêché de Bâle par les troupes françaises. (L. 12, 9; B. 25, 45.)

La Convention nationale, après avoir entendu la lecture de la lettre adressée le 19 septembre au général d'Arembure, au nom des cantons de Berne et d'Uri, par laquelle ils réclament l'évacuation de l'évêché de Bâle, occupé par les troupes françaises; après avoir entendu le rapport des commission extraordinaire et comité diplomatique;

Considérant que, d'après l'article 3 du traité conclu le 20 juin 1780 entre la France et le prince évêque de Bâle, la nation française est autorisée à empêcher, en temps de guerre, que ses ennemis ne s'établissent dans les pays, terre et seigneurie de l'évêché de Bâle, et à fermer les passages par lesquels l'ennemi pourrait entrer sur son territoire;

Considérant que la forme de la réclamation faite par les cantons de Berne et d'Uri, le 19 septembre, de l'évacuation de l'évêché de Bâle, est contraire aux principes de l'association helvétique et de la communication entre les puissances;

Considérant enfin que la nation française a déjà manifesté, par ses précédens décrets des 21 août et 17 septembre derniers, son intention de vivre en bonne intelligence et de maintenir son alliance avec les cantons helvétiques,

Décrète qu'il n'y a lieu à délibérer sur la réclamation faite le 19 septembre, par les cantons de Berne et d'Uri, de l'évacuation de l'évêché de Bâle par les troupes françaises. Charge le conseil exécutif provisoire de notifier, au nom de la République française, son désir de maintenir l'harmonie qui existe entre les deux nations.

3 = 7 OCTOBRE 1792. — Décret qui ordonne la vente à l'enchère des papiers et parchemins provenant des comptes et pièces supprimés, et l'envoi des commissaires de la comptabilité pour diriger le triage des comptes qui constateraient un débet. (L. 12, 11; B. 25, 46.)

Art. 1er. Les comptes et pièces supprimés *ne seront pas brûlés*; mais les papiers et parchemins provenant de ces suppressions, et les sacs qui les renferment, seront vendus à l'enchère, sur une seule publication et affiche, et en autant de lots qu'il sera jugé nécessaire par les directoires de département ou de district, dans les lieux où les dépôts se trouvent.

2. Les adjudications à Paris seront faites de la même manière et en présence des commissaires de la comptabilité.

3. Le prix provenant de ces adjudications sera versé dans les caisses des receveurs de district, qui le feront passer de suite à la caisse de l'extraordinaire.

4. Les commissaires chargés desdites suppressions sont autorisés à mettre à la disposition du ministre de la guerre et du ministre de la marine les parchemins et sacs dont ils auront besoin pour le service de l'artillerie.

5. Sont exceptés de la vente ordonnée par l'article 1er les comptes définitivement jugés qui constateraient un débet envers le Trésor public, quoique ces comptes aient une date antérieure à trente ans, sans cependant que les recherches contre les comptables puissent se porter au-delà de cent années.

6. Les commissaires de la comptabilité remettront à l'agent du Trésor public des extrait d'eux certifiés des états finaux des comptes qui constateraient des débets.

7. L'agent du Trésor public poursuivra la rentrée et le recouvrement de ces débets; il décernera les contraintes nécessaires à ce sujet, après les avoir fait viser par les commissaires de la comptabilité.

8. Les commissaires de la comptabilité choisiront trois d'entre eux, qui, en se divisant le travail, se rendront de suite dans les divers départemens, pour, avec les commissaires nommés par les départemens, diriger le triage des comptes qui constateraient un débet envers le Trésor public, et accélérer l'exécution de la loi du 19 août dernier.

9. La Trésorerie nationale tiendra à la disposition des commissaires de la comptabilité, qui en rendront compte à la Convention nationale, une somme de trente mille livres pour les salaires des employés extraordinaires, gens de peine, frais de voyage et autres relatifs aux opérations ordonnées par le présent décret, sans que ladite dépense puisse excéder ladite somme de trente mille livres.

—————

3 OCTOBRE 1792. — Décret qui règle la distribution à faire aux membres de la Convention des décrets proclamations et actes du pouvoir exécutif. (L. 12, 14; B. 25, 44.)

Art. 1er. Les décrets que la Convention aura prononcés chaque jour seront imprimés, et distribués le lendemain à chacun de ses membres, à l'ouverture de la séance.

2. On comprendra dans la distribution les articles partiels des décrets dont la totalité n'aurait pas été prononcée dans une seule et même séance; mais, lorsque la totalité des articles de ces décrets aura été relue et adoptée, le décret entier sera réimprimé et compris dans la distribution du jour suivant.

3. Les proclamations et autres actes du pouvoir exécutif qui concernent l'intérêt général de la république, seront pareillement distribués à chacun des membres de la Convention.

4. A la fin de chaque mois, il sera imprimé et distribué à tous les membres de la Convention une table chronologique des décrets rendus dans le mois: cette table sera distribuée dans la première semaine du mois suivant.

5. Pour l'exécution des précédens articles, il sera nommé un secrétaire-commis, qui se tiendra assidument auprès du bureau de la Convention. Il prendra copie de tous les décrets qui seront rendus dans la séance, à l'instant auquel ils seront déposés sur le bureau ou rédigés. Un des secrétaires de la Convention signera cette copie, après l'avoir collationnée; elle sera remise de suite à l'imprimeur de la Convention par le secrétaire-commis, qui veillera à l'impression, et qui rédigera, d'après les feuilles de distribution de chaque jour, la table du mois.

6. A l'égard des actes du pouvoir exécutif, le conseil exécutif provisoire est chargé de faire passer, au moment de leur publication, deux exemplaires de tous ces actes, l'un aux archives de la Convention nationale, l'autre au comité des décrets. Le comité des décrets fera réimprimer sur-le-champ, dans le même format que les décrets de la Convention, les actes du pouvoir exécutif qui intéresseront l'ordre général de la République, pour être distribués aux termes de l'article 3.

7. Les impressions ordonnées par le présent décret seront faites par l'imprimeur de la Convention, aux conditions portées par la soumission signée de lui le 1er de ce mois, laquelle demeurera annexée au procès-verbal de ce jour.

—————

3 = 6 OCTOBRE 1792. — Décret qui révoque celui du 19 septembre concernant les courriers des sections de Paris. (B. 25, 46.)

—————

3 = 3 OCTOBRE 1792. — Décret qui ordonne un versement de quatre cent mille livres pour le service de l'hôtel des Invalides. (B. 25, 43.)

—————

3 OCTOBRE 1792. — Huit armées; Pièces de compte; Renseignemens. *Voy.* 1er OCTOBRE 1792.

—————

4 = 6 OCTOBRE 1792. — Décret qui ordonne l'impression du livre d'ordres de l'armée des émigrés. (L. 12, 18; B. 25, 49.)

Un secrétaire fait lecture d'une lettre des commissaires de la Convention nationale aux armées réunies, et de plusieurs pièces jointes.

Parmi les pièces est un livre d'ordres de l'armée des émigrés. Sur la motion d'un membre, et ensuite de quelques observations,

La Convention nationale décrète que le livre sera coté et paraphé, par première et dernière page, par deux des secrétaires; qu'il sera remis au comité de sûreté générale pour faire un extrait des noms des émigrés, le faire imprimer, et l'envoyer aux administrateurs de département, lesquels seront chargés de le faire passer à ceux des districts, ceux-ci aux municipalités, pour le faire pareillement imprimer, afficher, et servir à l'exécution de la loi sur les émigrés.

—————

4 = 6 OCTOBRE 1792. — Décret qui change les boutons de toutes les troupes françaises. (L. 12, 19; B. 25, 47.)

—————

4 = 6 OCTOBRE 1792. — Décret qui enjoint au ministre Servan de rendre compte des marchés passés pendant les deux époques de son ministère. (B. 25, 47.)

—————

4 = 5 OCTOBRE 1792. — Décret relatif au paiement des dépenses relatives à Louis XVI et à sa famille. (B. 25, 48.)

—————

4 OCTOBRE 1792. — Décret qui ordonne l'impression et l'envoi aux départemens d'une lettre du général Custine relative à la prise de Spire. (B. 25, 49.)

4 = 4 OCTOBRE 1792. — Décret portant que le général Duhoux sera traduit à la barre. (L. 12, 16 ; B. 25, 49.)

4 = 4 OCTOBRE 1792. — Décret d'accusation contre le général Lanoue. (L. 12, 16 ; B. 25, 49.)

4 = 5 OCTOBRE 1792. — Décret relatif au transport des cartons du comité de surveillance de la commune de Paris. (L. 12, 17 ; B. 25, 48.)

4 OCTOBRE 1792. — Décret qui renvoie au comité de législation la proposition de suspendre toutes les affaires relatives à la révolution qui ont eu lieu par des mouvemens populaires depuis le 10 août 1792. (B. 25, 47.)

5 OCTOBRE 1792. — Décret qui ordonne au ministre des affaires étrangères de fournir à la Convention le compte des traites acceptées et payées pour la colonie de Saint-Domingue par l'ambassadeur de France dans les Etats-Unis de l'Amérique septentrionale. (L. 12, 20 ; B. 25, 49.)

Un secrétaire lit l'extrait d'une lettre du ministre de la marine. Le ministre demande que la Convention l'autorise à faire acquitter et faire verser dans la caisse du payeur général de la marine et des colonies les deux sommes, l'une de cent trente-six mille sept cent quatre-vingt-quatre livres cinq sous deux deniers, l'autre de un million cent vingt-six mille neuf cent vingt-quatre livres un sou quatre deniers, pour paiement des traites tirées de Saint-Domingue avant le 31 décembre 1792, et comprises dans celles dont le paiement a été ordonné par un décret du 26 juin dernier. Un membre propose le renvoi de la lettre et des pièces au comité colonial. Il demande en outre que le ministre de la marine soit tenu de fournir à la Convention le compte des traites tirées par l'ordonnateur de la colonie de Saint-Domingue sur l'ambassadeur de France dans les Etats-Unis. Un autre membre propose d'adjoindre le comité des finances au comité colonial.

Sur ces diverses propositions, la Convention nationale décrète que la lettre du ministre de la marine et les bordereaux qui l'accompagnent seront renvoyés aux comités colonial et des finances réunis, pour en être fait le rapport le plus tôt possible ; décrète en outre que le ministre des affaires étrangères fournira à la Convention le compte des traites acceptées et payées pour la colonie de Saint-Domingue par l'ambassadeur de France dans les Etats-Unis de l'Amérique septentrionale.

5 = 6 OCTOBRE 1792. — Décret relatif à la formation des divisions de gendarmerie nationale à cheval destinées à renforcer les armées. (L. 12, 21 ; B. 25, 50.)

Art. 1er. Tous les sous-officiers et gendarmes, réunis en nombre suffisant pour former une division, procéderont à la nomination du colonel et des deux lieutenans-colonels de leur division.

2. Deux maréchaux-des-logis, pris parmi les plus anciens de service dans ce grade, qui devront faire partie des divisions, seront faits adjudans dans chaque division.

3. L'état-major des divisions étant formé d'après le décret des 12 et 16 août dernier, le nombre des sous-officiers et gendarmes restant sera séparé en huit parties égales, composées chacune, autant qu'il sera possible, des détachemens entiers fournis par chaque département, et chacune de ces parties sera destinée à former une compagnie.

4. Si le détachement fourni par un département ne suffit pas pour compléter une compagnie, le complément en sera pris sur les détachemens qui se trouveront plus nombreux, et par la voie du sort.

5. Chaque compagnie choisira dans son sein un capitaine et trois lieutenans, conformément aux dispositions du décret du 15 août dernier.

6. Les sous-officiers les plus anciens de service dans leur grade qui n'auront pas été promus au grade d'officiers, seront faits maréchaux-des-logis en chef.

7. Les sous-officiers qui avaient le grade de maréchaux-des-logis seront employés suivant leur grade dans la formation des compagnies ; mais, si leur nombre se trouvait excéder celui de ladite formation, les maréchaux-des-logis restant serviront comme brigadiers. Dans le cas contraire, les brigadiers monteront aux places de maréchaux-des-logis, suivant leur ancienneté dans le grade de brigadier.

8. Les plus anciens gendarmes, pris sur le nombre total qui doit former les divisions, seront faits brigadiers jusqu'à la concurrence du complet de ce grade.

9. Aucun sous-officier qui ne serait point employé dans la nouvelle formation suivant son grade ne pourra prétendre à le conserver dans les nouvelles divisions, ni en porter les marques distinctives ; mais il en conservera la solde et reprendra son grade à la paix, conformément à l'article 6 du titre II du décret du 16 août dernier.

10. Les sous-officiers ou gendarmes que leurs infirmités ou leur grand âge empêchent de marcher seront remplacés par les sous-officiers ou gendarmes que l'on aurait destinés à prendre leur poste ; on leur accordera leur retraite, si la loi l'autorise.

C

11. Il sera procédé par le maréchal expert, en présence du colonel ou de son délégué, ou d'un commissaire des guerres, au signalement et à l'estimation des chevaux des sous-officiers et gendarmes, dont il sera tenu un contrôle nominatif; et, en cas de perte et de dépérissement desdits chevaux qui nécessiteraient une réforme, ils seront remplacés, et il sera tenu compte au sous-officier ou gendarme qui aura éprouvé cette perte de la différence du prix du cheval, d'après une nouvelle estimation, ou bien il sera remboursé du prix total constaté par la première expertise, à charge audit sous-officier ou gendarme de se monter convenablement à ses frais.

12. Les sous-officier ou gendarme à qui il aura été accordé un établissement pour loger sa famille recevra une indemnité de huit livres par mois d'absence. Cette somme sera payée sur les fonds de la guerre à sa famille, qui sera tenue d'évacuer les casernes destinées à loger les gendarmes en activité dans les départemens (1).

13. Il sera procédé à l'organisation de ces divisions, aussitôt après la publication du présent décret.

5 = 6 OCTOBRE 1792. — Décret qui autorise le ministre de la guerre à faire des achats de bœufs et de porcs salés en Irlande, en Hollande et à Hambourg. (L. 12, 24; B. 25, 52.)

5 OCTOBRE 1792. — Décret qui ordonne au ministre de l'intérieur de rendre compte de l'exécution des décrets sur les élections de Paris. (B. 25, 50.)

5 OCTOBRE 1792. — Décret qui ajourne les projets de décrets relatifs au camp de Paris, et charge le comité de la guerre de faire un nouveau rapport à ce sujet. (B. 25, 52.)

5 = 5 OCTOBRE 1792. — Décret qui mande à la barre de la Convention le citoyen Labarre. (B. 25, 52.)

5 = 6 OCTOBRE 1792. — Décret qui rapporte le décret rendu la veille relativement au ministre Servan, quant à la partie qui concerne les comptes rendus par ce ministre à l'Assemblée législative, et qui l'autorise à remettre par intérim le portefeuille au ministre des affaires étrangères. (B. 25, 52.)

5 OCTOBRE 1792. — Décret qui renvoie au ministre de la guerre la pétition de la dame Barthel, à l'effet d'obtenir des secours. (B. 25, 52.)

5 OCTOBRE 1792. — Arrestations. *Voy.* 2 OCTOBRE 1792. — Bourbon-l'Archambault. *Voy.* 30 SEPTEMBRE 1792. — Gendarmerie; Papier d'assignats. *Voy.* 2 OCTOBRE 1792.

6 = 8 OCTOBRE 1792. — Décret qui établit des ateliers de confection pour l'habillement des troupes. (L. 12, 25; B. 25, 54.)

Art. 1er. La Trésorerie nationale tiendra à la disposition du ministre de la guerre une somme de vingt millions, pour être employée à tout ce qui concerne l'habillement et l'équipement des troupes.

2. Le pouvoir exécutif est chargé de faire établir sur-le-champ des ateliers de confection pour l'habillement des troupes, tant à Paris que dans les villes qui avoisinent les armées, et partout où besoin sera.

3. Dans les ateliers où l'on admettra indistinctement des ouvriers des deux sexes, l'ouvrage sera donné à la tâche, et non à la journée.

4. Lesdits ouvrages seront soumis à la visite et réception des préposés par l'administration.

5. Le pouvoir exécutif rendra compte, de quinzaine en quinzaine, à la Convention nationale, de l'établissement et des progrès du travail de ces ateliers, des livraisons qui auront été faites aux troupes, et de la quantité de marchandises qui seront effectives dans les magasins de l'administration.

6 = 8 OCTOBRE 1792. — Décret qui ordonne le brisement des sceaux de l'Etat et des ornemens de la royauté, et leur envoi à la monnaie. (L. 12, 27; B. 25, 55.)

On lit une lettre de Danton, ex-ministre de la justice: il fait passer le compte de son administration; il fait aussi remettre sur le bureau les anciens sceaux de l'Etat contenus dans une boîte de vermeil, et les deux masses destinées aux huissiers de l'ancienne chancellerie.

Le compte de l'ex-ministre Danton est renvoyé au comité de l'ordinaire des finances; et, sur la motion d'un membre, la Convention nationale décrète que les sceaux de l'Etat seront brisés et portés à la monnaie.

On ajoute à cette proposition celle de faire briser aussi le sceptre et la couronne, et de les faire également porter à la monnaie. Cette seconde proposition est aussi décrétée.

6 = 8 OCTOBRE 1792. — Décret qui autorise les assemblées électorales à nommer des suppléans

(1) *Voy.* loi du 9 octobre.

à la Convention nationale. (L. 12, 28; B. 25, 54.)

La Convention nationale décrète que les assemblées électorales sont autorisées à nommer les suppléans qui manquent dans leurs départemens respectifs.

6 = 8 OCTOBRE 1792. — Décret portant suppression des commissions pour l'exercice des fonctions de juges. (L. 12, 29; B. 25, 53.)

La Convention nationale décrète que les juges qui seront élus par les assemblées électorales exerceront leurs fonctions en vertu du procès-verbal de leur élection et sans avoir besoin de commission, après avoir été installés par le conseil général de la commune du lieu où siége le tribunal.

6 = 8 OCTOBRE 1792. — Décret qui remplace provisoirement la peine des fers par celle des galères. (L. 12, 30; B. 25, 53.)

On lit une lettre du ministre de la marine, d'après laquelle, sur la motion d'un membre, la Convention nationale décrète que la peine des fers sera provisoirement remplacée par celle des galères; que les condamnés seront à cet effet transférés à la manière accoutumée dans les ports, et que le temps de leur peine comptera du jour qu'ils auront été exposés aux regards du public, en exécution de leurs jugemens.

6 OCTOBRE 1792. — Décret qui ordonne au ministre de la justice de rendre compte, sous huit jours, de l'exécution du jugement prononcé par le tribunal de Rouen contre deux condamnés à mort. (B. 25, 55.)

Un membre annonce que le tribunal criminel de Rouen a prononcé depuis six mois un jugement de mort contre deux particuliers accusés d'assassinat; que ces deux condamnés se sont pourvus dans le temps devant le Corps-Législatif, pour y demander la suspension du jugement du tribunal criminel; que le Corps-Législatif renvoya la pétition à son comité de législation, et que le renvoi a suspendu l'exécution du jugement; il demande le rapport de cette affaire, afin que le cours de la justice ne soit pas plus long-temps interrompu. Plusieurs membres observent que l'Assemblée nationale législative ne renvoya point cette pétition à son comité; qu'après l'avoir entendue, elle passa à l'ordre du jour; mais qu'au reste, ce renvoi existât-il, il n'avait pas pu arrêter l'exécution d'un jugement; ils demandent en conséquence que, d'après ce motif, la Convention passe à l'ordre du jour, et que, néanmoins, elle charge le ministre de la justice de lui rendre compte, sous huit jours, de l'exécution du jugement; cette double proposition est décrétée.

6 OCTOBRE 1792. — Décret d'ajournement sur la démission du général Montesquiou. (B. 25, 54.)

6 OCTOBRE 1792. — Décret qui ordonne l'insertion aux procès-verbaux des notes officielles relatives à la guerre. (B. 25, 53.)

6 OCTOBRE 1792. — Décret qui ordonne de suspendre à la voûte de la salle de la Convention les drapeaux pris sur l'ennemi à Spire. (B. 25, 55.)

6 = 8 OCTOBRE 1792. — Décret portant qu'il n'y a lieu à délibérer sur l'élargissement du sieur Lamarre. (B. 25, 56.)

6 = 8 OCTOBRE 1792. — Décret portant que les prévenus de pillage dans la ville de Domfront seront entendus par le directeur du jury du district d'Alençon. (B. 25, 56.)

6 OCTOBRE 1792. — Décret qui adjoint trois membres à la commission des Six. (B. 25, 55.)

6 OCTOBRE 1792. — Achat de bœufs, etc. *Voy.* 5 OCTOBRE 1792. — Boutons. *Voy* 4 OCTOBRE 1792. — Cantons de Berne et d'Ury; Distribution des décrets. *Voy.* 3 OCTOBRE 1792. — Emigrés. *Voy.* 4 OCTOBRE 1792. — Gendarmerie. *Voy.* 5 OCTOBRE 1792.

7 = 8 OCTOBRE 1792. — Décret qui autorise le ministre de la guerre à faire délivrer des canons à la 33e division de gendarmerie. (B. 25, 57.)

7 OCTOBRE 1792. — Décret relatif au mode de nomination des membres des comités. (B. 25, 57.)

7 = 8 OCTOBRE 1792. — Décret qui rapporte celui du 23 septembre concernant le général Montesquiou. (B. 25, 57.)

7 OCTOBRE 1792. — Décret qui charge le ministre de l'intérieur de l'exécution des lois dans les élections à faire à Paris. (B. 25, 56.)

7 = 10 OCTOBRE 1792. — Décret sur les mesures à prendre relativement aux frontières vers la Suisse. (B. 25, 58.)

7 = 8 OCTOBRE 1792. — Décret qui ordonne une extension de pouvoirs aux commissaires envoyés à l'armée du Nord. (B. 25, 58.)

7 OCTOBRE 1792. — Décret qui accorde aux artistes chargés des travaux d'encouragement le tiers de la somme en avance sur celle qui doit leur être accordée. (B. 25, 59.)

7 = 8 octobre 1792. — Décret qui charge le comité de liquidation de présenter un rapport sur les secours à accorder aux veuves et orphelins des citoyens tués au camp de Maulde, et qui accorde à la veuve Desavennes un secours provisoire de douze cents livres. (B. 25, 58.)

7 octobre 1792. — Décret qui ordonne l'impression et l'envoi aux quatre-vingt-trois départemens de l'adresse des citoyens de Rennes. (B. 25, 59.)

8 = 8 octobre 1792. — Décret qui ordonne la translation dans les prisons et maisons d'arrêt établis par la loi de tous les citoyens détenus dans les maisons qui ne sont ni prisons ni maisons d'arrêt. (L. 12, 31; B. 25, 60.)

La Convention nationale décrète que tous les citoyens détenus dans des maisons qui ne sont ni prisons ni maisons d'arrêt seront transférés, dans le délai de quinze jours à compter de la publication du présent décret, dans les prisons et maisons d'arrêt établies par la loi; décrète que, ledit délai expiré, tout citoyen contre lequel il n'y aura ni mandat d'arrêt, ni décret d'accusation, sera mis en liberté.

Décrète que le comité de sûreté de la Convention se divisera, à l'effet de faire la visite de toutes les prisons et maisons de Paris où des citoyens sont détenus; qu'il prendra tous les renseignemens nécessaires et fera son rapport sur le nombre des détenus, la cause de leur détention, et les actes en vertu desquels ils ont été arrêtés.

8 octobre 1792. — Décret qui permet à la ville de Rouen de lever un emprunt. (B. 25, 59.)

8 = 9 octobre 1792. — Décret qui permet à l'ex-ministre Servan de sortir de Paris, et renvoie ses comptes au comité de l'examen des comptes. (B. 25, 61.)

8 octobre 1792. — Décret sur la nomination des directeurs des postes. (B. 25, 61.)

8 = 8 octobre 1792. — Décret qui assigne des fonds pour être distribués en secours provisoires. (L. 12, 32; B. 25, 66.)

8 octobre 1792. — Décret qui charge le ministre de la guerre d'envoyer aux généraux la loi sur les émigrés pris les armes à la main, et de rendre compte de son exécution. (B. 25, 60.)

8 octobre 1792. — Décret qui mande à la barre l'imprimeur de l'imprimerie nationale pour rendre compte de l'impression d'une proclamation dénoncée par le ministre Roland. (B. 25, 61.)

8 octobre 1792. — Brisement des sceaux; Galères; Habillemens de troupes; Juges; Suppléans à la Convention. Voy. 6 octobre 1792.

9 = 9 octobre 1792. — Décret qui fixe le mode d'exécution du décret qui prononce la peine de mort contre les émigrés pris les armes à la main. (L. 12, 33; B. 25, 62.)

Voy. lois du 23 = 29 octobre 1792 et 23 = 25 mars 1793.

Art. 1er. En exécution du décret qui prononce la peine de mort contre les émigrés pris les armes à la main, il seront, dans les vingt-quatre heures, livrés à l'exécuteur de la justice et mis à mort, après qu'il aura été déclaré par une commission militaire composée de cinq personnes et nommée par l'état-major de l'armée, qu'ils sont émigrés et, qu'ils ont été pris les armes à la main, ou qu'ils ont servi contre la France.

2. Il en sera de même à l'égard de tous étrangers qui, depuis le 14 juillet 1789, ont quitté le service de France, et se sont, après avoir abandonné leur poste, réunis aux émigrés ou aux ennemis.

3. Les procès-verbaux d'exécution seront envoyés, dans la huitaine, au ministre de la guerre, qui les fera passer sans délai à la Convention nationale.

4. Les puissances ennemies seront responsables de toute violation du droit des gens qui, par une fausse application du droit de représailles, pourrait être commise par les émigrés français.

9 = 11 octobre 1792. — Décret qui ordonne la formation d'un escadron de cavalerie attaché aux divisions de gendarmerie commandées par le sieur Verrières. (L. 12, 35; B. 25, 65.)

Art. 1er. Les ci-devant gardes-françaises qui seront jugées susceptibles de servir dans les troupes à cheval seront formés en compagnies, dont l'organisation sera en tout conforme à celle de la cavalerie de ligne, et dont les masses seront réglées de la même manière.

2. Il ne pourra être attaché auxdites divisions de gendarmerie que deux compagnies de cavalerie, qui formeront un escadron.

3. La solde des gendarmes à cheval sera la même que celle des gendarmes à pied formant lesdites divisions.

4. Le pouvoir exécutif prendra les mesures nécessaires pour accélérer la formation dudit escadron et le faire monter et équiper.

9 = 11 octobre 1792. — Décret qui nomme le sieur Dominique Garat, jeune, au ministère de la justice. (L. 12, 38; B. 25, 64.)

Un secrétaire a fait l'appel nominal pour

l'élection du ministre de la justice; il s'est trouvé trois cent quarante-quatre votans, et Dominique Garat jeune, ayant réuni deux cent onze suffrages, a été proclamé par le président ministre de la justice.

9 = 11 OCTOBRE 1792. — Décret qui rappelle dans leurs manufactures respectives les ouvriers des manufactures d'armes nationales qui ont quitté leurs ateliers pour servir dans la ligne, ou dans les gardes nationales, ou dans la gendarmerie. (L. 12, 39; B. 25, 63.)

La Convention nationale décrète que les ouvriers des manufactures d'armes nationales qui ont quitté leurs ateliers, depuis le 4 août 1789, pour servir, soit dans la ligne, soit dans les gardes nationales, soit dans la gendarmerie, sont autorisés à retourner dans leurs manufactures respectives, d'après les réclamations qui en seront faites par les conseils d'administration desdites manufactures. Il leur sera, en conséquence, accordé des congés lorsqu'ils les réclameront, et les frais de voyage leur seront payés à raison de cinq sous par lieue.

9 = 11 OCTOBRE 1792. — Décret relatif au paiement des religieuses dont le traitement n'excède pas mille livres. (L. 12, 40; B. 25, 62.)

La Convention nationale décrète que les religieuses dont le traitement n'excède pas mille livres ne sont point comprises dans le décret du 27 septembre dernier, portant que la pension des ecclésiastiques ou moines non employés ne sera plus payée d'avance.

9 = 9 OCTOBRE 1792. — Décret qui ordonne la levée des scellés apposés au Louvre, ou Garde-Meuble, sur la caisse du régiment des gardes-suisses et dans les maisons royales. (L. 12, 43; B. 25, 61 et 62.)

9 = 15 OCTOBRE 1792. — Décret qui ordonne l'impression d'une adresse aux Suisses. (B. 25, 63.)

9 = 9 OCTOBRE 1792. — Décret portant nomination des citoyens Rovère et Fauchet pour commissaires de la Convention dans le département de l'Yonne. (B. 25, 63.)

9 = 11 OCTOBRE 1792. — Décret qui nomme les citoyens Coustard, Anthoine et Deydier, pour visiter les frontières des départemens du Doubs, du Jura et de l'Ain. (B. 25, 64.)

9 = 11 OCTOBRE 1792. — Décret qui charge la commune de Paris de faire passer à la Convention l'état de situation de la maison de secours. (B. 25, 64.)

9 OCTOBRE 1792. — Décret qui rapporte celui qui mande les six ministres. (B. 25, 64.)

9 = 11 OCTOBRE 1792. — Décret qui rapporte l'article 12 du décret du 5 octobre 1792, relatif au logement des gendarmes surnuméraires. (L. 12, 37; B. 25, 66.)

9 = 11 OCTOBRE 1792. — Décret qui change le nom de Bar-le-Duc en celui de Bar-sur-Ornain. (L. 12, 41; B 25, 62.)

9 = 11 OCTOBRE 1792. — Décret qui ordonne la formation en compagnies des citoyens du Calvados qui offrent de servir dans la cavalerie. (B. 25, 65.)

9 = 11 OCTOBRE 1792. — Décret qui accorde à la compagnie de canonniers d'Orbec deux pièces de canon de quatre livres, en fonte. (B. 25, 66.)

10 = 12 OCTOBRE 1792. — Décret relatif aux archives de l'État. (L. 12, 44; B. 25, 67.)

Art. 1er. Les expéditions des décrets en parchemin et les sceaux pendans sont supprimés : ils seront remplacés par un exemplaire imprimé sur papier, auquel on appliquera le sceau de la République, en timbre sec.

2. Le recueil manuscrit des décrets sera continué.

3. Une somme de douze cents livres est attribuée pour compléter la collection des ouvrages imprimés relatifs aux travaux des Assemblées constituantes et législatives, et pour acheter ceux qui paraîtront dans le cours de la session de la Convention nationale. Cette somme sera délivrée à l'archiviste, sur sa quittance, à la charge par lui d'en compter.

4. Un commis extraordinaire, aux appointemens de dix-huit cents livres, sera attaché aux archives pendant la session de la Convention nationale.

5. Les comités de l'Assemblée législative déposeront, sous huitaine, aux archives, toutes les pièces concernant les affaires expédiées.

6. Les administrations de département qui n'ont point satisfait au décret du 15 = 27 mars 1791, par lequel il leur est enjoint d'envoyer aux archives nationales les doubles des procès-verbaux des sessions de leurs conseils, seront tenues de les y faire parvenir dans le mois à dater de la promulgation du présent décret.

7. Les administrations de département, assemblées extraordinairement à l'occasion du danger de la patrie, enverront pareillement aux archives nationales le double des procès-verbaux de leurs séances, dans le mois qui suivra la clôture de leur session.

8. Les caractères d'imprimerie pour les sa-

2

signats, déposés aux archives, et qui sont hors de service, seront fondus en présence de deux commissaires du comité des assignats, qui en dresseront procès-verbal; et le métal provenant de la fusion sera vendu au profit de la République.

10 = 14 OCTOBRE 1792. — Décret qui ordonne la justification de l'emploi de fonds mis à la disposition des ministres par le décret du 28 août 1792. (L. 12, 47; B. 25, 69.)

La Convention nationale décrète que le décret du 28 août dernier sera rapporté, et que la Trésorerie nationale remboursera à la caisse de l'extraordinaire les quatre cent huit mille huit cent quatre-vingt-deux livres qui avaient été dépensées et payées d'après ledit décret.

Décrète en outre que les ministres qui ont fourni des ordonnances sur la caisse de l'extraordinaire, pour dépenses secrètes, justifieront de leur emploi au conseil exécutif provisoire, et que le ministre des affaires étrangères fournira aux autres départemens ministériels les sommes qui pourront leur être nécessaires pour dépenses secrètes, à valoir sur les fonds qui sont à sa disposition.

10 = 13 OCTOBRE 1792. — Décret portant qu'il sera sursis à la vente des bibliothèques et autres objets scientifiques trouvés dans les maisons d'émigrés. (L. 12, 46; B. 25, 69.)

La Convention nationale a renvoyé le projet de décret présenté par un de ses membres pour la conservation d'une collection d'histoire naturelle appartenant à un émigré, à son comité d'instruction publique, qu'elle charge de lui présenter incessamment un projet de loi générale pour la conservation des bibliothèques et monumens des sciences et des arts qui se trouvent dans les maisons des émigrés; et cependant décrète qu'il sera sursis à la vente de la collection d'histoire naturelle trouvée dans la maison de Jallin Chamblant, à Dijon, ainsi qu'à toutes ventes de bibliothèques et autres objets scientifiques et monumens des arts trouvés dans les maisons des émigrés.

10 = 14 OCTOBRE 1792. — Décret relatif aux traitemens des commis et employés des administrations et tribunaux. (L. 12, 48; B. 25, 68.)

La Convention nationale décrète que tous les commis et employés qui ont un traitement de la République ne pourront recevoir en aucun cas aucune sorte de gratifications; tous ceux qui en accorderaient en contravention au présent décret en seront personnellement responsables.

Un membre a proposé un article additionnel, et la Convention a décrété que les corps administratifs, les municipalités et les corps judiciaires auraient la faculté de fixer de nouveau le traitement de leurs commis, employés et greffiers, dans une juste proportion avec leur travail, leur zèle et leur assiduité.

10 OCTOBRE 1792. — Décret sur l'ordre du bureau de distribution de la Convention nationale. (B. 25, 66.)

10 OCTOBRE 1792. — Décret qui ordonne la communication des demandes de fonds au comité des finances. (B. 25, 66.)

10 = 12 OCTOBRE 1792. — Décret qui confirme la translation du tribunal de district de Vervins dans cette ville. (B. 25, 67.)

10 = 13 OCTOBRE 1792. — Décret qui rétablit l'administration du département de la Lozère dans la ville de Mende. (B. 25, 67.)

10 OCTOBRE 1792. — Décret qui enjoint au ministre de la guerre de faire parvenir au comité de la guerre les faits et dénonciations contre le général Lanoue. (B. 25, 68.)

10 OCTOBRE 1792. — Décret qui ordonne que le général Duhoux soit traduit sur-le-champ à la barre. (B. 25, 69.)

10 = 14 OCTOBRE 1792. — Décret qui renvoie au comité de sûreté générale et de la guerre réunis les réponses et les pièces du général Duhoux, et portant qu'il demeurera à Paris sur sa parole. (B. 25, 69.)

11 = 13 OCTOBRE 1792. — Décret relatif à la fabrication des assignats de dix livres. (L. 12, 53; B. 25, 71.)

Art. 1er. L'effigie du ci-devant Roi et le médaillon analogue qui, d'après le décret du 3 avril dernier, devaient être employés dans la fabrication des assignats de dix livres, seront supprimés.

2. Le timbre sec occupera le milieu de l'espace latéral qu'il devait partager dans ces assignats avec la taille-douce.

3. Le numérotage à la main qui, d'après le même décret, devait avoir lieu sur les assignats de vingt-cinq livres et de dix livres, est également supprimé.

4. Le directeur-général de la fabrication des assignats réglera, sous la surveillance du ministre des contributions publiques, l'indemnité à accorder au citoyen Aze, imprimeur en taille-douce, pour les préparatifs qu'il a faits relativement à l'assignat de dix livres, dont la gravure est supprimée par le présent décret; il en présentera le compte à la Convention nationale, qui y statuera.

11 = 13 octobre 1792. — Décret portant que les communaux en culture continueront, jusqu'à l'époque du partage, à être cultivés et ensemencés comme par le passé. (L. 12, 54; B. 25, 70.)

La Convention nationale, après avoir entendu le rapport de son comité d'agriculture, considérant que le partage des terrains communaux ordonné par le décret du 14 août dernier ne peut s'exécuter que dans un terme encore éloigné, tant parce que les moyens d'exécution ne sont pas décrétés, que parce que les opérations qui sont nécessaires pour y parvenir exigeront un travail long et compliqué, et que l'incertitude de la jouissance des fruits pourrait suspendre les travaux de ceux qui les ont cultivés jusqu'à ce jour, ce qui diminuerait notablement la masse générale des subsistances, décrète ce qui suit:

Les communaux en culture continueront, jusqu'à l'époque du partage, à être cultivés et ensemencés comme par le passé, suivant les usages des lieux, et les citoyens qui auront fait lesdites cultures et semences jouiront des récoltes provenant de leurs travaux.

11 octobre 1792. — Décret d'ordre du jour sur les pétitions relatives aux billets de la maison de secours et aux billets de parchemin. (B. 25, 72.)

11 = 14 octobre 1792. — Décret concernant les pouvoirs des commissaires envoyés dans les départemens du Doubs, de l'Ain et du Jura. (B. 25, 73.)

11 = 11 octobre 1792. — Décret qui ordonne au conseil exécutif de rendre compte des renseignemens qu'il peut avoir reçus relativement au général Dillon. (B. 25, 72.)

11 = 13 octobre 1792. — Décret sur les états à fournir pour les paiemens à faire aux ci-devant gardes-françaises. (B. 25, 72.)

11 = 11 octobre 1792. — Décret qui substitue aux commissaires nommés pour visiter les frontières des départemens du Doubs, du Jura et de l'Ain, les citoyens Deydier, Guiton et Prieur. (L. 12, 42; B. 25, 70.)

11 octobre 1792. — Décret portant que la ville de Lille a bien mérité de la patrie. (B. 25, 73.)

11 = 11 octobre 1792. — Décret qui ordonne de conduire dans les citadelles ou places fortes les bataillons de Mauconseil et de la République. (L. 12, 49; B. 25, 73.)

11 = 12 octobre 1792. — Décret portant nomination de six commissaires pour recevoir les déclarations des citoyens qui ont fait entre les mains des membres de la commune de Paris des dépôts d'argenterie et autres objets. (L. 12, 51; B. 25, 70.)

11 octobre 1792. — Bar-le-Duc; Dominique Garat, jeune; Gendarmerie; Gendarmes surnuméraires; Levée des scellés; Ouvriers d'armes; Religieuses. Voy. 9 octobre 1792.

12 = 14 octobre 1792. — Décret qui ordonne de livrer à l'exécuteur de la justice le guidon pris sur les émigrés, pour être brûlé. (B. 25, 75.)

12 = 13 octobre 1792. — Décret qui ordonne le remboursement des billets de parchemin. (L. 12, 56; B. 25, 76.)

12 = 14 octobre 1792. — Décret qui ordonne un versement de fonds à la Trésorerie pour remplir le déficit du mois de septembre. (L. 12, 58; B. 25, 74.)

12 = 13 octobre 1792. — Décret qui approuve la conduite du département de l'Ain relativement aux volontaires actuellement disponibles. (B. 25, 74.)

12 octobre 1792. — Décret qui ordonne l'impression de la nomenclature des divers comités de la Convention. (B. 25, 74.)

12 = 12 octobre 1792. — Décret qui mande à la barre le président et le secrétaire de la section de Marseille. (B. 25, 74.)

12 octobre 1792. — Décret qui renvoie au conseil exécutif toutes les demandes à l'effet d'obtenir des secours. (B. 25, 75.)

12 octobre 1792. — Décret qui ordonne l'impression du discours prononcé par le général Dumouriez, à l'occasion de la remise de l'étendard pris sur les émigrés. (B. 25, 75.)

12 = 17 octobre 1792. — Décret portant que les habitans de Lille ont bien mérité de la patrie. (L. 12, 55; B. 25, 76.) Voy. 11 octobre 1792.

13 = 14 octobre 1792. — Décret qui supprime les commissaires nationaux près les tribunaux criminels. (L. 12, 60; B. 25, 80.)

La Convention nationale décrète que les commissaires nationaux près les tribunaux criminels sont supprimés, et renvoie au comité de législation pour présenter un projet de décret sur le mode de remplacement de l'exercice de leurs fonctions.

13 = 14 OCTOBRE 1792. — Décret portant que les manufactures d'armes appartenant à la nation ne fabriqueront des armes que pour le compte de l'Etat. (L. 12, 61; B. 25, 79.)

La Convention nationale, considérant que dans les manufactures d'armes appartenant à la nation il ne doit se fabriquer d'armes que pour le compte de la République:

Que les commandes particulières d'armes de munition faites aux fabricans de Saint-Etienne, Charleville, Maubeuge, Tulle, et autres entrepreneurs, par les administrations de département, de district, par des municipalités ou même des particuliers, entravent et ralentissent les commandes d'armes faites au nom et pour la nation, en divisant les travaux et en isolant les ouvriers, suivant la nature différente des armes demandées;

Considérant qu'il est instant de venir au secours des fabricans de Saint-Etienne, Charleville, Maubeuge, Tulle et autres qui pourraient être poursuivis de l'inexécution de ces commandes particulières;

Qu'il importe au salut de la patrie de procurer, par tous les moyens possibles, autant d'activité que de célérité aux manufactures, en levant tous les obstacles qui s'opposent à une prompte fabrication, soit dans la complication, soit dans les lenteurs qu'entraînent la perfection extérieure de l'arme, surtout quand cette complication ou cette perfection n'ajoute rien ni à sa bonté ni à sa solidité;

Considérant enfin que la nation, toujours juste dans sa conduite, doit, en fixant le prix des armes, consulter à la fois et les avantages qu'elle peut accorder aux ouvriers, en considération de l'augmentation des denrées de première nécessité, et l'économie sévère à laquelle des circonstances difficiles la forcent de recourir.

La Convention nationale, après avoir entendu le rapport de son comité de la guerre, section des armes, décrète:

Art. 1er. A compter du jour de la publication du présent décret, dans toutes les manufactures d'armes de la République, il ne sera fabriqué d'armes que pour le compte de l'Etat, et en vertu de commandes ordonnées par le ministre de la guerre, ou de marchés passés entre les entrepreneurs et lui.

2. A compter aussi du même jour, aucune administration de département, de district, aucune municipalité, aucun particulier, ne pourront faire de commandes, soit aux manufactures nationales, soit aux entrepreneurs particuliers chargés d'exécuter des fournitures pour le ministre de la guerre.

3. Le ministre de la guerre est subrogé dans tous les marchés, traités et commandes de fusils de munition faits par les corps administratifs et autres autorités constituées avec les fabricans d'armes à feu, pourvu néanmoins que ces marchés aient été faits sous l'obligation de fabriquer ces fusils conformes aux modèles de 1777 et de 1763, ou au modèle n° 1, déposés au bureau de la guerre par la municipalité de Saint-Etienne. Tous autres marchés qui n'emporteraient point avec eux la condition de fournir suivant les modèles ci-dessus sont annulés, de même que les poursuites et actions respectives auxquelles ils auraient pu donner lieu, tous dépens compensés.

4. Le conseil exécutif national provisoire sera seul chargé de fournir de fusils nos armées, et de rétablir aux administrations et municipalités le nombre de fusils par elles remis aux citoyens qui se sont rendus aux frontières, suivant le décret du 26 août dernier. Le ministre de la guerre rendra compte, tous les quinze jours, à la Convention nationale, des distributions d'armes qui auront eu lieu.

5. Le prix de chaque fusil, modèle de 1777, est invariablement fixé, jusqu'au 1er mai prochain, à quarante-deux livres, et celui de chaque fusil, modèle de 1763, ou modèle n° 1 ci-dessus, est fixé à trente-cinq livres: le tout payable au comptant, dans les villes de la fabrique, après que la visite, épreuve et réception desdites armes auront été faites selon le mode prescrit par le décret du 19 août dernier.

13 = 13 OCTOBRE 1792. — Décret qui approuve les dispositions faites par le général Custine relativement aux contributions levées à Spire et à Worms. (L. 12, 64; B. 25, 76.)

13 = 14 OCTOBRE 1792. — Décret qui met trois cent mille livres à la disposition du ministre de l'intérieur, pour distribuer des secours aux indigens. (L. 12, 65; B. 25, 78.)

13 OCTOBRE 1792. — Décret qui fixe l'heure du grand ordre du jour. (B. 25, 77.)

13 OCTOBRE 1792. — Décret qui charge le comité de la guerre de présenter un projet de loi sur la conduite à tenir par les généraux envers les ennemis de la République. (B. 25, 77.)

13 OCTOBRE 1792. — Décret qui renvoie aux comités diplomatique et de la guerre pour présenter un projet de loi sur les biens des princes, seigneurs ou nobles, lorsque les généraux entreront en pays ennemi. (B. 25, 77.)

13 = 14 OCTOBRE 1792. — Décret relatif à la levée des scellés apposés sur la caisse du ci-devant régiment des gardes-suisses, et concernant la question de savoir si le sieur Frestier père, trésorier, et ses fils, doivent être regardés comme émigrés. (B. 25, 77.)

13 OCTOBRE 1792. — Archives de l'État. *Voy.*
10 OCTOBRE 1792. — Assignats de dix livres.
Voy. 11 OCTOBRE 1792. — Billets de parchemin. *Voy.* 12 OCTOBRE 1792. — Communaux.
Voy. 11 OCTOBRE 1792. — Émigrés. *Voy.* 10
OCTOBRE 1792.

14 = 14 OCTOBRE 1792. — Décret portant réduction du nombre des régisseurs des douanes.
(L. 12, 66 ; B. 25, 81)

Art. 1er. À compter de ce jour, le nombre
des régisseurs des douanes de la République
française sera réduit à trois.

2. Le pouvoir exécutif est autorisé à choisir parmi les régisseurs actuels, ou parmi les
préposés de la régie des douanes, trois personnes qui, par leurs talens, leur activité et
leur civisme, soient capables d'occuper les
places de régisseurs.

3. Les trois nouveaux régisseurs procéderont, sans délai, sous la surveillance du pouvoir exécutif, au remplacement des agens et
préposés de cette administration qui n'auraient point obtenu la confiance publique.

4. Le traitement des commis du bureau central de ladite régie sera réduit, à compter du
1er janvier prochain, à la somme de cent mille
livres par an.

14 OCTOBRE 1792 — Décret qui ordonne de
rendre compte de l'exécution des décrets relatifs à la fabrication de pièces de deux sous
et de quatre sous. (B. 25, 82.)

14 OCTOBRE 1792. — Décret qui renvoie au pouvoir exécutif le récit des événemens arrivés à
Cambrai, pour rendre compte, sous huitaine,
de l'exécution des lois. (B. 25, 82.)

14 = 15 OCTOBRE 1792. — Décret qui ordonne
la levée des scellés apposés sur les effets du
sieur Blancgilly. (B. 25, 82.)

14 OCTOBRE 1792. — Décret portant qu'une députation de vingt-quatre membres de la Convention assistera à la fête civique ordonnée en
mémoire des succès des armes françaises. (B.
25, 81.)

14 = 15 OCTOBRE 1792. — Décret qui déclare
valable le serment de Jean-Ambroise Pâris.
(B. 25, 83.)

14 = 14 OCTOBRE 1792. — Décret qui ordonne
de dresser un état des effets mobiliers qui sont
à Saint-Denis, dans les casernes ou dans les
dépôts militaires, pour servir aux bataillons
qui passent dans cette ville. (B. 25, 81.)

14 = 17 OCTOBRE 1792. — Décret sur la disposition des cuivres qui sont entre les mains de
la commune de Saint-Denis. (B. 25, 83.)

14 OCTOBRE 1792. — Décret qui charge le conseil exécutif de prendre des renseignemens
relatifs au comte de Bryan. (B. 25, 81.)

14 OCTOBRE 1792. — Commissaires nationaux;
Custine. *Voy.* 13 OCTOBRE 1792. — Fonds remis aux ministres *Voy.* 10 OCTOBRE 1792. —
Guidons des émigrés. *Voy.* 12 OCTOBRE 1792.
—Manufactures d'armes; Secours aux indigens.
Voy. 13 OCTOBRE 1792. — Substitutions. *Voy.*
25 AOUT 1792. — Versemens de fonds. *Voy.*
12 OCTOBRE 1792.

15 = 17 OCTOBRE 1792. — Décret qui supprime
la croix de Saint-Louis comme décoration
militaire. (L. 12, 69 ; B. 25, 83.)

La Convention nationale décrète que le port
de la croix de Saint-Louis est supprimé comme
décoration militaire; renvoie au comité de la
guerre pour présenter un mode d'exécution
de la suppression, et au comité de constitution, la question de savoir s'il convient que,
dans une République, on conserve quelque
marque distinctive.

15 = 15 OCTOBRE 1792. — Décret qui suspend
l'exécution du nommé Talvande et coaccusés.
(B. 25, 84.)

La Convention nationale décrète : 1° que
son comité de législation lui rendra compte,
sous trois jours, de la pétition concernant le
jugement de mort de Talvande, qui lui a été
renvoyé par le décret de l'Assemblée législative du 30 juillet dernier; 2° qu'il sera provisoirement sursis à l'exécution du nommé Talvande et coaccusés, et qu'en conséquence le
ministre de la justice expédiera un courrier
extraordinaire pour porter à Rouen le présent décret.

15 = 15 OCTOBRE 1792. — Décret qui met les
voitures et chevaux de la ci-devant cour à la
disposition des généraux et des officiers de
l'armée. (L. 12, 67 ; B. 25, 84.)

15 = 17 OCTOBRE 1792. — Décret qui enjoint au
ministre de la guerre de faire journellement
l'envoi du bulletin à l'armée. (L. 12, 68 ; B.
25, 84.)

15 OCTOBRE 1792. —Décret qui ordonne l'envoi
d'une adresse aux volontaires nationaux, pour
les engager à continuer de servir. (B. 25, 83.)

15 OCTOBRE 1792. — Décret qui ordonne de
présenter un rapport sur les moyens d'occuper ou de renvoyer les ouvriers de Paris, et
sur l'exécution de la loi qui oblige les citoyens
non domiciliés à Paris à se retirer dans leurs
départemens. (B. 25, 84.)

16 = 17 OCTOBRE 1792. — Décret qui nomme des commissaires chargés de recevoir les déclarations des objets trouvés au Louvre et au Tuileries. (L. 12, 70; B. 25, 85.)

16 OCTOBRE 1792. — Décret qui enjoint au ministre de la guerre de rendre compte du décret relatif à l'habillement des soldats. (B. 25, 85.)

16 OCTOBRE 1792. — Décret qui ordonne de faire connaître aux généraux et commandans des armées le décret relatif aux émigrés qui seront pris les armes à la main. (B. 25, 85.)

17 = 17 OCTOBRE 1792. — Décret qui approuve les ordres donnés par le conseil exécutif provisoire, pour faire évacuer la ville de Genève par les troupes de Berne et de Zurich. (L. 12, 71; B. 25, 86.)

Art. 1er. La Convention nationale, après avoir entendu le rapport de son comité diplomatique, considérant que l'introduction des troupes de Berne et de Zurich à Genève est contraire aux traités de 1579 et 1584, et compromet autant la sûreté que la dignité de la République française, approuve les ordres donnés par le conseil exécutif provisoire pour faire évacuer la ville de Genève par les troupes de Berne et de Zurich, en respectant néanmoins la neutralité et l'indépendance du territoire de Genève, si cette évacuation se fait amicalement.

2. La Convention nationale, considérant que l'édit de Genève de 1782 a été dicté par la force; que le traité du 12 novembre 1782, qui le garantit, n'est, à l'égard de la constitution genevoise, qu'un engagement entre des tyrans pour garantir une tyrannie étrangère; qu'il est indigne d'un peuple libre de maintenir de pareils actes; considérant enfin que toute garantie de constitution est un attentat à l'indépendance de la puissance garantie, charge le conseil exécutif de déclarer à la République de Genève et aux cantons de Berne et de Zurich que la République française renonce, pour sa part, au traité du 12 novembre 1782, en ce qui concerne la garantie du gouvernement et de la constitution de Genève.

17 = 17 OCTOBRE 1792. — Décret qui exige des certificats de civisme des citoyens qui se présenteront pour remplacer les gendarmes nationaux qui sont aux frontières. (L. 12, 75; B. 25, 86.)

17 = 19 OCTOBRE 1792. — Décret qui ordonne la remise des sommes destinées pour les habitans de Lille. (B. 25, 86.)

17 OCTOBRE 1792. — Décès, etc. des receveurs. *Voy.* 11 AOUT 1792. — Députés. *Voy.* 20 SEPTEMBRE 1792. — Envoi des bulletins à l'ar-

mée. *Voy.* 15 OCTOBRE 1792. — Lille. *Voy.* 11 OCTOBRE 1792. — Objets trouvés au Louvre. *Voy.* 16 OCTOBRE 1792. — Suppression de la croix de Saint-Louis. *Voy.* 15 OCTOBRE 1792. — Vol du Garde-Meuble. *Voy.* 18 OCTOBRE 1792.

18 = 18 OCTOBRE 1792. — Décret contenant de nouvelles dispositions relatives à la circulation des grains par le canal des Deux-Mers. (L. 12, 76; B. 25, 87.)

Art. 1er. Les conseils de départemens, et, en leur absence, les directoires dans le territoire desquels passe le canal des Deux-Mers, seront tenus, dans les huit jours de la réception du présent décret, de désigner dans chacun des districts où passe ledit canal une municipalité, en préférant les plus rapprochées de son cours, dans laquelle les citoyens qui auront des grains à expédier seront tenus de remplir les formalités suivantes:

2. Lesdits citoyens seront obligés, préalablement à toute expédition, de faire, dans la municipalité désignée par le département dans l'étendue duquel l'embarquement sera fait, par eux-mêmes ou par leurs fondés de procuration spéciale, la déclaration exacte des grains qu'ils voudront expédier, et d'y donner bonne et suffisante caution pour la sûreté du débarquement sur le territoire de la République.

3. Cette déclaration contiendra la désignation des quantité et qualité des grains, du lieu où ils seront embarqués, de celui de leur destination, ainsi que le cautionnement prescrit par l'article précédent: il en sera tenu registre, et extrait en forme en sera délivré à l'expéditionnaire par la municipalité. L'acquit-à-caution sera déchargé par la municipalité du lieu du débarquement, et visé par le directoire du district.

4. Tout citoyen qui aura rempli les formalités prescrites par l'article précédent sera tenu d'en justifier sur toutes les réquisitions qui pourront lui être faites par les autorités constituées.

5. La Convention nationale déclare valablement faits tous les embarquemens et toutes les expéditions qui ont eu lieu avant la promulgation du présent décret, pourvu toutefois que les expéditionnaires aient fait leurs déclarations, soit dans le lieu de l'achat, soit dans celui du départ, soit dans celui de l'embarquement, soit dans celui des principaux marchés; décrète en conséquence que la main-levée définitive leur en sera de suite accordée, à la charge par eux de fournir le cautionnement prescrit par l'article 2, les frais de procédures commencées et ceux de la séquestration devant être prélevés sur le montant des confiscations qui pourront être prononcées, et le surplus sera payé par lesdits expéditionnaires.

18 = 19 OCTOBRE 1792. — Décret portant réunion des commissions établies pour la conservation des monumens des arts et des sciences. (L. 12, 78; B. 25, 88.)

Art. 1er. Les commissions établies par l'Assemblée constituante et par l'Assemblée législative pour la conservation des monumens des arts et des sciences, ne formeront à l'avenir qu'une seule commission, composée de trente-trois membres. Ils pourront se diviser en plusieurs sections pour la célérité des travaux. Les fonctions de la commission seront, ainsi qu'elles sont établies par les précédens décrets, de prendre connaissance des monumens qui doivent être conservés pour la gloire des arts et des sciences, et de veiller à leur conservation.

2. Les citoyens Guyton, Barrère, Dusaulx et Sergent sont nommés pour former, avec les membres desdites commissions déjà existantes, et dont la liste est annexée au présent décret, le nombre de trente-trois membres.

3. Les membres de ladite commission ne pourront, en cette qualité et sous quelque prétexte que ce soit, recevoir aucuns appointemens, honoraires ni émolumens. Il y aura seulement un commis salarié aux ordres de la commission.

4. La commission s'assemblera dans une des salles du palais où le Muséum de la République doit être établi. Les inventaires, procès-verbaux et autres actes relatifs au travail de la commission, y demeureront déposés.

5. Le ministre de l'intérieur établira provisoirement des gardiens pour veiller à la sûreté des monumens déjà rassemblés dans les divers lieux de la ville de Paris. Le gardien du dépôt provisoire établi au couvent des ci-devant Petits-Augustins continuera à être chargé de ce dépôt. Les gardiens seront responsables : il sera présenté incessamment un projet de décret pour assurer le mode de leur responsabilité.

6. La commission de la conservation des monumens se concertera avec la section du comité des finances chargée de l'aliénation des biens nationaux et des biens des émigrés, et avec le comité de l'instruction publique, pour présenter à la Convention les projets de décret relatifs à la distraction des monumens d'arts et de sciences du nombre des autres effets mobiliers qui doivent être vendus; avec le comité de l'instruction publique, pour la disposition de ces mêmes objets, et avec le ministre de l'intérieur, pour l'exécution des décrets qui auront été prononcés.

Liste des membres des commissions réunies pour la conservation des monumens des arts et des sciences.

Les citoyens Ameilhon, Barthelemi, Boizot, Brequigny, Broussonnet, Camus, Cossard, Courtois, Dacier, David, Debure, Demonier, Desmarets, Dormesson, Doyen, Dufourny, Leblond, Masson, Mercier, Meunier, Mongez, Moreau, Mouchi, Mulot, Pajou, Poirier, Putod, Regnaud, Vandermond.

---

18 = 18 OCTOBRE 1792. — Décret portant qu'il sera sursis à l'exécution de tous jugemens de condamnation à mort contre les coupables ou complices du vol fait au Garde-Meuble. (L. 12, 74; B. 25, 87.)

---

18 = 19 OCTOBRE 1792. — Décret qui ordonne la cessation des travaux du camp sous Paris. (L. 12, 75; B. 25, 90.)

---

18 = 21 OCTOBRE 1792. — Décret qui ordonne le paiement des travaux faits aux ci-devant Augustins. (B. 25, 88.)

---

18 = 18 OCTOBRE 1792. — Décret qui ordonne au pouvoir exécutif de justifier, dans les vingt-quatre heures, d'une délibération d'arrêté de compte. (B. 25, 90.)

---

18 = 19 OCTOBRE 1792. — Décret sur diverses réclamations faites par les ouvriers du camp de Paris. (B. 25, 89 et 90.)

---

18 OCTOBRE 1792. — Justices seigneuriales. *Voy.* 31 AOUT 1792.

---

19 = 20 OCTOBRE 1792. — Décret qui règle le mode d'exécution de celui relatif au renouvellement des corps administratifs et judiciaires. (L. 12, 81; B. 25, 92.)

Art. 1er. Il sera, dans la forme et les délais ci-après fixés, procédé au renouvellement :

1° De tous les corps administratifs et municipaux, ainsi que de leurs secrétaires et greffiers;

2° Des tribunaux civils, criminels et de commerce, commissaires nationaux près des tribunaux civils, accusateurs publics, suppléans des juges et greffiers des tribunaux;

3° Des membres des bureaux de paix de district;

4° Des juges-de-paix, assesseurs et greffiers des juges-de-paix;

5° Enfin des directeurs des postes, mais sous la condition que ces directeurs demeureront toujours subordonnés aux administrateurs des postes, qui pourront même, en cas de malversation, les suspendre provisoirement et les remplacer, à la charge d'en instruire le pouvoir exécutif, qui lui-même en référera à la Convention nationale.

2. Sont exceptés de la disposition ci-dessus ceux des établissemens et fonctionnaires publics y dénommés qui ont été renouvelés par

les assemblées électorales, primaires et des communes, depuis le 10 août dernier, lesquels renouvellemens sont confirmés.

3. Sont pareillement exceptés de la même disposition les membres du tribunal de cassation actuellement en exercice, lesquels sont autorisés à continuer provisoirement leurs fonctions.

4. Le renouvellement des secrétaires des administrations et secrétaires-greffiers des municipalités, sera fait par les conseils généraux des corps administratifs et municipaux.

5. Tous les fonctionnaires publics dont le renouvellement est ordonné par la présente loi pourront être réélus.

6. L'obligation de ne choisir, pour les emplois judiciaires, que parmi ceux qui ont exercé pendant un temps déterminé la profession d'homme de loi, est abolie, et les choix, tant pour ces fonctions que pour toutes les autres fonctions publiques, pourront être faits indistinctement parmi tous les citoyens et fils de citoyens âgés de vingt-cinq ans accomplis, domiciliés depuis un an, et n'étant pas en état de domesticité ou de mendicité.

Mais les parens, jusqu'au degré de cousins issus de germains inclusivement, et alliés dans le même degré, qui, d'après les lois précédentes, ne peuvent pas être ensemble juges dans le même tribunal, ne pourront non plus être ensemble membres du même directoire d'administration.

7. Les membres des directoires des administrations seront nommés par les corps électoraux, par un scrutin de liste simple, et séparément des autres administrateurs, qui seront nommés ensuite aussi par un scrutin de liste simple ; et, parmi ces derniers, ceux qui auront réuni le plus de voix seront suppléans des membres des directoires.

8. Il n'y aura que deux tours de scrutin dans toutes les élections pour lesquelles la loi jusqu'ici en admettait trois. En conséquence, quand il s'agira d'une élection au scrutin individuel, et que le premier tour de scrutin n'aura pas produit la majorité absolue, le second tour n'aura lieu qu'entre les deux candidats qui auront obtenu le plus de voix; et, s'il s'agit d'une élection par scrutin de liste simple, et qu'il faille aller à un second tour de scrutin, la majorité même relative, produite par ce second tour de scrutin, déterminera l'élection.

9. Les corps électoraux de département où il y aura des renouvellemens à faire se réuniront, le 11 novembre prochain, au chef-lieu de district qui suivra immédiatement dans l'ordre du tableau celui où ont été tenues les assemblées électorales pour la nomination des députés à la Convention. Ils procéderont à l'élection, 1° du procureur-général-syndic de l'administration; 2° des membres du direc-

toire; 3° des autres membres de l'administration, et ensuite des président, accusateur public et greffier du tribunal criminel.

10. Le dimanche qui suivra immédiatement l'achèvement des élections ci-dessus confiées aux corps électoraux de département, les électeurs du district où il y aura des renouvellemens à faire se réuniront au chef-lieu de l'administration de district, et y procéderont à l'élection, 1° du procureur-syndic de l'administration; 2° des membres du directoire; 3° des autres administrateurs; 4° des juges, commissaires nationaux, suppléans des juges et greffiers des tribunaux de district; 5° des juges, suppléans des juges et greffiers des tribunaux de commerce; 6° des membres des bureaux de paix de district; 7° et enfin des directeurs des postes de leurs arrondissemens respectifs.

11. Le dimanche qui suivra immédiatement l'achèvement des élections ci-dessus confiées aux corps électoraux de district, les assemblées primaires des cantons où il y aura des renouvellemens à faire procéderont à l'élection des juges-de-paix, assesseurs et greffiers des juges-de-paix.

12. Huit jours après, les assemblées de commune procéderont aux renouvellemens qu'elles auront elles-mêmes à faire.

13. Immédiatement après les élections, les nouveaux élus seront tenus d'entrer en fonctions. L'usage des provisions est abrogé à l'égard des juges et commissaires nationaux, qui seront, avant d'entrer en fonctions, installés sur le seul procès-verbal de leur élection.

Le commissaire national auprès de chaque tribunal, ou celui qui en fera les fonctions, fera passer sans délai au ministre de la justice le procès-verbal de l'installation.

14. Les élus aux directions des postes n'entreront en fonctions qu'après avoir fait passer aux administrateurs des postes le procès-verbal de leur élection, et fourni le cautionnement qu'il est d'usage d'exiger de ces employés.

15. A l'instant où les nouveaux membres des directoires des administrations et corps municipaux entreront en fonctions, ceux auxquels ils succéderont leur remettront toutes les pièces dépendant de leurs administrations respectives : il en sera dressé des inventaires sommaires, sur lesquels les nouveaux membres s'en chargeront;

Et, dans les trois jours qui suivront, les anciens membres des directoires d'administration et corps municipaux remettront les comptes de leurs gestions respectives aux conseils généraux des administrations et municipalités réunies en permanence à cause de la déclaration de la patrie en danger, et ils ne seront affranchis de leur responsabilité envers la République qu'après l'apurement définitif de leurs comptes.

16. Les électeurs seulement qui seront obligés de quitter leur domicile recevront quinze sous par lieue de poste pour l'aller et autant pour le retour, et trois livres par jour de séjour.

17. La disposition portée en l'article précédent n'aura pas lieu à l'égard des électeurs qui reçoivent de la République, soit à titre de salaire, soit à titre de pension, un revenu qui, divisé par jour, égalerait ou surpasserait l'indemnité ci-dessus fixée.

18. L'administration principale du lieu où se rassembleront les corps électoraux est autorisée à délivrer les ordonnances nécessaires pour l'acquittement de l'indemnité due aux électeurs, sauf à faire le remplacement dans les caisses du district, sur le produit des sous additionnels du département.

19. Les lois précédentes seront exécutées en tout ce qui n'est pas contraire au présent décret.

———

19 = 20 OCTOBRE 1792. — Décret portant que les vins et liqueurs ne sont point compris dans le décret prohibitif du 12 septembre 1792. (L. 12, 88; B. 25, 95.)

La Convention nationale, sur l'exposé que fait le ministre des contributions, que plusieurs pièces de vin expédiées au bureau de Bergues, à la destination des Pays-Bas autrichiens, ont été arrêtées par une fausse interprétation du décret du 12 septembre dernier, qui prohibe la sortie à l'ennemi des bestiaux, grains, légumes et fourrages, décrète, sur la motion d'un de ses membres, que les vins et liqueurs ne sont point compris dans le décret prohibitif du 12 septembre dernier.

———

19 = 20 OCTOBRE 1792. — Adresse de la Convention nationale aux bataillons de volontaires nationaux. (L. 12, 86.)

———

19 = 20 OCTOBRE 1792. — Décret qui invite les Français à présenter des plans d'une bonne constitution. (L. 12, 87; B. 25, 92.)

———

19 OCTOBRE 1792. — Décret portant suppression de la légende : la Loi et le Roi. (B. 25, 90.)

———

19 = 19 OCTOBRE 1792. — Décret qui accorde des secours à la veuve Juchereau et à ses enfans. (B. 25, 91.)

———

19 = 19 OCTOBRE 1792. — Décret qui renvoie au conseil exécutif la réclamation du citoyen Brillandel, exclu arbitrairement de l'administration du département de Paris par un arrêté de ses collègues. (B. 25, 91.)

———

19 OCTOBRE 1792. — Décret concernant le double traitement des membres de la législature. (B. 25, 92.)

———

19 = 19 OCTOBRE 1792. — Décret qui charge le ministre de l'intérieur de rendre compte des poursuites faites contre les coupables de l'insurrection de Charleville. (B. 25, 92.)

———

19 = 20 OCTOBRE 1792. — Décret qui autorise le ministre de l'intérieur à nommer deux commissaires pour aller visiter les lieux par où l'ennemi a passé. (B. 25, 96.)

———

19 OCTOBRE 1792. — Camp sous Paris; Canal des Deux-Mers; Monumens des arts. *Voy.* 18 OCTOBRE 1792.

———

20 = 22 OCTOBRE 1792. — Décret qui supprime les commissaires nationaux près les tribunaux criminels, et qui attribue leurs fonctions aux accusateurs publics. (L. 12, 91; B. 25, 98.)

Art. 1er. Les commissaires nationaux près les tribunaux criminels sont supprimés, et les fonctions qu'ils exerçaient sont attribuées aux accusateurs publics.

2. Les jugemens définitifs rendus par les tribunaux criminels seront exécutés à la diligence des commissaires nationaux de district des lieux où le jury d'accusation aura été assemblé.

———

20 OCTOBRE 1792. — Décret qui enjoint aux ministres de la guerre et de l'intérieur de rendre compte, séance tenante, de l'exécution du décret du 9 de ce mois relatif aux émigrés. (B. 25, 96.)

———

20 = 22 OCTOBRE 1792. — Décret qui ordonne l'impression et l'envoi aux départemens et à l'armée d'une adresse de la société des Amis de la liberté et de l'égalité de Chambéry. (B. 25, 97.)

———

20 OCTOBRE 1792. — Décret qui ordonne au ministre de la guerre de rendre compte de l'armement du bataillon de Seine-et-Oise, en garnison à Condé. (B. 25, 97.)

———

20 = 22 OCTOBRE 1792. — Décret qui ordonne la vente du mobilier des maisons royales. (L. 12, 90; B. 25, 98.)

———

20 = 22 OCTOBRE 1792. — Décret qui ordonne le rapport du titre II du décret du 19 septembre 1792, relatif à l'organisation d'une force armée dans Paris sous le nom de réserve. (L. 12, 89; B. 25, 98.)

———

20 = 20 OCTOBRE 1792. — Décret relatif à la nomination de commissaires de l'état-major de la division pour juger des émigrés amenés à Paris. (B. 25, 96.)

———

20 = 22 OCTOBRE, 1792. — Décret qui ordonne à l'administration du département de Paris de rendre compte de l'organisation de la garde nationale parisienne. (B. 25, 97.)

20 = 22 OCTOBRE 1792. — Décret qui supprime l'état-major du camp de Paris. (B. 25, 97.)

20 OCTOBRE 1792. — Décret qui supprime le traitement des officiers civils et militaires du camp de Paris. (B. 25, 97.)

20 OCTOBRE 1792. — Corps administratifs; Plans de constitution; Vins et liqueurs. *Voy.* 19 OCTOBRE 1792.

21 OCTOBRE 1792. — Décret qui réunit en un seul comité les deux sections du comité des finances et du comité des domaines, etc. (B. 25, 98.)

21 OCTOBRE 1792. — Décret qui admet aux honneurs de la séance les citoyens Dantine et Robosque, déserteurs allemands. (B. 25, 99.)

21 OCTOBRE 1792. — Décret qui renvoie aux comités de législation et d'instruction publique une pétition de plusieurs citoyens du faubourg Saint-Antoine. (B. 25, 99.)

22 = 22 OCTOBRE 1792. — Décret qui fixe le mode d'exécution du décret du 19 septembre 1792, concernant la disposition des biens de l'ordre de Malte. (L. 12, 92; B. 25, 101.)

Voy. 12 NOVEMBRE 1792.

Art. 1er. Pour assurer l'exécution de l'article 13 du décret du 19 septembre dernier, les scellés, si fait n'a été, seront apposés à Paris cejourd'hui, et dans les départemens, dans le jour de la réception dudit décret (de laquelle réception les administrateurs de département seront tenus de justifier), sur tous les titres, registres, papiers, renseignemens et effets appartenant au ci-devant ordre de Malte, qui se trouveront dans les prieurés, commanderies, bailliages, maison de l'un et l'autre sexe du ci-devant ordre, ainsi que chez le receveur du commun trésor, et chez tous autres gardes, archivistes, receveurs ou caissiers généraux ou particuliers, même chez les fermiers, sur les papiers du ci-devant ordre qu'ils auraient en leur possession.

2. L'apposition du scellé se fera, à Paris, par un membre du directoire du département, en présence du procureur de la commune, ou de l'un ou des substituts; partout ailleurs, par des commissaires nommés par le district, en présence du procureur et de deux membres de la commune des lieux où les scellés seront apposés.

3. La levée des scellés sera faite par un des membres du corps administratif qui les aura apposés, en présence du procureur et de deux officiers de la commune du lieu. Lors de la levée des scellés, il sera fait un inventaire sommaire des effets et papiers trouvés sous les scellés. Les corps administratifs se conformeront, relativement auxdits inventaires, aux décrets des 23 et 28 octobre = 5 novembre et 6 = 8 novembre 1790.

4. Après la levée des scellés et la confection des inventaires, il sera procédé à la vente du mobilier trouvé sous les scellés, de la manière prescrite par les décrets des 23 et 18 octobre = 5 novembre, et 6 = 8 novembre 1790, sous les réserves prescrites par lesdits décrets et par celui du 10 octobre présent mois.

5. Les pensions accordées par l'article 2 du décret du 19 septembre dernier à ceux qui jouissaient alors des biens du ci-devant ordre de Malte, ne leur seront payées qu'après la déclaration faite par eux, de la municipalité du lieu de leur résidence, qu'ils ne retiennent aucun titre, papier ou effet concernant les biens dont ils jouissaient; qu'ils n'en ont détourné aucun, et qu'ils n'ont point connaissance qu'il en ait été détourné. Lesdits pensionnaires seront d'ailleurs sujets à toutes les lois relatives à la résidence nécessaire dans la République pour y toucher des pensions.

6. Les agens du ci-devant ordre ou de ceux qui en étaient membres, et qui se trouveront dépositaires, à quelque titre que ce soit, de papiers concernant les biens du ci-devant ordre ou d'effets en dépendant, seront tenus d'en faire la remise sans délai au district du lieu de leur résidence; faute de quoi ils seront poursuivis comme détenteurs de titres et biens appartenant à la nation. Dans le cas où ils n'auraient pas effectué ladite remise volontairement avant le 1er janvier prochain, ils sont déclarés dès à présent déchus de toutes demandes pour raison des frais et avances qu'ils prétendraient leur être dus, soit par le ci-devant ordre de Malte, soit par les membres qui le composaient.

7. Le délai accordé par l'article 5 du décret du 19 septembre dernier, pour représenter les titres destinés à établir les avances à raison desquelles ladite loi accorde une pension de dix pour cent, sera fatal : ceux qui n'auront pas fait la représentation desdits titres avant le 1er janvier prochain sont déclarés déchus du bénéfice dudit article 5 du décret du 19 septembre dernier. Ne pourront prétendre au bénéfice dudit article ceux qui n'auraient été reçus dans le ci-devant ordre de Malte que postérieurement au 20 juin 1790.

8. Les dispositions du présent décret sont déclarées communes aux établissemens, soit de l'ordre teutonique, soit de tous autres ordres de chevalerie qui peuvent exister sur les terres de la République. Elles seront exécutées à leur égard, et à l'égard de leurs agens, receveurs, fermiers et autres, de la même

manière qu'elles le devaient être à l'égard des établissemens et agens du ci-devant ordre de Malte.

22 = 25 OCTOBRE 1792. — Décret qui enjoint d'appeler à la liquidation, par préférence, les créances qui n'excèdent pas trois cents livres. (L. 12, 100; B. 25, 99.)

La Convention nationale décrète que les liquidateurs seront tenus d'appeler à la liquidation, par préférence, les créances qui n'excèdent pas trois cents livres.

22 = 24 OCTOBRE 1792. — Décret portant qu'il y a lieu à accusation contre les sieurs Choiseul-Gouffier, Moustier, Breteuil, Courvoisier, Gonzié, ci-devant évêque d'Arras, et le ci-devant abbé Marie. (L. 12, 98; B. 25, 100.)

22 OCTOBRE 1792. — Décret qui ordonne l'impression d'un mémoire du ministre de la justice, et le renvoi au comité de législation. (B. 25, 101.)

22 = 24 OCTOBRE 1792. — Décret qui ordonne l'impression et l'envoi aux départemens et aux armées d'une lettre du sieur Choiseul-Gouffier et autres pièces. (B. 25, 100.)

22 = 24 OCTOBRE 1792. — Décret concernant les officiers, sous-officiers et tambours volontaires. (B. 25, 101.)

22 = 24 OCTOBRE 1792. — Décret qui change le nom du bourg de Long-le-Roi en celui de Gué-de-Voisé. (B. 25, 103.)

22 = 24 OCTOBRE 1792. — Décret qui accorde deux pièces de canon au bataillon du département de l'Eure. (B. 25, 103.)

22 = 24 OCTOBRE 1792. — Décret qui accorde quatre cents livres d'indemnité au citoyen Aaron Homberge. (B. 25, 104.)

22 = 24 OCTOBRE 1792. — Décret qui fixe la solde des fédérés des quatre-vingt-trois départemens pendant leur séjour à Paris. (L. 12, 97; B. 25, 161.)

22 OCTOBRE 1792. — Commissaires nationaux; Mobilier des maisons royales; Réserve de Paris. *Voy.* 20 OCTOBRE 1792.

23 = 25 OCTOBRE 1792. — Décret qui bannit à perpétuité les émigrés français. (L. 12, 101; B. 25, 105.)

Voy. lois du 9 OCTOBRE 1792, du 8 OCTOBRE 1792.

La Convention nationale décrète que tous les émigrés français sont bannis à perpétuité du territoire de la République, et que ceux qui, au mépris de cette loi, y rentreraient, seront punis de mort, sans néanmoins déroger aux décrets précédens qui condamnent à la peine de mort les émigrés pris les armes à la main (1).

23 OCTOBRE 1792. — Décret qui charge le comité de législation de faire un rapport sur l'apposition des scellés sur les biens et effets des prêtres émigrés. (B. 25, 104.)

23 OCTOBRE 1792. — Décret qui renvoie le compte du ci-devant ministre Champion aux comités de l'examen des comptes et de sûreté générale, et qui ordonne de nommer quatre commissaires pour surveiller la levée des scellés sur les effets des ci-devant ministres et autres agens de Louis XVI. (B. 25, 104.)

23 OCTOBRE 1792. — Décret qui renvoie au conseil exécutif la demande de gratification faite par les canonniers blessés à Lille. (B. 25, 105.)

23 OCTOBRE 1792. — Ordre de Malte. *Voy.* 22 OCTOBRE 1792.

24 (22 et) = 24 OCTOBRE 1792. — Décret qui ordonne la vente du mobilier du château des Tuileries et autres maisons royales, des maisons religieuses et de celles des émigrés. (L. 12, 95; B. 25, 107.

Art. 1er. Le ministre de l'intérieur est autorisé à faire vendre, sans délai, le mobilier qui se trouve dans le château des Tuileries et autres maisons ci-devant royales, dans les maisons religieuses et dans celles des émigrés, après que les scellés qui se trouveront appo-

---

(1) Cette loi, en prononçant la peine de bannissement à perpétuité contre les émigrés, les a-t-elle par cela même frappés de mort civile? ou bien cette mort civile n'a-t-elle été encourue qu'en vertu de la déclaration expresse contenue dans l'article 1er de la loi du 28 mars 1793?

L'affirmative paraît résulter d'un arrêt de la Cour de cassation du 18 floréal an 13 (S. 7, 2, 929).

Elle a aussi été adoptée par un jugement du tribunal d'Auxerre du 31 juillet 1828 (S. 31, 1, 9; D. 31, 1, 69).

La question s'est aussi présentée dans une espèce sur laquelle est intervenu un arrêt de la Cour de cassation du 16 février 1831; mais la Cour n'a pas eu à se prononcer. Seulement M. Mounier-Buisson, rapporteur, a, dans ses observations, manifesté l'opinion que la loi du 23 octobre 1791 n'avait pas frappé les émigrés de mort civile (18 février 1831; Cass. S. 31, 1, 222).

sés sur lesdits effets auront été levés, et qu'il en aura été fait inventaire et récolement, en conformité des décrets des 8 avril et 2 septembre dernier, et sous la réserve des objets désignés par le décret du 10 octobre présent mois.

2. Il est défendu à tous officiers publics et à toutes autres personnes d'entrer soit dans les maisons ci-devant royales, soit dans les maisons religieuses ou des émigrés, pour disposer, en manière quelconque, des effets mobiliers étant dans lesdites maisons, s'ils ne sont porteurs d'une commission expresse à cet effet, expédiée par les corps administratifs des lieux où les maisons sont situées, ou signée du ministre de l'intérieur, qui demeurera responsable des commissions qu'il aura données.

Les agens, concierges et portiers qui recevraient dans les maisons des émigrés des personnes qui ne leur justifieraient pas de commissions ainsi expédiées, seront responsables des désordres et dégâts que lesdites personnes pourraient y causer.

3. Le ministre de l'intérieur est chargé de rendre compte, dans trois jours, à la Convention, de la destination qu'ont reçue les deniers d'une vente d'ornemens d'église précédemment faite au couvent des ci-devant Petits-Augustins, et celle que reçoivent les deniers de la même vente, qui a été reprise depuis peu, et qui se continue actuellement.

Le ministre est autorisé à suspendre ladite vente, s'il le juge convenable.

———

24 = 26 OCTOBRE 1792. — Décret portant création de quatre cents millions d'assignats. (L. 12, 103; B. 25, 108.)

Art. 1er. Il sera créé quatre cents millions d'assignats destinés à fournir tant aux besoins extraordinaires de la Trésorerie nationale qu'au paiement des dépenses de la guerre, et à celui des créances au-dessous de dix mille livres, qui continueront d'être remboursées suivant les formes et dans les termes décrétés le 15 mai dernier, et au remboursement des seizièmes dus aux municipalités pour acquisitions des domaines nationaux, d'après les lois rendues, et suivant les formes qui ont eu lieu jusqu'à ce jour.

2. La présente création sera composée de cent millions en assignats de dix livres et de cent millions en assignats de vingt-cinq livres, dont la fabrication a été décrétée le 8 décembre 1791; de cent millions en assignats de dix livres et de cent millions en assignats de vingt-cinq livres, qui seront mis sur-le-champ en fabrication.

3. La comptabilité des assignats de la présente création sera soumise aux formalités décrétées pour les précédentes. La fabrication en sera exécutée suivant les formes et dans les mêmes dimensions qui ont déjà eu lieu pour les assignats de même valeur.

4. La circulation des assignats pourra être portée à la somme de deux milliards quatre cents millions de livres. La Convention nationale charge cependant son comité des finances de lui présenter incessamment un emploi propre à diminuer la somme des assignats en circulation.

5. Il sera procédé de suite à la fabrication de quarante millions en assignats de dix sous, soixante millions en assignats de quinze sous, suivant les formes et dans les mêmes dimensions précédemment employées pour les assignats de même valeur. Ces assignats seront déposés à fur et à mesure de leur fabrication dans la caisse à trois clés, et ne pourront être mis en circulation que d'après un décret de la Convention.

6. Les deux médaillons qui devaient se trouver dans les deux parties latérales supérieures des assignats de dix livres qui ont été supprimés par le décret du 11 de ce mois, seront remplacés par une vignette dont le modèle est déposé à la section des assignats.

———

24 = 24 OCTOBRE 1792. — Décret relatif à la répartition des prisonniers de guerre mis en dépôt à Langres. (B. 25, 106.)

24 OCTOBRE 1792. — Décret qui change le nom de la ville de Port-Louis en celui de Port-de-la-Liberté. (L. 12, 106.)

24 = 24 OCTOBRE 1792. — Décret qui accorde deux pièces de canon à la commune de Pontoise. (B. 25, 105.)

24 OCTOBRE 1792. — Décret qui renvoie au ministre de l'intérieur la dénonciation faite contre les administrateurs du département de l'Oise, à l'occasion du séquestre des biens du duc de la Trémoille. (B. 25, 106.)

24 OCTOBRE 1792. — Décret qui réunit plusieurs comités en un seul, sous le nom de comité des décrets. (B. 25, 106.)

24 = 26 OCTOBRE 1792. — Décret relatif aux renseignemens à prendre sur une dénonciation de Marat contre le ministre de l'intérieur. (B. 25, 109.)

24 = 25 OCTOBRE 1792. — Décret qui approuve le zèle de la municipalité de Reims et autres, relativement à l'arrestation de volontaires déserteurs. (B. 25, 109.)

———

24 OCTOBRE 1792. — Accusation contre Choiseul-Gouffier, etc.; Fédérés. Voy. 22 OCTOBRE 1792.

———

25 = 26 OCTOBRE 1792. — Décret portant que la totalité des places des maîtres-canonniers entretenus sera accordée seulement aux maîtres-canonniers des classes. (L. 12, 108; B. 25, 114.)

La Convention nationale, dérogeant, sur le rapport d'un membre du comité de la marine, à l'article du décret du 31 mai = 14 juin 1792, sur l'organisation de l'artillerie et de l'infanterie de la marine, qui veut que la moitié des places de maîtres-canonniers entretenus soit accordée aux sous-officiers de marine, et l'autre moitié aux maîtres-canonniers des classes, décrète que la totalité des places de maîtres-canonniers entretenus sera accordée seulement aux maîtres-canonniers des classes, et que ce décret sera profitable à ces derniers pour l'organisation actuelle.

25 OCTOBRE 1792. — Décret qui met des fonds à la disposition du ministre de la marine pour les dépenses de son département. (L. 12, 109.)

25 OCTOBRE 1792. — Décret qui renvoie la demande d'une provision de six mille livres, faite par le citoyen Coiny au ministre de l'intérieur. (B. 25, 110.)

25 OCTOBRE 1792. — Décret relatif aux distributions à faire aux suppléans des membres de la Convention. (B. 25, 110.)

25 OCTOBRE 1792. — Décret qui approuve l'hommage d'un ouvrage du citoyen Boucheseiche, intitulé *Catéchisme de la déclaration des droits de l'homme*. (B. 25, 100.)

25 = 26 OCTOBRE 1792. — Décret qui change le nom de la commune de Vic-le-Comte en celui de Vic-sur-Allier. (B. 25, 111.)

25 OCTOBRE 1792. — Décret qui charge le comité de division de présenter le tableau des chefs-lieux de district où se tiendront les prochaines assemblées électorales de département. (B. 25, 111.)

25 OCTOBRE 1792. — Décret sur les décrets de renvoi aux différens comités. (B. 25, 111.)

25 OCTOBRE 1792. — Décret sur le renouvellement des comités. (B. 25, 111.)

25 OCTOBRE 1792. — Décret qui annule un arrêté de la commune de Paris du 19 octobre. (L. 12, 107; B. 25, 111.)

25 OCTOBRE 1792. — Décret qui renvoie au comité d'aliénation des domaines la lettre du ministre de la guerre relative à la disposition de l'hôtel des Menus-Plaisirs. (B. 25, 112.)

25 OCTOBRE 1792. — Décret qui autorise l'archiviste à délivrer aux directeurs des assignats de dix livres le poinçon nécessaire pour réparer la matrice de ces assignats. (B. 25, 112.)

25 OCTOBRE 1792. — Décret sur les dépenses de la marine. (B. 25, 112.)

25 OCTOBRE 1792. — Décret portant que les rapports relatifs aux finances seront imprimés et distribués à l'avance. (B. 25, 112.)

25 = 26 OCTOBRE 1792. — Décret portant qu'il n'y a pas lieu d'accorder à la commune de Condom le ci-devant monastère de Prouillan-lez-Condom, ni d'aliéner à la commune de Mantes divers domaines nationaux dénommés dans sa soumission du 4 septembre. (B. 25, 113 et 114.)

25 = 26 OCTOBRE 1792. — Décret qui adopte le projet de l'architecte Gizors, pour la construction de la nouvelle salle de la Convention, et ordonne de dédommager l'architecte Vignon de ses peines et dépenses. (B. 25, 114.)

25 = 26 et 27 OCTOBRE 1792. — Décret qui ordonne la présentation de l'état de situation et de comptes relatifs aux billets de la maison de secours. (B. 25, 115 et 117.)

25 OCTOBRE 1792. — Décret sur les substitutions. (B. 25, 115.) *Voy.* 14 NOVEMBRE 1792

25 OCTOBRE 1792. — Emigrés. *Voy.* 23 OCTOBRE 1792. — Liquidation. *Voy.* 22 OCTOBRE 1792.

26 = 27 OCTOBRE 1792. — Décret qui met six mille livres à la disposition du ministre de l'intérieur pour les réparations des routes des départemens frontières. (L. 12, 112; B. 25, 116.)

26 OCTOBRE 1792. — Décret concernant le tribunal provisoire établi à Paris. (B. 25, 115.)

26 OCTOBRE 1792. — Décret qui renvoie au conseil exécutif la pétition du général Custine, pour une promotion d'officiers dans son armée. (B. 25, 115.)

26 OCTOBRE 1792. — Décret qui ordonne au ministre de la justice de rendre compte des motifs qui ont déterminé à conduire et constituer prisonniers en la maison de justice du Palais trente-trois militaires. (B. 25, 116.)

26 OCTOBRE 1792. — Décret concernant le comité des décrets. (B. 25, 116.)

26 OCTOBRE 1792. — Décret de renvoi au comité de législation pour présenter un projet de loi sur les tentatives de crime. (B. 25, 116.)

26 OCTOBRE 1792. — Décret qui enjoint au ministre de l'intérieur de rendre compte, dans trois jours, de l'état où se trouvent les autorités publiques à Paris. (B. 25, 117.)

26 OCTOBRE 1792. — Maîtres-canonniers; Ministre de la marine. *Voy.* 25 OCTOBRE 1792.

27 = 27 OCTOBRE 1792. — Décret qui ordonne le remplacement des officiers de l'armée suspendus ou destitués. (L. 12, 115; B. 25, 119.)

La Convention nationale décrète que le pouvoir exécutif procédera sans délai au remplacement de tous les officiers de l'armée qui ont été suspendus ou destitués, tant par ses commissaires auprès des armées que par ceux envoyés par le Corps-Législatif.

27 = 27 OCTOBRE 1792. — Décret relatif à la fabrication des assignats de vingt-cinq sous. (L. 12, 116; B. 25, 118.)

La Convention nationale, après avoir entendu le rapport de son comité des finances, décrète que les deux timbres secs qui devaient être employés à la fabrication des assignats de vingt-cinq sous seront remplacés, savoir: celui qui devait représenter la tête de Louis XVI, par un timbre sec qui représentera une ruche et un soleil levant, ayant pour inscription : *République française*, et pour exergue : *Le 21 septembre 1792*; et celui qui devait représenter le revers de la monnaie du cuivre : *la Nation, la Loi, le Roi* par, un timbre sec représentant un faisceau et une branche de chêne en sautoir, supportés par un génie de la France, et surmontés par le bonnet de la Liberté rayonnant, ayant pour inscription : *Règne de la Loi*, et pour exergue : *L'an premier de la République.*

27 = 28 OCTOBRE 1792. — Décret portant qu'un membre de la Convention ne pourra remplir aucune fonction publique que six ans après l'établissement de la nouvelle constitution. (L. 12, 117; B. 25, 120)

27 = 27 OCTOBRE 1792. — Décrets d'accusation contre les sieurs Lanoue et Toulongeon. (L. 12, 113 et 114; B. 25, 117 et 119.)

27 = 27 OCTOBRE 1792. — Décret qui charge le ministre de la guerre de pourvoir au logement des gardes nationaux des départemens qui sont à Paris. (B. 25, 117.)

27 OCTOBRE 1792. — Décret qui ordonne au ministre de la guerre de rendre compte des mesures prises contre les régisseurs des vivres qui, au mépris de la loi, ont fait des achats de numéraire pour le compte de la nation. (B. 25, 118.)

27 OCTOBRE 1792. — Décret sur les honneurs de la séance pour les citoyens admis à la barre. (B. 25, 119.)

27 = 28 OCTOBRE 1792. — Décret qui rapporte celui du 27 août 1792 en ce qui concerne le citoyen Saget, ci-devant président du département de la Moselle, et qui renvoie au comité des domaines les pièces de l'abbaye de Wadgasse, etc. (B. 25, 119.)

27 OCTOBRE 1792. — Décret qui ordonne l'impression du rapport et projet de décret sur les provocateurs au meurtre, à l'assassinat, et qui ajourne la discussion. (B. 25, 120.)

27 OCTOBRE 1792. — Ministre de l'intérieur. *Voy.* 26 OCTOBRE 1792.

28 = 28 OCTOBRE 1792. — Décret qui enjoint au département de Paris de rendre compte, sous trois jours, de l'actif de la maison de secours. (B. 25, 120.)

28 = 28 OCTOBRE 1792. — Décret qui ordonne le renouvellement de la municipalité de Lyon et l'envoi des commissaires dans cette ville. (B. 25, 120.)

28 OCTOBRE 1792. — Décret qui renvoie au comité de législation une pétition des citoyens de Rennes concernant des citoyens de Lorient emprisonnés. (B. 25, 121.)

28 OCTOBRE 1792. — Décret qui renvoie au comité de sûreté générale une dénonciation contre les traîtres qui ont livré la ville de Verdun. (B. 25, 121.)

28 OCTOBRE 1792. — Décret qui renvoie au comité de législation un mémoire du ministre de la justice. (B. 25, 121.)

28 OCTOBRE 1792. — Décret qui ordonne de payer le traitement du citoyen Roussel. (B. 25, 121.)

29 = 30 OCTOBRE 1792. — Décret qui accorde deux pièces de canon à une compagnie de volontaires qui a une compagnie de canonniers. (L. 12, 118; B. 25, 123.)

La Convention nationale décrète que le ministre de la guerre fournira, le plus promptement possible, deux pièces de canon à chacun des bataillons de volontaires nationaux dans lesquels se trouvent des compagnies de canonniers, et qui sont actuellement soit aux frontières, ou en état de réquisition dans l'intérieur de la République, en commençant cette distribution par les bataillons qui sont actuellement sur les frontières.

29 OCTOBRE 1792. — Arrêté du conseil exécutif provisoire qui enjoint aux autorités, aux généraux et aux agens publics, de lui adresser, et non à la Convention, les lettres et demandes pour des objets concernant leurs fonctions. (L. 12, 117.)

29 = 29 OCTOBRE 1792. — Décret qui accorde au citoyen Lefèvre un secours de six cents livres. (B. 25, 122.)

29 = 29 OCTOBRE 1792. — Décret qui ordonne la poursuite des voies de fait commises à Roye et à la Charité-sur-Loire. (B. 25, 122.)

29 = 29 OCTOBRE 1792. — Décret qui enjoint au ministre de la guerre de rendre compte de l'inexécution du décret qui augmente la pension des invalides retirés dans leurs départemens. (B. 25, 123.)

29 OCTOBRE 1792. — Décret qui renvoie le compte du ministre de l'intérieur et les pièces y jointes aux comités de sûreté générale et de législation. (B. 25, 123.)

29 OCTOBRE 1792. — Décret qui ordonne l'impression du discours du citoyen Louvet sur les projets de conspiration. (B. 25, 124.)

29 OCTOBRE 1792. — Décret pour l'impression du compte du ministre de l'intérieur. (B. 25, 123.)

29 OCTOBRE 1792. — Décret qui renvoie au comité de sûreté générale la motion d'accusation contre Marat. (B. 25, 124.)

30 = 31 OCTOBRE 1792. — Décret qui détermine les formalités à observer par les corps administratifs, pour mettre sous la main de la nation les titres et biens, tant meubles qu'immeubles, appartenant aux émigrés. (L. 12, 123; B. 25, 131.)

Voy. lois du 30 MARS = 8 AVRIL 1792; du 13 = 14 JANVIER 1793; du 28 MARS et 25 JUILLET 1793.

Art. 1er. Dans le jour de la publication du présent décret à Paris, et partout ailleurs dans le jour de sa réception, de laquelle les corps administratifs et municipaux seront tenus de justifier, les municipalités mettront, si fait n'a été, sous la main de la nation, les titres et les biens, tant meubles qu'immeubles, appartenant aux citoyens absens, autres que les fonctionnaires publics à leurs postes, les soldats citoyens et les citoyens soldats étant à leurs postes, les commerçans et artistes notoirement absens pour raison de leur commerce ou des arts, et ceux qui, domiciliés hors des départemens où leurs biens sont situés, auraient justifié de leur résidence dans la République depuis l'époque et de la manière fixées par l'art. 9 du décret du 30 mars = 8 avril, et par celui du 13 septembre dernier. Les scellés seront également apposés sur les effets des personnes qui, étant suspectes d'émigration, ne justifieraient pas à l'instant des certificats de résidence exigés par les lois précédentes.

2. Les scellés seront apposés sur les meubles, titres et effets de toute nature appartenant aux personnes désignées au précédent article, et ce, par un commissaire que le directoire de district nommera, et qu'il pourra prendre, soit dans son sein, soit hors de son sein; à Paris, par un commissaire que le département nommera: le tout en présence de deux commissaires de la municipalité du lieu. Il sera établi un gardien solvable pour veiller à la conservation des scellés, lequel gardien ne pourra être choisi parmi les parens, domestiques ou agens desdits émigrés.

Dans le cas où les scellés auraient été précédemment apposés à la requête d'héritiers, créanciers ou autres particuliers, ils seront croisés par le commissaire.

3. Le commissaire donnera acte, sur son procès-verbal, des réclamations ou oppositions qui pourraient être faites, sans que lesdites oppositions ou réclamations puissent retarder ou suspendre les opérations ordonnées par le présent décret.

4. Les femmes, enfans, pères et mères des émigrés, conserveront dans leurs habitations personnelles les meubles meublans, linges et hardes à leur usage seulement, lesquels leur seront laissés sous inventaire, provisoirement et jusqu'à ce que leurs droits ou les secours qu'ils pourraient obtenir dans le cas de réclamer aient été liquidés et réglés.

5. Tous dépositaires publics ou particuliers, tous fermiers comptables et débiteurs, sans exception, seront tenus de déclarer, dans la huitaine de la publication de la présente loi dans chaque municipalité, les deniers, sommes échues et à échoir, argenterie, titres et effets de toute nature qu'ils auront en leur possession, appartenant à des personnes domiciliées hors du district des déclarans, ou qui, étant domiciliées dans le district, sont actuellement absentes de leur domicile.

Les municipalités seront tenues de faire publier la présente loi le premier jour de dimanche ou de fête qui suivra sa réception, et en outre le premier jour de marché dans les lieux où il y a en a d'établis.

6. Les déclarations ordonnées par l'article précédent seront faites au greffe de la municipalité, ou devant les commissaires par elle nommés. Lesdites déclarations seront faites sur papier libre et sans frais; elles seront numérotées par ordre de réception; il en sera donné aux déclarans une reconnais-

sance, portant le numéro et la date de la déclaration.

30 = 30 OCTOBRE 1792. — Décret qui prohibe la sortie de toute espèce de viandes salées. (L. 12, 126; B. 25, 126.)

La Convention nationale, après avoir entendu le rapport de ses comités diplomatique, d'agriculture et de commerce, décrète que la sortie de toute espèce de viandes salées demeure provisoirement défendue.

30 = 31 OCTOBRE 1792. — Décret qui ordonne l'envoi de commissaires dans les départemens de Seine-et-Oise, de l'Aisne, de la Somme et de l'Eure. (B. 25, 125.)

30 OCTOBRE 1792. — Décret qui renvoie au comité militaire la proposition d'accorder aux citoyens de Lille dont les maisons ont été ruinées les maisons de la ville de Longwi. (B. 25, 125.)

30 = 30 OCTOBRE 1792. — Décret qui suspend l'exécution du décret qui ordonnait la démolition des maisons de Longwi. (B. 25, 125.)

30 = 30 OCTOBRE 1792. — Décret contenant le tableau des chefs-lieux de district où doivent se tenir les assemblées électorales. (L. 12, 120; B. 25, 126.)

30 OCTOBRE = 1er NOVEMBRE 1792. — Décret qui autorise la prorogation de l'ouverture de l'assemblée électorale de Maine-et-Loire. (B. 25, 124.)

30 OCTOBRE 1792. — Décret qui renvoie aux comités militaire et de commerce le rapport des commissaires aux manufactures d'armes. (B. 25, 124.)

30 = 30 OCTOBRE 1792. — Décret relatif aux objets à détailler dans les comptes des ministres. (B. 25, 124.)

30 OCTOBRE 1792. — Décret qui ordonne l'impression d'un mémoire du ministre des contributions publiques. (B. 25, 125.)

30 = 31 OCTOBRE 1792. — Décret qui supprime le contre-seing du maire de Paris. (B. 5, 126.)

30 = 31 OCTOBRE 1792. — Décret sur les versemens à faire par le comité de surveillance de la commune de Paris, à la Trésorerie et à la caisse de l'extraordinaire. (B. 25, 126.)

30 = 30 OCTOBRE 1792. — Décret qui enjoint au ministre de l'intérieur de se rendre, séance tenante, dans l'Assemblée. (B. 25, 127.)

30 OCTOBRE 1792. — Décret sur les renseignemens à prendre relativement aux paquets envoyés aux municipalités sous le contre-seing de Pétion. (B. 25, 127.)

30 OCTOBRE 1792. — Volontaires nationaux. Voy. 29 OCTOBRE 1792.

31 OCTOBRE 1792. — Décret sur le refus fait par un juge-de-paix de recevoir une plainte contre le sieur Panis, membre de la Convention nationale, et d'y donner suite. (L. 12, 127; B. 25, 132.)

La Convention nationale, sur la pétition du citoyen Goret, qui expose que le juge-de-paix auquel il a présenté plainte contre le citoyen Panis, membre de la Convention nationale, a constamment refusé de la recevoir et d'y donner suite, faute d'y être autorisé par un décret, passe à l'ordre du jour, motivé sur ce que le juge-de-paix a dû recevoir la plainte, et y donner une suite jusqu'au mandat d'amener exclusivement, sauf à rendre compte de l'affaire à la Convention nationale avant de donner le mandat d'amener, s'il y a lieu de le prononcer.

31 OCTOBRE = 1er NOVEMBRE 1792. — Décret qui ordonne la formation d'une compagnie de volontaires canonniers à cheval. (L. 12, 130; B. 25, 128.)

Art. 1er. Il sera formé une compagnie de volontaires canonniers à cheval, composée d'un sergent-major, trois sergens, un caporal-fourrier, trois caporaux, trois appointés, trois artificiers, soixante canonniers, deux trompettes, faisant ensemble soixante-seize hommes, dont soixante-dix montés et six non montés, non compris les officiers.

2. Ladite compagnie sera commandée par deux capitaines et deux lieutenans.

3. Il ne sera procédé à l'organisation de cette compagnie qu'à l'époque où il se présentera un nombre suffisant de volontaires qui pourront justifier de leur expérience, par des certificats portant attestation de leurs services dans les corps d'artillerie de terre ou de mer, ou dans les compagnies de canonniers attachées aux bataillons de volontaires nationaux ou de gardes nationales, et un certificat de civisme délivré par le conseil général de leur commune.

4. Chacun des volontaires compris dans l'état de la revue passée au lieu de leur cantonnement recevra une indemnité de trente sous par jour, à compter du 10 septembre dernier, jusqu'à l'époque de l'organisation définitive, s'il a justifié de son expérience dans la manœuvre du canon, conformément aux dispositions de l'article 3.

5. Tout volontaire qui, faute de remplir les formalités prescrites par l'article 3, dans le

délai de quinze jours après la publication du présent décret, ne pourrait être compris dans la formation de ladite compagnie, ne recevra l'indemnité que jusqu'au jour de l'expiration du délai.

6. Les appointemens et solde, ainsi que les différentes masses de la compagnie de canonniers à cheval, seront conformes au tableau annexé au présent décret. En conséquence, la Convention nationale décrète une somme de vingt-huit mille cinq cent cinquante-deux livres trois sous pour solde et appointemens de cette troupe, et une somme de vingt-neuf mille huit cent quatre-vingt-six livres dix sous pour les différentes masses.

7. Les premiers frais d'habillement et d'armement, pour les soixante-seize sous-officiers et canonniers à cheval, sont évalués à une somme de cinquante-sept mille quatre cent quatre-vingt-quatorze livres.

La Convention nationale décrète que le ministre de la guerre en fera faire successivement la retenue sur les fonds affectés par le présent décret aux différentes masses des canonniers à cheval.

8. La nature du service qu'aura à remplir la compagnie de volontaires canonniers à cheval exigeant une augmentation de trente-six chevaux pour cette division de bouches à feu, la Convention nationale, conformément au marché passé avec les entrepreneurs, à raison de trente-huit sous par jour de service d'un cheval d'artillerie à la guerre, et de vingt sous pour ration de fourrages, décrète une somme de trente-huit mille cent six livres pour cette dépense, pendant trois cent soixante-cinq jours de campagne.

9. La Trésorerie nationale tiendra à la disposition du ministre de la guerre la somme de cent soixante-deux mille livres, pour subvenir aux dépenses de ces différens objets ; mais la somme de trente-huit mille cent six livres, pour l'augmentation des trente-six chevaux d'artillerie, ne lui sera délivrée qu'à l'époque où ladite compagnie entrera en campagne.

10. Le pouvoir exécutif nommera sans délai un commissaire pour procéder à l'organisation de ladite compagnie, conformément au présent décret.

11. Les volontaires non compris dans l'état de revue, et qui se présenteront audit commissaire pour compléter ladite compagnie, recevront la solde provisoire de trente sous, depuis le jour de leur admission, d'après les certificats exigés par l'article 3, jusqu'à celui de l'organisation définitive.

12. Aucun citoyen ne pourra être admis dans ladite compagnie, s'il ne produit un certificat de civisme délivré par le conseil général de la commune.

31 OCTOBRE = 1ᵉʳ NOVEMBRE 1792. — Décret qui charge le pouvoir exécutif de faire réparer les armes à feu et autres pièces d'armement rebutées qui sont en dépôt dans les places de guerre. (L. 12, 128 ; B. 25, 128.)

31 OCTOBRE = 1ᵉʳ NOVEMBRE 1792. — Décret qui ordonne le rapport de celui du 3 septembre 1792, relatif au paiement des troupes pendant l'année 1792. (L. 12, 129 ; B. 25, 127.)

31 OCTOBRE 1792. — Proclamation du conseil exécutif provisoire relative aux subsistances. (L. 12, 135.)

31 OCTOBRE = 1ᵉʳ NOVEMBRE 1792. — Décret qui accorde au citoyen Schneider une somme de deux cents livres. (B. 12, 128.)

31 OCTOBRE 1792. — Décret d'ordre du jour sur le délit de la commune de Paris, relatif à l'envoi des paquets sous le contre-seing de Pétion. (B. 25, 132.)

31 OCTOBRE 1792. — Décret qui ordonne la vérification des faits relatifs à la détention à Soleure des citoyens Grimme, Valier et Brunier, ci-devant officiers dans le régiment de Vigier. (B. 25, 133.)

31 OCTOBRE 1792. — Décret qui ordonne un rapport à l'effet de savoir s'il y a lieu à confirmer la translation du tribunal de district de Montignac dans la ville de Montignac. (B. 25, 133.)

31 OCTOBRE 1792. — Décret qui ordonne un rapport, séance tenante, concernant les ci-devant officiers suisses de Vigier. (B. 25, 133.)

31 OCTOBRE 1792. — Décret relatif aux pièces à envoyer aux départemens par le ministre de l'intérieur, et à celles à envoyer aux armées par le ministre de la guerre. (B. 25, 133.)

31 OCTOBRE 1792. — Décret qui ordonne l'impression de l'état des décrets envoyés aux départemens. (B. 25, 134.)

31 OCTOBRE 1792. — Emigrés. *Voy.* 30 OCTOBRE 1792.

1ᵉʳ = 2 NOVEMBRE 1792. — Décret sur une question relative à l'élection des juges de district. (L. 12, 141 ; B. 25, 136.)

La Convention nationale, sur une lettre du ministre de la justice qui consulte la Convention pour faire décider sur la validité d'une élection de juges de district faite par dix-huit électeurs seulement, lorsque le corps électoral aurait dû être de soixante-douze votans, passe à l'ordre du jour, motivé sur ce que le droit des électeurs absens est dévolu aux présens, et qu'il importe de maintenir ce principe.

1er = 3 NOVEMBRE 1792. — Décret qui rappelle les commissaires envoyés dans le département du Nord. (B. 25, 136.)

____

1er NOVEMBRE 1792. — Décret relatif à l'ordre des rapports à faire sur les objets pressans. (B. 25, 136.)

____

1er = 2 NOVEMBRE 1792. — Décret qui oblige tout citoyen appelé à l'exercice des fonctions de notaire à produire un certificat de civisme. (L. 12, 140; B. 25, 134.)

____

1er = 2 NOVEMBRE 1792. — Décret qui accorde aux députés des régimens coloniaux de l'île de France et de Pondichéry une avance de six mois d'appointemens et de traitemens, etc. (B 25, 135.)

____

1er NOVEMBRE 1792. — Décret qui ordonne de faire, séance tenante, le rapport contre Marat. (B. 25, 135.)

____

1er NOVEMBRE 1792. — Décret de renvoi sur le rapport à faire sur Louis XVI. (B. 25, 135.)

____

1er = 2 NOVEMBRE 1792. — Décret qui enjoint au ministre de la guerre de faire un rapport sur les fournitures et marchés faits pour le service des armées. (B. 25, 135.)

____

1er NOVEMBRE 1792. — Armes à feu; Paiement des troupes; Sieur Pâris; Volontaires canonniers à cheval. *Voy.* 31 OCTOBRE 1792.

____

2 = 3 NOVEMBRE 1792. — Décret qui ordonne le paiement des traites tirées par l'ordonnateur de Saint-Domingue sur le Trésor public. (L. 12, 144; B. 25, 139.)

Art. 1er. Les traites tirées par l'ordonnateur de Saint-Domingue sur le Trésor public, lesquelles se portent à la somme de huit millions six cent soixante-dix mille quatre cent soixante-dix livres dix sous quatre deniers, suivant l'état adressé par le ministre de la marine à la Convention, seront acquittées par les commissaires de la Trésorerie nationale, et ledit état sera annexé au présent décret.

2. Conformément à l'article 6 du décret du 26 juin dernier, ce paiement ne sera effectué qu'à titre d'avance; les fonds en seront hypothéqués sur les contributions de la colonie, et prélevés sur la masse de ces contributions, pour être versés à la Trésorerie nationale.

3. La Convention nationale décrète qu'elle n'entend dégager l'ordonnateur qui a visé ces traites, ni les citoyens qui ont pu l'en requérir formellement, de leur responsabilité graduelle et respective, s'il n'est justifié de l'em-

ploi des sommes y portées, en dépenses publiques et dûment autorisées.

4. Sont réputées dépenses publiques toutes celles seulement qui ont pour objet la conservation de la sûreté générale de la colonie, telles que les travaux des fortifications, les travaux publics légalement ordonnés, la solde des troupes, les appointemens des officiers civils et militaires de la République employés à Saint-Domingue, les fournitures faites aux magasins nationaux, les journées d'hôpitaux et autres de cette nature.

Sont réputées dépenses dûment autorisées toutes celles seulement qui sont faites en vertu d'une loi actuellement existante et non abrogée.

5. A l'avenir, et à compter du jour de la promulgation du présent décret dans les colonies, les traites qui présenteraient des emplois différens de ceux indiqués à l'article précédent ne seront point acquittées par le Trésor public; elles resteront au compte personnel de ceux qui les auront indûment requises, approuvées ou visées.

6. Les titres vagues de dépense et d'une extention illimitée, tels que ceux connus sous les noms de dépenses extraordinaires, différens objets, et autres semblables, sont compris dans les dispositions de l'article ci-dessus; en conséquence, la Convention nationale décrète que les traites ainsi motivées ne seront point acquittées par le Trésor public.

7. A l'avenir, le ministre de la marine n'autorisera les commissaires de la Trésorerie à viser les traites qui leur seront présentées, qu'après qu'il aura pu s'assurer de la validité de l'emploi des sommes qui y seront portées, soit au moyen des causes qui y seront énoncées, soit d'après les états détaillés que l'ordonnateur de Saint-Domingue est tenu de lui adresser.

8. A cet effet, et autant que les circonstances pourront le permettre, cet ordonnateur informera le ministre de la marine des causes des tirages, à l'instant même où il les autorisera.

Le ministre fera néanmoins servir un bordereau desdites lettres de change, à mesure qu'elles lui seront adressées par les commissaires de la Trésorerie nationale.

9. il fera exprimer dans ce bordereau les numéros des traites, leurs dates, leurs valeurs et les causes ou motifs de leur émission.

10. Le ministre de la marine adressera à la Convention nationale les bordereaux qu'il fera servir, et les états détaillés qu'il aura reçus, pour servir à l'autorisation ou au rejet du paiement desdites traites.

11. Il n'autorisera le *visa* des commissaires de la Trésorerie nationale que sous sa responsabilité.

12. Les ministres de l'intérieur et de la marine feront parvenir, le plus promptement

iq possible, le présent décret dans les places m maritimes et de commerce, ainsi que dans ol les colonies.

H Etat des lettres de change tirées de Saint-Domingue sur la Trésorerie nationale, depuis le 1ᵉʳ octobre 1791 jusques et compris le 31 mai 1792.

Savoir : Pour dépenses extraordinaires, 8115,191,421 liv. 2 s. 11 d.

Pour indemnités aux membres de l'assemldblée coloniale, 307,063 liv. 16 s. 6 d.

Pour dépenses de la marine, 231,398 liv. 86 s.

Total, argent des îles, 15,729,883 liv. 5 s. 5 d.

A déduire pour le change ordinaire, à trente trois un tiers pour cent, 5,243,294 liv. 8 s. 5 d.

Reste, argent de France, 10,486,588 liv. 17 s.

Nota. Par le décret du 26 juin 1792, le ministre a été autorisé à faire acquitter les traites faites avant le 31 décembre 1791, calculées a deux millions sept cent vingt-quatre mille neuf cent soixante-dix-neuf livres, faisant, argent de France, 1,816,118 liv. 6 s. 8 d.

Reste, pour les traites dont le paiement n'est pas autorisé, 8,670,470 liv. 10 s. 4 d.

Fait à Paris, le 10 octobre 1792, l'an 1ᵉʳ de la République. *Signé* MONGE.

2 = 2 NOVEMBRE 1792. — Décret qui accorde trois sous par lieue aux ouvriers du camp sous Paris. (L. 12, 142; B. 25, 137.)

2 = 3 NOVEMBRE 1792. — Décret qui renvoie au général Dumouriez les trois drapeaux pris sur les Autrichiens à l'affaire de Virton, pour être rendus aux Belges. (L. 12, 143; B. 25, 139.)

2 NOVEMBRE 1792. — Décret relatif aux distributions et travaux à faire au château des Tuileries pour y recevoir la Convention. (B. 25, 137.)

2 NOVEMBRE 1792. — Décret qui autorise le garde des archives à remettre au directeur de la fabrication des assignats les formes pour la fabrication des papiers des assignats de quinze sous. (B. 25, 137.)

2 NOVEMBRE 1792. — Décret qui rétablit les séances du corps électoral à Thionville. (B. 25, 138.)

2 = 3 NOVEMBRE 1792. — Décret qui ordonne l'extinction de la procédure commencée à Lorient relativement aux événemens arrivés dans cette ville le 15 septembre 1792, et la mise en liberté des détenus. (B. 25, 138.)

2 = 3 NOVEMBRE 1792. — Décret qui autorise la commune de Paris à payer, sur la somme déposée après la mort du sieur Delessart, des dépenses faites par cet ancien ministre sans autorisation du Corps-Législatif. (B. 25, 138.)

2 NOVEMBRE 1792. — Décret qui ordonne un rapport sur les mesures à prendre pour les billets de la caisse de secours. (B. 25, 141.)

2 NOVEMBRE 1792. — Juges de district; Notaires. *Voy.* 1ᵉʳ NOVEMBRE 1792.

3 = 4 NOVEMBRE 1792. — Décret qui ordonne la levée des scellés apposés dans les maisons royales, maisons religieuses et des émigrés, dans le département de Paris. (L. 12, 148; B. 25, 143.)

Les scellés apposés, antérieurement à la date du présent décret, sur les appartemens des maisons ci-devant royales, des maisons religieuses et des maisons des émigrés dans le département de Paris, seront levés, à la diligence du ministre de l'intérieur, par des commissaires que le directoire du département nommera à cet effet. Lesdits commissaires donneront avis de leur opération aux municipalités, trois jours à l'avance, afin qu'elles nomment des commissaires pour y assister, et représenter les procès-verbaux d'apposition des scellés, sans néanmoins que l'absence des commissaires des municipalités dûment invités, ou la non-représentation des procès-verbaux, puissent arrêter les opérations des commissaires du département.

3 = 3 NOVEMBRE 1792. — Décrets qui accordent deux pièces de canon à la commune d'Auxerre et une pièce à la commune de Saint-Germain-en-Laye. (B. 25, 142.)

3 NOVEMBRE 1792. — Décret qui ordonne de présenter à la Convention les plans et devis des travaux à faire au château des Tuileries et dans les bâtimens accessoires. (B. 25, 142.)

3 = 5 NOVEMBRE 1792. — Décret qui met cent mille livres à la disposition du ministre de l'intérieur pour les gardiens et ouvriers employés au Garde-Meuble. (B. 25, 143.)

3 = 5 NOVEMBRE 1792. — Décret qui met à la disposition du ministre de l'intérieur douze millions pour achat de grains. (L. 12, 149; B. 25, 143.)

3 NOVEMBRE 1792. — Décret concernant les subsistances. (B. 25, 143.)

3 NOVEMBRE 1792. — Décret qui rapporte l'article 5 du décret sur les émigrés. (L. 12, 150.)

3.

3 = 3 NOVEMBRE 1792. — Décret qui ordonne un rappel de solde en faveur des hussards de la liberté. (B. 25, 141.)

3 NOVEMBRE 1792. — Décret de renvoi au comité de la guerre, des différentes propositions sur la nomination aux emplois militaires. (B. 25, 143.)

3 NOVEMBRE 1792. — Drapeaux pris aux Autrichiens; Ordonnateur de Saint-Domingue. *Voy.* 2 NOVEMBRE 1792.

4 NOVEMBRE 1792. — Décret relatif à la demande en réunion à la France du ci-devant comté de Nice. (L. 12, 151; B. 25, 145.)

La Convention nationale déclare qu'elle ne peut délibérer sur la demande en réunion présentée par les députés des administrations provisoires du ci-devant comté de Nice, qu'après avoir connu le vœu exprès du peuple.

4 = 5 NOVEMBRE 1792. — Décret qui supprime l'indemnité accordée aux canonniers des sections, pour s'exercer sous le camp de Paris. (B. 25, 144.)

4 NOVEMBRE 1792. — Décret qui ordonne de présenter le compte détaillé de l'emploi des sommes payées aux commandans de la garde nationale parisienne, et de celles qui ont été payées ou qui peuvent être dues aux ci-devant gardes-françaises et soldats du centre. (B. 25, 144.)

4 NOVEMBRE 1792. — Décret qui ordonne l'impression de l'adresse des citoyens de Nice et de la réponse du président de la Convention. (B. 25, 145.)

4 NOVEMBRE 1792. — Décret portant que le président de la Convention donnera le baiser fraternel aux députés de Nice. (B. 25, 145.)

4 NOVEMBRE 1792. — Décret portant que le sieur Féron sera entendu pour nommer publiquement le député qui a refusé d'écouter sa déclaration. (B. 25, 145.)

4 = 4 NOVEMBRE 1792. — Décret qui ordonne l'impression et l'envoi aux départemens des adresses des fédérés et des commissaires des sections de Paris; au ministre de la guerre, de rendre compte du casernement des fédérés, etc. (B. 25, 145.)

4 = 7 NOVEMBRE 1792. — Décret qui ordonne la vérification des livres de la maison de commerce de Delmas, à Constantinople, pour découvrir les sommes qu'elle peut avoir payées au sieur Choiseul-Gouffier. (B. 25, 146.)

4 NOVEMBRE 1792. — Décret de renvoi d'une pétition du citoyen Dedieu, fédéré à Lyon, au comité militaire. (B. 25, 146.)

4 NOVEMBRE 1792. — Décret qui renvoie aux comités de la guerre et de sûreté générale réunis la dénonciation du général Custine contre le général Kellermann, et qui enjoint au ministre de la guerre de donner des renseignemens sur cette affaire. (B. 25, 146.)

4 NOVEMBRE 1792. — Décret qui autorise le ministre de l'intérieur à faire abattre quatre cents pieds de hêtres dans la forêt de Saint-Beaume. (B. 25, 147.)

4 NOVEMBRE 1792. — Levée des scellés. *Voy.* 3 NOVEMBRE 1792.

5 = 5 NOVEMBRE 1792. — Décret relatif à l'état certifié des lois à envoyer par les décrets par les corps administratifs et les tribunaux. (L. 12, 152; B. 25, 147.)

La Convention nationale, après avoir entendu son comité des décrets, décrète que les corps administratifs et les tribunaux enverront, chaque semaine, au comité des décrets, l'état certifié des lois qui leur auront été adressées par le conseil exécutif provisoire, contenant:

1º La date de l'envoi et de la réception de chacune de ces lois;

2º La date des lettres par lesquelles ils en auront accusé la réception aux ministres;

3º Enfin la date des envois qu'ils en auront faits eux-mêmes aux directoires de district, pour être par ceux-ci faits au municipalités.

5 = 5 NOVEMBRE 1792. — Décret qui déclare que le service des pompiers des villes est un objet de dépense locale. (L. 12, 153; B. 25, 149.)

La Convention nationale, considérant que le service des pompiers est, dans chaque ville, où ils sont employés, un objet de dépense locale, déclare qu'il n'y a lieu à délibérer sur la pétition des pompiers de Paris, et les renvoie à la municipalité de la même ville, pour être par elle statué à leur égard ce qu'il appartiendra, en se conformant à la loi, et ordonne qu'à compter du jour du présent décret, cette dépense sera supportée par la ville de Paris.

5 = 5 NOVEMBRE 1792. — Décret qui met des fonds à la disposition du ministre de la guerre, pour porter au complet de guerre les compagnies de mineurs et d'ouvriers du corps de l'artillerie. (L. 12, 154; B. 25, 148.)

La Convention nationale, après avoir entendu le rapport de ses comités de la guerre et des finances réunis, sur la proposition du ministre de la guerre, dans sa lettre du 16 octobre dernier, approuvant les ordres donnés pour porter au complet de guerre les compagnies de mineurs et d'ouvriers du corps de l'artillerie, décrète que, pour l'exécution de ces ordres, il sera mis à la disposition du ministre de la guerre une somme de soixante-neuf mille cinq cent trois livres six sous huit deniers, suivant le tableau de dépense annexé au présent décret.

(Suit le tableau de la dépense que doit occasioner le complet de guerre proposé par la lettre du ministre de la guerre du 16 octobre 1792, pour les compagnies de mineurs et d'ouvriers du corps de l'artillerie.)

5 NOVEMBRE 1792. — Décret qui fixe à mille huit cents livres le traitement de secrétaire-commis pour le bulletin des décrets. (B. 25, 148.)

5 NOVEMBRE 1792. — Décret qui ordonne que le rapport des commissaires de la Convention dans le département de l'Yonne sera imprimé et envoyé aux départemens. (B. 25, 149.)

5 = 5 NOVEMBRE 1792. — Décret concernant l'envoi des décrets et leur réception. (B. 25, 147.)

5 NOVEMBRE 1792. — Décret qui enjoint au ministre de la guerre de déclarer, dans les vingt-quatre heures, le nom d'un commis chargé du mouvement des troupes, accusé de prévarication. (B. 25, 150.)

5 NOVEMBRE 1792. — Décret qui charge le ministre de la guerre d'adresser aux régimens ou bataillons de volontaires nationaux un modèle des différens effets dont la fourniture doit leur être faite. (B. 25, 150.)

5 NOVEMBRE 1792. — Ajournement à jeudi pour la discussion d'un projet de décret concernant les colonies. (B. 25, 150.)

5 NOVEMBRE 1792. — Décret qui ordonne que les mots les présentes, employés dans le mode d'exécution des lois, seront remplacés par ceux-ci, la présente loi. (B. 25, 150.)

5 NOVEMBRE 1792. — Achat de grains. Voy. 3 novembre 1792. — Comté de Nice. Voy. 4 novembre 1792.

6 NOVEMBRE 1792. — Décret qui autorise le garde des archives à délivrer au directeur de la fabrication des assignats les formes de l'assignat de dix sous pour les fabrications décrétées de quarante millions de cette coupure. (B. 25, 152.)

6 = 8 NOVEMBRE 1792. — Décret qui nomme une commission pour accélérer la traduction des décrets en langue allemande et idiômes vulgaires. (L. 12, 156; B. 25, 153.)

6 = 7 NOVEMBRE 1792. — Décret qui accorde la dispense de diverses formalités relativement au renouvellement du bail des petites écuries, rue du faubourg Saint-Denis. (B. 25, 151.)

6 = 8 NOVEMBRE 1792. — Décret qui autorise la commune de Château-Thébault à faire un emprunt. (B. 25, 151.)

6 = 6 NOVEMBRE 1792. — Décret qui autorise le ministre des contributions à acquérir, du sieur d'Orléans et de ses créanciers unis, vingt-deux arpens de bois. (B. 25, 152.)

6 NOVEMBRE 1792. — Décret pour l'impression de tous les projets de décrets et des rapports concernant des questions générales. (B. 25, 152.)

6 NOVEMBRE 1792. — Décret qui ordonne l'impression et l'envoi aux départemens du rapport et des pièces sur Louis XVI. (B. 25, 152.)

6 NOVEMBRE 1792. — Décret qui ordonne l'impression d'un rapport sur les congrégations enseignantes. (B. 25, 153.)

6 NOVEMBRE 1792. — Décret qui renvoie au comité de la guerre une proposition sur le mode de remplacement des commissaires-auditeurs des guerres. (B. 25, 153.)

6 = 8 NOVEMBRE 1792. — Décret qui ordonne le prompt interrogatoire du sieur Cappy, détenu à Paris depuis une dizaine de jours. (B. 25, 154.)

7 NOVEMBRE 1792. — Décret qui ordonne l'impression d'une adresse des Anglais et l'envoi aux départemens et aux armées. (B. 25, 154.)

7 NOVEMBRE 1792. — Décret qui charge deux membres du comité général de recevoir les déclarations du sieur Tolosé, détenu à l'Abbaye. (B. 25, 157.)

7 NOVEMBRE 1792. — Décret de renvoi concernant la nomination d'un neuvième général. (B. 25, 155.)

7 NOVEMBRE 1792. — Décret qui ordonne l'impression du second rapport concernant Louis XVI, la traduction dans toutes les langues, et l'envoi aux corps administratifs, aux armées, etc. (B. 25, 154.)

7 NOVEMBRE 1792. — Décret concernant le général Duhoux. (B. 25, 154.)

7 NOVEMBRE 1792. — Décret concernant les subsistances. (B. 25, 154.)

8 = 9 NOVEMBRE 1792. — Décret concernant les billets au porteur, billets de confiance, patriotiques et de secours. (L. 12, 157; B. 25, 155.)

La Convention nationale, après avoir entendu le rapport de son comité des finances, considérant la nécessité qu'il y a d'arrêter le plus tôt possible la circulation des billets au porteur, payables à vue, soit en échange d'assignats, soit en billets échangeables en assignats, qui sont reçus de confiance, comme monnaie, dans les transactions journalières, afin d'éviter les troubles qu'elle pourrait occasioner; considérant que l'émission de ces billets, qui a été faite par des corps administratifs ou municipaux, compagnies ou particuliers, ne peut, dans aucun cas, former une dette à la charge de la République; considérant qu'il est du devoir des représentans de la nation de prendre des mesures pour fournir au déficit qui pourrait résulter des diverses émissions de ces billets, afin que la portion du peuple la moins fortunée ne soit point victime de l'insolvabilité ou des manœuvres coupables des personnes qui les ont émis, décrète :

Art. 1er. Dans le jour de la publication du présent décret, les conseils de département nommeront un ou plusieurs commissaires pour vérifier l'état de la situation des caisses des directoires de département qui auront mis en circulation des billets au porteur payables à vue, qui sont connus sous le nom de billets de confiance, patriotiques, de secours, ou toute autre dénomination.

2. Les directoires de département nommeront aussi, dans le même jour, un ou plusieurs commissaires pour vérifier l'état de la situation des caisses des administrations de district ou de département qui auront mis en circulation de pareils billets.

3. Les directoires de districts nommeront aussi, dans le même jour, un ou plusieurs commissaires pour vérifier l'état de la situation des caisses des municipalités qui auront mis en circulation de pareils billets.

4. Lesdits commissaires se feront représenter les fonds et toutes les valeurs qui servent de gage auxdits billets qui se trouveront en circulation, et ils en dresseront un inventaire et procès-verbal.

5. Ils surveilleront aussi la vente, qui sera faite de suite par chaque administration, des valeurs qui servent de gage auxdits billets, afin de se procurer de suite, en assignats ou en espèces, l'entier montant des billets qui seront en circulation.

6. Le jour de la publication du présent décret, les corps administratifs et municipaux cesseront l'émission desdits billets; ils briseront les planches qui ont servi à leur fabrication. Ils retireront de suite ceux qui seront en circulation, et ils les feront annuler et brûler en présence du public, en en dressant état et procès-verbal.

7. Les corps administratifs et municipaux qui auront fait des émissions, étant responsables du déficit qui pourrait exister dans leurs caisses, seront tenus d'y pourvoir à fur et à mesure des besoins pour le remboursement; et faute par eux d'y satisfaire, ils y seront contraints, savoir: les directoires de département, à la requête et diligence d'un commissaire nommé par le conseil de département; les administrateurs de district, à la requête et diligence du procureur-général-syndic, et les corps municipaux, à la requête et diligence du procureur-syndic.

8. Dans le jour de la publication du présent décret, les municipalités seront tenues de faire, conformément aux dispositions du décret du 30 mars = 1er avril dernier, une nouvelle vérification des caisses qui ont été régies par des compagnies ou par des particuliers qui auront mis en circulation des billets au porteur de 25 livres et au-dessous, payables à vue, soit en échange d'assignats, soit en billets échangeables en assignats, qui sont reçus de confiance comme numéraire dans les transactions journalières, et qui sont connus sous le nom de médailles de confiance, de billets de confiance, patriotiques, de secours, ou sous toute autre dénomination.

9. Trois jours après ladite vérification, les compagnies et les particuliers qui auront mis en circulation lesdits billets seront tenus de représenter à la municipalité les assignats ou les espèces qui seront nécessaires pour retirer tous les billets qui seront en circulation.

10. Les assignats ou espèces seront déposés dans une caisse à deux clefs, dont une restera au pouvoir des particuliers ou des intéressés dans les compagnies qui auront mis en circulation lesdits billets; l'autre sera remise à un commissaire nommé par le corps municipal.

11. Les particuliers ou les intéressés dans les compagnies, qui ne satisferont pas aux dispositions de l'article 9, y seront contraints par corps, à la requête et diligence du procureur de la commune, qui sera aussi chargé de faire saisir et arrêter tous les effets et marchandises appartenant auxdits particuliers ou compagnies.

12. Le corps municipal fera procéder de suite à la vente de tous les effets et marchandises qui auront été saisis; il poursuivra la rentrée des sommes qui pourront être dues auxdits particuliers ou compagnies. Les fonds provenant desdites ventes ou rentrées seront employés de suite, nonobstant toute opposi-

tion, à retirer les billets qui seront en circulation ; l'excédant, s'il y en a, sera remis auxdits particuliers et compagnies, ou à leurs créanciers.

13. Lesdits billets seront retirés par un préposé nommé par les particuliers ou par les compagnies qui les auront émis, et, à leur défaut, par le conseil général de la commune. Ce préposé sera surveillé par un commissaire nommé par le corps municipal : ils seront brûlés chaque semaine en présence du peuple et du corps municipal, qui en dressera état et procès-verbal.

14. Pour faciliter la rentrée desdits billets, toutes les conditions qui s'y trouveront énoncées de ne les rembourser qu'en assignats de cinquante livres et au-dessus, sont annulées, les corps administratifs étant chargés d'échanger auxdites compagnies ou particuliers des assignats de cinquante livres et au-dessus contre des assignats de cinq livres et au-dessous, jusqu'à concurrence des sommes qui leur seront nécessaires pour leur remboursement, lesquels échanges ne pourront avoir lieu qu'à fur et à mesure des remboursemens dûment justifiés.

15. Les corps administratifs qui n'auraient pas suffisamment d'assignats de cinq livres et au-dessous pour opérer lesdits échanges adresseront leurs demandes, appuyées des pièces justificatives, au ministre de l'intérieur, qui leur en fera délivrer en échange, par la Trésorerie nationale, jusqu'à concurrence des sommes qui pourront leur être nécessaires.

16. Le déficit qui pourra se trouver dans les caisses des particuliers ou des compagnies qui auront mis en circulation des billets au-dessous de vingt-cinq livres, payables à vue en échange d'assignats ou en billets échangeables en assignats, connus sous le nom de billets patriotiques, de confiance, de secours, ou sous toute autre dénomination, qui sont reçus de confiance comme numéraire dans les transactions journalières (le produit de la vente des effets et marchandises et de la rentrée des dettes actives, employé), sera supporté à Paris par le département, et, dans les autres villes, il sera à la charge des communes dans le territoire desquelles ces établissemens ont eu lieu, sauf le recours contre les entrepreneurs, directeurs, associés ou intéressés dans lesdites caisses.

17. Le montant de ce déficit sera réparti au marc la livre, d'après le mode de contribution extraordinaire qui sera établi par la Convention, sur l'avis des corps administratifs et municipaux.

18. Pour obtenir l'autorisation de la contribution nécessaire pour le remboursement de ce déficit, le corps municipal adressera au directoire de district l'état de l'actif et du passif desdites caisses. Il y joindra son avis sur les causes qui ont occasioné le déficit, et sur le mode à adopter pour en opérer le remboursement.

19. Le directoire de district vérifiera ledit état ; il l'enverra avec son avis au directoire de département, qui l'adressera sans délai avec son avis au ministre des contributions publiques, qui le fera passer à la Convention.

20. Dans le cas où quelque municipalité croirait qu'il fût nécessaire de faire quelque emprunt pour pouvoir retirer de suite lesdits billets qui seront en circulation, elle adressera ses vues aux corps administratifs, qui les enverront de suite avec leurs avis au ministre des contributions publiques, qui les fera passer à la Convention.

21. A compter du 1er janvier prochain, il ne pourra plus rester en circulation, dans toute la République, aucun billet au porteur payable à vue, de quelque somme qu'il soit. Les personnes qui, avant le 1er février prochain, n'auront pas exigé le remboursement des billets au-dessous de vingt-cinq livres, seront déchues de leur recours envers les communes ; et celles qui, avant le premier janvier prochain, ne se seront pas fait rembourser les billets de vingt-cinq livres et au-dessous, seront tenues, avant d'obtenir leur remboursement, de les faire viser au bureau chargé de percevoir les droits d'enregistrement, et d'y payer deux pour cent de la valeur desdits billets.

22. A compter de la publication du présent décret, il est défendu aux corps administratifs et municipaux, et aux particuliers et compagnies, de souscrire ni d'émettre aucun effet au porteur, sous quelque titre ou dénomination que ce soit, sous peine, par les contrevenans, d'être poursuivis et punis comme faux monnayeurs (1).

8 = 9 NOVEMBRE 1792. — Décret portant que les parties prenantes dans les différentes caisses de l'État seront tenues de rapporter la quittance de la totalité de la contribution mobilière de 1791. (L. 12, 167 ; B. 25, 164.)

La Convention nationale, après avoir entendu son comité des contributions publiques, décrète que les parties prenantes dans les différentes caisses de la République, et les fonctionnaires publics obligés de justifier de leur résidence en France et de l'acquit des contributions, seront tenus, pour recevoir le paiement, sans préjudice des autres formalités prescrites par les lois antérieures, de

_____

(1) Les billets au porteur sont valables aujourd'hui comme autrefois (10 novembre 1829 ; Cass. S. 30, 1, 35 ; D. 29, 1, 385). *Voy.* loi du 25 thermidor an 3.

rapporter, en la même forme que par le passé, la quittance de la totalité de la contribution mobilière de 1791.

8 = 9 NOVEMBRE 1792. — Décret relatif aux colonies. (L. 12, 170; B. 25, 165.)

La Convention nationale, considérant qu'excepté toutefois les commissaires civils actuellement à Saint-Domingue, dont le patriotisme est reconnu, tous les commissaires, commandans militaires, administrateurs et autres fonctionnaires quelconques employés jusqu'à ce jour aux colonies de l'Amérique, pour y propager le patriotisme et y faire exécuter les nouvelles lois, n'ont que trop secondé les intentions criminelles d'une cour perfide, en abusant des pouvoirs qui leur étaient confiés et des forces remises à leur disposition pour maintenir la tyrannie, et persécuter les véritables amis de la liberté et de l'égalité; persuadée de l'importance de ces possessions françaises pour la richesse nationale; convaincue qu'il n'y a pas de temps à perdre pour soustraire à la tyrannie les patriotes zélés dont surtout les villes de ces îles sont peuplées, décrète :

Art. 1er. Le ministre de la marine est autorisé à rappeler et remplacer deux des commissaires civils actuellement aux îles du Vent, ainsi que les commandans militaires, administrateurs en chef et tous autres fonctionnaires employés aux îles du Vent et sous le Vent de l'Amérique, dont le civisme pourra être suspect.

2. Il fera passer aux îles du Vent trois bataillons de gardes nationales de huit cents hommes chacun, et il fera armer, pour leur transport, des bâtimens nationaux, vaisseaux, frégates, corvettes ou gabares.

3. Il ordonnera l'armement en guerre d'un vaisseau de soixante-quatorze canons, qui, avec le vaisseau le *Républicain*, de cent dix canons, déjà armé, sera destiné aux îles du Vent, les vaisseaux seront accompagnés de quatre frégates ou corvettes.

4. La Convention nationale nommera elle-même, mais hors de son sein, quatre commissaires qui seront destinés, l'un pour Cayenne, les trois autres pour les îles du Vent.

5. Les commissaires seront revêtus de tous les pouvoirs. Les commandans et officiers militaires de terre et de mer, les ordonnateurs et officiers d'administration, les corps administratifs et judiciaires, ainsi que toutes les assemblées délibérantes, soit générales, soit particulières, enfin tous les fonctionnaires publics, leur seront subordonnés. Ils pourront destituer et faire arrêter, s'il le faut, ceux qu'ils jugeront ne pas remplir dignement leurs places, qui se seraient rendus ou se rendraient coupables d'incivisme, et

ils pourvoiront à leur remplacement, dans les formes légales.

Les commissaires sont encore autorisés à dissoudre, s'ils le jugent à propos, les assemblées et les municipalités actuellement existantes.

6. Les commissaires civils aux îles du Vent pourront, s'ils le jugent utile, après leur mission remplie, passer à Saint-Domingue, pour se réunir à ceux envoyés dans cette colonie ; et ils pourront y emmener avec eux le nombre de bataillons de ligne ou de gardes nationales, vaisseaux et frégates ou corvettes qu'ils estimeront nécessaire pour soutenir et protéger leurs opérations.

7. Les commissaires porteront pour marque distinctive un ruban aux trois couleurs, avec la même médaille qui a été accordée aux commissaires qui sont déjà aux îles sous le Vent.

8 = 9 NOVEMBRE 1792. — Décret contenant des dispositions relatives à la nomination aux emplois militaires. (L. 12, 173; B. 25, 159.)

Art. 1er. Les généraux seront tenus d'informer sans délai le ministre de la guerre des emplois vacans au choix, au fur et à mesure qu'ils viendront à vaquer dans les troupes de ligne de l'armée de la République; le conseil exécutif provisoire y nommera de suite, d'après les formes établies.

2. Aucun officier, de quelque grade qu'il soit, dont la nomination est dévolue au choix, ne pourra être reçu à aucun emploi dans l'armée qu'en vertu du brevet ou de la lettre de passe qui lui aura été expédiée par le conseil exécutif provisoire, ou au moins sur la représentation de la lettre d'avis qui lui en aura été adressée par le ministre de la guerre.

3. La disposition de l'article ci-dessus ne concerne point les officiers qui ont droit aux remplacemens par ancienneté. Immédiatement après la vacance, ils seront reçus par le commandant du corps à l'emploi vacant, en feront le service et toucheront les appointemens. Il en sera rendu compte au général, qui en informera le ministre de la guerre, qui lui fera expédier le brevet.

4. La Convention nationale déclare nulles les nominations et promotions faites par les généraux des armées de la République aux emplois au choix dont le conseil exécutif provisoire a disposé. Les officiers qui ont obtenu leurs brevets ou lettres de passe seront reçus et mis en fonctions, et ceux nommés par les généraux aux mêmes emplois reprendront celui qu'ils avaient auparavant.

5. La Convention nationale confirme néanmoins toutes les nominations et promotions faites par les généraux aux emplois au choix dont le conseil exécutif provisoire n'a pas disposé jusqu'à ce jour.

6. Le conseil exécutif provisoire donnera

les ordres nécessaires afin qu'il soit procédé, sans aucun délai, au remplacement des places de sous-officiers vacantes ou qui viendront à vaquer par la suite.

---

8 = 9 NOVEMBRE 1792. — Décret portant que celui qui punit de mort les émigrés rentrant en France s'étend aux émigrés qui rentreront dans les colonies. (L. 12, 175; B. 25, 165.)

Voy: lois du 23 = 29 SEPTEMBRE 1792; du 26 OCTOBRE 1792.

La Convention nationale, sur la proposition faite par un des membres de décréter que le décret qui punit de mort les émigrés rentrant en France s'étend aux émigrés qui rentreraient dans les colonies de la République, passe à l'ordre du jour, motivé sur ce que le mot *France*, dans ce décret, comprend les colonies.

---

8 = 9 NOVEMBRE 1792. — Décret d'accusation contre les sieurs Darot, Filz-Moris, Bonnier, Alleron, Dubarrail et autres. (L. 12, 168; B. 25, 164.)

---

8 NOVEMBRE 1792. — Décret contenant les actes d'accusation contre les sieurs Toulongeon, Choiseul-Gouffier, Gonzié, Moustier, Breteuil, Courvoisier et Marie. (L. 12, 163; B. 25, 160.)

---

8 NOVEMBRE 1792. — Décret qui ordonne un rapport sur les moyens de réunir et conserver les divers dépôts de chartes, lois, décisions des anciens tribunaux, qui sont en différens lieux de la ville de Paris, et sur la conservation du dépôt du citoyen Prault. (B. 25, 159.)

---

8 NOVEMBRE 1792. — Décret qui ordonne l'examen de la conduite du général Montesquiou, et de la convention qu'il a faite avec la république de Genève. (B. 25, 162.)

---

8 = 8 NOVEMBRE 1792. — Décret qui accorde un million pour retirer de la circulation les billets de secours. (B. 25, 163.)

---

8 = 8 NOVEMBRE 1792. — Décret portant que les marchés passés par Vincent, commissaire-ordonnateur de l'armée du Midi, avec Jacob Benjamin et Barnier, sont frauduleux et nuls. (B. 25, 163.)

---

8 NOVEMBRE 1792. — Traductions des décrets. *Voy*. 6 NOVEMBRE 1792.

---

9 = 11 NOVEMBRE 1792. — Décret qui attribue au tribunal criminel du Bas-Rhin le jugement d'un procès pour cause de meurtre commis dans le département de la Meurthe. (B. 25, 168.)

---

9 NOVEMBRE 1792. — Décret d'accusation contre les sieurs Lacoste, Montesquiou et la dame Rohan-Rochefort. (L. 12, 168, 177 et 178; B. 25, 166, 167 et 168.)

---

9 NOVEMBRE 1792. — Décret qui ordonne l'impression d'un arrêté de la section de Bondy, et l'envoi aux départemens et aux armées. (B. 25, 167.)

---

9 = 11 NOVEMBRE 1792. — Décret relatif à une action de bravoure du citoyen Baptiste, ci-devant valet-de-chambre du général Dumouriez. (B. 25, 166.)

---

9 = 11 NOVEMBRE 1792. — Décret qui ordonne de célébrer une fête civique pour honorer les succès des armées françaises. (L. 12, 178; B. 25, 167.)

---

9 NOVEMBRE 1792. — Décret qui ordonne l'impression de lettres et pièces relatives à l'évènement de la prise de Mons. (B. 25, 167.)

---

9 NOVEMBRE 1792. — Billets au porteur; Choiseul-Gouffier, etc.; Colonies; Darot, etc.; Emigrés; Emplois militaires. *Voy*. 8 NOVEMBRE 1792. — Port-Louis. *Voy*. 24 OCTOBRE 1792. — Quittances de contributions. *Voy*. 8 NOVEMBRE 1792.

---

10 = 10 NOVEMBRE 1792. — Décret relatif aux déclarations à faire par les fermiers, dépositaires et débiteurs de la liste civile et des ordres supprimés. (L. 12, 180; B. 25, 171.)

La Convention nationale, sur le rapport de son comité d'aliénation, décrète que tous fermiers, dépositaires et débiteurs de la liste civile, des ci-devant ordres supprimés, et en général de tous établissemens, corps ou maisons dont les biens ont été mis à la disposition de la nation, seront tenus de faire les mêmes déclarations qui sont exigées des débiteurs des émigrés par le décret concernant les biens des émigrés. Lesdites déclarations seront faites dans les formes et délais prescrits par le décret, et sous les mêmes peines contre ceux qui ne feraient pas de déclarations, ou qui en feraient de fausses; sans que de la présente disposition il résulte aucune dérogation aux lois existantes, notamment à l'article 15 du décret du 30 mars = 8 avril 1792, concernant les biens des émigrés.

---

10 = 10 NOVEMBRE 1792. — Décret qui déclare nulles toutes les nominations d'électeurs faites par les assemblées primaires, depuis celles qui ont eu lieu en vertu du décret du 11 août 1792. (L. 12, 179; B. 25, 170.)

---

10 = 10 NOVEMBRE 1792. — Décret qui ordonne la levée des scellés apposés sur les effets du sieur Cappy. (B. 25, 168.)

10 NOVEMBRE 1792. — Décret qui ordonne l'impression d'une adresse de la société de Newington. (B. 25, 168.)

10 NOVEMBRE 1792. — Décret qui ordonne l'insertion au bulletin des faits constatant que la garde nationale de Sens, en remettant ses armes, n'a pas été licenciée et ne l'a pas mérité. (B. 25, 169.)

10 NOVEMBRE 1792. — Décret qui désigne au lendemain un appel nominal pour l'ouverture de la séance. (B. 25, 169.)

10 = 10 NOVEMBRE 1792. — Décret relatif à divers renseignemens à prendre concernant l'arsenal de La Fère. (B. 25, 169.)

10 = 10 NOVEMBRE 1792. — Décret qui permet au citoyen Thomine, déporté de la Guadeloupe, de retourner dans cette colonie, et qui ordonne de lui en fournir les moyens. (B. 25, 169.)

10 NOVEMBRE 1792. — Décret qui ajourne à mardi la discussion sur la conduite à tenir par les généraux. (B. 25, 172.)

10 = 10 NOVEMBRE 1792. — Décret concernant une sentence à faire exécuter sur le territoire de Genève, en faveur du citoyen Courmes. (B. 25, 170.)

10 NOVEMBRE 1792. — Décret de renvoi pour le citoyen Duval. (B. 25, 172.)

10 NOVEMBRE 1792. — Décret qui renvoie au ministre de la guerre la vérification d'un envoi de souliers parmi lesquels il s'en trouve plusieurs paires garnies de carton. (B. 25, 171.)

10 NOVEMBRE 1792. — Décret qui oblige les émigrés rentrés en France à sortir du territoire français. (B. 25, 171.)

11 = 13 NOVEMBRE 1792. — Décret qui suspend la vente de l'immobilier des émigrés. (L. 12, 181; B. 25, 174.)

Voy. loi du 1er = 4 FÉVRIER 1793.

La Convention nationale décrète que toute vente de l'immobilier des émigrés demeure suspendue jusqu'à ce que le mode de la vente ait été décrété, et, au surplus, ajourne à demain la discussion sur le mode de la vente.

11 = 13 NOVEMBRE 1792. — Décret relatif aux hôpitaux ambulans. (L. 12, 182; B. 25, 175.)

Art. 1er. Toutes les municipalités dans l'étendue desquelles se trouveront établis des hôpitaux ambulans, ou les municipalités voisines, seront tenues de fournir aux officiers

de santé autant de matelas qu'il y aura de blessés, sauf l'indemnité aux particuliers, dans le cas où ils l'exigeraient, lorsque leurs matelas leur seront remis.

2. Il sera établi, à la diligence du ministre de la guerre, et le plus tôt possible, à la suite des armées, des chariots suspendus et couverts, pour transporter les blessés aux hôpitaux.

3. Le ministre de la guerre rendra compte, sous trois jours, des abus qui ont eu lieu dans l'administration des hôpitaux, et des mesures qu'il a prises pour en faire punir les auteurs.

4. Renvoie au comité de la guerre l'examen de la proposition de faire surveiller par les municipalités l'administration des hôpitaux, et de dénoncer aux accusateurs publics les divers abus qui auraient lieu dans cette partie d'administration.

11 NOVEMBRE 1792. — Décret portant que le nom de famille Renard sera ajouté à celui de Baptiste dans le décret rendu en faveur de ce citoyen. (B. 25, 172.)

11 = 16 NOVEMBRE 1792. — Décret qui met vingt mille livres à la disposition du comité de sûreté générale, pour indemniser les personnes mandées pour faire des rapports. (L. 12, 183; B. 25, 175.)

11 NOVEMBRE 1792. — Décret relatif à l'ordre de lecture des pétitions et d'admission des pétitionnaires à la barre. (B. 25, 172.)

11 = 16 NOVEMBRE 1792. — Décret concernant les invalides. (B. 25, 172.)

11 NOVEMBRE 1792. — Décret qui ordonne l'impression d'une adresse des Savoisiens. (B. 25, 173.)

11 = 11 NOVEMBRE 1792. — Décret qui ordonne de remettre le citoyen Forestier, ci-devant quartier-maître des gardes-suisses, en possession de ses biens. (B. 25, 173.)

11 NOVEMBRE 1792. — Décret de renvoi, 1° d'une pétition pour les orphelins du citoyen Robert, mort à la journée de Nancy; 2° d'une pétition du citoyen David, pour la suppression des académies. (B. 25, 176.)

11 = 16 NOVEMBRE 1792. — Décret qui accorde provisoirement trois cents livres au citoyen Guillot, âgé de quatre-vingt-six ans. (B. 25, 176.)

11 = 16 NOVEMBRE 1792. — Décret qui enjoint au ministre de la guerre de rendre compte du nombre de bataillons de volontaires nationaux et de gendarmerie. (B. 25, 174.)

11 NOVEMBRE 1792. — Décret concernant les gendarmes du département des Bouches-du-Rhône au quartier à Fontainebleau. (B. 25, 174.)

11 NOVEMBRE 1792. — Décret qui charge le comité des décrets de rédiger l'acte d'accusation contre Frédéric Dietrich, d'après les nouveaux faits articulés par le citoyen Ruhl, député. (B. 25, 174.)

11 NOVEMBRE 1792 — Décret pour un rapport du comité des finances. (B. 25, 176.)

11 NOVEMBRE 1792. — Décret concernant les prisonniers de Paris. (B. 25, 176.)

11 NOVEMBRE 1792. — Décret sur les délais pour les effets nationaux. (B. 25, 176.)

11 NOVEMBRE 1792. — Fête civique. *Voy.* 9 NOVEMBRE 1792. — Monaco. *Voy.* 1er SEPTEMBRE 1792.

12 = 12 NOVEMBRE 1792. — Décret qui excepte de la vente des effets mobiliers appartenant aux commanderies, prieurés, etc., de l'ordre de Malte, les meubles personnels des commandeurs, baillis, prieurs, ou autres bénéficiers. (L. 12, 186; B. 25, 178.)

Art. 1er. En interprétant l'article 4 du décret du 22 octobre dernier, la vente ordonnée du mobilier des établissemens du ci-devant ordre de Malte ne comprendra pas les meubles personnels des ci-devant commandeurs, baillis, prieurs ou autres bénéficiers du ci-devant ordre, mais seulement les effets mobiliers appartenant aux commanderies, prieurés, bailliages, ou autres bénéfices, dont l'état sera constaté par les baux, procès-verbaux et visites, et autres actes énonciatifs dudit mobilier.

2. Le mobilier excepté de la vente par le précédent article ne sera remis aux ci-devant commandeurs et autres dénommés dans ledit article qu'en rapportant par eux les certificats de résidence exigés par les lois de la République, pour justifier qu'ils n'ont point émigré.

12 = 12 NOVEMBRE 1792. — Décret qui ordonne la levée des scellés apposés sur les malles des prisonniers de la haute-cour nationale, et détermine l'emploi du prix de leurs effets. (L. 12, 187; B. 25, 177.)

La Convention nationale, ouï le rapport du comité d'aliénation, décrète que le juge-de-paix du second canton de la ville d'Orléans, *extrà muros*, est autorisé à lever les scellés par lui apposés sur les malles des prisonniers de la haute-cour nationale, et à faire procéder à la vente de ceux des effets conte-nus dans lesdites malles qui seraient susceptibles de se corrompre, à la charge de faire dresser, lors de ladite vente, procès-verbal qui désignera les malles dans lesquelles lesdits effets auront été trouvés et à qui les malles appartenaient. Le prix des effets vendus, ainsi que les effets non susceptibles de l'être, seront remis par le juge-de-paix au receveur du district, qui les fera passer à la caisse de l'extraordinaire, où le tout demeurera déposé pour être rendu aux héritiers des prisonniers, leurs créanciers ou autres qui y auraient droit.

12 = 12 NOVEMBRE 1792. — Décret qui met des fonds à la disposition du ministre des contributions, pour être répartis en secours entre différens départemens. (B. 25, 179.)

12 = 13 NOVEMBRE 1792. — Décret qui refuse au département de Paris un secours d'un million quatre cent mille livres demandé à titre d'avance sur le Trésor public. (B. 25, 177.)

12 = 12 NOVEMBRE 1792. — Décret qui rejette une réclamation sur la tenue de l'assemblée électorale du Jura, à Salins. (B. 25, 178.)

12 NOVEMBRE 1792. — Décret qui rapporte celui du 9 de ce mois, en ce qui concerne l'envoi de courriers extraordinaires. (B. 25, 178.)

12 NOVEMBRE 1792. — Décret relatif à la comptabilité des villes. (B. 25, 181.)

12 NOVEMBRE = 7 DÉCEMBRE 1792. — Décret portant que le sceau du Dauphiné, trouvé chez le sieur Delaporte, sera brisé et envoyé à la Monnaie. (B. 25, 179).

12 NOVEMBRE 1792. — Décret concernant Louis XVI. (B. 25, 181.)

12 NOVEMBRE 1792. — Décret de renvoi au comité de la guerre des différentes propositions contre les fournisseurs et les commissaires des guerres. (B. 25, 181.)

12 NOVEMBRE 1792. — Décret portant que le juif Jacob Benjamin sera admis le lendemain à la barre. (B. 25, 181.)

12 NOVEMBRE 1792. — Décret de renvoi au comité de liquidation de la demande d'augmentation de pensions pour les ci-devant employés des fermes et régies. (B. 25, 181.)

13 = 13 NOVEMBRE 1792. — Décret qui ordonne le versement de différentes sommes à la Trésorerie par la caisse de l'extraordinaire. (L. 12, 188; B. 25, 182.)

13 NOVEMBRE 1792. — Décret, qui désigne la loge destinée au rédacteur du Bulletin. (B. 25, 182.)

13 NOVEMBRE 1792. — Décret concernant le dôme des Invalides. (B. 25, 183.)

13 = 13 NOVEMBRE 1792. — Décret portant que les revenus et fondations attachés au collége de Luçon continueront à lui être appliqués pour l'enseignement, sous la surveillance des corps administratifs. (B. 25, 182.)

13 NOVEMBRE 1792. — Décret concernant un rapport sur les contributions. (B. 25, 183.)

13 = 23 NOVEMBRE 1792. — Décret d'ordre du jour sur la demande du citoyen d'Hillerin contre lequel aucun chef d'accusation n'est justifié. (B. 25, 182.)

13 NOVEMBRE 1792. — Décret qui ordonne l'impression des discours qui seront prononcés à la tribune de la Convention, concernant Louis XVI. (B. 25, 183.)

13 NOVEMBRE 1792. — Décret qui ajourne à lundi les discussions sur Louis XVI. (B. 25, 183.)

13 NOVEMBRE 1792. — Décret concernant les biens du clergé situés dans la Belgique. (B. 25, 183.)

13 = 18 NOVEMBRE 1792. — Décret portant que Benjamin Jacob restera en état d'arrestation. (B. 25, 184.)

13 NOVEMBRE 1792. — Emigrés; Hôpitaux ambulans. Voy. 11 NOVEMBRE 1792.

14 = 15 NOVEMBRE (25 OCTOBRE) 1792. — Décret qui abolit les substitutions. (L. 12, 111; B. 25, 115.)

Voy. lois du 9 FRUCTIDOR an 2; Code civil, art. 896 et suiv.; décrets du 31 OCTOBRE 1810; du 4 JUILLET 1811, art. 155; du 24 JANVIER 1812; avis du Conseil-d'Etat du 24 JANVIER 1812; loi du 17 MAI 1826.

Art. 1er. Toutes substitutions sont interdites et prohibées à l'avenir (1).

---

(1) Discussion et arrêt sur les caractères constitutifs des substitutions fidéi-commissaires (S. 3, α, 130).

Voy. les chapitres 1, 2, 3 et 4, et surtout le chapitre 2 de l'ouvrage de M. Rolland de Villargues, intitulé : des Substitutions prohibées. Voy. aussi le discours de M. Bigot Préameneu, en présentant le titre des Donations et Testamens du Code civil (S. 7, 2, 470).

Encore qu'une simple institution, subordonnée à la faculté d'élire de la part d'un tiers, ne renferme pas une substitution fidéi-commissaire, il n'en est point ainsi du cas où la mère est instituée pour jouir et disposer de l'hérédité comme de sa chose propre, à charge de la remettre à celui de ses enfans qu'elle élira. Dans ce cas, et si le père nomme un héritier au cas de non élection par la mère, il y a substitution annulée. Voy. les lois des 17 nivose, 22 ventose, 9 fructidor an 2, 18 pluviose an 5, 9 pluviose an 13 (Agen, S. 7, 2, 1212).

L'institution faite par le mari en faveur de sa femme, pour jouir à ses plaisirs et volonté, et à la charge de remettre les biens, à la fin de ses jours, ou quand bon lui semblerait, à celui de leurs enfans qu'elle voudrait choisir, constitue, non une fiducie, mais une substitution abolie. Peu importe que le testateur ait dispensé l'institué de rendre compte, et lui ait accordé la faculté de vendre, en cas de besoin (17 août 1808; Nîmes; S. 10, 2, 554).

Celui qui est institué héritier, avec cette clause : pour en jouir seulement pendant sa vie, et pour, après sa mort, les biens retourner à..... n'est pas seulement usufruitier; il est héritier grevé de substitution. La survenance de la loi des 25 octobre et 14 novembre 1792 a eu pour effet d'anéantir la substitution et de consolider la propriété sur la tête de l'institué (19 nivose an 12; Cass. S. 4, 1, 111).

La double disposition par laquelle un père, tout en instituant sa femme héritière, avec charge de rendre à sa fille et faculté de conserver l'usufruit sa vie durant, institue en même temps sa fille elle-même pour le cas où sa mère, au décès, ne lui aurait pas encore rendu la succession, constitue une véritable substitution fidéi-commissaire, et non un simple fidéi-commis à terme certain (10 juin 1830, Pau; S. 31, 2, 52; D. 31, 2, 27).

La substitution de eo quod supererit (c'est-à-dire par laquelle le donateur veut que, dans le cas de prédécès du donataire, les biens qui lui resteront et qu'il n'aura pas aliénés soient rendus à un tiers), établie dans une donation ancienne, a été comprise dans l'abolition et prohibition prononcées par cette loi (6 avril 1821, Riom; S. 22, 2, 339).

Il en est de même d'une substitution de eo quod supererit faite sous l'empire de la présente loi (1830, Bordeaux; S. 30, 2, 318).

Le droit de retour, stipulé au profit du donateur et de ses héritiers, n'établit pas, quant aux héritiers, une substitution dans le sens de cette loi (17 janvier 1807; Cass. S. 9, 1, 805).

Jugé en sens contraire que le retour conventionnel ne pouvait (sous l'ancienne législation comme sous la nouvelle) être stipulé qu'au profit du donateur; que c'était pour lui un droit qui lui était personnel. La stipulation du droit de retour au profit du donateur et de ses héritiers renfermait une véritable substitution fidéi-commissaire (9 avril 1829, Riom; S. 29, 2, 278; D. 29, 2, 231).

L'espèce de substitution connue dans le droit romain sous le nom de substitution ou exhéré-

2. Les substitutions faites avant la publication du présent décret, par quelques actes que ce soit, qui ne seront pas ouvertes à l'époque de ladite publication, sont et demeurent abolies et sans effet (1).

3. Les substitutions ouvertes lors de la publication du présent décret, n'auront d'effet qu'en faveur de ceux seulement qui auront alors recueilli les biens substitués, ou le droit de les réclamer (2).

14 = 15 novembre 1792.—Décret qui ordonne la vente des diamans et autres objets déposés à la caisse de l'extraordinaire. (L. 12, 192; B. 25, 185.)

La Convention nationale décrète que les diamans et autres objets déposés à la caisse de l'extraordinaire, en exécution de l'article 4 du décret du 28 septempre dernier, ainsi que ceux qui ont été déposés à la Trésorerie nationale en exécution du décret du 31 août précédent, et qui n'ont pas été portés à la Monnaie, seront vendus par les soins du ministre de l'intérieur, en exécution et conformité du décret du 24 octobre dernier, après distraction préalable des objets qui doivent être conservés aux termes des décrets des 23 et 28 octobre = 5 novembre, 6 = 8 novembre, 6 = 15 décembre 1790, et 10 octobre dernier, des matières d'or et d'argent qui doivent être portées à l'hotel des Monnaies. Les frais d'estimation d'experts et autres qui

---

dation officieuse (par laquelle le père pouvait réduire son fils à un usufruit, en instituant ou substituant les enfans de ce fils), n'est pas une substitution fidéi-commissaire abolie (11 pluviose an 11; Cass. S. 3, 1, 129).

(1) Ces deux premiers articles ont été décrétés le 25 octobre 1792; le troisième l'a été le 14 novembre 1792.

On doit remarquer que cet article, en tant qu'il enlève aux substitués existans à l'époque de la publication l'expectative de recueillir les substitutions qui s'ouvriraient par la suite, a un effet rétroactif; on a soulevé la question de savoir si cet article n'avait pas été abrogé, en cela, par l'art. 12 de la loi du 3 vendémiaire an 4, portant que toutes lois antérieures relatives aux divers modes de transmission des biens auront leur exécution, chacune, *à compter du jour de sa publication* : il est reconnu que, nonobstant l'article 12 précité de la loi du 3 vendémiaire an 4, l'art. 2 de la présente loi a dû être appliqué dans toute son étendue.

Voy. Répertoire de jurisprudence, v° Substitution fidéi-commissaire, sect. 1re, § 13, n° 3, et arrêt du 21 avril 1825, Toulouse; S. 25, 2, 274, confirmé par arrêt de la Cour de cassation du 21 mars 1826; S. 26, 1, 352; D. 26, 1, 205.

Il y a substitution abolie, encore que la personne à qui l'institué est chargé de rendre ne soit pas déterminée. Il suffit que l'institué soit entravé dans la disponibilité des biens de l'hérédité, tellement que, par l'effet de l'empêchement, ces biens puissent être dévolus à tel qui sera ultérieurement élu.

Celui qui a été appelé à une succession, en 1790, en vertu d'une substitution, n'a pas eu un droit acquis, à l'abri de l'abolition prononcée par la loi du 25 octobre et 14 novembre 1792, lorsque cette substitution était soumise à la faculté d'élection par un tiers (23 mai 1808; Cass. S. 8, 1, 418).

Cette loi a rendu sans effet tous évènemens ultérieurs, relativement aux substitutions.

Ainsi, en matière de substitution ouverte par le décès du dernier grevé, celui qui prétend que la substitution est ouverte à son profit a qualité et action pour faire juger, *hic et nunc*, s'il est ou n'est pas propriétaire; peu importe que l'ouverture de la substitution soit conditionnelle au pro-

fit d'un autre. Il y a déni de justice à le renvoyer après l'évènement de la condition, pour l'examen de la nature et de l'étendue de son droit aux biens substitués (2 janvier 1813; Cass. S. 13, 1, 107).

(2) Le grevé peut invoquer la loi abolitive, encore qu'à une époque bien antérieure, et dans l'imprévoyance de cette loi, il se soit obligé par transaction à maintenir la substitution (17 novembre 1812; Cass. S. 13, 1, 145).

Cependant il a pu, même depuis la loi, renoncer à son bénéfice et consentir l'effet de la substitution au profit du substitué. Une telle convention ne présente rien de contraire à l'ordre public (4 janvier 1831; Cass. S. 31, 1, 9; D. 31, 1, 69).

Lorsque des biens ont été donnés à une femme par son mari, avec cette clause, qu'au cas de convol de la femme, les biens seraient réservés aux enfans du premier mariage, ces biens n'ont pas été irrévocablement acquis à la femme par l'effet de cette disposition. Le droit des enfans de recueillir les biens donnés à leur mère n'offre pas les caractères d'une substitution (11 janvier 1825; Cass. S. 25, 1, 351; D. 25, 1, 141).

L'abolition d'une substitution n'a produit aucun effet en faveur du grevé, lorsque, antérieurement à cette loi, le grevé s'était déjà, par anticipation, dessaisi de la propriété des biens substitués, par une donation en faveur de l'appelé; peu importe que le grevé se fût réservé l'usufruit des biens (23 février 1831; Cass. S. 31, 1, 424; D. 31, 1, 106).

Celui qui, pour revendiquer des biens substitués, se prévaut d'une substitution ouverte sur sa tête sous l'empire de l'ordonnance de 1747, ne peut se refuser à faire preuve qu'il a rempli les formalités d'envoi en possession prescrites par les articles 35, 36 et 37. Il ne peut tirer avantage de l'abolition prononcée par la loi du 14 novembre 1792, pour en conclure que, les substitutions étant abolies, il ne doit plus y avoir à examiner si l'on a observé les formalités prescrites pour assurer leur effet.

Le principe est vrai dans le cas où le substitué agit pour évincer un tiers-acquéreur des biens substitués, tout comme si, déjà détenteur, il était lui-même attaqué par un appelé ultérieur, à qui fussent destinés les biens substitués (3 janvier 1810; Cass. S. 10, 1, 132).

pourraient être nécessaires, tant pour l'exécution du décret du 28 septembre dernier que pour parvenir au transport et à la vente des objets, seront prélevés sur le produit de ladite vente. Le trésorier de la caisse de l'extraordinaire est autorisé à en faire, s'il est besoin, l'avance, qui lui sera remplacée sur les premiers deniers de la vente.

14 = 14 NOVEMBRE 1792. — Décret relatif à l'embarquement d'une force armée pour les colonies. (L. 12, 190; B. 25, 184.)

14 = 14 NOVEMBRE 1792. — Décret qui ordonne l'impression du journal des opérations militaires de la campagne. (L. 12, 191; B. 25, 285.)

14 NOVEMBRE 1792. — Décret qui excepte du séquestre les rentes dues par l'État aux communautés religieuses de Gênes. (B. 25, 184.)

14 NOVEMBRE 1792. — Décret qui renvoie une lettre du ministre de l'intérieur. (B. 25, 185.)

14 NOVEMBRE 1792. — Décret relatif aux réclamations des députés extraordinaires de Nice, contre les troubles de cette ville. (B. 25, 186.)

14 NOVEMBRE 1792. — Décret qui ordonne un rapport sur la question de savoir si l'on confisquera tout ou partie des biens des prêtres déportés. (B. 25, 186.)

14 NOVEMBRE 1792. — Décret de renvoi concernant les substitutions. (B. 25, 186.)

14 NOVEMBRE 1792. — Décret de renvoi sur la question relative aux princes et seigneurs étrangers possessionnés en France, et qui font valoir leur qualité d'étrangers, pour se soustraire à la peine de l'émigration. (B. 25, 186.)

14 NOVEMBRE 1792. — Décret de renvoi pour le sieur Lelièvre. (B. 25, 186.)

15 = 15 NOVEMBRE 1792. — Décret portant que les commissaires de la Convention ne délivreront aucun mandat ni ordonnance sur les caisses nationales. (L. 12, 193; B. 25, 190.)

La Convention nationale, après avoir entendu le rapport de son comité des finances, décrète qu'à l'avenir aucun des commissaires pris dans son sein ne pourra ordonner aucune dépense, délivrer ni faire délivrer aucune ordonnance ni mandat sur les caisses nationales.

15 = 17 NOVEMBRE 1792. — Décret qui déclare sujets à cassation les jugemens du tribunal criminel établi au Palais à Paris. (L. 12, 195; B. 25, 129.)

La Convention nationale décrète que les jugemens qui seront rendus par le tribunal criminel établi au Palais à Paris seront sujets à cassation, et que ceux qui sont rendus et qui n'ont point été exécutés sont également sujets à cassation.

15 = 18 NOVEMBRE 1792. — Décret qui révoque la faculté accordée par le décret du 23 juillet 1792 au corps administratifs, de disposer des fonds appartenant à la nation qui se trouvent dans les caisses publiques, pour les dépenses relatives à la défense de l'État. (L. 12, 196; B. 25, 189.)

Art. 1er. A compter de la publication du présent décret, la faculté qui avait été accordée aux corps administratifs, notamment par le décret du 23 = 28 juillet dernier, de disposer des fonds appartenant à la nation qui se trouvent dans les caisses publiques, pour les dépenses relatives à la République, est et demeure révoquée.

2. Les administrateurs qui, après cette époque, signeront ou expédieront des mandats ou ordonnances sur les caisses nationales, pour les dépenses propres au Trésor public; les receveurs, payeurs ou caissiers qui les acquitteront, en seront personnellement responsables, lesdits mandats ou ordonnances devant être rejetés des comptes des receveurs qui les auront payés.

3. A compter du jour de la publication du présent décret, les directoires de district vérifieront et arrêteront l'état des sommes qui auront été payées par les receveurs de district, pour les dépenses propres au Trésor public. Ils feront dresser deux comptes séparés, dont un contiendra les sommes qui auront été payées pour le service de la guerre; l'autre contiendra les sommes qui auront été payées pour des objets étrangers au service militaire.

4. Les directoires de district enverront, sous trois jours, aux directoires de département, lesdits états, après les avoir vérifiés et certifiés véritables.

5. Les directoires de département vérifieront lesdits états, et ils les enverront, sous huitaine, avec leurs avis, savoir : au ministre de la guerre, ceux relatifs au service de la guerre, et au ministre de l'intérieur, ceux relatifs à des objets étrangers au service militaire.

6. Les ministres, après avoir vérifié les objets de dépense contenus dans lesdits états, feront expédier les ordonnances ou états de distribution nécessaires, lesquels seront reçus comme comptant, des receveurs de district, par la Trésorerie nationale.

15 NOVEMBRE 1792. — Décret qui change les empreintes de tous les marteaux employés pour les opérations relatives à l'administration des bois nationaux. (L. 12, 198 ; B. 25, 190.)

La Convention nationale, sur la proposition du ministre de la justice, convertie en motion par un de ses membres, décrète que le conseil exécutif provisoire est autorisé à faire changer promptement, et d'une manière convenable aux principes de la révolution, les empreintes de tous les marteaux qui seront employés pour les opérations relatives à l'administration des bois nationaux.

15 = 15 NOVEMBRE 1792. — Décret qui charge le pouvoir exécutif de prendre des mesures pour arrêter les dilapidations que les huissiers-priseurs commettent dans la vente du mobilier des émigrés. (L. 12, 200 ; B. 25, 188.)

La Convention nationale, sur la proposition d'un de ses membres, décrète que le pouvoir exécutif prendra des mesures pour arrêter les dilapidations que les huissiers-priseurs commettent dans la vente du mobilier des émigrés, donné à vil prix, et qu'il en rendra compte dans le plus bref délai.

15 = 18 NOVEMBRE 1792. — Décret qui ordonne le brisement et l'envoi à la Monnaie du grand sceau d'argent de l'ordre de Saint-Louis. (L. 12, 199 ; B. 25, 188.)

15 = 15 NOVEMBRE 1792. — Décret qui suspend l'exécution de l'arrêté pris par les commissaires envoyés à Bayonne pour accorder deux sous de haute-paie aux soldats. (L. 12, 194 ; B. 25, 196.)

15 = 15 NOVEMBRE 1792. — Décret qui accorde deux cent mille livres à titre d'avance au département de Paris. (L. 25, 187.)

15 = 15 NOVEMBRE 1792. — Décret qui accorde au citoyen Girardin, à sa femme et à son fils, une récompense pour découverte de faux assignats. (B. 25, 187.)

15 = 15 NOVEMBRE 1792. — Décret qui autorise la levée des scellés apposés sur plusieurs dépôts de chartes et lois par la municipalité de Paris. (B. 25, 187.)

15 = 17 NOVEMBRE 1792. — Décret relatif aux prisons de Paris. (B. 25, 188.)

15 NOVEMBRE 1792. — Décret qui ordonne mention au procès-verbal de l'exactitude avec laquelle les citoyens du district du Faouet ont payé leurs contributions de 1791. (B. 25, 189.)

15 = 15 NOVEMBRE 1792. — Décret qui met trois mille livres à la disposition du ministre de l'intérieur pour réparations des fondations du dôme des Invalides. (B. 25, 191.)

15 = 17 NOVEMBRE 1792. — Décret qui charge le ministre de la justice de faire organiser le tribunal de police correctionnelle de Paris. (B. 25, 192.)

15 NOVEMBRE 1792. — Décret pour le rapport sur les subsistances. (B. 25, 191.)

15 NOVEMBRE 1792. — Décret relatif à la proposition de supprimer le tribunal criminel établi au Palais par la loi du 17 août 1792. (B. 25, 192.)

15 NOVEMBRE 1792. — Décret pour la discussion sur Louis XVI, à neuf heures du matin. (B. 25, 191.)

15 = 19 NOVEMBRE 1792. — Décret qui ordonne de reconstruire aux frais de l'Etat la maison des jeunes héroïnes Ferning, détruite par les Autrichiens. (B. 25, 192.)

15 NOVEMBRE 1792. — Assignats. *Voy.* 31 AOUT 1792. — Commission des monumens ; Procès criminels ; Statues, etc. *Voy.* 16 SEPTEMBRE 1792. — Substitutions : *Voy.* 14 NOVEMBRE 1792.

16 NOVEMBRE 1792. — Décret qui exempte de la formalité de la corde et du plomb les poissons salés, ainsi que leurs issues, provenant de la pêche nationale. (L. 12, 203 ; B. 25, 194.)

La Convention nationale, après avoir entendu le rapport de ses comités de commerce et des finances réunis ;

Considérant que les dispositions de l'art. 8 du titre 3 de la loi du 22 août 1791 ne peuvent s'appliquer aux barils de poissons salés, sans nuire à la célérité d'expédition que le commerce exige, décrète ce qui suit :

Art. 1er. Les poissons salés, ainsi que leurs issues, provenant de la pêche nationale, et expédiés en barils ou futailles par les ports pêcheurs de la République, jouiront de l'exception portée en l'article 3 du titre III du Code des douanes nationales, et seront, comme les vins, eaux-de-vie et liqueurs, exempts de la formalité de la corde et du plomb, et seulement soumis, lors de l'embarquement, aux déclarations et autres formalités prescrites par ladite loi.

2. Les barils de poissons salés expédiés pour l'étranger seront accompagnés d'acquits-à-caution, et la prime accordée par le décret du 7 mars = 10 avril 1791 ne sera payée que sur la représentation des certificats qui constateront l'arrivée et le débarquement desdits barils au lieu de leur destination.

16 NOVEMBRE 1792. — Décret qui met à la disposition du ministre de la guerre une somme de trois cent mille livres pour l'établissement de voitures couvertes et suspendues pour le transport des blessés. (L. 12, 194; B. 25, 194.)

16 NOVEMBRE 1792. — Décret qui ordonne l'impression d'une lettre de plusieurs citoyens de Manheim. (B. 25, 192.)

16 NOVEMBRE 1792. — Décret qui ordonne de former une liste de candidats pour la nomination de commissaires à envoyer aux îles sous le Vent. (B. 25, 193.)

16 NOVEMBRE 1792. — Décret qui autorise l'administration de l'Hôtel-Dieu de Gisors à faire un échange avec les citoyens Morris et compagnie (B. 25, 193.)

16 NOVEMBRE 1792. — Décret pour les bataillons départementaires qui se trouvent à Paris. (B. 25, 193.)

16 NOVEMBRE 1792. — Décret qui mande à la barre le commissaire Gobin, accusé d'avoir donné ordre au bataillon du Lot de sortir de Paris. (B. 25, 193.)

16 NOVEMBRE 1792. — Décret qui ajourne à demain la discussion sur les émigrés. (B. 25, 194.)

16 NOVEMBRE 1792. — Décret qui ordonne de représenter et rédiger le procès-verbal du 23 août 1792, qui se trouve égaré. (B. 25, 195.)

16 NOVEMBRE 1792. — Rapports. *Voy.* 11 NOVEMBRE 1792.

17 = 19 NOVEMBRE 1792. — Décret relatif aux demandes formées par un grand nombre de municipalités, à l'effet d'obtenir des paiemens et avances sur le seizième du bénéfice qui leur échoit par les reventes des biens nationaux aliénés en leur faveur. (L. 12, 204; B. 25, 195.)

Voy. lois du 28 SEPTEMBRE = 16 OCTOBRE 1792; du 5 JUIN 1793.

Art. 1er. Les décrets du 5 août et du 28 septembre 1791, concernant l'affectation au paiement des dettes des municipalités du seizième qui leur revient sur la revente des biens nationaux à elles aliénés, et sur les conditions à remplir pour obtenir des paiemens et avances sur ledit seizième, seront exécutés selon leur forme et teneur.

2. Pour assurer d'autant plus l'exécution desdits décrets, les municipalités qui demanderont des paiemens ou avances sur leur seizième de bénéfices seront tenues de joindre à leur demande un état dressé par elles, cer-

tifié par le district, visé par le département, de toutes les sommes dont elles seront débitrices à l'époque de leur demande. Les dettes seront classées dans cet état, selon leur différente nature : dettes constituées, dettes exigibles actuellement, dettes exigibles à terme. Les causes pour lesquelles les dettes auront été contractées et l'époque à laquelle elles l'auront été seront exprimées.

3. Les officiers municipaux seront responsables et deviendront personnellement débiteurs des sommes dues par les municipalités à la date de la présentation des états mentionnés au précédent article, qui ne s'y trouveraient pas comprises.

4. Le décret qui autorisera le paiement ou avance à faire à une municipalité sur son seizième sera rendu sur le vu de l'état qui aura été dressé par l'administrateur de la caisse de l'extraordinaire, en exécution de l'article 2 du décret du 28 septembre 1791, et qui constatera le montant de ce qui revient à la municipalité, spécifiera la dette ou les dettes auxquelles le paiement ou avance seront affectés, et la différente manière dont les dettes devront être acquittées, d'après les distinctions établies dans les articles suivans.

A l'égard de l'extinction ou remboursement de la dette, il sera fait une distinction entre les dettes échues, soit actuellement, soit à l'époque où les décrets qui en ordonneront le paiement interviendront, et les dettes constituées ou dont le terme ne serait pas échu.

5. Les dettes échues seront soldées au moyen des fonds qui seront envoyés aux receveurs de districts, en conformité de l'article 5 du titre II du décret du 28 septembre 1791. Ces fonds seront remis directement par le receveur de district au créancier dont le paiement aura été ordonné par le décret rendu en exécution de l'article 4 ci-dessus, ou à son fondé de procuration, en présence d'un des officiers municipaux, qui se transportera à cet effet au district avec le créancier ou son fondé de procuration. Une expédition de la quittance, certifiée par le receveur du district, sera jointe au bordereau de sa dépense du mois, qu'il est tenu d'envoyer au commissaire de la caisse de l'extraordinaire.

6. A l'égard des dettes constituées et de celles dont le terme ne sera pas échu, il sera expédié, par le directeur-général de la liquidation, sur le vu du décret rendu en exécution de l'article 4, une reconnaissance portant que la République se charge de ladite dette, pour l'acquitter en principal et intérêts à échoir, de la manière qu'elle est due.

La reconnaissance sera adressée au receveur de district, qui la remettra au créancier ou à son fondé de pouvoir, en présence d'un des officiers de la municipalité débitrice, ainsi qu'il est dit en l'article précédent.

En échange de la reconnaissance, le créancier ou son fondé de pouvoir remettra à la municipalité une décharge de la somme qui était par elle due; expédition de la décharge, certifiée du receveur du district, sera envoyée par lui au commissaire de la caisse de l'extraordinaire.

Les intérêts échus jusqu'au premier jour du quartier dans lequel la reconnaissance sera délivrée seront payés comptant, de la manière qu'il a été ordonné dans l'article précédent à l'égard des dettes échues.

7. Aucun créancier des municipalités ne sera admis à toucher son paiement, ou à recevoir sa reconnaissance de liquidation, qu'en satisfaisant aux mêmes justifications de résidence et d'acquit de contribution, qui sont exigées des créanciers de la République; il sera fait mention, dans les quittances et décharges, de la représentation des pièces rapportées à cet effet.

8. Les municipalités qui n'auront point de dettes, ou dont toutes les dettes auront été acquittées, ne pourront demander aucun paiement ou à-compte sur leur seizième de bénéfice, pour les dépenses qui, aux termes des précédentes lois, doivent être acquittées sur les sous additionnels aux contributions, mais uniquement pour des dépenses extraordinaires relatives à des objets stables, d'une nécessité reconnue par les directoires de district et de département, dont les avis seront en ce cas envoyés au ministre de l'intérieur, chargé de les faire passer à la Convention, avec les demandes des municipalités.

9. L'excédant du seizième dû aux municipalités, après les emplois autorisés par les articles précédens, demeurera dans la caisse nationale, jusqu'à ce qu'il en ait été autrement ordonné; et il sera seulement payé aux municipalités l'intérêt dudit excédant, à raison de quatre pour cent.

10. Les municipalités qui auront reçu directement des acquéreurs des biens nationaux tout ou partie du seizième qui leur revenait seront tenues de rendre compte de ce qu'elles auront reçu, de l'emploi qu'elles en auront fait, et de remettre à la caisse de l'extraordinaire les obligations et annuités qui leur resteraient entre les mains.

17 = 19 NOVEMBRE 1792. — Décret relatif aux demandes formées par les municipalités et les corps administratifs, à l'effet d'être autorisés à acquérir des bâtimens, maisons ou domaines nationaux ou autres. (L. 12, 208; B. 25, 197.)

Voy. loi du 5 = 8 JUIN 1793.

Art. 1er. Il est sursis, quant à présent, et jusqu'à ce que la Convention en ait autrement ordonné, à accorder aux villes et communes, administrations de district et de dé-

partement, aucune autorisation à l'effet d'acquérir des bâtimens, maisons et domaines, soit nationaux, soit autres; toute vente ou adjudication d'une date postérieure à ce jour est dès à présent annulée.

2. Dans le cas où les villes et communes croiraient avoir besoin de quelques maisons ou bâtimens pour le service de la commune, elles feront lever le plan desdites maisons et bâtimens, faire l'estimation du produit qu'ils peuvent donner, et le devis des dépenses nécessaires pour rendre les bâtimens propres aux usages auxquels ils seront destinés: elles indiqueront aussi les moyens qu'elles auront pour en payer le loyer, et faire les dépenses comprises aux devis, si la location leur en est accordée.

Les municipalités enverront leurs demandes, avec le résultat desdites opérations, au directoire de district, qui en vérifiera l'exactitude, et fera passer le tout au directoire du département, lequel l'enverra avec son avis au ministre de l'intérieur, pour le remettre à la Convention nationale.

3. Sur le rapport qui en sera fait à la Convention, il pourra être ordonné par elle que la vente des bâtimens sera suspendue, et qu'ils seront loués à la commune pour un temps (lequel ne pourra excéder trois ans) et pour un prix qui sera déterminé par le décret, ainsi que la manière dont il sera pourvu aux fonds nécessaires pour le paiement du loyer et des ouvrages compris dans le devis mentionné en l'article précédent.

4. Les districts et départemens qui se trouveraient dans le même cas d'avoir besoin de quelques bâtimens pour leur administration, enverront leurs demandes, savoir: les districts, aux départemens, qui feront passer les demandes des districts au ministre avec leur avis; les départemens, directement au ministre. Les demandes seront accompagnées des pièces ordonnées par l'article 2. Le décret de la Convention sera rendu ainsi qu'il est dit dans l'article 3; le prix de la location, quand elle aura été autorisée, et les dépenses nécessaires pour mettre les bâtimens en état, seront payés par les administrés.

5. Pour assurer aux communes et corps administratifs le moyen de faire l'indication des objets dont la location leur serait nécessaire, il est sursis, pendant deux mois à compter de la promulgation du présent décret, à la vente et adjudication des maisons et bâtimens susceptibles d'être employés à une destination publique.

6. A l'égard des dispositions qui seraient nécessaires pour l'établissement des maisons d'arrêt, de justice, de correction et des prisons, la Convention renvoie à son comité d'aliénation, et le charge de lui présenter incessamment un projet de décret.

7. Aucune administration de département

5.

4

ou de district, aucune commune, municipalité ni section de commune ne pourra jouir de domaines nationaux que la location n'en ait été ordonnée en sa faveur, ainsi qu'il est porté dans les articles précédens. Les régisseurs du droit d'enregistrement sont chargés de veiller à la perception des loyers, et de fournir sans délai au ministre de l'intérieur l'état des maisons, bâtimens et domaines dont les corps administratifs, municipalités, communes et sections, jouiront sans avoir obtenu la permission de les louer, ou sans en payer le loyer. Le ministre de l'intérieur en rendra compte à la Convention, et y joindra son avis; sauf à l'égard des prisons, relativement auxquelles il n'est rien innové quant à présent.

17 NOVEMBRE 1792. — Décret qui admet à la barre le commissaire-ordonnateur Vincent. (B. 25, 200.)

17 NOVEMBRE 1792. — Décret qui fixe le bourg de l'Egalité pour le lieu de rassemblement du corps électoral de Paris. (B. 25, 199.)

17 NOVEMBRE 1792. — Décret pour la discussion sur Genève. (B. 25, 199.)

17 = 29 NOVEMBRE 1792. — Décret qui ordonne l'exécution provisoire du reglement du 5 juillet 1783, concernant l'approvisionnement de bois de chauffage de la ville de Rouen. (B. 25, 199.)

17 NOVEMBRE 1792. — Décret qui renvoie au comité de sûreté générale la lettre d'un citoyen de garde au Temple, relative à des précautions à prendre pour la garde de Louis XVI. (B. 25, 200.)

17 NOVEMBRE 1792. — Décret qui ajourne à demain la discussion sur les émigrés. (B. 25, 200.)

17 NOVEMBRE 1792. — Tribunal criminel de Paris. Voy. 15 NOVEMBRE 1792.

18 = 18 NOVEMBRE 1792. — Décret qui suspend l'exécution du décret qui accorde douze cents francs au citoyen Girardin, pour dénonciation de faux assignats. (B. 25, 200.)

18 NOVEMBRE 1792. — Décret pour l'impression d'une adresse des magistrats de Bergzabern. (B. 25, 201.)

18 = 18 NOVEMBRE 1792. — Décret qui porte à six cents livres, au lieu de trois cents livres, la pension du citoyen Vaillant, sous-officier des Invalides, en raison de son âge et de ses longs services. (L. 12, 202; B. 25, 200.)

18 = 18 NOVEMBRE 1792. — Décret qui ordonne l'envoi de commissaires à Nice. (B. 25, 201.)

18 NOVEMBRE 1792. — Décret sur l'envoi de l'adresse décrétée aux bataillons des différentes armées. (B. 25, 201.)

18 = 20 NOVEMBRE 1792. — Décret portant que le commissaire-ordonnateur Vincent restera en état d'arrestation. (B. 25, 202.)

18 NOVEMBRE 1792. — Décret qui ordonne un rapport sur la conduite à tenir par les généraux. (B. 25, 202.)

18 = 19 NOVEMBRE 1792. — Décret portant que le général Arthur Dillon sera admis à la barre lorsqu'il s'y présentera. (B. 25, 202.)

18 NOVEMBRE 1792. — Décret relatif à la nomination du greffier du tribunal criminel du département de l'Aisne. (B. 25, 202.)

18 NOVEMBRE 1792. — Corps administratifs; Marteaux; Sceau de l'ordre de Saint-Louis. Voy. 15 NOVEMBRE 1792.

19 = 23 NOVEMBRE 1792. — Décret qui accorde au citoyen Lazare Guys, officier d'administration à l'île de Tabago, sa demande en relief d'appointemens. (B. 25, 203.)

19 NOVEMBRE 1792. — Décret qui ordonne qu'il sera fait jeudi prochain un rapport sur les écoles primaires. (B. 25, 203.)

19 NOVEMBRE 1792. — Décret qui charge le ministre des affaires étrangères de donner des renseignemens sur la conduite de l'agent de France auprès du duc de Deux-Ponts. (B. 25, 204.)

19 NOVEMBRE 1792. — Décret qui ajourne à demain le rapport sur les secours à accorder aux familles des volontaires nationaux. (B. 25, 203.)

19 NOVEMBRE 1792. — Décret qui ajourne à demain la discussion sur les subsistances. (B. 25, 204.)

19 NOVEMBRE 1792. — Décret qui promet secours et fraternité à tous les peuples qui voudront recouvrer leur liberté. (L. 12, 213; B. 25, 204.)

19 NOVEMBRE 1792. — Biens nationaux; Domaines nationaux. Voy. 17 NOVEMBRE 1792.

20 = 24 NOVEMBRE 1792. — Décret qui autorise les directoires de département à liquider les créances qui n'excéderont pas huit cents livres. (L. 12, 216; B. 25, 204.)

La Convention nationale, conformément à

l'esprit des lois des 11 avril et 13 septembre 1792, qui ont pour objet de faciliter la liquidation et le paiement, dans les départemens, des créances de trois cents livres et au-dessous, dues aux fournisseurs, ouvriers et autres créanciers des ci-devant corps et communautés ecclésiastiques et laïques supprimés, décrete ce qui suit:

Art. 1er. Les reconnaissances de liquidation définitive de ces créances et de toutes celles qui n'excéderont pas le montant de huit cents livres (la Convention nationale étend jusqu'à ladite somme de huit cents livres les dispositions des décrets des 5 = 11 avril et 13 septembre derniers), et qui seront délivrées par les directoires de département, conformément audit décret du 13 septembre, seront acquittées par le receveur du district du chef lieu du département, sur les fonds qui lui seront faits par la caisse de l'extraordinaire, d'après les états desdites reconnaissances, qui seront adressés doubles à l'administrateur de cette caisse par les directoires.

2. Il en sera de même des reconnaissances de supplément, délivrées pour intérêt desdites créances à ceux desdits créanciers qui n'auraient précédemment obtenu des ordonnances que pour le capital, et qui réclameraient ces intérêts, conformément au décret du 14 = 27 avril 1791.

3. Les ordonnances ou reconnaissances de liquidation qui auraient été délivrées antérieurement au 1er décembre prochain seront payées par les receveurs du district du domicile des parties, auxquels receveurs il sera fait un fonds à cet effet par la caisse de l'extraordinaire, aussi d'après des états particuliers, qui seront adressés doubles à l'administrateur par les directoires, et séparés par districts.

4. Les propriétaires des créances mentionnées au présent décret seront dispensés de la justification prescrite par les décrets des 23 = 24 juin, 30 juillet = 2 août, 23 septembre dernier et 9 de ce mois, concernant la résidence, le paiement des impositions des contributions directes et de la contribution patriotique.

---

20 NOVEMBRE 1792. — Décrets qui enjoignent aux ministres de rendre compte de l'inexécution du décret d'accusation contre l'ex-ministre Lacoste. (B. 25, 108.)

---

20 NOVEMBRE 1792. — Décret d'accusation contre Gerdret, fournisseur de souliers des armées. (B. 25, 206.)

---

20 NOVEMBRE 1792. — Décret qui ordonne de poursuivre les prévenus de malversation dans les approvisionnemens et fournitures de l'armée des Alpes. (B. 25, 207.)

---

20 NOVEMBRE 1792. — Décret de nomination d'une commission pour vérifier de nouvelles pièces trouvées aux Tuileries. (B. 25, 207.)

---

20 NOVEMBRE 1792. — Décret qui charge le ministre de la guerre de rendre compte de quelle fabrique sont les fusils trouvés à Malines. (B. 25, 207.)

---

20 NOVEMBRE 1792. — Décret d'accusation contre les commissaires-ordonnateurs Vincent, et les sieurs Jacob Benjamin, Vast, Lajard et Lebrun. (B. 25, 208.)

---

20 NOVEMBRE 1792. — Décret qui rend aux Belges leurs drapeaux trouvés à Malines. (L. 12, 214; B. 25, 207.)

---

20 NOVEMBRE 1792. — Décret qui nomme une commission pour vérifier tous les marchés pour les approvisionnemens et fournitures des armées. (L. 12, 215; B. 25, 206.)

---

20 NOVEMBRE 1792. — Décret qui enjoint au ministre de la guerre de présenter, séance tenante, les marchés passés avec les citoyens Maréchal et d'Espagnac. (B. 25, 206.)

---

20 NOVEMBRE 1792 — Décret de renvoi au comité militaire d'une demande de canons par le bataillon du Calvados. (B. 25, 208.)

---

20 NOVEMBRE 1792. — Acte d'accusation contre le sieur Frédéric Diétrich. (B. 25, 208 et 212.)

---

20 NOVEMBRE 1792. — Décret qui renvoie au tribunal criminel du Bas-Rhin l'acte d'accusation contre Frédéric Diétrich. (B. 25, 212.)

---

20 NOVEMBRE 1792. — Décret d'accusation contre le sieur Launay. (B. 25, 212.)

---

20 NOVEMBRE 1792. — Huissiers-priseurs. *Voy.* 15 NOVEMBRE 1792.

---

21 = 23 NOVEMBRE 1792. — Décret qui ordonne la fabrication d'assignats de quatre cents livres, pour six cents millions. (L. 12, 220; B. 25, 214.)

Art. 1er. Il sera fabriqué pour six cents millions en assignats de quatre cents livres chacun.

2. Les sept cent cinquante rames de papier dans les dimensions des assignats de deux cents livres seront employées à cette fabrication.

3. L'assignat portera dans le texte: *République française, assignat de quatre cents livres, de la création du. . . . l'an 1er de la République, hypothéqué sur les domaines nationaux.* Au bas et dans le centre il y

aura une taille-douce représentant un aigle les ailes déployées, les serres sur la foudre, supportant un faisceau d'armes surmonté du bonnet de la Liberté, et entouré d'un serpent en cercle, symbole de l'éternité, rayonnant de lumière : le faisceau sera orné de branches de chêne, de laurier et d'olivier, pour caractériser la Force, la Victoire et la Paix.

Sur la gauche de cet emblème sera placé le sceau de la République en timbre sec ; à droite sera la signature.

La bordure de l'assignat sera composée de la série et du numéro, répétés en haut et en bas, de la somme répétée aux quatre angles, alternativement en lettres et en chiffres ; des deux légendes : *La loi punit de mort le contrefacteur ; La nation récompense le dénonciateur,* placés latéralement ; de deux camées représentant la Liberté et l'Egalité, placés au milieu de la bordure dans le haut et dans le bas, et enfin de parallélogrammes taillés en facettes variées par les ombres, et en faisant le pourtour de la bordure dans les espaces libres.

4. Le numérotage et la signature seront faits à la planche.

5. Il sera employé trente signatures, dont la combinaison pourra être variée suivant le nombre des séries. Ces signatures seront les suivantes :

Say, Manuel, Noël, Rousseau, Desmazières, Henry, Tulpin, Groiziers, Orry, Cinier, Griois, Pougin, Bertaut, Abraham, Camuzet, Brilhants, Gorsse, Adam, Benoits, Perrier, Evin, Durand, Ribou, Gaillard, Vieilh, Taupin, Tridou, Darnaud, Crosnier, Fleuriel.

6. Le ministre des contributions publiques est autorisé à traiter avec le citoyen Poissaut, pour l'acquisition des timbres secs à double face ou avec leurs vis-à-vis, et des machines propres à appliquer ces timbres.

7. La Trésorerie nationale tiendra à la disposition du ministre des contributions publiques : 1° jusqu'à concurrence d'une somme de cent soixante-huit mille sept cents livres pour la dépense de cette fabrication, suivant l'état fourni par le directeur-général de la fabrication des assignats, et annexé au rapport du comité des finances ; 2° jusqu'à la concurrence d'une somme de cinquante-cinq mille livres pour traiter de l'acquisition des timbres et des machines à timbrer, du citoyen Poissault, après en avoir fait examiner et vérifier l'avantage.

21 NOVEMBRE 1792. — Décret qui charge le ministre de la justice de poursuivre l'exécution des décrets d'accusation. (L. 12, 223 ; B. 25, 213.)

La Convention nationale décrète que désormais les décrets d'accusation seront envoyés au ministre de la justice pour en poursuivre l'exécution, et qu'ils lui seront expédiés, séance tenante.

Décrète en outre qu'à l'avenir les décrets d'accusation et les actes d'accusation ne seront ni imprimés, ni envoyés aux départemens.

21 NOVEMBRE 1792. — Décret qui autorise la commission chargée de la vérification des papiers trouvés aux Tuileries à décerner des mandats d'amener et des mandats d'arrêt. (L. 12, 218 ; B. 25, 213.)

21 NOVEMBRE 1792. — Décret qui charge le pouvoir exécutif de requérir l'évacuation des troupes suisses qui sont à Genève. (B. 25, 212.)

21 NOVEMBRE 1792. — Décret qui ordonne l'impression et la traduction, en différentes langues, des pièces lues par les députés savoisiens, et l'envoi aux départemens. (B. 25, 212.)

21 NOVEMBRE 1792. — Décret qui autorise l'admission des députés savoisiens dans la salle, pendant la discussion de la question de la réunion de la Savoie à la France. (B. 25, 213.)

21 NOVEMBRE 1792. — Décret relatif à l'organisation d'une compagnie de gendarmerie pour l'approvisionnement de Paris. (B. 25, 215.)

21 NOVEMBRE 1792. — Décret qui ordonne de faire un rapport sur mademoiselle d'Orléans, se trouvant en Angleterre pour apprendre la langue anglaise. (B. 25, 216.)

21 NOVEMBRE 1792. — Décret de renvoi aux comités diplomatiques et de législation de la question de la réunion de la Savoie à la France. (B. 25, 216.)

22 NOVEMBRE 1792. — Décret qui fixe la formule d'exécution des lois. (L. 12, 224 ; B. 25, 216.)

La Convention nationale décrète que la formule d'exécution des lois sera conçue ainsi qu'il suit :

« Au nom de la République, le conseil « exécutif provisoire mande et ordonne à « tous les corps administratifs et tribunaux « que la présente loi ils fassent consigner « dans leurs registres, lire, publier et afficher, et exécuter dans leurs départemens « et ressorts respectifs ; en foi de quoi nous « y avons apposé notre signature et le sceau « de la République. A Paris, etc. »

22 NOVEMBRE 1792. — Décret qui ordonne l'impression d'une adresse de citoyens anglais, et l'envoi aux départemens et aux armées. (B. 25, 216.)

22 NOVEMBRE 1792. — Décret d'ordre du jour sur une demande des citoyens Hugot et Chevalier, tapissiers, en paiement de fournitures par eux faites à la gendarmerie nationale. (B. 25, 217.)

22 NOVEMBRE 1792. — Décret qui charge le conseil exécutif de pourvoir au remplacement du sieur Dufresne-Saint-Léon, directeur de la liquidation. (B. 25, 217.)

22 NOVEMBRE 1792. — Décret qui enjoint au ministre de la guerre de rendre compte de l'exécution du décret d'arrestation contre Lanoue. (B. 25, 217.)

22 NOVEMBRE 1792. — Décret de renvoi : 1° sur les exceptions à ajouter au décret concernant les émigrés; 2° sur une petition de la commune de Marseille, tendant à obtenir un secours de deux cent mille livres; 3° sur l'organisation de la municipalité de Paris. (B. 25, 219.)

22 NOVEMBRE 1792. — Décret qui ordonne que les sieurs Malus, Petit-Jean et d'Espagnac soient mis en état d'arrestation, pour être traduits à la barre (B. 25, 218.)

22 NOVEMBRE 1792 — Décret qui enjoint au ministre de la guerre de rendre compte de l'état des fournitures de l'armée du Nord, et de la conduite du commissaire Malus. (B. 25, 218.)

22 NOVEMBRE 1792. — Décret qui ajourne à samedi un projet de décret sur les avances faites pour retirer les billets de secours. (B. 25, 218.)

22 NOVEMBRE 1792. — Décret de renvoi au comité de législation, pour faire un rapport sur une demande de la section des Piques, à l'effet de procéder à la nomination des officiers municipaux avant celle du maire. (B. 25, 218.)

22 NOVEMBRE 1792. — Décret qui nomme quatre commissaires civils pour les îles du Vent. (L. 12, 225; B. 25, 219.)

23 NOVEMBRE 1792. — Décret qui ordonne de mettre en liberté les citoyens détenus dans les prisons, quelles qu'elles soient, contre lesquels il n'y a ni mandat d'arrêt ni décret d'accusation. (L. 12, 226; B. 25, 225.)

La Convention nationale décrète que les citoyens détenus dans les différentes maisons d'arrêt ou dans les prisons, quelles qu'elles soient, contre lesquels il n'y a ni mandat d'arrêt ni décret d'accusation prononcé, seront mis en liberté sur-le-champ, à mesure que l'examen des détenus dans lesdites maisons aura été fait par le ministre de la justice, en exécution du décret du 15 de ce mois.

23 NOVEMBRE 1792. — Décret qui charge le ministre de la justice de se faire délivrer l'état de toutes les maisons, quelles qu'elles soient, où il y a des détenus pour démence, fureur ou toute autre cause. (L. 12, 227; B. 25, 224.)

La Convention nationale décrète que le ministre de la justice se fera délivrer l'état de toutes les maisons, quelles qu'elles soient, et qui sont situées dans les différens départemens, où il y a des détenus pour démence, fureur ou toute autre cause, ainsi que des personnes qui y sont détenues, de la cause et de l'époque de leur détention : à cet effet, le garde des archives de la République remettra au ministre de la justice les pièces déposées auxdites archives par le comité des lettres de cachet de l'Assemblée constituante. Le ministre de la justice se chargera desdites pièces, d'après l'inventaire qui en a été fait, et après récolement préalable; il sera tenu de les rétablir aux archives dans le délai de deux mois, et rendra compte à la Convention de l'exécution du présent décret, successivement et à mesure des renseignemens qu'il aura pris.

23 NOVEMBRE 1792. — Décret qui ordonne la formation de bataillons de gardes nationales destinés à l'augmentation des forces employées dans les îles du Vent. (L. 12, 228; B. 25, 224.)

Art. 1er. Les bataillons de gardes nationales destinés à l'augmentation des forces employées dans les îles du Vent ne fourniront chacun que le contingent de cinq cents hommes pris parmi ceux que leur position et leurs forces physiques mettront en état de servir utilement la patrie.

2 Le fonds des trois cents hommes excédans restera en dépôt sous les ordres d'un des lieutenans-colonels.

3. Chacun des corps restant au dépôt se portera successivement au complet, pour fournir les remplacemens que les circonstances pourront exiger dans leurs détachemens respectifs aux colonies.

23 NOVEMBRE 1792. — Décret qui subroge le ministre de l'intérieur aux marchés de grains faits par le bureau des subsistances de Marseille. (L. 12, 229; B. 25, 223.)

La Convention nationale, après avoir entendu le rapport de son comité d'agriculture, décrète que le ministre de l'intérieur est subrogé dans les marchés de grains faits par le bureau des subsistances de Marseille, jusqu'à la concurrence de deux millions deux cent mille livres, pour en être faite la distribution entre les divers départemens méridionaux, proportionnellement à leurs besoins.

23 NOVEMBRE 1793. — Décret qui détermine le mode d'apurement et de jugement des comptes arriérés des villes. (L. 12, 236 ; B. 25, 220.)

Voy. lois du 29 MARS = 3 AVRIL 1791, et du 17 NOVEMBRE 1792.

La Convention nationale, considérant qu'il est instant de faire apurer et juger les comptes arriérés des villes qui, aux termes des anciennes lois, doivent être présentés aux chambres des comptes et à tous autres tribunaux; que la nation est intéressée à vérifier le plus promptement possible les comptes des villes dont elle s'est chargée de l'acquittement des dettes, et que la présentation au bureau de comptabilité, dans les formes prescrites par la loi du 29 septembre 1791, entraînerait des difficultés et des dépenses considérables qu'il est nécessaire d'éviter, décrète ce qui suit:

Art. 1er. Les receveurs, trésoriers et tous autres comptables des deniers patrimoniaux, d'octrois et autres revenus anciens dont ont joui les villes qui continuent précédemment, soit à Paris, soit devant les chambres des comptes des ci-devant provinces et tous autres tribunaux, seront tenus de remettre leurs comptes, et même de présenter à la révision ceux des dix dernières années antérieures au dernier compte jugé, avec les pièces justificatives à l'appui, aux municipalités des lieux, dans le délai d'un mois à compter de la publication du présent décret, à peine de trois cents livres d'amende, et de dix livres par chaque jour de retard.

2. Les comptables pourront cumuler dans un seul et même compte la totalité des recettes et dépenses de leur gestion; à la charge cependant de distinguer les natures de recettes et dépenses de chaque exercice.

3. Les municipalités recevront et procéderont à la vérification des comptes dans le mois de la remise qui leur en sera faite, et feront passer lesdits comptes et pièces justificatives, avec leurs observations, aux directoires de district, dans le même délai.

4. Les directoires de district donneront leur avis sur lesdits comptes, et enverront le tout aux directoires de département dans le mois de la remise faite par les municipalités.

5. Les directoires de ce département procéderont, au plus tard dans les six mois qui suivront la publication du présent décret, à la vérification et jugement définitif de tous les comptes qui devront leur être remis en exécution de l'article précédent, à l'exception seulement de ceux desdits comptes dont il sera parlé en l'article suivant.

6. Les comptes des revenus des villes dont les dettes doivent être supportées par la nation, d'après le décret du 29 mars 1791 et celui du 17 du courant, seront vérifiés par les départemens et soumis à la révision du bureau de comptabilité, pour être jugés définitivement par la Convention nationale.

7. Les directoires de département feront faire un double des comptes mentionnés en l'article précédent, et en enverront la minute, avec les observations des districts et leur avis, au bureau de comptabilité, dans le délai prescrit par l'article 5 du présent décret : ils déposeront dans les archives les doubles desdits comptes et les pièces justificatives, pour y avoir recours au besoin.

8. Le montant des débets définitifs des comptes dus à la nation, et dont le jugement définitif est réservé à la Convention nationale, sera versé dans la caisse du receveur de district, qui en fournira son reçu aux comptables.

9. Quant aux débets définitifs des comptes dus aux villes et communes, autres que ceux désignés en l'article 8 ci-dessus, le montant en sera versé dans la caisse des trésoriers des communes, et la remise et vérification des comptes des revenus de toutes les communes de la République auront lieu, pour la nouvelle comptabilité, conformément au décret du 14 décembre 1789.

10. Dès que le comptable aura dressé son compte, il sera tenu de verser dans la caisse du trésorier de district ou de celui de la commune, conformément aux articles 8 et 9 ci-dessus, ce dont il s'avouera débiteur; il joindra la quittance que lui donnera le trésorier aux autres pièces justificatives de son compte.

11. Pour assurer l'exactitude des comptes dus par les municipalités, et l'emploi de leurs fonds d'une manière conforme aux lois prononcées sur cette matière, l'administrateur de la caisse de l'extraordinaire fera dresser un état des liquidations décrétées à leur profit, et pour lesquelles elles ont reçu, soit des remboursemens, soit des reconnaissances portant intérêt, et d'envoyer ledit état à la Convention.

12. La Convention nationale déroge aux lois précédemment rendues en tout ce qui est contraire au présent décret. Le ministre de l'intérieur rendra compte de son exécution tous les mois.

_____

23 NOVEMBRE 1792. — Décret qui ordonne un rapport sur différentes propositions concernant les procès contre les fournisseurs infidèles, etc. (B. 25, 224.)

23 NOVEMBRE 1792. — Décret qui ordonne que les ex-ministres produiront les pièces à l'appui de leur compte. (B. 25, 222.)

23 NOVEMBRE 1792. — Décret qui ordonne que le receveur du district d'Arles versera à la Trésorerie nationale les fonds appartenant à la nation. (B. 25, 222.)

23 NOVEMBRE 1792. — Décret qui ordonne la formation de deux régimens de hussards, dont la levée est proposée par les citoyens Boyer et Lamotte. (L. 12, 230; B 25, 230.)

23 NOVEMBRE 1792. — Décret qui ordonne le rapport sur les troubles de la ville d'Arles. (B. 25, 225.)

23 NOVEMBRE 1792. — Décret relatif au mode de statuer sur les pétitions et mémoires envoyés aux comités de la Convention. (B. 25, 220.)

23 NOVEMBRE 1792. — Décret qui ajourné la proposition de supprimer le tribunal criminel. (B. 25, 225.)

23 NOVEMBRE 1792. — Décret qui ajourne à demain la discussion d'un projet de décret concernant une compagnie de gendarmerie. (B. 25, 225.)

23 NOVEMBRE 1792. — Assignats; Décrets d'accusation. *Voy.* 21 NOVEMBRE 1792. — Drapeaux des Belges. *Voy.* 20 NOVEMBRE 1792. — Papiers trouvés aux Tuileries. *Voy.* 21 NOVEMBRE 1792. — Peuples étrangers. *Voy.* 19 NOVEMBRE 1792.

24 NOVEMERE 1792. — Décret relatif à la nomination aux places de lieutenans d'artillerie, et qui augmente le corps de l'artillerie de vingt-huit seconds capitaines destinés au service des côtes maritimes. (L. 12, 240; B. 25, 228.)

Art. 1er. Il sera accordé aux sous-officiers du corps de l'artillerie la moitié des places de seconds lieutenans vacantes en ce moment, et la moitié de celles qui viendront à vaquer d'ici à l'époque qui sera fixée pour le premier examen de l'artillerie; mais, à cette époque, il sera nommé aux places de seconds lieutenans conformément à l'article 2 du titre 11 du décret du 16 = 27 août 1791.

2. Le corps de l'artillerie sera augmenté de vingt-huit seconds capitaines, destinés à faire le service des côtes maritimes.

3. Ces seconds capitaines seront indépendans des officiers des compagnies, et néanmoins ce nombre de vingt-huit sera divisé en raison de quatre par régiment d'artillerie, qui concourront pour leur avancement avec les autres seconds capitaines, pour prendre des compagnies.

4. De ces quatre seconds capitaines d'augmentation par régiment d'artillerie, les deux premiers auront deux mille livres d'appointemens, et les deux derniers seize cents livres.

5. Ces seconds capitaines ne seront rem-

placés que pendant la guerre; à la paix, ils seront remis dans les compagnies à mesure qu'il y vaquera des places de capitaines.

6. La Trésorerie nationale tiendra à la disposition du ministre de la guerre la somme de cinquante-six mille quatre cent quarante-huit livres, pour le montant des appointemens et du logement de ces officiers, suivant l'aperçu que le ministre en a fourni, et dont l'état est annexé au présent décret.

(*Suit le tableau.*)

24 NOVEMBRE 1792. — Décret relatif au mode d'exécution du décret du 4 septembre 1792, qui met douze millions à la disposition du ministre de l'intérieur, pour achats de grains chez l'étranger. (L. 12, 245; B. 25, 226.)

Art. 1er. La Trésorerie nationale tiendra à la disposition du ministre de l'intérieur la somme de douze millions, et les diverses règles et mesures décrétées les 26 septembre = 2 octobre 1791 et 9 = 14 mars 1792, à la réserve de ce qui est compris dans l'article 2 du présent décret, pour la distribution des grains aux municipalités, les ventes qu'elles en feront, ensuite le compte qu'elles devront rendre du produit desdites ventes, le mode et les délais à suivre dans les différentes sommes accordées aux départemens à titre de secours et de prêt, seront suivies selon leur forme et teneur, pour l'entière exécution de la loi du 4 septembre dernier.

2. Les receveurs de district verseront directement dans la caisse de l'extraordinaire le produit des ventes de grains ou farines provenant des avances faites par la Trésorerie nationale aux départemens, en exécution des décrets des 26 septembre = 2 octobre 1791, 9 = 14 mars 1792, et autres décrets postérieurs, dérogeant, quant à ce, à l'article 3 dudit décret du 9 = 14 mars 1792 (1).

24 NOVEMBRE 1792. — Décret concernant la formation du conseil général de la commune et du corps municipal à Paris. (B. 25, 229.)

Voy. loi du 29 NOVEMBRE 1792.

La Convention nationale, considérant que la municipalité de Paris ne peut continuer son administration avec le petit nombre de membres auxquels elle est actuellement réduite, décrète ce qui suit:

Art. 1er. Les sections de Paris nommeront, dans trois jours à compter de la publication du présent décret, cent trente-deux citoyens, qui, avec les douze municipaux actuellement en exercice, formeront le conseil-général de la commune et le corps municipal, provisoi-

_____

(1) *Voy.* loi du 25 novembre 1792.

rement, et jusqu'au renouvellement définitif décrété par la loi du 17 septembre dernier.

2. Chaque section nommera trois membres dans son sein. Celles qui se trouveront avoir fourni un ou deux officiers municipaux actuellement en exercice ne nommeront que les membres qui devront compléter le nombre de trois.

3. Les élections seront faites par un seul tour de scrutin, et à la pluralité relative des suffrages.

4. Le conseil-général provisoire nommera, dans les trois jours de son installation, les quarante-huit membres qui doivent former le corps municipal.

Dans le cas où quelques sections négligeraient de procéder auxdites élections dans le délai de trois jours, porté par l'article 1er, le département y suppléera par la nomination de commissaires.

24 NOVEMBRE 1792. — Décret qui fixe le mode d'échange et de remboursement des billets de parchemin de la maison de secours. (L. 12, 247; B. 25, 230.)

24 NOVEMBRE 1792. — Décret concernant la formation provisoire du conseil général de la commune et du corps municipal de Paris. (L. 12, 243; B. 25, 229.)

24 NOVEMBRE 1792. — Décret qui ajourne à demain le rapport sur le tribunal criminel. (B. 25, 235.)

24 NOVEMBRE 1792. — Décret qui autorise la municipalité de Lyon à faire un emprunt de trois millions. (B. 25, 226.)

24 NOVEMBRE 1792. — Décret qui ajourne à mercredi la discussion sur Louis XVI. (B. 25, 235.)

24 NOVEMBRE 1792. — Décret qui lève la suspension du sieur Denis Aveizas-Destanzau. (B. 25, 228.)

24 NOVEMBRE 1792. — Décret d'ordre du jour sur l'organisation d'une compagnie de gendarmerie. (B. 25, 230.)

24 NOVEMBRE 1792. Hussards. Voy. 23 NOVEMBRE 1792. — Liquidation; Marchés pour les armées. Voy. 28 NOVEMBRE 1792.

25 NOVEMBRE 1792. — Décret qui supprime la place de directeur de l'Académie de France de peinture, sculpture et architecture, établie à Rome, et suspend, dans toutes les académies de France, tous remplacemens et toutes nominations. (L. 12, 255; B. 25, 235.)

Art. 1er. La place de directeur de l'Académie de France de peinture, sculpture et architec-

ture établie à Rome, est supprimée. Cet établissement est mis sous la surveillance immédiate de l'agent de France.

2. Le conseil exécutif est chargé d'en changer sans délai le régime, pour l'établir sur les principes de liberté et d'égalité qui dirigent la République française.

3. La Convention nationale suspend dès à présent, dans toutes les académies de France, tous remplacemens et toutes nominations.

25 NOVEMBRE 1792. — Décret qui ordonne le paiement des dépenses de l'expédition ordonnée pour les îles du Vent. (L. 12, 256; B. 25, 236.)

La Convention nationale, après avoir entendu le rapport de son comité des finances, décrète que la Trésorerie nationale tiendra à la disposition du ministre de la marine jusqu'à concurrence de la somme de neuf millions deux cent soixante-huit mille neuf cent vingt-cinq livres, laquelle, jointe au fonds de deux millions neuf cent deux mille quatre cent soixante-trois livres mis à sa disposition par le décret du 25 octobre dernier, forme celle de douze millions cent soixante-onze mille trois cent quatre vingt-huit livres, pour être par lui employée à acquitter les dépenses de l'expédition ordonnée pour les îles du Vent, par les décrets des 9 et 14 de ce mois, suivant l'aperçu qui en a été fourni par le ministre, et dont l'état suit. (Suit l'état.)

25 NOVEMBRE 1792. — Décret d'ordre du jour sur la demande des départemens des Côtes-du-Nord et d'Ille-et-Vilaine, à l'effet d'obtenir, pour les départemens qui se partagent l'ancienne Bretagne, une dérogation à quelques articles du décret du 21 septembre 1791, relatif à la liquidation des ci-devant pays d'états. (B. 25, 237.)

25 NOVEMBRE 1792. — Décret qui déclare commun aux fabricans de Charleville le décret du 20 juin 1792, en faveur de Sedan, Reims et Rhetel. (B. 25, 238.)

25 NOVEMBRE 1792. — Décret qui rapporte l'article 2 du décret du 24 novembre, pour le versement du prix des ventes des grains. (B. 25, 237.)

25 NOVEMBRE 1792. — Décret qui autorise les électeurs du département de Paris à s'assembler dans les salles de l'évêché. (B. 25, 138.)

25 NOVEMBRE 1792. — Décret qui ajourne à demain le rapport relatif aux veuves et enfans des volontaires nationaux. (B. 25, 240.)

25 NOVEMBRE 1792. — Décret qui rapporte celui du 5 avril, qui ordonnait que le sieur Colmin serait mis en état d'arrestation. (B. 25, 238.)

25 NOVEMBRE 1792. — Décret qui accorde un secours provisoire à Joseph Beheman, prêtre chaldéen, et renvoie sa pétition aux comités d'instruction publique et de liquidation. (B. 25, 239.)

25 NOVEMBRE 1792. — Décret qui enjoint aux divers comités de la Convention de rendre compte, tous les quinze jours, des membres qui manquent à s'y rendre. (B. 25, 239.)

25 NOVEMBRE 1792. — Décret pour paiement de loyers des bureaux de l'ancienne administration de commerce. (B. 25, 237.)

25 NOVEMBRE 1792. — Décret relatif aux employés dans les ci-devant fermes. (B. 25, 239.)

25 NOVEMBRE 1792. — Décret qui charge le ministre de l'intérieur de prendre des renseignemens sur des pages qui tiennent maison à Versailles. (B. 25, 239.)

25 NOVEMBRE 1792. — Décret de renvoi de la pétition du citoyen Eupen, relative à un passeport demandé par son père à la municipalité de Valenciennes. (B. 25, 239.)

25 NOVEMBRE 1792. — Décret qui ordonne l'impression d'un rapport sur les pétitions, et l'insertion au Bulletin. (B. 25, 240.)

25 NOVEMBRE 1792. — Décret qui ordonne que le sieur Thomas Imbert, lieutenant de vaisseau, sera continué dans l'exercice de ses fonctions. (B. 25, 235.)

25 NOVEMBRE 1792. — Décret qui ordonne un rapport : 1° sur la pétition de la dame Verrier, menacée d'être mise hors de l'hôpital des Quinze-Vingts pour s'être mariée sans avoir prévenu les administrateurs ; 2° sur la pétition de la dame Benoît, femme du citoyen Galbert, soldat dans l'armée de Dumouriez ; 3° sur une pétition des citoyens de Fontenay-sous-Vincennes. (B. 25, 240 et 241.)

25 NOVEMBRE 1792. — Décret qui charge le ministre de la guerre de donner des renseignemens sur les avances faites au corps de hussards par le citoyen Dumont, capitaine audit corps. (B. 25, 241.)

25 NOVEMBRE 1792. — Décret qui suspend l'exécution et l'effet des certificats de résidence et passeports. (B. 25, 241.)

25 NOVEMBRE 1792. — Décret qui porte à deux cent cinquante livres la pension de cent cinquante livres accordée au citoyen Adrien, père de vingt enfans. (B. 25, 241.)

25 NOVEMBRE 1792. — Comptes arriérés des villes. *Voy.* 23 NOVEMBRE 1792. — Emigrés. *Voy.* 25 JUILLET 1793. *Voy.* aussi 28 MARS 1793.

26 NOVEMBRE 1792. — Décret qui ordonne la proclamation et l'exécution des articles du décret sur les émigrés, relatifs aux émigrés rentrés dans le territoire français, et à ceux qui sont détenus dans les villes frontières ou dans l'intérieur de la France. (L. 12, 258 ; B. 25, 242.)

La Convention nationale décrète que les articles du décret sur les émigrés, qui ordonnent à tout émigré rentré de sortir de la République dans les délais indiqués, et que les émigrés détenus dans les villes frontières ou dans l'intérieur de la France seront conduits sans délai hors des frontières, procès-verbal préalablement dressé de leur élargissement, ainsi que l'article qui défend toute voie de fait contre les émigrés, seront envoyés sur-le-champ au conseil exécutif, pour être proclamés et exécutés sans délai, et qu'à cet effet, copie desdits articles sera jointe au présent décret. (*Suit la teneur desdits articles.*)

Les émigrés rentrés en France sont tenus de sortir du territoire de la République, savoir : de Paris et de toute autre ville dont la population est de vingt mille ames et au-dessus, dans vingt-quatre heures du jour de la promulgation de la présente loi, et dans quinzaine du même jour, de toutes les autres parties de la République : après ces délais, ils seront censés avoir enfreint la loi du bannissement, et punis de mort.

Les émigrés qui, au jour de la promulgation de la présente loi, seront détenus dans les villes frontières ou dans l'intérieur de la France, seront conduits sans délai, sous bonne et sûre garde, hors des frontières, à la diligence des corps administratifs. Les frais de détention et ceux de transport seront payés sur les deniers des ventes des meubles des émigrés, sans néanmoins déroger aux dispositions de la loi rendue contre ceux qui ont été pris les armes à la main, ou qui ont servi contre la France. Avant l'élargissement et le renvoi desdits émigrés détenus, il sera dressé un procès-verbal desdits élargissemens et renvoi, lequel contiendra les noms, prénoms et surnoms des élargis et renvoyés, ainsi que leur âge, qualités et signalemens.

Les concierges des prisons seront tenus de remettre aux officiers municipaux des lieux de leur domicile les procès-verbaux ci-dessus prescrits. Les officiers municipaux enverront sans délai ces procès-verbaux au ministre de l'intérieur, qui en adressera des expéditions aux départemens respectifs du domicile ou de l'assise des biens des émigrés, pour que ceux qui y seront dénommés soient compris, si fait n'a été, dans les listes des émigrés.

Les voies de fait contre les émigrés sont défendues, sous les peines portées par le Code pénal; mais, sur la dénonciation qui sera faite de tout émigré qui, en contravention à la loi du bannissement, sera trouvé sur le territoire français, le dénoncé sera poursuivi dans les formes prescrites par le décret du 15 = 29 septembre 1791, concernant le jury.

26 NOVEMBRE 1792. — Décret relatif au paiement des huissiers des tribunaux criminels. (L. 12, 264; B. 25, 244.)

La Convention nationale décrète que les huissiers des tribunaux criminels seront payés, pour leur service intérieur près ces tribunaux, à raison de six cents livres par an, et qu'ils seront en outre payés, pour les actes de leur ministère, comme les huissiers des tribunaux civils.

26 = 28 NOVEMBRE 1792. — Décret qui accorde cinq sous par lieue de poste aux convalescens militaires. (L. 12, 265; B. 25, 245.)

La Convention nationale, sur la motion d'un de ses membres, décrète qu'il sera payé aux convalescens militaires cinq sous par lieue de poste, pour les aider à retourner chez eux, et qu'il sera tenu compte aux départemens de ce qu'ils ont payé par avance.

26 NOVEMBRE 1792. — Décret relatif aux commissaires envoyés dans les départemens par le conseil exécutif provisoire. (L. 12, 266; B. 25, 245.)

26 = 27 NOVEMBRE 1792. — Décret pour les secours à accorder aux pères, mères et enfans des citoyens soldats volontaires, qui sont dans le besoin. (B. 25, 242.)

26 NOVEMBRE 1792. — Décret qui autorise à payer aux créanciers des ci-devant corps ecclésiastiques et laïques supprimés jusqu'à concurrence de huit cents livres. (B. 25, 242.)

26 NOVEMBRE 1792. — Décret de renvoi au comité des finances, pour faire un rapport demain. (B. 25, 215.)

26 NOVEMBRE 1792. — Décret qui ajourne à demain la discussion de la réunion du peuple savoisien à la France. (B. 25, 246.)

26 NOVEMBRE 1792. — Billets de parchemin. *Voy.* 24 NOVEMBRE 1792. — Iles du Vent. *Voy.* 22 NOVEMBRE 1792.

27 NOVEMBRE 1792. — Décret relatif aux employés dans les maisons et domaines de la liste civile, et à l'administration des biens qui en dépendent. (L. 12, 268; B. 25, 246.)

Art. 1er. Tous les traitemens, gages, appointemens, gratifications et autres émolumens, de quelque nature qu'ils soient, attribués aux personnes employées par le ci-devant Roi dans les maisons et domaines de la ci-devant liste civile, dans le Louvre et les Tuileries, cesseront entièrement au 31 décembre prochain.

2. A la même époque, toutes personnes qui avaient leur logement dans lesdites maisons et domaines seront tenues de les évacuer et de remettre les lieux en bon état, tels qu'ils leur ont été livrés. Sont exceptées de la présente disposition les personnes auxquelles les logemens dans le Louvre ont été réservés par les décrets des 12 et 16 août dernier.

3. Celles de ces personnes mentionnées dans l'article 1er dont les gages et traitemens n'excédaient pas la somme de six cents livres par an seront payées de leurs gages courans jusqu'audit jour 31 décembre prochain, conformément au décret du 3 octobre dernier. Les personnes dont les gages et traitemens excédaient la somme de six cents livres recevront seulement des à-comptes sur le pied de six cents livres par an.

4. Tout ce qui était dû par la liste civile au 10 août dernier tombera en arrière, et sera payé sur les fruits échus audit jour 10 août, ainsi que sur les deniers comptans et effets qui seront reconnus appartenir à la liste civile, après que la liquidation et l'ordre desdites créances auront été faits, conformément aux décrets qui seront prononcés par la Convention.

5. La Convention se réserve de prendre en considération la nature et le temps des services, l'âge et les besoins des employés dans les maisons et domaines de la liste civile, ainsi que ce qui pourra être dû à ceux d'entre eux dont le traitement excédait six cents livres, jusqu'au moment de la suppression dudit traitement, et elle y statuera sur le rapport qui lui sera fait par le comité de liquidation.

6. Les personnes employées à la conservation, garde et police des bois et forêts dépendant de la liste civile, ne sont pas comprises dans le présent décret, la Convention se réservant de statuer sur ce qui regarde la conservation desdits bois et forêts, d'après le rapport qui lui en sera fait incessamment par le comité des domaines.

7. Les aumônes qu'il était d'usage de donner chaque mois dans les communes dépendant de la liste civile continueront provisoirement, et jusqu'à ce qu'il en ait été autrement ordonné, à être versées entre les

mains des officiers municipaux, pour être distribuées par l'avis du conseil général de la commune, sous la surveillance du district et du département, auxquels les municipalités rendront compte de la distribution.

8. Les biens dépendant de la liste civile seront administrés, comme tous les autres biens nationaux, par les régisseurs du droit d'enregistrement, conformément au décret du 19 août 1791; ils feront la perception des revenus échus tant avant le 10 août que postérieurement à cette époque; mais ils distingueront dans leurs registres les fruits et revenus antérieurs et postérieurs au 10 août.

9. Les régisseurs du droit d'enregistrement présenteront à la Convention, avant le 20 décembre prochain, l'état du nombre des commis extraordinaires qui leur paraîtra nécessaire d'employer sur les lieux, pour la régie des biens de la ci-devant liste civile. Ils auront la faculté de choisir pour commis les personnes ci-devant employées dans l'administration desdits biens, le droit de les changer et révoquer leur demeurant réservé; mais ils ne pourront choisir parmi les ci-devant employés que ceux qui auront un certificat de civisme délivré par le conseil général de la commune de leur résidence.

10. Les terres, fermes et domaines que le ci-devant Roi faisait valoir par ses agens directs seront affermés conformément aux décrets rendus à l'égard des biens nationaux; les maisons et bâtimens nationaux seront loués conformément aux mêmes décrets.

Article additionnel. Les dispositions des articles 1, 2, 3, 8, 9 et 10 de ce décret sont étendues aux biens qui appartenaient aux frères du ci-devant Roi, lesquels seront régis par les directeurs du droit d'enregistrement, en conformité desdits articles (1).

27 NOVEMBRE 1792. — Décret qui charge le pouvoir exécutif de notifier aux puissances étrangères que la France ne reconnaîtra, comme ministre public, aucun émigré. (L. 12, 271; B. 25, 251.)

La Convention nationale décrète que le pouvoir exécutif sera chargé de notifier aux puissances étrangères que la République ne reconnaîtra comme ministre public aucun émigré, fût-il naturalisé chez la puissance qui l'enverrait, et qu'elle ne souffrira aucun émigré, sous quelque titre que ce puisse être, à la suite d'un ministre public.

27 = 29 NOVEMBRE 1792. — Déclaration de la réunion de la Savoie à la France. (L. 12, 272; B. 25, 250.)

La Convention nationale déclare la réunion de la ci-devant Savoie à la République française.

27 NOVEMBRE 1792. — Décret qui réunit la Savoie à la France. (L. 12, 272; B. 25, 250.)

La Convention nationale, après avoir entendu le rapport de ses comités de constitution et diplomatique, et avoir reconnu que le vœu libre et universel du peuple souverain de la Savoie, émis dans les assemblées des communes, est de s'incorporer à la République française; considérant que la nature, les rapports et les intérêts respectifs rendent cette union avantageuse aux deux peuples, déclare qu'elle accepte la réunion proposée, et que, dès ce moment, la Savoie fait partie intégrante de la République française.

Art. 1er. La Convention nationale décrète que la Savoie formera provisoirement un quatre-vingt-quatrième département, sous le nom de département du Mont-Blanc.

2. Les assemblées primaires et électorales se formeront incessamment, suivant la forme des lois établies, pour nommer leurs députés à la Convention nationale.

3. Ce département aura provisoirement une représentation de dix députés à la Convention nationale.

4. Il sera envoyé dans le département du Mont-Blanc quatre commissaires pris dans le sein de la Convention nationale (2), pour procéder à la division provisoire et à l'organisation de ce département en districts et en cantons. Ces commissaires seront nommés par la voie du scrutin.

5. Les bureaux des douanes établis sur les frontières de la France et de la Savoie sont supprimés. Ceux sur les confins du Piémont, de la Suisse et de Genève, seront conservés provisoirement, et le ministre des contributions publiques sera chargé de faire parvenir sur-le-champ les lois et tarifs relatifs à la perception des droits sur les objets exportés ou importés.

6. Il sera établi dans les chefs-lieux de district ou dans les bureaux de douanes aux frontières, après l'organisation des autorités, des commissaires pour la vérification des assignats.

7. Sur la proposition d'insérer dans le dé-

(1) Les biens du roi Louis XVI et de Monsieur, depuis Louis XVIII, ayant été réunis au domaine de l'État, leurs créanciers sont devenus créanciers de l'État, et frappés par les lois de déchéance (15 juin 1828; ord. Mac. 10, 481).

Voy. notes sur l'art. 20 de la loi du 8 novembre 1814.

(2) *Voy.* loi du 29 novembre 1792, portant nomination des commissaires.

cret de réunion de la Savoie, les mots: *Au nom du peuple français*, la Convention nationale passe à l'ordre du jour, motivé sur la déclaration solennelle qu'elle a faite, qu'il n'y aura de constitution que celle qui aura été acceptée par le peuple français (1).

27 = 27 NOVEMBRE 1792. — Décret qui ordonne la formation, à portée de l'hôtel de la guerre, d'un magasin des effets militaires actuellement à Saint-Denis. (B. 25, 246)

27 NOVEMBRE 1792. — Décret qui ordonne la nomination et l'envoi de commissaires dans la Savoie. (B. 25, 250.)

27 NOVEMBRE 1792. — Décret qui ordonne l'impression et la distribution du décret contre les émigrés. (B. 25, 252.)

27 NOVEMBRE 1792. — Décret qui enjoint aux ministres de remettre le tableau des citoyens qui ont reçu une mission du gouvernement français. (B. 25, 251.)

27 = 27 NOVEMBRE 1792 — Décret qui accorde une récompense au citoyen Babu, pour la découverte des trirèmes des anciens. (B. 25, 246.)

27 NOVEMBRE 1792. — Décret qui ordonne que les comités de sûreté générale et d'agriculture se feront rendre compte des opérations du ministre de l'intérieur sur les subsistances. (B. 25, 252.)

27 = 27 NOVEMBRE 1792 — Décret qui suspend la vente des papiers déposés à la ci-devant chambre des comptes. (B. 25, 248.)

27 NOVEMBRE 1792. — Décret qui charge les comités d'agriculture et des subsistances de faire un rapport sur les moyens d'approvisionner Paris. (B. 25, 252.)

27 NOVEMBRE 1792. — Décret qui ordonne l'impression du rapport sur la réunion de la Savoie à la France. (B. 25, 249.)

27 = 29 NOVEMBRE 1792. — Décret qui accorde à la commune de Vonc une indemnité pour dommages et pertes occasionés par l'invasion des ennemis et des émigrés sur son territoire. (B. 25, 249.)

27 NOVEMBRE 1792. — Décret qui ordonne un rapport sur les opérations du ministre de l'intérieur, relatives aux subsistances, et sur les moyens d'approvisionnemens de Paris. (B. 25, 252.)

27 NOVEMBRE 1792. — Commissaires. *Voy.* 26 NOVEMBRE 1792. — Emblemes de la royauté. *Voy.* 28 NOVEMBRE 1792.

28 NOVEMBRE = 1er DÉCEMBRE 1792. — Décret relatif à l'enregistrement et au visa des effets au porteur (L. 12, 276; B. 25, 254.)

Voy. lois du 27 AOUT 1792 et du 17 SEPTEMBRE 1792.

Art. 1er. Les effets publics au porteur, soit ceux sur l'Etat, soit ceux des compagnies et sociétés d'actionnaires, soit les actions d'associations de rentes viagères sur plusieurs têtes réunies, qui n'ont pas été visés en exécution des articles 2 du décret du 27 août dernier, et 10 de celui du 17 septembre suivant, pourront être présentés à cette formalité pendant les trois mois de la publication du présent décret, en acquittant les droits fixés par les articles suivans, sans que lesdits effets puissent néanmoins être négociés ou cédés, à quelque titre que ce soit, avant d'avoir été enregistrés et visés, sous les peines portées par l'article 4 dudit décret du 27 août.

2. Ceux de ces effets qui seront présentés au *visa* pendant le premier mois acquitteront le droit d'enregistrement sur le pied de quinze sous par cent livres, tel qu'il est fixé par l'article 1er dudit décret du 27 août. La perception sera du double pour ceux présentés dans le second mois, et du triple pour ceux qui ne seront soumis à la formalité que dans le troisième mois.

3. La perception aura lieu sur le montant du capital originaire de l'action ou bordereau, en joignant les coupons d'intérêts ou dividendes échus, et, à défaut de capital déterminé, sur le pied du cours du 31 octobre dernier, régulierement constaté.

4. Le montant du droit payé sera énoncé sur l'effet, indépendamment des autres mentions prescrites par l'article 2 du décret du 27 août dernier.

5. Sont exceptées les reconnaissances d'actions de l'ancienne compagnie des Indes, qui sont en dépôt dans les bureaux de cette compagnie, appelés le dépôt d'hypothèque, et les billets d'annuités au porteur, donnés en remboursement de l'emprunt de soixante-dix millions, restés en dépôt à l'administration de la caisse d'escompte; tous lesquels effets seront enregistrés, sans déplacer, par les préposés de la régie, et visés avec énonciation des noms, profession et domicile des propriétaires, dans les trois mois de la publication du présent décret, sans acquitter aucun droit.

6. Tous les effets sujets au *visa* et à l'enregistrement, qui se seront trouvés sous le scellé pendant les délais accordés pour la formalité, seront enregistrés et visés sans droit, dans le mois qui suivra la levée du scellé. Le certificat en forme de l'opposition, de la levée des scellés et de l'inventaire, sera rapporté et mentionné à l'enregistrement.

_____

(1) Cet article 7 forme un décret à part dans la collection Baudouin.

7. Tous les effets qui n'auront pas été enregistrés et visés dans les délais fixés par les articles précédens seront de nulle valeur pour ceux dont le montant est dû par le Trésor national. Quant à ceux sur des sociétés et compagnies d'actionnaires, la confiscation en sera acquise de plein droit à la République, d'après les états qui ont dû être remis par les directeurs de ces sociétés, en exécution de l'article 19 du décret du 27 août dernier, et la comparaison qui en sera faite au registre du *visa*.

8. Les administrateurs des compagnies d'actionnaires et leurs receveurs et caissiers ne pourront acquitter les susdits effets non visés, dus par ces compagnies, et les intérêts et dividendes qui en résulteront, à d'autres qu'aux receveurs des confiscations nationales, à peine de payer deux fois.

9. L'exception faite par l'article 7 dudit décret du 27 août, pour les porteurs de ces effets qui se trouvent hors de l'étendue du territoire français, subsistera pour ceux qui sont en Europe seulement, l'exception portée audit article, pour les porteurs d'effets qui se trouveraient en Amérique et sur les côtes d'Afrique, et pour ceux qui sont au-delà du cap de Bonne-Espérance, demeurant supprimée.

10. Les récépissés de liquidation qui seront délivrés nominativement au propriétaire du contrat par les liquidateurs de la Trésorerie nationale, pour reconstitution de contrats dus par la République, seront visés dans le mois de la publication du présent décret, sans payer aucun droit, sous la peine de nullité prononcée par l'article 7. Les transports desdits récépissés par endossement seront sujets à l'enregistrement, sur le même pied que ceux des autres effets au porteur, et ne pourront avoir lieu que sur l'effet revêtu de la formalité du timbre, conformément à l'article 5 dudit décret du 27 août.

11. Les coupures d'effets qui ont été délivrées au porteur, soit par la Trésorerie nationale, soit par les compagnies et sociétés d'actionnaires, seront visées sans droit, dans le mois de la publication du présent décret, au profit du dernier possesseur dénommé à l'effet coupé, dûment visé et enregistré ; et les coupures qui seront délivrées seront aussi visées gratuitement dans le mois de la date de leur délivrance, qui y sera exprimée : le tout sous l'obligation du timbre et les peines rappelées à l'article précédent.

12. Les coupons pour annuités et ceux pour intérêts et dividendes, séparés de l'effet principal et revêtus de la formalité du timbre, seront visés, sur la réquisition du porteur, dans les délais et sous les peines portées par les articles précédens. Quant à ceux faisant corps avec l'effet principal, ils seront compris dans le *visa* et enregistrement de l'effet ; mais, lorsqu'ils seront coupés pour être acquittés ou cédés séparément, il seront timbrés et ensuite visés au profit du dernier possesseur dénommé sur l'effet, en le rapportant dûment visé et enregistré, sans acquitter de nouveaux droits d'enregistrement.

13. Lorsque, à défaut d'espace, le transport d'un bordereau ou coupon est inscrit sur une feuille attachée, le receveur de l'enregistrement sera tenu d'énoncer dans sa première relation sur ladite feuille la nature de l'effet, sa date, sa série et son numéro, à peine de trente livres d'amende pour chaque omission.

14. Les endossemens et transports des bulletins de l'édit de décembre 1785, non sortis par le tirage, acquitteront le droit d'enregistrement sur le pied du prix payé, lequel doit être énoncé conformément à l'article 4 du décret du 27 août dernier, et il est dérogé en conséquence à l'art. 4 du décret du 17 septembre.

15. Les effets publics au porteur, remis en nantissement à des particuliers ou à des sociétés d'actionnaires, seront visés sous le nom de celui qui les a donnés en nantissement, et qui en a conservé la propriété ; mais il sera fait en outre mention, tant dans l'enregistrement que dans la relation, des noms, profession et domicile du dépositaire ; et, dans le cas où ce dernier viendrait ensuite à céder lesdits effets, il sera perçu, outre le droit résultant du transport, un second droit pour la mutation opérée au profit dudit dépositaire.

16. Il ne sera pas nommé de préposé à l'enregistrement et au *visa* dans la ville de Londres, dérogeant à cet égard à l'article 11 du décret du 17 septembre dernier.

28 NOVEMBRE 1792. — Décret concernant la discussion sur le ci-devant Roi. (B. 25, 258.)

La Convention nationale décrète que, pour la discussion sur le ci-devant Roi, il y aura sur le bureau du président deux urnes, sur l'une desquelles il sera écrit : *pour* ; sur l'autre : *contre*.

Les membres qui voudront parler déposeront leurs noms dans l'une des urnes, jusqu'à l'ouverture du grand ordre, et le président, tirant successivement les billets de l'urne, annoncera le nom à qui le sort donnera la parole.

28 NOVEMBRE 1792. — Décret qui ordonne d'effacer les emblèmes de la royauté qui sont sur les drapeaux, étendards, voitures et fourgons militaires. (L. 12, 275 ; B. 25, 252.)

28 NOVEMBRE 1792. — Décret qui annule la remise d'une somme de dix mille livres faite par

le chapitre de Troyes à la veuve de son receveur. (B. 25, 253.)

28 NOVEMBRE 1792. — Décret qui autorise la
commune de Villecey à faire un emprunt pour
la reconstruction de son clocher. (B. 25, 253.)

28 NOVEMBRE 1792. — Décret qui ajourne l'autorisation d'un emprunt de douze mille livres,
demandée par la commune de Toul. (B. 25,
253.)

28 NOVEMBRE 1792. — Décret qui ordonne l'examen et la vente des papiers de la ci-devant
chambre des comptes. (B. 25, 256.)

28 NOVEMBRE 1792. — Décret qui déclare qu'il
y a lieu à accusation contre Beaumarchais. (B.
25, 257.)

28 NOVEMBRE 1792. — Décret qui ordonne l'impression d'un discours et d'une adresse de la
société constitutionnelle de Londres, et l'envoi aux départemens. (B. 25, 257.)

28 NOVEMBRE 1792. — Décret d'acceptation de
l'offrande patriotique de mille paires de souliers faite par la société de Londres. (B. 25,
257 et 258.)

28 NOVEMBRE 1792. — Décret sur la proposition d'examiner l'état où se trouve l'établissement d'une société anglaise sur les bords de la
Sierra-Leone, au Sénégal. (B. 25, 258.)

28 NOVEMBRE 1792. — Décret qui ordonne de
faire un rapport sur une lettre du général Dumouriez et autres pièces. (B. 25, 258.)

28 NOVEMBRE 1792. — Décret qui annule le
marché passé, le 5 avril 1792, avec Caron
Beaumarchais pour l'armement des troupes
françaises. (B. 25, 259.)

28 NOVEMBRE 1792. — Convalescens militaires ;
Huissiers. *Voy.* 26 NOVEMBRE 1792.

29 NOVEMBRE = 1er DÉCEMBRE 1792. — Décret
qui proroge jusqu'au 1er janvier prochain le
délai pour présenter au bureau de liquidation
les certificats et passeports délivrés par les communes. (L. 12, 281; B. 25, 260.)

La Convention nationale, sur la pétition
du commissaire-liquidateur provisoire, et
après avoir entendu le rapport de son comité
de liquidation, considérant que l'effet de la
loi du 25 de ce mois peut être un obstacle à
l'exécution de celle du 4 avril dernier, qui
fixe le délai, pour la présentation des certificats de résidence au bureau de liquidation,
au 1er décembre prochain, décrète ce qui
suit :

Art. 1er. Le délai pour présenter au bureau
de liquidation les certificats et passeports délivrés par les communes, fixé par le décret du
4 avril dernier au 1er décembre dernier, est
prorogé jusqu'au 1er janvier 1793.

2. Pendant ce délai, les sections de Paris
délivreront les certificats et passeports déterminés par le décret du 4 avril, et le commissaire-liquidateur continuera de recevoir lesdits certificats et passeports, et délivrera les
bulletins comme il le faisait auparavant, en
ajoutant dans ceux qui seront délivrés sur des
certificats et passeports émanés de la commune
de Paris : *sans préjudice aux dispositions du
décret du 25 novembre dernier.*

3. Les commissaires de la Trésorerie nationale, les payeurs et tous autres chargés des
caisses publiques, ne pourront faire aucun
paiement sur les bulletins donnés par le commissaire-liquidateur sur des certificats et passeports émanés de la commune de Paris, jusqu'à ce que la Convention nationale ait, par
un décret, levé la suspension portée par celui
du 25 novembre dernier.

29 = 29 NOVEMBRE 1792. — Décret portant
suppression du tribunal criminel établi par le
décret du 17 août 1792. (L. 12, 283 ; B. 25,
261.)

Art. 1er. A compter du 1er décembre prochain, les jurys d'accusation et de jugement
établis par le décret du 15 août dernier, le
tribunal criminel et le tribunal des directeurs
du jury d'accusation établis par le décret du
17 du même mois, seront supprimés.

2. Au moyen de cette suppression, toutes
les procédures commencées dans lesdits tribunaux seront renvoyées aux tribunaux ordinaires, tant civils que criminels, du département de Paris, chacun en ce qui les concerne, pour l'instruction y être continuée
suivant les formes prescrites par les lois relatives à la procédure par jurés.

3. Le conseil exécutif provisoire est chargé
de prendre toutes les mesures nécessaires pour
la conservation des minutes, papiers et autres
effets existant dans les greffes et dépôts desdits tribunaux supprimés, et pour assurer leur
transport dans les greffes et dépôts des tribunaux civils et criminels du département de
Paris, ci-dessus indiqués.

4. Le traitement des membres composant
le tribunal criminel établi par le décret du
17 août leur sera payé, ainsi qu'il a été réglé
par l'article 10 de ce décret, par la Trésorerie
nationale, sur les mandats qui leur seront délivrés par le ministre de la justice, d'après les
états certifiés par le président de la section du
tribunal à laquelle ils appartiennent.

5. Le traitement des commis-greffiers dudit tribunal leur sera payé sur le pied de deux
cents livres par mois pour chacun d'eux, par
la même caisse, sur de semblables mandats.

6. Le traitement des membres formant le tribunal du jury d'accusation, et du greffier de ce dernier tribunal, sera de même que celui des juges du tribunal criminel; celui des commis-greffiers sera réglé sur le pied de deux cents livres par mois pour chacun d'eux. Ces divers traitemens seront aussi payés par la même caisse, sur les mandats qui seront délivrés par le ministre de la justice, sur les états certifiés par le premier des directeurs du jury d'accusation.

7. Le traitement des huissiers attachés aux deux tribunaux leur sera pareillement payé sur le pied de cent cinquante livres par mois pour chacun d'eux, sur des mandats semblables, d'après les états certifiés par le président de la section du tribunal criminel, ou du premier directeur du jury d'accusation auprès duquel ils auront fait le service.

8. Le ministre de l'intérieur est autorisé à arrêter les frais de service faits aux deux tribunaux, et à en ordonner le paiement, sur les états certifiés qui lui seront remis par les présidens de sections ou par le premier directeur du jury d'accusation, chacun pour ce qui le concerne.

29 NOVEMBRE = 1ᵉʳ DÉCEMBRE 1792. — Décret qui lève la suspension des certificats de résidence en ce qui concerne les négocians, les marchands et leurs facteurs, connus pour être dans l'usage de voyager pour leurs affaires de commerce. (L. 12, 287 ; B. 25, 263.)

La Convention nationale lève la suspension des certificats de résidence prononcée par son décret du 25 présent mois, en ce qui concerne les négocians, les marchands et leurs facteurs notoirement connus pour être dans l'usage de voyager pour les affaires de commerce ; décrète que les certificats de résidence et passeports ordonnés par les précédens décrets, seront délivrés aux marchands, négocians et leurs facteurs, dans les formes que lesdits décrets ont prescrites.

29 NOVEMBRE 1792. — Décret relatif aux manufactures dont l'administration avait été laissée au roi Louis XVI. (L. 12, 288 ; B. 25, 259.)

La Convention nationale décrète que, dans le décret du 27 présent mois, concernant l'administration des domaines de la ci-devant liste civile, ne sont comprises les manufactures dont l'administration avait été laissée au ci-devant Roi.

Le ministre de l'intérieur rendra compte incessamment de l'état de ces manufactures et de leur régime actuel.

29 = 30 NOVEMBRE 1792. — Décret interprétatif des articles 1 et 4 du décret du 24 de ce mois pour la formation provisoire de la municipalité de Paris. (B. 25, 263.)

La Convention nationale, après avoir entendu le rapport de son comité de législation, interprétant les articles 1ᵉʳ et 4 du décret rendu le 24 de ce mois, pour la formation provisoire du conseil général de la commune et du corps municipal de Paris, décrète ce qui suit:

Art. 1ᵉʳ. Attendu que les officiers municipaux de Paris, actuellement en exercice sont au nombre de vingt-deux, les sections de Paris nommeront, dans le délai fixé par le décret du 24 de ce mois, cent vingt-deux citoyens au lieu de cent trente-deux, ainsi qu'il était porté par l'article 1ᵉʳ du décret.

2. Le conseil général provisoire nommera, dans les trois jours de son installation, les vingt-six membres qui doivent compléter le corps municipal.

3. Immédiatement après cette élection, le conseil général de la commune nommera trois de ses membres pour exercer les fonctions de procureur de la commune et de substituts.

4. Toutes les élections seront faites au scrutin et à la pluralité relative des suffrages.

29 NOVEMBRE 1792. — Décret qui ordonne un rapport sur les faux certificats de résidence de la municipalité de Paris, et particulièrement sur l'affaire du sieur Lacroix. (B. 25, 260.)

29 NOVEMBRE 1792. — Décret qui ordonne au ministre de la guerre de rendre compte de ce qui concerne l'habillement des troupes, et des moyens qu'il a pris pour l'assurer. (B. 25, 262.)

29 NOVEMBRE 1792. — Décret qui enjoint à la commission des Douze de déclarer si des membres de la Convention sont impliqués dans les papiers trouvés aux Tuileries. (B. 25, 262.)

29 NOVEMBRE 1792. — Décret qui traduit à la barre les sieurs Malus et d'Espagnac, et ordonne que l'adjudant-général Westermann y sera entendu sur la situation de l'armée française dans la Belgique. (B. 25, 262.)

29 NOVEMBRE 1792. — Décret d'ordre du jour sur une pétition des volontaires du onzième bataillon du département de Paris. (B. 25, 264.)

29 NOVEMBRE 1792. — Décret qui charge le ministre de l'intérieur de faire connaître l'état des comptes de la municipalité de Paris pendant la mairie de Bailly. (B. 25, 264.)

29 = 29 NOVEMBRE 1792. — Décret portant nomination de commissaires pour la Savoie. (B. 25, 264.)

29 NOVEMBRE 1792.—Décret qui ajourne à jeudi la discussion sur les exceptions concernant les émigrés. (B. 25, 262.)

29 NOVEMBRE 1792. — Savoie. *Voy.* 27 NOVEMBRE 1792.

30 = 30 NOVEMBRE 1792. — Décret qui annule un acte portant taxe des grains, denrées et autres objets, dans le département d'Eure-et-Loir. (L. 12, 291; B. 25, 266.)

La Convention nationale, sur le compte qui lui a été rendu par ses trois commissaires envoyés dans le département d'Eure-et-Loir, improuve la conduite de ses commissaires, qui ont eu la faiblesse de souscrire, plutôt que de mourir, l'acte qui leur a été présenté, portant taxe des grains, denrées et autres objets; déclare cet acte nul et de nul effet.

30 = 30 NOVEMBRE 1792.—Décret qui ordonne l'arrestation et la punition des chefs d'attroupemens dans le département d'Eure-et-Loir. (L. 12, 291; B. 25, 266.)

La Convention nationale charge le pouvoir exécutif de prendre toutes les mesures nécessaires pour faire arrêter et punir les chefs d'attroupemens, indiqués par le rapport des commissaires de la Convention, et de rendre compte, sous huitaine, de l'exécution du présent décret.

30 = 30 NOVEMBRE 1792. — Décret relatif au tirage des jurés pour les affaires pendantes au tribunal du 17 août, et qui sont renvoyées au tribunal criminel du département de Paris. (L. 12, 289; B. 25, 267.)

30 = 30 NOVEMBRE 1792.—Décret qui ordonne d'imprimer l'état et l'emploi des sommes données aux veuves et orphelins des citoyens morts dans la journée du 10 août. (L. 12, 292; B. 25, 264.)

30 NOVEMBRE 1792. — Décret qui ordonne l'impression de tous les discours prononcés dans l'affaire de Louis XVI. (B. 25, 265.)

30 NOVEMBRE 1792.—Décret portant que la rédaction des actes d'accusation sera présentée à la Convention dans les vingt-quatre heures. (B. 25, 265.)

30 = 30 NOVEMBRE 1792.—Décret d'ordre du jour relativement aux comptes à rendre par la municipalité de Paris. (B. 25, 265.)

30 = 30 NOVEMBRE 1792.—Décret qui ordonne de faire passer une force armée dans la ville de Chartres. (B. 25, 265.)

30 = 30 NOVEMBRE 1792. — Décret qui met à la disposition du ministre de l'intérieur deux millions deux cent mille livres pour paiement de grains. (L. 12, 290; B. 25, 264.)

30 NOVEMBRE 1792. — Décret portant qu'il sera fait une adresse à tous les citoyens français, relativement à la libre circulation des subsistances, et qu'il sera expliqué que la Convention n'a jamais eu l'intention de priver les citoyens des ministres du culte catholique que la constitution civile du clergé lui a donnés. (B. 25, 266.)

30 = 30 NOVEMBRE 1792. — Décret qui autorise le tribunal criminel du 17 août à continuer l'instruction d'une affaire. (B. 25, 266 et 267.)

30 = 30 NOVEMBRE 1792.—Décret qui ordonne de remettre au comité de surveillance les papiers concernant Louis XVI, et ceux trouvés chez le sieur Noailles-Poix. (B. 25, 267.)

30 = 30 NOVEMBRE 1792. — Décret qui met à la disposition du ministre de la guerre une somme de deux cent mille livres pour la cavalerie casernée à l'Ecole-Militaire. (B. 25, 268.)

30 = 30 NOVEMBRE 1792. — Décret concernant les pièces des procès pendans au tribunal criminel du 17 août. (B. 25, 267.)

30 NOVEMBRE 1792. — Décret de nomination de commissaires pour aller prendre des renseignemens à l'armée de Dumouriez, sur les faits dénoncés par ce général. (B. 25, 268.)

30 = 30 NOVEMBRE 1792. — Acte d'accusation contre Rouxel-Blanchelande, ci-devant lieutenant-général au gouvernement des îles françaises sous le Vent. (B. 25, 268.)

30 NOVEMBRE 1792. — Certificats, etc.; Conseil général de Paris; Manufactures; Tribunal criminel. *Voy.* 29 NOVEMBRE 1792.

1er DÉCEMBRE 1792. — Décret relatif aux redevances féodales. (B. 26, 1.)

Voy. loi du 7 DÉCEMBRE 1792.

La Convention nationale, après avoir entendu le rapport de son comité de législation, sur la pétition individuelle d'un grand nombre de citoyens de Briquebecq, Négreville, Morville, Yvetot et Magueville, et sur la proposition faite par un de ses membres, de décréter que le rachat effectué des redevances féodales annule toutes conditions imposées lors de la concession, adopte la proposition, et la renvoie au comité de législation, pour la rédaction.

1er = 3 DÉCEMBRE 1792. — Décret qui accorde une pension de six cents livres à Duplessis, chasseur du douzième régiment. (B. 26, 2.)

1er DÉCEMBRE 1792. — Décret qui ordonne d'adresser une lettre de félicitation aux armées françaises. (B. 26, 2.)

1er DÉCEMBRE 1792. — Décret qui ordonne de faire le procès de vingt-deux personnes arrêtées à Mamers, et de faire punir les auteurs des troubles de cette ville. (B. 26, 2.)

1er = 1er DÉCEMBRE 1792. — Acte d'accusation contre Marie - Henri tte - Charlotte - Dorothée Rothelin-Rohan-Rochefort. (B. 26, 4.)

1er = 3 DÉCEMBRE 1792. — Acte d'accusation contre le sieur Lacoste. (B. 26, 3.)

1er DÉCEMBRE 1792. — Décret qui autorise provisoirement les commissaires de la Trésorerie à solder les traites tirées jusqu'à ce jour par le général Dumouriez pour la solde et approvisionnement de Paris. (B. 26, 2.)

1er = 3 DÉCEMBRE 1792. — Décret qui ajourne à lundi le rapport sur les faux certificats et le citoyen Lacroix. (B. 26, 5.)

1er DÉCEMBRE 1792. — Certificats de résidence. *Voy.* 29 NOVEMBRE 1792. — Effets au porteur. *Voy.* 28 NOVEMBRE 1792.

2 = 2 DÉCEMBRE 1792. — Décret qui accorde des pensions aux membres non employés de l'ordre de Malte. (L. 12, 294; B. 26, 6.)

La Convention nationale, après avoir entendu ses comités diplomatique et de surveillance, décrète ce qui suit:

Le décret du 27 septembre dernier, relatif aux pensions des ecclésiastiques non employés, s'étend aux membres de l'ordre de Malte; en conséquence, à dater de ce jour, les pensions accordées aux membres non employés de l'ordre de Malte sont réduites de manière à ce qu'elles ne puissent excéder la somme de mille livres, et, à l'avenir, ces pensions ne seront plus payées d'avance.

2 = 2 DÉCEMBRE 1792. — Décret qui met six cent mille livres à la disposition du ministre de l'intérieur, pour compléter les travaux des routes des départemens frontières. (L. 12, 293; B. 26, 8.)

= 2 DÉCEMBRE 1792. — Décret qui autorise les commissaires envoyés au département du Mont-Blanc à prendre connaissance des dispositions militaires de l'armée des Alpes. (B. 26, 5.)

2 DÉCEMBRE 1792. — Décret de mention honorable pour le département d'Eure-et-Loir, le district et la municipalité de Chartres. (B. 26, 6.)

2 = 2 DÉCEMBRE 1792. — Décret qui met sept cent mille livres à la disposition du ministre de la guerre pour l'équipement de la légion Germanique. (B. 26, 7.)

2 DÉCEMBRE 1792. — Décret pour l'impression d'une pétition présentée au nom des sections de Paris, et de la réponse du président de la Convention, et l'envoi aux départemens. (B. 26, 8.)

2 DÉCEMBRE 1792. — Décret qui charge le conseil exécutif de rendre compte des motifs qui ont empêché le paiement des fournisseurs et ouvriers du champ de la Fédération en 1790, et qui ordonne aux ministres de rendre compte, une fois par semaine, des pétitions qui leur seront envoyées. (B. 26, 8.)

2 = 2 DÉCEMBRE 1792. — Décret relatif à la vérification des faits énoncés dans une adresse de capitaines français qui ont mouillé au port de Malte, et à la réparation à exiger, s'il y a lieu. (B. 26, 6.)

2 DÉCEMBRE 1792. — Décret qui enjoint au ministre de la guerre de rendre compte de l'inexécution du décret qui accorde à l'administration du département des Bouches-du-Rhône cinq millions pour l'armement des six mille hommes requis par le général Anselme. (B. 26, 7.)

2 = 2 DÉCEMBRE 1792. — Décret qui ordonne de faire remettre aux soldats qui ont arraché des drapeaux à l'ennemi les sommes que les citoyens ont destinées à cet usage. (B. 26, 7.)

2 = 3 DÉCEMBRE 1792. — Décret qui accorde un secours provisoire de six cents livres à la dame veuve Cousin. (B. 26, 8.)

2 DÉCEMBRE 1792. — Décret qui charge le conseil exécutif de prendre des mesures pour dissiper un attroupement dans le district de La Flèche. (B. 26, 9.)

2 DÉCEMBRE 1792. — Décret qui charge les inspecteurs de la salle de maintenir dans son enceinte le respect dû aux représentans du peuple. (B. 26, 9.)

3 = 5 DÉCEMBRE 1792. — Décret sur la mise en jugement de Louis XVI. (L. 12, 295; B. 26, 11.)

La Convention nationale déclare que Louis XVI sera jugé par elle.

5.

5

3 = 3 DÉCEMBRE 1792. — Décret d'accusation contre les sieurs Radix, Sainte-Foix, Talon et Dufresne-Saint-Léon. (B. 26, 10 et 11.)

3 = 3 DÉCEMBRE 1792. — Décret qui ordonne l'envoi d'un courrier extraordinaire pour mettre Talon en arrestation et le traduire à Paris. (B. 26, 10.)

3 = 3 DÉCEMBRE 1792. — Décret relatif à Dufresne-Saint-Léon. (B. 26, 11.)

3 DÉCEMBRE 1792. — Décret de renvoi au conseil exécutif de la pétition des administrateurs du département d'Indre-et-Loire, pour prendre des mesures relatives à la tranquillité de ce département. (B. 26, 11.)

3 DÉCEMBRE 1792. — Proclamation qui confirme l'arrêté du directoire du département de la Marne, relatif à ceux des habitans de Fère-Champenoise qui ont refusé de se pourvoir de patentes. (L. 12, 296.)

3 DÉCEMBRE 1792. — Décret qui accorde trois cent mille livres à la commune de Rouen, pour être employées au paiement des grains qu'elle a fait acheter chez l'étranger. (B. 26, 9.)

3 DÉCEMBRE 1792. — Décret pour la réunion en deux sections des membres qui ont écrit sur les subsistances. (B. 26, 10.)

4 = 4 DÉCEMBRE 1792. — Décret qui lève la suspension des certificats de résidence, ordonnée par le décret du 25 novembre 1792. (L. 12, 302; B. 26, 13.)

La Convention nationale lève la suspension des certificats de résidence qu'elle a ordonnée par le décret du 25 novembre dernier; ordonne qu'à compter de ce jour lesdits certificats seront délivrés dans la forme prescrite par la loi; que les certificats signés Tallien ne pourront servir, et que ceux qui en seront porteurs seront tenus de s'en procurer de nouveaux, et de rapporter les anciens comme suspects de contrefaçon.

4 = 5 DÉCEMBRE 1792. — Décret portant peine de mort contre ceux qui proposeraient ou tenteraient d'établir en France la royauté. (L. 12, 305; B. 26, 15.)

La Convention nationale décrète que quiconque proposerait ou tenterait d'établir en France la royauté ou tout autre pouvoir attentatoire à la souveraineté du peuple, sous quelque dénomination que ce soit, sera puni de mort.

4 = 4 DÉCEMBRE 1792. — Décret portant confiscation, au profit de l'État, de tous les deniers et objets mobiliers appartenant aux émigrés, saisis en pays étrangers par les armées françaises. (L. 12, 308; B. 26, 12.)

La Convention nationale décrète que tous les deniers et objets mobiliers appartenant aux émigrés, qui seront saisis en pays étrangers par les armées françaises, seront confisqués au profit de la République française.

4 = 6 DÉCEMBRE 1792. — Décret qui supprime les payeurs généraux, les inspecteurs, visiteurs et contrôleurs des rôles et patentes. (L. 12, 309; B. 26, 14.)

La Convention nationale décrète, 1° que les payeurs généraux des quatre-vingt-trois départemens sont supprimés; 2° que les inspecteurs, visiteurs et contrôleurs des rôles et patentes sont supprimés, et renvoie à son comité des finances, pour la rédaction du décret propre à remplir ces vues.

4 = 7 DÉCEMBRE 1792. — Décret relatif à la demande des Belges, tendant à ce qu'aucun traité ne soit conclu, à moins que l'indépendance absolue de la Belgique et du pays de Liége ne soit formellement reconnue et rétablie. (L. 12, 310; B. 26, 15.)

La Convention nationale, après avoir entendu la députation des Belges, qui expriment leur reconnaissance, leur enthousiasme pour la liberté, leur dévouement au maintien des propriétés et de l'égalité, leur haine pour les rois et les despotes, enfin la demande qu'ils font que la nation française s'engage à ne conclure aucun traité, à moins que l'indépendance absolue de la Belgique et du pays de Liége ne soit formellement reconnue et rétablie, passe à l'ordre du jour, motivé sur ce que son décret du 19 novembre dernier promet fraternité et secours aux peuples qui combattent pour la liberté; ordonne que les discours des députés et la réponse du président seront imprimés et envoyés à tous les départemens de la République.

4 DÉCEMBRE 1792. — Décret concernant Louis XVI. (B. 26, 15.)

La Convention nationale décrète que, chaque jour, elle s'occupera, depuis onze heures jusqu'à six, de l'affaire du Roi, exclusivement à toute autre, jusqu'à ce qu'elle soit terminée.

Un article additionnel est proposé et adopté dans les termes suivans:

La Convention nationale discutera sans interruption et prononcera sur la famille des Bourbons.

4 = 4 DÉCEMBRE 1792. — Décret portant que la ville et la garnison de Thionville ont bien mérité de la patrie. (L. 12, 303; B. 26, 14.)

4 = 4 DÉCEMBRE 1792. — Décret concernant l'élection du greffier du tribunal criminel du département du Cantal. (B. 26, 12.)

4 = 4 DÉCEMBRE 1792. — Décret pour rendre à chaque bataillon de la République le nombre de canons qu'il a fournis pour les armées, et relatif à la fonte de canons de campagne de quatre livres de balles pour les bataillons de canonniers volontaires. (L 12, 306; B. 26,12.)

4 DÉCEMBRE 1792. — Décret qui supprime les congés accordés aux membres de la Convention. (B. 26, 13.)

4 DÉCEMBRE 1792. — Décret qui ordonne la rédaction d'un décret pour régler le paiement des payeurs généraux pendant le temps de leur service, et le mode de leur comptabilité, ainsi que des inspecteurs, visiteurs et contrôleurs des rôles. (B. 26, 14.)

4 DÉCEMBRE 1792. — Décrets qui ordonnent à tous les députés absens par congé de se rendre, sous quinzaine, dans le sein de la Convention. (L. 12, 304; B. 26, 13.)

5 = 7 DÉCEMBRE 1792. — Décret qui prononce la peine de mort contre les personnes qui exporteraient des grains. (L. 12, 311; B. 26, 16.)

La Convention nationale décrète que toute personne qui exportera des grains du territoire de la République sera punie de mort.

5 = 8 DÉCEMBRE 1792. — Décret qui déclare nul tout scrutin épuratoire fait par les corps administratifs, municipaux ou judiciaires. (L. 12, 312; B. 26, 16.)

La Convention nationale, sur la motion d'un de ses membres, décrète que tout scrutin épuratoire qui aurait été ou serait fait par un corps administratif, municipal ou judiciaire, pour écarter de leur sein un ou plusieurs membres, est nul, comme attentatoire à la souveraineté du peuple.

5 DÉCEMBRE 1792. — Décret pour l'impression des pièces relatives à Louis XVI. (B. 26, 19.)

La Convention nationale décrète que toutes les pièces lues à la Convention par le rapporteur de la commission des Douze, relatives à Louis XVI, seront imprimées, et qu'il en sera distribué six exemplaires à chacun des membres de la Convention.

5 = 6 DÉCEMBRE 1792. — Décret qui ordonne l'envoi de celui du 4, qui inflige la peine de mort à quiconque proposerait de rétablir la royauté. (B. 26, 16.)

5 = 5 DÉCEMBRE 1792. — Décret qui approuve les principes établis dans la proclamation du conseil exécutif du 3 de ce mois, à l'égard des maires, officiers municipaux et procureur de la commune de Fère-Champenoise. (B. 26, 16.)

5 DÉCEMBRE 1792. — Décrets qui ordonnent au ministre de la guerre: 1° de présenter le tableau des citoyens promus depuis le 10 août aux grades militaires à sa nomination; 2° de donner des renseignemens relatifs aux vivres, munitions et habillement de l'armée de Belgique. (B. 26, 17.)

5 = 5 DÉCEMBRE 1792. — Décret qui charge le ministre de la justice de faire exécuter le décret qui met en état d'arrestation les sieurs d'Espagnac, Malus et Petit-Jean. (B. 26, 17.)

5 = 5 DÉCEMBRE 1792. — Décret qui ordonne la mise en accusation des sieurs Rivarol, Parent-de-Chassy, Duquesnoy, Drucourt, Giliers et Dandré. (B. 26, 18 et 19.)

5 = 5 DÉCEMBRE 1792. — Décret d'accusation contre le sieur Talleyrand-Périgord. (B. 26, 18.)

5 DÉCEMBRE 1792. — Décret qui ordonne de voiler les bustes et effigie de Mirabeau qui se trouvent placés dans la salle de la Convention. (B. 26, 19.)

5 DÉCEMBRE 1792. — Habitans de Fère-Champenoise; Mise en jugement de Louis XVI. Voy. 3 DÉCEMBRE 1792. — Peine de mort. Voy. 4 DÉCEMBRE 1792.

6 = 6 DÉCEMBRE 1792. — Décret qui prononce la peine de mort contre toutes personnes qui s'opposeraient au libre accès des voitures chargées de subsistances pour Paris. (L. 12, 313; B. 26, 25.)

Toutes personnes qui s'opposeraient au libre accès des voitures chargées de subsistances pour Paris, leurs émissaires, fauteurs et adhérens, seront punis de mort.

6 = 6 DÉCEMBRE 1792. — Décret concernant les subsistances pour Paris. (B. 26, 24.)

La Convention nationale, après avoir entendu la lecture d'une lettre du ministre de l'intérieur, et sur la proposition d'un de ses membres qui a converti la proposition du ministre en motion, décrète que le ministre de l'intérieur est autorisé à envoyer sur toutes les routes qui aboutissent à Paris la gendarmerie, à l'effet d'arrêter toutes personnes qui s'opposeraient au libre accès des voitures chargées de subsistances, de conduire les personnes ainsi arrêtées en flagrant délit, à Paris, pour être jugées par le tribunal criminel du département.

6 = 6 DÉCEMBRE 1792. — Décret relatif aux auteurs, fauteurs et complices des attroupemens pour s'opposer à a libre circulation des grains. (L. 12, 314; B. 26, 24.)

La Convention nationale décrète, 1° qu'il sera nommé une commission de quinze membres, pris dans la Convention, et choisis par appel nominal, pour chercher et faire arrêter les auteurs, fauteurs et complices des faits dénoncés par le ministre de l'intérieur, et les interroger;

2° Que le ministre de l'intérieur sera tenu de donner à ce comité toutes les instructions et renseignemens qui seront en son pouvoir;

3° Qu'il sera donné une récompense à ceux qui révéleront les complices des faits énoncés, et leur grace aux coupables qui feront cette dénonciation.

_____

6 = 6 DÉCEMBRE 1792. — Décret qui accorde des récompenses aux dénonciateurs concernant les subsistances. (L. 12, 314; B. 26, 21.)

La Convention nationale décrète qu'il sera donné une récompense aux dénonciateurs, quand leur dénonciation aura été trouvée véritable; qu'il sera accordé, en outre, grace à ceux des dénonciateurs qui seraient complices, et, qui auraient fait leur dénonciation avant d'être arrêtés.

_____

6 = 7 DÉCEMBRE 1792. — Décret relatif au jugement de Louis XVI. (L. 12, 315; B. 26, 25.)

La Convention nationale décrète ce qui suit:

Art. 1er. La commission des Vingt-quatre, les comités de législation et de sûreté générale, nommeront chacun trois membres, qui se réuniront à la commission des Douze.

2. Cette commission de vingt-un membres présentera, lundi matin, l'acte énonciatif des crimes dont Louis XVI (1) est accusé; elle mettra dans un ordre convenable toutes les pièces à l'appui de cet acte.

3. La commission présentera, dans la séance de mardi, la série des questions à faire à Louis XVI.

4. La Convention discutera, dans la séance du lundi, l'acte énonciatif des crimes de Louis XVI.

5. Le lendemain, Louis XVI sera traduit à la barre de la Convention, pour entendre la lecture de cet acte, et répondre aux questions qui lui seront faites, seulement par l'organe du président.

6. Copies de l'acte énonciatif et de la série des questions seront remises à Louis XVI, et le président l'ajournera à deux jours pour être entendu définitivement.

7. Le lendemain de cette dernière comparution à la barre, la Convention nationale prononcera sur le sort de Louis XVI, par appel nominal; chaque membre se présentera à la tribune.

8. La Convention nationale charge le conseil exécutif, sous sa responsabilité, de prendre toutes les mesures nécessaires pour la sûreté générale pendant le cours du jugement de Louis XVI.

_____

6 = 6 DÉCEMBRE 1792. — Décret relatif au traitement des officiers français prisonniers de guerre. (L. 12, 318; B. 26, 22.)

Art. 1er. Les officiers des armées de la République, prisonniers de guerre avec la faculté de rester en France sur leur parole, conserveront leurs appointemens sur le pied de guerre.

2. Le ministre de la guerre est autorisé à prélever les fonds nécessaires à cette dépense sur ceux mis à sa disposition pour les dépenses extraordinaires de la guerre.

_____

6 = 10 DÉCEMBRE 1792. — Décret concernant un curé élu juge-de-paix. (B. 26, 26.)

Sur la dénonciation faite à la Convention nationale qu'un curé a été élu juge-de-paix du canton rural de St.-Florentin, elle passe à l'ordre du jour, motivé sur la loi non abrogée qui défend de cumuler plusieurs emplois et plusieurs traitemens.

_____

6 = 6 DÉCEMBRE 1792. — Décret qui ordonne la vérification du compte des dépenses faites par le général Santerre. (B. 26, 22.)

_____

6 DÉCEMBRE 1792. — Décret portant nomination de commissaires pour vérifier les faits d'un paiement d'habillement dénoncés par le citoyen Rouyer. (B. 26, 23.)

_____

6 = 10 DÉCEMBRE 1792. — Décret pour l'envoi aux armées du décret qui proscrit ceux qui proposeraient la royauté. (B. 26, 25.)

_____

6 = 6 DÉCEMBRE 1792. — Décret qui autorise le comité des décrets à remettre au ministre de la justice les pièces qui y ont été déposées comme bases des décrets et actes d'accusation. (L. 12, 323; B. 26, 19.)

_____

6 = 6 DÉCEMBRE 1792. — Décret qui ordonne le triage des papiers et pièces qui se trouvent aux Tuileries. (L. 12, 324; B. 26, 23.)

_____

(1) Louis XVI est désigné, dans les différens décrets relatifs à son procès, tantôt sous le titre du ci-devant Roi, tantôt sous le nom de Louis Capet.

6 = 6 DÉCEMBRE 1792. — Décret qui charge la Trésorerie nationale de fournir quarante mille livres pour la subsistance des corps de troupes légères rassemblées par le général Kellermann, sous le nom d'éclaireurs républicains. (B. 26, 22.)

6 = 6 DÉCEMBRE 1792. — Décret qui charge la municipalité de Paris de réorganiser le service des officiers de paix de cette ville. (L. 12, 317; B. 26, 23.)

6 = 10 DÉCEMBRE 1792. — Décret concernant le paiement des électeurs. (B. 26, 24.)

6 = 6 DÉCEMBRE 1792. — Décret portant création de trois régimens, sous la dénomination de chasseurs à cheval. (L. 12, 319; B. 26, 20.)

6 = 6 DÉCEMBRE 1792. — Décret relatif à l'organisation de la légion franche des Américains. (L. 12, 322; B. 26, 21.)

7 = 7 DÉCEMBRE 1792. — Décret relatif aux passeports à accorder à ceux qui seraient dans le cas de sortir du territoire français pour leurs affaires. (L. 12, 325; B. 26, 27.)

La Convention nationale, après avoir entendu le rapport de son comité de législation, décrète que les personnes non comprises dans l'article 2 du décret du 27 = 29 juillet dernier, qui seraient dans la nécessité de sortir du territoire de la République pour leurs intérêts ou pour leurs affaires, s'adresseront aux directoires de département dans le territoire desquels elles sont domiciliées, qui pourront, s'ils jugent les causes légitimes et suffisamment vérifiées, leur accorder des passeports dans les formes décrétées par les lois, après avoir préalablement pris l'avis des directoires des districts et des conseils généraux des communes, et dans le cas seulement où les conseils généraux des communes et les directoires de districts approuveraient la demande des passeports, et en trouveraient les motifs légitimes.

7 = 7 DÉCEMBRE 1792. — Décret qui abolit toutes les servitudes réelles ou conditions portées par les actes d'inféodation ou d'acensement, et qui tiennent à la nature du régime féodal. (L. 12, 326; B. 26, 26.)

Voy. loi du 1er DÉCEMBRE 1792.

La Convention nationale décrète que toutes servitudes réelles ou conditions portées par les actes d'inféodation ou d'acensement, et qui tiennent à la nature du régime féodal, sont anéanties par le rachat opéré conformément aux lois existantes.

7 = 7 DÉCEMBRE 1792 — Décret portant que les colons peuvent tirer de France tous ouvrages neufs d'orfévrerie et de joaillerie. (L. 12, 327; B. 26, 26.)

La Convention nationale, après avoir entendu le rapport de son comité colonial, s'étant fait représenter le décret du 15 septembre dernier, et voulant écarter toutes interprétations arbitraires, décrète que les colonies de la République peuvent tirer librement de France tous ouvrages neufs d'orfévrerie et joaillerie, conformément à l'article 2 du susdit décret : les vieilles vaisselles demeurent seulement comprises dans la prohibition portée à l'art. 1er.

7 = 7 DÉCEMBRE 1792. — Décret qui ordonne de payer deux cent quarante-une livres au citoyen Leclerc, pour ce qui lui est dû sur les mécaniques pour la filature de coton qu'il a fait venir d'Angleterre par ordre du Gouvernement. (B. 26, 27.)

7 = 7 DÉCEMBRE 1792. — Décret qui révoque le privilége de prendre quatre mille cordes de bois dans la haute forêt de Châtillon-sur-Seine, pour la forge d'Essarois. (B. 26, 27.)

7 = 7 DÉCEMBRE 1792. — Décret relatif au mode de paiement des dettes de l'octroi de Rouen. (B. 26, 29.)

7 DÉCEMBRE 1792. — Décret qui ordonne le rapport à la Convention de deux lettres écrites à Marat, l'une signée John Norci, et l'autre Williams. (B. 26, 29.)

7 = 7 DÉCEMBRE 1792. — Décret pour l'apposition du scellé sur les effets et papiers d'Achille Viard. (B. 26, 30.)

7 = 7 DÉCEMBRE 1792. — Décret qui ordonne d'apposer, puis de lever des scellés chez Achille Viard, et le met en arrestation. (B. 26, 30.)

7 DÉCEMBRE 1792. — Décret portant que l'épouse du ministre Roland sera invitée à se rendre à la barre. (B. 26, 30.)

7 = 7 DÉCEMBRE 1792. — Décret portant que les accusations contre les sieurs Vincent, Jacob-Benjamin, Vast, Lajard, Lebrun et Delaunay, seront portées et suivies devant le tribunal criminel de Rhône-et-Loire. (B. 26, 28.)

7 = 7 DÉCEMBRE 1792. — Décret qui autorise les citoyens Mages, Joulin, Martin et Labois, déportés du Port-au-Prince et de Saint-Domingue, à retourner dans ces colonies, et qui leur accorde à chacun deux cents livres. (B. 26, 28.)

7 DÉCEMBRE 1792. — Belges; Grains. *Voy.* 4 DÉCEMBRE 1792. — Jugement de Louis XVI. *Voy.* 6 DÉCEMBRE 1792.

---

8 = 8 DÉCEMBRE 1792. — Décret relatif aux exportations de grains dans les pays enclavés dans le territoire français, et qui n'en font pas partie. (L. 12, 330; B. 26, 30.)

La Convention nationale, sur la proposition faite par un de ses membres de décréter que la peine de mort, prononcée contre ceux qui exporteront des grains, s'étende à ceux qui en font entrer dans les pays enclavés dans le territoire de la République, et qui n'en font pas partie, passe à l'ordre du jour, motivé sur les dispositions du décret, qui ne contient aucune exception en faveur d'aucun pays étranger à la République, quoique enclavé dans son territoire.

---

8 = 8 DÉCEMBRE 1792. — Décret portant annulation des assignats provenant de l'échange des trois cents millions de petites coupures d'assignats. (L. 12, 331; B. 26, 33.)

La Convention nationale, sur le rapport de son comité des finances, décrète que tous les assignats provenant de l'échange des trois cents millions de petites coupures d'assignats dont la répartition a été décrétée le 24 août dernier, seront annulés avant d'être envoyés à la caisse de l'extraordinaire.

Ceux des receveurs qui enverront ces assignats sans être annulés supporteront les frais de port qui auront eu lieu à raison de la valeur.

---

8 = 8 DÉCEMBRE 1792. — Décret qui augmente les remplacemens qu'on fait tous les ans aux soldats. (L. 12, 333; B. 26, 34.)

La Convention nationale, d'après la lecture de la lettre du ministre de la guerre du 6 de ce mois, et sur la proposition d'un de ses membres, décrète que le ministre de la guerre est autorisé à accorder une augmentation aux remplacemens qu'on fait tous les ans aux soldats des armées.

---

8 = 10 DÉCEMBRE 1792. — Décret relatif à la libre circulation des grains, farines et légumes secs, dans l'étendue du territoire français. (L. 12, 334; B. 26, 35.)

Art. 1er. L'exportation hors du territoire de la République, de toute espèce de grains, farines et légumes secs, est expressément défendue, à peine de mort et confiscation, moitié au profit du dénonciateur, moitié au profit des établissemens publics de bienfaisance, et les lois relatives à cet objet continueront d'être exécutées.

2. Les municipalités veilleront avec soin à l'observation des décrets des 28 janvier = 3 février et 9 = 14 mars 1792, relatifs aux chargemens faits dans les ports de mer et les cinq lieues limitrophes, et seront personnellement responsables de leur négligence sur cet objet.

3. Les acquits-à-caution exigés par lesdits décrets seront affichés, et dans les lieux où les grains seront embarqués, et dans celui du déchargement.

4. La liberté la plus entière continuera d'avoir lieu dans le commerce des grains, farines et légumes secs, par tout le territoire de la République, et les lois relatives à la libre circulation dans l'intérieur de la République continueront d'être exécutées.

5. Il est enjoint aux corps administratifs et municipaux, aux juges-de-paix et aux chefs de la force armée, et généralement à tous les citoyens, de donner main-forte à l'exécution de l'article 4 ci-dessus, et d'arrêter sur-le-champ quiconque s'opposerait à la libre circulation des subsistances.

6. La Convention nationale déclare responsables de toutes pertes, dommages et délits éprouvés par le défaut de réquisition ou de secours, les membres composant les corps administratifs, municipaux, juges-de-paix, chefs de la force armée, ainsi que les communes dans le territoire desquelles les dommages ou délits auront été commis.

7. Seront punis de mort ceux qui se seront opposés directement à la circulation des subsistances, ou qui auront provoqué ou dirigé les attroupemens contre cette libre circulation : seront punis d'une année de fers ceux qui seront saisis dans lesdits attroupemens.

8. Les dispositions du décret du 16 septembre sont abrogées.

9. La Convention nationale enverra une instruction sur la nécessité de la libre circulation et du commerce libre des grains. Cette instruction sera envoyée dans les villes, dans les armées, dans les hôpitaux, dans les colléges et dans les écoles, et aux municipalités de campagne, pour y être lue au prône.

---

8 = 8 DÉCEMBRE 1792. — Décret qui ordonne de vérifier les faits d'une dénonciation de concussion portée contre l'administration des messageries. (B. 26, 31.)

---

8 = 8 DÉCEMBRE 1792. — Décret relatif à la levée des scellés apposés au Garde-Meuble. (B. 26, 31.)

---

8 = 8 DÉCEMBRE 1792. — Décret portant que la municipalité de Paris et l'administration des subsistances ne font qu'un seul corps. (L. 12, 328; B. 26, 34.)

8 = 8 DÉCEMBRE 1792. — Décret qui rapporte le décret rendu contre la municipalité et la commune de Fère-Champenoise. (B. 26, 32.)

8 DÉCEMBRE 1792. — Décret qui suspend le rapport de l'acte d'accusation contre les sieurs Lajard et Lebrun. (B. 26, 32.)

8 = 8 DÉCEMBRE 1792. — Décret qui rapporte le décret du 10 août, qui attribue exclusivement à la municipalité de Paris les affaires de police et de sûreté. (L. 12, 329; B. 26, 33.)

8 = 8 DÉCEMBRE 1792. — Décret en faveur des citoyens qui ont exposé leur vie et sauvé quarante-un hommes du navire *les Deux-Jeunes-Frères*, échoué près de Saint-Nazaire, le 23 décembre 1791. (B. 26, 31.)

8 DÉCEMBRE 1792. — Décret d'ordre du jour sur une lettre du ministre des affaires étrangères, relative à des demandes de passeports. (B. 26, 34.)

8 = 20 DÉCEMBRE 1792. — Décret qui ordonne de rétablir la somme de huit mille cinq cents livres, prise par le département du Lot dans la caisse du culte, pour subvenir aux besoins des maisons de charité de Cahors. (B. 26, 36.)

8 = 8 DÉCEMBRE 1792. — Décret qui accorde des fonds pour les frais d'exposition des tableaux, et pour frais de l'assemblée des artistes non académiciens. (B. 26, 32.)

8 = 8 DÉCEMBRE 1792. — Décret concernant les instructions à fournir aux commissaires dans les îles sous le Vent. (B. 26, 33.)

8 = 8 DÉCEMBRE 1792. — Décret qui rapporte le décret d'accusation contre le sieur Gerdret. (B. 26, 34.)

8 DÉCEMBRE 1792. — Scrutin épuratoire. *Voy.* 5 DÉCEMBRE 1792.

9 = 13 DÉCEMBRE 1792. — Décret qui change l'inscription mise sur les médailles des commissaires nationaux près les tribunaux. (L. 12, 336; B. 26, 39.)

La Convention nationale, après avoir entendu le rapport de son comité de législation, décrète que, sur la médaille que portent les commissaires nationaux près les tribunaux, seront inscrits ces mots: *la Loi et la République française,* au lieu de ceux de *la Loi et le Roi.*

9 = 10 DÉCEMBRE 1792. — Décret qui prononce la peine de deux années de fers contre les agens du pouvoir exécutif qui feraient pour leur compte le commerce des grains. (L. 12, 338; B. 26, 40.)

La Convention nationale décrète que tout agent du pouvoir exécutif, chargé d'acheter des grains pour le compte de la République, qui fera directement ou indirectement le commerce de grains pour son propre compte, sera puni de deux années de fers.

9 = 10 DÉCEMBRE 1792. — Décret relatif au procès et au jugement de Louis XVI. (L. 12, 339; B. 26, 39.)

La Convention nationale, après avoir entendu sa commission des Vingt-un, décrète que ladite commission est autorisée à se faire délivrer, sous récépissé, aux archives de la République, et partout où besoin sera, les pièces dont elle jugera avoir besoin pour former l'acte énonciatif des crimes dont Louis XVI est accusé.

9 = 10 DÉCEMBRE 1792. — Décret qui attribue au tribunal criminel du département d'Eure-et-Loire la connaissance des délits d'attroupemens dans ce département, relatifs aux grains et denrées. (B. 26, 37.)

9 = 10 DÉCEMBRE 1792. — Décret qui proroge la suspension du paiement des pensions affectées sur les fonds secrets des affaires étrangères, et qui met cent vingt mille livres à la disposition du ministre pour pourvoir aux besoins pressans des réfugiés hollandais et des anciens employés au département des affaires étrangères. (B. 26, 38.)

9 = 10 DÉCEMBRE 1792. — Décret portant que les lois ne seront pas traduites en idiôme gascon. (B. 26, 37.)

9 = 10 DÉCEMBRE 1792. — Décret qui autorise la municipalité de Paris à laisser entre les mains du séquestre de la maison de secours la somme de vingt mille livres. (B. 26, 37.)

9 = 13 DÉCEMBRE 1792. — Décret en témoignage de satisfaction de l'action recommandable du citoyen Labretèche. (B. 26, 37.)

9 = 13 DÉCEMBRE 1792. — Décret qui charge les magistrats de lire une fois par semaine au peuple les écrits dont la Convention aura ordonné l'impression et l'envoi aux départemens. (L. 12, 337; B. 26, 39.)

9 = 10 DÉCEMBRE 1792. — Décret qui charge le ministre de la justice de faire estimer les traductions faites par les citoyens Dugass. (B. 26, 36.)

9 = 13 DÉCEMBRE 1792. — Décret qui charge le conseil exécutif de faire lever l'arrestation d'un convoi de blé retenu par la municipalité de Vic-sur-Aisne. (B. 26, 37.)

9 = 13 DÉCEMBRE 1792. — Décret qui charge le conseil exécutif d'employer le citoyen Noury en sa qualité de capitaine, etc. (B. 26, 4o.)

9 = 10 DÉCEMBRE 1792. — Décret qui met à la disposition du ministre de l'intérieur trente mille cinq cent, quatre-vingt-six livres cinq sous, pour le paiement des frais de la force armée envoyée à Ocléans. (B. 26, 41.)

9 = 10 DÉCEMBRE 1792. — Décret concernant les soumissions des habitans d'Issoudun pour la construction d'un pont sur l'Arnon. (B. 26, 41.)

9 = 10 DÉCEMBRE 1792. — Décret qui enjoint au ministre de l'intérieur de rendre compte des achats de grains qu'il a faits. (B. 26, 38.)

9 = 13 DÉCEMBRE 1792. — Décret relatif à la pétition des volontaires du second bataillon du département de Seine-et-Marne. (B. 26, 39.)

9 = 16 DÉCEMBRE 1792. — Décret qui ordonne au ministre de la guerre de prendre des mesures pour que les généraux lui fassent parvenir les états de revue. (B. 26, 40.)

10 DÉCEMBRE 1792. — Décret relatif à Louis XVI. (L. 12, 339; B. 26, 44.)

La Convention nationale décrète que six membres pris dans son sein, accompagnés de deux commissaires du pouvoir exécutif, se transporteront sur-le-champ au greffe du tribunal criminel créé par le décret du 17 août, à l'effet d'en retirer toutes les pièces relatives au ci-devant Roi: desquelles pièces ils donneront décharge à tous greffiers, commis greffiers ou gardiens de scellés, les autorisant à procéder à la levée de toute apposition de scellés qui pourraient se trouver actuellement sur lesdits papiers, et à donner tous ordres nécessaires pour que la remise qui doit en être faite à la commission des Vingt-un n'éprouve aucun délai; décrète en outre qu'après la remise desdites pièces, les scellés seront de nouveau apposés sur lesdits papiers.

Les commissaires sont les citoyens Condorcet, Lecointre (de Versailles), Cambacérès, Manuel, Bréard, Prieur.

10 DÉCEMBRE 1792. — Décret relatif à Louis XVI. (L. 12, 34o; B. 26, 4o.)

La Convention nationale, sur la déclaration de la commission des Vingt-un, qu'il lui avait été impossible, jusqu'à cet instant, de se procurer toutes les pièces à la charge de Louis XVI, renvoie à demain la lecture des preuves à l'appui de l'acte énonciatif des crimes dont Louis XVI est accusé.

10 = 11 DÉCEMBRE 1792. — Décret portant que les comptables verseront à la Trésorerie, dans la quinzaine de la présentation des comptes, les sommes dont ils seront reliquataires. (L. 12, 359; B 26, 47.)

La Convention nationale, après avoir entendu son comité de l'examen des comptes, décrète ce qui suit:

Tous comptables verseront à la Trésorerie nationale, dans la quinzaine de la présentation de leurs comptes définitifs, les sommes dont ils seront reconnus débiteurs par le résultat de ces comptes, à l'appui desquels ils apporteront les récépissés qui leur seront délivrés desdites sommes; et faute par eux d'avoir effectué ce versement dans le délai ci-dessus, ils seront condamnés, lors du jugement de leurs comptes, à une amende du quart du débet pour chaque quinzaine de retard, indépendamment des amendes et intérêts qui pourront être exigés d'eux aux termes des lois.

Le délai ci-dessus ne commencera à courir, pour ceux des comptables qui ont déjà présenté leurs comptes, que du jour de la publication du présent décret.

10 = 17 DÉCEMBRE 1792. — Décret additionnel à celui du 3 juillet 1792, relatif aux comptes des receveurs particuliers de l'exercice de 179o, pour la capitation et les vingtièmes. (L. 12, 36o; B. 26, 48.)

Art. 1er. Les receveurs particuliers des finances de l'exercice de 1790, avant de présenter leurs comptes définitifs au bureau de comptabilité, compteront, dans la quinzaine de la publication du présent décret, de la capitation et des vingtièmes de ladite année, aux directoires des départemens chefs-lieux des anciennes généralités, ou aux commissariats conservés par le décret du 3 septembre dernier, lesquels y statueront dans la quinzaine à compter du dépôt des pièces.

2. A l'appui de leurs comptes définitifs, les receveurs particuliers rapporteront au bureau de comptabilité, dans le mois de la remise qui leur en aura été faite, les comptes arrêtés par les directoires de départemens ou commissariats.

3. Les ordonnances, décharges, modérations et autres pièces y relatives, resteront déposées dans les archives des directoires de département, sauf à les rapporter au bureau de comptabilité, s'il était jugé nécessaire.

4. Les receveurs particuliers qui ne remettront pas leurs comptes conformément et dans les délais fixés par les articles 1 et 2 ci-dessus, seront condamnés en l'amende de trois cents livres, et dix livres pour chaque jour de retard, indépendamment des intérêts légitimement dus, dérogeant au surplus de l'ar-

ticle 3 du titre III du décret du 3 = 19 juillet dernier.

_____

10 = 11 DÉCEMBRE 1792. — Décret relatif aux demandes en obtention de lettres de relief de laps de temps. (L. 12, 362; B. 26, 45.)

La Convention nationale, ouï le rapport de son comité de législation, décrète ce qui suit :

Les demandes en obtention de lettres de relief de laps de temps, à l'effet de se pourvoir en requête civile contre un arrêt ou jugement en dernier ressort, formées avant l'installation du tribunal de cassation, seront portées en ce même tribunal, à la section des requêtes, qui décidera contradictoirement si les demandeurs en obtention desdites lettres doivent être admis à se pourvoir en requête civile.

Lorsque le tribunal de cassation déclarera qu'ils doivent y être admis, il les renverra au tribunal de district remplaçant celui qui avait connu de l'affaire en première instance, pour y choisir, conformément au décret du 16 = 24 août 1790, sur l'organisation judiciaire, un des sept tribunaux d'appel, lequel prononcera sur la requête civile.

10 DÉCEMBRE 1792. — Décret relatif aux ministres du culte catholique. (B. 26, 49.)

Un des secrétaires fait lecture du procès-verbal du 6. Un membre observe, sur la rédaction, que les ministres du culte catholique ne doivent pas être qualifiés de fonctionnaires publics, et il demande que cette dénomination soit effacée du procès-verbal.

La Convention nationale passe à l'ordre du jour, motivé sur l'existence de la loi à cet égard.

_____

10 DÉCEMBRE 1792. — Décret qui renvoie aux comités des finances, diplomatique et de la guerre, une lettre du ministre de la guerre relative à la fourniture pour les armées. (B. 26, 43.)

10 DÉCEMBRE 1792. — Décret concernant la police de la salle de la Convention pendant la discussion relative au jugement de Louis XVI. (B. 26, 43.)

10 = 10 DÉCEMBRE 1792. — Décret portant que les sieurs Gevaudan et Simonnet seront mis en état d'arrestation. (B. 26, 42.)

_____

10 DÉCEMBRE 1792. — Décret qui enjoint au ministre de la guerre de rendre compte des mesures prises pour faire partir les ballots d'habillemens destinés pour l'armée. (B. 26, 42.)

10 = 11 DÉCEMBRE 1792. — Décret qui renvoie Achille Viard, en état d'arrestation, par-devant les tribunaux, pour y être jugé. (B. 26, 43.)

10 = 11 DÉCEMBRE 1792. — Décret qui accorde dix sous par poste aux postillons qui conduiront les courriers des malles. (B. 26, 45.)

10 = 15 DÉCEMBRE 1792. — Décret qui renvoie au lendemain la lecture des pièces relatives au procès de Louis XVI. (B. 26, 44.)

10 = 11 DÉCEMBRE 1792. — Décret qui accorde six cents livres de pension à la veuve Desavennes. (B. 26, 46.)

10 DÉCEMBRE 1792. — Décret portant que le caissier général de la Trésorerie jouira de la franchise des ports de lettres. (B. 26, 46.)

10 = 11 DÉCEMBRE 1792. — Décret concernant le compte à rendre par Isaac Melin, ci-devant trésorier des ordres du Saint-Esprit et de Saint-Michel. (B. 26, 47.)

10 = 11 DÉCEMBRE 1792. — Décret relatif à la formation de la légion dite des Ardennes. (L. 12, 353; B. 26, 46.)

10 = 10 DÉCEMBRE 1792. — Décret concernant une arrestation de fonds par la commune de Ris. (B. 26, 42.)

10 = 11 DÉCEMBRE 1792. — Décret relatif à l'échange des billets de la maison de secours. (L. 12, 358; B. 26, 44.)

10 = 10 DÉCEMBRE 1792. — Décret qui rapporte le décret d'accusation contre Lajard. (B. 26, 43.)

10 = 10 DÉCEMBRE 1792. — Décret qui autorise l'établissement d'un marché dans la commune du bourg de Guignes. (B. 26, 42.)

10 DÉCEMBRE 1792. — Agens du pouvoir exécutif. Voy. 9 DÉCEMBRE 1792.

11 = 15 DÉCEMBRE 1792. — Décret relatif au procès de Louis XVI. (L. 12, 340; B. 26, 49.)

Un membre fait part à la Convention que des pièces intéressantes sont entre les mains du ministre de la justice, et demande que le président soit autorisé à écrire au ministre de la justice, pour lui demander de remettre ces pièces à la commission des Vingt-un. On observe que la commission est autorisée à retirer les pièces de tous les endroits où elles se trouvent; on propose, en conséquence, et la Convention nationale décrète qu'elle passe à l'ordre du jour.

_____

11 = 15 DÉCEMBRE 1792. — Décret relatif à Louis XVI. (L. 12, 340 ; B. 26, 49.)

La Convention nationale décrète que son président fera à Louis XVI les questions qui pourraient naître de ses réponses.

---

11 = 15 DÉCEMBRE 1792. — Décret relatif à Louis XVI. (L. 12, 340 ; B. 26, 50.)

La Convention nationale décrète que l'acte énonciatif des crimes imputés à Louis XVI sera lu par un des secrétaires en entier, et ensuite par le président successivement, article par article, et que le président ajoutera, après la lecture de chaque chef d'accusation, ces mots : *Qu'avez-vous à répondre ?*

---

11 DÉCEMBRE 1792. — Décret relatif à Louis XVI. (L. 12, 341 ; B. 26, 56.)

La Convention nationale décrète qu'aucun de ses membres ne pourra prendre la parole pendant que Louis XVI sera présent à la barre.

---

11 DÉCEMBRE 1792. — Décret relatif à Louis XVI. (L. 12, 341 ; B. 26, 49.)

La Convention nationale décrète que le commandant général de la garde parisienne fera venir à l'instant Louis XVI, du Temple à la barre.

---

11 DÉCEMBRE 1792. — Décret relatif à Louis XVI, ou acte énonciatif des crimes de Louis, dernier roi des Français. (L. 12, 341 ; B. 26, 50.)

Louis, le peuple français vous accuse d'avoir commis une multitude de crimes pour établir votre tyrannie en détruisant sa liberté.

Art. 1er. Vous avez, le 20 juin 1789, attenté à la souveraineté du peuple, en suspendant les assemblées de ses représentans, et en les repoussant par la violence du lieu de leurs séances. La preuve en est dans le procès-verbal dressé au jeu de paume de Versailles par les membres de l'Assemblée constituante.

2. Le 23 juin, vous avez voulu dicter des lois à la nation ; vous avez entouré de troupes ses représentans ; vous leur avez présenté deux déclarations royales, éversives de toute liberté, et vous leur avez ordonné de se séparer. Vos déclarations et les procès-verbaux de l'Assemblée constatent ces attentats.

3. Vous avez fait marcher une armée contre les citoyens de Paris ; vos satellites ont fait couler leur sang, et vous n'avez éloigné cette armée que lorsque la prise de la Bastille et l'insurrection générale vous ont appris que le peuple était victorieux. Les discours que vous avez tenus les 9, 12 et 14 juillet aux diverses députations de l'Assemblée constituante, font connaître quelles étaient vos intentions, et les massacres des Tuileries déposent contre vous.

4. Après ces évènemens, et malgré les promesses que vous aviez faites le 15 dans l'Assemblée constituante, et le 17 dans l'hôtel-de-ville de Paris, vous avez persisté dans vos projets contre la liberté nationale. Vous avez long-temps éludé de faire exécuter les décrets du 11 août, concernant l'abolition de la servitude personnelle, du régime féodal et de la dîme. Vous avez long-temps refusé de reconnaître la déclaration des droits de l'homme. Vous avez augmenté du double le nombre de vos gardes-du-corps, et appelé le régiment de Flandre à Versailles. Vous avez permis que, dans les orgies faites sous vos yeux, la cocarde nationale fût foulée aux pieds, la cocarde blanche arborée, et la nation blasphémée ; enfin vous avez nécessité une nouvelle insurrection, occasioné la mort de plusieurs citoyens, et ce n'est qu'après la défaite de vos gardes que vous avez changé de langage, et renouvelé des promesses perfides. Les preuves de ces faits sont dans vos observations du 18 septembre sur les décrets du 11 août, dans les procès-verbaux de l'Assemblée constituante, dans les évènemens de Versailles des 5 et 6 octobre, et dans le discours que vous avez tenu le même jour à une députation de l'Assemblée constituante, lorsque vous lui dites que vous vouliez vous éclairer de ses conseils, et ne jamais vous séparer d'elle.

5. Vous avez prêté, à la fédération du 14 juillet, un serment que vous n'avez pas tenu. Bientôt vous avez essayé de corrompre l'esprit public à l'aide de Talon, qui agissait dans Paris, et de Mirabeau, qui devait imprimer un mouvement contre-révolutionnaire aux provinces. Vous avez répandu des millions pour effectuer cette corruption, et vous avez voulu faire de la popularité même un moyen d'asservir le peuple. Ces faits résultent d'un mémoire de Talon, que vous avez apostillé de votre main, et d'une lettre que Laporte vous écrivait le 19 avril, dans laquelle, vous rapportant une conversation qu'il avait eue avec Rivarol, il vous disait que les millions qu'on vous avait engagé à répandre n'avaient rien produit.

6. Dès long-temps vous aviez médité un projet de fuite : il vous fut remis le 23 février un mémoire qui vous en indiquait les moyens, et vous l'apostillâtes. Le 28, une multitude de nobles et de militaires se répandirent dans vos appartemens, au château des Tuileries, pour favoriser cette fuite. Vous voulûtes, le 18 avril, quitter Paris, pour vous rendre à Saint-Cloud ; mais la résistance des citoyens vous fit sentir que la défiance était grande ; vous cherchâtes à la dissiper en communiquant à l'Assemblée constituante une lettre que vous adressiez aux agens de la nation auprès des puissances étrangères, pour leur annoncer que vous aviez accepté libre-

ment les articles constitutionnels qui vous avaient été présentés, et cependant, le 21 juin, vous preniez la fuite avec un faux passeport ; vous laissiez une déclaration contre ces mêmes articles constitutionnels ; vous ordonniez aux ministres de ne signer aucun des actes émanés de l'Assemblée nationale, et vous défendiez à celui de la justice de remettre les sceaux de l'Etat. L'argent du peuple était prodigué pour assurer le succès de cette trahison, et la force publique devait la protéger sous les ordres de Bouillé, qui naguère avait été chargé de diriger le massacre de Nancy, et à qui vous aviez écrit à ce sujet de soigner sa popularité, parce qu'elle pouvait vous être utile. Ces faits sont prouvés par le mémoire du 23 février, apostillé de votre main ; par votre déclaration du 20 juin, tout entière de votre écriture ; par votre lettre du 24 septembre 1790, à Bouillé, par une note de celui-ci, dans laquelle il vous rend compte de l'emploi de neuf cent quatre-vingt-treize mille livres données par vous, et employées en partie à la corruption des troupes qui devaient vous escorter.

7. Après votre arrestation à Varennes, l'exercice du pouvoir exécutif fut un moment suspendu dans vos mains, et vous conspirâtes encore. Le 17 juillet, le sang des citoyens fut versé au Champ-de-Mars. Une lettre de votre main, écrite en 1790 à Lafayette, prouve qu'il existait une coalition criminelle entre vous et Lafayette, à laquelle Mirabeau avait accédé. La révision commença sous ces auspices cruels ; tous les genres de corruption furent employés. Vous avez payé des libelles, des pamphlets, des journaux destinés à pervertir l'opinion publique, à décréditer les assignats, et à soutenir la cause des émigrés. Les registres de Septeuil indiquent quelles sommes énormes ont été employées à ces manœuvres liberticides.

Vous avez paru accepter la constitution le 14 septembre : vos discours annonçaient la volonté de la maintenir, et vous travailliez à la renverser avant même qu'elle fût achevée.

8. Une convention a été faite à Pilnitz, le 24 juillet, entre Léopold d'Autriche et Frédéric-Guillaume de Brandebourg, qui s'étaient engagés à relever en France le trône de la monarchie absolue, et vous vous êtes tû sur cette convention, jusqu'au moment où elle a été connue de l'Europe entière.

9. Arles avait levé l'étendard de la révolte ; vous l'avez favorisée par l'envoi de trois commissaires civils, qui se sont occupés, non à réprimer les contre-révolutionnaires, mais à justifier leurs attentats.

10. Avignon et le comtat Venaissin avaient été réunis à la France ; vous n'avez fait exécuter le décret qu'après un mois, et, pendant ce temps, la guerre civile a désolé ce pays. Les commissaires que vous y avez suc-

cessivement envoyés ont achevé de le dévaster.

11. Nîmes, Montauban, Mende, Jalès, avaient éprouvé de grandes agitations dès les premiers jours de la liberté ; vous n'avez rien fait pour étouffer ce germe de contre-révolution, jusqu'au moment où la conspiration de Dussaillant a éclaté.

12. Vous avez envoyé vingt-deux bataillons contre les Marseillais qui marchaient pour réduire les contre-révolutionnaires arlésiens.

13. Vous avez donné le commandement du Midi à Wittgenstein, qui vous écrivait, le 21 avril 1792, après qu'il eût été rappelé : « Quelques instans de plus, et je rappelais à « toujours, autour du trône de Votre-Ma-« jesté, des milliers de Français redevenus « dignes des vœux qu'elle forme pour leur « bonheur. »

14. Vous avez payé vos ci-devant gardes-du-corps à Coblentz : les registres de Septeuil en font foi, et plusieurs ordres signés de vous constatent que vous avez fait passer des sommes considérables à Bouillé, Rochefort, la Vauguyon, Choiseul-Beaupré, d'Hamilton et à la femme Polignac.

15. Vos frères, ennemis de l'Etat, ont rallié les émigrés sous leurs drapeaux ; ils ont levé des régimens, fait des emprunts et contracté des alliances en votre nom : vous ne les avez désavoués qu'au moment où vous avez été bien certain que vous ne pouviez plus nuire à leurs projets. Votre intelligence avec eux est prouvée par un billet écrit de la main de Louis-Stanislas-Xavier, souscrit par vos deux frères, et ainsi conçu :

« Je vous ai écrit, mais c'était par la « poste, et je n'ai rien pu dire. Nous som-« mes ici deux qui n'en faisons qu'un, mêmes « sentimens, mêmes principes, même ardeur « pour vous servir. Nous gardons le silence ; « mais c'est qu'en le rompant trop tôt, nous « vous compromettrions : mais nous parlerons « dès que nous serons sûrs de l'appui géné-« ral, et ce moment est proche. Si l'on nous « parle de la part de ces gens-là, nous n'é-« couterons rien ; si c'est de la vôtre, nous « écouterons ; mais nous irons droit notre « chemin : ainsi, si l'on veut que vous nous « fassiez dire quelque chose, ne vous gênez « pas. Soyez tranquille sur votre sûreté : « nous n'existons que pour vous servir ; « nous y travaillons avec ardeur, et tout va « bien ; nos ennemis même ont trop d'inté-« rêt à votre conservation, pour commettre « un crime inutile, et qui achèverait de les « perdre. Adieu. L.-S.-Xavier et Charles-« Philippe. »

16. L'armée de ligne, qui devait être portée au pied de guerre, n'était forte que de cent mille hommes à la fin de décembre ; vous aviez ainsi négligé de pourvoir à la sûreté extérieure de l'Etat. Narbonne, votre

agent, avait demandé une levée de cinquante mille hommes; mais il arrêta le recrutement à vingt-six mille, en assurant que tout était prêt. Rien ne l'était pourtant. Après lui, Servan proposa de former auprès de Paris un camp de vingt mille hommes; l'Assemblée législative le décréta : vous refusâtes votre sanction. Un élan de patriotisme fit partir de tous côtés des citoyens pour Paris; vous fîtes une proclamation qui tendait à les arrêter dans leur marche. Cependant nos armées étaient dépourvues de soldats; Dumouriez, successeur de Servan, avait déclaré que la nation n'avait ni armes, ni munitions, ni subsistances, et que les places étaient hors de défense.

17. Vous avez donné mission aux commandans des troupes de désorganiser l'armée, de pousser des régimens entiers à la désertion, et de leur faire passer le Rhin, pour les mettre à la disposition de vos frères et de Léopold d'Autriche; ce fait est prouvé par une lettre de Toulongeon, commandant de la Franche-Comté.

18. Vous avez chargé vos agens diplomatiques de favoriser la coalition des puissances étrangères et de vos frères contre la France; particulièrement de cimenter la paix entre la Turquie et l'Autriche, pour dispenser celle-ci de garnir ses frontières du côté de la Turquie, et lui procurer par là un plus grand nombre de troupes contre la France. Une lettre de Choiseul-Gouffier, ci-devant ambassadeur à Constantinople, établit ce fait.

19. Vous avez attendu d'être pressé par une réquisition faite au ministre Lajard, à qui l'Assemblée législative demandait d'indiquer quels étaient ses moyens de pourvoir à la sûreté extérieure de l'Etat, pour proposer par un message la levée de quarante-deux bataillons.

20. Les Prussiens s'avançaient de nos frontières. On interpella, le 8 juillet, votre ministre de rendre compte de l'état de nos relations politiques avec la Prusse : vous répondîtes, le 10, que cinquante mille Prussiens marchaient contre nous, et que vous donniez avis au Corps-Législatif des actes formels de ces hostilités imminentes, aux termes de la constitution.

21. Vous avez confié le département de la guerre à Dabancourt, neveu de Calonne; et tel a été le succès de votre conspiration, que les places de Longwy et de Verdun ont été livrées aussitôt que les ennemis ont paru.

22. Vous avez détruit notre marine. Une foule d'officiers de ce corps étaient émigrés; à peine en restait-il pour faire le service des ports : cependant Bertrand accordait toujours des passeports; lorsque le Corps-Législatif vous exposa, le 8 mars, sa conduite coupable, vous répondîtes que vous étiez satisfait de ses services.

23. Vous avez favorisé dans les colonies le maintien du gouvernement absolu; vos agens y ont partout fomenté le trouble et la contre-révolution, qui s'y est opérée à la même époque où elle devait s'effectuer en France : ce qui indique assez que votre main conduisait cette trame.

24. L'intérieur de l'Etat était agité par les fanatiques, vous vous en êtes déclaré le protecteur, en manifestant l'intention évidente de recouvrer par eux votre ancienne puissance.

25. Le Corps-Législatif avait rendu, le 29 septembre, un décret contre les prêtres factieux, vous en avez suspendu l'exécution.

26. Les troubles s'étaient accrus; le ministre déclara qu'il ne connaissait dans les lois existantes aucun moyen d'atteindre les coupables. Le Corps-Législatif rendit un nouveau décret; vous en suspendîtes encore l'exécution.

27. L'incivisme de la garde que la constitution vous avait donnée en avait nécessité le licenciement. Le lendemain vous lui avez écrit une lettre de satisfaction; vous avez continué de la solder. Ce fait est prouvé par les comptes du trésorier de la liste civile.

28. Vous avez retenu auprès de vous les gardes-suisses : la constitution vous le défendait, et l'Assemblée législative en avait expressément ordonné le départ.

29. Vous avez eu dans Paris des compagnies particulières chargées d'y opérer des mouvemens utiles à vos projets de contre-révolution. D'Angremont et Gilles étaient deux de vos agens; ils étaient salariés par la liste civile. Les quittances de Gilles, chargé de l'organisation d'une compagnie de soixante hommes, vous seront présentées.

30. Vous avez voulu, par des sommes considérables, suborner plusieurs membres des Assemblées constituante et législative : des lettres de Dufresne Saint-Léon et plusieurs autres, qui vous seront présentées, établissent ce fait.

31. Vous avez laissé avilir la nation française en Allemagne, en Italie, en Espagne, puisque vous n'avez rien fait pour exiger la réparation des mauvais traitemens que les Français ont éprouvés dans ces pays.

32. Vous avez fait, le 10 août, la revue des Suisses à cinq heures du matin, et les Suisses ont tiré les premiers sur les citoyens.

33. Vous avez fait couler le sang des Français.

11 = 15 DÉCEMBRE 1792. — Décret relatif à Louis XVI. (L. 12, 348,; B. 26, 55.)

La Convention nationale décrète que le commandant général de la garde nationale de Paris reconduira sur-le-champ Louis XVI au Temple.

11 = 12 DÉCEMBRE 1792. — Décret relatif à Louis XVI. (L. 12, 348; B. 26, 56.)

La Convention nationale décrète que Louis XVI pourra prendre un conseil.

---

11 DÉCEMBRE 1792. — Décret relatif aux déportés par ordre des commissaires civils des îles du Vent. (L. 12, 363.)

---

11 DÉCEMBRE 1792. — Décret relatif au rapport à faire pour M. Camus, sur la fourniture de l'armée de la Belgique. (B. 26, 56.)

---

11 DÉCEMBRE 1792. — Billets de la maison de secours; Comptables; Légion des Ardennes; Lettre de relief de laps de temps. *Voy.* 10 DÉCEMBRE 1792.

---

12 = 12 DÉCEMBRE 1792. — Décret qui proroge jusqu'au 1er juin 1793 le service des officiers et sous-officiers des troupes de ligne nommés ad udans dans les bataillons de gardes nationaux volontaires. (L. 12, 365; B. 26, 57.)

La Convention nationale, sur la proposition du ministre de la guerre, convertie en motion par un membre, décrète que les officiers et sous-officiers des troupes de ligne qui ont été nommés adjudans dans les bataillons de gardes nationaux volontaires, pourront rester dans lesdits bataillons jusqu'au 1er juin 1793.

---

12 = 13 DÉCEMBRE 1792. — Décret relatif au procès de Louis XVI. (L. 12, 348; B. 26, 57.)

La Convention nationale décrète que quatre de ses membres se transporteront à l'instant au Temple, donneront connaissance à Louis XVI du décret du jour d'hier qui lui accorde la faculté de choisir un conseil, l'interpelleront de déclarer, dans l'heure, quel est le citoyen auquel il donne sa confiance, et, à cet effet, nomme Cambacérès, Thuriot, Dubois-Crancé et Dupont de Bigorre, qui dresseront procès-verbal.

Procès-verbal des commissaires.

Nous, commissaires de la Convention nationale, en exécution du décret ci-dessus et de celui de ce jour 12 décembre, l'an 1er de la République, nous sommes transportés au Temple, où, ayant été introduits, par les officiers municipaux, dans l'appartement occupé par Louis XVI, nous lui avons donné connaissance du décret rendu le jour d'hier par la Convention nationale, qui porte qu'il pourra avoir un conseil, et de celui de ce jour, contenant notre commission. Lecture faite desdits deux décrets, nous, commissaires, avons interpellé Louis XVI de déclarer quel est le citoyen à qui il donne sa confiance : il

a répondu qu'il choisissait Target, à son défaut Tronchet; tous deux, si la Convention y consentait, observant qu'il pensait que la loi lui donnait le droit d'en demander deux; et a signé avec nous, après que lecture lui a été faite du présent. *Signé* LOUIS, CAMBACÉRÈS, THURIOT, DUBOIS-CRANCÉ, DUPONT DE BIGORRE, et DUCROISY, *secrétaire-commis* de la Convention nationale, faisant fonctions de secrétaire de la commission.

---

12 = 12 DÉCEMBRE 1792. — Décret relatif à Louis XVI. (L. 12, 349; B. 26, 58.)

La Convention nationale décrète que le ministre de la justice enverra sur-le-champ à Target et à Tronchet expédition du décret du jour d'hier, qui porte que Louis XVI aura la faculté de choisir un conseil; du décret de ce jour, qui nomme quatre de ses membres pour l'interpeller de déclarer quel est le citoyen auquel il donne sa confiance, et du procès-verbal de ce jour, rédigé par ces quatre commissaires au Temple, signé par Louis XVI. Ordonne que les officiers municipaux de la commune de Paris laisseront communiquer librement Target et Tronchet avec Louis XVI, et que lesdits officiers municipaux fourniront à Louis XVI des plumes, de l'encre et du papier.

---

12 DÉCEMBRE 1792. — Décret sur l'organisation des écoles primaires. (B. 26, 59.)

La Convention nationale, sur le rapport de son comité d'instruction publique, décrète :

TITRE Ier. Enseignemens.

Art. 1er. Les *Écoles primaires* formeront le premier degré d'instruction : on y enseignera les connaissances rigoureusement nécessaires à tous les citoyens. Les personnes chargées de l'enseignement dans ces écoles s'appelleront *Instituteurs*.

---

12 DÉCEMBRE 1792. — Décret qui attribue le jugement de Frédéric Dietrick au tribunal criminel du département du Doubs. (B. 26, 56.)

---

12 DÉCEMBRE 1792. — Décret qui accorde au citoyen Alexandre Créqui une pension de quatre cents livres. (B. 26, 57.)

---

12 DÉCEMBRE 1792. — Décret qui ordonne la mise en liberté des citoyens Gevaudan et Simonnet, et la levée des scellés apposés sur leurs effets. (B. 26, 58.)

---

12 DÉCEMBRE 1792. — Décret qui ordonne l'examen de la conduite et la punition des administrateurs de l'habillement relativement à l'expédition de quatre-vingt-douze ballots de capotes. (B. 26, 58.)

12 DÉCEMBRE 1792. — Décret portant que les drapeaux pris à Namur seront suspendus aux voûtes de la salle des séances de la Convention. (B. 26, 59.)

13 = 15 DÉCEMBRE 1792. — Décret relatif à Louis XVI. (L. 12, 350; B. 26, 59.)

La Convention nationale décrète que ses commissaires se transporteront sur-le-champ au Temple, pour y donner communication à Louis XVI des lettres relatives à sa défense, et prendre les mesures nécessaires pour s'assurer définitivement du choix que Louis aura fait, et de l'acceptation de ceux qu'il choisira.

13 = 15 DÉCEMBRE 1792. — Décret relatif à Louis XVI. (L. 12, 350; B. 26, 59.)

La Convention nationale autorise la commission des Vingt-un à faire faire, dans vingt-quatre heures, les copies de toutes les pièces dont la communication est ordonnée devoir être faite à Louis XVI et à son conseil, et à employer à ce service extraordinaire tous les commis nécessaires, même aux bureaux de la Convention.

13 = 15 DÉCEMBRE 1792. — Décret relatif à Louis XVI. (L. 12, 350; B. 26, 64.)

La Convention nationale, ouï la députation de la commune de Paris et la lecture de l'arrêté pris par elle sur les précautions prises par ladite commune relativement à Louis XVI, passe à l'ordre du jour, motivé sur le décret du 12 décembre présent mois, qui porte que le conseil choisi par Louis XVI communiquera librement avec lui.

13 = 13 DÉCEMBRE 1792. — Décret relatif aux subsistances et fournitures pour les armées. (L. 12, 366; B. 26, 60.)

Art. 1er. Le conseil exécutif provisoire sera tenu de rendre compte, de huitaine en huitaine, des demandes faites pour les besoins des armées de la République, et des moyens qu'il aura pris d'y satisfaire.

2. Les commissaires-ordonnateurs près de chaque armée feront parvenir, chaque mois, au conseil exécutif, les états de situation des armées et de leurs besoins.

3. Les généraux commandant les armées ne pourront passer ni ordonner aucun marché ou disposition de fonds; mais, dans les cas de besoins urgens, les commissaires ordonnateurs, sur la réquisition écrite des généraux commandans, après avoir constaté par procès-verbaux que les fournisseurs sont dans l'impossibilité d'y satisfaire, seront tenus de pourvoir de suite à toutes les demandes, soit par marché, soit par réquisition, ou par tous autres moyens qu'ils aviseront : à la charge d'en instruire sans délai le ministre de la guerre, et de ne prendre ces mesures que pour le temps et la quantité nécessaires pour le cas d'urgence.

4. Le conseil exécutif rendra compte sans délai à la Convention de tous les marchés passés en urgence, de toutes les réquisitions faites, et des autres moyens extraordinaires de satisfaire aux besoins urgens, pour faire ordonner de suite les fonds nécessaires pour les payer.

5. Les généraux des armées de la République et les commissaires ordonnateurs seront tenus d'assurer par tous les moyens qui sont en leur pouvoir l'exécution des marchés, réquisitions ou autres mesures extraordinaires nécessaires pour les subsistances et approvisionnemens des armées, et les magasins pour leur conservation.

13 DÉCEMBRE 1792. — Décret pour l'achat des subsistances et fournitures des armées, dans le lieu où elles sont établies. (B. 26, 63.)

La Convention nationale, ouï le rapport de ses comités de la guerre, diplomatique, des finances et de la commission envoyée à l'armée de Belgique, décrète ce qui suit :

Art. 1er. Les achats pour les subsistances, fourrages, fournitures d'habillement, d'équipement et de campement, seront faits, autant qu'il sera possible, dans les lieux mêmes où les armées sont établies et dans les environs, suivant les formes ordonnées par les lois.

2. Toutes les fournitures d'habillement, équipement, campement et autres effets susceptibles d'être marqués, le seront d'une marque propre à chaque fournisseur, afin qu'après que la visite desdits effets aura été faite, ceux qui ne seraient pas trouvés de bonne et suffisante qualité soient laissés à la charge des fournisseurs, aux frais de qui ils seront sur-le-champ remplacés, et que ceux-ci soient punis, lorsqu'il y aura lieu, suivant la rigueur des lois.

3. Le comité des achats ne pourra faire d'achats dans les lieux où les armées sont établies, pour exporter dans d'autres lieux, qu'autant qu'il aura l'avis par écrit des généraux des armées et des ordonnateurs, sur la possibilité d'exporter sans nuire au service et à la marche des armées. En cas de difficulté, il en sera référé au conseil exécutif.

4. Les décomptes des fourrages à payer aux officiers leur seront remis en assignats.

5. Les retenues établies sur la paie des soldats pour les fournitures d'équipement et d'habillement seront faites sur le pied sur lequel elles sont réglées; il ne leur sera rien retenu au-delà pour raison des remplacemens

qui seront jugés nécessaires par le conseil d'administration de chaque bataillon, à cause de la mauvaise qualité des fournitures faites jusqu'à ce jour.

6. Les distributions seront faites en conformité des réglemens militaires, notamment en conformité de celui du 1er janvier 1792. Un commissaire des guerres y sera toujours présent.

13 = 13 DÉCEMBRE 1792. — Décret qui invite, au nom de la patrie, les volontaires nationaux à ne pas abandonner leurs drapeaux, et détermine les formalités sur lesquelles ils pourront obtenir des congés. (L. 12, 369 ; B. 26, 68.)

La Convention nationale, considérant que la gloire et le salut de la République française exigent que les volontaires nationaux restent au poste où leur courage et leur patriotisme les ont appelés ;

Considérant que, si plusieurs d'entre eux ont abandonné les drapeaux de la victoire pour retourner dans leurs foyers, on ne saurait, sans injustice, en accuser ni leur valeur ni leur civisme, mais seulement l'ignorance où ils étaient de la nécessité de leurs services et de l'adresse que la Convention nationale a faite aux armées de la République dans le mois d'octobre dernier ;

Considérant que, d'après les mesures qui ont été prises, tant pour assurer des secours aux femmes et aux enfans des défenseurs de la patrie que pour leur procurer à eux-mêmes tous les objets qui leur sont nécessaires, soit en subsistances, soit en habillemens et effets de campement, objets dont la rapidité des marches a quelquefois retardé l'envoi, il ne peut plus rester de prétexte à ceux qui aiment sincèrement leur pays et la liberté ;

Considérant enfin que la loyauté des soldats français s'offenserait qu'on ne punît pas ceux des volontaires nationaux qui, en quittant leurs drapeaux, se permettraient d'emporter leurs armes et même leurs habits avant d'en avoir payé la valeur ;

Après avoir entendu le rapport de ses comités de la guerre, des finances et diplomatique réunis, décrète ce qui suit :

Art. 1er. La Convention déclare à tous les citoyens-soldats que la République a encore besoin de leurs services, et les invite, au nom de la patrie, à ne pas quitter les drapeaux.

2. Tout volontaire national qui abandonnerait son poste au mépris de cette invitation sera noté par la municipalité du lieu de son domicile sur le tableau d'inscription civique, comme ayant refusé à sa patrie le secours qu'elle lui demandait ; en conséquence, l'administration de chaque bataillon de volontaires nationaux fera passer dans les municipalités respectives les noms de tous ceux qui auront quitté le bataillon sans congé.

3. Ceux des volontaires nationaux qui auraient un besoin indispensable de retourner pour quelque temps dans leurs foyers obtiendront des congés, en rapportant un certificat de la municipalité du lieu d'où ils sont partis, qui attestera la légitimité de leurs motifs. Ce certificat sera visé par le commandant du bataillon et par le général de l'armée. Il sera envoyé au ministre de la guerre, qui accordera le congé et en limitera la durée, laquelle ne pourra excéder un mois, sans y comprendre le temps du voyage et celui du retour, qui seront fixés à raison de six lieues par jour. La totalité des congés sera réduite dans chaque compagnie au sixième de l'effectif, et les deux tiers desdits congés seront accordés aux pères de famille.

4. Pourront obtenir des congés illimités et même absolus, sans avoir besoin du certificat de leur municipalité, tous ceux qui offriront de se faire remplacer par un citoyen dont le civisme sera attesté par les officiers municipaux du lieu de son domicile, et qui ne sera pas actuellement en activité de service, soit dans les troupes de ligne, soit dans les bataillons de volontaires nationaux ou compagnies franches. Le congé sera accordé par le général, sur le certificat du commandant de bataillon, portant que l'homme de remplacement a été présenté et agréé.

5. Ceux des volontaires nationaux qui ont déjà quitté leurs bataillons sont invités à rejoindre dans le délai d'un mois à compter de la publication du présent décret, ou à se faire remplacer dans la forme prescrite par l'article précédent ; et, s'ils refusent de rejoindre dans le délai prescrit et qu'ils ne soient point remplacés, la note énoncée dans l'article 2 sera inscrite à côté de leurs noms dans le tableau d'inscription civique.

6. Les corps administratifs, officiers municipaux, gendarmes et gardes nationaux, sont tenus d'arrêter et faire arrêter tout volontaire national qui, en quittant son bataillon, emporterait sa capote, son fusil, sa giberne ou autres objets d'équipement : ils en useront de même à l'égard de ceux qui emporteraient leur habit d'uniforme, et qui ne pourraient pas justifier, par le bordereau de leur décompte, qu'ils en ont payé le prix. Il sera donné avis de la saisie des effets au ministre de la guerre, qui donnera les ordres nécessaires pour les faire remettre au bataillon, et, la remise effectuée, le volontaire sera mis en liberté : la Convention nationale dérogeant à toute loi qui aurait, à raison dudit enlèvement, prononcé contre eux des peines plus sévères.

7. Il sera accordé une récompense, par forme de retraite, à tous les citoyens qui auront servi sans interruption jusqu'à la fin de la guerre ; les comités de la guerre et de li-

quidation sont chargés d'en présenter incessamment le mode.

8. Le présent décret sera lu à la tête de chaque compagnie, et il sera énoncé sur le livre d'ordre.

—————

13 = 14 DÉCEMBRE 1792. — Décret relatif aux fonctions des commissaires-auditeurs dans les cours martiales. (L. 12, 373; B. 26, 64.)

La Convention nationale, ouï le rapport de ses comités de la guerre, diplomatique et des finances, et de la commission près l'armée de Belgique, décrète que les fonctions des commissaires-auditeurs supprimés par le décret du 11 septembre dernier seront remplies, dans les cours martiales, par le plus ancien des commissaires ordinaires de la division de l'armée dans l'étendue de laquelle la cour martiale sera établie.

—————

13 = 14 DÉCEMBRE 1792. — Décret qui adjoint le citoyen Camus à la commission près de l'armée de la Belgique. (B. 26, 64.)

—————

13 DÉCEMBRE 1792. — Lecture au peuple; Médailles des commissaires nationaux. *Voy.* 9 DÉCEMBRE 1792.

—————

14 = 15 DÉCEMBRE 1792. — Décret qui ordonne la fabrication d'une somme de trois cents millions en assignats de cinquante livres. (L. 12, 375; B. 26, 66.)

La Convention nationale, considérant qu'un des moyens les plus efficaces pour donner à ses travaux toute l'étendue et la maturité que le peuple français attend d'elle dans l'établissement d'une constitution qui assure la liberté et l'égalité sur des bases solides pour extirper les abus qui se sont commis dans les différentes branches du gouvernement, apporter l'économie la plus sérieuse dans les dépenses de la République, est d'avoir en réserve, dans le Trésor public, un fonds disponible qui puisse suffire même aux besoins extraordinaires de l'État; après avoir entendu le rapport de son comité des finances, décrète ce qui suit:

Art. 1er. Il sera fabriqué une somme de trois cents millions en assignats de cinquante livres chacun.

2. Les trois mille rames de papier, dans les dimensions de l'assignat de cinquante livres, dont la préparation a été décrétée par le Corps-Législatif, seront employées à cette fabrication.

3. L'assignat portera dans le texte: République française. Assignat de cinquante livres, de la création du   l'an premier de la République, hypothéqué sur les domaines nationaux.

Au bas et dans le centre, il y aura une taille-douce représentant la France assise, vue de face, appuyant une main sur le trident, présentant de l'autre les trois couronnes symboliques de la puissance, de la gloire et de l'amour de la paix. Aux pieds de la figure et à gauche sera un coq, et, à droite, la mappemonde derrière le trident.

L'emblème entier repose sur un piédestal simple et large, orné d'un bas-relief où le bonnet de la Liberté se trouve placé entre deux faisceaux d'armes; en bas, et par encastrement dans la bordure de l'assignat, on lit les mots: Liberté, Egalité.

Dans le pourtour de l'assignat règne en bordure un dessin grec: cette bordure est un parallélogramme en dehors et un octogone en dedans; les quatre angles du parallélogramme sont coupés en dedans pour y placer la valeur de l'assignat en chiffres arabes.

La bordure est coupée latéralement par les inscriptions: *La loi punit de mort le contrefacteur. La nation récompense le dénonciateur.* En haut et en bas se trouvent le numéro et la série répétés deux fois.

Le timbre sec représentera Hercule terrassant l'hydre; il sera en regard avec la signature.

4. Le numérotage et la signature seront faits à la planche.

5. Il y aura trois mille séries, et il sera employé cinquante signatures, dont la combinaison pourra être variée dans les différentes séries.

Ces signatures seront les suivantes: Lafortette, Mignot, Gauthier, Tourard, Dasse, Collenet, Jacob, Chocus, Millot, Lievin, Baret, Depierre Lecreps, Pardon, Sauvage, Nion, Grosey, Vermon, Louvet, Oder, André, Latour, Dufour, Bouché, Dreux, Ringuet, Gutarlier, Mille, Anicol, Linreler, Pradier, Lebrun, Fayolle, Develle, Mali, Poiré, Gallet, Fiquenelle, François, Lehu, Dumas, Leclerc, Lagrive, Jannel, Police, Dubois, Bertrand, Boileau, Hubert, Barrand.

6. La Trésorerie nationale tiendra à la disposition du ministre des contributions publiques jusqu'à la concurrence d'une somme de quatre cent cinquante mille livres, suivant l'état fourni par le directeur-général de la fabrication des assignats, annexé au présent décret.

Aperçu des dépenses qu'occasionera la fabrication des trois cents millions d'assignats de cinquante livres, suivant l'état fourni par le directeur général de la fabrication des assignats.

Le marché du papier a été passé avec madame Delagarde, à raison de cinquante livres par rame: on compte sur trois mille trois cents rames, à cause des suppléments; cela donnerait cent soixante-cinq mille livres. La gravure de la taille-douce doit être exécutée par Alexandre Tardieu ; on peut la porter au même prix que celle de l'assignat de quatre cents livres, six cents livres. Il faudra opter, pour la multiplication des planches, entre le procédé de M. Herban et celui de Droz. On ne peut se procurer que des données fort incertaines sur cet objet, parce que l'on craint toujours de présumer trop des économies possibles ; cependant cet objet ne devra pas passer vingt-cinq mille livres. Le cuivre, en raison du volume du papier, coûterait le quadruple de ce que coûte le cuivre de deux cents livres ; mais, comme il peut exister encore à cet égard de grands moyens d'économie, en faisant servir les cuivres de la taille-douce des quatre cents livres, on peut estimer que cette dépense n'atteindra pas vingt-cinq mille livres. L'imprimeur en taille-douce donnera chaque cent à six livres, sur le pied actuel, et à cinq livres peut-être sur le premier taux : ce serait, pour deux mille deux cents rames, soixante-six mille livres. La gravure du texte en légende ne coûtera pas plus que celle de quatre cents livres, sept mille deux cents livres ; et il faut présumer que, malgré le surcroît des signatures, le graveur en poinçons, M. Gatteau, ne demandera pas plus de dix mille autres livres pour les cinquante signatures, la bordure et le timbre, dix mille livres. On ne peut donner que des aperçus pour les fontes. Je présume que celle de cet assignat ne passera pas douze mille livres. Les formes de Barthelet pourront servir pour le numérotage, et peut-être ne sera-ce pas un supplément de dépense de cinq mille livres. Toutes les sommes dont je viens de parler s'élèvent à peine à trois cent vingt mille livres ; la signature et le numérotage à la main auraient coûté, suivant le bordereau ci-joint, cent vingt-trois mille livres. Cet excédant, si facile à prouver, m'enhardit à parler de l'impression. J'ignore pleinement, et je ne sais si je dois, dès ce moment, chercher quel sera le mode de l'impression ; mais elle ne s'élevera pas à une plus forte somme, proportion gardée, que l'impression de l'assignat de quatre cents livres ; trois mille trois cents rames à vingt-quatre livres, soixante-dix-neuf mille deux cents livres. Le timbrage coûtera environ quarante mille livres ; cependant cette dépense sera encore susceptible de réduction. Ainsi la dépense totale de cette fabrication s'élèverait à quatre cent trente-cinq mille livres ; à quoi ajoutant, pour frais imprévus, la somme de quinze mille livres, on aura en total quatre cent cinquante mille livres.

14 = 15 DÉCEMBRE 1792. — Décret relatif au procès de Louis XVI. (B. 26, 65.)

La Convention nationale décrète que Lamoignon-Malesherbes, conseil de Louis XVI,

communiquera librement avec lui au Temple.

14 = 14 DÉCEMBRE 1792. — Décret relatif aux membres du comité de liquidation de l'Assemblée législative, et autres personnes inculpées. (L. 12, 374 ; B. 26, 69.)

Un membre propose que la Convention ordonne à ses comités de prendre des mesures contre les membres du comité de liquidation de l'Assemblée législative, et toutes autres personnes qui sont ou seront inculpées.

La Convention nationale décrète que le ministre de la justice est chargé de faire exécuter, sans délai, les mandats d'arrêt que la commission des Douze croira devoir décerner contre un ou plusieurs membres dudit comité de liquidation de l'Assemblée législative.

14 = 14 DÉCEMBRE 1792. — Décret relatif à la pêche de la baleine et du cachalot. (B. 26, 69.)

La Convention nationale renvoie aux comités de marine et de commerce réunis, et ajourne le projet de décret présenté au nom du comité de commerce, relativement à la pêche de la baleine et du cachalot avec des vaisseaux de construction américaine, sans cependant que l'ajournement puisse nuire au départ du navire la Nancy, armateurs King et Walston, qui, par exception, pourra suivre sa destination.

14 = 14 DÉCEMBRE 1792. — Décret pour remplacer dans le département de la Moselle les nouvelles lois enlevées ou brûlées par l'ennemi. (B. 26, 65.)

La Convention nationale, après avoir entendu la lecture d'une lettre du ministre de l'intérieur, et sur la proposition d'un de ses membres, décrète que le ministre de l'intérieur est autorisé à fournir aux municipalités du département de la Moselle de nouvelles collections des lois, en remplacement de celles que les ennemis leur ont enlevées ou brisées.

14 = 14 DÉCEMBRE 1792. — Décret qui ordonne de transférer à la maison de l'Oratoire, à Paris, les magasins militaires de Saint-Denis. (B. 26, 64.)

14 DÉCEMBRE 1792. — Décret qui charge le ministre de la guerre de fournir à la Convention l'état des pièces de canon existantes à Paris et à Saint-Denis. (B. 26, 65.)

14 DÉCEMBRE 1792. — Commissaires - auditeurs. Voy. 13 DÉCEMBRE 1792.

15 = 15 DÉCEMBRE 1792. — Décret relatif à Louis XVI. (L. 12, 351 ; B. 26, 71.)

La Convention nationale, après avoir entendu le rapport de sa commission des Vingt-un, décrète ce qui suit :

Art. 1er. Quatre commissaires nommés par la commission des Vingt-un, et pris dans son sein, se transporteront sur-le-champ au Temple, remettront à Louis XVI les copies collationnées des pièces probantes de ses crimes, et en dresseront procès-verbal.

2. Les mêmes commissaires mettront sous les yeux de Louis XVI les originaux des pièces qui ne lui ont point été présentées à la barre, et constateront s'il les a reconnues.

15 = 15 DÉCEMBRE 1792. — Décret relatif à Louis XVI. (L. 12, 351 ; B. 26, 71.)

La Convention nationale décrète qu'elle fixera le délai dans lequel Louis XVI sera jugé.

15 = 15 DÉCEMBRE 1792. — Décret relatif à Louis XVI. (L. 12, 351 ; B. 26, 71.)

La Convention nationale décrète que Louis XVI sera entendu définitivement mercredi 26 du présent mois.

15 = 15 DÉCEMBRE 1792. — Décret relatif à Louis XVI. (L. 12, 352 ; B. 26, 71.)

La Convention nationale décrète que Louis XVI pourra voir ses enfans, lesquels ne pourront, jusqu'à son jugement définitif, communiquer ni avec leur mère, ni avec leur tante.

15 = 15 DÉCEMBRE 1792. — Décret qui fixe le traitement annuel du commissaire à Cayenne et celui de son secrétaire. (B. 26, 69.)

15 = 15 DÉCEMBRE 1792. — Décret portant abolition de toutes procédures, jugemens et arrêts contre le citoyen André Négré. (B. 26, 70.)

15 = 15 DÉCEMBRE 1792. — Décret qui permet au commissaire Malus de communiquer avec le rapporteur du comité militaire. (B. 26, 71.)

15 DÉCEMBRE 1792. — Assignats. *Voy.* 14 DÉCEMBRE 1792. — Souveraineté des peuples. *Voy.* 17 DÉCEMBRE 1792.

16 = 16 DÉCEMBRE 1792. — Décret portant peine de mort contre quiconque proposera ou tentera de rompre l'unité de la France. (L. 12, 385 ; B. 26, 75.)

La Convention nationale décrète que quiconque proposera ou tentera de rompre l'u-nité de la République française, ou d'en détacher des parties intégrantes pour les unir à un territoire étranger, sera puni de mort.

16 = 16 DÉCEMBRE 1792. — Décret qui rapporte tous les décrets relatifs aux indemnités à accorder aux princes possessionnés en France. (L. 12, 386 ; B. 26, 75.)

La Convention nationale décrète le rapport de tous décrets qui accordent des indemnités aux princes étrangers possessionnés en France, ou qui ordonnent des opérations préparatoires pour parvenir à les fixer.

16 = 17 DÉCEMBRE 1792. — Décret concernant les membres de la famille de Bourbon-Capet. (B. 26, 75.)

La Convention nationale décrète que tous les membres de la famille de Bourbon-Capet, excepté ceux qui sont détenus au Temple, et sur le sort desquels la Convention nationale doit prononcer, sortiront dans trois jours du département de Paris, et dans huit jours du territoire de la République, ainsi que des pays occupés par les armées : elle ajourne à deux jours la question de savoir si Philippe, ci-devant d'Orléans, ayant été nommé représentant du peuple, peut être compris dans le décret.

17 (15 et) DÉCEMBRE 1792. — Décret par lequel la France proclame la liberté et la souveraineté de tous les peuples chez lesquels elle a porté et portera ses armes. (L. 12, 380 ; B. 26, 72 ; Mon. du 18 décembre 1792.)

Voy. lois du 22 DÉCEMBRE 1792 et du 31 JANVIER 1793.

La Convention nationale, après avoir entendu le rapport de ses comités des finances, de la guerre et diplomatique réunis ; fidèle aux principes de la souveraineté du peuple, qui ne lui permet pas de reconnaître aucune des institutions qui y portent atteinte, et voulant fixer les règles à suivre par les généraux des armées de la République dans les pays où ils porteront les armes, décrète :

Art. 1er. Dans les pays qui sont ou seront occupés par les armées de la République, les généraux proclameront sur-le-champ, au nom de la nation française, la souveraineté du peuple, la suppression de toutes les autorités établies, des impôts ou contributions existans, l'abolition de la dîme, de la féodalité, des droits seigneuriaux, tant féodaux que censuels, fixes ou casuels, des banalités, de la servitude réelle et personnelle, des priviléges de chasse et de pêche, des corvées, de la noblesse, et généralement de tous les priviléges.

2. Ils annonceront au peuple qu'ils lui apportent paix, secours, fraternité, liberté

et égalité, et ils le convoqueront de suite en assemblées primaires ou communales, pour créer et organiser une administration et une justice provisoire ; ils veilleront à la sûreté des personnes et des propriétés; ils feront imprimer en langue ou idiôme du pays, afficher et exécuter sans délai, dans chaque commune, le présent décret et la proclamation y annexée.

3. Tous les agens et officiers civils ou militaires de l'ancien gouvernement, ainsi que les individus ci-devant réputés nobles, ou membres de quelque corporation ci-devant privilégiée, seront, pour cette fois seulement, inadmissibles à voter dans les assemblées primaires ou communales, et ne pourront être élus aux places d'administration ou du pouvoir judiciaire provisoire (1).

4. Les généraux mettront de suite sous la sauve-garde et protection de la République française tous les biens meubles et immeubles appartenant au fisc, au prince, à ses fauteurs, adhérens et satellites volontaires, aux établissemens publics, aux corps et communautés laïques et ecclésiastiques; ils en feront dresser sans délai un état détaillé, qu'ils enverront au conseil exécutif, et prendront toutes les mesures qui sont en leur pouvoir, afin que ces propriétés soient respectées.

5. L'administration provisoire, nommée par le peuple, sera chargée de la surveillance et régie des objets mis sous la sauve-garde et protection de la République française ; elle veillera à la sûreté des personnes et des propriétés; elle fera exécuter les lois en vigueur relatives au jugement des procès civils et criminels, à la police et à la sûreté publique; elle sera chargée de régler et faire payer les dépenses locales et celles qui seront nécessaires pour la défense commune; elle pourra établir des contributions, pourvu toutefois qu'elles ne soient pas supportées par la partie indigente et laborieuse du peuple.

6. Dès que l'administration provisoire sera organisée, la Convention nationale nommera des commissaires pris dans son sein pour aller fraterniser avec elle.

7. Le conseil exécutif nommera aussi des commissaires nationaux, qui se rendront de suite sur les lieux pour se concerter avec les généraux et l'administration provisoire nommée par le peuple, sur les mesures à prendre pour la défense commune, et sur les moyens employés pour se procurer les habillemens et subsistances nécessaires aux armées, et pour acquitter les dépenses qu'elles ont faites et feront pendant leur séjour sur son territoire.

8. Les commissaires nationaux nommés par le conseil exécutif lui rendront compte,

tous les quinze jours, de leurs opérations. Le conseil exécutif les approuvera, modifiera ou rejettera, et il en rendra compte de suite à la Convention.

9. L'administration provisoire nommée par le peuple et les fonctions des commissaires nationaux cesseront aussitôt que les habitans, après avoir déclaré la souveraineté et l'indépendance du peuple, la liberté et l'égalité, auront organisé une forme de gouvernement libre et populaire.

10. Il sera fait état des dépenses que la République française aura faites pour la défense commune, et des sommes qu'elle pourra avoir reçues, et la nation française prendra avec le gouvernement qui sera établi des arrangemens pour ce qui pourra être dû ; et, au cas où l'intérêt commun exigerait que les troupes de la République restassent encore à cette époque sur le territoire étranger, elle prendra les mesures convenables pour les faire subsister.

11. La nation française déclare qu'elle traitera comme ennemi le peuple qui, refusant la liberté et l'égalité, ou y renonçant, voudrait conserver, rappeler ou traiter avec le prince et les castes privilégiées; elle promet et s'engage de ne souscrire aucun traité, et de ne poser les armes qu'après l'affermissement de la souveraineté et de l'indépendance du peuple sur le territoire duquel les troupes de la République sont entrées, qui aura adopté les principes de l'égalité, et établi un gouvernement libre et populaire.

12. Le conseil exécutif enverra le présent décret par des courriers extraordinaires à tous les généraux, et prendra les mesures nécessaires pour en assurer l'exécution.

Le peuple Français au peuple …….

Frères et amis, nous avons conquis la liberté, et nous la maintiendrons. Nous offrons de vous faire jouir de ce bien inestimable qui nous a toujours appartenu, et que nos oppresseurs n'ont pu nous ravir sans crime.

Nous avons chassé vos tyrans : montrez-vous hommes libres, et nous vous garantirons de leur vengeance, de leurs projets et de leur retour.

Dès ce moment, la nation française proclame la souveraineté du peuple, la suppression de toutes les autorités civiles et militaires qui vous ont gouvernés jusqu'à ce jour, et de tous les impôts que vous supportez, sous quelque forme qu'ils existent; l'abolition de la dîme, de la féodalité, des droits seigneuriaux, tant féodaux que censuels, fixes ou casuels, des banalités, de la servitude réelle et personnelle, des priviléges de chasse et de

(1) Abrogé. *Voy.* loi du 22 décembre 1792.

6.

pêche, des corvées de la gabelle, des péages, des octrois, et généralement de toute espèce de contributions dont vous avez été chargés par vos usurpateurs ; elle proclame aussi l'abolition parmi vous de toute corporation nobiliaire, sacerdotale et autres, de toutes les prérogatives et priviléges contraires à l'égalité. Vous êtes dès ce moment, frères et amis, tous citoyens, tous égaux en droits, et tous appelés également à gouverner, à servir et défendre votre patrie.

Formez-vous sur-le-champ en assemblées primaires ou de communes, hâtez-vous d'établir vos administrations et justices provisoires, en se conformant aux dispositions de l'article 3 du décret ci-dessus. Les agens de la République française se concerteront avec vous pour assurer votre bonheur et la fraternité qui doit exister désormais entre nous.

17 = 21 DÉCEMBRE 1792. — Décret relatif au refus d'institution canonique fait par l'évêque de Seine-et-Oise à un vicaire, sous prétexte qu'il était marié. (L. 12, 387; B. 26, 76.)

La Convention nationale, sur la dénonciation faite par un de ses membres que l'évêque du département de Seine-et-Oise a refusé l'institution canonique à un vicaire, sous prétexte qu'il était marié, passe à l'ordre du jour, motivé sur ce que tout citoyen peut se pourvoir devant les tribunaux contre la violation de la loi à son égard.

17 = 17 DÉCEMBRE 1792. — Décret qui ordonne de procéder à la nomination des membres des tribunaux du département de Paris. (B. 26, 76.)

17 = 21 DÉCEMBRE 1792. — Décret qui annule les procédures faites pour cause d'attroupemens relatifs aux droits féodaux dans le département de la Lozère. (B. 26, 76.)

17 = 21 DÉCEMBRE 1792. — Décret qui accorde une récompense de trois cents livres au citoyen J.-J. Viez, blessé à la bataille de Jemmapes. (B. 26, 77.)

17 = 17 DÉCEMBRE 1792. — Décret qui permet à Louis XVI de prendre un troisième conseil. (B. 26, 77.)

17 = 17 DÉCEMBRE 1792. — Décret qui traduit à la barre, pour y être interrogés, les sieurs Desparbès, gouverneur général de Saint-Domingue; Lavilléon, contre-amiral, et Donnemant, adjudant-général. (B. 26, 77.)

17 = 17 DÉCEMBRE 1792. — Décret relatif à de nouvelles pièces à communiquer à Louis XVI. (B. 26, 78.)

17 = 21 DÉCEMBRE 1792. — Décret qui accorde un secours provisoire au citoyen Lamare, commissaire civil aux îles du Vent. (B. 26, 78.)

17 = 17 DÉCEMBRE 1792. — Décret qui traduit à la barre les individus renvoyés en France par les commissaires civils délégués aux îles sous le Vent. (B. 26, 79.)

17 DÉCEMBRE 1792. — Décret qui ordonne de payer quatre mille livres au citoyen Vacqué, secrétaire de la fédération. (B. 26, 79.)

17 DÉCEMBRE 1792. — Députés. Voy. 11 DÉCEMBRE 1792. — Exercice de 1790. Voy. 10 DÉCEMBRE 1792.

18 = 18 DÉCEMBRE 1792. — Décret qui casse une proclamation du conseil exécutif, concernant une coupe de bois du domaine de Versailles. (B 26, 85.)

La Convention nationale, après avoir ouï le rapport de son comité des domaines, casse et annule la proclamation du conseil exécutif provisoire du 7 de ce mois, qui commet le grand-maître des eaux-et-forêts du ci-devant département de Paris, pour procéder à la vente de la coupe de l'ordinaire de 1793 du bois du domaine de Versailles, dépendant de la ci-devant liste civile; décrète que cette vente sera faite aux termes de la loi du 19 janvier 1791, par les administrateurs du directoire du district de Versailles, délégué à cet effet par celui du département de Seine-et-Oise, en présence de deux officiers au moins, de ceux qui ont fait les opérations préparatoires, ou eux dûment appelés.

18 = 19 DÉCEMBRE 1792. — Décret qui ordonne de mettre en liberté les soldats volontaires des bataillons de Bon-Conseil et de la République, détenus à raison de l'événement arrivé sous les murs de Rhetel. (B. 26, 86.)

18 = 19 DÉCEMBRE 1792. — Acte d'accusation contre Dufresne-Saint-Léon. (B. 26, 86.)

18 = 20 DÉCEMBRE 1792. — Décret qui autorise le citoyen Aubouin et compagnie à ouvrir un canal de navigation pour joindre la Vilaine à la Rance, par les rivières d'Ille et du Linon. (L. 12, 388; B. 26, 81.)

18 = 19 DÉCEMBRE 1792. — Décret d'ordre du jour sur la demande faite par Rousel Blanchelande d'être jugé, dans la session actuelle, par le tribunal criminel du département de Paris. (B. 26, 80.)

18 = 18 DÉCEMBRE 1792. — Décret qui autorise le comité de la guerre à faire conduire devant lui les sieurs Malus et d'Espagnac. (B. 26, 86.)

18 = 19 DÉCEMBRE 1792. — Décret qui nomme trois commissaires dans les pays occupés par les armées des généraux Biron, Custine et Beurnonville. (B. 26, 85.)

18 = 18 DÉCEMBRE 1792. — Décret qui accorde un secours provisoire de cent livres au citoyen Dubois, chasseur. (B. 26, 81.)

18 = 18 DÉCEMBRE 1792. — Décret qui autorise le sieur d'Espagnac à communiquer avec le rapporteur du comité de la guerre. (B. 26, 84.)

18 = 18 DÉCEMBRE 1792. — Décret qui accorde des secours provisoires à divers soldats et volontaires nationaux, et qui ordonne un rapport sur les lettres du général Spart et du ministre de la guerre. (B. 26, 80.)

18 DÉCEMBRE 1792. — Acte d'accusation contre Dufresne-Saint-Léon. (B. 26, 86.)

18 DÉCEMBRE 1792. — Émigrés. *Voy.* 3 NOVEMBRE 1792.

19 = 21 DÉCEMBRE 1792. — Décret portant prorogation du délai fixé pour l'échange des billets de confiance au-dessous de vingt-cinq livres. (L. 12, 395; B. 26, 93.)

La Convention nationale, après avoir entendu le rapport de son comité des finances sur les représentations qui ont été faites que le délai fixé par la loi du 8 novembre dernier pour retirer les billets au-dessous de vingt-cinq livres qui sont en circulation, n'est pas suffisant, décrète :

Art. 1er. Le délai fixé par l'article 21 du décret du 8 novembre dernier, pour la circulation dans les départemens des billets au porteur payables à vue en échange d'assignats ou en billets échangeables en assignats, connus sous le nom de *billets de confiance, patriotiques* ou *de secours*, est prorogé comme suit, savoir :

Pour les billets de dix sous qui ont été émis par des corps administratifs ou municipaux, jusqu'au 1er juillet prochain;

Pour les billets au-dessous de dix sous émis par des compagnies ou particuliers, et ceux de dix sous et au-dessous de vingt-cinq livres émis par des corps administratifs ou municipaux, ou par des compagnies ou particuliers, jusqu'au 1er mars prochain.

2. Sont exceptés des dispositions de l'article ci-dessus les billets émis par des corps administratifs ou municipaux, ou par des particuliers et compagnies, dans le département de Paris, quoique au-dessous de vingt-cinq livres, qui ne pourront rester en circulation que jusques et compris le 31 janvier prochain.

3. Le délai pour la garantie des communes,

fixé par l'article 21 du décret du 8 novembre dernier, est prorogé d'un mois après les délais fixés pour le retirement desdits billets.

4. Les billets qui sont déjà rentrés ou rentreront par la voie de l'échange, avant les époques fixées par les articles 1er et 2 ci-dessus, ne pourront plus être mis en circulation.

5. Les administrations de département pourront prendre entre elles les moyens qu'elles jugeront convenables pour l'échange des billets qui circulent dans leurs arrondissemens respectifs.

6. Pour faciliter la correspondance entre lesdits corps administratifs, ils jouiront, jusqu'au 1er juillet prochain, de la franchise des ports de lettres et paquets étant intitulés : *Échange des billets de confiance*, et contresignés par le procureur-général-syndic du département.

7. Le décret du 8 novembre dernier sera, au surplus, exécuté dans toutes les dispositions auxquelles il n'est pas dérogé par le présent décret.

19 = 24 DÉCEMBRE 1792. — Décret additionnel concernant le mode de constater l'état civil des citoyens par les municipalités. (L. 12, 397; B. 26, 90.)

Voy. loi du 20 SEPTEMBRE 1792.

SECTION 1re. Articles communs à toutes les municipalités de la République.

Art. 1er. Les personnes désignées par le décret du 20 septembre dernier pour faire les déclarations de naissance et de décès, seront tenues de faire ces déclarations dans les trois jours de la naissance et du décès, sous peine de prison, qui sera prononcée par voie de police correctionnelle, et ne pourra excéder deux mois pour la première fois, et six mois en cas de récidive, sauf les poursuites criminelles en cas de suppression, d'enlèvement ou de défaut de représentation de l'enfant, ou de recèlement du décès. Les déclarations de décès seront faites avant l'inhumation, à peine de prison, comme il est dit ci-dessus.

2. Il sera payé, pour chaque extrait d'acte de divorce, la même taxe que pour un extrait d'un acte de mariage.

3. Le registre particulier prescrit pour les publications de mariage servira aussi pour les actes préliminaires du divorce, qui doivent être dressés par un officier municipal; et il sera payé, pour chaque extrait d'acte préliminaire du divorce, la même taxe que pour un extrait de publication de mariage.

4. Les actes de divorce ne seront point enregistrés sur le registre des actes de mariage, dans lequel ils seront insérés, mais sur la première expédition qui en sera faite, et qui ne sera délivrée qu'après le paiement du droit

d'enregistrement, duquel, ainsi que de la date et du remboursement, il sera fait mention à côté de l'acte, en marge du registre de la municipalité.

5. Les registres desdits actes préliminaires du divorce, et ceux de publication des mariages et d'opposition auxdits mariages, seront sur papier timbré, fournis aux frais de chaque district, et envoyés aux municipalités par les directoires, tous les quinze premiers jours du mois de décembre de chaque année ils seront cotés par premier et dernier, et paraphés sur chaque feuillet par le président de l'administration du district, ou, à son défaut, par un des membres du directoire. Tous lesdits registres et extraits qui en seront délivrés sont exempts de la formalité et du droit d'enregistrement.

SECTION II. *Articles particuliers pour les communes dont la population est de cinquante mille âmes et au-dessus.*

Art. 1er. Dans les communes de cinquante mille âmes et au-dessus, les déclarations de naissance et de décès se feront d'abord devant le commissaire de police de la section ou du quartier.

2. Ces déclarations devant lesdits commissaires de police seront faites dans les trois jours de la naissance, et au surplus dans les mêmes formes, avec les mêmes indications et par les mêmes personnes désignées dans la loi du 20 septembre dernier. En cas de péril imminent, le commissaire de police sera tenu, sur la réquisition qui lui en sera faite, de se transporter à la maison où sera le nouveau-né. Il se transportera au lieu où la personne sera décédée et s'assurera du décès; et, s'il y a indice de mort violente, il se conformera aux articles 7, 8 et 9 du titre V du décret du 20 septembre 1792.

3. Il sera fourni à chacun des commissaires de police deux registres simples, l'un pour les naissances et l'autre pour les décès. Le commissaire de police dressera sur l'un de ces registres le procès-verbal de la déclaration qui lui sera faite, et le signera avec les déclarans et les témoins.

4. Il délivrera sur-le-champ, sur papier libre et sans frais, copie du procès-verbal, certifiée de lui aux déclarans, qui seront tenus de se présenter ensuite dans les vingt-quatre heures, sous les peines portées en l'article 1er de la section précédente, à la maison commune, assistés de leurs témoins, pour y faire dresser l'acte de naissance ou de décès, en représentant la copie dudit procès-verbal.

5. Les registres mentionnés en l'article 3 de la présente section seront fournis par les municipalités; ils seront cotés par premier et dernier, et paraphés sur chaque feuillet, le tout sans frais, par le maire, ou, à son dé-

faut, par un officier municipal, suivant l'ordre de la liste. Tous lesdits registres et les extraits qui en seront délivrés sont exempts de la formalité et du droit d'enregistrement.

6. Dans les huit premiers jours de chaque trimestre, chacun desdits commissaires déposera ses registres de naissance et de décès du trimestre précédent à la maison commune; et les officiers municipaux seront tenus d'en faire le récolement avec les registres généraux, de relever les contraventions, s'il en a été commis, et de les dénoncer au procureur de la commune, qui sera tenu de poursuivre les personnes trouvées en contravention, pour les faire punir comme il est dit en l'article 1er de la section 1re du présent décret.

7. Les conseils généraux desdites communes pourront nommer, au scrutin et à la pluralité absolue des suffrages, un commis en chef qui sera chargé de la garde de tous les registres servant à constater l'état civil des citoyens, et tous ces registres seront en conséquence réunis dans le même lieu.

8. Les conseils généraux desdites communes pourront se faire autoriser par l'administration du département à percevoir, pour les extraits des registres concernant l'état civil des citoyens, une taxe plus forte que celle qui est fixée à l'égard des autres communes de la République; mais le *maximum* de cette taxe ne pourra excéder dix sous pour chaque extrait d'acte de naissance, décès, publication de mariage ou d'acte préliminaire du divorce, et vingt sous pour chaque extrait d'acte de mariage ou de divorce, le tout non compris le timbre.

---

19 = 19 DÉCEMBRE 1792. — Décret qui ordonne un versement de fonds à la Trésorerie par la caisse de l'extraordinaire. (L. 12, 394; B. 26, 89.)

---

19 DÉCEMBRE 1792.— Décret qui ordonne l'examen des marchés en original ou copies certifiées des fournitures faites aux armées de terre et de mer. (B. 26, 92.)

---

19 DÉCEMBRE 1792. — Décret concernant le rapport du ministre des affaires étrangères. (B. 26, 93.)

---

19 = 20 DÉCEMBRE 1792. — Décret qui suspend l'exécution du décret relatif au bannissement de la famille des Bourbons. (B. 26, 93.)

---

20 = 22 DÉCEMBRE 1792. — Décret relatif aux marchés passés pour l'impression des assignats de dix et vingt-cinq livres et de dix et quinze sous. (L. 12, 401; B. 26, 95.)

La Convention nationale, après avoir entendu le rapport de son comité des finances, décrète ce qui suit :

Le marché passé avec la veuve Lejay, le 1er décembre 1792, pour l'impression des assignats de dix livres de la création du 24 octobre précédent, à raison de quinze livres la rame;

Celui fait avec Pierre Didot, le 6 du même mois de décembre, pour l'impression des assignats de vingt-cinq livres de la même création, à raison de quinze livres la rame;

Celui fait avec le même, ledit jour 6 décembre, pour l'impression de assignats de quinze sous de la même création, à raison de quinze livres la rame;

Et celui fait avec Dupont, le 17 du même mois, pour l'impression des assignats de dix sous de la même création, à raison de douze livres la rame;

Tous lesdits marchés, dûment visés par le ministre des contributions publiques, seront exécutés aux prix, charges, clauses et conditions qu'ils renferment.

---

20 = 25 DÉCEMBRE 1792. — Décret relatif aux certificats de résidence. (L. 12, 402; B. 26, 95.)

La Convention nationale décrète que les articles du décret contre les émigrés, relatifs aux certificats de résidence, seront extraits de la loi générale pour être sur-le-champ envoyés au ministre de la justice, et être par lui adressés sans délai à toutes les autorités constituées, pour être promulgués et exécutés (1).

---

20 = 22 DÉCEMBRE 1792. — Décret qui ordonne de mettre en liberté Achille Viard. (B. 26, 94.)

---

20 = 22 DÉCEMBRE 1792. — Décret qui annule la proclamation du pouvoir exécutif, relative au corps électoral du département de Paris. (B. 26, 95.)

20 DÉCEMBRE 1792. — Décret qui ordonne au comité d'instruction de présenter ses vues sur les avantages de l'accord de l'ère républicaine avec l'ère vulgaire. (B. 26, 96.)

---

20 = 22 DÉCEMBRE 1792. — Décret qui ordonne l'envoi d'un courrier extraordinaire à l'armée de la Belgique, pour porter le décret qui suspend l'effet de celui du 16, concernant la famille des Bourbons. (B. 26, 97.)

---

20 = 28 DÉCEMBRE 1792. — Décret portant que le temps pendant lequel le citoyen Fontenay, ancien capitaine, a été détenu à Charenton par ordre arbitraire, doit lui être compté pour la fixation de sa pension. (B. 26, 96.)

---

20 DÉCEMBRE 1792. — Décret qui ordonne au ministre de la justice de venir représenter l'expédition du décret relatif au bannissement de la famille des Bourbons. (B. 26, 94.)

---

20 = 22 DÉCEMBRE 1792. — Décret sur le mode de paiement des troupes françaises qui occupent le département du Mont-Blanc. (B. 26, 96.)

---

20 DÉCEMBRE 1792. — Décret qui ordonne de rendre compte de l'exécution du décret du 30 avril 1792, concernant les Invalides. (B. 26, 97.)

---

20 = 22 DÉCEMBRE 1792. — Décret qui autorise le ministre des affaires étrangères à délivrer des expéditions des pièces aux défenseurs de Louis XVI. (B. 26, 97.)

---

20 DÉCEMBRE 1792. — Sieurs Aubouin et compagnie. *Voy.* 18 DÉCEMBRE 1792.

---

21 = 25 DÉCEMBRE 1792. — Décrets relatifs au mode de paiement des troupes françaises. (L. 12, 408; B. 26, 105.)

La Convention nationale, après avoir entendu le rapport de ses comités des finances et de la guerre réunis, décrète ce qui suit :

CHAPITRE Ier. *Troupes de ligne.*

Appointemens des officiers en garnison.

Art. 1er. Les appointemens des officiers continueront d'être payés en assignats sur toute l'étendue du territoire français, *sauf l'exception ci-après.*

Les capitaines recevront, à compter du 1er avril, une indemnité du sixième en sus, et les lieutenans et sous-lieutenans, du quatrième en sus de leurs appointemens.

2. Dans les garnisons de Givet, Huningue, Landau, Philippeville, Marienbourg, Bouillon, Monaco et l'île de Corse, les officiers recevront les deux tiers de leurs appointemens en numéraire; le reste en assignats, sans indemnité.

Appointemens des officiers campés ou cantonnés.

3. Du jour où les corps sortent des garnisons pour se rendre dans les camps ou cantonnemens, jusqu'à celui exclusivement où ils rentreront dans leurs garnisons et quartiers, les officiers recevront un supplément d'appointemens pour les indemniser des frais de campagne, savoir :

Les lieutenans et sous-lieutenans, de la moitié en sus de leurs appointemens ordinaires;

---

(1) *Voy.* décret du 28 mars 1793.

Les capitaines, lieutenans-colonels et colonels, du tiers en sus;

Les officiers supérieurs, du quart.

Les officiers et commissaires des guerres faisant partie de l'état-major des armées recevront leur supplément de campagne du moment qu'ils seront attachés à une armée.

La totalité de ce traitement sera payée en assignats jusqu'au 1er juillet, avec une indemnité du sixième pour les capitaines, et du quart pour les lieutenans et sous-lieutenans.

4. A compter du 1er juillet, les officiers campés ou cantonnés recevront, sur leurs appointemens, une somme de cinquante livres par mois en numéraire, quel que soit leur grade.

Les capitaines, lieutenans et sous-lieutenans recevront en outre l'indemnité ci-dessus mentionnée, sur la portion qui leur revient en assignats.

5. Le supplément de campagne est conservé aux officiers en route, mais payable en assignats, avec l'indemnité ci-dessus réglée pour les capitaines et officiers de grades inférieurs.

6. Du moment où les troupes se trouvent sur le territoire étranger, la totalité des appointemens des officiers est payée en numéraire.

7. Les officiers sans troupes, quelles que soient leurs fonctions; les commissaires des guerres, aumôniers et officiers de santé, sont traités comme les officiers, chacun selon le grade auquel on l'assimile, tant pour le numéraire que pour les indemnités.

Solde des troupes en garnison.

8. A compter du 1er avril, les troupes en garnison recevront en numéraire la portion de la solde affectée au prêt et à la poche : celle affectée aux hautes paies et au linge et chaussure sera payée en assignats, avec une indemnité du quart en sus.

9. A compter de la même époque, la totalité de la solde sera payée en numéraire aux troupes en garnison, à moins de vingt lieues de poste des frontières du *Nord*, de l'*Est* et du *Midi*, ou dans des places en état de guerre à une plus grande distance, ainsi que dans l'île de Corse, la Convention nationale exceptant de cette disposition les frontières maritimes sur l'Océan.

Solde des troupes campées ou cantonnées.

10. Les troupes *campées* ou *cantonnées* recevront la totalité de leur solde en numéraire, dans quelque lieu qu'elles se trouvent, déduction faite de la retenue de dix-huit deniers par homme ordonnée pour la viande, lorsqu'elle est fournie.

Masses.

11. La portion de masse destinée à l'habillement et au recrutement, qui est laissée à la disposition des corps, sera payée en assignats, avec une indemnité du dixième en sus, que les troupes soient en garnison, ou campées en France, ou sur territoire étranger.

Celle affectée à l'hôpital, de neuf livres par homme, sera payée en assignats, sans indemnité.

12. Dans les places de Givet, Huningue, Landau, Philippeville, Marienbourg, Bouillon, Monaco et l'île de Corse, le tiers de toutes les masses laissées à la disposition des régimens sera payé en numéraire, le reste en assignats, sans indemnité.

13. Les compagnies d'invalides, détachées, seront traitées, dans les mêmes lieux, comme les troupes de ligne en garnison, tant pour le numéraire que pour les indemnités.

14. Toutes les troupes de nouvelle levée autres que les bataillons de volontaires nationaux seront traitées, dans les mêmes cas et dans les mêmes lieux, comme les troupes de ligne, tant pour le supplément de campagne des officiers que pour le numéraire.

Chapitre II. *Gardes nationaux.*

Appointemens des officiers en garnison.

Art. 1er. Les appointemens des officiers en garnison, sur toute l'étendue du territoire français, continueront d'être payés en assignats, sauf l'exception ci-après.

Les capitaines recevront, à compter du 1er avril, sur leurs appointemens, une indemnité du sixième en sus; les lieutenans et sous-lieutenans, du quart.

2. Dans les garnisons de Givet, Huningue, Landau, Philippeville, Marienbourg, Bouillon, Monaco et l'île de Corse, les officiers recevront les deux tiers de leurs appointemens en numéraire, le reste en assignats, sans indemnité.

Appointemens des officiers campés ou cantonnés.

3. Du jour où les bataillons sortent des garnisons pour se rendre dans les camps ou cantonnemens, jusqu'à celui inclusivement où ils rentreront dans leurs garnisons et quartiers, les officiers recevront un supplément d'appointemens pour les indemniser des frais de campagne, savoir :

Le premier lieutenant-colonel, cent seize livres treize sous quatre deniers par mois; le second lieutenant-colonel, cent livres; le capitaine, soixante-une livres deux sous deux deniers un tiers;

Les lieutenans et sous-lieutenans, la moitié en sus de leurs appointemens ordinaires.

Leurs traitemens seront payés en totalité

en assignats, jusqu'au 1er juillet, avec l'indemnité ci-dessus réglée.

4. A compter du 1er juillet, les officiers de volontaires campés ou cantonnés recevront sur leurs appointemens cinquante livres de numéraire par mois; les capitaines, lieutenans et sous-lieutenans, recevront en outre l'indemnité ci-dessus réglée, sur la portion qui leur revient en assignats.

5. En route, leur supplément de campagne sera conservé comme aux officiers de ligne, et, en pays étranger, la totalité de leur traitement sera payée en numéraire.

Solde.

6. A compter du 1er avril, les volontaires en garnison recevront en numéraire cinq sous dix deniers par jour, sans distinction de grade; le restant de la somme sera payé en assignats, avec une indemnité du quart en sus, sur la portion d'assignats qui reviendra à chacun d'eux.

7. A compter de la même époque, ceux en garnison à moins de vingt lieues de poste des frontières du *Nord*, de l'*Est* et du *Midi*, ou dans une place en état de guerre à une plus grande distance, et dans l'île de Corse, la Convention nationale exceptant de cette disposition les frontières maritimes sur l'Océan, recevront par solde dix sous en numéraire; ce qui fera,

Pour le volontaire, dix sous par jour; pour le caporal et le tambour, quinze sous; pour le sergent, une livre.

Le restant de la somme affectée au linge et chaussure et à l'habillement sera payé en assignats, sans indemnité.

8. Les volontaires campés ou cantonnés dans toute l'étendue de la France, ainsi que ceux en pays étranger, recevront en numéraire dix sous par solde, comme ceux en garnison à moins de vingt lieues des frontières.

9. Sur le numéraire remis à chacun d'eux on retiendra le prix de la viande et du pain, lorsqu'ils sont fournis, faisant quatre sous deux deniers par homme.

Il restera donc par jour, en numéraire, au volontaire campé ou cantonné qui reçoit le pain et la viande, cinq sous dix deniers; au caporal, dix sous dix deniers; au sergent, quinze sous dix deniers.

Le restant de la solde sera payé en assignats, sans aucune indemnité.

10. Les retenues ordonnées sur les volontaires en route et à l'hôpital seront exercées sur la portion qui leur revient en numéraire.

Chapitre III. *Gendarmerie nationale.*

Appointemens des officiers en résidence.

Art. 1er. Les appointemens des officiers de la gendarmerie nationale résidant dans les départemens continueront d'être payés en assignats dans toute l'étendue du territoire français, sans aucune indemnité.

2. Dans les places de Givet, Huningue, Landau, Philipeville, Marienbourg, Bouillon, Monaco et l'île de Corse, ils recevront les deux tiers de leurs appointemens en numéraire.

Appointemens des officiers en campagne.

3. Les officiers de la gendarmerie, campés ou cantonnés, recevront, du moment de leur départ de leur résidence pour se rendre dans les camps ou cantonnemens, les supplémens d'appointemens de campagne réglés pour les officiers de ligne.

4. Ils recevront sur leurs appointemens cinquante livres de numéraire par mois.

5. Ils recevront, dans les mêmes grades, les mêmes indemnités que les officiers de ligne.

6. En pays étranger, la totalité de leurs appointemens sera payée en numéraire.

Solde des sous-officiers et soldats de la gendarmerie nationale.

7. A compter du 1er avril jusqu'au 31 décembre, les gendarmes en résidence recevront dans tout l'empire français, sur la totalité de leur traitement, le dixième en numéraire, le reste sera payé en assignats, sans indemnité.

8. A compter du 1er septembre, à moins de vingt lieues de poste des frontières du *Nord*, de l'*Est* et du *Midi*, ou dans une place forte en état de guerre à une plus grande distance, et dans l'île de Corse, la Convention nationale exceptant les frontières maritimes de l'Océan, les gendarmes de tout grade recevront en numéraire le tiers de leur solde, déduction faite de trois cents livres par homme, destinées au fourrage.

Le restant de la totalité de leur traitement sera payé en assignats, sans indemnité.

9. Les gendarmes employés aux armées, soit en France, soit en pays étranger, recevront, du moment de leur départ de leur résidence jusqu'au 31 décembre, la même portion en numéraire que ceux ci-dessus qui sont en résidence à moins de vingt lieues des frontières.

Les retenues pour fourrage, pain et viande, leur seront faites sur les assignats.

10. Les gendarmes employés à la force publique des armées recevront, jusqu'au 31 décembre seulement, un supplément de paie en espèces, savoir :

Le maréchal-des-logis, une livre dix sous par jour; le brigadier, une livre cinq sous; le gendarme, une livre.

Leur solde ordinaire payable en totalité en assignats, sans indemnité.

11. Les troupes de toutes les armes qui

auront reçu les fournitures accordées sur le pied de campagne en vertu de la loi du 19 août, rapportée par celle du 31 octobre suivant, ne seront pas tenues de payer le montant de celles qui ont été faites en nature dans l'intervalle du 19 août au jour de la promulgation de la loi du 31 octobre.

CHAPITRE IV. Décompte de 1792.

Art. 1er. Tous les décomptes arrêtés depuis le 1er avril, et qui ne l'auraient pas été conformément aux dispositions du présent décret, seront annulés.

2. Les troupes de toutes les armes qui, à leur passage à Paris, ont touché leur solde entièrement en assignats, ne pourront pas réclamer d'espèces pour cet objet.

En conséquence, les reçus d'à-comptes de solde, datés de Paris, leur seront imputés comme espèces.

3. Les officiers sans troupe, et les corps qui auraient reçu du numéraire au-delà des fixations du présent décret, en éprouveront la retenue sur les paiemens qui leur seront faits ultérieurement.

4. Les commissaires des guerres sont tenus de déterminer, sur leurs revues, le temps que chaque officier sans troupe et chaque corps auront passé, soit en pays étranger, soit dans les places de Givet, Huningue, Landau, Philippeville, Marienbourg, Bouillon, Monaco et dans l'île de Corse, soit dans les lieux déterminés pour les différens modes de paiement.

Ils seront responsables de tous les paiemens faits sur de fausses déterminations de leur part.

5. Dans les places et lieux où le ministre de la guerre, sur la demande des généraux, visée par les commissaires en chef (tant pour le supplément de campagne des officiers que pour le numéraire), aura jugé que, par l'effet du voisinage de l'ennemi, le service était aussi actif que dans les camps ou cantonnemens, les troupes de toute arme seront traitées de la même manière que les troupes campées ou cantonnées.

Pour cet effet, il donnera à la Trésorerie nationale l'état de tous les corps et officiers sans troupe qui ont dû jouir du traitement de campagne en 1792, en déterminant les époques où ce traitement a dû commencer et cesser.

6. Il sera établi à Paris un bureau central, où seront envoyées toutes les revues, depuis le 1er avril 1792, pour la confection de tous les décomptes de la campagne de cette année, conformément aux dispositions du présent décret, l'Assemblée nationale se réservant de statuer sur l'organisation de ce bureau central.

21 = 25 DÉCEMBRE 1792. — Décret qui règle le mode de paiement des troupes de la République, à compter du 1er janvier 1793. (B. 26, 98.)

Voy. lois du 24 = 20 AVRIL 1792; du 23 = 29 JUIN 1792; du 2 THERMIDOR an 2.

La Convention nationale, après avoir entendu le rapport de ses comités des finances et de la guerre, décrète ce qui suit :

CHAPITRE 1er. Appointemens.

Art. 1er A compter du 1er janvier 1793, la totalité des appointemens des officiers des troupes de ligne, volontaires, gendarmerie nationale et invalides détachés, sera payée en assignats, sans indemnité, dans toute l'étendue du territoire français, sauf les exceptions ci-après.

2. Dans les garnisons, camps ou cantonnemens qui se trouveront à moins de vingt lieues de poste des frontières du *Nord*, de l'*Est* et du *Midi*, la Convention nationale exceptant les frontières maritimes sur l'Océan, les capitaines et officiers de grades inférieurs recevront, sur la totalité de leurs appointemens, une indemnité du sixième en sus.

3. A moins de dix lieues de poste des frontières susdites, et dans l'île de Corse, les capitaines et officiers de grades inférieurs recevront cinquante livres en numéraire par mois; le restant de leurs appointemens sera payé en assignats, sans indemnité.

4. Le supplément de campagne sera, en 1793, le même que pour la campagne de 1792.

5. Du moment où les officiers se trouveront sur le territoire étranger, les capitaines et officiers de grades inférieurs recevront en numéraire leurs appointemens ordinaires sur le pied de paix; le supplément de campagne leur sera payé en assignats, sans indemnité.

Les colonels, lieutenans-colonels et officiers généraux qui se trouveront sur le territoire étranger, recevront en numéraire les deux tiers de leurs appointemens ordinaires; le restant, ainsi que le supplément de campagne, sera payé en assignats, sans indemnité.

6. Le prix des fournitures de viande, pain et riz, qui pourront leur être faites, sera, dans tous les cas, retenu sur les assignats.

7. Le supplément de campagne sera conservé en route aux officiers employés dans les armées.

8. Les officiers sans troupe, quelles que soient leurs fonctions, les commissaires des guerres, aumôniers et officiers de santé, seront traités comme les officiers des corps, tant pour le numéraire que pour les indemnités, chacun selon le grade auquel on l'assimile.

CHAPITRE II. Solde.

Art. 1er. A compter du 1er janvier 1793, la totalité de la solde des troupes de ligne, gardes nationaux, gendarmes et invalides détachés, sera payée en assignats, sauf les exceptions ci-après détaillées.

2. Dans les garnisons, camps ou cantonnemens qui se trouveraient à moins de vingt lieues de poste des frontières du *Nord*, de l'*Est* et du *Midi*, la Convention nationale exceptant les frontières maritimes sur l'Océan, les troupes de ligne recevront en numéraire la portion affectée au prêt et à la poche; le linge et chaussure et les hautes-paies seront payés en assignats, sans indemnité.

3. Dans les mêmes lieux, les volontaires et les invalides détachés recevront la même portion du numéraire que les troupes d'infanterie, savoir: cinq sous dix deniers par jour et par homme de tout grade.

Le reste de la solde sera payé en assignats, sans indemnité.

4. Dans les mêmes lieux, les gendarmes nationaux, de quelque grade qu'ils soient, recevront en numéraire six sous six deniers par jour; le restant de leur solde sera payé en assignats, sans indemnité.

5. Dans lesdits lieux, les retenues de tout genre qui seront faites aux troupes seront exercées sur les assignats.

6. Dans les garnisons, camps ou cantonnemens à moins de dix lieues de poste des frontières du *Nord*, de l'*Est* et du *Midi*, et dans l'île de Corse, la Convention nationale exceptant les frontières maritimes sur l'Océan, les troupes de ligne et invalides détachés recevront la totalité de la solde en numéraire.

7. Dans les mêmes lieux, les volontaires recevront le numéraire à raison de dix sous par solde; la portion représentant les masses de linge et chaussure et d'habillement sera payée en assignats, sans aucune indemnité; les retenues de pain et de viande seront faites sur le numéraire aux volontaires, dans les lieux susdits.

8. Les gendarmes nationaux recevront dans les mêmes lieux, savoir :

Le maréchal-des-logis, quinze sous par jour; le brigadier, douze sous; le gendarme, dix sous.

Le restant de leur solde sera payé en assignats, sans indemnité.

Les retenues de pain, viande et fourrage, leur seront faites sur les assignats.

9. Les troupes de ligne, volontaires et gendarmes nationaux qui se trouveront sur le territoire étranger, seront traités, pour le numéraire, comme ceux en garnison campés ou cantonnés à moins de dix lieues des frontières susdites.

10. Dans quelque lieu que se trouvent les corps, la totalité des masses sera payée en assignats, sans aucune indemnité.

11. Toutes les troupes de nouvelle levée autres que les bataillons de volontaires nationaux seront traitées, dans les mêmes cas et dans les mêmes lieux, comme les troupes de ligne, tant pour le supplément de campagne des officiers que pour le numéraire.

12. Dans les places et lieux où le ministre de la guerre, sur la demande des généraux, visée des commissaires en chef, jugera que, par le voisinage de l'ennemi, le service était aussi actif que dans les camps ou cantonnemens, les troupes de toute arme seront traitées de la même manière que celles campées ou cantonnées, tant pour le supplément de campagne des officiers que pour le numéraire.

Pour cet effet, il donnera à la Trésorerie nationale l'état de tous les corps et officiers sans troupe qui devront jouir du traitement de campagne en 1793, en déterminant l'époque où ce traitement devra commencer. Il lui donnera de même connaissance de l'époque où il doit cesser pour chacun.

---

21 = 23 DÉCEMBRE 1792. — Décret portant qu'aucun comptable ou dépositaire de deniers publics ne sera admis à compenser avec ses débets le prix de la finance de son office ou charge. (L. 12, 423; B. 26, 104.)

Art. 1er. Aucun comptable ou dépositaire de deniers publics ne sera admis à compenser le montant du débet provenant de son compte ou dépôt, avec les sommes qu'il pourrait prétendre lui être dues par la nation, à raison de la finance de son office, charge ou cautionnement.

2. Tous receveurs ou dépositaires de deniers sont tenus de s'acquitter en mêmes espèces qui avaient cours à l'époque de leur recette.

---

21 = 23 DÉCEMBRE 1792. — Décrets relatifs à l'ordre des travaux du comité et de la direction générale de liquidation pour la liquidation de la dette publique. (L. 12, 424; B. 26, 103.)

La Convention nationale, après avoir entendu le rapport de son comité de liquidation, déclare que son décret du 22 octobre n'est applicable et n'aura d'effet à l'avenir que pour les liquidations des offices de jurés-priseurs, des archers-gardes de la connétablie, des huissiers à cheval, des procureurs, des notaires, des perruquiers, des greffes domaniaux, des offices de finances qui peuvent être liquidés individuellement, et pour l'arriéré des départemens, et que toutes les autres parties des travaux de la liquidation seront continuées et suivies suivant l'ordre établi.

La Convention nationale déclare en outre qu'elle autorise son comité de liquidation à lui présenter, au premier jour, tous les travaux qui se trouveront examinés et vérifiés, quoiqu'il s'y trouve des créances qui excèdent la somme de trois mille livres.

21 = 23 DÉCEMBRE 1792. — (B. 26, 104.)

La Convention nationale, sur la motion faite par un de ses membres, décrète que le directeur général de la liquidation présentera sous huitaine ses vues et l'aperçu des dépenses qu'il croira nécessaires, afin que l'entière liquidation dont il est chargé soit définitivement terminée d'ici au 1er juillet prochain; charge son comité de liquidation de lui présenter un projet de loi à ce sujet.

21 = 25 DÉCEMBRE 1792. — Décret relatif aux comptes des receveurs généraux et particuliers des finances. (L. 12, 426; B. 26, 101.)

Voy. loi du 3 = 19 JUILLET 1792.

Art. 1er. Les directoires de département adresseront aux commissaires de la Trésorerie nationale, dans le délai d'un mois à compter de ce jour, une expédition des procès-verbaux d'arrêté des registres de recettes et dépenses des receveurs particuliers des finances, qui ont dû être dressés par les directoires de districts, en exécution du décret du 19 juillet 1792, tant pour l'exercice de 1790 que pour ceux des années antérieures dont les comptes n'étaient pas définitivement apurés.

2. Les commissaires de la Trésorerie nationale instruiront, dans le plus bref délai, les directoires de département du montant des rescriptions dues par les anciens receveurs-généraux; et, sur cet avis, les directoires de département prescriront aux directoires de district de faire décerner par le procureur-syndic, contre les receveurs particuliers, des contraintes pour le paiement des sommes dont ils se trouveront redevables envers lesdits receveurs généraux, pour les exercices antérieurs à 1790, jusqu'à concurrence du montant desdites rescriptions, déduction faite de ce qui aura été payé par les receveurs généraux eux-mêmes.

3. Ils adresseront pareillement, dans le plus bref délai, au département de Paris, les contraintes qu'ils ont visées, et qui ont été signifiées auxdits receveurs généraux à la requête de l'agent du Trésor public, ensemble les actes et procédures qui ont pu s'ensuivre, pour être l'effet desdites contraintes poursuivi à la diligence du procureur-général-syndic, conformément au décret du 11 août dernier.

4. Le procureur-général-syndic du département de Paris ne suivra néanmoins, quant à présent, l'effet desdites contraintes que jusqu'à concurrence des sommes dont lesdits receveurs généraux ont été ou seront reconnus débiteurs par l'arrêté qui a été ou qui sera fait incessamment de la recette et de la dépense portées sur leurs registres, par des commissaires du département, en exécution de l'article 1er du titre III du décret du 19 juillet; sans préjudice des droits de la République contre les comptables, tant pour le paiement du surplus du montant de leurs rescriptions que pour l'exercice de toutes autres actions.

5. Il sera fait déduction auxdits receveurs, sur les sommes dont ils se trouveront redevables d'après l'arrêté de leurs registres, du montant de leurs gages et taxations.

6. Les directoires de département instruiront tous les mois les commissaires de la Trésorerie nationale de l'état des poursuites qui seront faites en exécution du présent décret.

7. Les receveurs généraux des finances qui n'ont point acquitté la totalité des parties prenantes portées sur les ci-devant états du Roi pour les exercices antérieurs à 1790, seront tenus de remettre sans délai à la Trésorerie nationale un état nominatif des parties non payées sur lesdits états.

8. La Convention nationale proroge, pour les receveurs particuliers de la ville de Paris seulement, le délai d'un mois accordé par l'art. 3 du titre III du décret du 19 juillet dernier, savoir: jusqu'au 1er février prochain pour la reddition de leurs comptes des exercices de 1786 et 1787; jusqu'au 1er mars pour ceux de 1788 et 1789, et jusqu'au 1er mai prochain pour ceux de l'exercice de l'année 1790.

9. Le décret du 19 juillet dernier continuera d'être exécuté dans toutes les dispositions qui ne sont pas contraires au présent décret.

21 = 24 DÉCEMBRE 1792. — Décret portant que les sieurs Malus et d'Espagnac seront en état d'arrestation dans leur domicile. (B. 26, 98.)

21 = 23 DÉCEMBRE 1792. — Décret pour le citoyen Broqua. (B. 26, 104.)

21 = 30 DÉCEMBRE 1792. — Décret qui ordonne de rendre compte des diligences faites pour l'exécution du décret portant suppression des signes de la royauté et de la féodalité, et particulièrement à Blois. (B. 26, 102.)

21 = 23 DÉCEMBRE 1792. — Décret qui annule la procédure commencée au sujet de la lacération de tapisseries et de drapeaux à Blois. (B. 26, 103.)

21 DÉCEMBRE 1792. — Décret qui autorise le comité de liquidation à retirer des archives les pièces, mémoire et renseignemens relatifs aux

liquidations des offices des receveurs des consignations, notaires et autres. (B. 26, 104.)

21 DÉCEMBRE 1792. — Billets de confiance. *Voy.* 19 DÉCEMBRE 1792. — Refus d'institution canonique. *Voy.* 17 DÉCEMBRE 1792. — Trésorerie. *Voy.* 19 DÉCEMBRE 1792.

22 = 22 DÉCEMBRE 1792. — Décret qui rapporte l'article 3 du décret des 15 et 17 décembre 1792, relatif aux conditions d'éligibilité dans les assemblées primaires et communales des peuples chez lesquels la France a porté et portera ses armes. (L. 12, 429 ; B. 26, 113.)

La Convention nationale rapporte l'art. 3 de son décret des 15 et 17 décembre courant, conçu en ces termes : « Tous les agens « et officiers civils ou militaires de l'ancien « gouvernement, ainsi que les individus ci- « devant privilégiés, seront, pour cette fois « seulement, inadmissibles à voter dans les « assemblées primaires ou communales, et « ne pourront être élus aux places d'admi- « nistration et de pouvoir judiciaire provi- « soire ; » et elle décrète que nul ne pourra être admis à voter dans les assemblées primaires et communales, et ne pourra être nommé administrateur ou juge provisoire, sans avoir prêté le serment à la liberté et à l'égalité, et sans avoir renoncé par écrit aux privilèges et prérogatives dont l'abolition a été prononcée par le décret des 15 et 17, et dont il pourrait avoir joui ;

Charge le pouvoir exécutif de faire imprimer de suite le présent décret, et de l'envoyer par des courriers extraordinaires aux commissaires de la Convention et aux généraux de la République.

22 = 24 DÉCEMBRE 1792. — Décret qui charge le ministre de la guerre de fournir aux soldats des chaussons et des bracelets de laine. (L. 12, 430 ; B. 26, 115.)

La Convention nationale décrète que le ministre de la guerre fera livrer, dans le plus court délai, à toutes les troupes de la République française, à titre de gratification : 1° deux paires de chaussons de laine épaisse, ou demi-chaussettes dépassant la cheville; 2° une paire de bracelets de laine, destinés à leur garantir les poignets du froid. La Convention nationale charge le ministre de la guerre de présenter l'aperçu de cette dépense extraordinaire au comité des finances.

22 = 24 DÉCEMBRE 1792. — Décret relatif à l'augmentation de traitement accordée aux gendarmes surnuméraires, pour leur tenir lieu de logement. (L. 12, 431 ; B. 26, 123.)

Art. 1er. Chacun des gendarmes surnuméraires qui remplaceront pendant la guerre les gendarmes destinés au renforcement des armées, recevra en augmentation de traitement, pour lui tenir lieu de logement, une somme de huit livres par mois.

2. Cette dépense sera acquittée par la Trésorerie nationale, sur les fonds de la guerre, d'après les états qui seront adressés par le directoire du département de la guerre, et ordonnancés par lui.

3. L'augmentation de traitement ci-dessus n'aura lieu que pour les gendarmes établis dans les villes et bourgs où il sera constaté, par des procès-verbaux annexés auxdits états, qu'il n'existe point d'établissemens suffisans pour y caserner les gendarmes surnuméraires, soit avec les familles des gendarmes employés dans les armées, auxquelles le logement en nature a été conservé par le décret du 9 octobre, soit séparément.

4. Les procès-verbaux mentionnés dans l'article précédent seront dressés par les municipalités, et visés par les directoires de districts et de département.

22 DÉCEMBRE 1792. — Décret relatif à la vente des grains ou farines. (L. 12, 433 ; B. 26, 123.)

Art. 1er. Toute personne qui sera convaincue d'avoir offert, des grains ou farines, un prix plus fort que celui demandé par le vendeur ou marchand, sera condamné à deux ans de fers.

2. Tous ceux qui seront convaincus de s'être coalisés, soit par écrit, soit de toute autre manière, pour faire augmenter le prix des grains ou farines, seront condamnés à deux années de fers.

22 = 22 DÉCEMBRE 1792. — Décret qui ordonne l'envoi aux armées du décret concernant le mobilier des émigrés. (B. 26, 112.)

22 = 23 DÉCEMBRE 1792. — Décret qui traduit à la barre les sieurs Desparbés, Lavilléon, Dornemant, le commissaire Vincent, etc. (B. 26, 112.)

22 DÉCEMBRE 1792. — Décret relatif au tirage au sort pour le renouvellement des comités. (B. 26, 113.)

22 = 24 DÉCEMBRE 1792. — Décret qui ordonne un recours sur la succession du sieur Delessart, pour le paiement de quarante-six mille livres dues pour la translation et l'emménagement des bureaux des affaires étrangères ordonnés par ledit sieur Delessart. (B. 26, 114.)

22 = 23 DÉCEMBRE 1792. — Décret pour la nomination de trois commissaires dans les départemens du Bas-Rhin et de la Moselle. (B. 26, 115.)

22 = 24 DÉCEMBRE 1792. — Décret relatif au paiement des dépenses ordonnées par les commissaires de la Convention aux frontières des Pyrénées. (B. 26, 115.)

22 = 23 DÉCEMBRE 1792. — Décret qui ordonne que le commissaire Vincent sera traduit à la barre lundi, à midi. (B. 26, 112.)

22 = 24 DÉCEMBRE 1792. — Décret concernant une coupe de bois à faire dans la forêt domaniale de Blois. (B. 26, 116.)

22 DÉCEMBRE 1792. — Décret qui ordonne l'examen des clefs trouvées dans l'appartement du sieur Thierry, au Garde-Meuble. (B. 26, 116.)

22 DÉCEMBRE 1792. — Assignats. *Voy.* 20 DÉCEMBRE 1792. — Comptables; Liquidation; Paiement de troupes. *Voy.* 21 DÉCEMBRE 1792.

23 DÉCEMBRE 1792. — Décret qui autorise la communication aux défenseurs de Louis XVI des pièces relatives à la nuit et à la journée du 10 août. (B. 26, 117.)

23 DÉCEMBRE 1792. — Décret concernant les pièces trouvées chez Bachmann, major-général du ci-devant régiment des gardes-suisses. (B. 26, 117.)

23 DÉCEMBRE 1792. — Décret qui charge le ministre de la justice de rendre compte des motifs qui ont retardé l'interrogatoire du sieur Drucourt, détenu à l'Abbaye. (B. 26, 118.)

23 DÉCEMBRE 1792. — Décret qui met en état d'arrestation, à l'Abbaye, les déportés de St.-Domingue, gardés à vue. (B. 26, 118.)

23 = 25 DÉCEMBRE 1792. — Décret qui autorise les commissaires envoyés des départemens du Bas-Rhin et de la Moselle, à visiter celui de la Meurthe. (B. 26, 118.)

23 = 23 DÉCEMBRE 1792. — Décret de nomination de commissaires pour les départemens du Bas-Rhin, de la Moselle et de la Meurthe. (B. 26, 118.)

23 = 27 DÉCEMBRE 1792. — Décret qui alloue deux cent neuf livres pour les frais de tirage, transport et brûlement des papiers déposés aux Augustins. (B. 26, 119.)

23 DÉCEMBRE 1792. — Décret portant qu'il ne sera statué sur les pétitions relatives à la translation des chefs-lieux des établissemens publics qu'après le décret qui fixera la division de la France. (B. 26, 119.)

24 = 25 DÉCEMBRE 1792. — Décret relatif aux instances qui seraient indécises aux tribunaux criminels provisoires de Paris. (L. 12, 436; B. 26, 120.)

La Convention nationale, ouï le rapport de son comité de législation, concernant les instances qui seraient indécises aux tribunaux criminels provisoires de Paris, comme y étant portées sur le bureau lors de la suppression de ces mêmes tribunaux, et commencées à plaider ou rapporter,

Décrète que toutes lesdites affaires sont respectivement renvoyées, savoir : celles en première instance, aux tribunaux d'arrondissement de Paris, ou aux tribunaux de district qui eussent été compétens si elles fussent nées depuis l'installation de ces derniers tribunaux; et les causes d'appel, devant les mêmes tribunaux : mais, en ce dernier cas, pour y être procédé dans les formes ordinaires, au choix d'un des sept tribunaux d'appel, qui jugera définitivement.

24 = 25 DÉCEMBRE 1792. — Décret relatif au compte à rendre, les 5 et 6 janvier 1793, par la municipalité de Paris et par le conseil exécutif provisoire. (L. 12, 434.)

24 = 25 DÉCEMBRE 1792. — Décret qui ordonne de mettre provisoirement en liberté : 1° le sieur Clément Baillache, Anglais, capitaine du sloop anglais dit *la Liberté;* 2° Louis-Amédée Gillers, détenus dans les prisons de Romans. (B. 26, 120.)

24 = 25 DÉCEMBRE 1792. — Décret d'ordre du jour sur la demande en secours provisoire faite par les officiers pétitionnaires de la Guadeloupe. (B. 26, 121.)

24 = 25 DÉCEMBRE 1792. — Décret qui renvoie au conseil exécutif la demande des pétitionnaires déportés de la Martinique et de la Guadeloupe, tendant à obtenir de l'emploi dans la prochaine expédition pour ces îles. (B. 26, 121.)

24 = 25 DÉCEMBRE 1792. — Décret qui ordonne que les détenus prévenus d'avoir fomenté les troubles des colonies seront entendus par les membres du comité colonial. (B. 26, 123.)

24 DÉCEMBRE 1792. — Décret portant que, tous les huit jours, il y aura une séance extraordinaire du soir pour entendre les adresses des départemens. (B. 26, 122.)

24 = 25 DÉCEMBRE 1792. — Décret qui donne la dénomination de volontaires nationaux à cheval aux trois corps de cavalerie réunis à l'École-Militaire. (B. 26, 122.)

24 DÉCEMBRE 1792. — Décret qui ordonne un rapport sur les pièces qui inculpent la mémoire de Mirabeau. (B. 26, 123.)

24 DÉCEMBRE 1792. — Décret qui alloue quatre cent mille livres à distribuer aux citoyens blessés à la journée du 10 août. (L. 12, 438.)

24 DÉCEMBRE 1792. — État civil. *Voy.* 19 DÉCEMBRE 1792. — Gendarmes surnuméraires. *Voy.* 22 DÉCEMBRE 1792.

25 = 28 DÉCEMBRE 1792. — Décret portant que le service public, dans les bureaux de l'administration, aura lieu sans interruption les fêtes et dimanches. (L. 12, 437 ; B. 26, 128.)

25 = 29 DÉCEMBRE 1792. — Acte d'accusation contre les sieurs Benjamin Jacob, Vincent, Lebrun de Montpellier, Launay et Wastt. (B. 26, 125.)

25 DÉCEMBRE 1792. — Décret qui ordonne l'impression des pièces relatives à Louis XVI. (B. 26, 128.)

25 = 25 DÉCEMBRE 1792. — Décret qui ordonne de mettre en liberté la dame Dubuc-Cambefort. (B. 26, 128.)

25 DÉCEMBRE 1792. — Décret portant que Louis XVI sera traduit le 26 à la barre. (B. 26, 129.)

25 = 30 DÉCEMBRE 1792. — Décret qui accorde des récompenses aux citoyens blessés en combattant pour la liberté, dans la journée du 10 août. *Voy.* 24 DÉCEMBRE 1792.

25 DÉCEMBRE 1792. — Décret qui adopte la rédaction de l'acte d'accusation contre Benjamin et Vincent. (B. 26, 129.)

25 DÉCEMBRE 1792. — Décret qui ordonne un nouveau rapport sur l'affaire du sieur Drucourt. (B. 26, 129.)

25 DÉCEMBRE 1792. — Certificats de résidence. *Voy.* 20 DÉCEMBRE 1792. — Municipalité de Paris. *Voy.* 24 DÉCEMBRE 1792. — Receveurs-généraux, etc. *Voy.* 21 DÉCEMBRE 1792. — Tribunaux criminels de Paris. *Voy.* 24 DÉCEMBRE 1792.

26 = 28 DÉCEMBRE 1792. — Décret relatif à la comptabilité du sieur Randon de la Tour. (L. 12, 444; B. 26, 133.)

TITRE Iᵉʳ. De la comptabilité du citoyen Randon de la Tour comme trésorier général de la maison du ci-devant Roi.

Art. 1ᵉʳ. Le citoyen Randon de la Tour, ci-devant trésorier général de la maison du ci-devant Roi, comptera des recettes et dépenses qu'il a faites, en cette qualité, depuis le 1ᵉʳ février 1780 jusqu'au 1ᵉʳ juillet 1788.

2. Il rendra ses comptes sur simples bordereaux, appuyés des pièces justificatives et des sommiers, registres-journaux, dans lesquels sont portées lesdites recettes et dépenses.

3. Ces comptes devront être mis en état de vérification, conformément à l'article précédent, et présentés dans le mois à dater du jour de la publication du décret.

4. Faute par le comptable de rendre et présenter, dans le délai ci-dessus, tous les différens comptes qu'il doit en sa qualité de trésorier général de la maison du ci-devant Roi, il sera condamné aux amendes prononcées par l'article 5 du titre III du décret du 29 septembre 1791.

TITRE II. De la comptabilité du citoyen Randon de la Tour comme administrateur du ci-devant Trésor royal.

Art. 1ᵉʳ. Le citoyen Randon de la Tour comptera des recettes et dépenses qu'il a faites en sa qualité d'administrateur du ci-devant Trésor royal, depuis le 1ᵉʳ juillet 1788 jusques et compris 1790, et il présentera, dans le mois à dater du jour de la publication du décret, tous les comptes de cette partie qui ont dû être dressés et préparés dans les bureaux de la Trésorerie nationale, conformément à l'article 4 du titre Iᵉʳ du décret du 16 août = 13 novembre 1791.

2. À l'égard des recettes et dépenses concernant les ponts-et-chaussées et les communautés d'arts et métiers dans les ci-devant provinces, il en comptera de la manière suivante:

3. Dans les vingt-quatre heures de la réception du présent décret, les directoires de département prescriront aux directoires de district de nommer dans leur sein, et dans le même délai, un commissaire, qui se transportera sur-le-champ, accompagné du procureur-syndic, au domicile des trésoriers particuliers ci-devant préposés par le ci-devant Trésor royal, au paiement des dépenses des ponts-et-chaussées et des rentes sur les communautés d'arts et métiers dans leur arrondissement.

4. Lesdits commissaires se feront représenter les registres de recette et dépense des années 1788, 1789 et 1790, qu'ils clôront et arrêteront. Ils formeront des bordereaux de tous les fonds en espèces ou effets qui se trouveront en caisse, et les feront verser entre les mains du receveur de district, qui en fournira sa reconnaissance audit trésorier ou préposé.

5. De ce moment, lesdits trésoriers ou préposés ne pourront plus faire aucun paiement sur lesdits exercices, sous peine de restitution du quadruple.

6. Les directoires de département enver-

ront, dans quinzaine, aux commissaires de de la Trésorerie nationale, les borderaux de, tous les fonds en espèces ou effets qu'ils auront trouvés en caisse ; et les receveurs de district verseront, aussi dans le même délai, à ladite Trésorerie, les fonds qu'ils auront reçus.

7. Les trésoriers ci-devant préposés par le ci-devant Trésor royal pour le paiement des dépenses des ponts-et-chaussées et des rentes des communautés d'arts et métiers, dresseront un état détaillé des sommes qu'ils étaient chargés d'acquitter, et qui sont arriérées ; ces états seront envoyés par les directoires de département aux commissaires de la Trésorerie nationale, qui feront acquitter à Paris, par le payeur de la dette publique, les sommes arriérées qui seront dues sur lesdits états.

8. Dans le mois qui suivra l'arrêté de leurs registres, lesdits trésoriers seront tenus, à peine de trois cents livres d'amende et de dix livres par chaque jour de retard, de présenter à l'administrateur-général les comptes de leurs exercices depuis et compris juillet 1788 jusques et compris 1790.

9. Dans le mois qui suivra la remise des comptes et pièces desdits trésoriers entre les mains de l'administrateur général, celui-ci sera tenu de présenter au bureau de comptabilité le compte général des six derniers mois de 1788 et des exercices de 1789 et 1790, sous les peines portées en l'art. 5 du titre III du décret du 29 septembre 1791.

26 DÉCEMBRE 1792. — Décret pour représenter à Louis XVI les cinq clefs trouvées dans l'appartement de Thierry, au Garde-Meuble. (B. 26, 135.)

Un membre de la commission des Douze observe qu'une des cinq clefs trouvées sous les scellés au Garde-Meuble ouvre l'armoire de fer des Tuileries, et remet ces cinq clefs sur le bureau avec une note de la main de Thierry, écrite sur leur enveloppe.

La Convention nationale décrète que les cinq clefs, avec la note écrite de la main de Thierry, seront représentées à Louis XVI.

26 DÉCEMBRE 1792. — Décret pour remettre sur le bureau la défense de Louis XVI. (B. 26, 135.)

La Convention nationale décrète que la défense de Louis XVI sera remise sur le bureau.

26 DÉCEMBRE 1792. — Décret relatif à Louis XVI. (B. 26, 135.)

La Convention nationale décrète que la défense de Louis Capet sera signée par lui et par ses défenseurs.

26 DÉCEMBRE 1792. — Décret pour reconduire Louis XVI au Temple. (B. 26, 136.)

La Convention nationale décrète que Louis XVI sera reconduit sur-le-champ au Temple.

26 DÉCEMBRE 1792. — Décret pour l'impression et distribution du mémoire de défense de Louis XVI. (B. 26, 136.)

La Convention nationale décrète que le mémoire de défense de Louis XVI sera imprimé et distribué.

26 DÉCEMBRE 1792. — Décret concernant des mots rayés dans le mémoire de défense de Louis XVI. (B. 26, 136.)

La Convention nationale décrète que ces mots : *Le peuple voulut la liberté, et il la lui donna*, prononcés par l'un des défenseurs de Louis dans la séance de ce jour, et rayés sur le manuscrit remis par les défenseurs, seront rétablis dans la défense de Louis XVI, qui sera imprimée avec mention du décret à la marge.

26 DÉCEMBRE 1792. — Décret concernant la correction des épreuves de la défense de Louis XVI. (B. 26, 136.)

La Convention nationale décrète que l'orateur qui a rédigé la défense de Louis XVI est autorisé à corriger les épreuves avec deux secrétaires.

26 DÉCEMBRE 1792. — Décret pour procéder au jugement de Louis XVI, toutes affaires cessantes. (B. 26, 137.)

La Convention nationale décrète que la discussion est ouverte sur le jugement de Louis XVI, et qu'elle sera continuée, toutes affaires cessantes, jusqu'à la prononciation du jugement.

27 DÉCEMBRE 1792. — Décret qui ordonne l'impression d'une adresse des députés de la société des amis de la liberté et de l'égalité de Mons, et l'envoi aux départemens. (B. 26, 137.)

27 DÉCEMBRE 1792. — Décret concernant Bentabole, membre de la Convention. (B. 26, 159.)

27 = 27 DÉCEMBRE 1792. — Décret qui accorde des indemnités provisoires aux citoyens de Liége et d'Aix-la-Chapelle. (B. 26, 137.)

27 = 28 DÉCEMBRE 1792. — Décret pour la nomination de deux commissaires qui se rendront dans les pays Belges et de Liége, après le jugement de Louis XVI. (B. 26, 138.)

27 DÉCEMBRE 1792. — Décret qui ordonne l'impression d'un arrêté de la section des Gardes-Françaises, et l'envoi aux départemens. (B. 26, 139.)

27 DÉCEMBRE 1792. — Décret qui ordonne de faire un rapport sur le général Anselme, et de procéder au remplacement des places d'officiers vacantes dans le dix-huitième régiment de dragons. (B. 26, 139.)

28 = 31 DÉCEMBRE 1792. — Décret relatif à la composition des corps dont la formation est ou sera ordonnée. (L. 12, 450; B. 26, 140.)

Art. 1er. Pour composer les corps dont la formation est ou sera ordonnée à l'avenir, on ne pourra recruter dans la troupe de ligne, ni dans les bataillons de volontaires nationaux, ni dans les compagnies franches faisant partie des armées françaises.

2. Il n'est aucunement dérogé, par la disposition de l'article précédent, à la loi d'exception rendue à cet égard par l'Assemblée nationale législative, concernant l'artillerie.

3. Tous officiers, sous-officiers ou soldats de la troupe de ligne, des volontaires nationaux ou des compagnies franches, qui quitteront leurs drapeaux pour passer dans quelque autre corps d'ancienne ou de nouvelle création, sans démission acceptée, congé absolu délivré en bonne forme, ou sans autorisation ou nomination du pouvoir exécutif, seront regardés comme déserteurs et punis comme tels, et ceux qui les auront acceptés ou embauchés seront poursuivis et punis conformément aux lois existantes.

28 DÉCEMBRE 1792. — Décret qui ordonne un rapport sur la pétition des douze cents hommes venus de l'île de Saint-Christophe, qui demandent à faire partie du nouveau convoi commandé par le général Rombaud. (B. 26, 140.)

28 DÉCEMBRE 1792. — Citoyens blessés le 10 août. Voy. 25 DÉCEMBRE 1792. — Commissaires dans les pays belges. Voy. 27 DÉCEMBRE 1792. — Sieur Randon-de-la-Tour. Voy. 26 DÉCEMBRE 1792. — Service public. Voy. 25 DÉCEMBRE 1792.

29 = 30 DÉCEMBRE 1792. — Décret qui fixe la dépense des douze cents hommes du convoi destiné pour les îles. (L. 12, 453; B. 26, 143.)

La Convention nationale, après avoir entendu le rapport des comités de marine, des colonies, de la guerre et des finances réunis, décrète que la Trésorerie nationale tiendra à la disposition du ministre de la marine jusqu'à concurrence de la somme de deux millions huit cent soixante-dix-huit mille deux cent quatre-vingt-sept livres, pour être employée aux frais d'armement nécessaire pour

5.

faire respecter aux colonies les douze cents hommes du convoi destiné aux îles du Vent, qui ont été débarqués sans armes à Saint-Christophe et renvoyés en France, suivant l'aperçu des dépenses fourni par le ministre de la marine, et dont la teneur suit.

(Suit l'aperçu des dépenses.)

29 = 30 DÉCEMBRE 1792. — Décret qui accorde cinq cent mille livres au département de Paris pour servir à acquitter les billets dits de parchemin, et de la maison de secours. (L. 12, 452; B. 26, 142.)

29 = 30 DÉCEMBRE 1792. — Décret portant que le 34e régiment d'infanterie, ci-devant d'Angoulême, conservera son rang dans l'armée. (L. 12, 455; B. 26, 142.)

29 = 29 DÉCEMBRE 1792. — Décret qui donne aux commissaires délégués aux armées le pouvoir de faire des réquisitions, d'ordonner provisoirement toutes destitutions, remplacemens et arrestations, etc. (B. 26, 140.)

29 = 29 DÉCEMBRE 1792. — Décret qui ordonne de délivrer à l'administration du 8e bataillon du Calvados l'habillement, armement et équipement. (B. 26, 141.)

29 = 30 DÉCEMBRE 1792. — Décret qui ordonne de procéder à la nomination d'administrateurs du district de Beaucaire, membres du conseil, etc. (B. 26, 141.)

29 = 30 DÉCEMBRE 1792. — Décret qui fixe le droit d'enregistrement de l'acte de cautionnement du caissier de l'emprunt ouvert à Lyon. (B. 26, 141.)

29 = 30 DÉCEMBRE 1792. — Décret qui ordonne le remplacement des officiers de marine décrétés d'accusation ou destitués pour fait d'incivisme. (B. 26, 144.)

29 DÉCEMBRE 1792. — Décret qui ordonne un rapport sur les effets nécessaires à l'armée de la Belgique. (B. 26, 144.)

30 = 31 DÉCEMBRE 1792. — Décret qui attribue aux receveurs des douanes la perception attribuée, par le décret du 9 août 1791, à des receveurs particuliers nommés par les tribunaux de commerce. (L. 12, 456; B. 26, 145.)

Art. 1er. A compter du 1er janvier prochain, toutes les perceptions attribuées, par le décret du 9 = 18 août 1791, à des receveurs particuliers nommés par les tribunaux de commerce seront faites sans frais par les receveurs des douanes nationales.

2. Les receveurs des douanes compteront de ces recettes de la même manière qu'ils comptent dans les caisses des receveurs de district pour les autres perceptions.

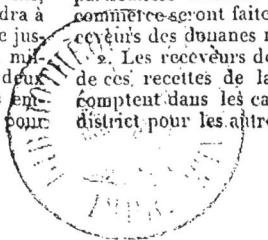

7.

3. Les receveurs des droits de navigation supprimés rendront compte, huit jours après la publication du présent décret, de leurs recettes, devant le directoire de district, conformément à l'art. 3 du titre IV du décret du 9 = 18 août 1791, et les fonds dont ils se trouveront reliquataires seront versés de suite dans les caisses des receveurs de district, qui les feront passer de suite à la Trésorerie nationale.

4. Les receveurs supprimés remettront dans le même délai aux receveurs des douanes, par inventaire dont le double sera déposé au greffe du tribunal de commerce, les registres et les tarifs d'après lesquels ils ont établi la perception qu'ils ont faite pendant l'année courante, et généralement tous les titres, pièces et renseignemens relatifs à leur recette.

5. La Convention nationale charge ses comités de marine, des finances et de commerce, de lui présenter, dans le plus court délai, un tarif général et uniforme des droits sur la navigation, et un projet de loi qui détermine les peines à infliger aux préposés infidèles.

30 = 30 DÉCEMBRE 1792. — Décret relatif aux procédures concernant les délits commis relativement aux droits ci-devant féodaux ou censuels. (L. 12, 458; B. 26, 145.)

La Convention nationale décrète que, jusqu'à ce qu'il en ait été autrement ordonné, il sera sursis à l'exécution de tous jugemens définitifs rendus ou à rendre sur des délits déjà commis relativement aux droits ci-devant féodaux ou censuels, sans qu'il puisse néanmoins être apporté aucun retardement à l'instruction des procédures concernant ces délits. Sont exceptés du présent décret les cas d'assassinat, de meurtre et d'incendie.

30 DÉCEMBRE 1792. — Décret qui ordonne de prendre des renseignemens sur l'administration des Quinze-Vingts. (B. 26, 145.)

30 DÉCEMBRE 1792. — Décret pour tenir demain une séance du soir pour entendre le rapport du comité des pétitions et les pétitionnaires des départemens. (B. 26, 146.)

30 DÉCEMBRE 1792. — Décret relatif à la levée d'une troupe légère sous le nom de Miquelets. (B. 26, 146.)

30 DÉCEMBRE 1792. — Décret qui ordonne l'impression du mémoire du citoyen Coulomb, sur le service des hôpitaux de la marine. (B. 26, 147.)

30 DÉCEMBRE 1792. — Billets de parchemin; Convois pour les îles; 34e régiment d'infanterie. Voy. 29 DÉCEMBRE 1792.

31 DÉCEMBRE 1792. — Décret relatif aux dons patriotiques affectés au soulagement des communes qui ont souffert des ravages de la guerre. (L. 12, 459; B. 26, 148.)

Art. 1er. L'administrateur de la caisse de l'extraordinaire fera dresser sans délai des bordereaux séparés, pour chaque ville ou commune, des sommes qui ont été remises au Trésorier de ladite caisse, provenant des dons patriotiques affectés au soulagement de villes et communes assiégées ou qui ont souffert des ravages de la guerre.

2. Le Trésorier de la caisse de l'extraordinaire fera passer de suite aux receveurs de district les sommes contenues dans lesdits bordereaux; il donnera avis de cet envoi aux maires et officiers municipaux des communes pour lesquelles elles seront destinées, et il en rendra compte à la Convention.

3. Les receveurs de district tiendront les fonds qui leur seront adressés à la disposition des conseils généraux des communes, qui en feront la répartition sous la surveillance et autorisation des corps administratifs.

31 DÉCEMBRE 1792. — Décret qui accorde des fusils aux officiers et sous-officiers de l'armée du Var. (L. 12, 461; B. 26, 149.)

31 DÉCEMBRE 1792. — Décret pour l'impression et l'envoi aux départemens d'une adresse de la section des Champs-Elysées à la commune de Paris. (B. 26, 147.)

31 DÉCEMBRE 1792. — Décret qui ordonne la remise des pièces déposées aux archives nationales et réclamées par le citoyen Daub d'Ecquilly. (B. 26, 149.)

31 DÉCEMBRE 1792 = 2 JANVIER 1793. — Décret qui ordonne de dresser des bordereaux des sommes remises au trésorier de la caisse de l'extraordinaire, et nomme des commissaires à cet effet. (B. 26, 148 et 149.)

31 DÉCEMBRE 1792. — Décret concernant la suppression de la caisse de l'extraordinaire et sa réunion à la Trésorerie nationale. (B. 26, 148.) Voy. 4 JANVIER 1793.

31 DÉCEMBRE 1792. — Décret portant que le général Chazot n'est point resté inculpé. (L. 12, 462; B. 26, 147.)

31 = 31 DÉCEMBRE 1792. — Décret qui ordonne de mettre en liberté le sieur Drucourt. (B. 26, 148.)

31 DÉCEMBRE 1792. = 2 JANVIER 1793. — Décret qui accorde un délai de quinze jours au commissaire-liquidateur provisoire pour l'exécution du décret du 21. (B. 26, 149.)

31 DÉCEMBRE 1792 = 5 JANVIER 1793. — Décret pour la recherche et poursuite des personnes qui publient que la nation ne peut se passer d'un maître. (B. 26, 150.)

31 DÉCEMBRE 1792. — Décret qui ordonne l'affiche de celui qui défend les signes d'approbation ou d'improbation pendant les séances. (B. 26, 150.)

31 DÉCEMBRE 1792. — Décret portant qu'il y aura deux séances par semaine pour entendre les pétitions et adresses des départemens. (B. 26, 150.)

31 DÉCEMBRE 1792. — Douanes. *Voy.* 30 DÉCEMBRE 1792.

1er = 1er JANVIER 1793. — Décret qui fixe l'indemnité des membres des conseils généraux de département et de district en état de surveillance permanente. (L. 13, 3; B. 27, 1.)

Art. 1er. Les membres des conseils généraux de département et de district qui ont été obligés de se déplacer pour se rendre à leur poste recevront pour indemnité, pendant le temps qu'aura duré la permanence de leurs séances, une somme de trois livres par jour. Il leur sera tenu compte, en outre, des frais d'un seul voyage, à raison de quinze sous par lieue de poste, tant pour l'aller que pour le retour.

2. Cette indemnité sera payée tous les mois sur les fonds affectés aux dépenses de l'administration, à proportion des jours de présence effective aux séances du conseil, d'après l'état qui en sera formé sur le registre des délibérations, et certifié par le président, le procureur-syndic et le secrétaire.

3. Ceux des administrateurs qui jouissent de pension, gratification ou d'un traitement public égal ou supérieur à celui auquel ils auraient droit de prétendre comme administrateurs, ne recevront aucune indemnité, et si la pension, traitement ou gratification ne s'élève pas à trois livres par jour, ils recevront le complément de cette somme.

4. Les administrateurs de département et de district seront tenus, sous leur responsabilité, de rétablir dans les caisses nationales les sommes qu'ils en auraient tirées pour acquitter cette dépense, ou toute autre relative aux charges locales des départemens ou districts.

5. La permanence des conseils généraux de département et de district de l'intérieur cessera dans trois jours après la publication du présent décret; les conseils des départemens frontières, dont l'état est annexé au présent décret, continueront néanmoins à rester en activité.

6. L'indemnité qui sera due aux membres des conseils d'administration qui devront rester en activité permanente sera payée par le Trésor public, à compter du jour où la permanence aura cessé pour les départemens de l'intérieur.

1er JANVIER 1793. — Décret relatif à la formation d'un comité de défense générale. (L. 13, 1; B. 27, 7.)

1er = 2 JANVIER 1793. — Décret qui accorde des fonds pour l'approvisionnement de chaussettes et bracelets de laine à l'usage des troupes. (L. 13, 2; B. 27, 4.)

1er = 1er JANVIER 1793. — Décret qui ordonne aux commissaires dans la Belgique de renvoyer auprès de la Convention l'un d'entre eux pour donner des renseignemens. (B. 27, 5.)

1er JANVIER 1793. — Décret qui ordonne de faire un rapport : 1° sur la connaissance des troubles qui ont eu lieu pour la taxe des grains dans le district de Montmorillon; 2° sur une pétition des bataillons du Lot, de Seine-Inférieure et Popincourt; 3° sur la lettre du sieur Girard, ci-devant sous-officier au régiment du Cap, détenu à l'Abbaye. (B. 27, 6.)

1er JANVIER 1793. — Décret qui transfère dans la ville de Sartène le tribunal du district de Tellano, département de Corse. (B. 27, 4.)

1er JANVIER 1793. — Décret qui supprime six paroisses dans les ville et faubourgs de Parthenay. (B. 27, 5.)

1er = 2 JANVIER 1793. — Décret concernant l'arrestation, dans la Tamise, de deux navires chargés de blé pour le compte du gouvernement français. (B. 27, 5.)

1er JANVIER 1793. — Décret qui fixe au 2 janvier le rapport sur le commissaire Petit. (B. 27, 7.)

2 = 3 JANVIER 1793. — Décret qui fixe l'ère de la République. (L. 13, 6; B. 27, 10.)

La Convention nationale, sur la proposition d'un de ses membres, décrète que la seconde année de la République datera du 1er janvier 1793.

2 = 3 JANVIER 1793. — Décret relatif à l'établissement, dans tous les bureaux de l'administration, d'un registre pour la transcription des soumissions pour les marchés relatifs aux achats, ventes et locations concernant l'administration générale de l'État. (L. 13, 7; B. 27, 8.)

Art. 1er. Il sera tenu, dans les bureaux des ministres et des administrations, un registre

7.

coté et paraphé, sur lequel seront transcrites et signées, sans interligne, les soumissions qui seront faites pour les marchés relatifs aux achats, ventes et locations concernant l'administration générale de la République. Il sera expédié au soumissionnaire un extrait certifié de sa soumission.

2. Il sera aussi tenu, à la commission des achats de la Convention nationale, un registre sur lequel seront transcrits les extraits que les soumissionnaires auront retirés en faisant leur soumission, ainsi que les plaintes qui pourraient être portées contre les ministres et administrations, pour les marchés concernant l'administration générale de la République.

2 = 3 JANVIER 1793. — Décret relatif à la vente des meubles provenant de la liste civile, des émigrés, et autres meubles nationaux. (L. 13, 8; B. 27, 9.)

Voy. loi du 6 DÉCEMBRE 1792.

La Convention nationale, voulant arrêter les malversations qui sont dénoncées comme étant commises dans la vente des meubles provenant de la liste civile, des émigrés et autres meubles nationaux, décrète ce qui suit :

Art. 1er. Les citoyens préposés par les directoires de district, et, à Paris, par le directoire de département, pour la vente du mobilier provenant des émigrés, de la liste civile et autres meubles nationaux, ainsi que les commissaires choisis par les municipalités pour assister auxdites ventes, ne pourront s'immiscer directement ni indirectement dans l'achat, ni accepter aucune rétrocession de ceux desdits meubles dont la vente leur est commise, sous peine d'être réputés voleurs d'effets publics, et poursuivis comme tels.

2. Toutes personnes qui donneront ou recevront de l'argent, ou qui useront de menaces pour arrêter le cours des enchères, seront également poursuivies comme voleurs d'effets publics, et punies comme tels.

3. Pour la vente des meubles dont l'estimation ou la première enchère surpasserait la somme de cent livres, il sera allumé des feux, et la délivrance n'en sera faite qu'à l'extinction du dernier feu sans enchère. Les préposés aux ventes et commissaires qui contreviendront à la présente disposition seront condamnés à cinq cents livres d'amende pour chaque contravention, et les ventes pourront être annulées.

4. Lorsqu'il ne se présentera pas un nombre suffisant d'enchérisseurs, ou lorsque les effets resteront évidemment au-dessous de leur valeur, les préposés et commissaires seront tenus de surseoir à la charge d'en donner sur-le-champ avis à la municipalité, et d'en référer au directoire du district, et à Paris au directoire du département, lesquels prendront les mesures ultérieures et définitives.

5. Les peines encourues pour contravention aux articles 1 et 2 du présent décret seront poursuivies par-devant le tribunal criminel, à la requête de l'accusateur public, et celles pour contravention à l'article 3, par-devant le tribunal de police correctionnelle, à la requête du procureur-syndic du district, et, pour Paris, à la requête du procureur-général-syndic du département.

2 = 3 JANVIER 1793. — Décret qui autorise le ministre de la marine à conférer au citoyen Gassin le grade qu'il a mérité. (B. 27, 8.)

2 JANVIER 1793. — Décret relatif à la réduction des quatorze paroisses de la ville de Bayeux. (B. 27, 10.)

2 = 2 JANVIER 1793. — Décret qui rend à ses fonctions le commissaire des guerres Petit-Jean. (B. 27, 7.)

2 = 3 JANVIER 1793. — Décret qui attribue au directeur du jury du tribunal de district de Poitiers l'instruction de la procédure sur les troubles du district de Montmorillon. (B. 27, 7.)

2 JANVIER 1793. — Armée du Var. *Voy.* 31 DÉCEMBRE 1792. — Comité de défense générale. *Voy.* 1er JANVIER 1793. — Dons patriotiques; Général Chazot. *Voy.* 31 DÉCEMBRE 1792; Troupes. *Voy.* 1er JANVIER 1793.

3 JANVIER 1793. — Décret de renvoi relatif à l'approvisionnement des troupes à Stenay, et aux demandes relatives aux émigrés. (B. 27, 10.)

3 JANVIER 1793. — Décret qui enjoint au ministre de l'intérieur de rendre compte, séance tenante, des faits relatifs à la dénonciation de Robespierre jeune. (B. 27, 12.)

3 = 5 JANVIER 1793. — Décret qui affecte une somme de vingt-cinq mille livres pour le remplissage des glacières ci-devant royales. (B. 27, 10.)

3 = 5 JANVIER 1793. — Décret concernant plusieurs citoyens partis librement des colonies pour se rendre en France. (B. 27, 11.)

3 = 5 JANVIER 1793. — Décret qui autorise le paiement des appointemens du citoyen Grelier. (B. 27, 11.)

3 = 3 JANVIER 1793. — Décrets qui ordonnent un rapport, 1° sur le complément de la loi sur les émigrés; 2° sur la pétition des artistes de Lyon, touchant l'emploi des matières des cloches à la fabrication des monnaies. (B. 27, 13.)

3 = 3 JANVIER 1793. — Décret qui ordonne d'apposer les scellés sur les papiers du sieur Doze. (B. 27, 12.)

3 = 5 JANVIER 1793. — Décret qui ajourne la levée des scellés apposés en la maison de campagne du sieur Thierry. (B. 27, 12.)

3 JANVIER 1793. — Décret qui ordonne la levée des scellés apposés sur les papiers du sieur Boze. (B. 27, 13.)

3 JANVIER 1793. — Ère de la République; Soumissions pour les marchés; Vente des meubles des émigrés. *Voy.* 2 JANVIER 1792.

4 = 5 JANVIER 1793. — Décret qui abroge les exceptions portées dans les décrets des 15 mars 1790 et 8 avril 1791, relatifs au droit d'aînesse réservé, dans les successions *ab intestat*, en faveur des personnes mariées ou veuves ayant enfans. (L. 13, 12; B. 27, 16.)

Voy. lois du 25 AOUT 1792; du 7 MARS 1793.

La Convention nationale, après avoir entendu le rapport de son comité de législation sur l'abolition du droit d'aînesse, réservé par les précédens décrets, dans les successions *ab intestat*, en faveur des personnes mariées ou veuves ayant enfans, décrète que les exceptions portées dans la seconde partie de l'article 11 du décret du 15 mars 1790(1), et aux articles 5, 6, 7, 8 et 9 du décret du 8 avril 1791, en faveur des personnes mariées ou veuves ayant enfans, sont abrogées. Le surplus desdits décrets sera exécuté selon sa forme et teneur.

4 = 5 JANVIER 1793. — Décret relatif au bureau de consultation des arts et métiers. (L. 13, 13; B. 27, 14.)

Art. 1er. Les membres actuels du bureau de consultation des arts et métiers continueront leurs fonctions comme par le passé, jusqu'à ce qu'il en soit autrement ordonné. Elle proroge, pour cet effet, le décret du 27 septembre = 16 octobre 1791.

2. En conséquence, les jugemens rendus par le bureau de consultation depuis le 19 novembre dernier sont déclarés valables, et seront mis à exécution.

3. Aucune récompense ne pourra être accordée par le ministre de l'intérieur aux artistes, pour inventions, travaux ou découvertes, que sur l'avis du bureau de consultation.

4 = 7 JANVIER 1793 (31 DÉCEMBRE 1792 et). — Décret concernant la suppression de la caisse de l'extraordinaire, et sa transmission à la Trésorerie. (L. 13, 14; B. 27, 20.)

TITRE Ier. De la suppression de la caisse de l'extraordinaire, et de sa transmission à la Trésorerie nationale.

Art. 1er. A compter du 1er janvier 1793, la caisse de l'extraordinaire établie par les décrets des 6 = 15 décembre 1790 et 27 décembre 1790 = 2 janvier 1791, sera et demeurera supprimée, et toutes les recettes et dépenses qui lui étaient attribuées par les divers décrets concernant son organisation seront réunies à la Trésorerie nationale.

2. Le trésorier de ladite caisse de l'extraordinaire dressera l'inventaire de tous les effets, assignats en valeur et numéraire existant au 31 décembre 1792 au soir, et composant le fonds de ladite caisse; lequel fonds sera remis, en présence de quatre commissaires de la Convention nationale, de l'administrateur de la caisse de l'extraordinaire et des commissaires de la Trésorerie nationale, au caissier de ladite Trésorerie, sur son récépissé comptable.

3. Le trésorier de la caisse de l'extraordinaire dressera pareillement l'état des assignats qui devront se trouver, audit jour 31 décembre 1792, dans la caisse à trois clefs.

4. Il sera dressé par le contrôleur-général de la caisse de la Trésorerie nationale, en présence des commissaires désignés en l'article 2, procès-verbal de la transmission qui sera faite des assignats de la caisse à trois clefs de la ci-devant caisse de l'extraordinaire dans celle pareillement à trois clefs qui sera établie à la Trésorerie nationale, pour recevoir les assignats de nouvelle fabrication; duquel procès-verbal, signé par lesdits commissaires et par ledit caissier-général, il sera délivré expédition au trésorier de la caisse de l'extraordinaire, pour lui servir de décharge.

5. Toutes les valeurs annulées qui se trouveront au 31 décembre à la caisse de l'extraordinaire y seront brûlées en totalité dans les premiers jours de janvier, et il sera remis à la Trésorerie nationale, à titre d'inventaire, un double du procès-verbal de brûlement.

6. Toutes les recettes que les receveurs de district auront faites pour le compte de la caisse de l'extraordinaire jusqu'au 31 décembre 1792 inclusivement, seront adressées par eux, en la même forme que par le passé, au trésorier de la caisse de l'extraordinaire; ils solderont exactement par cet envoi le compte de la totalité de leur recette antérieure, sur quelque titre que ce soit, au 1er janvier 1793; de sorte qu'il n'y ait lieu de porter, en tête du registre de 1793, aucun restant de caisse d'année antérieure.

7. Au 1er janvier 1793, les receveurs dresseront un état général de leur gestion envers

(1) Du titre 1er.

la caisse de l'extraordinaire, depuis leur entrée en fonction, et le feront passer, dans les quinze premiers jours de janvier au plus tard, à l'administrateur de la caisse de l'extraordinaire.

8. Les valeurs actives faisant partie des remises qui seront faites au trésorier de l'extraordinaire, en exécution de l'art. 6, seront versées par ledit trésorier au caissier de la Trésorerie nationale, qui lui en délivrera un récépissé comptable; les valeurs annulées seront brûlées, et il en sera fourni procès-verbal à la Trésorerie nationale, ainsi qu'il est prescrit à l'article 5.

9. Au moyen de ce que le montant des récépissés délivrés par le caissier de l'extraordinaire aux acquéreurs des domaines nationaux qui ont acquitté le prix de leur adjudication à cette caisse, est déjà compris dans la masse des brûlemens, il sera dressé par le trésorier de l'extraordinaire un état de récépissés, et cet état sera remis au caissier-général de la Trésorerie nationale.

10. Les récépissés de cette nature qui seront reçus par les receveurs de district, à compter du 1er janvier 1793, et qui seront conséquemment partie de leurs remises à la Trésorerie nationale, seront vérifiés sur ledit état et rendus au trésorier de la caisse de l'extraordinaire, qui en fournira son récépissé, lequel servira de pièce comptable au caissier-général de la Trésorerie nationale.

11. Il sera formé par le trésorier de la caisse de l'extraordinaire un état général, qu'il certifiera, des reçus qu'il aurait délivrés pour la contribution patriotique : le montant de ces reçus sera énoncé par un article particulier dans le procès-verbal de situation de la caisse de l'extraordinaire au 31 décembre 1792, et le produit du versement qui sera fait par ledit trésorier sur cette partie au caissier-général de la Trésorerie nationale sera renfermé ensuite dans la caisse à trois clefs actuellement existant à ladite Trésorerie.

12. Le caissier-général remettra, à la fin de chaque mois, au comité de trésorerie, un état général des reçus du ci-devant trésorier de la caisse de l'extraordinaire qui lui auront été versés pour comptant par les receveurs de district, et il sera tiré, en présence des commissaires de la Trésorerie, de la caisse à trois clefs, une somme d'assignats égale au montant desdits reçus, lesquels demeureront dans ladite caisse jusqu'à leur extinction définitive, et il en sera dressé procès-verbal.

13. Le caissier-général de la Trésorerie nationale sera chargé de la suite de l'exécution de la loi concernant l'envoi à faire dans les départemens des coupures à échanger contre des assignats de plus forte valeur.

14. Les receveurs de district et ceux des seize arrondissemens de la ville de Paris seront chargés, à compter du 1er janvier 1793,

du remboursement des coupons d'assignats qui restent dans la circulation, ainsi que de l'échange des assignats mutilés, toutes les fois que le fragment qu'on présentera formera plus de la moitié de l'assignat. Ils feront lesdits remboursemens et échanges sur les produits de leurs recettes, et ils comprendront ces valeurs pour comptant dans leur versement à la Trésorerie nationale.

15. Le caissier-général de ladite Trésorerie sera personnellement chargé de l'échange des billets de la caisse d'escompte, portant promesse d'assignats, qui existent encore dans la circulation.

16. La caisse à trois clefs, qui sera établie à la Trésorerie nationale pour resserrer les assignats de nouvelle fabrication, ne pourra être ouverte qu'en présence de deux commissaires de la Convention nationale et de deux commissaires de la Trésorerie nationale, du contrôleur-général de la caisse et du caissier-général de ladite Trésorerie. L'une des trois clefs sera, en conséquence, déposée aux archives de la Convention nationale; la seconde restera entre les mains du président du comité de la Trésorerie, et la troisième dans celles du caissier-général.

17. Il ne pourra être tiré aucune somme de ladite caisse qu'en vertu des décrets de la Convention, suivant les formes précédemment observées pour les versemens qui se faisaient de la caisse de l'extraordinaire à celle de la Trésorerie nationale, et en présence des personnes dénommées en l'article précédent. Il sera dressé procès-verbal, par le contrôleur-général de la caisse de la Trésorerie, des entrées et sorties de ladite caisse à trois clefs.

18. Le caissier-général de la Trésorerie nationale tiendra un journal particulier, uniquement destiné à constater le mouvement de ladite caisse. Le premier enregistrement qui sera porté sur ledit journal présentera le fonds d'assignats de nouvelle fabrication qui aura été transmis à la Trésorerie nationale par le trésorier de la ci-devant caisse de l'extraordinaire.

19. Il sera tenu écriture, dans le bureau central de comptabilité de la Trésorerie nationale, des entrées et sorties de ladite caisse à trois clefs, d'après les procès-verbaux qui en seront successivement dressés, conformément à l'article 17 ci-dessus, et dont copie sera remise au directeur dudit bureau central.

20. Le compte de quinzaine et celui de mois de la Trésorerie nationale présenteront, par un chapitre séparé, le compte particulier de la recette en assignats de nouvelle fabrication, et de la dépense faite sur lesdits assignats en vertu des décrets, tant pour compléter le paiement des dépenses du service ordinaire et extraordinaire de la Trésorerie nationale, que pour les remboursemens qui

se faisaient précédemment à la ci-devant caisse de l'extraordinaire. Cette partie du compte de la Trésorerie nationale sera imprimée et affichée. Elle sera rédigée de manière à faire connaître avec précision : 1° la masse générale des assignats émis ; 2° le montant de ceux successivement rentrés et annulés par la vente des domaines nationaux ; 3° et enfin ce qui restera dans la circulation à l'époque de chaque compte.

TITRE II. De la recette.

Art. 1er. A partir du 1er janvier 1793, les receveurs de district cesseront d'adresser au trésorier de la ci-devant caisse de l'extraordinaire le produit des recettes qu'ils feront, tant sur la contribution patriotique et sur les dons offerts pour la guerre, que sur les biens des émigrés, et enfin sur les capitaux, intérêts et fruits des domaines nationaux : ils verseront ces produits directement au caissier-général de la Trésorerie nationale.

2. Lesdits receveurs diviseront leurs envois en deux parties : la première sera composée du produit de la contribution patriotique, des dons offerts pour la guerre et des valeurs provenant des biens des émigrés ; les assignats provenant de ces diverses recettes ne seront point annulés.

La seconde partie sera composée des assignats annulés provenant des capitaux ou des fruits des domaines nationaux. Chacune de ces deux divisions sera accompagnée d'un bordereau distinct et séparé, subdivisé par nature de recette.

3. Les receveurs de district annuleront soigneusement tous les assignats provenant des capitaux et des fruits des domaines nationaux ; et, dans le cas où il se trouverait dans leurs envois, sur cette partie, quelques assignats non annulés, les frais de transport de la totalité de l'envoi seront à leur charge.

4. Lesdits receveurs adresseront pareillement, à compter du 1er janvier 1793, au caissier-général de la Trésorerie nationale, les assignats annulés provenant de l'échange contre des coupures ; ils auront soin de ne point confondre ces assignats avec ceux qui proviendront des capitaux ou des fruits des domaines nationaux.

5. Les acquéreurs de domaines nationaux situés dans les divers départemens de la République, qui, aux termes des précédens décrets, avaient la faculté de payer le prix de leur acquisition à la caisse de l'extraordinaire, continueront de jouir de cette faculté. Il sera, en conséquence, établi à cet effet, près de l'administration des domaines nationaux, un receveur, lequel sera tenu, conformément au décret du 6 = 15 décembre 1790, d'annuler à l'instant, et en présence des parties intéressées, tous les assignats qu'il recevra.

6. Ledit receveur sera pareillement chargé de la recette des capitaux et intérêts des domaines nationaux situés dans toute l'étendue du département de Paris, dont les produits étaient précédemment remis directement à la ci-devant caisse de l'extraordinaire, en exécution de l'article 6 du décret du 31 décembre 1790 = 5 janvier 1791. Il recevra en outre les fruits perçus dans l'étendue du district de Paris seulement.

7. La régie de l'enregistrement et domaines, y réunie, fera verser chaque semaine, directement à la caisse générale de la Trésorerie nationale, la recette provenant des biens des émigrés situés dans la ville de Paris.

8. Le receveur désigné en l'article 5 sera tenu de fournir un cautionnement de deux cent mille livres en immeubles ; il remettra, le dernier jour de chaque semaine, au caissier-général de la Trésorerie nationale, le produit de la recette provenant des domaines nationaux situés dans le département de Paris, avec un bordereau énonciatif des valeurs dont sa remise sera composée, et le caissier-général lui en délivrera son récépissé.

9. A l'égard des assignats provenant des recettes faites par ledit receveur en exécution de l'article 5 ci-dessus, il conservera lesdits assignats après les avoir annulés, jusqu'à ce que les bons qu'il aura délivrés aux acquéreurs pour la valeur desdits assignats aient été compris, par les receveurs de district pour le compte desquels lesdites recettes auront été faites, dans leurs envois à la caisse générale.

10. Lesdits assignats seront déposés, à la fin de chaque semaine, dans une caisse à deux clefs, en présence de l'administrateur des domaines nationaux, entre les mains duquel l'une desdites deux clefs restera déposée. Il sera dressé procès-verbal de l'entrée et de la sortie desdits assignats, par le contrôleur désigné en l'article 12 ci-après.

11. Au fur et à mesure que les bons énoncés en l'article précédent rentreront au caissier-général de la Trésorerie, par les remises des receveurs de district, il les fera présenter audit receveur, lequel remettra en échange les assignats annulés portés auxdits bons.

12. Il sera établi près dudit receveur un contrôleur des recettes journalières, lequel visera toutes les quittances et bons qui seront délivrés par le receveur, en exécution des articles 5 et 6 ci-dessus, et qui en tiendra écriture : les bordereaux des remises des receveurs à la Trésorerie nationale seront pareillement visés par ce contrôleur.

13. La faculté qui avait été accordée aux citoyens habituellement domiciliés hors de la ville de Paris d'acquitter leur contribution patriotique, à Paris, entre les mains du trésorier de la caisse de l'extraordinaire, ces-

sera d'avoir lieu à compter du 1er janvier 1793.

14. Les récépissés de liquidation pour reconstitution, reçus en paiement de la contribution patriotique, seront remboursés au caissier-général de la Trésorerie nationale, par le payeur principal de la dette publique, en son mandat, sur la caisse, du montant de la valeur desdits récépissés, avec imputation sur les fonds destinés aux remboursemens. Lesdits récépissés, ainsi acquittés, seront annulés et brûlés comme tous les effets au porteur : copies des procès-verbaux de brûlement seront jointes aux comptes particuliers des reconstitutions, en déduction des quittances de finance à expédier pour balancer les contrats éteints par reconstitution.

15. Les détails et la correspondance relatifs à l'assiette et au recouvrement de la contribution patriotique, dans le rapport des contribuables avec les receveurs de communauté, et dans le rapport de ces derniers avec les receveurs de district, seront réunis au ministère des contributions publiques.

16. Toutes les sommes provenant des biens des émigrés, qui seront successivement versées à la caisse générale de la Trésorerie nationale, seront déposées provisoirement, le dernier jour de chaque semaine, dans la caisse à trois clefs, actuellement existant à ladite Trésorerie, jusqu'à ce qu'il ait été pris un parti définitif sur le mode d'administration et de séquestre des biens des émigrés.

TITRE III. De la vérification et du brûlement des assignats annulés.

Art. 1er. Il sera établi près du directeur-général de la fabrication des assignats, et sous sa surveillance, un bureau à la tête duquel sera un vérificateur en chef comptable.

2. Le dernier jour de chaque semaine, le caissier-général de la Trésorerie nationale fera remettre à ce vérificateur tous les assignats annulés provenant des remises des receveurs de district, tant sur les produits des domaines nationaux que sur les échanges, et de celles du receveur établi à Paris près de l'administration des domaines nationaux.

3. La remise de ces assignats sera accompagnée d'un bordereau énonciatif du montant total de la somme provenant de chacun des districts de la République : ce bordereau sera fait double, certifié par le caissier-général, et visé par le contrôleur-général de la caisse de la Trésorerie nationale. La première expédition restera au vérificateur, la seconde sera par lui renvoyée, avec son récépissé au pied, au caissier-général de la Trésorerie nationale.

Il sera formé un bordereau particulier des assignats annulés provenant des échanges.

4. Le vérificateur fera de suite procéder, sous ses yeux, aux opérations qui s'exécu-

taient par le passé dans le bureau du brûlement, établi près de la caisse de l'extraordinaire. Tous les assignats seront soigneusement examinés dans ce bureau ; et, s'il s'en trouvait de faux, le vérificateur en fera déduction sur le bordereau subséquent de la nouvelle remise qui lui sera faite par le caissier-général de la Trésorerie, auquel il fera repasser lesdits assignats.

5. Le caissier-général de la Trésorerie fera, de son côté, déduction desdits assignats sur le dernier envoi de ceux des receveurs qui les lui auraient adressés, et lesdits assignats leur seront renvoyés avec le récépissé énonciatif de ladite déduction.

6. Le vérificateur établi par l'article 1er fera disposer les assignats reconnus bons par ordre de numéros de création et de séries, ainsi qu'il en a été usé jusqu'à présent, et fera former les bordereaux préparatoires des procès-verbaux de brûlement.

7. Le brûlement desdits assignats sera effectué par le vérificateur en chef comptable, en la forme ordinaire, en présence des commissaires de la Convention nationale et du directeur-général de la fabrication des assignats : un double dudit procès-verbal sera adressé aux commissaires de la Trésorerie nationale.

8. Le commissaire national administrateur de la caisse de l'extraordinaire remettra au vérificateur en chef comptable tous les registres et pièces relatifs à la transcription de l'annulement et brûlement des assignats.

9. La Trésorerie nationale tiendra à la disposition du ministre des contributions publiques jusqu'à concurrence de quatre-vingt mille six cents livres par an, pour la dépense du bureau du vérificateur en chef comptable, d'après l'aperçu n° 2 que le ministre en a fourni, et qui est annexé au présent décret.

TITRE IV. De la dépense.

Art. 1er. Les commissaires de la Trésorerie nationale feront faire les dépenses dont la caisse de l'extraordinaire était chargée, par les payeurs des sections auxquelles chaque nature de dépense sera relative.

2. L'administrateur de la caisse de l'extraordinaire fera dresser le relevé de tout ce qui reste à acquitter des différens objets de remboursement, non compris les effets au porteur, et des autres dépenses qui auraient pu être effectuées par la caisse de l'extraordinaire, en exécution des décrets rendus jusqu'à ce jour. Ledit relevé, certifié véritable, sera remis par l'administrateur aux commissaires de la Trésorerie nationale, qui, en conséquence, feront payer les débets y portés aux parties intéressées.

3. Les effets au porteur seront remboursés d'après les listes des tirages faits ou à faire,

conformément aux édits de création, à la présentation de l'effet par le propriétaire, sans aucune ordonnance, ainsi qu'il a toujours été pratiqué pour les coupons, attendu que la pièce comptable est le procès-verbal de brûlement qui doit être fait en présence des membres de la Convention.

4. Les contrats provenant d'emprunts et autres créances qui se payaient à la caisse de l'extraordinaire, sur le *visa* du liquidateur de la Trésorerie, seront également payés sans ordonnances.

5. Il ne sera pareillement point délivré d'ordonnances sur les reconnaissances de liquidation, ou sur les états liquidés expédiés par le directeur-général de la liquidation, et payables ci-devant soit par la caisse de l'extraordinaire, soit même par la Trésorerie.

6. Toutes dépenses déterminées par des décrets particuliers, portant les noms des corps ou individus parties prenantes, et la fixation des sommes à payer, seront également acquittées par la Trésorerie, sans qu'il soit besoin d'ordonnances, sur la simple notification du décret qui aura été faite aux commissaires de la Trésorerie par le ministre de la justice.

7. A compter du 1er janvier 1793, la Trésorerie nationale fera les fonds nécessaires pour acquitter les reconnaissances de liquidation définitive délivrées par les directoires de département pour les créances de huit cents livres et au-dessous, conformément au décret du 20 novembre 1792 ; les fonds seront faits sans qu'il soit besoin d'ordonnances, d'après les états desdites reconnaissances, qui seront adressés doubles aux commissaires de la Trésorerie par les directoires de département.

8. L'administrateur de la caisse de l'extraordinaire fournira aux commissaires de la Trésorerie le relevé des états qui lui auront été adressés et des fonds qui auront été faits en conséquence par ladite caisse, en exécution dudit décret.

9. Les receveurs généraux des ci-devant pays d'états, ainsi que les commis à la recette générale des finances des ci-devant pays d'élection et pays conquis, et autres payeurs des gages chargés d'acquitter pour la caisse de l'extraordinaire, soit les états des gages des cours, chancelleries et bureaux des finances des années 1789 et 1790, soit les états des finances de ladite année 1790, arrêteront leur compte et cesseront leurs paiemens au 1er janvier 1793. Ils verseront aussitôt leur restant en caisse au trésorier de l'extraordinaire.

10. Immédiatement après ce versement à la caisse de l'extraordinaire, les préposés ci-dessus nommés formeront de brefs états de leur situation ; ces états seront séparés et distincts, soit relativement aux deux années 1789 et 1790, des gages des cours, soit relativement aux états des finances.

Ils formeront également des états nominatifs séparés et distincts des parties non payées ; ils feront mention, à la marge, des empêchemens qui auraient occasioné leur non-paiement, et feront passer le tout au trésorier de la caisse de l'extraordinaire.

11. Le trésorier de la caisse de l'extraordinaire remettra à la Trésorerie nationale la totalité des sommes qui lui rentreront en exécution de l'article 9, et il y joindra l'état général des parties non réclamées, lesquelles ne pourront plus être acquittées qu'à la Trésorerie nationale.

12. Le paiement desdites parties non réclamées ne commencera à s'effectuer à la Trésorerie nationale qu'à partir du 1er avril 1793, et les oppositions faites entre les mains des ci-devant préposés de la caisse de l'extraordinaire tiendront entre les mains du payeur principal de la dette publique, à la Trésorerie nationale.

13. Les reconnaissances de liquidation au-dessus de dix mille livres seront présentées, à compter du 1er janvier 1793, à la Trésorerie nationale, comme elles l'étaient à la caisse de l'extraordinaire, pour fixer l'époque du départ des intérêts moratoires.

14. Les intérêts échus résultans des reconnaissances de liquidation présentées au *visa* seront acquittés, comme ils l'étaient par la caisse de l'extraordinaire, sur le bulletin du liquidateur de la Trésorerie, lequel bulletin servira de pièce comptable au payeur.

15. L'administrateur de la caisse de l'extraordinaire remettra à la Trésorerie nationale le registre par lui certifié, constatant, au 31 décembre, la présentation des reconnaissances au-dessus de dix mille livres. La Trésorie nationale paiera, d'après ce registre, l'intérêt échu depuis l'époque de présentation jusqu'au 31 de ce mois. Cet intérêt sera payé à l'avenir de six mois en six mois, comme les rentes, et sera calculé à cinq pour cent, assujéti à la retenue.

16. La Convention nationale charge ses comités des finances et de l'examen des comptes de lui présenter un projet de décret pour régler le mode de comptabilité tant du Trésorier de la ci-devant caisse de l'extraordinaire, que de tous autres comptables qui ont fait des recettes et dépenses pour le compte de cette caisse, et pour déterminer en même temps le délai dans lequel les comptes devront être rendus.

17. L'administrateur de la ci-devant caisse de l'extraordinaire continuera, au surplus, ses fonctions, sous le titre d'administrateur des domaines nationaux, en tout ce à quoi il n'est pas dérogé par le présent décret.

18. Jusqu'à ce que la Convention ait statué sur l'organisation définitive de l'adminis-

tration des domaines nationaux, il sera mis, par la Trésorerie nationale, à la disposition du commissaire national administrateur, jusqu'à concurrence de la somme de quarante-six mille deux cent soixante-neuf livres par mois, pour les dépenses de toute nature de ladite administration, suivant l'aperçu n° 1 fourni par ledit administrateur, dont le détail est annexé au présent décret.

19. Les commissaires de la Trésorerie nationale sont pareillement autorisés à disposer, additionnellement aux frais de leur administration, tels qu'ils ont été précédemment réglés, jusqu'à concurrence d'une somme de soixante-quatre mille huit cents livres par an, pour la dépense de l'augmentation de bureaux, indispensable pour l'exécution des diverses dispositions du présent décret, suivant l'aperçu n° 3 que lesdits commissaires en ont fourni, et qui se trouve annexé au présent décret.

20. La Trésorerie nationale tiendra aussi à la disposition du commissaire national auprès de la caisse de l'extraordinaire jusqu'à concurrence de quatre-vingt-dix-huit mille neuf cent cinquante-sept livres un sou onze deniers, pour supplément des appointemens, jusqu'au 1er janvier 1793, des commis surnuméraires, et autres frais nécessités par l'augmentation du travail dont ledit commissaire a été chargé par le décret du 28 septembre 1791, suivant l'aperçu n° 4 qu'il en a fourni, et qui est annexé au présent décret.

Nota. Suit un aperçu des dépenses jugées nécessaires pour l'administration des domaines nationaux, présenté par M. Amelot.

4 JANVIER 1793. — Décret qui ordonne le paiement des gratifications et pensions accordées, par la loi du 28 août dernier, aux gardes des ports, quais et îles de Paris, supprimés et non remplacés. (B. 27, 13.)

4 JANVIER 1793. — Décret de renvoi d'une proposition relative au bénéfice des annuités dans l'acquisition des biens nationaux. (B. 27, 16.)

4 = 5 JANVIER 1793. — Décret qui met à la disposition du ministre de la marine une somme de cinquante mille livres pour être distribuée à des soldats des régimens coloniaux. (B. 27, 14.)

4 = 13 JANVIER 1793. — Acte d'accusation contre le sieur Radix-Sainte-Foix. (B. 27, 16.)

4 JANVIER 1793. — Décret qui ordonne l'impression d'une adresse des administrateurs du département de la Dordogne, et l'envoi aux départemens. (B. 27, 14.)

4 = 5 JANVIER 1793. — Décret qui autorise le ministre de la marine à faire payer aux députés de l'artillerie de l'Inde en France une avance de six mois de leur traitement. (B. 27, 15.)

4 JANVIER 1793. — Décret concernant la lecture des pétitions. (B. 27, 15.)

5 = 6 JANVIER 1793. — Décret qui ordonne le triage des papiers et parchemins propres au service de l'artillerie de la marine. (L. 13, 36 ; B. 27, 34.)

5 JANVIER 1793. — Décret qui ordonne d'enlever les fleurs de lis des drapeaux du second régiment d'artillerie. (B. 27, 35.)

5 JANVIER 1793. — Décret pour l'impression du mémoire des prisonniers de guerre à Luxembourg. (B. 27, 35.)

5 = 6 JANVIER 1793. — Décret qui autorise le ministre de la marine à faire fondre des matières de cuivre en canons. (B. 27, 35.)

5 JANVIER 1793. — Décret concernant la défense de Louis XVI. (B. 27, 35.)

5 = 6 JANVIER 1793. — Décret qui ordonne de mettre en liberté le citoyen Duquesnoy, maire de Nancy. (B. 27, 36.)

5 JANVIER 1793. — Décret qui détermine les départemens dont les conseils généraux doivent rester en état de surveillance permanente. (B. 27, 36.)

5 JANVIER 1793. — Arts et métiers ; Droits d'aînesse. *Voy.* 4 JANVIER 1793.

6 = 10 JANVIER 1793. — Décret qui accorde un délai pour la reddition du compte collectif des ministres. (B. 27, 36.)

6 JANVIER 1793. — Artillerie de la marine. *Voy.* 5 JANVIER 1793.

7 JANVIER 1793. — Décret qui ordonne au conseil général du département de l'Ariège de rester en état de surveillance permanente. (L. 13, 5 ; B. 27, 36.)

7 JANVIER 1793. — Décret qui double le nombre des membres du comité de sûreté générale. (B. 27, 37.)

7 JANVIER 1793. — Décret qui ajourne à lundi la délibération sur le jugement de Louis XVI. (B. 27, 37.)

7 JANVIER 1793. — Décret qui ordonne de mettre en liberté le citoyen André, notaire à Lyon. (B. 27, 37.)

7 JANVIER 1793. — Décret qui ordonne de remettre en état d'arrestation les sieurs Girardin, vice-amiral; Benonville, Girardin jeune, et Berles. (B. 27, 37.)

7 JANVIER 1793. — Décret qui ordonne l'impression d'une adresse du département de la Loire-Inférieure, et l'envoi aux départemens. (B. 27, 38.)

7 JANVIER 1793. — Décret pour l'impression et distribution des opinions des membres qui n'ont pu parler sur l'affaire de Louis XVI. (B. 27, 37.)

7 JANVIER 1793. — Décret qui ordonne l'impression d'une adresse du département des Bouches-du-Rhône, et l'envoi aux départemens. (B. 27, 38.)

7 JANVIER 1793. — Décret qui casse et annule un acte de citation signifié au citoyen Charles Villette, membre de la Convention. (B. 27, 38.)

7 = 7 JANVIER 1793. — Décret qui ordonne l'arrestation des sieurs Mauzy, Vauloges, etc., ci-devant officiers au régiment du Cap. (B. 27, 39.)

7 JANVIER 1793. — Décret qui ordonne de faire un rapport: 1° concernant le sieur Rivarol; 2° concernant un Anglais mis en état d'arrestation. (B. 27, 39.)

7 JANVIER 1793. — Décret qui ordonne au comité de sûreté générale de rendre compte, tous les huit jours, des mandats d'arrêt exécutés. (B. 27, 39.)

7 JANVIER 1793. — Caisse de l'extraordinaire. *Voy.* 4 JANVIER 1793.

8 = 9 JANVIER 1793. — Décret portant que le décret du 8 décembre 1792, prohibitif de l'exportation des grains, n'est point applicable au duché de Bouillon. (L. 13, 40; B. 27, 41.)

La Convention nationale, sur la proposition du ministre de l'intérieur, convertie en motion par un de ses membres, décrète que le décret du 8 décembre dernier, prohibitif de l'exportation des grains, n'est point applicable au duché de Bouillon, et qu'il ne peut empêcher l'exécution du décret rendu en sa faveur le 11 août 1790.

8 = 9 JANVIER 1793. — Décret relatif aux commissions à délivrer aux directeurs et contrôleurs des postes nouvellement élus. (L. 13, 41; B. 27, 42.)

La Convention nationale décrète que le ministre des contributions publiques sera tenu de veiller à la prompte exécution du décret du 19 octobre dernier, et de faire délivrer au plus tôt, par les administrateurs-généraux des postes de France, des commissions aux directeurs et contrôleurs des postes nouvellement élus, et qui ont satisfait aux formalités exigées par la loi (1).

8 = 9 JANVIER 1793. — Décret relatif aux acquisitions de domaines nationaux qui seront faites dans le courant de 1793. (L. 13, 42; B. 27, 46.)

Art. 1er. Les citoyens qui acquerront des domaines nationaux dans le courant de l'année 1793 jouiront de la faculté d'effectuer leurs paiemens en douze années et douze termes, conformément aux décrets rendus antérieurement à ce sujet.

2. Lesdites acquisitions faites pendant le cours de l'année 1793, et la première vente ou cession qu'en feront les acquéreurs, pourvu que ce soit dans les cinq années de leur acquisition, ne seront assujéties qu'au droit d'enregistrement de quinze sous.

8 = 9 JANVIER 1793. — Décret qui casse une proclamation du 10 avril 1791, qui a réuni les bacs à la ferme générale des messageries. (L. 13, 38; B. 27, 41.)

Art. 1er. La Convention nationale casse et annule la proclamation du 10 avril 1791, en ce que frauduleusement on y a compris les bacs dans la réunion prononcée au profit de la ferme générale des messageries, par le décret des 6 et 7 janvier 1791.

2. Les procureurs-généraux-syndics des départemens, sur les dénonciations des préposés à la régie des domaines nationaux, poursuivront les restitutions dues à la République à raison de l'exploitation illicite que les fermiers généraux des messageries ont faites ou fait faire des bacs nationaux: le tout avec dépens, dommages et intérêts, dans lesquels entrera le coût de l'impression et envoi du présent décret.

3. Le directoire de chaque département fera faire par des commissaires, en présence de deux membres de la municipalité du lieu et du receveur de la régie nationale des domaines, un état et inventaire des bacs, trailles, agrès, cordages, bâtimens et ouvrages de ports.

Les procureurs-généraux-syndics de chaque département enverront, dans le mois à compter du jour de la réception du présent décret, au ministre des contributions et à la régie nationale des domaines, copie de ces états et inventaires.

_____

(1) *Voy.* loi du 23 janvier 1792.

8 = 9 JANVIER 1793. — Décret qui prononce la cessation de paiement du traitement des officiers de terre et de mer qui sont ou seront suspendus. (L. 13, 43 ; B. 27, 45.)

Art. 1er. A compter de ce jour, tous les officiers militaires de terre et de mer, de quelque grade qu'ils soient, qui ont été suspendus par les commissaires de la Convention, par le Corps-Législatif ou par le pouvoir exécutif, cesseront d'être payés de leurs traitemens de guerre et places de fourrages (1).

2. A l'avenir, tous ceux qui seront suspendus cesseront de recevoir leurs traitemens du jour de leur suspension.

3. Aucun officier suspendu ne pourra être remis en place qu'après un décret du Corps-Législatif ; et, dans aucun cas, il ne pourra prétendre à aucune indemnité à raison de la suspension de son traitement de guerre, à moins que le décret ne le porte expressément.

4. Tout officier suspendu sera remplacé provisoirement par le pouvoir exécutif.

8 = 9 JANVIER 1793. — Décret relatif à la rédaction du procès-verbal des séances de la Convention. (B. 27, 40.)

La Convention nationale décrète qu'à l'avenir le procès-verbal contiendra tout ce qui se sera passé dans l'Assemblée, lorsqu'il y aura eu du tumulte ; que les personnalités qu'on se serait permises y seront exactement rapportées, et qu'en ce cas, on inscrira au procès-verbal les noms de ceux qui s'y seront livrés.

8 JANVIER 1793. — Résultat des liquidations faites en exécution des décrets des 21 septembre 1791 et 14 février 1792. (B. 27, 44.)

8 JANVIER 1793. — Décret qui autorise le maréchal Luckner à se retirer où bon lui semblera. (B. 27, 45.)

8 = 9 JANVIER 1793. — Décret qui charge le conseil exécutif de rendre compte de l'exécution du décret concernant l'envoi des commissaires nationaux dans la Belgique. (B. 27, 45.)

8 = 21 JANVIER 1793. — Décret concernant des offices remboursables au comptant et des offices remboursables en quittance de finances. (B. 27, 43.)

8 = 9 JANVIER 1793. — Décret qui accorde des fonds pour les dépenses de l'Hôtel des Invalides. (L. 13, 44 ; B. 27, 44.)

8 = 21 JANVIER 1793. — Décret concernant la liquidation de deux mille trois cent quarante offices de judicature et ministériels. (B. 27, 40.)

8 = 9 JANVIER 1793. — Décret concernant le paiement des frais d'expédition, états et relevés des décrets relatifs à l'aliénation des biens nationaux aux municipalités. (B. 27, 42.)

8 = 21 JANVIER 1793. — Décret concernant la liquidation de trois cent trente-une charges et offices de perruquiers. (B. 27, 42.)

8 = 9 JANVIER 1793. — Décret portant que le sieur Girardin restera en état d'arrestation jusqu'après l'examen de ses papiers. (B. 27, 46.)

8 = 9 JANVIER 1793. — Décret qui prive les officiers militaires de terre et de mer suspendus, de leur traitement de guerre. (B. 27, 45.)

9 = 10 JANVIER 1793. — Décret qui ordonne aux propriétaires de billets de parchemin et de la maison de secours de les déposer aux municipalités et districts. (L. 13, 45 ; B. 27, 46.)

Art. 1er. Dans la ville de Paris, les propriétaires de billets dits de parchemin et de la maison de secours seront tenus de les déposer au comité de leurs sections, pour le 15 de ce mois, moyennant récépissé.

2. Dans le département de Paris, les citoyens seront tenus, dans le même délai, de remettre, sous un reçu, à leur municipalité, lesdits billets de la maison de secours, et de parchemin.

3. Les citoyens des départemens remettront, huit jours après la publication de la présente loi, à leurs districts respectifs, lesdits billets de parchemin et de la maison de secours, et il leur en sera délivré un reçu.

4. Chacun des propriétaires desdits billets sera tenu de les signer ; et, dans le cas qu'il ne sache signer, le commissaire de la section, de la municipalité ou du district, qui recevra ce dépôt, inscrira le nom du dépositaire en sa présence. Il sera tenu, par les commissaires des sections et des municipalités, des registres cotés et paraphés, sur lesquels seront inscrits de suite, et par les commissaires, le nom du propriétaire faisant le dépôt desdits billets, la qualité, quotité et espèce de chaque billet, ainsi que le montant total ; et sera l'acte de dépôt signé par le particulier faisant le dépôt et par les commissaires, et sera fait mention si les particuliers ne savent signer.

_____

(1) Ainsi, un chirurgien-major qui a été suspendu de ses fonctions n'a droit à aucun traitement (24 mars 1824 ; ord. Mac. 6, 172).

5. Les délais ci-dessus écoulés, les citoyens qui n'auront pas fait le dépôt ordonné par la présente loi seront privés de tout remboursement.

6. Dans les vingt-quatre heures après l'expiration des délais ci-dessus énoncés, il sera dressé, par les comités des sections, des municipalités, des directoires de district où les dépôts auront eu lieu, un état de leur montant, qui sera sur-le-champ adressé au département de leur arrondissement.

7. Les directoires de département enverront sans délai lesdits états au ministre de l'intérieur, qui en fera former un résultat général pour être remis aussitôt à la Convention nationale, qui prendra telles mesures ultérieures et définitives qu'il écherra, concernant le remboursement desdits billets.

8. En attendant qu'il soit statué définitivement sur cet objet, il sera mis sans délai à la disposition du ministre de l'intérieur une somme de cinq cent mille livres, pour être par lui distribuée au directoire du département, qui procédera au remboursement desdits billets : le tout en conformité des lois antérieures rendues à ce sujet.

9 = 11 JANVIER 1793. — Décret relatif aux congés à accorder aux volontaires nationaux. (L. 13, 47; B. 27, 49.)

Art. 1er. Les conseils d'administration sont autorisés à donner des congés limités aux volontaires nationaux malades qui auront besoin de prendre l'air natal pour leur parfait rétablissement, sur le certificat des deux principaux officiers de santé attachés à l'hôpital où aura été traité le volontaire malade. Ce certificat fixera le temps jugé nécessaire pour la guérison du volontaire, et sera visé par le commandant du bataillon et par le commissaire des guerres.

2. Les conseils d'administration donneront avis au ministre de la guerre des congés qu'ils expédieront en vertu de la présente loi; ils lui adresseront les certificats des officiers de santé, d'après lesquels ils auront été accordés.

3. Dans les compagnies de chasseurs nationaux, les trois principaux officiers, réunis, remplaceront le conseil d'administration.

4. Le ministre de la guerre sera autorisé à prolonger le terme fixé par ces congés pour maladies, sur les certificats des municipalités, visés par les directoires de district, qui constateront la nécessité de cette prolongation.

9 JANVIER 1793. — Décret relatif à l'examen de la liste des commissaires nommés par le conseil exécutif, en exécution d'un précédent décret. (B. 27, 48.)

9 = 9 JANVIER 1793. — Décret qui accorde des fonds pour l'entretien des enfans-trouvés. (L. 13, 49; B. 27, 48.)

9 = 11 JANVIER 1793. — Décret concernant le compte à rendre par les ministres et par le conseil exécutif. (B. 27, 48.)

9 = 11 JANVIER 1793. — Décret qui ordonne de juger au cinquième tribunal criminel provisoire, à Paris, le procès concernant le sieur Dubreilh. (B. 27, 46.)

9 = 21 JANVIER 1793. — Décret qui révoque celui du 9 septembre, qui avait déclaré nulle la nomination du citoyen Butor à la place de capitaine de port de la ville de Boulogne. (B. 27, 50.)

9 JANVIER 1793. — Duché de Bouillon. Voy. 8 JANVIER 1793. — Notaires. Voy. 11 AOUT 1792.

10 = 11 JANVIER 1793. — Décret relatif à la liquidation des frais d'estimation, de vente et d'administration des domaines nationaux. (L. 13, 50; B. 27, 50.)

Art. 1er. Les frais d'estimation, de vente et d'administration des domaines nationaux, seront liquidés conformément aux dispositions de la section II du titre II du décret du 28 septembre 1791; et, en attendant la liquidation définitive desdits frais, la Trésorerie nationale est autorisée à verser provisoirement, entre les mains des receveurs de district, sur le vu et sous la responsabilité de l'administrateur des domaines nationaux, un à-compte sur les frais dont les états, appuyés de pièces justificatives, ont été ou seront adressés audit administrateur par les directoires de département.

Cet à-compte ne pourra excéder la moitié du montant présumé desdits états de frais, y compris les sommes qui peuvent avoir été délivrées aux districts qui ont réclamé à cet égard l'exécution des dispositions du décret du 18 juillet 1791.

10 = 11 JANVIER 1793. — Décret qui ordonne la mise en liberté des citoyens Brejan-la-Martinière et Lacanière. (B 27, 51.)

10 = 11 JANVIER 1793. — Décret qui ordonne de présenter, d'ici au 1er février prochain, un état général de la situation des finances. (B. 27, 52.)

10 = 11 JANVIER 1793. — Décret qui autorise le citoyen Denormandie à expédier au citoyen Dufresnes-Saint-Léon copie de différens états. (B. 27, 52.)

10 = 11 JANVIER 1793. — Décret relatif à la liquidation des frais d'estimation de vente et d'administration des domaines nationaux. (B. 27, 50.)

10 = 11 JANVIER 1793. — Décret qui autorise un versement de cent soixante-cinq millions quatre cent vingt mille six cents livres à la Trésorerie nationale. (L. 13, 156; B. 27, 51.)

10 = 11 JANVIER 1793. — Décret qui autorise l'hôpital général à Lyon à vendre les terrains vagues situés aux Brotteaux. (B. 27, 50.)

10 JANVIER 1793. — Conseils généraux du département. *Voy.* 1er JANVIER 1793.

11 = 13 JANVIER 1793. — Décret relatif au mode d'acquittement des fermiers, rentiers et débiteurs des biens des émigrés, de l'ordre de Malte, des princes possessionnés, et généralement de tous les domaines nationaux invendus. (L. 13, 59; B. 27, 56.)

Art. 1er. Les fermiers, rentiers et débiteurs des biens des émigrés, de l'ordre de Malte, des princes possessionnés, et généralement de tous les domaines nationaux invendus, situés en France ou dans les pays actuellement occupés par les armées de la République, qui, d'après leur contrats ou baux, se sont obligés de payer en froment, méteil, seigle, avoine, foin, paille et légumes secs, l'entier montant ou partie de leurs fermages, rentes, etc., seront tenus de s'acquitter de la même manière qu'ils s'étaient obligés envers leurs bailleurs, dérogeant, à cet égard, à l'article 9 du décret du 19 septembre 1791.

2. Les livraisons en denrées qui s'exécuteront en vertu du présent décret seront faites dans les magasins qui seront indiqués par les directoires de district, lesquels choisiront de préférence les magasins militaires situés dans leur ressort.

3. Le garde-magasin militaire, ou, à son défaut, le préposé qui sera nommé par le directoire de district, délivrera aux fermiers, rentiers et débiteurs, un récépissé détaillé des livraisons qui lui seront faites; les fermiers, etc., seront tenus d'échanger ce récépissé contre une quittance du receveur des fruits des domaines nationaux de son arrondissement, qui seule lui servira de décharge.

4. Les personnes qui livreront les denrées à une distance plus éloignée que celle stipulée dans leurs contrats ou baux, recevront du receveur des fruits des domaines nationaux l'indemnité qui sera fixée par le directoire de district.

5. Les préposés à la régie des fruits des domaines nationaux veilleront à ce que les livraisons se fassent exactement aux époques portées dans les contrats ou baux; ils seront tenus de faire toutes poursuites et diligences à ce nécessaires.

6. Les directoires de district se feront remettre, tous les huit jours, par les garde-magasins militaires, ou par les préposés qu'ils auront nommés, la note détaillée des livraisons qui auront été faites; ils en feront dresser un état général auquel ils joindront le prix des denrées qui auront été livrées, calculé d'après le prix commun desdites denrées, au marché du chef-lieu du district; ils enverront tous les quinze jours cet état au directoire de département, qui l'enverra de suite avec son avis au ministre de la guerre.

7. Les régisseurs des fruits des domaines nationaux se feront remettre, tous les quinze jours, par leurs préposés, le récépissé des garde-magasins qu'ils auront reçu des fermiers, rentiers et débiteurs, ainsi que le prix des denrées qui auront été livrées, calculées d'après les bases déterminées par l'article précédent: lesdits régisseurs en adresseront de suite un état général au ministre de la guerre.

8. Le conseil exécutif provisoire disposera des denrées qui seront fournies en exécution du présent décret, soit pour le service des armées, soit pour celui de la marine, soit enfin par voie d'échange pour les avances que le ministre de l'intérieur est autorisé à faire aux administrations de département; l'excédant, s'il y en a, sera vendu d'après les ordres du conseil exécutif, par les directoires de district, et le produit en sera versé aux caisses des receveurs des fruits des domaines nationaux.

9. Le conseil exécutif réglera chaque mois, avec les régisseurs des fruits des domaines nationaux, le montant des denrées dont il aura disposé, et il sera expédié auxdits régisseurs, par chaque ministre pour le département duquel elles seront destinées, des ordonnances séparées à valoir des fonds mis à leur dispositions, pour le prix des denrées dont ils pourront disposer dans chacun des magasins où elles auront été déposées.

10. Les régisseurs des fruits des domaines nationaux feront passer lesdites ordonnances à ceux de leurs préposés qu'elles concerneront, lesquels les remettront comme comptant au receveur de district, qui les comprendra pour comptant dans ses versemens à la Trésorerie nationale.

11. Lorsque lesdites ordonnances parviendront au caissier-général de la Trésorerie nationale, ils s'en fera remettre le montant par le payeur principal des dépenses du département d'où elles seront émanées.

12. Toutes les sommes provenant des biens des émigrés qui feront partie desdites ordonnances seront déposées chaque mois, en assignats, par le caissier-général de la Trésore-

rie, dans la caisse à trois clefs à ce destinée, jusqu'à ce qu'il ait été pris un parti définitif sur le mode d'administration et de séquestre desdits biens.

13. Le renouvellement des baux des biens compris dans le présent décret, qui sont affermés sous la condition de payer en froment, seigle, avoine, méteil, foin, paille et légumes secs, ne pourra être fait, jusqu'à ce qu'il en soit autrement ordonné, qu'avec la condition d'en payer le prix en même nature de denrées.

———

11 = 15 JANVIER 1793. — Décret relatif à l'exercice du culte catholique. (L. 13, 64; B. 27, 53.)

La Convention nationale, après avoir entendu une députation de citoyens des départemens de l'Eure, de l'Orne et d'Eure-et-Loir, qui demandent, au nom de plus de cent mille de leurs concitoyens, de ne point les gêner dans l'exercice de leur culte, et qui protestent de vivre et mourir aussi bons catholiques que bons républicains, et sur la proposition d'un de ses membres, passe à l'ordre du jour, motivé sur l'existence de son décret du 30 novembre, dans lequel elle ordonne qu'il sera fait une instruction au peuple, pour lui expliquer que jamais la Convention nationale n'a eu l'intention de le priver des ministres du culte catholique que la constitution civile du clergé lui a donnés.

Décrète en outre qu'expédition de ce décret et de celui du 30 novembre dernier sera remise aux pétitionnaires.

———

11 = 13 JANVIER 1793. — Décret relatif au paiement de l'augmentation de solde accordée aux invalides des compagnies détachées dans les départemens. (L. 13, 63; B. 27, 53.)

———

11 = 11 JANVIER 1793. — Décret qui renvoie au tribunal de district de Châtillon-sur-Indre la suite de la procédure relative à l'émeute qui a eu lieu dans cette ville le 30 décembre dernier. (B. 27, 53.)

———

11 JANVIER 1793. — Décret qui ordonne de de faire un rapport sur les indemnités à accorder à la ville de Lille. (B. 27, 54.)

———

11 = 11 JANVIER 1793. — Décret qui accorde une indemnité au citoyen André, secrétaire de la justice de paix du canton de Vans, etc., relativement à la procédure faite contre Dusaillant. (B. 27, 55.)

———

11 = 13 JANVIER 1793. — Décret relatif à une proclamation du général Custine, adressée au peuple habitant le pays des Deux-Ponts. (B. 27, 58.)

———

11 = 13 JANVIER 1793. — Décret concernant la délimitation de la commune d'Auxy-le-Château. (B. 27, 55.)

———

11 JANVIER 1793. — Décret concernant des gratifications en avances aux officiers des armées pour l'armement en guerre. (B. 27, 58.)

———

11 = 14 JANVIER 1793. — Décret concernant les comptes du trésorier général des ci-devant états de Languedoc. (L. 13, 65; B. 27, 59.)

———

11 = 11 JANVIER 1793. — Décret qui accorde une récompense de trois cents livres au citoyen Richard, grenadier du 10e bataillon de Seine-et-Oise. (B. 27, 54.)

———

11 JANVIER 1793. — Décret qui ordonne l'impression d'une adresse des administrateurs du département de Paris. (B. 27, 54.)

———

11 = 11 JANVIER 1793. — Décret qui ordonne de mettre en liberté les citoyens Benonville, Bertré et Girardin neveu. (B. 27, 54.)

———

11 JANVIER 1793. — Décret qui ajourne la discussion de la force départementale. (B. 27, 56.)

———

11 JANVIER 1793. — Domaines nationaux. *Voy.* 10 JANVIER 1793. — Enfans-trouvés. *Voy.* 9 JANVIER 1793. — Trésorerie nationale. *Voy.* 10 JANVIER 1793.

———

12 = 14 JANVIER 1793. — Décret relatif à la compétence pour la suspension ou la défense des représentations théâtrales. (L. 13, 70; B. 27, 65.)

La Convention nationale, sur la lecture donnée d'une lettre du maire de Paris, qui annonce qu'il y a un rassemblement autour de la salle du théâtre de la Nation, qui demande que la Convention nationale prenne en considération une députation dont le peuple attend l'effet avec impatience, et dont l'objet est d'obtenir une décision favorable, afin que la pièce de l'*Ami des Lois* soit représentée nonobstant l'arrêté du corps municipal de Paris qui en défend la représentation, passe à l'ordre du jour, motivé sur ce qu'il n'y a point de loi qui autorise les corps municipaux à censurer les pièces de théâtre.

———

12 = 14 JANVIER 1793. — Décret relatif aux conditions pour être admis dans la gendarmerie nationale. (L. 13, 73; B. 27, 65.)

Art. 1er. Les soldats porteurs de congé absolu qui se sont présentés pour être admis dans les divisions de gendarmerie, et réunissant les conditions d'admission requises par la loi, seront formés en compagnies.

2. Les soldats appelés par le décret du 16 = 18 juillet dernier à jouir des mêmes avantages, et qui n'auraient pu profiter du bénéfice de la loi par des motifs légitimes de service dans les armées, pourront, dans le délai d'un mois à compter du jour de la publication du présent décret, dans le lieu de leur résidence, adresser leurs réclamations au ministre de la guerre.

3. Tous les soldats qui se présenteront ainsi et justifieront des conditions d'admission requises par la loi, seront incorporés dans les divisions : aucun autre ne pourra y être admis.

4. Le ministre de la guerre sera tenu de vérifier sans délai et de justifier à la Convention que tous les citoyens qui sont dans les divisions de gendarmerie ont les conditions d'admission requises par la loi.

---

12 JANVIER 1793. — Décret qui admet provisoirement à l'Hôtel des Invalides les volontaires nationaux et soldats des troupes de ligne qui reviennent des armées avec des blessures ou des infirmités. (L. 13, 75 ; B. 27, 63.)

Art. 1er. Le ministre de la guerre est autorisé à faire admettre provisoirement à l'Hôtel national des militaires invalides les volontaires nationaux ou soldats de troupes de ligne qui reviennent des armées avec des blessures ou des infirmités qui les mettent hors d'état de continuer leur service.

2. Lesdits volontaires ou soldats ne pourront être admis à l'Hôtel sans avoir produit le certificat d'un chirurgien des armées, visé par les chefs de leurs corps respectifs, et approuvé par le général de l'armée, qui constate que leurs blessures ou infirmités résultent des évènemens de la guerre.

3. Lorsque des mutilations ou blessures reconnues incurables mettront lesdits volontaires ou soldats dans le cas d'être admis définitivement à l'Hôtel, ils auront la faculté d'opter pour la pension qui le représente, conformément à l'article 14 du décret du 30 avril = 16 mai 1792.

4. Ceux desdits volontaires ou soldats qui seront reconnus en état de reprendre leur service après un traitement suivi, recevront un secours pour se rendre dans leur départemens.

5. Lesdits volontaires ou soldats seront tenus de se présenter chez le commissaire des guerres de la division, pour constater l'époque de leur arrivée à Paris, et ils toucheront une solde de trente sous par jour jusqu'à celui de leur admission à l'Hôtel, s'ils ont rempli les formalités prescrites par l'article 2 du présent décret.

6. Les dispositions de l'article ci-dessus seront applicables à ceux desdits volontaires ou soldats qui se sont présentés au ministre de la guerre pour obtenir les secours que leur position exige.

7. Le ministre de la guerre est autorisé à prélever la dépense de cette solde provisoire, sur les fonds mis à sa disposition pour les dépenses extraordinaires de la guerre.

---

12 JANVIER 1793. — Décret concernant les orateurs qui se permettront des personnalités. (B. 27, 67.)

Un membre demande qu'on retire la parole à tout orateur qui se permettra des personnalités.

La Convention nationale passe à l'ordre du jour, motivé sur ce que, par le règlement, les personnalités sont défendues.

---

12 = 13 JANVIER 1793. — Décret qui prescrit les mesures de sûreté à l'égard du capitaine Moronnière. (B. 27, 64.)

12 JANVIER 1793. — Décret de renvoi relatif à la suppression des états-majors et officiers de la gendarmerie. (B. 27, 66.)

12 JANVIER 1793. — Décret de renvoi relatif au mode de paiement des marchés pour les armées. (B. 27, 66.)

12 JANVIER 1793. — Décret qui ordonne au conseil exécutif de rendre compte de l'exécution et de l'envoi du décret des 15 et 17 décembre dernier. (B. 27, 62.)

12 = 13 JANVIER 1793. — Décret qui porte que les bataillons de Popincourt, du Lot et de la Seine-Inférieure conservent leur rang dans les armées. (L. 13, 27 ; B. 27, 63.)

12 = 14 JANVIER 1793. — Décret qui charge le conseil exécutif de convoquer une cour martiale pour prononcer sur la conduite du général Duhoux. (B. 27, 64.)

12 = 14 JANVIER 1793. — Décret relatif à la construction de caissons pour le service des hôpitaux de l'armée. (B. 27, 63.)

12 = 12 JANVIER 1793. — Décret concernant le jugement de l'affaire de onze députés de l'Assemblée législative. (B. 27, 62.)

12 = 14 JANVIER 1793. — Décret qui ordonne le paiement des dépenses de la fabrication des assignats. (L. 13, 78 ; B. 27, 62.)

12 JANVIER 1793. — Décret portant qu'il sera fait un rapport sur le complément de la loi

concernant les émigrés et le mode de vente de leurs biens, après le jugement de Louis XVI. (B. 27, 66.)

12 JANVIER 1793. — Décret relatif à des plaintes du payeur général des armées du Nord et des Ardennes sur la comptabilité. (B. 27, 66.)

12 JANVIER 1793. — Décret de renvoi concernant l'adresse du peuple libre de Louvain. (B. 27, 67.)

13 = 14 JANVIER 1793. — Décret qui proroge le délai pour les déclarations à faire par les créanciers des émigrés. (L. 13, 80 ; B. 27, 67.)

Art. 1er. La Convention proroge d'un mois le délai accordé par le décret du 30 octobre dernier pour les déclarations prescrites aux créanciers des émigrés.

2. Le dépôt des titres suffira pour conserver le droit des créanciers, soit qu'il soit fait par eux ou par leur nom, sans qu'on puisse opposer le défaut de procuration à ceux qui feront le dépôt.

13 = 15 JANVIER 1793. — Décret pour porter l'armée navale à cinquante-deux vaisseaux de ligne et cinquante-deux frégates. (L. 13, 81 ; B. 27, 71.)

La Convention nationale, informée par le ministre des affaires étrangères des préparatifs extraordinaires de l'Angleterre; considérant le changement de conduite du gouvernement de ce pays, relativement au caractère de neutralité qu'il avait conservé jusqu'ici touchant les affaires de France, et après avoir entendu le rapport de son comité de défense générale sur la nécessité de prendre des mesures vigoureuses et capables de repousser une injuste agression et de faire respecter les intérêts maritimes de la République, décrète ce qui suit :

Art. 1er. Le ministre de la marine donnera incontinent des ordres dans tous les ports pour armer trente vaisseaux de guerre et vingt frégates, indépendamment de vingt-deux vaisseaux de ligne et trente-deux frégates déjà armés, ce qui portera l'armée navale de la République à cinquante-deux vaisseaux de ligne et cinquante-deux frégates. Les vivres seront ordonnés en conséquence.

2. Il sera incessamment mis en construction vingt-cinq vaisseaux de ligne : cinq de cent canons, six de quatre-vingts, quatorze de soixante-quatorze ; et vingt frégates, dont huit de quarante canons portant du vingt-quatre, et douze de trente-six portant du dix-huit ; vingt corvettes ou avisos, et six galiotes à bombes ; et les radoubs et réparations nécessaires pour mettre tous les vaisseaux, frégates et autres bâtimens de la République en état de tenir la mer, seront ordonnés.

3. Le conseil exécutif prendra les mesures les plus promptes pour assurer l'armement des côtes, et mettre en état d'être employés au printemps prochain à leur défense cent bataillons dans les départemens maritimes ou ceux qui les avoisinent.

4. Il sera ouvert des registres dans les municipalités des quatre-vingt-quatre départemens pour inscrire les noms des jeunes gens depuis seize jusqu'à vingt-un ans, sans distinction de taille et sans infirmités, qui voudront servir la République sur mer.

5. Le comité de marine présentera un projet de décret pour fixer le nombre des volontaires qui se présenteront pour le service de mer, et en régler la répartition sur les quatre-vingt-quatre départemens à raison de leur population, en observant que cette levée ne pourra cependant excéder deux cents hommes pour les départemens intérieurs.

6. Le comité de la guerre présentera incessamment ses vues sur les moyens les moins onéreux de préparer l'armement des cent bataillons pour la défense des côtes.

7. Pour assurer l'exécution de ces mesures de défense générale, la Trésorerie nationale tiendra une somme de trente millions, à compte des fonds extraordinaires qui seront jugés nécessaires pour soutenir la guerre, à la disposition du ministre de la marine. La Convention nationale charge son comité de marine de lui présenter sans délai l'état des dépenses que nécessitera le service extraordinaire de la marine en cas de guerre, afin d'aviser aux moyens d'y pourvoir.

8. Il sera donné des ordres dans les fonderies nationales pour fondre en fer six cents canons de trente-six livres, huit cents de vingt-quatre livres, six cents de dix-huit livres, quatre cents de douze livres et trois cents de huit livres, propres au service de mer et des côtes, et de quatre cents caronades de trente-six livres, en fonte.

9. Des commissaires pris dans le sein de la Convention seront envoyés dans tous les ports et arsenaux de la République et dans les départemens maritimes, pour informer les marins français de la cause et de l'objet de la guerre dont la France est menacée. Les commissaires feront un dénombrement des hommes qui peuvent servir la République dans l'armée navale ; ils recevront l'engagement volontaire de ceux qui s'y dévoueront les premiers ; ils s'assureront les habitans des côtes et les marins que la République aura soin, pendant leur absence, de leurs femmes et de leurs enfans ; que leur paie sera augmentée ; qu'une partie considérable des prises qu'ils feront sur l'ennemi leur sera dévolue. Enfin ils prendront toutes les mesures qu'ils jugeront nécessaires, soit dans les ports de guerre, soit sur les côtes, pour assurer le succès de la guerre, si elle a lieu, et mettre

5.

les frontières maritimes de la République dans un état respectable de défense. Ils correspondront à cet égard avec le comité de défense générale, et rendront compte de leurs opérations à la Convention ; ils les concerteront avec les agens du pouvoir exécutif et les ministres, lorsqu'ils le jugeront convenable, et tous les pouvoirs leur seront délégués à cet effet.

10. Le comité de marine fera incessamment le rapport dont il a été chargé, sur les lettres de marque, et sur les réglemens à suivre par les armateurs qui mettront en mer des vaisseaux pour la course, en cas de guerre avec l'Angleterre.

13 = 15 JANVIER 1793. — Décret relatif à la destitution des officiers de marine employés aux colonies, et qui se sont montrés rebelles à la loi. (L. 13, 85 ; B. 27, 70.)

Art. 1er. Le ministre de la marine sera tenu de destituer les officiers de marine employés aux colonies, qui se sont montrés rebelles à la loi, lesquels ne pourront obtenir leur rentrée au service ou des pensions de retraite que d'après les conditions exigées par le décret du 31 décembre 1790 = 7 janvier 1791.

2. Le ministre de la marine sera aussi tenu de destituer tous les officiers de la marine qui se sont absentés par congés de ses prédécesseurs, soit pour aller à Malte ou dans nos colonies, soit pour aller en pays étranger, et qui ne sont pas rentrés dans les ports de France, aux termes de la loi sur les dangers de la patrie.

3. Le ministre de la marine pourra choisir les contre-amiraux parmi tous les capitaines de vaisseau actuellement existant à leur poste ou en activité de service, et nommés capitaines avant le 31 décembre dernier, le droit d'ancienneté demeurant toujours réservé suivant les lois anciennes.

4. Le nombre des capitaines de vaisseau antérieur à la formation du 1er janvier 1792 se trouvant réduit par la désertion à un nombre de beaucoup inférieur aux besoins de la République, le ministre de la marine est autorisé à remplacer en entier la moitié des capitaines de vaisseau à l'ancienneté, et renvoie sa décision, pour l'autre moitié et le surplus du projet de décret, après le rapport de ses commissaires dans les ports.

13 = 15 JANVIER 1793. — Décret qui autorise le citoyen Bosque, juge-de-paix, nommé commissaire dans la Belgique, à se faire remplacer par un assesseur. (L. 13, 67.)

13 JANVIER 1793. — Décret d'accusation contre le sieur Leclerc. (B. 27, 68.)

13 JANVIER 1793. — Décret en faveur de la commune et de la garde nationale de Rouen. (B. 27, 68.)

13 = 14 JANVIER 1793. — Décret pour le retour du citoyen Camus au sein de la Convention, et la nomination de deux nouveaux commissaires dans la Belgique. (B. 27, 69.)

13 = 15 JANVIER 1793. — Décret qui approuve un acte, en forme de compromis, passé entre les commissaires de la Trésorerie et les citoyens Hausset et Catteville. (B. 27, 69.)

13 = 14 JANVIER 1793. — Décret qui met en liberté le sieur Blackwood, capitaine de vaisseau de la Grande-Bretagne. (B. 27, 69.)

13 = 14 JANVIER 1793. — Décret portant que les fédérés qui sont à Paris feront le service près de la Convention conjointement avec la garde nationale. (B. 27, 70.)

13 JANVIER 1793. — Acquéreurs de biens nationaux. Voy. 17 JANVIER 1793. — Culte catholique. Voy. 11 JANVIER 1793. — Deux-Ponts. Voy. 12 JANVIER 1793. — Domaines nationaux invendus. Voy. 11 JANVIER 1793.

14 = 15 JANVIER 1793. — Décret qui défend aux corps administratifs de faire aucune commande de canons dans les fonderies de la marine. (L. 13, 93 ; B. 27, 73.)

La Convention nationale, sur la demande du ministre de la marine, convertie en motion par un membre, ajoutant à son décret du 5 de ce mois, interdit aux corps administratifs de faire aucune commande de canons pour les besoins de la garde nationale dans les fonderies de la marine, attendu que les armes qui manquent à l'approvisionnement des vaisseaux ne seraient point exécutées aussi promptement qu'il est à désirer.

14 JANVIER 1793. — Proclamation du conseil exécutif provisoire concernant la représentation des pièces de théâtre. (L. 13, 94.)

Le conseil exécutif provisoire, en exécution du décret de la Convention nationale de ce jour, délibérant sur l'arrêté du conseil général de la commune de Paris, en date du même jour, par lequel il est ordonné que les spectacles seront fermés aujourd'hui ; considérant que les circonstances ne nécessitent point cette mesure extraordinaire, arrête que les spectacles continueront d'être ouverts. Enjoint néanmoins, au nom de la paix publique, aux directeurs des différens théâtres, d'éviter la représentation des pièces qui, jusqu'à ce jour, ont occasioné quelque trouble, et qui pourraient les renouveler dans le moment présent.

Charge le maire et la municipalité de Paris de prendre les mesures nécessaires pour l'exécution du présent arrêté.

14 JANVIER 1793. — Décret sur l'arrestation du sieur Kolly. (B. 27, 73.)

14 = 14 JANVIER 1793. — Décret relatif à la tranquillité de Paris. (B. 27, 73.)

14 JANVIER 1793. — Assignats; Caissons. *Voy.* 11 JANVIER 1793. — Créances des émigrés. *Voy.* 13 JANVIER 1793. — Etats de Languedoc. *Voy.* 11 JANVIER 1793. — Fédérés. *Voy.* 13 JANVIER 1793. — Gendarmerie nationale; Invalides. *Voy.* 11 JANVIER 1793.

15 = 22 JANVIER 1793. — Décret concernant le jugement de Louis XVI. (B. 27, 74.)

La Convention nationale décrète que le vœu des membres de l'Assemblée, pour la solution des questions sur le jugement de Louis XVI, sera recueilli de manière qu'à la suite des noms de chacun des membres les secrétaires écriront *oui* ou *non*, selon le vœu de chacun; qu'il sera, sur la liste, fait mention des absens par congé ou commission, et de ceux qui le seront sans cause; que ces derniers seront censurés, et les listes, avec les notes d'absence, de censure et du vœu de chacun, imprimées et envoyées aux quatre-vingt-quatre départemens.

15 = 22 JANVIER 1793. — Décret sur Louis XVI. (B. 27, 74.)

La Convention nationale décrète que le jugement rendu contre Louis Capet ne sera pas envoyé à la ratification du peuple.

15 = 22 JANVIER 1793. — Décret sur Louis XVI. (B. 27, 74.)

La Convention nationale déclare Louis Capet coupable de conspiration contre la liberté publique et d'attentat contre la sûreté générale de l'Etat.

5 JANVIER 1793. — Armée navale; sieur Bosque. *Voy.* 13 JANVIER 1793. — Fonderies de la marine. *Voy.* 14 JANVIER 1793. — Officiers de la marine. *Voy.* 13 JANVIER 1793.

5 = 16 JANVIER 1793. — Décret relatif à la compétence pour la suspension ou la défense des représentations de pièces dramatiques. (B. 27, 75.)

La Convention nationale casse l'arrêté du conseil exécutif provisoire, en ce que l'injonction faite aux directeurs des différens théâtres, étant vague et indéterminée, blesse les principes, donnerait lieu à l'arbitraire, et

est contraire à l'article 6 du décret du 23 janvier 1791, qui porte que « les entrepreneurs « ne recevront des ordres que des officiers « municipaux, qui ne pourront arrêter ni « défendre la représentation d'une pièce, « sauf la responsabilité des auteurs et des « comédiens, que conformément aux lois et « aux réglemens de police. »

16 JANVIER 1793. — (B. 27, 75.)

La Convention nationale décrète que, sans désemparer, elle prononcera sur la peine à infliger à Louis Capet.

16 JANVIER 1793. — Décret qui ordonne l'impression et l'envoi aux départemens et aux armées d'une lettre du général Custine. (B. 27, 74.)

16 JANVIER 1793. — Décret qui ordonne au conseil exécutif de rendre compte de la situation de Paris. (B. 27, 75.)

16 JANVIER 1793. — Décret qui ordonne que les fédérés feront, avec les corps armés à Paris, le service près les établissemens nationaux. (B. 27, 75.)

16 = 17 JANVIER 1793. — Décret qui nomme le citoyen Treilhard commissaire dans la Belgique. (B. 27, 76.)

16 JANVIER 1793. — Représentations théâtrales. *Voy.* 12 JANVIER 1793.

17 (13 et) JANVIER = 2 FÉVRIER 1793. — Décret relatif aux délais accordés aux acquéreurs de biens nationaux. (L. 13, 88; B. 27, 76.)

La Convention nationale, après avoir entendu la lecture d'une lettre du citoyen Amelot, qui observe que le décret du 8 de ce mois, qui accorde aux acquéreurs de biens nationaux, pendant le cours de cette année, les mêmes facilités qu'ils avaient obtenues par plusieurs prorogations successives, ne s'explique point sur les bois et usines; que les départemens peuvent éprouver des incertitudes sur ces sortes de biens, en ce qu'il n'en est fait aucune mention dans la loi; sur la proposition faite par un de ses membres, passe à l'ordre du jour, motivé sur ce que, par le décret du 8 de ce mois, elle n'a pas entendu accorder aux acquéreurs de biens nationaux des délais plus longs que ceux dont ils jouissaient conformément aux lois précédentes, mais seulement proroger les termes de douze années en faveur de ceux qui auraient dû jouir conformément auxdites lois, s'ils avaient acquis avant le 1er janvier, présent mois.

8.

17 JANVIER 1793. — Résultat de l'appel nominal sur la question : Quelle peine infligerat-on à Louis XVI? (B. 27, 76.)

L'Assemblée est composée de 749 membres. Il s'est trouvé 15 membres absens par commission, 7 par maladie, 1 sans cause, 5 non votans. Total, 28.

Reste, 721 votans.

La majorité absolue est de 371, sur quoi 2 ont voté pour les fers.

286 pour la détention et le bannissement à la paix ou pour le bannissement immédiat, ou pour la réclusion, et quelques-uns y ont ajouté la peine de mort conditionnelle, si le territoire était envahi.

46 ont voté pour la mort avec sursis, soit après l'expulsion des Bourbons, soit à la paix, soit à la ratification de la constitution.

334

361 ont voté pour la mort.

26 pour la mort, en demandant une discussion sur le point de savoir s'il conviendrait à l'intérêt public qu'elle fût ou non différée, et en déclarant leur vœu indépendant de cette demande.

387

Résumé.

Pour la mort sans condition	387
Pour la détention ou la mort conditionnelle	334
Absens ou non votans	28
Total	749

18 = 27 JANVIER 1793. — Décret concernant le retard de l'envoi du bulletin de la Convention aux armées. (B. 27, 77.)

18 JANVIER 1793. — Décret de renvoi relatif aux rations de fourrages des troupes en garnison. (B. 27, 78.)

18 JANVIER 1793. — Décret pour la formation d'un comité des ponts-et-chaussées. (B. 27, 78.)

18 JANVIER 1793. — Décret de renvoi relatif à la défense d'exporter toutes sortes d'armes et munitions. (B. 27, 78.)

18 JANVIER 1793. — Décret de renvoi relatif à l'examen des marins pour être admis au grade d'enseigne. (B. 27, 78.)

18 JANVIER 1793. — Décret qui ordonne de s'assurer de la réalité des bruits de la prise d'une frégate française par un vaisseau anglais. (B. 27, 79.)

18 JANVIER 1793. — Logement des troupes, etc. *Voy.* 23 MAI 1793. — Trésorerie nationale. *Voy.* 31 MAI 1793.

19 JANVIER 1793. — Résultat de l'appel nominal sur la question de sursis à l'exécution du jugement de Louis XVI. (B. 27, 81.)

L'Assemblée est composée de 749 membres.

De mort	1
Absens par commission	18
Absens par maladie	21
Absens sans cause connue	8
Qui n'ont point voulu ou qui n'ont point voté	12
Reste votans	690
Moitié	345
Plus	1
Majorité absolue	346
Pour le sursis	310
Point de sursis	380

Total égal au nombre ,	690
Les vœux pour le non-sursis sont au nombre de	380
Les voix au-dessus de la majorité sont au nombre de	34

La Convention nationale décrète qu'il ne sera point sursis à l'exécution du jugement de mort qu'elle a rendu le 17 de ce mois contre Louis Capet, dernier roi des Français.

19 JANVIER 1793. — Décret pour l'impression d'un discours de Condorcet, et l'envoi aux départemens. (B. 27, 80.)

Condorcet, en prononçant son opinion sur les peines à infliger à Louis XVI, propose, pour faire tomber les calomnies répandues dans l'étranger contre la nation, de décréter l'abolition de la peine de mort, et d'autres mesures qu'il réunit dans un projet de décret.

On demande l'impression du discours de Condorcet et l'envoi aux départemens. Cette demande est décrétée.

19 = 25 JANVIER 1793. — Décret qui autorise l'affiche du bulletin dans les communes des départemens frontières. (B. 27, 79.)

19 JANVIER 1793. — Décret qui ordonne de faire un rapport sur la question de savoir si, pour l'habillement des troupes, on peut suppléer au manque de tricot et de draps par de la ratine et du velours de coton des fabriques françaises. (B. 27, 79.)

19 = 25 JANVIER 1793. — Décret qui ordonne d'acquitter la somme de soixante-sept mille cent deux livres, due au bureau des nourrices par des pères de famille. (B. 27, 80.)

19 JANVIER 1793. — Décrets qui ordonnent un rapport : 1° sur la demande d'un fonds provisoire pour le paiement des employés et ouvriers des manufactures de Sèvres, des Gobelins, etc.; 2° sur la demande de deux millions pour solde du service des batteries des côtes et pour leur rétablissemens. (B. 27, 80 et 81.)

20 JANVIER 1793.—Décret concernant Louis XVI. (B. 27, 84.)

Sur la proposition d'un membre, la Convention nationale autorise le conseil exécutif provisoire à satisfaire aux demandes de Louis, à l'exception du délai sur lequel elle passe à l'ordre du jour.

Autorise pareillement le conseil à répondre à Louis que la nation française, aussi grande dans sa bienfaisance que rigoureuse dans sa justice, prendra soin de sa famille, et lui assure un sort convenable.

Sur la proposition du ministre de la justice, l'Assemblée décrète encore que, pendant le temps que Louis communiquera avec sa famille ou avec les ministres du culte qu'il appellera près de sa personne, les surveillans de la commune se retireront dans la pièce voisine.

————

20 (15, 17, 19 et) = 20 JANVIER 1793. — Décret relatif à la condamnation de Louis XVI. (L. 13, 95 ; B. 27, 79.)

(Extrait des procès-verbaux des séances de la Convention nationale, des 15, 17, 19 et 20 janvier 1793, l'an 2ᵉ de la République française.)

La Convention nationale déclare Louis XVI, dernier roi des Français, coupable de conspiration contre la liberté de la nation, et d'attentat contre la sûreté générale de l'État.

2. La Convention nationale décrète que Louis XVI subira la peine de mort.

3. La Convention nationale déclare nul l'acte de Louis XVI apporté à la barre par ses conseils, qualifié d'appel à la nation du jugement contre lui rendu par la Convention; défend à qui que ce soit d'y donner aucune suite, à peine d'être poursuivi et puni comme coupable d'attentat contre la sûreté générale de la République.

4. Le conseil exécutif provisoire notifiera le présent décret dans le jour à Louis XVI, et prendra les mesures de police et de sûreté nécessaires pour en assurer l'exécution dans les vingt-quatre heures à compter de la notification, et rendra compte du tout à la Convention nationale, immédiatement après qu'il aura été exécuté.

————

20 JANVIER 1793. — Proclamation du conseil exécutif provisoire, relative à l'exécution du jugement de Louis XVI. (L. 13, 102.)

20 JANVIER 1793. — Décret relatif à la discussion sur la famille de Louis XVI. (B. 27, 82.)

20 = 23 JANVIER 1793. — Décret qui accorde quatre mille francs pour les pauvres de la ville de Fécamp. (B. 27, 84.)

20 = 23 JANVIER 1793. — Décret relatif aux assassinats, massacres des 2 et 3 septembre, et à la journée du 10 août. (B. 27, 83.)

20 = 23 JANVIER 1793. — Décret qui autorise la commune de Saulieu à emprunter dix mille livres pour achats de grains. (B. 27, 84.)

20 JANVIER 1793. — Décret relatif aux individus attachés à Louis XVI. (B. 27, 82.)

20 = 25 JANVIER 1793. — Décrets ordonnant que les décrets relatifs à Louis XVI seront envoyés au conseil exécutif provisoire, et qu'ils seront envoyés dans les départemens par des courriers extraordinaires. (B. 27, 83.)

20 JANVIER 1793. — Décret qui ordonne de faire un rapport sur une fourniture de sabres, gibernes et banderoles au 3ᵉ bataillon de la Côte-d'Or. (B. 27, 85.)

20 = 21 JANVIER 1793. — Décret qui mande à la barre le sieur Armand-Guy Kersaint, pour rendre compte des motifs pour lesquels il a donné sa démission de député. (B. 27, 85.)

20 JANVIER 1793. — Décret portant que le corps de Louis XVI sera inhumé dans le lieu ordinaire des inhumations de la section dans l'étendue de laquelle il sera mis à mort. (B. 27, 85.)

21 JANVIER 1793. — Décret qui rapporte celui qui autorisait le ministre de l'intérieur à faire distribuer les ouvrages destinés à former l'esprit public. (B. 27, 86.)

21 = 21 JANVIER 1793. — Décret qui charge le conseil exécutif de rendre compte des circonstances qui ont accompagné l'assassinat de Lepelletier Saint-Fargeau. (B. 27, 86.)

21 JANVIER 1793. — Décret qui déclare que les finances, la guerre, etc., seront continuellement à l'ordre du jour. (B. 27, 87.)

21 JANVIER 1793. — Décret de renvoi relativement à l'ordre des funérailles de Michel Lepelletier. (B. 27, 88.)

21 = 25 JANVIER 1793. — Décret relatif au signalement de Pâris, assassin de Michel Lepelletier. (L. 13, 105 ; B. 27, 88.)

21 = 21 JANVIER 1793. — Décret qui décerne les honneurs du Panthéon français à Michel Lepelletier, représentant du peuple, et décrète d'accusation Pâris, son assassin. (L. 13, 103; B. 27, 87.)

——

21 JANVIER 1793. — Décret pour le renouvellement du comité de surveillance. (B. 27, 86.)

——

22 = 27 JANVIER 1793. — Décret qui accorde des secours provisoires aux gagistes et pensionnaires de la liste civile. (L. 13, 111; B. 27, 90.)

La Convention nationale décrète que la Trésorerie nationale tiendra à la disposition du ministre des contributions publiques une somme de cinq cent mille livres, pour fournir des secours provisoires; conformément aux précédens décrets, aux gagistes et pensionnaires de la liste civile; ladite somme à prendre sur les revenus de la liste civile échus avant le 10 août dernier, appartenant auxdits créanciers et versés au Trésor public. La Convention charge ses comités de liquidation et des finances réunis de lui faire incessamment un rapport sur les réclamations des créanciers et pensionnaires de la liste civile.

——

22 = 27 JANVIER 1793. — Décret relatif à la nouvelle forme des congés des bâtimens de commerce français et des passeports à délivrer aux bâtimens étrangers. (L. 13, 113; B. 27, 88.)

Voy. lois du 9 = 13 AOUT 1791, titre II; du 29 DÉCEMBRE 1791 = 15 JANVIER 1792; du 5 = 9 SEPTEMBRE 1792; du 21 SEPTEMBRE 1793.

La Convention nationale, considérant qu'il est instant de déterminer dès à présent:

1° La nouvelle forme soit des congés de bâtimens de commerce français, soit des passeports à délivrer aux bâtimens étrangers;

2° L'époque précise où ils commenceront à avoir cours;

3° Le mode à suivre pour prévenir de ces dispositions toutes les puissances et états maritimes;

Prévoyant que les délais nécessaires pour la notification à faire aux puissances maritimes et l'envoi aux colonies ne permettent pas d'espérer que les nouveaux congés et passeports puissent avoir lieu avant plusieurs mois; considérant qu'il importe de fixer à la suppression des anciens congés et passeports un terme que le décret du 5 septembre a laissé indéterminé;

Convaincue enfin qu'il est de la dignité de la République française d'établir une marche uniforme dans son gouvernement, et d'abroger ce mélange monstrueux de formules disparates, dont une partie déploie

déjà le caractère d'un peuple libre et régénéré, tandis que l'autre porte sur les mers et dans toutes les régions du globe les vestiges honteux de la royauté, décrète ce qui suit:

Art. 1er. Les congés et passeports de commerce maritime, rédigés sur les anciennes feuilles imprimées, auront cours jusqu'au 1er juin prochain exclusivement.

2. Les modèles de congés et de passeports présentés par les comités réunis seront exécutés tant pour la gravure que pour la rédaction, et seront adoptés à commencer du 1er juin prochain pour les bâtimens qui sont hors le territoire français, et à compter de ce jour pour les bâtimens qui partiront des ports de la République.

3. Le pouvoir exécutif est chargé de faire connaître sans délai ces nouvelles dispositions aux puissances et Etats maritimes, en leur faisant passer des modèles du nouveau congé.

4. En tête des congés et passeports énoncés au présent décret seront inscrits ces mots: *Liberté, Egalité.*

——

22 JANVIER 1793. — Proclamation du conseil exécutif provisoire sur la rédaction des actes de l'état civil. (L. 13, 115.)

Voy. loi du 20 SEPTEMBRE 1792.

Dans un gouvernement libre, les hommes sont égaux devant la loi, quelles que soient leurs opinions religieuses, quel que soit leur culte; ainsi leur état civil doit être établi d'une manière uniforme. Sous le règne des abus, on avait laissé passer aux prêtres le droit de dresser les actes destinés à constater les naissances, mariages et décès des catholiques. Le décret du 20 septembre 1792 y a remédié; il a voulu que ces actes, pour tous les citoyens indistinctement, fussent reçus et conservés par les municipalités, et que tous les registres dans lesquels ils avaient été inscrits jusqu'à cette époque fussent transférés des églises paroissiales, presbytères et autres dépôts, dans la maison commune de chaque municipalité. Il a défendu expressément à toute personne de s'immiscer dorénavant dans la tenue de ces registres. Il a ordonné que le mariage contracté entre deux personnes ne serait précédé que d'une seule publication. Cependant, au mépris de ce décret, plusieurs évêques de la République, sous prétexte de constater l'état religieux des catholiques romains, ont enjoint aux curés de leur juridiction de tenir un registre double, dans lequel ils inscriraient les baptêmes, les mariages et les sépultures des catholiques, l'un pour rester toujours en leur pouvoir, l'autre pour être déposé dans le secrétariat épiscopal. Ils ont de plus défendu d'accorder la bénédiction nuptiale à ceux qui refuseraient de se faire proclamer dans l'église. Une telle détermination des évêques est contraire à la loi, et cette violation ne peut être tolérée.

C'est pourquoi le conseil exécutif, considérant que les fonctions des prêtres se réduisent à l'exercice du culte, et qu'ils ne peuvent, sous aucun prétexte, s'immiscer dans les fonctions civiles; considérant que les actes de naissance, de mariage et de décès sont des actes civils; que les prêtres n'ont pas plus le droit d'assujétir à la formule d'un procès-verbal les cérémonies de baptême et de mariage, que ceux de la pénitence et de tous les autres sacremens; que ce serait enchaîner la liberté des citoyens que de soumettre leurs actes religieux à cette formule; que, d'ailleurs, le décret du 20 septembre 1792 le défend en termes exprès, puisqu'il dit, article 6, titre V, « qu'aussitôt que les « registres courans auront été clos, arrêtés « et portés à la maison commune, les muni- « cipalités recevront les actes de naissance, « mariage et décès, conserveront les regis- « tres, et qu'inhibitions sont faites à toutes « personnes de s'immiscer dans la tenue de « ces registres et dans la réception de ces « actes; » considérant que l'article 3 de la section II du titre IV du même décret porte « que le mariage ne sera précédé que d'une « publication, qui sera faite par l'officier pu- « blic; » que, d'après cela, toute inscription, toute publication, ordonnées et faites par les évêques et les curés, sont une insurrection contre la loi qu'ils ont juré de défendre et de maintenir.

Au nom de la nation, le conseil exécutif provisoire fait défense à tous les évêques de la République d'ordonner aux curés, vicaires et autres prêtres du culte catholique, et à ceux-ci de dresser, sous quelque prétexte que ce soit, des actes de baptême et de sépulture, de publier aucun ban de mariage, d'entreprendre rien qui soit contraire au décret du 20 septembre, relatif au mode de constater l'état civil des citoyens; comme aussi d'exiger, avant de donner la bénédiction nuptiale, des conditions que cette loi ne commande pas; leur enjoint de se borner, dans l'administration des sacremens de baptême et de mariage, aux cérémonies purement religieuses. Enjoint également à tous les évêques qui dans leurs mandemens se sont écartés de ces principes de les retirer sur-le-champ, et défend à tous ecclésiastiques de les mettre à exécution, sous peine d'être poursuivis comme réfractaires à la loi. Recommande aux corps administratifs de veiller à l'exécution de la présente proclamation, et de la notifier à l'évêque de leur ressort; de l'inscrire sur les registres de leurs délibérations; de la faire imprimer et afficher, et de la transmettre aux municipalités de leur arrondissement, pour la notifier de même aux curés de leur commune, et la faire publier et afficher.

22 = 22 JANVIER 1793. — Décret portant que les funérailles de Michel Lepelletier seront célébrées aux frais de l'Etat, et que ses dernières paroles seront gravées sur sa tombe. (L. 13, 106; B. 27, 89.)

22 = 22 JANVIER 1793. — Décret qui lève l'arrestation des députés de la ville de Francfort. (L. 13, 108; B. 27, 90.)

22 = 27 JANVIER 1793. — Décrets qui rapportent celui du 27 octobre 1792, portant qu'aucun membre de la Convention nationale ne pourra remplir aucune fonction publique que six ans après l'établissement de la Convention. (L. 13, 110; B. 27, 90.)

22 = 27 JANVIER 1793. — Décret relatif au précédent. (B. 27, 90.)

22 = 27 JANVIER 1793. — Décret qui ordonne de payer au citoyen Lafargue, lieutenant de vaisseau, qui a perdu un bras au service de l'Etat, la totalité de l'arriéré de ses appointemens, et portant qu'il sera proposé, comme loi générale, un décret pour tous ceux qui se trouveront dans le même cas. (B. 27, 91.)

22 JANVIER 1793. — Décret qui rejette la proposition de raser la ville de Francfort, dans le cas où les troupes françaises la reprendraient. (B. 27, 91.)

22 = 25 JANVIER 1793. — Décret relatif à l'envoi de commissaires dans les départemens maritimes. (L. 13, 109; B. 27, 91.)

22 = 27 JANVIER 1793. — Décret portant que les villes maritimes qui offriront des bâtimens légers auront bien mérité de la patrie. (L. 13, 112; B. 27, 92.)

23 = 25 JANVIER 1793. — Décret qui accorde un secours de trois cent mille livres à la ville de Thionville, et charge le comité des secours de présenter le mode de répartition des secours à accorder aux communes qui ont souffert de l'invasion des armées ennemies. (L. 13, 124; B. 27, 93.)

La Convention nationale, après avoir entendu le rapport de son comité des finances sur la lettre du ministre de l'intérieur, où il expose la nécessité d'un nouveau secours de la somme de trois cent mille livres pour la ville de Thionville, motivé sur la résistance du département de la Moselle à retrancher cette somme de celle de cinq cent soixante mille livres, accordée aux communes et particuliers de son arrondissement qui ont souffert des pertes par l'invasion ou le ravage des ennemis, décrète ce qui suit :

Art. 1er. La Convention nationale improuve la résistance illégale de l'administration actuelle du département de la Moselle à obtempérer aux ordres et injonctions réitérés du ministre de l'intérieur, contenus dans différentes de ses lettres, pour délivrer, sur la somme de cinq cent soixante mille livres, celle de trois cent mille livres au conseil général de la commune de Thionville, pour pertes, dommages et autres opérations à parfaire, dûment constatés.

2. Dans la huitaine qui suivra la notification du présent décret, les administrateurs du département seront tenus, sous peine de suspension et d'en demeurer personnellement responsables, de faire délivrer par la la voie du district, au conseil général de la commune, ladite somme de trois cent mille livres.

3. Le conseil général de la commune de Thionville justifiera, dans le mois, de l'emploi des trois cent mille livres pour indemniser les particuliers qui ont éprouvé des pertes et faire achever les opérations mentionnées au certificat du commandant de la place, adressé au ministre de l'intérieur.

4. Cet état justificatif sera visé par le conseil du district de Thionville, arrêté par le conseil général du département de la Moselle, et de suite envoyé au ministre de l'intérieur.

5. La Convention nationale, afin de pourvoir aux besoins réels des communes et particuliers qui ont éprouvé des pertes de l'invasion et des ravages de l'ennemi, calculées dans les justes proportions, décrète que son comité des secours sera tenu de présenter, sous huitaine, le mode et les règles de répartition des secours à accorder définitivement, en conformité des décrets des 8 octobre et 27 novembre derniers.

23 = 27 JANVIER 1793. — Décret qui supprime le mot *contrôleurs* dans la rédaction du décret du 8 janvier, relatif aux commissions à délivrer aux directeurs des postes. (L. 13, 127; B. 27, 94.)

La Convention nationale, après avoir entendu le rapport de son comité des finances, décrète que le mot *contrôleurs*, inséré par erreur dans la rédaction du décret du 8 de ce mois, sera supprimé, et charge son comité de législation et des finances de présenter incessamment le mode de cautionnement à fournir par les directeurs élus en conformité des décrets des 8 et 19 novembre dernier, la quotité de ce cautionnement, et le délai dans lequel il devra être offert.

23 JANVIER 1793. — Décret qui ordonne de faire un rapport concernant le général Arthur Dillon. (B. 27, 94.)

23 JANVIER 1793. — Décret qui remet par intérim au ministre de la justice le portefeuille du ministre de l'intérieur. (L. 13, 126; B. 27, 95.)

23 JANVIER 1793. — Décret et adresse de la Convention nationale au peuple français, à l'occasion de l'assassinat de Michel Lepelletier. (L. 13, 118.)

23 JANVIER 1793. — Décret qui ordonne la mention honorable d'un don d'habits et de culottes, fait par les soldats du 9e régiment aux grenadiers de la 1re compagnie de leur corps. (B. 27, 92.)

23 JANVIER 1793. — Décret qui ordonne de rendre compte de l'état et de l'emploi des magasins pris dans la Belgique sur les Autrichiens. (B. 27, 92.)

23 JANVIER 1793. — Décret qui renvoie au comité diplomatique la demande de l'incorporation de la ville de Mons à la France. (B. 27, 94.)

23 JANVIER 1793. — Décret qui ordonne l'impression et l'envoi aux départemens des adresses de la société patriotique de Marseille et des habitans de Lyon. (B. 27, 94 et 95.)

23 JANVIER 1793. — Crimes du 2 septembre. *Voy.* 20 JANVIER 1793.

24 = 27 JANVIER 1793. — Décret relatif aux congés limités des volontaires nationaux pères de famille. (L. 13, 128; B. 27, 96.)

La Convention nationale, sur la proposition d'un de ses membres, tendant à renvoyer au comité de la guerre la demande faite d'un mode des congés à accorder pendant quinze jours aux volontaires nationaux qui sont pères de famille, passe à l'ordre du jour, motivé sur ce que les généraux et commandans y sont déjà autorisés, et qu'il n'est question que d'un délai de quinze jours.

24 JANVIER 1793. — Décret qui ordonne de faire un rapport : 1° sur la refonte des monnaies; 2° sur une meilleure organisation du ministère. (B. 27, 195 et 196.)

24 JANVIER 1793. — Décret qui enjoint à la commission des marchés de présenter un état de toutes les soumissions faites, et dont les livraisons ne s'exécutent pas. (B. 27, 96.)

24 JANVIER 1793. — Décret qui ordonne l'envoi à la Belgique et aux troupes des décrets qui les concernent. (B. 27, 96.)

25 = 25 JANVIER 1793. — Décret relatif au paiement des dépenses des écoles militaires. (L. 13, 129; B. 27, 97.)

La Convention nationale, après avoir entendu le rapport de son comité des finances, décrète que la Trésorerie nationale tiendra à la disposition du ministre de la guerre, sur les fonds des écoles militaires qui ont été versés au Trésor public en exécution du décret du 19 septembre dernier, la somme de deux cent cinquante mille livres, tant pour les dépenses desdites écoles pendant les trois premiers mois de la présente année, que pour l'acquit des rentes, pensions et gages des employés dans l'administration pendant le trimestre dernier.

25 = 25 JANVIER 1793. — Décret relatif à l'armée navale. (L. 13, 130; B. 27, 98.)

Art. 1er. La paie des matelots, officiers-mariniers et maîtres de manœuvres, canonnage, charpentage, calfatage et voilerie, sera augmentée de neuf livres par mois.

2. Le ministre de la marine portera le nombre des compagnies d'infanterie et d'artillerie de marine à cent trente-quatre hommes; il augmentera seulement le nombre des sous-officiers de deux sergens et de quatre caporaux par compagnie.

3. Le recrutement de ces troupes se fera de même que pour l'infanterie de ligne, pour le même temps et sous les mêmes conditions, et toutes les lois de règlement rendues pour l'infanterie de ligne deviendront communes aux troupes de la marine.

4. Le ministre complétera les places vacantes qui avaient été réservées par le décret d'organisation, et toutes seront données à l'ancienneté parmi les sous-officiers de marine, à l'exception des sous-lieutenances, dont la moitié sera toujours au choix du ministre.

5. Le comité de marine fera incessamment un rapport général sur toutes les demandes du ministre de la marine, et notamment sur le remplacement de la moitié des places de capitaines, lieutenans et enseignes entretenus, qui sont au choix du conseil exécutif.

25 = 26 JANVIER 1793. — Décret qui porte à cinq cent deux mille hommes la force armée de terre pour l'année 1793. (L. 13, 133; B. 27, 99.)

La Convention nationale, après avoir entendu le rapport de son comité de défense générale, décrète que la force armée soldée de terre dont la République disposera pour l'année 1793 sera portée à cinq cent deux mille hommes, dont cinquante-cinq mille de cavalerie et vingt mille hommes d'artillerie.

Renvoie aux comités de la guerre et des finances réunis, pour lui présenter des détails d'exécution du plan général offert par le comité de défense générale.

25 = 27 JANVIER 1793. — Décret relatif à l'organisation des maîtres, contre-maîtres, aides, ouvriers et autres employés attachés aux travaux des ports et arsenaux de la marine. (L. 13, 135; B. 27, 100.)

Voy. lois du 7 = 11 SEPTEMBRE 1790; du 9 = 13 AOUT 1791; du 21 SEPTEMBRE = 12 OCTOBRE 1791; du 21 SEPTEMBRE 1793.

La Convention nationale, en attendant qu'une loi générale porte définitivement la perfection dans toutes les parties du service de la marine de l'Etat, voulant cependant faire jouir promptement et d'une manière uniforme, dans tous les arsenaux de marine, les maîtres, contre-maîtres, aides, ouvriers et autres employés attachés aux travaux qui s'y exécutent, des avantages qu'ils ont droit d'attendre du nouvel ordre de choses, tant par rapport au mode de leur avancement, de leurs rangs et traitement, soit à la mer, soit à terre, qu'aux ressources qu'ils doivent naturellement espérer après de longs et utiles services, pour leurs veuves et leurs enfans; voulant enfin donner à une classe si utile de citoyens tous les moyens de servir la République avec zèle et succès; après avoir entendu le rapport de son comité de marine, décrète ce qui suit:

TITRE Ier. Admission dans les arsenaux.

Art. 1er. Les places de garçons et d'apprentis seront données de préférence aux enfans de maîtres, ouvriers, canonniers, marins, soldats de marine, pourvu qu'ils ne soient pas âgés de moins de huit ans, pour les premières places; de moins de dix et de plus de dix-huit, pour les secondes.

2. Le nombre des places de garçons et apprentis ne pourra jamais excéder le quart du nombre des ouvriers.

3. A l'exception des journaliers ou manœuvres, aucun citoyen ayant plus de dix-huit ans ne pourra être employé aux travaux des arsenaux, à la journée de l'Etat, s'il ne sait une des professions maritimes ou un des arts et métiers qui s'exercent dans les ports.

4. Le nombre des ouvriers ne pourra s'augmenter qu'en raison des besoins indispensables des travaux ordonnés.

5. Les apprentis et ouvriers ne pourront être admis dans les ports et arsenaux que par ordre du conseil d'administration, sur la proposition du chef des travaux.

6. Autant pour l'avantage des ouvriers et marins employés dans les ports et arsenaux, que pour favoriser les opérations du commerce, et établir, entre la marine marchande

et la marine militaire, cette réciprocité de services si utile à la prospérité de la République, il sera accordé à tout ouvrier ou marin, pourvu que la guerre où des travaux extraordinaires ne s'y opposent pas, d'aller travailler dans les chantiers et naviguer sur les bâtimens de commerce ; et, à son retour, il rentrera sans difficulté dans les ports, en prouvant, par des certificats authentiques, qu'il a employé la plus grande partie de son temps à la navigation ou à la construction marchande, et lorsque, enfin, son absence n'aura pas été de plus de deux ans ; car, dans ce dernier cas, il sera considéré comme ayant laissé sa profession, et ne pourra être réintégré dans sa place.

7. On n'admettra, pour gardiens des vaisseaux, des ports, ateliers, bureaux et magasins des arsenaux, que d'anciens contre-maîtres, aides, ouvriers, sous-officiers et soldats de marine hors d'état de servir dans leurs professions : le conseil d'administration sera juge de ces sortes d'admissions. Il en sera de même pour les vireurs de meules et limeurs d'arpens, ainsi que pour les caps chargés de la conduite des ateliers où on réunit, suivant les circonstances et les localités, les garçons ou apprentis.

TITRE II. Mode d'avancement et opérations qui y ont rapport.

Art. 1er. Les places de premiers maîtres et de maîtres entretenus seront données alternativement à l'ancienneté et par élection.

2. Dans ce dernier cas, pour procéder à l'élection d'un maître entretenu, les maîtres, contre-maîtres, aides, ainsi que les ouvriers de la première classe, de la profession de celui qu'il s'agira de remplacer, s'assembleront, d'après la convocation de l'ordonnateur, dans un endroit de l'arsenal désigné à cet effet, pour y élire, au scrutin et à la pluralité relative des suffrages, quatre candidats, que le conseil d'administration du port où se fera l'élection réduira à deux. Leurs noms seront envoyés par l'ordonnateur au ministre de la marine, et le pouvoir exécutif choisira celui des deux candidats élus qu'il croira le plus digne d'occuper la place vacante.

3. La nomination des contre-maîtres et des aides se fera de la même manière que celle des maîtres entretenus ; mais, cependant, avec cette différence que toutes ces places seront électives, jamais données de droit à l'ancienneté, et que ce sera le conseil d'administration qui choisira, parmi les quatre candidats élus, celui qui lui paraîtra propre à remplir la place vacante.

4. On ne pourra être élu maître entretenu qu'après avoir été contre-maître ; contre-maître, qu'après avoir été aide, et aide, qu'après avoir été ouvrier de la première classe.

5. Dans les professions peu nombreuses, à défaut de contre-maître pour compléter les quatre candidats parmi lesquels on doit choisir un maître entretenu, les aides, et même, dans le cas d'insuffisance de ceux-ci, les ouvriers de la première classe, pourront être élus candidats, et par conséquent maîtres entretenus.

6. On ne distinguera plus, à l'avenir, dans chacune des professions de charpentiers, calfats et voiliers, les maîtres entretenus destinés pour le service de mer et ceux destinés pour le service de terre.

7. En conséquence des dispositions de l'article précédent, pour pouvoir être nommé maître, contre-maître et aide des trois professions qui y sont désignées, il sera nécessaire désormais d'avoir quatre ans de navigation pour les places de maîtres, et deux ans au moins pour celles de contre-maîtres et d'aides.

8. Les citoyens qui se trouvent dans ce moment contre-maîtres et aides, ou qui, n'étant qu'ouvriers de la première classe, ont plus de trente ans d'âge, seront dispensés des conditions de rigueur portées dans le précédent article.

9. Partout cependant où il y aura parité de suffrages entre deux citoyens des professions désignées dans l'article 6, celui qui aura le plus de temps de mer l'emportera.

10. Les professions de calfats et de perceurs seront parfaitement distinctes dans les arsenaux de marine, et ces deux espèces d'ouvriers seront commandées par des chefs particuliers dont le nombre est réglé par les tableaux numéros 1 et 3.

11. La moitié des places d'aides des constructions sera donnée aux maîtres charpentiers entretenus et aux maîtres et seconds maîtres mâteurs qui auront réussi dans un concours public, où ils seront interrogés, par le chef des travaux, sur l'arithmétique, la pratique du tracé des plans des vaisseaux, de leur construction, de leurs gabaries, de leur mâture, de leurs radoubs, carène, doublage, arrimage et mise à l'eau. Le conseil d'administration, juge de ce concours, désignera les deux sujets qui l'auront emporté à l'examen, et le pouvoir exécutif, d'après le compte qu'en rendra le ministre de la marine, choisira entre eux celui qui devra être aide des constructions.

12. La seule ancienneté fera successivement passer de droit les maîtres entretenus aux hautes-paies portées dans le tableau n° 1 joint au présent décret ; et, lorsque cette ancienneté sera égale entre les prétendans, celui qui aura le plus de temps de mer sera préféré. Lorsqu'à cet égard il y aura encore parité, le plus ancien d'âge l'emportera.

13. Le conseil d'administration décidera de l'augmentation de paie à accorder aux con-

tre-maîtres, aides et ouvriers ; mais il sera tenu d'y appeler les sous-chefs, aides et élèves des constructions, ainsi que les maîtres entretenus, qui y auront séance, et qui pourront faire des observations.

14. La plus forte augmentation qui pourra être accordée à une seule fois n'excédera jamais quatre sous et ne sera de moins d'un sou.

15. Ces augmentations n'auront lieu que tous les ans, dans le courant du mois de janvier.

Les contre-maîtres et ouvriers de chaque profession, et tous autres employés à la journée, aux travaux des ports, qui ont actuellement la haute-paie, passeront, immédiatement après la publication du présent décret, à la paie la plus forte accordée à leur grade dans le tableau n° 2.

16. Aucun maître, contre-maître ni aide, dans les petits ports, ne parviendra à la haute-paie de son grade qu'après avoir servi dans les grands ports, et y avoir obtenu la paie immédiatement inférieure.

17. Les maîtres, contre-maîtres et aides de ces petits ports, conserveront néanmoins les places dont ils sont actuellement pourvus, malgré qu'ils n'auraient pas rempli les conditions prescrites dans le précédent article.

18. Le pouvoir exécutif fera la répartition dans les ports et arsenaux de marine, et suivant les besoins du service, du nombre total des maîtres entretenus de chaque profession, fixé par le tableau n° 1 ; mais il observera, dans ce travail, d'occasioner à ces citoyens le moins de déplacemens possibles.

19. Dans l'espace de quinze jours à compter de la publication de la présente loi, les conseils d'administration des différens ports et arsenaux formeront des états du nombre des contre-maîtres et aides, ainsi que des caps et sous-caps qui leur paraîtront nécessaires pour chaque profession dont il n'est pas fait mention dans le tableau numéro 3, mais qui sont néanmoins employés dans lesdits ports. Ces états, examinés et approuvés par le pouvoir exécutif, seront suivis à l'avenir avec exactitude, et formeront des bases fixes à cet égard.

20. Si le nombre des maîtres, contre-maîtres et aides employés dans les ports et arsenaux, surpassait celui fixé par les tableaux numéros 1 et 3, annexés à cette loi, et par ce qui sera réglé conformément à l'article précédent, ces sujets excédans continueraient d'exercer les fonctions de leurs places en qualité de surnuméraires, jouiraient des appointemens inférieurs attachés à leur grade, et auraient de droit les premières places vacantes, suivant leur ancienneté.

21. Les places de commissaires des fontes, des seconds fondeurs, d'aides et d'élèves fondeurs, seront à la nomination du pouvoir exécutif, mais avec ces conditions, que les seconds fondeurs remplaceront les commissaires des fontes ; ceux-ci le seront par les aides, et ces derniers par les élèves. Aucun élève ne pourra cependant passer au grade d'aide qu'après avoir été examiné, sur toutes les parties de son art, par les chefs de l'artillerie de la marine, et par le commissaire des fontes du port où se trouvera la place vacante, qui le proposeront au ministre de la marine, s'il est sorti de cette épreuve avec succès.

Dans le cas où, après cinq ans de service, un élève fondeur ne réussirait pas à l'examen, il serait renvoyé.

22. Il y aura un élève fondeur dans chaque fonderie de la marine ; mais personne ne pourra être admis à cette place qu'il ne sache lire, écrire et dessiner, et qu'il n'ait été jugé avoir les dispositions nécessaires pour cet art, par les officiers désignés dans l'article précédent. Ceux-ci proposeront au pouvoir exécutif deux sujets qui remplissent les obligations prescrites, et il en nommera un élève fondeur.

23. Ces officiers proposeront aussi deux citoyens pour chaque place de maître mouleur ou foreur, entre lesquels le pouvoir exécutif en choisira un.

24. Lorsqu'une place de maître mâteur sera vacante, elle appartiendra de droit au sous-maître mâteur, et, lorsque cette dernière place viendra aussi à vaquer, les maîtres charpentiers entretenus et les contre-maîtres de la première classe concourront sur l'art de la mâture, pour l'obtenir.

Le conseil d'administration, juge de ce concours, proposera au pouvoir exécutif les deux sujets qui auront montré le plus de talent, et celui-ci en nommera un sous-mâteur.

25. Les maîtres sculpteurs, peintres, pompiers, lamineurs, tisserands, chaudronniers, maçons, dans les ports où il y en a d'établis, ainsi que les instituteurs des jeunes ouvriers, seront nommés par le pouvoir exécutif, sur la proposition de deux sujets faite par le conseil d'administration.

26. Les premiers cômes, sous-cômes de proue et de misaine, premiers argousins, sous-argousins, ainsi que les sergens-majors des compagnies de pertuisaniers, seront nommés de la même manière que les employés dont il s'agit dans l'article précédent.

27. Il est essentiel pour le bien du service de la République que le travail des scieurs-de-long s'exécute, le plus qu'il sera possible, à l'entreprise, et que ces ouvriers soient sous les ordres immédiats des maîtres, contre-maîtres et aides des chantiers et ateliers où ils seront employés. D'après cela, ils n'auront qu'un cap et un sous-cap dans chaque port, nommé par le conseil d'administration, et chargé seulement de la répartition des scies,

d'après les ordres donnés par le chef des travaux : au surplus, dans les cas extrêmement rares où le sciage s'exécuterait à la journée, le tableau n° 2, déjà cité, règle le prix des journées desdits ouvriers.

28. Les gardiens des vaisseaux seront divisés en trois classes, d'un égal nombre, et aux trois paies portées dans le tableau n° 1. L'ancienneté seule fera passer ces employés d'une classe inférieure dans la classe supérieure qui la suit : il en sera de même à l'égard des gardiens des portes, chantiers et bureaux des arsenaux.

29. Le conseil d'administration de chaque port réglera le nombre des gardiens entretenus qui y sont nécessaires, tant pour la garde des vaisseaux que pour celle des ports, chantiers, magasins et bureaux des arsenaux.

Ce qui aura été arrêté à cet égard par les conseils d'administration sera soumis à l'approbation du pouvoir exécutif, avant d'être exécuté définitivement.

Titre III. Rang, prérogatives et paie des maîtres, ouvriers et autres employés aux travaux des arsenaux.

Art. 1er. Les maîtres entretenus auront à bord des vaisseaux de l'Etat, pendant la campagne seulement, rang d'enseignes entretenus, et les maîtres non entretenus qui se trouveront en chef, chacun dans leur partie, dans lesdits vaisseaux, auront rang d'enseignes non entretenus : dans ces deux circonstances, les uns et les autres feront partie de l'état-major des vaisseaux où ils seront embarqués, mangeront avec les officiers, et, en conséquence, recevront le traitement de table accordé aux grades dont ils ont le rang.

2. Les premiers maîtres entretenus ou chefs d'ateliers auront rang d'aides des constructions, après cinq ans d'ancienneté dans leur place, qu'il continueront d'exercer également.

3. Ils ne seront, dans aucun cas, commandés pour aller à la mer.

4. Les salaires des chefs d'ateliers, maîtres entretenus, contre-maîtres, aides, ouvriers, et autres employés attachés aux travaux des arsenaux de marine, seront réglés uniformément dans les ports de Brest, Toulon, Rochefort et Lorient, et généralement dans tous ceux où l'on travaillera pour la marine de l'Etat, d'après les tableaux annexés au présent décret. L'indemnité accordée à cause du paiement en assignats sera en sus desdits salaires.

5. Ces salaires seront les mêmes indistinctement, à grade correspondant, pour tous les genres de métiers auxquels on travaille dans les ports et arsenaux de la marine de la République.

6. Aucunes rations ne pourront être accordées en sus des paies et appointemens portés dans les tableaux n° 1 et n° 2, si ce n'est dans les cas extrêmement pressans, et dont il sera rendu compte sur-le-champ au ministre de la marine par l'ordonnateur.

Lorsque le bien du service exigera cependant qu'il soit fourni des rations aux officiers-mariniers, ouvriers ou autres employés, le prix en sera déduit sur leur salaire.

7. Les maîtres entretenus, contre-maîtres, aides et ouvriers qui auraient une paie plus forte que celle que les tableaux n° 1 et n° 2 fixent en raison de leur grade, continueront de jouir de l'excédant, à titre de supplément.

8. L'entrepreneur des hôpitaux, dans les arsenaux de marine, sera tenu de fournir, au même prix qu'à la nation, les remèdes nécessaires aux maîtres, contre-maîtres, aides et ouvriers, et à tous autres employés aux travaux des ports, ainsi qu'à leurs femmes et à leurs enfans, qui, étant malades, se feront traiter chez eux par les officiers de santé de la marine, comme le décret du 23 août 1792 les y autorise.

9. Toutes les dispositions du décret cité dans l'article précédent seront également applicables aux ouvriers employés aux fonderies et à ceux des bâtimens civils des arsenaux.

10. Les veuves des maîtres entretenus morts au service auront droit à une pension égale au tiers du traitement dont leur mari jouissait à l'époque de leur décès. Le décret des 28 et 30 avril = 13 mai 1791 réglera les pensions des veuves des autres employés.

11. Les contre-maîtres, aides et ouvriers hors d'état de servir par leur âge ou par infirmité, pourront avoir les invalides au mêmes époques, et dans le même rapport avec leurs paies, que les officiers d'administration civile et militaire ont des pensions de retraite.

12. Le décret du 6 = 12 février 1792, qui accorde aux enfans des ouvriers au-dessous de huit ans un secours de trois livres par mois, sera également applicable à ceux des canonniers et autres marins employés dans les arsenaux qui rempliront les conditions prescrites par ce décret.

13. Il y aura provisoirement dans chacun des ports de Brest, Toulon, Rochefort et Lorient, deux instituteurs entretenus aux frais de la République, et aux appointemens portés dans le tableau n° 1, qui seront chargés d'instruire les garçons et apprentis-ouvriers employés dans ces ports.

14. L'un de ces instituteurs leur apprendra à lire, à écrire et l'arithmétique, et l'autre leur enseignera le dessin, le tracé des plans et la pratique de la construction des vaisseaux.

15. Ces jeunes citoyens seront divisés en deux classes : celle des apprentis et celle des

garçons. Les premiers recevront chaque jour deux heures d'instruction, le matin, à l'époque où les ouvriers commencent leur travail; les seconds passeront autant de temps à leur école, et y entreront immédiatement après l'appel du soir.

16. Il y aura chaque semaine un maître entretenu chargé par le chef des travaux de suivre les séances de ces écoles, d'y maintenir l'ordre, et de faire respecter les instituteurs.

17. Le chef des travaux fera lui-même de temps en temps l'inspection desdites écoles.

18. Elles se tiendront dans l'intérieur des arsenaux; et, en conséquence, les ordonnateurs y feront disposer un local convenable.

TITRE IV. Police et ordre général.

Art. 1er. Les ouvriers seront tenus d'être présens aux appels, sous peine de perdre leur journée.

2. Les maîtres, contre-maîtres, aides et caps auront sur les ouvriers, matelots ou journaliers, l'autorité attachée à l'exercice de leurs fonctions respectives; et ceux-ci seront tenus à la subordination et à l'obéissance envers eux en tout ce qu'ils leur commanderont pour le service, sous peine d'être punis comme insubordonnés manquant à leurs supérieurs; et les supérieurs seront également tenus de se conformer aux lois de discipline, sous les peines portées contre eux en cas d'injustice envers leurs inférieurs.

3. Les ouvriers ne pourront dépecer aucune espèce de bois, ni en emporter les copeaux, sous peine de huit jours de prison, et même d'expulsion en cas de récidive.

4. La distribution provenant des hachures de bois sera faite par les maîtres aux ouvriers, le mercredi et le samedi de chaque semaine, après la cloche.

5. Les maîtres, contre-maîtres, aides, ouvriers et autres employés attachés aux travaux des arsenaux, sous quelque dénomination qu'ils soient, ne pourront être assujétis au service de la garde nationale, partout ailleurs que dans l'intérieur des villes où seront établis lesdits arsenaux; et, pendant le temps de ce service, qui sera constaté par la municipalité des lieux, ils recevront les deux tiers de leur paie.

6. Les conseils d'administration des ports et arsenaux de marine tiendront leurs séances publiques; mais les spectateurs resteront dans le silence; et, si quelqu'un d'eux troublait les délibérations, il en serait usé comme on le fait en pareil cas aux assemblées des corps administratifs et judiciaires.

7. Tous décrets contraires au présent demeurent abrogés.

(Suivent les tableaux.)

25 = 27 JANVIER 1793. — Décret concernant l'adoption de la fille de Michel Lepelletier, et un monument à élever à sa mémoire. (B. 27, 99.)

La Convention nationale, sur la proposition d'un de ses membres, décrète ce qui suit :

1° Elle adopte, au nom de la patrie, la fille de Michel Lepelletier, et elle charge son comité de législation de lui présenter très-incessamment un rapport sur les lois de l'adoption.

2° Il sera érigé un monument en marbre, pour transmettre à la postérité les traits de Michel Lepelletier, tel qu'il a été présenté aux yeux de ses contemporains, de son lit de mort. L'exécution de ce monument sera donnée au concours. La Convention renvoie à son comité d'instruction publique, pour lui faire un prompt rapport sur l'exécution de l'emplacement de ce monument.

3° Enfin, la Convention nationale décrète l'impression du procès-verbal des obsèques de Lepelletier, et des différens discours prononcés à la barre, dans la séance de ce jour, par Félix Lepelletier; la réponse du président, et l'envoi du tout aux quatre-vingt-quatre départemens.

25 = 26 JANVIER 1793. — Décret qui met en état de guerre les villes de Moustier, Montmélian, Saint-Jean-de-Maurienne et Chambéry. (L. 13, 134; B. 27, 97.)

25 = 25 JANVIER 1793. — Décret pour mettre en arrestation les membres du directoire des achats. (B. 27, 97.)

25 JANVIER 1793. — Décret qui ordonne l'impression du rapport fait par le sieur Camus, au nom de la commission de la Belgique. (B. 27, 98.)

25 JANVIER 1793. — Décret qui ajourne la discussion sur le ministère de la guerre. (B. 27, 99.)

25 JANVIER 1793. — Décret qui ordonne de faire un rapport concernant le commissaire Malus. (B. 27, 100.)

25 JANVIER 1793. — Décrets qui ordonnent des rapports sur la paie des troupes belges et sur les dilapidations. (B. 27, 100.)

25 JANVIER 1793. — Affiche du bulletin. Voy. 19 JANVIER 1793. — Commissaires maritimes. Voy. 22 JANVIER 1793. — Contrôleurs; Ministre de la justice. Voy. 23 JANVIER 1793.

26 = 29 JANVIER 1793. — Décret relatif au remplacement des fonctionnaires publics destitués par les commissaires de la Convention. (L. 13, 152.)

Voy. loi du 25 VENTOSE an 4.

La Convention nationale décrète que les commissaires pris dans son sein, auxquels elle a donné le droit de destituer les fonctionnaires publics, ont celui de les remplacer provisoirement. Décrète, en outre, qu'elle nommera deux commissaires qui se réuniront de suite à ceux qu'elle a envoyés dans les départemens du Rhin, de la Moselle et de la Meurthe; renvoie au comité de la guerre la lettre des commissaires, quant à ce qui est relatif à la sûreté des frontières, pour en faire le rapport demain matin.

---

26 = 29 JANVIER 1793. — Décret relatif aux trois légions belges et liégeoises. (L 13, 153; B. 27, 109.)

Art. 1er. A compter du jour de la revue dont il sera parlé ci-après, les trois légions belges et liégeoises feront partie, provisoirement, des armées de la République française; elles seront soldées ainsi et de la même manière que les troupes de la République.

2. Le ministre de la guerre fera acquitter, sur les fonds destinés à la solde des armées françaises, tous les arrérages de prêt et solde dus aux trois légions belges et liégeoises.

3. Le ministre de la guerre donnera des ordres à un officier général et à un commissaire des guerres de l'armée française de passer une revue des trois légions belges et liégeoises, de réformer tous ceux dont l'âge et la force ne pourraient pas supporter les fatigues d'une campagne, ainsi que tous Français qui y seraient engagés contre les dispositions du décret du 28 décembre dernier.

4. Avant de statuer sur toutes autres demandes que celles qui sont relatives au paiement de la solde, les légions seront tenues de rendre compte aux officiers chargés de passer cette revue des rations de fourrage, numéraire et autres effets qu'elles ont reçus.

5. Le ministre de la guerre sera chargé de présenter à la Convention les comptes des dépenses qu'il aura faites en vertu du présent décret.

6. Sur la proposition faite par un membre de ne faire payer que l'effectif des légions belges et liégeoises, constaté par des revues passées par les officiers désignés par les lois, la Convention passe à l'ordre du jour, motivé sur ce que le conseil exécutif ne doit faire payer que les personnes qui doivent l'être.

---

26 = 29 JANVIER 1793. — Décret qui défend aux corps administratifs de s'immiscer dans les opérations maritimes. (L 13, 155; B. 27, 116.)

Voy. loi du 18 = 21 SEPTEMBRE 1790.

La Convention nationale, après avoir entendu son comité de défense générale, décrète ce qui suit:

Il est interdit aux corps administratifs et municipaux de s'immiscer dans les opérations maritimes qui s'exécutent dans les ports de la République.

Il leur est pareillement interdit de porter obstacle aux dispositions des chefs d'administrations civils et militaires, commis dans les ports par le ministre de la marine, sans néanmoins que les dispositions du présent décret puissent préjudicier aux droits qu'ont les corps administratifs et municipaux, ainsi que tous les citoyens, de dénoncer les abus et malversations qui peuvent venir à leur connaissance.

---

26 = 29 JANVIER 1793. — Décret qui ordonne de verser le produit de la vente du mobilier des émigrés trouvé, dans les pays occupés par les armées françaises, entre les mains des payeurs de la guerre. (L. 13, 157; B. 27, 116.)

Voy. lois du 2 JANVIER 1793; 1er FÉVRIER 1793; 12 MARS 1793.

Art. 1er. Le produit de la vente du mobilier des émigrés trouvé dans les pays où les armées françaises sont établies, sera versé entre les mains des payeurs de la guerre existant sur les lieux.

2. Aussitôt après lesdites ventes, les commissaires qui y auront fait procéder enverront l'état de leur produit, par extrait de leur procès-verbal, aux commissaires de la Trésorerie nationale; et les payeurs de la guerre enverront pareillement aux commissaires de la Trésorerie, aussitôt après les versemens faits entre leurs mains, l'état des fonds qui leur auront été remis.

3. D'après les états qui leur auront été envoyés, les commissaires de la Trésorerie feront renfermer dans la caisse à trois clefs à ce destinée, et en assignats, les mêmes sommes qui auront été versées entre les mains des payeurs de la guerre. Lesdites sommes y seront conservées pour sûreté des droits à exercer sur les biens des émigrés.

---

26 = 30 JANVIER 1793. — Décret qui fixe le nombre et le traitement des officiers de santé de la marine. (L. 13, 159; B. 27, 113.)

Art. 1er. Dans chacun des grands hôpitaux de la marine de Brest, de Toulon et de Rochefort, il y aura deux médecins en chef, deux chirurgiens-majors en chef, un pharmacien en chef, un aide-pharmacien, trois sous-aides pharmaciens, un jardinier botaniste, un garçon jardinier.

Dans l'hôpital de Lorient, il y aura un médecin en chef, un chirurgien-major en chef, un aide-chirurgien, un aide pharmacien, un sous-aide pharmacien.

2. Il sera entretenu, pour le service des vaisseaux de la République, soixante-cinq chirurgiens-majors ordinaires, soixante-cinq aides-majors, soixante-cinq sous-aides-majors, lesquels seront répartis dans les quatre grands ports, comme il suit :

Département de Brest, trente chirurgiens-majors ordinaires, trente aides-majors, trente sous-aides-majors.

Département de Rochefort, quinze chirurgiens-majors ordinaires, quinze aides-majors, quinze sous-aides-majors.

Département de Toulon, quinze chirurgiens-majors ordinaires, quinze aides-majors, quinze sous-aides-majors.

Département de Lorient, cinq chirurgiens-majors, cinq aides-majors, cinq sous-aides-majors.

3. Toutes les fois qu'un officier de santé de la marine sera employé dans un grade supérieur à celui auquel il est entretenu, soit à terre, soit à la mer, il jouira du traitement du grade auquel il sera employé, à dater du jour de sa nomination.

4. Dans les temps d'armemens extraordinaires, lorsque les officiers de santé de la marine entretenus ne pourront suffire au service, il sera employé momentanément des officiers de santé auxiliaires, lesquels jouiront du traitement du grade auquel ils seront employés, d'après l'examen qui en sera fait.

Application du présent décret aux officiers de santé actuellement employés dans les grands hôpitaux de la marine des ports de Brest, Toulon, Rochefort, Lorient et sur les vaisseaux de la République.

Art. 1er. Les places de médecins en chef, de chirurgiens-majors en chef, de pharmaciens en chef, seront données par le ministre aux médecins, chirurgiens et pharmaciens actuellement entretenus dans les grands hôpitaux de la marine, chacun dans leurs ports respectifs.

2. Les places de chirurgiens-majors, aides-majors et sous-aides-majors, seront données aux chirurgiens-majors, seconds chirurgiens, aides et élèves chirurgiens actuellement entretenus pour le service des vaisseaux de la République.

3. Ceux des officiers de santé de la marine qui ne sont point susceptibles d'être employés recevront le traitement de retraite réglé par le décret du 21 = 28 septembre 1791, concernant les officiers d'administration.

4. La Convention charge le pouvoir exécutif de faire exécuter le décret ci-dessus, à compter du 1er janvier de cette année, et l'autorise à suivre les ordonnances et réglemens anciens sur tout ce qui concerne le service de santé des hôpitaux de la marine, ainsi que pour l'enseignement.

5. Elle ajourne l'article du projet de décret qui concerne le directoire central des hôpitaux de la marine, jusqu'à l'organisation générale des hôpitaux, et le commissaire médecin des hôpitaux de la marine continuera d'en remplir les fonctions.

Les traitemens des officiers de santé destinés au service des grands hôpitaux des ports de Brest, Toulon et Rochefort, seront ainsi qu'il suit :

Le premier médecin en chef, quatre mille huit cents livres; le second médecin en chef, quatre mille deux cents livres; le premier chirurgien-major en chef, quatre mille huit cents livres; le second chirurgien-major en chef, quatre mille deux cents livres; le pharmacien en chef, trois mille livres; l'aide pharmacien, quinze cents livres; les sous-aides pharmaciens, chaque, mille livres; un jardinier botaniste, seize cents livres; un garçon jardinier, huit cents livres.

Port de Lorient, un médecin en chef, quatre mille livres; le premier chirurgien-major en chef, quatre mille livres; l'aide pharmacien, quinze cents livres; le sous-aide-pharmacien, mille livres.

Le traitement des officiers de santé entretenus pour le service des vaisseaux de la République sera ainsi qu'il suit :

Il y aura trois classes de chirurgiens-majors, une classe d'aides-majors et de sous-aides-majors.

Le traitement de la première classe sera de deux mille quatre cents livres; celui de la seconde, deux mille cent livres; celui de la troisième, de dix-huit cents livres; les aides-majors auront quinze cents livres, les sous-aides-majors mille livres.

6. Il sera accordé une gratification aux officiers de santé employés sur les vaisseaux de la République, en raison du nombre de marins malades ou blessés qu'ils auront guéris pendant la campagne et ramenés dans les ports.

La Convention renvoie à son comité de marine le mode d'application pour cette gratification, pour lui en faire le rapport au premier jour.

Les places de médecins et de chirurgiens-majors de la marine seront données au concours; les comités d'instruction publique et de marine sont chargés de présenter le mode de concours.

26 = 29 JANVIER 1793. — Décret qui oblige les avoués, hommes de loi et huissiers, à produire un certificat de civisme, pour être admis à exercer leurs fonctions. (L. 13, 156; B. 27, 109.)

La Convention nationale décrète qu'à l'avenir nul ne pourra être admis à exercer les fonctions d'avoué, homme de loi ou d'huissier auprès des tribunaux civils et criminels, sans justifier de son civisme par un certificat du conseil général de la commune du lieu de sa résidence, approuvé par le directoire de district et visé par celui du département.

2. Les avoués, hommes de loi et huissiers maintenant en exercice ne pourront continuer leurs fonctions sans justifier de leur civisme, dans la quinzaine de la publication du présent décret, par un certificat délivré, approuvé et visé comme il est dit ci-dessus.

26 = 30 JANVIER 1793. — Décret relatif à la réintégration des déportés de la Guadeloupe. (B. 27, 110.)

26 JANVIER 1793. — Décret qui ordonne de poursuivre l'exécution des décrets qui astreignent les membres du comité de surveillance de la commune de Paris à rendre leurs comptes. (B. 27, 108.)

26 = 26 JANVIER 1793. — Décret qui adjoint deux commissaires à ceux envoyés dans les départemens de la Meurthe, de la Moselle et du Bas-Rhin. (B. 27, 109.)

26 JANVIER 1793. — Décret qui accorde une gratification aux officiers de santé employés sur les vaisseaux de l'Etat. (B. 27, 108.)

26 = 29 JANVIER 1793. — Décret qui donne une extension de pouvoir aux commissaires de la Convention. (L. 13, 163; B. 27, 113.)

26 JANVIER 1793. — Décret qui ordonne de rendre compte de l'exécution de celui relatif aux revues à faire de tous les corps de l'armée. (B. 27, 110.)

26 = 26 JANVIER 1793. — Décret qui ordonne la levée des scellés apposés sur les papiers du directoire des achats. (B. 27, 112.)

26 JANVIER 1793. — Décret portant que les places de médecins et chirurgiens-majors de la marine seront données au concours. (B. 27, 113.)

26 = 29 JANVIER 1793. — Décret qui établit un officier pour le service du port de Dunkerque. (B. 27, 117.)

26 JANVIER 1793. — Force armée de terre; Villes mises en état de guerre. *Voy.* 25 JANVIER 1793.

27 = 29 JANVIER 1793. — Décret relatif aux comptes à rendre par les receveurs particuliers des finances des ci-devant généralités de Bordeaux et de Moulins. (L. 13, 168; B. 27, 117.)

Art. 1er. Les receveurs particuliers des finances des ci-devant généralités de Bordeaux

et de Moulins, qui devaient compter pour des exercices antérieurs à 1790 au citoyen Devilliers, commis au lieu et place des ci-devant receveurs-généraux desdites généralités, présenteront incessamment les comptes desdits exercices directement au bureau de comptabilité. Ils rapporteront à l'appui de la dépense desdits comptes les récépissés qui leur auront été délivrés soit par les ci-devant receveurs-généraux, soit par les ci-devant commis aux recettes générales, soit enfin par le citoyen Devilliers.

2. La situation desdits receveurs sur chacun desdits exercices sera préalablement, et aussitôt après la publication du présent décret, constatée par deux commissaires du directoire de chacun des districts dans l'arrondissement desquels les chefs-lieux desdites anciennes recettes sont situés; et, si lesdits receveurs se trouvaient reliquataires, lesdits commissaires veilleront à ce que le montant des débets, dans la même nature qu'ils l'ont reçu, soit envoyé sans aucun délai au caissier-général de la Trésorerie nationale, qui en délivrera ses récépissés, à la décharge desdits receveurs.

3. Les directoires de district adresseront une expédition des procès-verbaux de vérification au directoire de département, lequel en fera passer copie certifiée au commissaire de la Trésorerie nationale.

27 = 30 JANVIER 1793. — Décret relatif à l'établissement d'une manufacture d'armes à Autun. (L. 13, 170; B. 27, 118.)

27 JANVIER 1793. — Décret qui renvoie au conseil exécutif les plaintes du citoyen Hédoin sur les injustices commises à son égard dans les bureaux de la guerre. (B. 27, 120.)

27 JANVIER 1793. — Décret qui ordonne de faire un rapport concernant les Quinze-Vingts. (B. 27, 122.)

27 JANVIER 1793. — Décret qui ordonne un rapport sur la pétition du citoyen Dutrouy, relative à la formation d'un corps de tirailleurs. (B. 27, 121.)

27 JANVIER 1793. — Décret qui ordonne l'impression et l'envoi aux départemens et aux armées de l'adresse de la société des défenseurs de la République, séante aux Jacobins, et de la réponse du président de la Convention. (B. 27, 120.)

27 = 29 JANVIER 1793. — Décret qui autorise la translation à l'infirmerie de la maison dite de la Force, du citoyen Poifou, officier au régiment du Cap. (B. 27, 121.)

27 JANVIER 1793. — Décret relatif à des mesures de sûreté générale. (B. 27, 121.)

27 JANVIER 1793. — Décret portant nomination de commissaires pour vérifier les plaintes des vétérans résidant à l'Hôtel des Invalides. (B. 27, 121.)

27 JANVIER 1793. — Bâtimens légers ; Congés des bâtimens ; Décret du 27 octobre 1792. *Voy.* 22 JANVIER 1793. — Fille de Michel Lepelletier. *Voy.* 25 JANVIER 1793.*—* Liste civile. *Voy.* 22 JANVIER 1793. — Ports de la marine. *Voy.* 25 JANVIER 1793. — Volontaires nationaux pères de famille. *Voy.* 24 JANVIER 1793.

28 = 29 JANVIER 1793. — Décret relatif aux paiemens à faire par la Trésorerie nationale aux fournisseurs des armées. (L. 13, 177 ; B. 27, 122.)

Art. 1er. Tous les paiemens à faire par la Trésorerie aux fournisseurs des armées, aux entrepreneurs d'équipages, régisseurs et administrateurs des étapes, des convois militaires, des subsistances, de l'habillement des troupes, des hôpitaux, et généralement à tous employés tant au service de la guerre que de la marine, s'effectueront sur la production régulière des pièces qui les ordonnent, sans qu'il soit besoin d'y joindre les certificats exigés par les décrets du 24 juin 1791 et autres lois postérieures.

2. L'exception portée en l'article ci-dessus n'aura lieu que durant la guerre ; elle s'appliquera aux dépenses de la guerre et de la marine acquittées depuis le 1er janvier 1792.

28 = 29 JANVIER 1793. — Décret relatif à la poursuite des attentats commis à Saint-Affrique, dans le club, et contre l'arbre de la liberté. (L. 13, 97 ; B. 27, 123.)

28 JANVIER 1793. — Décret de mention honorable de la société populaire de Villeneuve, qui envoie deux cent quarante paires de bas tricotés pour l'armée de Custine. (B. 27, 125.)

28 = 29 JANVIER 1793. — Décret qui change le nom de Beaumont-le-Vicomte en celui de Beaumont-sur-Sarthe. (L. 13, 174 ; B. 27, 125.)

28 JANVIER 1793. — Décret qui réduit à seize le nombre des membres du comité des finances. (B. 27, 124.)

28 = 29 JANVIER 1793. — Décret pour constater le nombre des prisonniers détenus à l'Abbaye. (B. 27, 124.)

28 = 28 JANVIER 1793. — Décret portant que le citoyen Cousin n'est point compris dans le décret qui ordonne l'arrestation des membres du directoire des achats. (B. 27, 125.)

5.

28 = 29 JANVIER 1793. — Décret relatif au paiement des frais de nourriture des prisonniers renfermés à l'Abbaye. (L. 13, 178 ; B. 27, 122.)

28 = 28 JANVIER 1793. — Décret relatif à la formation complète d'une division de cavalerie réunie à l'Ecole Militaire. (L. 13, 175 ; B. 27, 124.)

28 = 29 JANVIER 1793. — Décret qui ordonne de faire un rapport sur les moyens de pourvoir à la défense du département de la Corse, et qui ordonne de rendre compte des mesures prises pour l'exécution, dans ce département, du décret qui ordonne la déportation des prêtres réfractaires. (B. 27, 123.)

29 = 30 JANVIER 1793. — Décret relatif aux certificats de civisme exigés des notaires, avoués, etc., pour l'exercice de leurs fonctions. (L. 13, 179 ; B. 27, 126.)

La Convention nationale décrète que les conseils généraux des communes, qui doivent donner les certificats de civisme aux notaires, avoués, hommes de loi et huissiers, et les administrations de district et de département, qui doivent vérifier et approuver ces certificats, ne sont pas tenus d'expliquer les motifs qui les déterminent à accorder ou refuser ces certificats, leur vérification et approbation.

29 = 30 JANVIER 1793. — Décret qui ordonne un rapport sur l'organisation des compagnies de Miquelets, et sur la distribution d'armes aux habitans des vallées limitrophes de l'Espagne. (B. 27, 127.)

29 = 30 JANVIER 1793. — Décret portant nomination de commissaires-adjoints dans les départemens de la Meurthe, de la Moselle et du Bas-Rhin. (B. 27, 128.)

29 = 30 JANVIER 1793. — Décret qui ordonne la levée des scellés apposés dans le domicile du sieur Gilliers à Romans, et dans celui de ses frères et sœurs. (B. 27, 126.)

29 JANVIER 1793. — Décret qui ordonne de faire un rapport sur le mode du séquestre des biens appartenant, en France, aux princes avec lesquels la France est en guerre. (B. 27, 127.)

29 = 29 JANVIER 1793. — Décret qui ordonne que le citoyen Malus, commissaire-ordonnateur de la Belgique, sera mis en liberté. (B. 27, 128.)

29 = 30 JANVIER 1793. — Décret portant création d'une légion sous le titre de *Légion des montagnes des Pyrénées.* (L. 13, 181 ; B. 27, 128.)

29 = 30 JANVIER 1793. — Décret relatif à la suspension de la nouvelle municipalité de Strasbourg. (L. 13, 181 ; B. 27, 127.)

29 = 30 JANVIER 1793. — Décret qui autorise l'augmentation du nombre des courriers de Toulouse à Bayonne et de Bayonne à Toulouse. (B. 27, 127.)

29 JANVIER 1793. — Avoués, etc. *Voy.* 26 JANVIER 1793. — Beaumont-le-Vicomte. *Voy.* 28 JANVIER 1793. — Commissaires de la Convention ; Emigrés. *Voy.* 26 JANVIER 1793. — Fournisseurs des armées. *Voy.* 28 JANVIER 1793. — Légions belges ; Opérations maritimes. *Voy.* 26 JANVIER 1793. — Prisonniers de l'Abbaye. *Voy.* 28 JANVIER 1793. — Receveurs de Bordeaux et de Moulins. *Voy.* 27 JANVIER 1793.

30 JANVIER = 2 FÉVRIER 1793. — Décret qui ordonne aux inspecteurs-généraux, visiteurs principaux et visiteurs des rôles, de cesser leurs fonctions, et qui règle l'indemnité à leur accorder. (L. 13, 183 ; B. 27, 130.)

La Convention nationale, après avoir entendu le rapport de son comité des finances, décrète ce qui suit :

Les inspecteurs-généraux, les visiteurs principaux et visiteurs des rôles, supprimés par le décret du 4 décembre dernier, cesseront leurs fonctions à compter du jour de la publication du présent décret ; néanmoins ils recevront leurs traitemens, mais par forme d'indemnité, conformément à l'article 17 du décret du 20 septembre = 9 octobre 1791, jusqu'au 1er avril prochain, et jouiront du bénéfice qui leur est accordé par le décret du 8 = 20 mars de ladite année, en ajoutant à leurs anciens services le temps qu'ils ont passé dans leurs derniers emplois : le montant de cette indemnité sera pris en entier sur les fonds provenant des patentes.

30 JANVIER 1793. — Décret pour assurer des pensions aux mères des citoyens Gavet et Maréchal, qui ont péri à Calais, après avoir sauvé de la fureur des flots vingt de leurs concitoyens. (B. 27, 129.)

30 JANVIER = 2 FÉVRIER 1793. — Décret concernant les certificats de civisme. (B. 27, 128.)

30 JANVIER = 2 FÉVRIER 1793. — Décret sur la poursuite des auteurs et complices de la conjuration de Dusaillant. (B. 27, 129.)

30 JANVIER = 2 FÉVRIER 1793. — Décret qui renvoie au comité de sûreté générale les pièces relatives à la convention du gouvernement anglais envers la France. (B. 27, 130.)

30 = 30 JANVIER 1793. — Décret qui accorde, à titre de récompense, dix mille livres à qui découvrira, arrêtera ou fera arrêter Pâris. (L. 13, 182 ; B. 27, 129.)

30 JANVIER = 2 FÉVRIER 1793. — Décret qui autorise le conseil exécutif à disposer du second bataillon des Marseillais. (B. 27, 130.)

30 JANVIER 1793. — Décret qui ordonne de faire reconnaître l'identité du cadavre de Pâris, suicidé dans la commune de Forges-les-Eaux. (B. 27, 231.)

30 JANVIER = 3 FÉVRIER 1793. — Décret d'accusation contre Sophie-d'Ivvicart-Saint-Clare, Gérard et Antoinette Thevenet, femme Gérard. (B. 27, 131.)

30 JANVIER 1793. — Autun. *Voy.* 27 JANVIER 1793. — Légion des montagnes des Pyrénées ; Notaires, etc. *Voy.* 29 JANVIER 1793. — Officiers ; Officiers de santé de la marine. *Voy.* 26 JANVIER 1793. — Strasbourg. *Voy.* 29 JANVIER 1793.

31 JANVIER 1793. — Décret qui réunit le comté de Nice à la France. (L. 13, 184 ; B. 27, 140.)

La Convention nationale déclare, au nom du peuple français, qu'elle accepte le vœu librement émis par le peuple souverain du ci-devant comté de Nice dans ses assemblées primaires, et décrète, en conséquence, que le ci-devant comté de Nice fait partie intégrante de la République française ;

Ordonne que le conseil exécutif provisoire prendra sur-le-champ les mesures nécessaires pour faire transporter les bureaux de douanes aux points limitrophes du territoire étranger ;

Charge son comité de division de lui faire incessamment un rapport sur le mode d'organisation générale du ci-devant comté de Nice.

Le présent décret sera porté à Nice par un courrier extraordinaire.

31 JANVIER 1793. — Décret relatif à la conduite des généraux dans les pays où les armées françaises sont entrées ou entreront. (L. 13, 185 ; B. 27, 140.)

La Convention nationale, informée que, dans quelques-uns des pays actuellement occupés par les armées de la République, l'exécution des décrets des 15, 17 et 22 décembre dernier a été arrêtée, en tout ou en partie, par les ennemis du peuple coalisés contre sa souveraineté, décrète ce qui suit :

Art. 1er. Les décrets des 15, 17 et 22 décembre seront exécutés dans tous les lieux où les armées de la République sont entrées ou entreront à l'avenir.

3. Les généraux des armées de la République prendront toutes les mesures nécessaires

pour la tenue des assemblées primaires ou communales, aux termes desdits décrets. Les commissaires envoyés par la Convention nationale pour fraterniser avec ces peuples pourront décider provisoirement toutes les questions qui s'élèveront relativement à la forme et aux opérations des assemblées, même en cas de réclamation sur la validité des élections. Ils veilleront particulièrement sur tout ce qui pourra assurer la liberté des assemblées et des suffrages.

3. Les peuples réunis en assemblées primaires ou communales sont invités à émettre leur vœu sur la forme du gouvernement qu'ils voudront adopter.

4. Les peuples des villes et territoires qui ne se seraient pas assemblés dans la quinzaine au plus tard après la promulgation tant des décrets des 15, 17 et 22 décembre dernier, si elle n'a pas été faite, que du présent décret, seront déclarés ne vouloir être amis du peuple français. La République les traitera comme les peuples qui refusent d'adopter ou se donner un gouvernement fondé sur la liberté et l'égalité.

5. Les trois commissaires de la Convention nationale dans la Belgique, le Hainaut, le pays de Liége et les pays voisins, qui sont venus rendre compte de leurs opérations à la Convention, se réuniront à leurs collègues, et partiront, savoir : Danton et Lacroix, immédiatement après le présent décret; Camus, dans la huitaine au plus tard. Ils pourront agir conjointement ou séparément, pourvu néanmoins qu'ils soient réunis au nombre de deux, et à la charge de donner connaissance, dans les vingt-quatre heures, de toutes leurs opérations à la Convention.

———

31 JANVIER = 1ᵉʳ FÉVRIER 1793. — Décret relatif à la réparation des prisons de l'Abbaye, à l'exécution des lois concernant les maisons de justice, d'arrêt et de correction, et aux jugemens des prévenus de délits militaires. (L. 13, 188; B. 27, 139.)

La Convention nationale, sur les diverses propositions qui lui ont été faites par plusieurs de ses membres, après le compte rendu par le ministre de la justice de l'état des prisons de l'Abbaye, décrète ce qui suit :

Art. 1ᵉʳ. Le conseil exécutif provisoire est autorisé à choisir parmi les édifices nationaux situés dans la ville de Paris un local sûr et commode, pour y renfermer provisoirement les prisonniers, jusqu'au moment où les prisons de l'Abbaye auront été réparées.

2. L'administration du département et le corps municipal de Paris prendront des mesures propres à procurer aux prisonniers tous les soulagemens dont il sera possible de les faire jouir.

3. Le ministre de la guerre rendra compte, dans huit jours, des causes de la détention des soldats renfermés à l'Abbaye; il donnera les ordres nécessaires afin que ceux qui seraient en état d'accusation soient jugés par les cours martiales, et pour renvoyer à leurs postes ceux qui auraient subi les peines correctionnelles qui leur auraient été infligées.

4. Il est enjoint aux corps administratifs et municipaux de veiller à l'exécution des lois concernant les maisons de justice, d'arrêt et de correction, et à les faire disposer de manière à les rendre sûres et saines, et que la santé des prisonniers n'y soit point altérée.

5. Il est pareillement enjoint aux commissaires des guerres de traduire devant les cours martiales, dans la quinzaine de leur détention, ceux qui seront prévenus de délits militaires.

6. Le rapport du ministre de la justice sur les lieux de détention sera incessamment imprimé et distribué à tous les membres de la Convention.

7. Les comités de législation, de la guerre, des finances et des domaines réunis, présenteront, sous quinzaine, un rapport sur les maisons de justice, de correction, d'arrêt et autres prisons de la République, ainsi que sur les moyens d'adoucir le sort de ceux qui y sont détenus, et d'établir entre eux un traitement égal.

———

31 JANVIER = 1ᵉʳ FÉVRIER 1793. — Décret qui interprète l'article du décret du 20 septembre 1792, par lequel la majorité est fixée à 21 ans. (L. 13, 190; B. 27, 136.)

La Convention nationale, ouï le rapport de son comité de législation, interprétant l'article 2, section Iʳᵉ, titre IV du décret du 20 septembre dernier, déclare que la majorité fixée à vingt-un par cet article est parfaite à l'égard de tous les droits civils, et que les majeurs de vingt-un ans doivent être considérés, quant à leurs affaires privées, comme l'étaient, dans toute la France, avant l'époque du décret, les majeurs de vingt-cinq ans; déclare au surplus que ce même article ne déroge point aux décrets qui fixent l'âge requis pour être admis à exercer des droits ou des fonctions politiques, et que ces décrets continueront d'être observés provisoirement suivant leur forme et teneur.

———

31 JANVIER = 1ᵉʳ FÉVRIER 1793. — Décret relatif au concours pour l'admission aux douze places d'élèves d'artillerie de la marine. (L. 13, 192; B. 27, 135.)

Art. 1ᵉʳ. Le ministre de la marine est autorisé à fixer et faire annoncer par des avis envoyés dans les quatre-vingt-quatre départemens l'époque du concours pour l'admission aux douze places d'élèves d'artillerie de la marine établies par le décret du 31 mai = 14 juin 1792.

9.

2. Les concours n'auront lieu que dans les ports de Brest, Toulon, Rochefort et Lorient, et il sera nommé trois élèves dans chacun desdits ports.

3. Les citoyens qui voudront être admis au concours se présenteront au greffe de la municipalité du lieu où ils se proposeront de concourir, et seront tenus de justifier qu'ils ne sont âgés que de seize à vingt ans ; qu'ils ont prêté le serment de maintenir la liberté et l'égalité, ou de mourir en les défendant, et qu'ils ont servi, soit sur les vaisseaux de la République, soit dans la garde nationale, soit dans toute autre partie du service militaire ou civil.

4. Les concours seront publics; ils seront présidés par la municipalité du lieu; le commandant du port sera présent, et les membres des corps administratifs, ainsi que les officiers d'artillerie de la marine, seront invités à y assister.

5. Les concurrens seront examinés par l'examinateur de la marine, sur les deux premiers volumes du Cours de Bezout. La préférence sera accordée aux sujets qui auront répondu de la manière la plus satisfaisante, et le rang qu'ils prendront entre eux sera établi sur le même principe.

6. Dans le cas d'égalité d'instruction entre deux sujets, la préférence sera accordée à l'ancienneté de service, et, s'il existait encore parité à cet égard, elle serait donnée au plus âgé des concurrens.

7. Toutes les dispositions du décret du 31 mai = 14 juin 1792, concernant l'instruction, l'emploi et l'avancement des élèves de l'artillerie de la marine, auront leur exécution aussitôt après la nomination desdits élèves.

8. Le ministre de la marine rendra compte de l'exécution du présent décret avant le 1ᵉʳ avril prochain.

31 JANVIER = 1ᵉʳ FÉVRIER 1793. — Décret qui autorise les citoyens français à armer en course. (L. 13, 195; B. 27, 138.)

Voy. lois du 2 FÉVRIER 1793; du 14 FÉVRIER 1793; 21 FÉVRIER 1793; 1ᵉʳ OCTOBRE 1793.

La Convention nationale, considérant que le gouvernement anglais, par ses dispositions hostiles et le renvoi de notre ambassadeur, donne lieu de faire craindre à la République française l'incursion prochaine des bâtimens employés pour son commerce, et voulant se mettre en mesure à cet égard, en conciliant néanmoins les intérêts particuliers avec l'intérêt général, décrète ce qui suit :

Art. 1ᵉʳ. Les citoyens français pourront armer en course.

2. Le ministre de la marine, pour accélérer les armemens en course, s'ils ont lieu, délivrera des lettres de marque ou permissions en blanc d'armer en guerre, et courir sur les ennemis de la République. Ces lettres ou permissions seront conformes au modèle qui sera annexé au présent décret, et dont la rédaction a été envoyée au comité de marine.

3. Ces lettres ou permissions en blanc, signées du ministre, seront envoyées par lui aux directoires des districts maritimes, qui ne pourront les délivrer que sur leur responsabilité, à la charge de prévenir exactement le ministre de leur livraison.

4. Il ne pourra être employé sur les bâtimens en course qu'un sixième des matelots classés, en état de servir la République; pour cet effet, les préposés aux classes ne pourront recevoir d'enrôlemens, ni délivrer de permis d'embarquer pour la course, qu'autant que le nombre des matelots employés à ce service n'excédera pas le sixième des gens classés de leur arrondissement. Ils seront, ainsi que les armateurs, responsables de toute contravention à ce décret (1).

5. Les chefs, sous-chefs, préposés aux classes, et les capitaines des bâtimens de la République, ne pourront, dans aucun cas, forcer les capitaines des bâtimens en course à en débarquer aucun matelot, qu'autant que le nombre de ceux classés excédera la proportion déterminée dans l'article ci-dessus.

6. La Convention nationale suspend l'exécution du décret du 4 = 13 mai 1791, qui prohibe l'importation et la vente en France des navires et autres bâtimens de construction étrangère.

Modèle des lettres de marque pour l'armement en course (2).

LIBERTÉ, ÉGALITÉ.

Au nom de la République française, le conseil exécutif de la République française permet par ces présentes à   de faire armer et équiper en guerre un   nommé le   du port de   tonneaux ou environ, actuellement au port de   avec tel nombre de canons, boulets et telle quantité de poudre, plomb et autres munitions de guerre et vivres qu'il jugera nécessaire pour le mettre en état de courir sur les pirates, forbans, gens sans aveu, et généralement sur tous les ennemis de la République française, en quelque lieu qu'il pourra les rencontrer, de les prendre et amener prisonniers avec leurs navires, armes et autres objets dont ils seront saisis; à la charge par ledit. . . . de se conformer aux ordon-

_____

(1) *Voy.* loi du 17 février 1793.   (2) *Voy.* loi du 2 février 1793.

nances de la marine, aux lois décrétées par les représentans du peuple français, et notamment à l'article 4 du décret du 31 janvier, concernant le nombre d'hommes devant former son équipage; de faire enregistrer les présentes lettres au bureau des classes du lieu de son départ; d'y déposer un rôle signé et certifié de lui, contenant les noms et surnoms, âge, lieux de naissance et demeures des gens de son équipage; et, à son retour, de faire son rapport, par-devant l'officier chargé de l'administration des classes, de ce qui se sera passé pendant son voyage.

Le conseil exécutif provisoire requiert tous peuples amis et alliés de la République française, et leurs agens, de donner audit toute assistance, passage et retraite en leurs ports, avec sondit vaisseau et les prises qu'il aura pu faire, offrant d'en user de même en pareille circonstance. Mande et ordonne aux commandans des bâtimens de l'État de laisser passer librement ledit. . . . . avec son vaisseau et ceux qu'il aura pu prendre sur l'ennemi, et de lui donner secours et assistance. Ne pourront les présentes servir que pour. . . . . mois seulement, à compter de la date de leur enregistrement.

En foi de quoi, le conseil exécutif provisoire de la République a fait signer les présentes lettres par le ministre de la marine, et y apposer le sceau de la République.

Donné à Paris, le . . . .

31 JANVIER = 1er FÉVRIER 1793. — Décret relatif aux comptes à rendre par les ci-devant receveurs particuliers des finances de la ville de Paris. (L. 13, 199; B. 27, 133.)

Art. 1er. Dans les comptes à rendre par les ci-devant receveurs particuliers des finances de la ville de Paris, pour les exercices 1786 et suivans, jusques et compris l'exercice 1790, en exécution de l'article 8 du décret du 21 décembre 1792, ils porteront en reprise le montant des restes à recouvrer, à l'époque à laquelle leurs registres ont été arrêtés, en exécution du décret du 3 = 19 juillet 1792, par les commissaires du département de Paris, ainsi que les décharges et modérations constatées à la même époque; ils présenteront ces comptes provisoires directement au bureau de comptabilité.

2. Les six anciens receveurs des impositions de la ville de Paris sont tenus d'achever le recouvrement des impositions desdits exercices; ils verseront directement au caissier-général de la Trésorerie nationale les produits desdits recouvremens.

3. Les comptes desdits restes seront présentés au bureau de comptabilité par lesdits receveurs, pour les divers exercices dont il s'agit, au 1er octobre prochain, sous les peines portées par le décret du 17 = 29 septembre 1791.

4. Les ci-devant receveurs-généraux des finances de la ville de Paris, des exercices *pair* et *impair*, seront pareillement tenus, sous les mêmes peines, de présenter, dans le délai d'un mois, au bureau de comptabilité, les comptes de leurs recettes et de leurs dépenses effectives, sur leurs exercices respectifs; ils rapporteront à l'appui de leurs recettes les ampliations, signées des ci-devant receveurs particuliers, des récépissés par eux délivrés auxdits receveurs particuliers.

31 = 31 JANVIER 1793. — Décret qui ordonne de faire un rapport général sur l'état de la maison des Quinze-Vingts, et d'apposer les scellés sur les papiers de l'administration. (B. 27, 133.)

31 JANVIER 1793. — Décret qui suspend l'exécution de la loi du 13 mai 1791, qui prohibe l'importation en France des navires de construction étrangère (1). (B. 27, 139.)

31 = 31 JANVIER 1793. — Décret qui lève la suspension de la municipalité de Sainte-Affrique. (B. 27, 135.)

31 JANVIER 1793. — Décret qui ajourne le rapport des commissaires de la Convention à l'armée du Var. (B. 27, 141.)

31 JANVIER = 1er FÉVRIER 1793. — Décret qui accorde une somme de trois mille livres au dénonciateur de Geoffroy-Pierre-Réal-Desperrières, distributeur de faux assignats. (B. 27, 136.)

31 JANVIER = 1er FÉVRIER 1793. — Décret portant que le décret du 26 de ce mois est commun à tous les déportés de la Guadeloupe. (L. 13, 187; B. 27, 138.)

31 JANVIER = 1er FÉVRIER 1793. — Décret portant qu'il n'y a pas lieu à donner suite à la dénonciation faite contre l'administration des messageries. (L. 13, 194; B. 27, 132.)

31 JANVIER = 1er FÉVRIER 1793. — Décret qui ordonne de payer mille livres, à titre d'indemnité, au citoyen Antoine Buffet. (B. 27, 132.)

31 JANVIER = 1er FÉVRIER 1793. — Décret qui accorde, à titre de récompense, trois cents livres au nommé Gilbert, pour sa dénonciation civique. (B. 27, 137.)

_____

(1) *Voy.* l'article 6 du décret du 31 janvier 1793, qui permet l'armement de course.

31 JANVIER = 1er FÉVRIER 1793. — Décret qui change le nom du lieu de Corme-Royal en celui de Corme-la-Forêt, et le nom de la commune de Saint-Hilaire, district de Saint-Marcellin, en celui de Saint-Hilaire-du-Rosier. (B. 27, 137.)

31 JANVIER 1793. — Décret relatif aux demandes en réduction de la contribution patriotique. (L. 13, 201.)

31 JANVIER 1793. — Déportés de la Guadeloupe. *Voy.* 26 JANVIER 1793. — Michel Lepelletier. *Voy.* 23 JANVIER 1793.

1er = 1er FÉVRIER 1793. — Décret qui déclare que la France est en état de guerre avec le roi d'Angleterre et le stathouder des Provinces-Unies. (L. 13, 203 ; B. 27, 144.)

La Convention nationale, après avoir entendu le rapport de son comité de défense générale, sur la conduite du gouvernement anglais envers la France ;

Considérant que le roi d'Angleterre n'a cessé, principalement depuis la révolution du 10 août 1792, de donner à la nation française des preuves de sa malveillance et de son attachement à la coalition des têtes couronnées ;

Qu'à cette époque, il a ordonné à son ambassadeur à Paris de se retirer, parce qu'il ne voulait pas reconnaître le conseil exécutif provisoire créé par l'Assemblée législative ;

Que le cabinet de Saint-James a discontinué, à la même époque, sa correspondance avec l'ambassadeur de France à Londres, sous prétexte de la suspension du ci-devant roi des Français ;

Que, depuis l'ouverture de la Convention nationale, il n'a pas voulu reprendre sa correspondance accoutumée, ni reconnaître les pouvoirs de cette Convention ;

Qu'il a refusé de reconnaître l'ambassadeur de la République française, quoique muni de lettres de créance en son nom ;

Qu'il a cherché à traverser les divers achats de grains, armes et autres marchandises commandées en Angleterre, soit par des citoyens français, soit par des agens de la République française ;

Qu'il a fait arrêter plusieurs bateaux et vaisseaux chargés de grains pour la France, tandis que, contre la teneur du traité de 1786, l'exportation en continuait pour d'autres pays étrangers ;

Que, pour traverser encore plus efficacement les opérations commerciales de la République en Angleterre, il a fait prohiber, par un acte du parlement, la circulation des assignats ;

Qu'en violation de l'article 4 du traité de 1786, il a fait rendre, par le même parlement, dans le cours du mois de janvier dernier, un acte qui assujétit tous les citoyens français allant ou résidant en Angleterre, aux formes les plus inquisitoriales, les plus vexatoires et les plus dangereuses pour leur sûreté ;

Que, dans le même temps, et contre la teneur de l'article 1er du traité de paix de 1783, il a accordé une protection ouverte, des secours d'argent aux émigrés et même aux chefs de rebelles qui ont déjà combattu contre la France ; qu'il entretient avec eux une correspondance journalière, et évidemment dirigée contre la révolution française ;

Qu'il accueille pareillement les chefs des rebelles des colonies françaises occidentales ;

Que, dans le même esprit, sans qu'aucune provocation y ait donné lieu, et lorsque toutes les puissances maritimes sont en paix avec l'Angleterre, le cabinet de Saint-James a ordonné un armement considérable par mer, une augmentation à ses forces de terre ;

Que cet armement a été ordonné au moment où le ministère anglais persécutait avec acharnement ceux qui soutenaient en Angleterre les principes de la révolution française, et employait tous les moyens possibles, soit au parlement, soit au dehors, pour couvrir d'ignominie la République française, et pour attirer sur elle l'exécration de la nation anglaise et de l'Europe entière ;

Que le but de cet armement destiné contre la France n'a pas même été déguisé dans le parlement d'Angleterre ;

Que, quoique le conseil exécutif provisoire de France ait employé tous les moyens pour conserver la paix et la fraternité avec la nation anglaise, et n'ait répondu aux calomnies et aux violations des traités que par des réclamations fondées sur les principes de la justice, et exprimées avec la dignité d'hommes libres, le ministère anglais a persévéré dans son système de malveillance et d'hostilité, continué les armemens et envoyé une escadre vers l'Escaut, pour troubler les opérations de la France dans la Belgique ;

Qu'à la nouvelle de l'exécution de *Louis,* il a porté l'outrage envers la République française au point de donner ordre à l'ambassadeur de France de quitter, sous huit jours, le territoire de la Grande-Bretagne ;

Que le roi d'Angleterre a manifesté son attachement à la cause de ce traître, et son dessein de le soutenir par diverses résolutions prises au moment de sa mort, soit pour nommer les généraux de son armée de terre, soit pour demander au parlement d'Angleterre une addition considérable de forces de terre et de mer, et ordonner l'équipement de chaloupes canonnières ;

Que sa coalition secrète avec les ennemis de la France, et notamment avec l'Empereur et la Prusse, vient d'être confirmée par un traité passé avec le premier dans le mois de janvier dernier;

Qu'il a entraîné dans la même coalition le stathouder des Provinces Unies; que ce prince, dont le dévouement servile aux ordres du cabinet de Saint-James et de Berlin n'est que trop notoire, a, dans le cours de la révolution française, et malgré la neutralité dont il protestait, traité avec mépris les agens de France, accueilli les émigrés, vexé les patriotes français, traversé leurs opérations, relâché, malgré les usages reçus, et malgré la demande du ministère français, les fabricateurs de faux assignats;

Que, dans les derniers temps, pour concourir aux desseins hostiles de la cour de Londres, il a ordonné un armement par mer, nommé un amiral, ordonné à des vaisseaux hollandais de joindre l'escadre anglaise, ouvert un emprunt pour subvenir aux frais de la guerre, empêcher les exportations pour la France, tandis qu'il favorisait les approvisionnemens des magasins prussiens et autrichiens;

Considérant enfin que toutes ces circonstances ne laissent plus à la République française d'espoir d'obtenir, par la voie des négociations amicales, les redressemens de ses griefs, et que tous les actes de la cour britannique et du stathouder sont des actes d'hostilité, et équivalent à une déclaration de guerre;

La Convention nationale décrète ce qui suit :

Art. 1er. La Convention nationale déclare, au nom de la nation française, qu'attendu tous ces actes d'hostilités et d'agression, la République française est en guerre avec le roi d'Angleterre et le stathouder des Provinces-Unies.

2. La Convention nationale charge le conseil exécutif provisoire de déployer les forces qui lui paraîtront nécessaires pour repousser leur agression, et pour soutenir l'indépendance, la dignité et les intérêts de la République.

3. La Convention nationale autorise le conseil exécutif provisoire à disposer des forces navales de la République, ainsi que le salut de l'État lui paraîtra l'exiger; elle révoque toutes les dispositions particulières ordonnées à cet égard par les précédens décrets.

1er FÉVRIER 1793. — Décret qui autorise le ministre de la marine à faire exploiter, dans les forêts de la Corse, les bois propres à la construction. (L. 13, 208 ; B. 27, 149.)

La Convention nationale autorise le ministre de la marine à faire exploiter, dans les forêts nationales du département de la Corse les bois plus voisines des ports de mer, les bois propres à la construction, et à les faire transporter dans l'arsenal de Toulon.

1er = 4 FÉVRIER 1793. — Décret portant création de huit cents millions en assignats, et qui ordonne la confection des états des biens saisis aux émigrés et des biens affectés à la liste civile. (L. 13, 209 ; B. 27, 147.)

Voy. lois des 21, 23, 24 et 25 FÉVRIER 1793.

La Convention nationale, après avoir entendu le rapport de son comité des finances sur les états de situation des diverses caisses de la Trésorerie nationale, à la date du 26 janvier dernier, fournis par les commissaires de ladite Trésorerie, desquels il résulte :

1° Que, sur les trois milliards cent millions quarante livres, montant des diverses créations d'assignats déjà décrétées, il en avait été fabriqué et employé trois milliards soixante neuf millions quatre cent cinquante mille quarante livres; de sorte qu'il ne restait de disponible que trente millions cinq cent cinquante mille livres;

2° Que, sur les cent soixante-cinq millions quatre cent vingt mille six cent une livres en assignats, qui, d'après le décret du 10 janvier dernier, doivent être versées dans la caisse de la Trésorerie nationale, il en avait été versé cent dix-huit millions cinquante mille livres; de sorte qu'il restait encore à verser quarante-sept millions trois cent soixante-dix mille six cent une livres;

3° Que, sur les trois milliards soixante-neuf millions quatre cent cinquante mille quarante livres, montant des assignats qui ont été émis et employés, il en était rentré six cent quatre-vingt-deux millions par le paiement des fruits et capitaux des domaines nationaux, lesquels ont été annulés et brûlés; de sorte que le montant des assignats qui étaient en circulation se portait à deux milliards trois cent quatre-vingt-sept millions quatre cent soixante mille quarante livres;

Considérant la nécessité qu'il y a d'assurer dès à présent les moyens de satisfaire aux versemens déjà décrétés et aux dépenses qu'exigent les mesures à prendre contre les ennemis de la République;

Considérant que, pour maintenir le crédit des assignats, il faut leur affecter un gage certain et disponible;

Considérant que ce gage, qui montait, suivant les états arrêtés par l'Assemblée nationale, au mois d'avril dernier, à deux milliards quatre cent quarante cinq millions six cent trente huit mille deux cent trente sept livres, a été augmenté de sept cent vingt-cinq millions par la vente décrétée depuis cette époque :

1° Des palais épiscopaux;

2° Des maisons ci-devant occupées par les religieuses;

3° Des biens ci-devant jouis par l'ordre de Malte et par les colléges;

4° Du montant de la coupe des quarts de

réserve et futaies, et d'une partie de bois épars, jusqu'à concurrence de deux cents millions ;

5° Du montant des intérêts sur les sommes dues par les acquéreurs des domaines nationaux vendus, et du produit des fruits de ceux invendus, de sorte que le montant du gage disponible des assignats s'élève à trois milliards cent soixante-dix millions six cent trente-huit mille deux cent trente-sept livres ;

Considérant que ce gage peut encore être augmenté,

1° De douze cents millions, par la valeur des bois et forêts dont la vente est ajournée ;

2° De deux cents millions, par celle des biens affectés à la liste civile ;

3° De cent millions, par la rentrée du bénéfice à faire sur la reprise des domaines engagés ;

4° De cinquante millions, par le produit du rachat des ventes foncières et droits ci-devant féodaux, appuyés des titres primitifs portant concession de fonds ;

5° De trente millions, par la valeur des biens nationaux situés dans le département du Mont-Blanc et dans les districts de Louvèze et de Vaucluse, nouvellement réunis à la République ;

6° Par le produit de la vente des biens des émigrés, qui, d'après le compte rendu par Roland, ministre de l'intérieur, peut être estimé trois milliards, déduction faite des dettes à acquitter ;

7° Et enfin par le montant de l'indemnité qui sera due à la République par les peuples auxquels les succès des armes françaises auront procuré la liberté et l'égalité, décrète ce qui suit :

Art. 1er. Il sera créé huit cents millions en assignats, destinés à fournir tant aux besoins extraordinaires de la Trésorerie nationale, qu'au paiement des dépenses de la guerre, et à celui des créances au-dessus de dix mille livres, qui continueront d'être remboursées suivant les formes et dans les termes décrétés le 15 mai dernier, ou au remboursement des seizièmes dus aux municipalités, pour acquisition de domaines nationaux, d'après les lois rendues, et suivant les formes qui ont eu lieu jusqu'à ce jour.

2. La présente création sera composée de quarante millions en assignats de dix sous, dont la fabrication a été ordonnée par le décret du 24 octobre dernier ; de soixante millions en assignats de quinze sous, dont la fabrication a été ordonnée par le même décret ; de soixante-quinze millions en assignats de vingt-cinq sous, à prendre sur les cent millions dont la fabrication a été ordonnée par le décret du 23 décembre 1791, et qui étaient destinés par le décret du 31 juillet dernier à servir aux échanges ; de soixante-quinze mil-

lions en assignats de cinquante sous, à prendre sur les cent millions dont la fabrication a été ordonnée par le même décret, et qui étaient aussi destinés à servir aux échanges, de cent millions en assignats de dix livres, qui seront fabriqués par supplément à la fabrication ordonnée par le décret du 24 octobre dernier ; de cent cinquante millions en assignats de cinquante livres, à prendre sur les trois cents millions dont la fabrication a été ordonnée par le décret du 14 décembre dernier, et de trois cents millions en assignats de quatre cents livres, à prendre sur les six cents millions dont la fabrication a été ordonnée par le décret du 21 novembre dernier.

3. La comptabilité des assignats de la présente création sera soumise aux mêmes formalités que celles décrétées pour les précédentes.

4. La circulation des assignats pourra être portée à la somme de trois milliards cent millions. La Convention charge son comité des finances de lui présenter, dans quinzaine, un projet de décret pour diminuer la masse des assignats en circulation.

5. Pour augmenter le gage disponible des diverses créations d'assignats, il sera mis en vente : 1° les biens saisis aux émigrés ; 2° les biens nationaux qui étaient ci-devant affectés à la liste civile, la Convention nationale chargeant son comité d'aliénation de lui présenter, dans trois jours, un projet de décret pour déterminer le mode et la forme de vente desdits biens.

6. Les maires et officiers municipaux feront dresser, sans délai, des états de consistance des biens appartenant aux émigrés. Ils les feront passer, d'ici au 1er avril prochain, aux directoires de district, qui les enverront, avant le 15 avril prochain, aux directoires de département, qui les adresseront, avant le 1er mai prochain, à l'administrateur des domaines nationaux, qui en dressera un état général, pour être présenté, le 1er juin prochain, à la Convention.

7. Les directoires de district, et, à leur défaut, les directoires de département seront tenus de nommer des commissaires pour suppléer les maires et officiers municipaux qui n'auront pas satisfait aux dispositions du présent décret ; l'indemnité à accorder auxdits commissaires sera payée par les maires et officiers municipaux qui l'auront nécessitée.

8. Les administrateurs du droit d'enregistrement et des domaines se procureront, par leurs préposés, un double de l'état de consistance des biens des émigrés, qui aura été dressé par les maires et officiers municipaux, ou par les commissaires nommés par les directoires de département ou de district. Ils en feront dresser un état général, qu'ils seront tenus de présenter, le 1er juin prochain, à la Convention.

9. Les administrateurs de département et de district, l'administrateur des domaines nationaux, les administrateurs et préposés à la régie du droit de timbre et des domaines, qui n'auront pas satisfait, chacun pour ce qui le concerne, à ce qui leur est prescrit par le présent décret, seront destitués de leurs fonctions.

1er = 3 FÉVRIER 1793. — Décret qui porte provisoirement jusqu'à trente le nombre des élèves du corps du génie établi à Mézières. (L. 13, 214; B. 27, 142.)

La Convention nationale sur la proposition d'un membre, décrète que le ministre de la guerre est autorisé à porter provisoirement jusqu'à trente le nombre des élèves du corps du génie de l'école établie à Mézières, et à employer aux armées ou dans les garnisons ceux de ces élèves qui, au rapport de l'examinateur, se trouveront suffisamment instruits.

1er = 3 FÉVRIER 1793. — Décret qui autorise le département des Pyrénées-Orientales à imposer sur les sous additionnels de 1793 une somme de vingt-deux mille livres, pour indemnité d'une perte sur les grains achetés en 1792. (L. 13, 142; B. 27, 142.)

1er FÉVRIER 1793. — Décret qui ordonne l'impression du rapport du comité de défense générale, sur la situation publique de la France vis-à-vis de l'Angleterre et de la Hollande. (B. 27, 142.)

1er = 1er FÉVRIER 1793. — Décret qui accorde vingt-cinq millions au ministre de l'intérieur pour achat de grains. (L. 13, 207; B. 27, 150.)

1er = 3 FÉVRIER 1793. — Décret qui ordonne de remettre à la Trésorerie un million deux cent cinquante-six mille deux cent quarante livres versées dans la caisse du receveur de Dijon. (B. 27, 143.)

1er = 1er FÉVRIER 1793. — Décret qui ordonne l'impression de la correspondance avec le cabinet de Saint-James depuis le mois de mai 1792. (B. 27, 143 et 150.)

1er = 3 FÉVRIER 1793. — Décret qui accorde une indemnité au citoyen Sarthe, pour différens travaux relatifs aux assignats. (B. 27, 143.)

1er = 3 FÉVRIER 1793. — Décret qui ordonne de relâcher le navire l'Adonis, chargé de beurre et de fruits, et de faire un rapport sur les objets dont il importe de défendre provisoirement l'importation. (B. 27, 150.)

1er FÉVRIER 1793. — Décret relatif aux fonctionnaires publics ou autres citoyens des colonies déportés par des ordres arbitraires. (B. 27, 141.)

1er FÉVRIER 1793. — Décret qui ordonne de faire une adresse aux peuples anglais et batave. (B. 27, 144.)

1er = 1er FÉVRIER 1793. — Décret portant nomination de trois commissaires pour la Corse. (B. 27, 150.)

1er FÉVRIER 1793. — Armemens en course; Contribution patriotique; Élèves d'artillerie de la marine; Généraux; Majorité; Prisons de l'Abbaye; Receveurs particuliers de Paris. Voy. 31 JANVIER 1793.

2 FÉVRIER 1793. — Décret contenant le modèle des lettres de marque pour l'armement en course. (L. 13, 215; B. 27, 154.)

La Convention nationale décrète que la formule ci-après sera employée pour les lettres de marque, et que des exemplaires en seront envoyés sur-le-champ par des courriers extraordinaires dans tous les ports de la République (1).

2 FÉVRIER 1793. — Décret relatif à l'attentat commis sur la personne du sieur Basséville, secrétaire de légation, chargé des affaires du gouvernement français à Rome. (L. 13, 217; B. 27, 152.)

La Convention nationale, profondément indignée de l'attentat commis sur la personne du citoyen Basséville, secrétaire de légation, chargé des affaires de la République à Rome; considérant que ce crime atroce, la dévastation et l'incendie du palais de l'Académie de France et de la maison du consul de la République, sont un outrage à la souveraineté nationale, et une violation manifeste du droit des gens, évidemment provoqués et excités par le gouvernement de Rome; après avoir entendu le rapport de son comité de défense générale, décrète ce qui suit:

Art. 1er. Il est enjoint au conseil exécutif provisoire de prendre les mesures les plus promptes pour tirer une vengeance éclatante de ces attentats.

2. La Convention nationale adopte, au nom du peuple français, l'enfant du citoyen Basséville, et décrète qu'il sera élevé aux dépens de la République.

3. Il est accordé à sa veuve une pension viagère de quinze cents livres, dont les deux tiers seront réversibles à son enfant, et un secours provisoire de deux mille livres.

_____

(1) Voy. loi du 31 janvier 1793.

4. La Convention nationale charge son président d'écrire à la citoyenne Basseville, pour lui donner connaissance du présent décret.

5. Le conseil exécutif est chargé de faire jouir de la protection de la République tous les Français non émigrés ou déportés qui se trouvent actuellement à Rome ; il fournira aux artistes français, aux élèves et aux fonctionnaires publics, les secours pécuniaires pour leur retour en France.

2 = 4 FÉVRIER 1793. — Décret qui accorde des primes et des récompenses aux corsaires qui ramèneront des bâtimens ennemis chargés de subsistances. (L. 13, 223 ; B. 27, 152.)

Voy. loi du 31 JANVIER = 1er FÉVRIER 1793.

La Convention nationale décrète qu'il sera accordé des primes et des récompenses aux corsaires qui ramèneront dans les ports de la République des bâtimens ennemis chargés de subsistances ; et charge son comité de commerce de lui présenter, sans délai, un projet de décret qui en règle le mode et la quotité.

2 = 4 FÉVRIER 1793. — Décret relatif aux primes et encouragemens accordés au commerce depuis 1791. (L. 13, 222 ; B. 27, 152.)

Voy. loi du 1er FÉVRIER 1793.

La Convention nationale, après avoir entendu la proposition faite, au nom du comité de commerce, de décréter que, conformément au décret du 18 = 25 février 1791 et au décret confirmatif du 16 = 23 août 1792, toutes les primes et encouragemens accordés et dus au commerce depuis le 1er janvier 1791, seront acquittés, passe à l'ordre du jour, motivé sur l'existence du décret du 16 août.

2 FÉVRIER 1793. — Décret qui ordonne le séquestre des sommes qui sont entre les mains des receveurs, préposés et autres agens des princes étrangers et des gouvernemens possessionnés en France avec lesquels le peuple français est en guerre. (L. 13, 224 ; B. 27, 151.)

La Convention nationale décrète que tous receveurs, préposés, agens, fermiers et colons quelconques des princes étrangers et des gouvernemens possessionnés en France avec lesquels la République est ou sera en guerre, verseront les sommes dont ils sont ou pourront être saisis, dans les caisses des receveurs d'enregistrement de leurs districts respectifs.

2 = 2 FÉVRIER 1793. — Décret concernant le ministre de la guerre. (B. 27, 153.)

2 = 2 FÉVRIER 1793. — Décret portant que les signatures des présidens, secrétaires de la Convention seront mentionnées dans les expéditions et les imprimés des décrets. (L. 13, 219 ; B. 27, 151.)

2 = 4 FÉVRIER 1793. — Décret portant qu'il sera nommé neuf commissaires pour visiter les frontières du Nord et de l'Est. (L. 13, 220 ; B. 27, 153.)

2 = 3 FÉVRIER 1793. — Décret qui ordonne de mettre en liberté le citoyen Nicole, journaliste, détenu à l'Abbaye. (L. 13, 155 ; B. 27, 155.)

2 FÉVRIER 1793. — Biens nationaux. *Voy.* 17 JANVIER 1793. — Certificats de civisme. *Voy.* 31 JANVIER 1793. — Inspecteurs généraux. *Voy.* 30 JANVIER 1793.

3 = 5 FÉVRIER 1793. — Décret qui accorde des fonds pour les besoins des hôpitaux. (L. 13, 227 ; B. 27, 155.)

Art. 1er. La Trésorerie nationale tiendra à la disposition du ministre de l'intérieur jusqu'à concurrence de quatre millions, qui, ainsi que le restant des fonds accordés par les décrets des 22 janvier et 12 août 1792, seront employés à secourir les hôpitaux dont les revenus ne seraient plus en proportion des besoins, soit par rapport aux pertes et suppressions qu'ils auraient éprouvées, soit par un accroissement momentané d'infirmes qui auraient pu ou pourraient y être admis.

2. Les administrations des hôpitaux compris dans l'article ci-dessus formeront un tableau de leurs recettes et dépenses pendant l'année 1792, et présenteront l'état de leurs besoins pour les six premiers mois de 1793.

3. Ces tableaux et états seront arrêtés par les conseils généraux des communes des lieux, et visés par les directoires de district et de département.

4. Le ministre de l'intérieur fera parvenir sans délai aux administrations des hôpitaux qui se seront conformées aux présentes dispositions, les sommes nécessaires à leurs besoins pour le temps prescrit par l'article 2.

3 FÉVRIER 1793. — Décret qui renvoie au conseil exécutif la pétition du dixième bataillon du département de Paris, cantonné à Avesnes, relativement aux abus commis dans ce bataillon. (B. 27, 158.)

3 FÉVRIER 1793. — Décret qui ordonne le renvoi et l'impression du rapport concernant les avances à faire à la ville de Lyon. (B. 27, 159.)

3 = 5 FÉVRIER 1793. — Décret sur les fournitures et l'équipement de l'escadron de cavalerie légère du Calvados. (B. 27, 159.)

3 = 5 FÉVRIER 1793. — Décret qui autorise le ministre de l'intérieur à acheter les grains venant de l'étranger. (L. 13, 226; B. 27, 159.)

3 = 5 FÉVRIER 1793. — Décret portant que la commune d'Hasnon a bien mérité de la patrie, et qui conserve à ses gardes nationaux le nom de Gardes nationaux flanqueurs d'Hasnon. (L. 13, 225; B. 27, 158.)

3 = 5 FÉVRIER 1793. — Décret qui suspend provisoirement la sentence qui condamne à deux ans de prison le procureur-syndic du district de Cognac. (B. 27, 160.)

3 = 3 FÉVRIER 1793. — Décret qui ordonne d'expédier des lettres de représailles à Joseph Caudier, à l'effet de saisir ce qu'il trouvera appartenir en France à Pozzo et Boggiano, négocians génois. (B. 27, 157.)

3 FÉVRIER 1793. — Décret qui renvoie la pétition du citoyen Monier, marin, au ministre de la marine, et charge ce ministre de lui donner de l'emploi. (B. 27, 157.)

3 = 5 FÉVRIER 1793. — Décret pour obtenir du sénat de Fribourg une réparation du droit des gens, qu'il a violé en n'ayant aucun égard à une dénonciation de faux assignats à Fribourg. (B. 27, 156.)

3 = 5 FÉVRIER 1793. — Décrets qui changent le nom de la ville de Fontenay-le-Comte en celui de Fontenay-le-Peuple, et le nom de la ville de Mont-Dauphin en celui de Mont-Lion. (B. 27, 156 et 158.)

3 = 5 FÉVRIER 1793. — Décret qui autorise à se présenter à la barre ceux qui, ayant bien mérité de la patrie, n'auraient pas obtenu satisfaction des ministres de la guerre et de la marine. (L. 13, 229; B. 27, 157.)

3 FÉVRIER 1793. — Décret qui ordonne un rapport sur le mode de retirer les assignats de la circulation. (B. 27, 156.)

3 FÉVRIER 1793. — Corps de génie de Mézières. *Voy.* 1ᵉʳ FÉVRIER 1793.

4 = 7 FÉVRIER 1793. — Décret portant que le comté de Nice formera un département, sous la dénomination des Alpes-Maritimes. (L. 13, 232; B. 27, 166.)

Art. 1ᵉʳ. Le ci-devant comté de Nice, réuni à la République française, formera provisoirement un quatre-vingt-cinquième département, sous la dénomination des *Alpes-Maritimes.*

2. Ce département aura le Var pour limite à l'occident : il comprendra toutes les communes qui sont à la rive gauche de ce fleuve, et tout le territoire qui composait l'ancien comté de Nice.

3. Le chef-lieu du département des Alpes-Maritimes sera la ville de Nice.

4. Deux des commissaires de la Convention nationale dans le département du Mont-Blanc, se transporteront dans celui des Alpes-Maritimes, pour présider à l'organisation provisoire de ce département, indiquer le nombre et les localités des districts, et prendre toutes les mesures préalables à cet effet.

5. Le département des Alpes-Maritimes nommera provisoirement trois députés à la Convention nationale.

4 = 7 FÉVRIER 1793. — Décret relatif à l'estimation des fonds dont les ventes donnent lieu à la rescision. (L. 13, 236; B. 27, 162.)

La Convention nationale, sur la demande faite par un de ses membres que l'Assemblée prenne une loi qui détermine le mode de l'estimation des fonds dont les ventes donnent lieu à se pourvoir par la voie de la rescision, passe à l'ordre du jour, motivé sur le principe constant que les fonds dont la vente donne lieu à la rescision s'estiment sur la valeur qu'ils ont au moment de la vente.

4 = 4 FÉVRIER 1793. — Décret qui déclare que la compagnie des hussards noirs fera partie des troupes légères des armées françaises. (B. 27, 164.)

4 = 12 FÉVRIER 1793. — Décret qui accorde des pensions de retraite aux officiers militaires des classes, supprimés par la loi du 7 janvier 1791. (B. 27, 165.)

4 = 4 FÉVRIER 1793. — Décret d'accusation contre le sieur Desparbés, et qui met en liberté les sieur Sambefort, Toussard et autres députés des colonies. (L. 13, 234; B. 27, 160.)

4 FÉVRIER 1793. — Décret qui nomme le général Beurnonville ministre de la guerre. (L. 13, 237.)

4 = 9 FÉVRIER 1793. — Décret qui accorde des pensions aux employés de la régie de l'enregistrement. (B. 27, 165.)

4 = 9 FÉVRIER 1793. — Décret qui accorde des pensions aux officiers de la gendarmerie nationale supprimés. (B. 27, 161.)

4 = 4 FÉVRIER 1793. — Décret d'accusation contre les sieurs Ami et Mariveaux, et portant qu'il n'y a pas lieu à accusation contre Letellier, Pyrot, Roboan, Soret, etc. (B. 27, 162.)

4 = 7 et 4 = 9 FÉVRIER 1793. — Décrets qui accordent des pensions, secours et gratifications aux employés du département de l'intérieur et aux fonctionnaires publics du département de la guerre. (B. 27, 161 et 163.)

4 FÉVRIER 1793. — Assignats et émigrés. *Voy.* 1er FÉVRIER 1793. — Commissaires; Corsaires; Primes de commerce. *Voy.* 2 FÉVRIER 1793.

5 = 6 FÉVRIER 1793. — Décret relatif à l'empreinte des monnaies d'or et d'argent. (L. 13, 243; B. 27, 169.)

Art. 1er. Les monnaies d'or et d'argent de la République française porteront pour empreinte une couronne de branches de chêne; la légende sera composée des mots *République française*, avec désignation de l'année en chiffres romains. La valeur de la pièce sera inscrite au milieu de la couronne.

2. Le type adopté par le décret d'avril 1791 sera conservé sur le revers des monnaies: le faisceau, symbole de l'union, surmonté du bonnet de la liberté; le coq, symbole de la vigilance, continueront d'être placés des deux côtés du type. La légende sera composée des mots: *Règne de la loi*; l'exergue contiendra le millésime de l'année en chiffres arabes.

3. Le cordon des pièces de six livres sera inscrit des deux mots *Liberté, Egalité*. Les pièces de vingt-quatre livres continueront d'être marquées d'un simple cordon.

4. Il ne sera fabriqué provisoirement que des pièces de six livres en argent, et des pièces de vingt-quatre livres en or.

5 = 6 FÉVRIER 1793. — Décret relatif aux traitemens des directeurs des diverses administrations publiques. (L. 13, 248; B. 27, 172.)

Art. 1er. La disposition du décret du 18 septembre dernier, qui fixe, pour l'année 1792, à six mille livres le *maximum* des traitemens fixes et casuels des directeurs des diverses administrations publiques qui ont à leur charge le paiement des frais de bureau, est révoquée.

2. Le *maximum* des traitemens fixes et éventuels réunis pour l'année 1792, qui a été réglé, par le décret du 18 septembre dernier, pour les administrateurs, régisseurs, commissaires nationaux et directeurs des diverses administrations publiques qui n'ont pas à leur charge le paiement des frais de bureau, n'aura lieu qu'à compter du 1er septembre dernier.

3. Le traitement des administrateurs de la régie des droits de timbre, d'enregistrement et des domaines, sera réglé, pour les huit premiers mois de l'année 1792, dans la proportion de la remise qui leur est accordée par le décret du 18 = 27 mai 1791, sur le pro-

duit des droits de timbre, d'enregistrement, d'hypothèques et autres contributions indirectes.

4. Le traitement de l'année 1792, des directeurs, vérificateurs, inspecteurs et autres préposés de la régie des droits de timbre, d'enregistrement et des domaines, sera réglé sur un produit annuel qui demeure fixé à soixante millions, d'après la remise qui leur est accordée par le décret du 18 = 27 mai 1791.

5. Le traitement, pour l'année 1792, des receveurs des droits de timbre, d'enregistrement et des domaines, sera réglé, pour les droits de timbre, d'enregistrement, d'hypothèques et autres contributions indirectes, d'après leur produit réel, conformément à ce qui est prescrit par le décret du 18 = 27 mai 1791. Il leur sera en outre accordé un pour cent sur le produit de la recette des fruits et revenus des domaines nationaux et des biens des émigrés, pour leur tenir lieu des indemnités et des faux-frais que cette augmentation de travail leur a occasionés; ladite indemnité sera répartie dans les proportions et d'après les bases du décret du 18 = 27 mai 1791.

6. Les frais de registres, de ports de lettres et autres dépenses à la charge de l'administration centrale des domaines à Paris, énoncés en l'article 46 du décret du 18 = 27 mai 1791, qui auront été occasionés par la régie des fruits des domaines nationaux et des biens des émigrés, seront alloués en dépense aux administrateurs, en rapportant les états émargés dans la forme prescrite par ledit décret.

7. Le *maximum* des traitemens fixes et éventuels réunis des administrateurs, régisseurs, commissaires nationaux et directeurs des diverses administrations publiques, qui n'ont pas à leur charge les frais de bureau, sera le même, pour l'année 1793, qu'il a été fixé par le décret du 18 septembre dernier.

8. Les comités des finances et des domaines sont chargés de présenter un projet de décret, pour déterminer les traitemens fixes ou casuels à accorder aux préposés de la régie des droits de timbre et d'enregistrement et des domaines.

5 = 6 FÉVRIER 1793. — Décret qui oblige les receveurs de district à produire un certificat de civisme pour continuer l'exercice de leurs fonctions. (B. 27, 171.)

La Convention nationale, après avoir entendu le rapport de son comité de législation, décrète ce qui suit:

Art. 1er. Les receveurs de district ne pourront être élus ni continuer l'exercice de leurs fonctions, qu'en produisant un certificat de civisme, donné par le conseil général de la commune du lieu de leur résidence, vérifié et approuvé par les directoires de district et de département.

2. Si, dans la huitaine de la publication de la présente loi, les certificats de civisme ne sont pas produits, les directoires de district demeurent autorisés à convoquer les conseils généraux pour remplacer les receveurs de district non produisant certificat de civisme.

3. Les nominations et remplacemens des receveurs qui ont été faits, jusqu'à présent, par les conseils généraux des districts, sont confirmés.

4. Tous les fonctionnaires publics non élus par le peuple, et les employés payés des deniers de la République, seront tenus, dans le délai de quinzaine à partir de la publication de la présente loi, de justifier d'un certificat de civisme aux directoires de département, lesquels, dans le même délai, seront tenus d'en informer le pouvoir exécutif, auquel appartient la nomination desdits employés.

5. Le conseil exécutif sera tenu de rendre compte de l'exécution de la présente loi, dans le mois à compter du jour de la publication.

_____

5 = 6 FÉVRIER 1793. — Décret relatif à la levée de quatre bataillons d'infanterie légère dans le département de la Corse. (L. 13, 245 ; B. 27, 168.)

_____

5 FÉVRIER 1793. — Décret qui approuve un arrêté du conseil exécutif concernant l'exploitation des bois. (B. 27, 167.)

_____

5 = 6 FÉVRIER 1793. — Décret relatif à l'envoi de commissaires pour visiter les places de guerre. (L. 13, 241 ; B. 27, 171.)

_____

5 = 6 FÉVRIER 1793. — Décret relatif au paiement des troupes dans le département des Alpes-Maritimes. (L. 13, 242 ; B. 27, 173.)

_____

5 FÉVRIER 1793. — Décret qui approuve les arrêtés pris par les commissaires de la Belgique. (L. 13, 247.)

_____

5 = 6 FÉVRIER 1793. — Décret qui accorde une somme de douze cents livres au citoyen Auguste, qui a dénoncé, à la municipalité de Forges, Pâris, assassin de Michel Lepelletier. (B. 27, 166.)

_____

5 FÉVRIER 1793. — Décret qui autorise le comité des décrets à appeler les suppléans des députés qui sont morts ou qui ont donné leur démission. (B. 27, 167.)

_____

5 = 6 FÉVRIER 1793. — Décret qui autorise le ministre de la marine à employer Yves-Joseph Kerguelen, ci-devant capitaine de vaisseau. (B. 27, 167.)

_____

5 FÉVRIER 1793. — Décret qui ordonne l'impression du discours du général Beurnonville, nommé ministre de la guerre. (B. 27, 168.)

_____

5 = 5 FÉVRIER 1793. — Décret pour l'envoi de collections complètes des décrets dans les pays où les armées françaises sont établies, et à chacun des commissaires de la Convention dans ces pays. (B. 27, 169.)

_____

5 FÉVRIER 1793. — Décret qui ordonne de proposer un mode de scrutin pour la nomination des commissaires. (B. 27, 170.)

_____

5 = 5 FÉVRIER 1793. — Décret qui unit à la fonderie de canons établie à Douai les terrains et bâtimens dépendans du ci-devant collége dit Dujoy. (B. 27, 170.)

_____

5 = 6 FÉVRIER 1793. — Décret d'ordre du jour sur la dénonciation d'une délibération de la commune de Paris, qui doit porter qu'il sera délivré des certificats de civisme moral. (B. 27, 173.)

_____

5 FÉVRIER 1793. — Décret qui autorise le comité de marine à appeler ses suppléans. (B. 27, 167.)

_____

5 FÉVRIER 1793. — Commune d'Hasnon ; Grains ; Hôpitaux ; Ministres de la guerre et de la marine. Voy. 3 FÉVRIER 1793.

_____

6 = 7 FÉVRIER (13 JANVIER et) 1793. — Décret qui détermine le mode de remplacement des officiers de la marine et l'uniforme de la marine militaire. (L. 13, 89 ; B. 27, 178.)

Art. 1er. Le ministre de la marine sera tenu de destituer les officiers de marine employés aux colonies qui se sont montrés rebelles à la loi, lesquels ne pourront obtenir leur rentrée au service, ou des pensions de retraite, qu'après les conditions exigées par le décret du 31 décembre dernier.

2. Le ministre de la marine sera aussi tenu de destituer tous les officiers de la marine qui se sont absentés par congé de ses prédécesseurs, soit pour aller à Malte ou dans nos colonies, soit pour aller en pays étranger, et qui ne sont pas rentrés dans les ports de France, aux termes de la loi sur les dangers de la patrie.

3. Le ministre de la marine pourra choisir les contre-amiraux parmi les capitaines de vaisseau actuellement existant à leurs postes ou en activité de service, et nommés capitaines avant le 31 décembre dernier.

4. Le nombre des capitaines de vaisseau antérieurs à la formation du 1er janvier 1792, se trouvant réduit, par la désertion, à un nombre de beaucoup inférieur aux besoins de la République, le ministre de la marine

est autorisé à remplacer en entier la moitié des capitaines de vaisseau à l'ancienneté, et renvoie sa décision, pour l'autre moitié et le surplus du projet de décret, après le rapport des commissaires envoyés dans les ports.

5. Le ministre de la marine choisira la moitié des capitaines indistinctement et de remplacement parmi tous les lieutenans de vaisseau, quel que soit leur temps de navigation dans ce dernier grade, et parmi les capitaines de commerce ayant cinq années de commandement en course ou au long cours. Les uns et les autres seront tenus de rapporter des certificats de civisme, signés de la moitié au moins des membres des conseils généraux de la commune de leur domicile.

6. Les lieutenans faits capitaines de vaisseau au choix prendront rang après ceux faits à l'ancienneté; ces derniers conserveront celui qu'ils ont entre eux. Les capitaines pris au choix, tant parmi les lieutenans de vaisseau de l'Etat que parmi les capitaines de commerce, prendront rang entre eux suivant l'ancienneté de leur navigation dans l'un ou l'autre service.

7. Le temps de navigation nécessaire pour l'admission au grade de lieutenant de vaisseau sera fixé à cinq années, soit sur les vaisseaux de l'Etat, soit sur ceux de commerce indistinctement. Les candidats devront avoir été reçus capitaines des navires du commerce au long cours, avoir commandé deux ans en cette qualité, ou navigué deux ans sur les vaisseaux de l'Etat, comme enseignes, officiers auxiliaires entretenus ou brevetés pour la campagne, ou comme maîtres pilotes.

8. Les lieutenans nommés depuis le 1er janvier 1792 prendront rang entre eux en raison de la totalité de leur navigation. Le service que les anciens officiers auxiliaires ou lieutenans de frégate et sous-lieutenans de vaisseau ont rempli dans les ports de la République, leur sera compté pour moitié du temps de navigation exigé (1).

9. Les marins faisant le service des ports, qui, après avoir été supprimés, sont rentrés ou rentreront au service de la République, compteront pour moitié le temps qu'ils auront passé en activité dans les ports.

10. Le nombre d'années de navigation exigé pour le grade d'enseigne entretenu sera fixé à quatre, soit sur les vaisseaux de l'Etat, soit sur ceux de commerce indistinctement. Les candidats devront avoir servi sur les vaisseaux de l'Etat comme officiers-mariniers, aides, seconds ou maîtres pilotes, ou sur ceux du commerce, comme lieutenans, pendant deux années. Pourront aussi être admis ceux des volontaires, élèves ou aspirans entretenus de la marine de l'Etat, ayant quatre ans de navigation, et dès qu'ils auront subi l'examen prescrit par les lois précédentes.

11. Les felouques de Corse font partie des forces navales de la République française; en conséquence, les officiers attachés jusqu'ici à leur service seront incorporés dans la marine nationale, et prendront rang suivant leur grade et la durée de leurs services, aux termes du présent décret.

12. La Convention nationale décrète qu'à compter de la publication du présent décret, l'uniforme de la marine militaire de la République sera : habit et revers bleu foncé, le passe-poil rouge, parement rouge, et passe-poil blanc, le collet blanc et passe-poil rouge; la doublure de l'habit veste et culotte, écarlate; deux ancres en bleu, à l'attache des retroussis; des boutons de cuivre doré, à l'ancre surmontée du bonnet, avec l'exergue : *République française*; les poches à pattes, les épaulettes en or; le baudrier noir en sautoir, orné d'une ancre de métal doré; le tout jusques et compris les capitaines de vaisseau, rien n'étant changé, quant à présent, à l'uniforme des officiers généraux.

13. La Convention nationale décrète que la valeur totale des bâtimens marchands qui seront pris par les vaisseaux de la nation, sera partagée entre l'équipage qui aura fait la capture.

La Convention nationale renvoie à son comité des domaines, pour fixer le mode de la répartition.

14. Les lois existantes continueront à être exécutées en tout ce qui ne sera pas contraire au présent décret.

———

6 = 7 FÉVRIER 1793. — Décret relatif à l'organisation du ministère de la guerre. (L. 13, 251; B. 27, 180.)

Art. 1er. Le ministre de la guerre sera changé; en conséquence, il sera procédé demain par scrutin, sur billets signés de chacun des membres votans, à une liste de candidats, laquelle sera imprimée dans le jour : lundi, à l'ouverture de la séance, il sera procédé à la discussion des citoyens compris dans la liste; et, de suite, il sera procédé, dans la même séance, sans désemparer, et par appel nominal, à la nomination à haute voix d'un ministre de la guerre.

2. Il y aura un seul ministre de la guerre.

3. Le ministre de la guerre aura six adjoints qui travailleront directement avec lui dans les divisions déterminées ci-après, et qui lui rendront compte des suites de leurs opérations.

4. L'adjoint de la première division sera chargé des appointemens et solde de l'armée

———

(1) *Voy.* loi du 17 février 1793.

de ligne, des volontaires nationaux, de la gendarmerie nationale, des compagnies de vétérans et invalides;

Du traitement des officiers-généraux et aides-de-camp, adjudans-généraux, commissaires des guerres, adjudans de place, et employés de toute espèce, à la réserve de ce qui concerne l'artillerie et le génie.

L'adjoint de la seconde division sera chargé des masses et fournitures, des vivres, habillemens, campemens, remontes, casernemens, chauffage, hôpitaux et autres de toute espèce, ainsi que des marchés qui leur seront relatifs, des étapes et des convois militaires.

L'adjoint de la troisième division s'occupera de l'artillerie, des fortifications, et de tout ce qui a rapport au matériel, au personnel, aux traitemens et appointemens concernant cette partie.

L'adjoint de la quatrième division s'occupera de tous les détails relatifs à l'inspection, police, discipline, contrôle et manœuvres des troupes, des cours martiales, des crimes et délits militaires, des commissaires des guerres, de la gendarmerie nationale, de la collection et de l'envoi des lois militaires.

L'adjoint de la cinquième division s'occupera de l'expédition des ordres de service aux officiers généraux, ainsi que de la correspondance avec les officiers généraux, les commandans temporaires et les corps administratifs, du mouvement et du logement des troupes, des projets de rassemblement et d'embarquement, des garnisons et des vaisseaux, des rassemblemens et des détails relatifs aux volontaires nationaux.

L'adjoint de la sixième division sera chargé des promotions et brevets, des vétérans, de la nomination aux emplois, de l'avancement et du remplacement des officiers de tout grade, des congés, des reliefs et retraites, de l'expédition des brevets de pension, de l'admission aux invalides et des écoles militaires, ainsi que des autres objets qui n'auraient pas été prescrits dans la distribution précédente.

5. Le comité de la guerre sera divisé en six sections : chaque section sera composée de cinq membres, qui correspondront à chaque section du département de la guerre ; en conséquence, il sera adjoint au comité de la guerre six nouveaux membres.

6. Les six adjoints seront nommés par le ministre, et agréés par le conseil exécutif. Le ministre fera connaître à la Convention nationale son choix et l'approbation du conseil exécutif, dans le délai de trois jours à compter de celui de la nomination qu'il aura faite.

7. Les adjoints seront responsables, chacun dans leur partie. Ils ne pourront être destitués qu'en vertu d'un arrêté du conseil exécutif.

Leur traitement sera de dix mille livres.

8. Les adjoints sont autorisés à expédier des copies certifiées des ordres et missives du ministre, signés de lui et déposés dans les archives du ministre de la guerre. Ils donneront, sous leur signature et responsabilité individuelle, tous les ordres nécessaires à l'exécution des ordres généraux donnés par le ministre.

9. Les chefs des bureaux et les commis seront nommés par le ministre, sur la présentation des adjoints.

10. Les adjoints sont tenus d'habiter l'hôtel de la guerre.

11. Le ministre de la guerre et les adjoints seront tenus, sous leur responsabilité, de pourvoir, par tous les moyens possibles, sans aucun délai, aux approvisionnemens et fournitures des places.

12. Les directoires de département visiteront, quand ils le jugeront convenable, les magasins et arsenaux de la République, et en constateront l'état.

13. Tout ce qui concerne les marchés, fournitures et approvisionnemens des armées, est renvoyé au comité des marchés, pour présenter incessamment un projet de décret.

14. Il sera présenté, dans trois jours, par les comités de constitution et de défense générale, un projet d'organisation provisoire du ministère de la marine, analogue à celui qui vient d'être décrété pour celui de la guerre.

15. Les mêmes comités de défense générale et de constitution présenteront incessamment un projet de division et de réorganisation provisoire du ministère appelé de *l'intérieur*.

6 FÉVRIER 1793. — Décret qui accorde le brevet d'enseigne non entretenu aux navigateurs qui ont subi l'examen requis pour être admis à ce grade. (L. 13, 255 ; B. 27, 175.)

La Convention nationale, après avoir entendu le rapport de son comité de marine, décrète ce qui suit :

Les navigateurs qui ont subi, avant d'avoir servi sur les vaisseaux de la République, l'examen exigé pour être admis au grade d'enseigne non entretenu, obtiendront le brevet dudit grade, en justifiant qu'ils ont atteint l'âge et rempli le temps de service nécessaire, avant le 1er janvier 1793.

6 = 12 FÉVRIER 1793. — Décret relatif aux secours à accorder aux militaires invalides que l'intérêt de leur santé obligerait de quitter l'Hôtel. (L. 13, 261 ; B. 27, 175.)

La Convention nationale, sur la proposition d'un de ses membres, autorise le ministre de l'intérieur à accorder aux militaires invalides portés sur le tableau dressé par le département de Paris, et dont la vie serait compromise par un plus long séjour à l'Hôtel, les secours dont ils peuvent avoir besoin, tant pour se rendre que pour subsister aux lieux qui leur seront indiqués par les officiers de santé, et ce provisoirement seulement, et jusqu'à ce qu'ils aient pu faire l'option de la pension qui leur est accordée par le décret du 30 avril = 16 mai 1792.

6 = 12 FÉVRIER 1793. — Décret qui ordonne le changement du bouton uniforme des militaires invalides. (L. 13, 258; B. 27, 176.)

6 = 12 FÉVRIER 1793. — Décret relatif au paiement des dépenses faites par la commission des monumens, et à l'impression de l'état des gratifications et encouragemens distribués pour les arts et les sciences. (L. 13, 262; B. 27, 177.)

6 = 12 FÉVRIER 1793. — Décret qui accorde des fonds pour les travaux les plus utiles des quatre-vingt-cinq départemens. (L. 13, 256; B. 27, 174.)

6 = 12 FÉVRIER 1793. — Décret portant que l'armée du Var continuera d'être payée en numéraire. (L. 13, 259; B. 27, 176.)

6 FÉVRIER 1793. — Décret qui charge le comité des pensions de l'examen des listes des militaires jugés admissibles à l'Hôtel des Invalides. (B. 27, 175.)

6 FÉVRIER 1793. — Décret qui ordonne d'adresser, tous les mois, au comité de la guerre, le tableau des effets donnés pour l'armée. (B. 27, 176.)

6 = 10 FÉVRIER 1793. — Décret qui autorise le ministre de la justice à faire payer des indemnités à des commis renvoyés par son prédécesseur. (B. 27, 176.)

6 = 12 FÉVRIER 1793. — Décret qui rapporte le décret du 18 août, par lequel le général Arthur Dillon était déclaré avoir perdu la confiance de la nation. (B. 27, 178.)

6 FÉVRIER 1793. — Décret qui désigne les jours consacrés aux discussions sur l'organisation des secours publics et sur l'instruction publique. (B. 27, 178.)

6 = 12 FÉVRIER 1793. — Décret qui autorise la commune de Manoncourt à emprunter quatre cents francs barrois, et supprime la chambre royale des consultations établie à Nancy. (L. 13, 260; B. 27, 177.)

6 = 6 FÉVRIER 1793. — Décret qui ordonne de mettre en liberté le citoyen Vanderlinden. (B. 27, 174.)

6 FÉVRIER 1793. — Alpes-Maritimes; Certificats de civisme; Commissaires de la Belgique; Commissaires pour les places de guerre; Corse; Directeurs; Monnaies d'or et d'argent. *Voy.* 5 FÉVRIER 1793.

7 = 12 FÉVRIER 1793. — Décret qui ordonne le paiement du traitement annuel de quatre cents livres accordé au sieur Goldoni en 1768. (B. 27, 182.)

7 FÉVRIER 1793. — Décret qui ordonne la correction d'une erreur commise au procès-verbal, relativement au vote du citoyen Jullien, député de la Drôme, sur la question de l'appel au peuple. (B. 27, 182.)

7 = 7 FÉVRIER 1793. — Décret qui change la destination donnée aux citoyens Hentz et Fery, commissaires pour la visite des places fortes. (B. 27, 183.)

7 = 9 FÉVRIER 1793. — Décret qui accorde au citoyen Pivot, artiste de Toulon, une gratification annuelle. (B. 27, 183.)

7 = 9 FÉVRIER 1793. — Décret qui autorise la municipalité de Paris à lever une contribution extraordinaire de quatre millions, pour les subsistances de cette ville. (L. 13, 266; B. 27, 183.)

7 = 9 FÉVRIER 1793. — Décret portant que les officiers, sous-officiers et soldats du second bataillon du 9ᵉ régiment ont bien mérité de la patrie, en restant fidèles à leur poste à Saint-Domingue, et qui destitue plusieurs officiers de ce bataillon. (L. 13, 264; B. 27, 185.)

7 FÉVRIER 1793. — Comté de Nice; Général Beurnonville; Officiers et uniforme de la marine; Ministère de la guerre; Rescision de ventes. *Voy.* 6 FÉVRIER 1793.

8 = 9 FÉVRIER 1792. — Décret qui suspend les procédures relatives aux évènemens des premiers jours de septembre 1792. (L. 13, 270; B. 27, 186.)

8 = 9 FÉVRIER 1793. — Décret d'ordre du jour relativement à la suspension des notaires de la ville de Lyon, et qui les renvoie à se pourvoir par-devant les autorités constituées. (B. 27, 186.)

8 FÉVRIER 1793. — Décret qui ajourne le rapport sur la reddition de la ville de Verdun et le plan général sur les finances. (B. 27, 186.)

8 FÉVRIER 1793. — Décret relatif au paiement de pensions, indemnités et secours aux employés des ci-devant fermes et administrations supprimées. (B. 27, 187.)

8 FÉVRIER 1793. — Pensions de retraite. *Voy.* 10 FÉVRIER 1793.

9 = 12 FÉVRIER 1793. — Décret relatif à la résidence des huissiers des juges-de-paix des villes divisées en plusieurs sections. (L. 13, 278; B. 27, 189.)

La Convention nationale, après avoir entendu le rapport de son comité de législation, décrète que les huissiers des juges-de-paix des villes divisées en plusieurs sections seront tenus de résider dans l'arrondissement de leur section.

9 = 12 FÉVRIER 1793. — Décret relatif à la vente du salpêtre. (L. 13, 281 ; B. 27, 192.)

Art. 1er. Le prix de la livre du salpêtre qui sera fourni par les salpêtriers dans les magasins de la régie, pendant l'année 1793, est fixé à treize sous six deniers.

2. Il sera accordé aux salpêtriers un sou six deniers pour livre pesant, lorsqu'ils auront excédé la quantité déterminée par la troisième colonne du tarif ci-joint.

3. La régie fournira la potasse au prix de trente-sept livres dix sous par quintal, pour tous les salpêtriers de la République, sans distinction, pendant l'année 1793.

4. Avant la fin d'octobre prochain, le ministre des contributions publiques présentera à la Convention nationale le projet de tarif à décréter pour 1794.

5. Le ministre des contributions publiques rendra compte à la Convention nationale du succès des nitrières artificielles qui ont été ou seront établies en France, des nouvelles découvertes qui pourraient être faites par les fabriques de poudre et de salpêtre, et des encouragemens qu'il pourrait être utile de donner aux entrepreneurs ou inventeurs.

6. Les précédentes lois sur les poudres et salpêtres continueront d'être exécutées en ce qui n'y est pas dérogé par la présente loi.

Tarif du prix que la régie nationale des poudres et salpêtres paiera aux salpêtriers pendant l'année 1793.

NOMS des DÉPARTEMENS.	RÉSIDENCE DES COMMISSAIRES de la régie.	Fixation déterminée pour chaque salpêtrier.	Prix du salpêtre brut sur la balance, pour la fixation déterminée.	Décompte sur la totalité de la fourniture, si elle excède la fixation déterminée.	RÉCOLTE présumée.
Somme	Amiens.	600	13 6	1 6	800
Jura, Doubs et Saône	Besançon.	1,000	13 6	1 6	180,000
Gironde, Garne et Landes.	Bordeaux	5,000	13 6	1 6	7,000
Cher.	Bourges	2,000	13 6	1 6	35,000
Calvados	Caen	3,000	13 6	1 6	15,000
Marne.	Châlons.	1,000	13 6	1 6	10,000
Vienne	Châtellerault. . . .	4,000	13 6	1 6	100,000
Indre-et-Loire. . . .	Chinon.	4,000	13 6	1 6	350,000
Puy-de-Dôme	Clermont.	1,000	13 6	1 6	50,000
Haut et Bas-Rhin. .	Colmar.	500	13 6	1 6	100,000
Côte-d'Or, Saône-et-Loire.	Dijon.	1,000	13 6	1 6	130,000
Aisne	La Fère	1,000	13 6	1 6	5,000
Nord.	Lille.	500	13 6	1 6	500
Rhône-et-Loire. . . .	Lyon	1,000	13 6	1 6	60,000
Bouches-du-Rhône.	Marseille	1,000	13 6	1 6	180,000
Hérault et Aude. . .	Montpellier	500	13 6	1 6	70,000
Allier et Nièvre . . .	Moulins et Nevers.	1,500	13 6	1 6	13,000
Meurthe et Vosges. .	Nancy	500	13 6	1 6	190,000
Loiret	Orléans.	4,000	13 6	1 6	48,000
Paris.	de la ville	25,000	13 6	1 6	1,100,000
	de la campagne . .	3,000			
Pyrénées-Orientales.	Perpignan	600	13 6	1 6	24,000
Jura.	Poligny.	1,000	13 6	1 6	50,000
Seine Infère et Eure.	Rouen.	500	13 6	1 6	20,000
Charente-Inférieure.	St.-Jean-d'Angely	1,000	13 6	1 6	18,000
Pas-de-Calais	Saint Omer	500	13 6	1 6	7,000
Mayenne	Saumur	4,000	13 6	1 6	350,000
Haute Garonne. . . .	Toulouse.	500	13 6	1 6	19,000
Indre-et-Loire. . . .	Tours.	4,000	13 6	1 6	250,000
Meuse.	Verdun.	1,000	13 6	1 6	24,000
					3,401,300

9 = 13 FÉVRIER 1793. — Décret concernant la propriété des arbres plantés le long des chemins. (L. 13, 288 ; B. 27, 194.)

Voy. loi du du 28 AOUT = 14 SEPTEMBRE 1792.

La Convention nationale, sur le rapport du comité d'agriculture, relativement à diverses pétitions présentées à la Convention, sur l'exécution de l'article 14 du décret du 28 août 1792, qui porte que les arbres plantés de long des chemins appartiennent aux propriétaires riverains, passe à l'ordre du jour.

9 = 12 FÉVRIER 1793. — Décrets qui accordent trois cents livres à la dame Suzanne Agnan, veuve de Jean-Hyacinthe Asselin, et le paiement d'une pension de mille deux cents livres à la veuve Goldoni. (B. 27, 190.)

9 = 14 FÉVRIER 1793. — Décret qui ordonne de rendre compte des mesures prises pour la défense d'Ostende. (B. 27, 194.)

9 FÉVRIER 1793. — Décret qui autorise les députés à faire imprimer leurs motifs dans les appels nominaux relatifs au jugement de Louis XVI. (B. 27, 195.)

9 = 13 FÉVRIER 1793. — Décret qui met à la disposition du pouvoir exécutif les gardes nationales organisées pour se rendre à Paris (L. 13, 287 ; B. 27, 193.)

9 = 12 FÉVRIER 1793. — Décret qui ordonne de payer, chaque mois, quatre mille cent soixante-six livres treize sous six deniers à l'hospice de la Charité à Paris. (B. 27, 189.)

FÉVRIER 1793. — Décret relatif au compte à rendre des fonds employés aux travaux de la nouvelle salle. (B. 27, 189.)

9 = 12 FÉVRIER 1793. — Décret qui prescrit les formalités pour réclamer de la commission des Vingt-quatre les titres de propriété et les papiers de famille. (L. 13, 279 ; B. 27, 188.)

9 FÉVRIER 1793. — Décret de renvoi pour le rapport sur les volontaires nationaux, et pour la discussion sur les collèges. (B. 27, 194.)

9 = 13 FÉVRIER 1793. — Décret relatif à la levée et à la formation de la légion des Montagnes. (L. 13, 272 ; B. 27, 192.)

9 = 12 FÉVRIER 1793. — Décret portant que les habitans de Verdun n'ont point démérité de la patrie, et contenant diverses dispositions contre les auteurs de la reddition de cette place, etc., etc. (L. 13, 275 ; B. 27, 190.)

9 FÉVRIER 1793. — Décret qui ajourne la discussion sur l'armée. (B. 27, 195.)

9 FÉVRIER 1793. — Crimes du 2 septembre; 9ᵉ régiment; Subsistances de Paris. *Voy.* 8 FÉVRIER 1793.

10 (8 et) FÉVRIER 1793. — Décret qui accorde des pensions de retraite aux volontaires nationaux et soldats de troupes de ligne, que des blessures graves mettent hors d'état de continuer et de reprendre leur service. (L. 13, 271 ; B. 27, 195.)

Art. 1ᵉʳ. Les volontaires nationaux et soldats de troupes de ligne que des blessures graves, résultant des évènemens de la guerre, auront mis hors d'état de continuer et de reprendre leur service, obtiendront des pensions de retraite suivant les bases déterminées par les articles ci-après.

2. Le volontaire national ou le soldat de troupes de ligne qui aura perdu une jambe, ou reçu une blessure tellement grave qu'il ne puisse plus reprendre son service, recevra pour retraite une pension de quinze sous par jour. Celui qui aura perdu un bras, ou reçu dans cette partie ou la main une blessure qui le mettra hors d'état de s'en servir, recevra pour retraite une pension de vingt sous par jour. Celui qui aura perdu deux de ses membres, ou reçu des blessures tellement graves qu'il ne puisse ni de l'un ni de l'autre, obtiendra pour retraite une pension de cinq cents livres par année.

3. Les sous-officiers des volontaires ou des troupes de ligne, qui se trouveront dans l'un des cas prévus par l'article précédent, obtiendront pour retraite la totalité de leurs appointemens, pourvu toutefois que cette totalité soit au moins égale à la pension qu'ils auront obtenue comme soldats.

4. Les volontaires ou soldats qui réclameront des pensions en vertu des articles précédens, ne pourront en obtenir sans avoir produit le certificat d'un chirurgien des armées, visé par les chefs de leurs corps respectifs, et approuvé par le général de l'armée, qui constate que leurs blessures sont de nature à ne pas leur permettre de se servir utilement du membre affecté, et résultant des évènemens de la guerre.

5. Les volontaires ou soldats qui, à raison de leurs blessures, seront dans le cas d'obtenir une pension suivant les règles déterminées ci-dessus, auront la faculté d'opter entre ladite pension ou l'Hôtel national des Invalides, s'il y a des places vacantes dans ledit établissement.

6. Toutes les dispositions du présent décret seront applicables à ceux des militaires retirés, soit à l'Hôtel, soit dans les départemens, qui se trouveront dans les cas prévus par l'article 2.

7. La Convention nationale déroge, en ce point seulement, à ce qui est prescrit par le décret du 30 avril = 16 mai 1792, qui continuera d'être exécuté en tout ce qui n'est pas contraire au présent décret.

8. Le ministre de la guerre est autorisé à délivrer, sous sa responsabilité personnelle, des brevets de retraite, en conformité des dispositions du présent décret, à tous les sous-officiers, volontaires nationaux ou soldats de troupes de ligne qui se trouvent actuellement dans l'un des cas prévus par l'article 2, et qui auront satisfait aux formalités prescrites par l'article 4, à la charge par lui de faire passer immédiatement après à la Convention nationale l'état nominatif des militaires auxquels il aura délivré lesdits brevets, avec l'énonciation, par lui certifiée, des pièces justificatives qu'ils auront produites à l'appui de leur demande.

9. Les personnes qui auront obtenu des pensions de retraite depuis les dispositions du présent décret seront tenues, indépendamment du certificat auquel elles sont assujéties par l'article 4, pour obtenir leurs pensions de retraite, de soumettre leur incurabilité à un second examen, qui sera fait sans frais, en présence du conseil général de la commune, par deux chirurgiens, qui constateront si lesdites blessures sont assez graves pour les mettre hors d'état de continuer leur service ou d'exercer aucune autre fonction, et il sera fait mention de ladite visite au bas du certificat voulu par l'article 4.

10. Lesdits volontaires nationaux, soldats de troupes de ligne et tous autres citoyens qui auront obtenu des pensions de retraite pour blessures incurables, seront en outre tenus, à l'époque de l'échéance de leurs pensions de retraite, de se présenter au conseil général de la commune de leur résidence, qui fera procéder à une nouvelle visite, afin de constater s'ils sont toujours hors d'état de reprendre le service ou d'exercer aucune autre fonction : le certificat de cette visite sera joint au certificat de vie, sans lesquels lesdites pensions de retraite ne pourront être payées.

10 = 13 FÉVRIER 1793. — Décret qui autorise la municipalité de Mâcon à acquérir la maison du citoyen Labaume, et à emprunter les sommes nécessaires à cette acquisition. (B. 27, 195.)

10 = 13 FÉVRIER 1793. — Décret pour transférer le citoyen Vernier de la maison de force à son domicile. (B. 27, 199.)

10 = 12 FÉVRIER 1793. — Décret relatif à l'envoi de commissaires de la Convention à Porentruy. (L. 13, 289; B. 27, 197.)

10 = 10 FÉVRIER 1793. — Décret qui ordonne qu'il sera sursis, pendant deux mois, à l'exécution du décret d'accusation contre Caron Beaumarchais. (B. 27, 197.)

10 = 13 FÉVRIER 1793. — Décret qui prescrit des mesures pour compléter l'habillement, l'équipement et l'armement du neuvième bataillon du Pas-de-Calais. (B. 27, 198.)

10 FÉVRIER 1793. — Décret concernant le sieur Legrand, dénoncé pour avoir taxé arbitrairement les paquets et lettres contre-signés par la Convention. (B. 27, 199.)

10 FÉVRIER 1793. — Décret pour l'exécution de celui concernant la reddition des comptes de la commune de Paris. (B. 27, 199.)

11 = 12 FÉVRIER 1793. — Décret qui abolit toutes procédures criminelles pour délits commis dans les insurrections relatives aux subsistances, jusqu'au 21 janvier 1793. (L. 13, 291; B. 27, 200; Mon. du 13 février 1793.)

La Convention nationale éteint et abolit toutes procédures criminelles déterminées par les délits commis dans les insurrections qui ont eu lieu relativement aux subsistances, jusqu'au 21 janvier dernier; ordonne que les détenus prévenus desdits délits seront mis sans délai en liberté.

Ne sont pas compris dans la présente amnistie ceux qui sont coupables de meurtre, d'assassinat et d'incendie.

11 = 13 FÉVRIER 1793. — Décret qui proroge le délai pour se pourvoir en cassation pour les habitans de la Corse. (L. 13, 292; B. 27, 200.)

Voy. loi du 22 AOUT 1793.

La Convention nationale, après avoir entendu le rapport de son comité de législation, interprétant l'article 14 du décret du 27 novembre 1790, décrète que le délai pour se pourvoir en cassation contre les jugemens rendus jusqu'à ce jour par les tribunaux de la Corse, et contre ceux à rendre par les mêmes tribunaux, sera de six mois pour les habitans de ce département.

11 FÉVRIER 1793. — Décret qui nomme le citoyen Dubois Bellegarde commissaire pour les frontières du Nord. (B. 27, 200.)

11 FÉVRIER 1793. — Décret qui ordonne d'insérer au bulletin, et de mentionner au procès-verbal les adresses sur le jugement de Louis XVI et sur l'assassinat de Michel Lepelletier. (B. 27, 200 et 203.)

11 FÉVRIER 1793. — Décret sur l'inactivité des pataches de Cherbourg. (B. 27, 201.)

11 FÉVRIER 1793. — Décret qui ordonne de rendre compte de l'état des subsistances à Paris, et du service des postes. (B. 27, 201.)

11 FÉVRIER 1793. — Décrets qui ordonnent un rapport : 1° sur l'ordre donné par l'évêque du département des Bouches-du-Rhône aux curés de sa juridiction, de tenir des catalogues pour inscrire les noms des personnes auxquelles ils auront conféré les sacremens; 2° sur les oppositions formées entre les mains des débiteurs du duc de Bouillon par les receveurs de l'enregistrement. (B. 27, 202.)

11 FÉVRIER 1793.—Décret qui règle l'emploi des dons en nature adressés à la Convention pour les armées. (B. 27, 202.)

11 FÉVRIER 1793. — Décret relatif au service des postes. (B. 27, 201.)

11 FÉVRIER 1793. — Décret relatif au rapport à faire , par le citoyen Chabot, sur les finances. (B. 27, 202.)

11 FÉVRIER 1793. — Décret sur la discussion touchant l'organisation de l'armée. (B. 27, 202.)

11 = 12 FÉVRIER 1793. — Décret qui éteint et abolit toutes procédures et jugemens relatifs à des délits commis à la suite d'insurrections ayant pour cause les ci-devant droits féodaux. (L. 13, 293; B. 27, 293; Mon. du 14 février 1793.)

Art. 1er. Toutes procédures et jugemens relatifs à des délits commis à la suite d'insurrections, troubles ou contestations ayant pour cause les ci-devant droits seigneuriaux, soit féodaux, soit censuels, sont éteints et abolis. Tous les citoyens qui se trouvent emprisonnés ou détenus pour des délits de ce genre seront sur-le-champ mis en liberté.

2. Ne ne sont point compris dans les dispositions du présent décret ceux qui, lors ou à la suite desdites insurrections, troubles ou contestations, se seraient individuellement rendus coupables de meurtre, ou d'incendie de bâtimens.

3. Il n'y aura lieu à aucune action en répétition à raison des sommes payées jusqu'à ce jour en exécution de jugemens, soit à titre d'intérêts civils, soit pour dépens.

12 = 13 FÉVRIER 1793. — Décret qui abolit le rabattement de décret usité dans la ci-devant province de Languedoc. (L. 13, 295; B. 27, 205.)

La Convention nationale, après avoir en-

tendu le rapport de son comité de législation, expliquant et modifiant les articles 18 et 19 du décret du 25 août dernier, relatif aux ci-devant droits seigneuriaux, féodaux ou censuels, décrète ce qui suit:

Art. 1er. Le rabattement de décret introduit par la jurisprudence du ci-devant parlement de Toulouse, et confirmé par la déclaration du 16 janvier 1736, concernant les adjudications par décret en Languedoc, demeure aboli.

2. Cette abolition n'aura son effet que pour les adjudications par décret postérieures à la publication dudit décret du 25 août dernier.

3. Les anciens propriétaires des biens décrétés, ou leurs descendans, conservent la faculté de poursuivre le jugement des procès et des contestations qui se trouvaient engagés lors de la publication dudit décret. Il conservent aussi la faculté de former leurs demandes en rabattement de décret contre les adjudications antérieures à la publication de ce même décret du 25 août dernier, s'ils sont dans le délai qui avait été fixé pour l'exercice de ce droit.

4. Ne sera point compris dans ce délai le temps qui sera écoulé depuis la publication dudit décret du 25 août jusqu'à l'époque de la publication du présent décret.

5. Les compositions, transactions ou accords qui pourraient avoir été faits sur les rabattemens de décret depuis et en conséquence des articles 18 et 19 dudit décret, seront nuls, si l'un des contractans en réclame la nullité; et, dans ce cas, les parties seront, en vertu du présent décret, remises au même état où elles étaient avant lesdites compositions, transactions ou accords.

6. La Convention nationale charge son comité de législation de lui présenter incessamment un projet de loi sur les usages relatifs aux adjudications par décret, et qui s'observent en d'autres lieux de la République, sous le nom de rabattement de décret, retrait, subhastation ou toute autre dénomination.

12 = 13 FÉVRIER 1793. — Décret qui abolit tous procès criminels et jugemens à l'occasion des insurrections dans les places fortes et dans les armées. (L. 13, 297; B. 27, 204.)

La Convention nationale, sur la proposition d'un de ses membres, décrète comme principe que les dispositions arrêtées à l'égard des prévenus des délits relatifs à la perception des droits féodaux seront communes aux procès criminels intentés et aux jugemens rendus à l'occasion des insurrections qui se sont manifestées dans les places fortes et dans les armées, par l'effet ou les suites des trahisons des généraux depuis la révolution, et notamment pour l'insurrection arrivée à Lille le 24 avril dernier.

La Convention nationale renvoie à son comité de législation, pour lui présenter un projet de décret relatif au présent.

12 FÉVRIER 1793. — Décret relatif à des adresses à insérer en entier ou par extrait dans le bulletin de la Convention. (B. 27, 203.)

12 = 13 FÉVRIER 1793. — Décret qui accorde un drapeau au second bataillon du 14e régiment d'infanterie. (B. 27, 203.)

12 = 13 FÉVRIER 1793. — Décret qui ordonne de poursuivre le maître de poste de Vatry et son épouse, qui ont refusé de fournir des chevaux aux commissaires de la Convention, et qui les ont injuriés. (B. 27, 204.)

12 FÉVRIER 1793. — Décret qui assigne une séance du soir pour entendre le rapport des commissaires à l'armée du Var. (B. 27, 204.)

12 FÉVRIER 1793. — Décret qui ordonne l'arrestation d'un individu qui a parlé à la barre comme député de la société des Défenseurs de la République. (B. 27, 205.)

12 FÉVRIER 1793. — Commission des monumens. *Voy.* 6 FÉVRIER 1793. — Habitans de Verdun; Huissiers des juges-de-paix. *Voy.* 9 FÉVRIER 1793. — Invalides. *Voy.* 6 FÉVRIER 1793. — Porentruy. *Voy.* 10 FÉVRIER 1793. — Titres de propriétés. *Voy.* 9 FÉVRIER 1793. — Travaux des départemens. *Voy.* 6 FÉVRIER 1793. — Vente de salpêtres. *Voy.* 9 FÉVRIER 1793.

13 = 15 FÉVRIER 1793. — Décret relatif au paiement des primes et encouragemens accordés et dus au commerce. (L. 13, 298; B. 27, 206.)

La Convention nationale, après avoir entendu la lecture d'une lettre du ministre de l'intérieur, et sur la proposition d'un de ses membres, autorise le ministre de l'intérieur à faire payer toutes les primes et encouragemens accordés et dus au commerce, depuis le 1er janvier 1791, conformément au décret du 18 = 25 février de la même année, et au décret confirmatif du 16 = 25 avril dernier.

13 FÉVRIER 1793. — Décret qui confirme le choix des commissaires chargés de prendre des renseignemens concernant les postes. (B. 27, 206.)

13 = 15 FÉVRIER 1793. — Décret qui met à la disposition du ministre de la guerre le couvent de Sainte-Cécile, de Grenoble. (B. 27, 208.)

13 FÉVRIER 1793. — Décret qui ajourne le rapport sur l'organisation du ministère de la marine. (B. 27, 207.)

13 FÉVRIER 1793. — Décret de renvoi relatif à des réclamations de différens corps de gendarmes nationaux. (B. 27, 207.)

13 FÉVRIER 1793. — Décret qui ajourne le rapport sur la réunion de la principauté de Monaco. (B. 27, 208.)

13 FÉVRIER 1793. — Décrets qui ordonnent différens rapports sur les femmes prisonnières de guerre, les congés absolus des volontaires nationaux, la subsistance des officiers et soldats suisses licenciés, et l'état des subsistances de Paris. (B. 27, 207 et 208.)

13 FÉVRIER 1793. — Décret pour insérer dans le bulletin un rapport du comité des pétitions. (B. 27, 206.)

13 FÉVRIER 1793. — Décret qui autorise les membres de la Convention dont les noms ont été omis dans l'appel nominal du 15 janvier, à les faire imprimer à la suite de l'appel nominal. (B. 27, 208.)

13 FÉVRIER 1793. — Arbres le long des chemins. *Voy.* 9 FÉVRIER 1793. — Corse. *Voy.* 11 FÉVRIER 1793. — Gardes nationales. *Voy.* 9 FÉVRIER 1793. — Insurrection dans les armées. *Voy.* 12 FÉVRIER 1793. — Légion des Montagnes. *Voy.* 9 FÉVRIER 1793. — Rabat-temens. *Voy.* 12 FÉVRIER 1793. — Surveillance permanente. *Voy.* 5 JANVIER 1793.

14 = 15 FÉVRIER 1793. — Décret relatif à l'administration civile de la marine dans les colonies (L. 13, 299; B. 27, 211; Mon. du 16 février 1793.)

La Convention nationale, considérant que les décrets des 21 = 28 septembre et 21 septembre = 12 octobre 1791, concernant l'administration de la marine et ses officiers, et celle des ports et objets y relatifs, ne sauraient être exécutés dans leur entier aux colonies françaises, où le service maritime et des troupes, surtout dans l'état présent des choses, exige un plus grand nombre d'agens; considérant que, les mouvemens des ports ne pouvant s'exécuter que par des marins, l'article 6 du décret du 21 septembre = 12 octobre 1791, qui prescrit aux commandans des armées de nommer pour ce service, tous les trois mois, des enseignes au nombre demandé par l'ordonnateur, est inapplicable aux colonies, attendu qu'il n'existe point de corps de marine sédentaire aux îles;

Considérant qu'il est avantageux pour le service de faire naître et d'entretenir l'émulation par tous les moyens raisonnables; que le traitement des commis d'administration des deux dernières classes établies par le décret du 21 = 28 septembre, est notoirement insuffisant pour les colonies, et au-dessous des besoins de première nécessité; que les convenances et les localités réclament aussi une augmentation de traitement en faveur des contrôleurs, sous-contrôleurs, sous-chefs et garde-magasins;

Considérant que la différence entre le traitement des ordonnateurs des grands ports de la République et celui des ordonnateurs des colonies de Saint-Domingue, la Martinique et l'Ile-de-France, est onéreuse à ces derniers, qui ont plus de travail à faire, et sont obligés à des dépenses plus considérables;

Considérant enfin que les relations du service de ceux-ci sont très-étendues; que, loin de commander la diminution du nombre des commis, les circonstances peuvent en amener l'augmentation, et qu'attendu l'éloignement des lieux, il est indispensable de leur accorder quelque latitude à cet égard;

La Convention nationale, après avoir entendu le rapport de ses comités de marine, des finances et des colonies, décrète ce qui suit, pour être exécuté provisoirement:

Art. 1er. L'application des décrets des 21 = 28 septembre et 21 septembre = 12 octobre 1791, en ce qui concerne seulement le nombre des officiers et commis d'administration de la marine, les officiers militaires chargés des mouvemens des ports et leur traitement, est suspendu relativement aux colonies.

2. Il y aura trois ordonnateurs des colonies: un à Saint-Domingue; un aux îles du Vent, résidant à la Martinique, et un à l'Ile-de-France.

3. Ils seront assimilés aux ordonnateurs des ports de Brest, Toulon et Rochefort, et prendront rang, dans la nouvelle organisation, à compter de la date de leur premier brevet.

4. Le traitement de ceux de Saint-Domingue et de la Martinique sera de douze mille livres; le supplément, de dix-huit mille livres. Il leur sera alloué six mille livres pour un secrétaire.

5. Le traitement de l'ordonnateur de l'Ile-de-France sera aussi de douze mille livres; mais le supplément ne sera que de douze mille livres. Il aura un secrétaire avec cinq mille livres d'appointemens.

6. Il y aura à la Guadeloupe, Basse-Terre, à la Guiane et Pondichéry, des chefs d'administration faisant fonctions d'ordonnateurs; leur traitement sera de cinq mille quatre cents livres, et le supplément, de dix mille livres.

7. Les contrôleurs de Saint-Domingue, de la Martinique et de l'Ile-de-France auront six mille six cents livres, et trois mille trois cents livres de supplément.

8. Les sous-contrôleurs auront deux mille sept cents livres de traitement, et mille cinq cents livres de supplément.

9. Les sous-chefs d'administration chargés du service en chef au Port-au-Prince, à Sainte-Lucie, à Tabago et à Bourbon, auront deux mille sept cents livres de traitement, et un supplément de quatre mille livres. Ceux chargés du service à Mahé-Karikal, Chandernagor, auront le même traitement: le supplément ne sera que de deux mille livres.

10. Les autres sous-chefs auront deux mille quatre cents livres de traitement, et un supplément de seize cents livres.

11. Il y aura trois garde-magasins; un au cap Saint-Domingue, un au Fort-Royal-Martinique, un à l'Ile-de-France. Leur traitement sera de deux mille sept cents livres, le supplément de trois mille trois cents livres. Partout ailleurs, il n'y aura que des sous-garde-magasins. Ceux du Port-au-Prince, de la Basse-Terre, de la Guadeloupe, de Sainte-Lucie, de Tabago, de Saint-Denis, île Bourbon et de Pondichéry, jouiront de deux mille quatre cents livres de traitement, et de mille six cents livres de supplément: les autres sous-garde-magasins auront deux mille livres de traitement et mille livres de supplément.

12. Il y aura des commis d'administration de trois classes:

1re classe, traitement, deux mille livres; supplément, mille livres; 2e classe, mille six cents livres; supplément, huit cents livres; 3e classe, mille quatre cents livres; supplément, sept cents livres.

13. Les ordonnateurs et chefs d'administration faisant fonctions d'ordonnateurs régleront provisoirement, et de concert avec les commissaires civils qui se trouveront sur les lieux, le nombre des officiers et commis nécessaires au service. Ils feront toutes économies, suppressions, réductions, améliorations, augmentations même convenables. Ils en enverront le plus tôt possible le travail au ministre de la marine; ils y joindront leurs observations et leurs plans: le ministre les remettra de suite à la Convention, avec ses réflexions particulières, pour être procédé à une organisation définitive de l'administration des colonies.

14. Le comité colonial fera, dans la huitaine, le rapport sur l'organisation des établissemens français aux côtes d'Afrique.

15. Attendu l'urgence du départ des officiers et commis d'administration pour les colonies, ils demeureront dispensés de remplir les formalités prescrites par la loi relative aux certificats de résidence: l'ordre du ministre leur tiendra lieu de passeport.

14 FÉVRIER 1793. — Décret relatif au jugement des contestations qui pourront s'élever sur les prises faites par les vaisseaux de l'Etat ou par les corsaires. (L. 13, 304 ; B. 27, 223.)

Voy. lois du 31 JANVIER = 1er FÉVRIER 1793, et du 21 FÉVRIER 1793.

Art. 1er. Le jugement des contestations qui pourront s'élever, soit sur la validité, soit sur la liquidation et distribution, soit sur tout autre objet relatif aux prises faites par les vaisseaux de l'Etat ou par les corsaires sur les ennemis de la République, est provisoirement attribué aux tribunaux de commerce des lieux où ces prises auront été amenées.

2. Si dans les lieux où ces prises auront été conduites il n'y avait point de tribunal de commerce, ce jugement sera attribué au tribunal ordinaire du district.

3. L'appel des jugemens rendus par les tribunaux de commerce ou de district sur le fait des prises, sera porté au tribunal de district établi dans le port le plus voisin du tribunal qui aura prononcé en premier ressort.

4. Les juges-de-paix rempliront provisoirement, et à la réquisition de l'officier préposé ou syndic des classes du lieu, les fonctions précédemment attribuées aux amirautés; ils feront la procédure d'instruction nécessaire pour parvenir au jugement de bonne prise, et la feront passer, dans le plus bref délai, au greffe du tribunal de commerce ou de district qui devra en connaître.

5. Les lois anciennes concernant les prises continueront d'être exécutées jusqu'à ce qu'il en ait été autrement ordonné.

6. Les navires ennemis arrêtés dans les ports de la République en suite des ordres du conseil exécutif provisoire, seront vendus dans la forme et conformément aux dispositions de la présente loi; les fonds provenant de la vente seront versés à la caisse du receveur de district, mais ils y demeureront en séquestre jusqu'à ce qu'il en ait été autrement ordonné par la Convention nationale.

14 = 15 FÉVRIER 1793. — Décret relatif à l'organisation du ministère de la marine. (L. 13, 309 ; B. 27, 216.)

Art. 1er. Il y aura un seul ministre de la marine.

2. Le ministre de la marine aura six adjoints, qui travailleront directement avec lui dans les divisions déterminées ci-après, et qui lui rendront compte de toutes leurs opérations.

3. L'adjoint de la première division sera chargé des ports, constructions, radoubs et refontes, armemens, désarmemens, inspections et mouvemens des forces navales de l'infanterie et de l'artillerie de la marine, des batteries des côtes, de l'inspection et correspondance des fonderies et manufactures d'armes, bâtimens civils, et travaux de Cherbourg.

L'adjoint de la seconde division sera chargé des approvisionnemens des munitions navales et des vivres, de l'inspection et du martelage des bois, de la destination des ingénieurs et contre-maîtres dans les forêts, des nouveaux procédés et inventions qui ont rapport à la marine, projets de dépenses générales, chiourmes, hôpitaux ambulans et sédentaires.

L'adjoint de la troisième division s'occupera des classes des gens de mer, police des ports de commerce et de la navigation marchande, des contrôles des rôles d'équipage, mouvemens des bâtimens de commerce, des parcs et pêcheries, des écoles d'hydrographie, phares, tonnes et balises, des levées et conduites des gens de mer, et de la retenue du double des matricules des matelots classés, novices et ouvriers, et du contentieux des prises, des lettres de marque, de correspondance des tribunaux de commerce et des autorités constituées, pour tout ce qui aura rapport à ces différens détails.

L'adjoint de la quatrième division s'occupera de la comptabilité de la marine et des colonies, de la distribution et répartition des fonds de la marine et des colonies, de la correspondance générale relative à la comptabilité, tant dans les ports que dans les colonies, de la comptabilité arriérée, comptabilité des gens de mer, prises et caisse des invalides.

L'adjoint de la cinquième division s'occupera des colonies occidentales et orientales, des comptoirs et établissemens sur les côtes d'Afrique et dans l'Inde, ainsi que des établissemens au-delà du cap de Bonne-Espérance; de la nomination des officiers militaires entretenus, de l'emploi des officiers civils, des troupes et artillerie des colonies, de leurs contrôles, et de l'examen des projets relatifs aux colonies exclusivement.

L'adjoint de la sixième division sera chargé des nominations, promotions, expéditions des brevets de tous grades civils et militaires entretenus, mouvemens des troupes de la marine; infanterie et artillerie, officiers de santé; de l'admission à demi-solde, réimpression; dépôt et envoi des lois relatives à la marine, et des parties non prévues dans les autres articles.

4. Au moyen de ces dispositions, l'administration des invalides de la marine étant divisée, le titre d'ordonnateur demeure supprimé.

5. Le comité de la marine sera divisé en six sections; chaque section sera composée de cinq membres, qui correspondront à chaque section du département de la marine: en conséquence, il sera adjoint au comité de marine de nouveaux membres pour compléter le nombre nécessaire à cette nouvelle division.

6. Les six adjoints seront nommés par le ministre, et agréés par le conseil exécutif. Le ministre fera connaître à la Convention nationale son choix et l'approbation du conseil exécutif, dans le délai de trois jours, à compter de celui de la nomination qu'il aura faite.

7. Les adjoints seront responsables chacun dans leur partie : ils ne pourront être destitués qu'en vertu d'un arrêté du conseil exécutif.

Leur traitement sera de dix mille livres.

8. Les adjoints sont autorisés à expédier des copies certifiées des ordres et missives du ministre, signées de lui et déposées dans les archives du département de la marine. Ils donneront, sous leurs signature et responsabilité individuelle, tous les ordres de détails nécessaires à l'exécution des ordres généraux donnés par le ministre.

9. Les chefs de bureau et les commis seront nommés par le ministre, sur la présentation des adjoints.

10. Les adjoints seront tenus d'habiter l'hôtel de la marine.

11. Le ministre de la marine et ses adjoints seront tenus, sous leur responsabilité, de pourvoir, par tous les moyens possibles, sans aucun délai, aux approvisionnemens et aux fournitures nécessaires au service des ports, arsenaux et forces navales de la République.

12. Tout ce qui concerne les marchés, fournitures et approvisionnemens de la marine, est renvoyé au comité des marchés, pour présenter incessamment un projet de décret.

13. Le bureau des consulats fera partie du ministère des affaires étrangères.

14 FÉVRIER 1793. — Décret qui augmente le nombre, et fixe les appointemens des chefs, sous-chefs, sous-contrôleurs et commis de l'administration civile de la marine dans les ports. (L. 13, 313; B. 27, 218; Mon. du 17 février 1793.)

Art. 1er. Le nombre des chefs, sous-chefs, sous-contrôleurs et commis de l'administration civile de la marine dans les ports, sera augmenté du nombre déterminé par le tableau ci-joint, et leurs appointemens fixés d'après le décret du 21 = 28 septembre 1791.

2. En interprétation de l'article 15 du décret du 21 septembre = 12 octobre 1791, les commis embarqués en qualité de sous-chefs jouiront, pour la campagne seulement, du traitement de ce dernier grade, savoir :

Ceux embarqués sur les vaisseaux de quatre-vingts à cent vingt canons, de la paie de sous-chef de la première classe ;

Ceux embarqués sur les vaisseaux de cinquante à quatre-vingts canons, de celle de sous-chef de la deuxième classe ;

Et ceux embarqués sur les frégates, corvettes et autres bâtimens de la République, de celle de sous-chef de la troisième classe.

3. Les chefs et sous-chefs d'administration, chargés du détail général d'une armée navale, escadre ou division, jouiront, pour la campagne seulement, savoir :

Si c'est un sous-chef, des appointemens de chef de la deuxième classe, et si c'est un chef, de ceux de chef des travaux de la première classe.

4. La Convention nationale, dérogeant à l'article 16 du décret du 21 septembre = 12 octobre 1791, en ce qui concerne le concours pour les places de sous-chefs d'administration, décrète que la moitié de celles qui viendront à vaquer après cette formation sera donnée, à l'ancienneté, aux commis d'administration répartis dans tous les ports ; l'autre moitié sera donnée au choix, mais seulement à ceux des commis qui auront subi l'examen qui sera fait par l'examinateur chargé de celui des enseignes non entretenus ; et le ministre ne pourra choisir que parmi ceux qui auront obtenu un certificat.

5. Les examens seront publics, et les commis qui s'y présenteront seront tenus de répondre sur les objets prescrits par les art. 16 et 17 du décret du 21 septembre = 12 octobre 1791.

6. La Convention nationale, dérogeant également, vu la nécessité des circonstances, à l'article 18 du même décret du 21 septembre = 12 octobre 1791, décrète provisoirement que les places de chefs d'administration seront données, moitié à l'ancienneté, moitié au choix du ministre, aux sous-chefs et sous-contrôleurs qui auront au moins deux ans de service dans leur grade et l'âge de trente ans accomplis.

7. Les appointemens des élèves des bâtimens civils, n'ayant pas été déterminés par l'article 26 du même décret, seront portés à douze cents livres. Ceux des élèves de constructions seront portés à la même somme.

8. Par le présent décret, l'administration générale des ports des classes est demeurée fixée conformément à l'état ci-annexé, savoir :

Cinq ordonnateurs, quatre contrôleurs, quatre chefs de travaux, trente-sept chefs d'administration, vingt-un sous-contrôleurs, cent soixante-quatorze sous-chefs, dix-neuf aides de constructions et des bâtimens civils, cinq cent quatre-vingts sous-garde-magasins et commis d'administration, dix élèves de constructions et des bâtimens civils, trente préposés des classes, trois cent soixante-douze syndics des marins, quatre commissaires-auditeurs, quatre greffiers de la cour martiale, cent quinze hommes de la gendarmerie, dont trois lieutenans, six maréchaux-des-logis, dix-huit brigadiers et quatre-vingt-huit gendarmes.

9. Lorsque les travaux des ports et armemens seront augmentés, le ministre de la marine est autorisé à employer provisoirement, dans l'administration, le nombre des commis extraordinaires qu'il croira nécessaires aux besoins du service, sous la condition expresse d'en rendre compte tous les mois à la Convention nationale. Les appointemens desdits commis seront payés sur les fonds mis à la disposition du ministre pour les dépenses extraordinaires.

---

14 = 15 FÉVRIER 1793 — Décret qui réunit à la France la principauté de Monaco et plusieurs communes. (L. 13, 317; B. 27, 220.)

Art. 1er. La ci-devant principauté de Monaco est réunie au territoire de la République, et fait partie du département des Alpes-Maritimes.

2. La partie inférieure du bailliage de Scambourg, dit le *Bas-Office*, est réunie au territoire de la République, et fait partie du département de la Moselle.

3. Les communes du pays de Saawerden et de Karschirch, ainsi que celle d'Asweiller, sont réunies au territoire de la République, et seront réparties entre les départemens du Bas-Rhin, de la Moselle et de la Meurthe, suivant le mode qui sera déterminé par un décret particulier.

4. Les communes de Crehange, Pelle-Lange, Pontpierre, et de la partie allemande de Tetting, les communes de Trulben, Kroepen, Hilscht, Schwex, Eppenbrunnen, Oberslimbach, Lutzelhart et Arnsberg, sont réunies au territoire de la République, et font partie du département de la Moselle.

5. Les demandes en réunion faites par diverses autres communes, ou par des corps administratifs, sont ajournées jusqu'à ce qu'il soit parvenu de nouveaux renseignemens.

6. Les corps administratifs des départemens auxquels sont réunies les susdites communes par le présent décret, fourniront à la Convention tous les éclaircissemens nécessaires pour qu'elle puisse fixer, dans le plus bref délai, le mode d'incorporation de ces communes, et pour lui faire connaître la nature des biens nationaux qui en dépendent. La Convention nationale met ces biens, ainsi que toutes les propriétés comprises dans le territoire des communes nouvellement réunies, sous la sauve-garde de la nation et des lois.

7. Sur la pétition de plusieurs citoyens de la principauté de Salm, tendant à ce qu'il fût fait, en faveur de ce pays, exception au décret du 8 décembre dernier, concernant l'exportation des grains, la Convention nationale décrète qu'il n'y a pas lieu à délibérer.

8. La Convention nationale suspend de ses fonctions le général Millo, commandant à Monaco.

14 = 15 FÉVRIER 1793. — Décret relatif à l'administration des vivres de la marine. (L. 13, 321; B. 27, 210.)

Voy. lois du 21 = 28 SEPTEMBRE 1791; du 21 SEPTEMBRE = 12 OCTOBRE 1791.

Art. 1er. L'administration des vivres de la marine formera désormais une des branches de l'administration générale, sous les ordres des ordonnateurs de la marine, et elle sera réunie à celle des ports, établie en vertu des décrets des 21 = 28 septembre et 21 septembre = 12 octobre 1791, dont les dispositions seront appliquées aux employés de la ci-devant régie; en conséquence, le ministre sera tenu de choisir, parmi les préposés de la régie, les citoyens les plus capables, par leurs talens et leur civisme, de servir la chose publique dans cette administration, conformément au décret du 21 = 28 septembre 1791, concernant l'administration civile de la marine.

2. Le nombre des chefs, sous-chefs, sous-contrôleurs et commis d'administration que le service des vivres comporte, sera fixé, ainsi que les appointemens, d'après le tableau annexé au présent décret.

3. Les employés de la régie qui seront promus aux grades de chefs, sous-chefs, sous-contrôleurs et commis, rouleront entre eux dans les grades correspondant à ceux des autres officiers d'administration, auxquels ils sont assimilés en tous points; ils prendront rang à compter du 1er janvier 1793.

4. Leurs nouveaux traitemens commenceront aussi du 1er janvier 1793, et leur rang d'ancienneté sera réglé d'après les états de la régie, et à compter du jour où ils avaient été admis à l'entretien.

5. Tout autre service que celui énoncé dans l'article précédent ne pourra compter que pour la retraite seulement, et ceux qui se trouveront dans ce dernier cas seront traités conformément aux articles 13, 14 et 15 du décret du 21 = 28 septembre 1791.

14 = 16 FÉVRIER 1793. — Décret relatif à l'organisation d'un bureau central à Paris, pour la confection de tous les décomptes de la campagne de 1792. (L. 13, 325; B. 27, 213.)

Art. 1er. Le bureau central ordonné par l'article 6, chapitre IV du décret du 21 décembre 1792, sera composé de deux divisions, dont une sera attachée à l'administration du ministre de la guerre, l'autre à l'administration de la Trésorerie nationale.

2. Le résultat du travail de ce bureau sera arrêté définitivement par un comité formé du commissaire-ordonnateur de la dix-sep-

tième division, du premier commis du bureau central rapporteur, et de trois commis du bureau de la guerre, nommés par le ministre, dont l'un fera l'office de secrétaire.

3. Ce comité tiendra ses séances au moins une fois par semaine, et ses arrêtés seront obligatoires pour les corps en ce qui concernera l'arrêté de leurs décomptes, provisoirement et sauf les réclamations qui pourront être portées à la décision du ministre de la guerre.

4. Le mode et les détails des relations entre les corps, le bureau central et la Trésorerie nationale, seront réglés par le conseil exécutif.

5. La Trésorerie nationale pourra disposer jusqu'à concurrence de douze cents livres par mois, pour augmentation des commis jugés nécessaires pour la division attachée à son administration, et elle tiendra à la disposition du ministre de la guerre jusqu'à concurrence de trois mille six cent vingt-cinq liv. par mois, pour appointemens de commis : le tout suivant l'aperçu des dépenses, qui est en suite du présent décret.

6. Le ministre de la guerre et les commissaires de la Trésorerie nationale, dans trois mois, rendront compte à la Convention nationale des opérations dudit bureau central, pour être arrêté ultérieurement ce qu'il appartiendra.

Suit l'état des dépenses, par aperçu, destinées à former le bureau central ordonné par l'article 6, chapitre IV du décret du 21 décembre 1792, composé de deux divisions.

14 = 15 FÉVRIER 1793. — Décret concernant les personnes rangées par la loi dans la classe des émigrés et dans la classe des prêtres qui doivent être déportés. (B. 27, 220.)

La Convention nationale décrète qu'il sera accordé, à titre d'indemnité et de récompense, la somme de cent livres à quiconque découvrira et fera arrêter une personne rangée par la loi dans la classe des émigrés ou dans la classe des prêtres qui doivent être déportés; autorise les commissaires par elle envoyés dans les différens départemens de la République à suspendre les fonctionnaires publics qui n'ont pas fait exécuter ponctuellement les lois relatives aux émigrés et aux prêtres dont la déportation devait être faite; ordonne que le conseil exécutif provisoire rendra compte, sous trois jours, des mesures qu'il a prises pour faire exécuter lesdites lois.

14 et 16 = 21 FÉVRIER 1793. — Décret qui proroge la suspension de la vente des biens des établissemens d'instruction publique. (B. 27, 231.)

Voy. loi du 8 = 10 MARS 1793.

La Convention nationale, après avoir entendu le rapport de son comité d'instruction publique, décrète ce qui suit :

Art. 1er. La loi concernant la suppression des congrégations séculières ne s'étendant pas aux établissemens d'instruction publique, indépendans de ces fondations, la vente des biens de ces établissemens continuera à être suspendue, conformément aux décrets rendus par l'Assemblée constituante.

2. La recette et la gestion des biens appartenans aux établissemens d'instruction publique, soit qu'elles aient été confiées précédemment à des congrégations séculières ou à des laïques, continueront d'être faites sous la surveillance des corps administratifs ou municipalités qui respectivement en sont chargés, sans que la régie des domaines nationaux puisse s'en mêler.

3. Les receveurs de la régie seront tenus, dans la huitaine de la publication du présent décret, de compter de clerc à maître par-devant les corps administratifs ou municipaux, respectivement chargés de l'administration des collèges, de tous deniers par eux perçus comme appartenans à ces établissemens, et seront contraints d'en verser immédiatement le montant en deniers ou quittances entre les mains des receveurs qui précédemment en étaient chargés, ou de ceux qui leur seront désignés par les administrateurs.

4. Les corps administratifs sont autorisés, jusqu'à ce qu'il en été autrement ordonné, à fixer le traitement des professeurs actuellement en exercice, ainsi qu'il suit. Dans les villes au-dessous de trente mille ames, il ne pourra être moindre de mille livres, et dans les villes au-dessus de cette population, de quinze cents livres, sans néanmoins que le maximum, pour les premières villes, puisse s'élever au-delà de quinze cents livres, et pour les secondes, au-delà de deux mille liv., dérogeant, pour cet effet, à l'art. 1er du titre IV de la loi du 18 août 1792.

5. Les personnes qui recevront un traitement ne pourront, sous quelque prétexte que ce soit, recevoir aucune autre somme des pères, mères, tuteurs ou administrateurs des élèves, nonobstant tous usages contraires suivis dans les établissemens d'instruction publique.

14 = 16 FÉVRIER 1793. — Décret concernant l'inventaire et le versement, au Trésor public, de trois caisses d'espèces monnayées, par la municipalité de Penautier. (B. 27, 209.)

14 = 21 FÉVRIER 1793. — Décret qui autorise les administrateurs des collèges anglais, écossais et irlandais, à recevoir les revenus échus ou qui écherront pendant les six premiers mois de 1793. (B. 27, 209.)

14 FÉVRIER 1793. — Décret sur l'examen de la question de savoir si les batteries des côtes seront dépendantes du département de la marine. (B. 27, 223.)

14 = 15 FÉVRIER 1793. — Décret qui adjoint quatre commissaires à ceux précédemment nommés pour assister à la levée des scellés et aux inventaires à faire dans les maisons ci-devant royales. (B. 27, 222.)

14 FÉVRIER 1793. — Décret qui ordonne un rapport sur la question de savoir si les capitaines en second des vaisseaux marchands doivent être admis à commander en chef les vaisseaux de l'Etat. (B. 27, 224.)

14 = 14 FÉVRIER 1793. — Décret qui suspend l'exécution du jugement rendu, le 14 décembre 1792, contre les officiers municipaux et notables habitans de Champs. (B 27, 213.)

14 FÉVRIER 1793. — Décrets qui ordonnent un rapport, 1° sur la translation du district de Montignac ; 2° sur le sieur Lamarche, directeur des assignats. (B. 27, 221 et 222.)

14 = 14 FÉVRIER 1793. — Décret qui rapporte l'improbation prononcée contre les administrateurs du département de la Moselle, et qui les comprend dans la répartition des secours accordés en indemnité des ravages de la guerre. (B. 27, 215.)

14 = 14 FÉVRIER 1793. — Décret qui met en état d'arrestation le général Anselme, et le commissaire des guerres Férus. (B. 27, 219.)

14 FÉVRIER 1793. — Décret qui ordonne de rendre compte de l'arrestation du sieur Guillot de Mollan, au Bourg-la-Reine. (B. 27, 222.)

14 FÉVRIER 1793. — Décret qui charge le ministre de la guerre de l'emploi des dons faits pour les armées. (L. 13, 320.)

14 = 16 FÉVRIER 1793. — Décret qui alloue cinq millions pour être distribués entre les communes ravagées par l'ennemi. (L. 13, 307; B. 27, 215.)

14 = 16 FÉVRIER 1793. — Décret qui accorde trois cents livres à la dame Dufrènes, pour dénonciation d'un vol d'argenterie à la Sainte-Chapelle. (B. 27, 209.)

15 = 18 FÉVRIER 1793. — Décret concernant les forces à employer au-delà du cap de Bonne-Espérance. (L. 13, 330; B. 27, 225.)

Le conseil exécutif provisoire est chargé d'envoyer, au-delà du cap de Bonne-Espé-

rance, toutes les forces nécessaires pour défendre nos colonies et les intérêts de la métropole.

2. Tous les soldats ou volontaires qui seront destinés pour cette expédition ne pourront obtenir de congé que deux ans après leur départ, à compter du jour de leur embarquement.

3. Il sera formé à l'Ile-de-France un bataillon de gardes nationales, qui sera soldé et équipé par l'administration de cette colonie, et il sera sous les ordres et à la disposition du commandant de l'île.

15 = 18 FÉVRIER 1793. — Décret qui fixe le traitement des juges, greffiers et commis-greffiers du tribunal d'appel de police correctionnelle de Paris. (L. 13, 331 ; B. 27, 225.)

Art. 1er. Les juges suppléans qui auront fait ou feront un service habituel près le tribunal d'appel de police correctionnelle de Paris, recevront, à raison de leur service, un traitement annuel de quatre mille livres, qui est celui fixé pour les juges des tribunaux d'arrondissement.

2. Les suppléans qui remplaceront ou auront remplacé habituellement et nécessairement, dans les tribunaux d'arrondissement, les juges désignés pour le tribunal d'appel, auront un traitement égal à celui de ces juges des tribunaux, en raison de leurs assistances, constatées par les feuilles d'audience.

3. Le greffier du tribunal d'appel de police correctionnelle de Paris aura, comme le greffier de première instance, un traitement annuel de trois mille livres ; celui des deux commis-greffiers sera, pour chacun, de la moitié de cette somme ; dérogeant, quant à ce, à l'article 1er du décret du 8 septembre dernier.

4. Au moyen de ces traitemens, les greffiers et commis-greffiers ne pourront exiger aucun droit, sauf les remboursés pour les expéditions.

15 = 18 FÉVRIER 1793. — Décret qui accorde trois cents livres à la veuve du citoyen Biteux, officier municipal d'Orchies. (B. 27, 226.)

15 FÉVRIER 1793. — Décret relatif à la nomination d'un ministre de la marine. (B. 27, 224.)

15 FÉVRIER 1793. — Décret qui ordonne d'informer contre les auteurs et complices du faux commis sur la signature d'une lettre souscrite Brissot Warville. (B. 27, 226.)

15 = 15 FÉVRIER 1793. — Décret qui ordonne d'employer le capitaine Vence sur les vaisseaux de l'Etat. (B. 27, 224.)

15 = 18 FÉVRIER 1793. — Décret qui approuve un arrêté relatif aux bois de construction destinés pour la Hollande. (L. 13, 333 ; B. 27, 226.)

15 = 16 FÉVRIER 1793. — Décret qui assigne des fonds pour la dépense des Enfans-Trouvés, pour 1793. (B. 27, 224.)

15 FÉVRIER 1793. — Appointemens d'employés à la marine ; Colonies; Emigrés; Ministre de la marine ; Monnaie. *Voy.* 14 FÉVRIER 1793. — Primes dues au commerce. *Voy.* 13 FÉVRIER 1793. — Vivres de la marine. *Voy.* 14 FÉVRIER 1793.

16 (14 et) = 21 FÉVRIER 1793. — Décret qui fixe le traitement provisoire des professeurs de collèges. (L. 13, 328 ; B. 27, 231.)

Art. 1er. Les corps administratifs sont autorisés, jusqu'à ce qu'il en ait été autrement ordonné, à fixer le traitement des professeurs ainsi qu'il suit : dans les villes au-dessous de trente mille ames, il ne pourra être moindre de mille livres, et dans les villes au-dessus de cette population, de quinze cents livres : sans néanmoins que le maximum puisse s'élever au-delà de quinze cents livres, et pour les secondes, au-delà de deux mille livres, dérogeant, pour cet effet, à l'art. 1er du titre IV du décret du 18 août 1792.

2. Les professeurs qui recevront un traitement ne pourront, sous aucun prétexte que ce soit, recevoir aucune autre somme des pères, mères, tuteurs ou administrateurs des élèves, nonobstant tous usages contraires suivis dans les établissemens d'instruction publique.

16 = 21 FÉVRIER 1793. — Décret qui ordonne la confiscation des fournitures pour les armées qui seront défectueuses, et non conformes aux modeles. (L. 13, 335 ; B. 27, 230.)

Voy. loi du 9 = 11 AVRIL 1793.

La Convention nationale, sur la proposition d'un de ses membres, décrète que toutes les fournitures qui seront défectueuses, et qui ne seront pas conformes aux échantillons désignés dans les marchés, seront confisquées, et que procès-verbal en sera dressé par le commissaire des guerres, et tous autres préposés à la réception ou vérification de ces objets.

16 = 22 FÉVRIER 1793. — Décret concernant l'estampille à appliquer aux fournitures jugées défectueuses. (L. 13, 336 ; B. 27, 230)

La Convention nationale, sur la proposition d'un de ses membres, décrète que toutes les fournitures qui seront jugées défectueuses seront marquées d'une estampille portant le mot *robut*.

16 FÉVRIER 1793. — Décret qui autorise les députés à faire imprimer aux frais de l'Etat les projets de constitution qu'ils auront à présenter. (B. 27, 230.)

16 = 16 FÉVRIER 1793. — Décret qui ordonne l'impression du discours du citoyen Condorcet, et du projet de constitution. (B. 27, 230.)

16 = 21 FÉVRIER 1793. — Décret qui accepte l'offre faite par la commune de Dieppe d'échanger six mille livres en numéraire pour pareille somme d'assignats. (B. 27, 231.)

16 = 16 FÉVRIER 1793. — Décrets qui accordent au citoyen Geoffroy six cents livres à titre de secours provisoire, et quatre mille cinq cents livres au citoyen Richard, naturaliste. (B. 27, 227.)

16 = 16 FÉVRIER 1793. — Décret qui autorise l'acquisition de vingt-huit arpens et demi de bois enclavés dans la forêt de Montargis, pour être réunis au domaine de l'Etat. (B. 27, 227.)

16 FÉVRIER 1793. — Décret relatif à l'impression et à l'envoi aux départemens et à l'armée du projet de constitution. (L. 13, 334 ; B. 27, 230.)

16 = 21 FÉVRIER 1793. — Décret qui ordonne que le rôle de la contribution mobilière de la municipalité de Paris sera mis en recouvrement. (B. 27, 228.)

16 = 16 FÉVRIER 1793. — Décret qui autorise la commission des Vingt-un à remettre au ministre de la justice les six liasses de papiers relatifs au vol du Garde-Meuble. (B. 27, 228.)

16 = 22 FÉVRIER 1793. — Décret qui ordonne qu'il sera payé à chacun des neuf plus jeunes enfans du citoyen Robert, volontaire de Metz, tué dans l'affaire de Nancy, la somme de deux cents livres, à titre de secours provisoire. (B. 27, 228.)

16 = 21 FÉVRIER 1793. — Décret qui accorde une gratification de trois cents livres au courrier de la malle de Lyon à Paris, qui, au péril de sa vie, a sauvé du naufrage les dépêches confiées à ses soins. (B. 27, 229.)

16 = 21 FÉVRIER 1793. — Décret qui accorde une gratification de deux mille livres, à titre d'indemnité et de secours, à Pierre Assezard, garde national estropié de la main droite. (B. 27, 229.)

16 FÉVRIER 1793. — Communes ravagées par l'armée ; Décomptes de 1792 ; Dons pour les armées. *Voy.* 14 FÉVRIER 1793. — Enfans-Trouvés. *Voy.* 15 FÉVRIER 1793.

17 FÉVRIER 1793. — Décret additionnel à celui sur l'organisation provisoire de la marine militaire. (L. 13, 337 ; B. 27, 235.)

La Convention nationale, sur la proposition d'un de ses membres, décrète qu'à l'article 8 du décret sur l'organisation provisoire de la marine militaire, des 13 janvier et 6 du courant, seront ajoutés ces mots : « par l'article 7, pour l'admission au grade de lieutenant. »

17 = 23 FÉVRIER 1793. — Décret relatif à la formation des équipages des bâtimens en course. (L. 13, 338 ; B. 27, 235.)

La Convention nationale, interprétant l'article 4 du décret du 31 janvier dernier, et voulant favoriser par tous les moyens possibles les armemens en course, déclare qu'elle n'a pas entendu comprendre dans le sixième des marins, accordé pour la formation des équipages des bâtimens en course, les états-majors, mestrance et tous autres marins non sujets aux levées.

17 FÉVRIER 1793. — Décret qui proroge les délais fixés pour la reddition des comptes des directeurs et des régisseurs de l'enregistrement, domaines et droits réunis. (L. 13, 339; B. 27, 234.)

La Convention nationale, après avoir entendu le rapport de son comité des finances, décrète que les délais fixés par les articles 14 et 17 du décret du 18 = 27 mai 1791, pour la reddition des comptes des directeurs et des régisseurs de l'enregistrement, domaines et droits réunis, sont prorogés, quant aux comptes de 1791, savoir : pour les directeurs, jusqu'au 1er mai prochain, et pour les régisseurs, jusqu'au 1er août suivant.

17 = 23 FÉVRIER 1793. — Décret qui accorde vingt millions pour le paiement des travaux des fortifications. (L. 13, 340; B. 27, 232.)

17 = 23 FÉVRIER 1793. — Décret qui accorde dix mille livres pour procurer aux écoles de la marine et aux vaisseaux de l'État le compas inventé par Leguin (B. 27, 234.)

17 FÉVRIER 1793. — Décret pour l'impression d'une pétition présentée au nom de la section du Marais, et l'envoi aux départemens et aux armées. (B. 27, 233.)

17 = 23 FÉVRIER 1793. — Décret qui accorde trois mille livres aux citoyens Pomme et Bagot, députés de Cayenne et de la Guiane française, à compte de leurs frais de voyage. (B. 27, 234.)

17 = 23 FÉVRIER 1793. — Décret portant suppression de paroisses dans les villes et districts de Châteaudun et d Issoudun. (B. 27, 233.)

17 = 23 FÉVRIER 1793. — Décret qui admet John Barlow au titre et aux droits de citoyen français. (L. 13, 341 ; B. 27, 232.)

17 = 17 FÉVRIER 1793. — Décret qui ordonne de garder en état d'arrestation le général Anselme. (B. 27, 232.)

17 = 17 FÉVRIER 1793. — Décret qui ordonne de mettre en liberté le sieur d'Espagnac. (B. 27, 232.)

17 FÉVRIER 1793. — Décret qui déclare que la ville d'Arles n'est plus en état de révolte. (B. 27, 232.)

17 = 23 FÉVRIER 1793. — Décret sur le rebut, fait par les experts, des souliers fournis par Robin. (B. 27, 235.)

17 FÉVRIER 1793. — Travaux publics dans les départemens de Paris, etc. *Voy.* 18 FÉVRIER 1793.

18 = 19 FÉVRIER 1793. — Décret relatif aux pièces à produire pour les paiemens à faire concernant le service de la marine. (L. 13, 342; B. 27, 240.)

Art. 1er. Les consuls et autres agens de la nation française en pays étrangers, ou leurs fondés de procuration, justifieront, par un certificat du ministre de la marine, qu'ils sont à leur poste ; s'ils sont absens par congé, le certificat en fera mention ; si leur absence a été de plus de deux mois, ils justifieront de leur résidence en France. Les payeurs ne pourront exiger d'eux que la justification du paiement de la contribution patriotique.

2. Les payeurs rembourseront aux consuls et autres agens de la nation française, en pays étrangers, les avances qu'ils auront faites pour le service, sur leurs simples quittances, ou les lettres de change qu'ils auront tirées du lieu de leur résidence ; lesdites quittances et lettres de change appuyées de l'ordonnance du ministre de la marine.

3. Les paiemens faits en France par les divers payeurs, avant l'émission des quittances du nouveau timbre ordonné par le décret du 12 décembre 1790 = 18 février 1791, d'après des ordres provisoires des ordonnateurs, et ceux faits dans les colonies pour le compte de Paris, seront alloués dans les comptes des payeurs, sur les quittances d'usage avant cette loi, en rapportant, à l'appui, des décharges en forme desdits ordres provisoires, ou un certificat des chefs d'administration du lieu où les paiemens auront été

faits, qui constateront l'époque où ils auront eu lieu.

4. Le retard qu'a éprouvé l'émission des quittances timbrées, suivant ledit décret du 12 décembre 1790 = 18 février 1791, n'ayant pas permis aux divers payeurs, et particulièrement dans les colonies, de s'en procurer à l'avance, pour en faire usage à l'époque du 17 avril suivant, les paiemens faits seront alloués sur des quittances de l'ancien timbre, jusqu'au 30 juin 1791.

5. Les copies de marchés, certificats de négocians ou agens de change, procès-verbaux et toutes autres pièces qui ne sont pas délivrées par les administrateurs de la marine, et que doivent rapporter les fournisseurs et autres à l'appui des décharges en forme, seront sur papier timbré, et collationnés par les ordonnateurs, chefs de bureau ou contrôleurs de la marine.

6. Sont exceptés des dispositions prescrites par les lois précédemment rendues concernant les formalités à remplir pour recevoir traitement, solde et créance, de quelque nature que ce soit :

1° Les créanciers de sommes de cent livres et au-dessous ;

2° Les journées d'ouvriers, la paie des soldats, la solde des marins et la demi-solde des invalides ;

3° Le relief ou avance d'appointemens aux officiers des troupes des colonies ;

4° Les gratifications ou indemnités accordées extraordinairement aux déportés et aux soldats des colonies, ainsi qu'aux veuves ou familles des marins morts au service ;

5° Les frais de voyage, de conduite, d'aller et de retour de toute personne commandée pour le service ;

6° Le port des hardes et ustensiles de toute personne attachée au service ;

7° Les frais de passe à la charge de la marine et des colonies ;

8° Les nolis et transports de munitions ;

9° Les frais de capture, de prison et de traduction ;

10° Les journées en voyages ou vacations employées pour le service, les avances à l'armement des bâtimens de la République, le remboursement des mêmes frais dans les quartiers des classes pour le service ;

11° Les entreprises d'ouvrages confiées à des associations d'ouvriers.

18 = 19 FÉVRIER 1793. — Décret relatif à l'enregistrement des billets d'annuités au porteur, donnés en remboursement de l'emprunt de soixante-dix millions. (L. 13, 345 ; B. 27, 243.)

Art. 1er. Les billets d'annuités au porteur, donnés en remboursement de l'emprunt de soixante-dix millions, restés en dépôt à l'administration de la caisse d'escompte, qui, d'après le décret du 27 août dernier, ont été enregistrés provisoirement en masse et en un seul article, pourront être enregistrés en masse et en dix-sept paquets, classés, par échéance de paiement, sur des bandes de papier, lesquelles seront scellées et cachetées.

2. Le paiement en masse desdites annuités sera fait d'après ledit enregistrement sur le paquet, pourvu toutefois que les cachets ne soient pas altérés. La vérification du contenu des paquets et des scellés sera faite par le payeur principal, en présence des commissaires de la Trésorerie nationale.

3. En cas de partage ou de négociation desdites annuités, elles seront soumises à l'enregistrement partiel et au droit des mutations, fixé par le décret du 27 août dernier.

18 FÉVRIER = 4 MARS 1793. — Décret relatif aux droits à payer, au bureau d'Armentières, pour les toiles venant de l'étranger. (L. 13, 347 ; B. 27, 236.)

La Convention nationale, après avoir entendu le rapport de son comité de commerce, décrète que les toiles venant de l'étranger seront admises au bureau d'Armentières, comme à celui de Lille, sous le paiement du droit de trente-six livres du quintal pour les toiles de chanvre et de lin écrues, et de celui de quarante-cinq livres pour les toiles de lin et de chanvre blanchies.

18 FÉVRIER 1793. — Décret qui ordonne de rendre compte des mesures prises pour la fourniture d'armes au second bataillon des Deux-Sèvres, et de l'emploi des fusils trouvés dans les arsenaux de la Belgique. (B. 27, 238.)

18 = 18 FÉVRIER 1793. — Décret qui affecte trois cent mille livres pour travaux publics dans les départemens de Paris, du Mont-Blanc et des Alpes-Maritimes. (B. 27, 236.)

18 = 19 FÉVRIER 1793. — Décret qui suspend l'exécution de celui du 10 novembre, concernant le citoyen Cormes. (B. 27, 239.)

18 = 19 FÉVRIER 1793. — Décret qui accorde différentes sommes à des volontaires du 5e bataillon de l'Yonne. (B. 27, 239.)

18 = 18 FÉVRIER 1793. — Décret qui autorise la municipalité de Lyon à imposer une somme d'un million cinq cent mille livres. (B. 27, 241.)

18 = 19 FÉVRIER 1793. — Décret qui ordonne le remboursement de sommes avancées par les municipalités de Bayonne et du Saint-Esprit. (B. 27, 236.)

18 FÉVRIER 1793. — Décrets qui ordonnent un rapport, 1° sur la demande des habitans de Nuremberg, en remboursement de fournitures effectuées au profit de la France; 2° sur les dons patriotiques faits en nature. (B. 27, 238.)

18 = 19 FÉVRIER 1793. — Décret qui ordonne le paiement des appointemens fixes et gratifications aux commis des domaines corporels et incorporels supprimés, etc. (B. 27, 237.)

18 = 19 FÉVRIER 1793. — Décret qui accorde trois mille livres à un dénonciateur de fabricateurs et distributeurs de faux assignats. (B. 27, 237.)

18 FÉVRIER 1793. — Bois de construction pour la Hollande; Cap de Bonne-Espérance; Police correctionnelle de Paris. *Voy.* 15 FÉVRIER 1793.

19 = 21 FÉVRIER 1793. — Décret relatif aux droits des denrées exportées ou importées par les vaisseaux américains dans les colonies ou en France. (L. 13, 348; B. 27, 248.)

Art. 1er. Tous les ports des colonies françaises sont ouverts aux vaisseaux des Etats-Unis d'Amérique.

2. Toutes les denrées exportées ou importées par les vaisseaux américains ne paieront, à leur sortie ou à leur entrée dans les colonies ou en France, que les mêmes droits perçus sur celles que portent les bâtimens français.

3. Le conseil exécutif est autorisé à prendre toutes les mesures convenables pour que les Etats avec lesquels la République est en guerre ne puissent profiter des avantages accordés à une puissance amie.

4. Le conseil exécutif négociera avec le congrès des Etats-Unis pour obtenir, en faveur des commerçans français, une réduction de droits semblable à celle qui est accordée par la présente loi aux commerçans américains, et pour resserrer ainsi les liens de bienveillance qui unissent les deux nations.

5. La Convention nationale suspend l'exécution du décret du 28 août 1790; décrète que tous les bâtimens chargés de marchandises des Grandes-Indes pourront aller débarquer dans tous les ports de la République pendant tout le temps que durera la guerre, et que les vaisseaux qui n'apporteront que des denrées des iles de France et de Bourbon jouiront désormais de la même liberté.

19 = 21 FÉVRIER 1793. — Décret qui accorde des indemnités aux maîtres de postes. (L. 13, 350; B. 27, 244; Mon. du 20 février 1793.)

Art. 1er. A dater du 1er mars prochain, les chevaux de poste employés au service des malles seront payés à raison de trente sous par poste pour chaque cheval; les guides des postillons employés à ce service seront payés sur le pied de quinze sous par poste.

2. Le directoire des postes est autorisé à faire employer et payer aux maîtres de poste un cheval de plus sur les malles, dans les saisons, lieux, et pendant tout le temps qu'il le jugera nécessaire.

3. La Trésorerie nationale tiendra à la disposition du ministre de l'intérieur une somme de six cent mille livres, pour être employée à des indemnités aux maîtres de poste dont les réclamations seront jugées légitimes par les corps administratifs et par le directoire des postes.

4. La Convention nationale autorise le directoire des postes à faire remplacer les maîtres de poste qui auront donné leur démission, par la voie des entreprises ou des adjudications au rabais, lorsqu'il ne pourra y pourvoir d'une autre manière.

19 = 21 FÉVRIER 1793. — Décret relatif aux conditions exigées pour l'admission des prises dans les ports de France. (L. 13, 352; B. 27, 246; Mon. du 20 février 1793.)

Voy. lois du 31 JANVIER 1793, du 1er OCTOBRE 1793 et du 3 BRUMAIRE an 4.

Art. 1er. L'exemption de droits accordée aux bœufs, lards, beurres et saumons salés venant de l'étranger à la destination des colonies françaises en Amérique, est commune aux armemens pour la course, en remplissant les formalités prescrites par le décret du 22 juin = 17 juillet 1791.

2. Toutes marchandises de prises, sans exception, seront admises dans les ports de la République sous les conditions ci-après.

3. Lorsque le capitaine d'un navire armé en course aura conduit une prise dans un des ports de la République, il sera tenu d'en faire la déclaration au bureau de la douane. Les marchandises et autres objets seront déchargés de suite, et déposés dans un magasin fermant à deux clefs, dont l'une restera à sa disposition, et l'autre sera remise au receveur des douanes du lieu de l'arrivée. Le magasin sera fourni par l'armateur ou son représentant.

4. L'inventaire des objets contenus dans ce magasin sera fait, dans le plus court délai, par le juge-de-paix, ou, à son défaut, par l'un de ses assesseurs, en présence du receveur des douanes ou de son préposé, du capitaine, de l'armateur, ou de leurs représentans; il sera signé d'eux, ou fait mention des raisons qui les en auront empêchés.

5. Les marchandises ainsi inventoriées jouiront du droit d'entrepôt pendant trois mois à compter du jour de leur adjudication, pen-

dant lequel temps elles pourront être expédiées pour l'étranger en exemption de tous droits. Celles qui se trouveront encore en entrepôt à l'expiration de ce délai, ou qui en auraient été retirées pendant ce temps, acquitteront les droits fixes d'entrée fixés par le tarif du 2 = 15 mars 1791, lors même que l'entrée en aurait été postérieurement prohibée.

6. Les objets ci-après prohibés par ledit tarif paieront, savoir : les eaux-de-vie autres que de vin, les mêmes droits que l'eau-de-vie double; les huiles de poisson, ceux déjà imposés sur les huiles introduites dans les départemens des Haut et Bas-Rhin; le sel marin et le sel de salines, dix sous par quintal; les tabacs fabriqués, vingt-cinq livres du quintal, et les ouvrages de verrerie, douze pour cent de la valeur.

7. Le transit par terre en exemption de droits, sous plomb et par acquit-à-caution, aura lieu pour toutes les marchandises de prise, à l'exception de celles liquides, qui ne pourront être réexportées que par mer; les autres devront sortir par l'un des bureaux d'Halluin, Valenciennes, Maubeuge, Givonne, Thionville, Sarre-Louis, Saint-Louis, Strasbourg, Jougnes, Collonge, Carouge, le Boulon et Saint-Jean-Pied-de-Port.

8. Les prises qui seront amenées dans les ports de Bayonne et Dunkerque ne jouiront des avantages accordés par le présent décret qu'autant que celles destinées pour Bayonne se seront rendues directement au bureau du Saint-Esprit, et que le chargement y aura été inventorié et entreposé. A l'égard de celles amenées à Dunkerque, il en sera usé comme pour les marchandises des colonies françaises de l'Amérique; elles aborderont au même quai, où les préposés des douanes en suivront le déchargement et l'inventaire. Les marchandises provenant de ces prises, pour lesquelles les armateurs voudront jouir de la faveur accordée par le présent, seront transportées de suite et directement dans les magasins de la basse ville, ainsi qu'il en est usé pour les denrées coloniales.

9. Si un navire français est repris sur l'ennemi, et conduit directement dans un des ports de la République, il ne sera perçu aucun droit d'entrée sur les marchandises de son chargement, en justifiant de leur sortie première de la République, par une copie certifiée de la déclaration faite au bureau du départ.

10. Les dispositions portées par le décret du 6 = 22 août 1791, pour les déclarations à l'entrée et à la sortie, les visites, les paiemens des droits, les expéditions par acquit-à-caution et l'approvisionnement des navires, seront observées, relativement aux armemens en course et aux navires pris sur les ennemis de l'Etat, dans tous les cas auxquels il n'est

point dérogé par le présent décret, qui aura son exécution pendant toute la durée de la présente guerre.

_____

19 FÉVRIER 1793. — Décret relatif au mode de versement des sommes nécessaires aux dépenses publiques. (L. 13, 455; B. 27, 245.)

_____

19 FÉVRIER 1793. — Décret qui autorise le comité des Douze à remettre à l'accusateur public les lettres originales de Radix Sainte-Foix. (B. 27, 246.)

_____

19 = 21 FÉVRIER 1793. — Décret pour assurer le service des bateaux de correspondance entre la Corse et le continent. (B. 27, 246.)

_____

19 = 21 FÉVRIER 1793. — Décret qui séquestre les fruits et revenus de la terre d'Aubigny. (B. 27, 248.)

_____

19 = 21 FÉVRIER 1793. — Décret qui ordonne la mise en liberté de Théodore Brunet, détenu à Douai. (B. 27, 249.)

_____

19 FÉVRIER 1793. — Décret qui met à la disposition du conseil exécutif la force armée offerte par le département de la Haute-Garonne, et les corps de troupes qui sont à Paris et dans les environs. (B. 27, 249 et 250.)

_____

19 FÉVRIER 1793. — Billets d'annuités; Marine. Voy. 18 FÉVRIER 1793.

_____

20 = 23 FÉVRIER 1793. — Décret qui détermine les formes à observer pour l'évaluation des pertes occasionées par l'intempérie des saisons, incendies et autres accidens imprévus, et les règles pour la répartition des secours accordés aux personnes qui ont éprouvé ces pertes. (L. 13, 357; B. 27, 251.)

Art. 1er. Ceux qui auront éprouvé des pertes par l'intempérie des saisons ou autres accidens imprévus, et qui voudront réclamer des secours, présenteront au conseil général de la commune où l'accident aura eu lieu un mémoire énonciatif de leurs pertes, et le remettront au secrétaire-greffier.

2. Ils joindront à ce mémoire les extraits de leurs contributions, afin de constater quelle est la masse d'impôts qu'ils paient dans toute l'étendue de la République, à raison de leur fortune mobilière ou immobilière, ou de leur profession. Ils ajouteront les actes de naissance de tous leurs enfans.

3. Il sera formé dans chaque commune un tableau dans lequel seront inscrits, suivant l'ordre de leur nomination, tous les membres qui composent le conseil général.

4. Ce tableau servira à indiquer ceux qui, alternativement et dans l'ordre de leur ins-

cription, seront appelés à remplir les fonctions de commissaires.

5. Ces commissaires seront toujours au nombre de deux.

6. Le maire de la commune, ou, en son absence, l'officier municipal qui le remplacera, sera tenu, dans les vingt-quatre heures de la remise des pièces, de les envoyer au premier des commissaires indiqués dans le tableau, et de donner avis au second de la commission qui lui est déléguée, et du nom du collègue avec lequel il doit opérer.

7. Si celui qui réclame a, parmi les membres du conseil général, quelque parent, il sera tenu d'en faire mention dans son mémoire; et, dans le cas où ce parent serait appelé à exercer les fonctions de commissaire, il sera remplacé par celui qui lui succède dans l'ordre du tableau.

8. Dans les vingt-quatre heures suivantes, les commissaires seront tenus de se transporter sur les lieux, d'appeler auprès d'eux le plus grand nombre de voisins qu'ils pourront assembler, afin de les consulter, et de prendre des renseignemens sur l'état où se trouvait avant l'accident l'objet détruit ou détérioré, et sur la nature de la perte.

9. Les commissaires dresseront procès-verbal de leurs dires, et procéderont en leur présence, s'ils consentent à rester, à l'évaluation de la perte, objet par objet.

10. Dans le jour de la clôture de leur procès-verbal, ils le déposeront au greffe de la commune, avec toutes les pièces qui leur auront été remises.

11. Le secrétaire-greffier fera sur papier libre une copie du procès-verbal et des extraits des rôles et actes de naissance, et les affichera dans le chef-lieu de la commune et dans l'endroit accoutumé, le premier jour de marché ou de repos qui suivra immédiatement le dépôt.

12. Il sera dressé procès-verbal de cette affiche et publication; l'acte en sera signé par le greffier et par le maire ou l'officier municipal qui le remplacera.

13. Tout citoyen qui aura à faire des observations, soit sur la fortune du citoyen réclamant, soit sur la nature de la perte, soit sur l'évaluation qui en aura été faite, soit sur la conduite des commissaires, se transportera au greffe de la commune pour les y faire inscrire sur un registre qui sera ouvert à cet effet pendant la huitaine après l'affiche.

14. Le lendemain de l'échéance de cette huitaine, le conseil général s'assemblera pour faire droit contradictoirement avec les parties, ou, après les avoir dûment appelées, sur les observations qui auront été faites, et pour arrêter définitivement l'évaluation de la perte.

15. Toutes les pièces seront ensuite, sans délai, envoyées, avec copie de la délibération du conseil général, aux administrations supérieures chargées de prononcer sur la demande, et de répartir le secours, s'il y a lieu, d'après les règles qui vont être établies.

16. Toute personne à qui il restera, déduction faite de la perte qu'elle a éprouvée, un revenu net au-dessus de deux mille livres, ne pourra recevoir aucun secours, à quelque somme que la perte puisse monter.

17. Pour apprécier le degré de fortune dont jouit le réclamant, les corps administratifs consulteront les extraits des contributions joints aux mémoires, et les renseignemens qui leur auront été fournis par les citoyens, et déduiront la quotité d'impôt qu'était censé supporter l'objet détruit ou détérioré, d'après sa valeur réelle avant l'accident.

18. S'il est reconnu que le revenu du réclamant ne se porte pas au-delà de deux mille livres, il obtiendra le secours qui sera attaché à la classe dans laquelle il se trouvera porté par les suites de la perte qu'il a éprouvée.

19. Ce secours devant toujours être en raison inverse des fortunes, il sera formé vingt classes qui monteront de cent livres par cent livres de celui qui jouit de la plus mince fortune jusqu'à celui qui jouit des deux mille livres, au-dessus desquelles il n'est accordé aucun secours.

20. Celui qui jouira d'un revenu non excédant cent livres recevra dans son entier l'évaluation de sa perte. Celui dont le revenu excédera cent livres, mais qui ne s'élèvera pas au-dessus de deux cents livres, recevra les dix-neuf vingtièmes. Celui qui aura un revenu de deux à trois cents livres aura les dix-huit vingtièmes, et ainsi de suite; de sorte que celui qui jouira d'un revenu de dix-neuf cents livres ne recevra qu'un vingtième de l'évaluation de la perte qu'il aura éprouvée.

21. Il sera en outre accordé aux quatre premières classes qui ne reçoivent pas en totalité l'évaluation de la perte deux pour cent de surplus de cette évaluation à raison de chaque enfant non âgé de douze ans, toutes les fois que la famille du réclamant s'élèvera au-dessus de trois enfans.

22. La même augmentation aura lieu pour les cinq classes subséquentes, et pour chaque enfant aussi non âgé de douze ans, quand le réclamant aura plus de quatre enfans; dans les autres cinq classes, quand le réclamant aura aussi plus de cinq enfans, et dans les cinq dernières, quand il en aura plus de six.

23. Le célibataire qui réclamera le secours ne recevra que la moitié de celui qui sera accordé à l'homme marié se trouvant dans la même classe.

20. = 23 FÉVRIER 1793. — Décret relatif à la réunion au dépôt du Louvre des différens dépôts énoncés dans le décret du 8 août 1790. (L. 13, 362; B. 27, 253.)

Art. 1er. En exécution du décret du 7 août 1790, les différens dépôts y énoncés seront incessamment réunis au dépôt du Louvre, pour ne plus former qu'un seul et même dépôt.

2. Le ministre de l'intérieur donnera sans délai les ordres nécessaires pour que cette réunion s'opère avec ordre et sûreté.

3. L'archiviste touchera les appointemens de trois mille livres, fixés par l'article 2 du décret du 7 août 1790.

4. Au moyen de ces appointemens, l'archiviste ne pourra prétendre à l'augmentation de traitement qui lui était accordée par l'article 31 du décret du 3 septembre.

5. Il nommera incessamment les deux commis qui sont accordés au garde du dépôt par les articles 3 et 4 du décret du 7 août 1790.

6. Le ministre de l'intérieur pourvoira incessamment à l'établissement des bureaux nécessaires à l'archiviste, dans les appartemens du Louvre les plus à portée du dépôt, conformément à l'article 5 du décret du 17 septembre.

7. Il pourvoira également au logement de l'archiviste dans les appartemens du Louvre, à la proximité de ses bureaux.

8. L'archiviste s'occupera spécialement et sans délai, après l'établissement de ses bureaux, des opérations dont il a été chargé par le décret du 3 septembre dernier, article 30, et par celui du 17 du même mois, article 4.

9. Le décret du 8 août 1790 et l'article 31 du décret du 3 septembre dernier, en ce qu'il n'y est pas dérogé, seront au surplus exécutés.

10. Le ministre de l'intérieur rendra compte dans huitaine de l'exécution du présent décret.

20 = 23 FÉVRIER 1793. — Décret d'ordre du jour sur la réclamation du citoyen Boyette contre la qualité de dépositaire des archives du Louvre donnée au citoyen Cheyré. (B. 27, 250.).

La Convention nationale, ouï le rapport du comité des domaines, qui lui a rendu compte de la pétition du sieur Boyette, ancien garde des archives du Louvre, qui réclame contre la qualité de dépositaire des archives du Louvre donnée au sieur Cheyré par l'article 30 du décret du 3 septembre dernier, décrète qu'il n'y a pas lieu à délibérer.

20 FÉVRIER 1793. — Décret qui ordonne un rapport sur la location des terres employées aux chasses du Roi (1). (B. 27, 254.).

20 FÉVRIER 1793. — Décret sur une addition faite au projet de constitution. (B. 27, 255.)

20 FÉVRIER 1793. — Décret d'ordre du jour sur les réclamations des citoyens Mylnes, mécaniciens anglais, relatives au local qu'ils occupent au château de la Muette. (B. 27, 250.)

20 = 23 FÉVRIER 1793. — Décret qui rétablit provisoirement Marguerite-Lidelle, femme Verrier, Rennée Mabille et Jean-Baptiste Mignard, dans les places qu'ils occupaient aux Quinze-Vingts. (B. 27, 254.)

20 FÉVRIER 1793. — Décret qui ordonne l'impression de l'ordre du jour des séances de la Convention. (B. 27, 250.)

21 = 26 FÉVRIER 1793. — Décret relatif à l'organisation de l'armée et aux pensions de retraite et traitemens des militaires de tous grades. (L. 13, 371; B. 27, 264; Mon. des 20, 21 et 22 février 1793.)

Art. 1er. La Convention nationale assure, à la fin de la guerre, à tout militaire qui, conformément aux lois établies sur les pensions de retraite, aura des droits acquis à la bienfaisance de la nation, la jouissance des avantages que ces lois lui accordent à raison de son ancienneté et du grade dans lequel il se trouvera placé.

2. Tout militaire, de quelque grade qu'il soit, officier ou soldat, qui, par les changemens qui pourraient s'opérer à la paix, se trouvera réformé, obtiendra, à titre de pension de retraite, s'il a dix ans de service, les campagnes comptant pour deux ans, le quart de ses appointemens de paix, et, au-dessus de dix ans, un trentième du restant de ses appointemens en sus par chaque année de service.

Quant aux militaires qui n'auront pas dix ans de service à la fin de la guerre, et qui auront cependant servi la patrie sans interruption, il leur sera payé, à la réforme, et sans distinction de grade, à titre de gratification, soixante livres pour une campagne, cent cinquante livres pour deux campagnes, trois cents livres pour trois campagnes, cinq cents livres pour quatre campagnes.

Ces articles sont applicables aux volontaires qui ont servi la campagne dernière, et qui sont ou retourneront à leurs drapeaux avant le 1er avril prochain.

_____

(1) Le texte porte *du tyran*.

3. Les anciens militaires retirés du service, et qui sont rentrés ou rentreront d'ici au 1ᵉʳ avril sous les drapeaux de la patrie, concourront aux avantages énoncés dans les articles précédens, en comptant leurs anciens services avec les nouveaux, sur le pied du grade qu'ils auront lors de leur retraite à la paix ou de leur réforme.

4. Tout militaire qui prendra sa retraite ou sera réformé à la paix jouira, tant qu'il vivra, et quelle que soit ensuite la place qu'il occupera dans l'Etat, du traitement fixé par le présent décret, quels que soient les émolumens qui seraient attachés à ses nouvelles fonctions, et sans aucune déduction.

5. La Convention nationale, voulant ajouter une nouvelle marque de reconnaissance à celle déjà promise, et en faire sentir autant qu'il est en elle les effets aux familles des braves défenseurs de la République, déclare que les biens des émigrés sont affectés, jusqu'à concurrence de quatre cents millions, au paiement des pensions et gratifications qui seront acquises aux militaires, à leurs veuves et à leurs enfans, en conséquence du présent décret; elle charge le comité des finances de lui présenter, sans délai, un projet de décret sur le mode de conversion des pensions militaires en un capital applicable à l'acquisition des biens des émigrés.

6. A l'avenir, ceux qui remplissent les fonctions de lieutenant-colonel dans l'infanterie s'appelleront chefs de bataillon, et, dans la cavalerie, chefs d'escadron; les colonels de toutes armes s'appelleront chefs de brigade; les maréchaux-de-camp, généraux de brigade; les lieutenans-généraux; généraux de division, et les généraux d'armée, généraux en chef. En conséquence, toutes les dénominations de lieutenant-colonel, colonel, maréchal-de-camp, lieutenant-général et maréchal de France, sont supprimées.

ORGANISATION DE L'ARMÉE.

TITRE Iᵉʳ. De l'infanterie de ligne.

SECTION Iʳᵉ.

Art. 1ᵉʳ. A dater de la publication du présent décret, il n'y aura plus aucune distinction ni différence de régime entre les corps d'infanterie appelés régimens de ligne et les volontaires nationaux.

2. L'infanterie que la République entretiendra à sa solde sera formée en demi-brigades, composées chacune d'un bataillon des ci-devant régimens de ligne, et de deux bataillons de volontaires. L'uniforme sera le même pour toute l'infanterie; il sera aux couleurs nationales; et ce changement se fera au fur et à mesure que l'administration sera obligée de renouveler l'habillement. Chaque demi-brigade sera distinguée par un numéro sur le bouton et sur les drapeaux.

3. La première demi-brigade sera composée du premier bataillon du premier régiment d'infanterie et de deux bataillons de volontaires les plus à sa portée, et, autant que faire se pourra, du même département.

La deuxième demi-brigade sera composée du deuxième bataillon du premier régiment d'infanterie et de deux bataillons de volontaires les plus voisins, et, s'il est possible, du même département.

Le reste de l'armée suivra le même mode de réunion; de manière que, par ordre de numéros, les cent quatre-vingt-seize bataillons de ligne, unis aux trois cent quatre-vingt-douze bataillons de volontaires, formeront cent quatre-vingt-seize demi-brigades d'infanterie. A la paix, les demi-brigades prendront le nom des départemens auxquels elles sont attachées.

4. Les soldats composant aujourd'hui les régimens de ligne, étant engagés, sont tenus de remplir leurs engagemens jusqu'à la paix. Les volontaires ne pourront jamais être liés que pour une campagne.

5. Chaque demi-brigade sera composée ainsi qu'il suit:

Etat-major.

Un chef de brigade, trois chefs de bataillon, deux quartiers-maitres-trésoriers, trois adjudans-majors, trois chirurgiens-majors, trois adjudans-sous-officiers, un tambour-major, un caporal-tambour, huit musiciens, dont un chef; trois maitres tailleurs, trois maitres cordonniers.

Chaque bataillon sera composé de neuf compagnies, dont une de grenadiers et huit de fusiliers.

Chaque compagnie de grenadiers sera composée ainsi qu'il suit:

Un capitaine, un lieutenant, un sous-lieutenant, un sergent-major, deux sergens, un caporal-fourrier, quatre caporaux, quatre appointés, quarante-huit grenadiers, deux tambours. — Total, trois officiers, soixante-deux grenadiers.

Chaque compagnie de fusiliers sera composée ainsi qu'il suit:

Un capitaine, un lieutenant, un sous-lieutenant, un sergent-major, trois sergens, un caporal-fourrier, six caporaux, six appointés, soixante-sept fusiliers, deux tambours. — Total, trois officiers, quatre-vingt-six fusiliers.

Il sera attaché à chaque demi-brigade six pièces de canon du calibre de quatre, avec tous les attirails nécessaires; et, pour le service de ces pièces, il sera formé par chaque demi-brigade une compagnie de canonniers volontaires composée comme celle des grenadiers, excepté que le nombre de canonniers sera porté à soixante-quatre hommes, non compris les officiers et sous-officiers.

Complet d'une demi-brigade en officiers, sous-officiers et soldats.

Deux mille quatre cent trente-sept hommes, avec six pièces de canon de quatre.

Complet de l'infanterie de ligne.

Cent quatre-vingt-seize demi-brigades, quatre cent soixante dix-sept mille six cent cinquante-deux hommes, onze cent soixante-seize pièces de campagne.

6. Les officiers et sous-officiers qui se trouveront réformés par la présente organisation conserveront leur traitement actuel, et feront le service attaché à leurs grades, comme adjoints, jusqu'à leur remplacement, lequel aura lieu à la première vacance dans le grade dont ils étaient pourvus, et par préférence à tous autres.

7. La solde sera la même, ainsi que le traitement de guerre, pour tous les individus composant l'infanterie française, chacun suivant son grade, et l'on prendra pour base la plus forte paie de chaque grade. Il n'y aura plus qu'une classe de capitaines, dont les appointemens sont portés uniformément à deux mille deux cents livres, pied de paix, sans préjudice au traitement de guerre ; mais ceux qui jouissent d'un plus fort traitement le conserveront jusqu'à ce qu'ils aient monté en grade.

8. La Convention nationale ajourne la réunion des bataillons de volontaires avec ceux de la ligne, jusqu'à ce qu'il en ait été autrement ordonné ; provisoirement, les corps resteront organisés comme ils le sont ; mais la Convention ordonne au ministre de la guerre de lui présenter, au 1er mars prochain, le tableau de cette réunion et du mode d'exécution, afin qu'il en connaisse les cadres qu'il est utile de conserver et compléter, ce tableau devant servir de base au recrutement.

9. A dater du 15 mars prochain, toute l'infanterie française sera payée sur le nouveau pied, et jouira du nouveau mode d'avancement ; mais les bataillons ne rouleront qu'entre eux jusqu'au moment de leur réunion en demi-brigades.

10. Le ministre de la guerre fera imprimer dans le plus court délai et distribuer aux membres de la Convention et à tous les officiers des états-majors des armées la liste des colonels et maréchaux-de-camp en activité, avec la date de leur ancienneté de service, afin que chaque militaire puisse connaître le rang que lui assure son ancienneté, aux termes de la loi. Le ministre tiendra la main à ce que les rangs d'ancienneté de service de chaque officier et sous-officier dans les diffé-

rens corps soient toujours affichés au corps-de-garde du chef-lieu des bataillons.

11. Jusqu'au moment de la réunion des bataillons de ligne avec ceux des volontaires en demi-brigades, il ne sera pourvu à la nomination d'aucun emploi de colonel ou chef de brigade dans ces corps.

SECTION II. Du mode d'avancement.

Art. 1er. Dans tous les grades, excepté celui de chef de brigade et celui de caporal, l'avancement aura lieu de deux manières, savoir : le tiers par ancienneté de service à grade égal, roulant sur toute la demi-brigade, et les deux tiers au choix dans le bataillon où la place sera vacante.

2. On commencera par le tour d'ancienneté, et, à titre égal entre deux concurrens, la place appartiendra au plus âgé.

3. Lorsqu'un emploi de colonel ou chef de brigade sera vacant, il appartiendra toujours à l'ancienneté parmi les chefs des bataillons de la demi-brigade, d'abord au plus ancien de service, et ensuite au plus ancien de grade, et toujours alternativement.

4. Les quartiers-maîtres-trésoriers, adjudans-majors, adjudans-sous-officiers, seront à la nomination du conseil d'administration de la demi-brigade, et pourront être choisis indifféremment dans les trois bataillons.

5. Les caporaux seront choisis à la majorité absolue par tous les volontaires du bataillon, mais seulement par les volontaires de la compagnie où la place sera vacante.

6. La nomination aux emplois par le choix se fera de la manière suivante :

1° Pour nommer un chef de bataillon, les électeurs seront, dans le bataillon où l'emploi sera à nommer, tous les membres qui le composent ;

2° Pour la place de capitaine, lieutenant, sous-lieutenant et sergent, les électeurs seront tous les membres de la compagnie où le grade sera vacant, et qui y seront subordonnés ;

3° L'appel sera fait par le sergent-major de chaque compagnie, en présence du commandant. Les électeurs écriront ou feront écrire à l'instant de l'appel, par qui ils voudront, leur billet de présentation, et le mettront eux-mêmes, plié, dans une boîte fermée ;

4° Le scrutin sera toujours dépouillé sur-le-champ par les trois plus anciens soldats qui sauront lire et écrire, en présence des électeurs ;

5° L'élection sera faite par les individus présens aux drapeaux. Ceux qui seront de service pourront envoyer leur billet de présentation, signé d'eux ou de deux témoins ; ;

6° Les candidats pourront être choisis, absens comme présens, sur toute la demi-brigade ;

7° Les candidats à présenter seront toujours au nombre de trois pour une place vacante, et seront pris dans le grade immédiatement inférieur à celui qui sera vacant, savoir : pour une place de sergent, parmi les caporaux ; pour une sous-lieutenance, parmi les sergens ; pour une lieutenance, parmi les sous-lieutenans ; pour une compagnie, parmi les lieutenans, et pour les chefs de bataillon, parmi les capitaines ;

8° Il y aura un scrutin épuratoire, et ce scrutin sera fait à la majorité absolue des suffrages par les individus du grade égal à celui qui sera vacant, et du même bataillon, ini choisiront, pour remplir cette place, celui des trois candidats qui auront été présentés par le corps, qu'ils jugeront le plus méritant ;

9° Pour nommer un chef de bataillon, le scrutin épuratoire sera fait par le chef de brigade, et les deux autres chefs de bataillon, s'ils sont présens ; à défaut de l'un d'eux, il sera remplacé par un capitaine nommé *ad hoc* par les capitaines du bataillon à la place sera vacante, et qui ne pourra être un des candidats présentés.

7. Il est expressément défendu à tout militaire de se trouver en armes à aucune section, sous peine de perdre son droit d'élection pendant un an, et de huit jours de prison.

8. Lorsqu'un sujet aura été présenté trois fois de suite par ses camarades, et qu'il n'aura pas été nommé, s'il est présenté une quatrième fois, il le sera sans concours d'aucun autre candidat, et la place vacante au choix lui appartiendra de droit.

9. Les procès verbaux de chaque nomination seront inscrits sur un registre ; le double en sera envoyé au ministre de la guerre, ii fera expédier des brevets portant pour date celle du jour de la nomination.

10. Les élus aux places vacantes seront reconnus par le corps dans les formes accoutumées, le lendemain de leur nomination ; à dater de ce jour, ils en feront les fonctions, et jouiront de tous les émolumens qui sont attachés.

11. Les chefs de corps tiendront la main à ce que les élections se fassent dans la huitaine qui suivra la vacance d'une place au choix. Quant aux places à l'ancienneté, ils les feront remplir, à l'instant de leur vacance, par ceux à qui elles appartiendront de droit, et en rendront compte au ministre : le tout à peine d'être personnellement responsable des indemnités dues à ceux qui seraient été privés de leurs emplois.

12. Les emplois de généraux de brigade, ci-devant maréchaux-de-camp, seront donnés aux chefs de brigade, ou à ceux qui étaient ci-devant le grade de colonel en activité de service sur toutes les armées de la République, savoir : le tiers à l'ancienneté de leurs services, grade égal, et les deux tiers au choix du ministre de la guerre, qui rendra compte au Corps-Législatif, chaque mois, des promotions qu'il aura faites.

13. La même forme ci-dessus sera observée pour les promotions du grade de général de brigade à celui de général de division, ci-devant lieutenant-général.

14. Les généraux en chef n'auront qu'une commission temporaire : ils seront choisis par le conseil exécutif, parmi les généraux de division, sous la ratification expresse de l'Assemblée nationale.

Titre II. Cavalerie et dragons.

Art. 1er. Les vingt-neuf régimens de cavalerie, compris ceux créés à l'École-Militaire, et les dix-huit régimens de dragons, seront portés à quatre escadrons par régiment, à raison de cent hommes par compagnie, dont dix à pied ; provisoirement, les escadrons resteront fixés à cent soixante-dix hommes.

2. Pour opérer la nouvelle formation, tous les officiers et sous-officiers du quatrième escadron seront choisis par le ministre, chacun dans son grade respectif, parmi les officiers et sous-officiers des trois escadrons existant, ainsi que le quart en cavalerie ou dragons.

3. Après la nouvelle formation effectuée, l'avancement aux grades militaires se fera, dans la cavalerie et les dragons, dans la même forme indiquée pour l'infanterie, respectivement aux différens grades ; il ne sera d'ailleurs rien dérogé aux institutions établies, concernant la cavalerie et les dragons, par les précédens décrets.

Titre III. Cavalerie légère.

Art. 1er. Les douze régimens de chasseurs à cheval et les huit régimens de hussards seront portés de quatre à six escadrons, sur le même pied que la cavalerie de ligne.

2. Il sera attaché à chacun de ces régimens un lieutenant-colonel de plus, à raison de l'augmentation de deux escadrons.

3. Il sera formé de la cavalerie de toutes les légions qui sont au service de la République, ainsi que des corps francs à cheval, huit nouveaux régimens de chasseurs à cheval, sur le même pied, le même uniforme que les douze régimens qui existent, et à la même paie ; mais les individus qui composeront ces nouveaux corps n'en prendront l'uniforme qu'à mesure qu'on sera obligé de renouveler leur habillement et équipement. Le ministre est chargé d'opérer cette formation dans le plus court délai, et d'en rendre compte à la Convention. Après la nouvelle organisation de la cavalerie légère consommée, l'avancement aux grades militaires

aura lieu dans ces corps, dans la même forme qui a été indiquée pour l'infanterie, sans déroger néanmoins aux lois concernant les troupes légères, pour tout ce qui n'a point de rapport au présent décret (1).

TITRE IV. Infanterie légère.

Art. 1er. Les quatorze bataillons d'infanterie légère recevront la même formation que l'infanterie de ligne; en conséquence, le ministre de la guerre formera en bataillons les corps francs à pied et les troupes d'infanterie des légions, et il fera l'incorporation de deux de ces bataillons avec un bataillon de chasseurs, par ordre de numéros. Trois bataillons ainsi réunis formeront une demi-brigade d'infanterie légère, qui aura même organisation et même paie que l'infanterie de ligne. Après la formation de ces demi-brigades, elles jouiront du même mode d'avancement que l'infanterie de ligne (2).

2. Le ministre de la guerre est autorisé à employer dans la formation des demi-brigades d'infanterie légère ceux des bataillons de volontaires existans qui désireraient faire ce service, à défaut des bataillons des légions.

3. S'il reste à employer des corps qui n'auraient pas trouvé place dans la nouvelle organisation des armées, le ministre en rendra compte à la Convention, pour qu'elle avise aux moyens de rendre leurs services utiles à la République.

TITRE V. Artillerie.

Art. 1er. Il ne sera rien changé à l'organisation du corps de l'artillerie; mais il aura la faculté de se recruter, pendant que la guerre durera, dans tels corps qu'il jugera convenable, de gré à gré, et par des individus de bonne volonté, sous l'agrément du général commandant la division.

2. Les lieutenans d'artillerie continueront d'être choisis dans l'école des élèves établie à Châlons, au concours, abstraction faite de la moitié des places de lieutenans, accordées par la loi aux sous-officiers.

A l'égard des autres grades d'artillerie dans les régimens et compagnies de mineurs et d'ouvriers ou artillerie à cheval, on y parviendra suivant le mode établi pour l'infanterie.

3. La solde des canonniers sera portée au même taux que celle de l'infanterie, sans préjudice aux augmentations proportionnelles dont ce corps jouissait précédemment suivant les différens grades, de manière que le canonnier qui jouissait par jour d'un sou de paie de plus que le soldat de ligne ne perde

pas cet avantage, et ainsi de suite pour les traitemens différens.

4. Les compagnies d'artillerie à cheval seront portées au nombre de vingt, conformément à leur première organisation.

TITRE VI. De la gendarmerie.

Les corps de gendarmerie nationale, de cavalerie et d'infanterie employés à l'armée resteront provisoirement composés ainsi qu'ils le sont, et seront recrutés par des gendarmes de leurs départemens respectifs. En cas de vacance d'emploi, les remplacemens se feront dans la même forme prescrite pour les autres corps, soit d'infanterie, soit de cavalerie, suivant leur espèce d'arme, à dater de la publication du présent décret.

TITRE VII. Du génie.

Art. 1er. Le ministre de la guerre est autorisé à compléter le corps du génie militaire soit par des ingénieurs géographes, soit par des ingénieurs des ponts-et-chaussées. Le service qu'ils ont fait dans leur état leur sera compté comme service militaire; en cas d'insuffisance, le ministre est autorisé choisir parmi les citoyens dont les fonctions sont les plus analogues à celles du corps du génie, d'après un examen de théorie et de pratique, fait par une commission que le ministre nommera *ad hoc.*

2. Dans les places qui se trouveraient dépourvues du nombre d'ingénieurs suffisant pour le service, le ministre est autorisé nommer des adjoints en nombre suffisant sur la présentation des chefs du génie, et à leur attribuer un traitement analogue à leur genre d'utilité.

TITRE VIII. Etats-majors.

Art. 1er. Il y aura par chaque armée un général en chef, un général divisionnaire deux brigadiers généraux d'avant-garde, un général divisionnaire et deux brigadiers généraux de réserve, un brigadier général chef d'état-major, quatre adjudans généraux et huit adjoints pour le bureau, un commissaire général et deux commissaires ordinaires, un quartier général.

2. Chaque division, composée de quatre demi-brigades, sera commandée par un général divisionnaire, ayant sous ses ordres deux brigadiers généraux, un adjudant général, deux adjoints et un commissaire de guerres.

3. Le tiers des adjudans généraux aura le grade de chef de brigade; les deux autres tiers, celui de chef de bataillon.

4. Les adjudans généraux chefs de bataill[..]

seront choisis par le ministre parmi les capitaines de l'armée qui auront au moins deux ans de service en cette qualité, ou parmi les chefs de bataillon ou d'escadrons en activité.

5. Les adjudans généraux chefs de bataillon monteront au grade de chef de brigade, le tiers par ancienneté, et les deux autres tiers au choix du ministre.

6. Les adjudans généraux chefs de brigade rouleront avec tous les chefs de brigade des armées de la République, pour l'avancement au grade de brigadier général, conformément à l'article 11 de la deuxième section du titre Ier.

7. Les commissaires des guerres resteront provisoirement organisés comme ils le sont, leur surveillance étant purement administrative ; ils seront toujours nommés par le ministre de la guerre, mais ils ne pourront être choisis que parmi les élèves commissaires ou les quartiers-maîtres de l'armée.

8. Les adjoints à l'état-major, n'ayant qu'une commission temporaire, et devant être subordonnés aux adjudans généraux, seront pris indistinctement dans tous les grades de l'armée, jusqu'à celui de chef de bataillon exclusivement ; ils recevront, à titre de gratification, cent livres par mois ; ils conserveront leur traitement et leur rang dans le corps auquel ils appartiendront, et seront choisis par les adjudans généraux près desquels ils seront employés, avec l'agrément du chef de l'état-major général.

9. Les aides-de-camp resteront au nombre fixé pour chaque grade d'officier général auquel ils sont attachés.

Les généraux en chef pourront cependant, s'ils en ont besoin, avoir deux aides-de-camp capitaines de plus que ceux qui ont été fixés par les précédens décrets.

10. Ceux qui sont maintenant en activité jouiront du traitement qui leur est assigné par les précédens décrets.

Mais, pour obtenir de l'avancement, ils seront tenus de se faire employer dans un des corps de l'armée, et alors ils se conformeront à l'article suivant.

11. A l'avenir, les généraux ne pourront choisir leurs aides-de-camp que parmi les officiers employés dans l'armée, et, de même que les adjoints à l'état-major, leur commission sera temporaire : ils conserveront leur rang et leurs droits à l'avancement dans les corps auxquels ils seront attachés, et recevront cent livres par mois de gratification, indépendamment du traitement attaché à leur grade. Dès qu'un aide-de-camp cessera d'être employé en cette qualité, il reprendra sa place dans son corps.

12. Il ne pourra jamais sortir plus de deux sujets d'un bataillon, ni plus d'un par escadron, soit pour être aide-de-camp, soit pour

être adjudant à l'état-major-général. Le troisième qui en sortirait perdrait son rang et son emploi dans le bataillon, et il serait à l'instant pourvu à son remplacement.

Ceux des adjoints à l'état-major qui se trouvent maintenant dans ce cas seront tenus de rentrer dans leurs corps.

13. Tous les appointemens et traitemens de guerre resteront dans l'état auquel ils ont été déterminés, suivant les différens grades, pour tout ce à quoi il n'a pas été dérogé par le présent décret.

14. Tous les agens de l'administration des vivres, des hôpitaux, et de tous les détails concernant les armées, seront à la nomination du ministre, qui en remettra les états à la Convention nationale.

15. La Convention nationale se réserve de récompenser les actions d'éclat et les services importans rendus à la République.

21 FÉVRIER 1793. — Décret qui autorise les tribunaux de commerce saisis, antérieurement au décret du 14 février 1793, de procédures relatives aux prises, à prononcer définitivement. (L. 13, 404 ; B. 27, 259.)

La Convention nationale, sur l'information donnée par le ministre de la marine qu'antérieurement au décret du 14 février, relatif à la compétence des tribunaux chargés de connaître de l'objet des prises, quelques tribunaux de commerce, se regardant comme substitués aux amirautés, avaient procédé à l'instruction préalable, décrète que les instructions faites par les tribunaux de commerce antérieurement au décret du 14 février sont valables, et autorise les juges déjà saisis à prononcer définitivement.

21 = 26 FÉVRIER 1793. — Décret relatif à la garantie des billets patriotiques de confiance et autres. (L. 13, 406 ; B. 27, 258.)

21 = 28 FÉVRIER 1793. — Décret concernant le conseil général de la commune de Condé-sur-Noireau, et les billets de la caisse patriotique. (B. 27, 259.)

21 = 28 FÉVRIER 1793. — Décret relatif à l'envoi des fonds accordés pour secours, ponts-et-chaussées et ateliers de charité. (L. 13, 409 ; B. 27, 257.)

21 = 28 FÉVRIER 1793. — Décret qui ordonne aux receveurs de district du Var de faire passer à la Trésorerie les fonds provenant de leur recette. (L. 13, 410 ; B. 27, 256.)

21 = 26 FÉVRIER 1793. — Décret concernant huit soldats du 34e régiment, ci-devant Angoulême. (B. 27, 261.)

21 = 28 FÉVRIER 1793. — Décret qui accorde au citoyen Meghan, quatre mille livres pour l'indemniser des pertes qu'il a éprouvées dans deux naufrages. (B. 27, 255.)

21 FÉVRIER 1793. — Décret relatif à l'envoi des lois sur l'organisation et le recrutement de l'armée. (B. 27, 256.)

21 = 23 FÉVRIER 1793. — Décret portant que le sieur Lavergne, commandant de Longwy, aura pour prison la ville où il est détenu, et qui ordonne de lever les scellés apposés sur une partie de ses meubles. (B. 27, 256.)

21 FÉVRIER 1793. — Décret qui accepte l'hommage d'un buste de Michel Lepelletier, et d'un ouvrage sur l'instruction, présentés à la Convention par Félix Lepelletier son frère. (B. 27, 261.)

21 = 28 FÉVRIER 1793. — Décret qui permet à l'ex-ministre Beaulieu de se retirer dans sa famille. (B. 27, 261.)

21 FÉVRIER 1793. — Décret qui accorde des indemnités aux citoyens Rozé et Geruzet, blessés à la bataille de Jemmapes. (B. 27, 257.)

21 FÉVRIER 1793. — Décrets qui ordonnent un rapport, 1° sur la question de savoir s'il doit être accordé des secours au département du Var; 2° sur la récompense à accorder au sieur Derose, dragon de Lorient, privé de la vue dans l'insurrection du Morbihan; 3° sur la pétition des volontaires du Gard, qui ont fait des pertes dans le naufrage qu'ils ont éprouvé sur le Rhône; 4° sur les griefs et dénonciations contre le procureur-général-syndic du département du Rhône. (B. 27, 258, 259 et 260.)

21 = 22 FÉVRIER 1793. — Décret qui accorde au citoyen Legros, chirurgien militaire, un secours provisoire de cinq cents livres. (B. 27, 260.)

21 = 28 FÉVRIER 1793. — Décret en témoignage de satisfaction de la conduite du capitaine Paul, commandant le vaisseau américain l'*Aimable*, qui a sauvé le navire français la *Belle-Créole*, et qui ordonne de présenter un mode de récompense sur ceux qui servent l'humanité. (B. 27, 260.)

21 FÉVRIER 1793. — Décret qui autorise les soldats employés dans les compagnies franches ou dans les volontaires nationaux, à y rester. (L. 13, 405.)

21 FÉVRIER 1793. — Décret qui confirme l'acquisition faite, par la commune de Montauban, d'une maison et bâtiment occupés ci-devant par les religieuses Ursulines. (B. 27, 255.)

21 FÉVRIER 1793. — Dépenses publiques. *Voy.* 19 FÉVRIER 1793. — Fournitures défectueuses. *Voy.* 16 FÉVRIER 1793. — Maîtres de poste; Prises. *Voy.* 19 FÉVRIER 1793. — Professeurs des collèges. *Voy.* 16 FÉVRIER 1793. — Vaisseaux américains. *Voy.* 19 FÉVRIER 1793.

22 = 26 FÉVRIER 1793. — Décret qui accorde des fonds au ministre de l'intérieur pour la réparation des grandes routes, et des ouvrages d'art pour les ports maritimes et les canaux de navigation. (L. 13, 411; B. 27, 263.)

22 FÉVRIER 1793. — Décret de renvoi aux comités de législation et de sûreté publique d'une dénonciation faite par le curé de Champ-de-Boult. (B. 27, 262.)

22 FÉVRIER 1793. — Décret qui ordonne l'arrestation du sieur Lamarche, directeur de la fabrication des assignats. (B. 27, 262.)

22 FÉVRIER 1793. — Décret portant que la section de la réunion de Paris a bien mérité de la patrie, et que son adresse sera imprimée. (B. 27, 263.)

22 FÉVRIER 1793. — Décret qui ordonne de présenter la liste des noms de lieux susceptibles de réforme, comme rappelant la royauté et la féodalité. (B. 27, 263.)

22 = 25 FÉVRIER 1793. — Décret qui change les noms de Vitry-le-Français en celui de Vitry-sur-Marne, et de Saint-Florent-le-Viel en celui de Mont-Glone. (B. 27, 264.)

22 FÉVRIER 1793. — Marchandises défectueuses. *Voy.* 16 FÉVRIER 1793.

23 = 25 FÉVRIER 1793. — Décret relatif aux chirurgiens et pharmaciens de l'Hôtel national des Invalides, qui se rendront aux armées. (L. 13, 419; B. 27, 277.)

La Convention nationale décrète que les chirurgiens et pharmaciens attachés à l'Hôtel national des militaires invalides, ainsi que leurs élèves, qui se rendront aux armées françaises, pourront reprendre leurs places, à leur retour, à la paix, et jouiront des avantages que leur service continu à l'Hôtel aurait pu leur procurer.

23 = 25 FÉVRIER 1793. — Décret qui autorise les communes à convertir leurs cloches en canons. (L. 13, 421; B. 27, 278.)

La Convention nationale, après avoir entendu le rapport d'une adresse du conseil général de la commune de Lisieux, tendant à être autorisée à faire convertir en canons une partie des cloches de ses églises, et sur la proposition d'un membre, décrète que la commune de Lisieux et toutes les communes de la République sont autorisées à faire convertir en canons une partie de leurs cloches, après avoir soumis leurs marchés, pour cette conversion, au *visa* des districts et à l'homologation de leurs départemens.

23 = 25 FÉVRIER 1793. — Décret qui ordonne l'examen du plan sur lequel doit être construite la nouvelle salle de la Convention. (B. 27, 275.)

23 FÉVRIER 1793. — Décret qui ordonne de rendre compte des mesures prises pour approvisionner de grains les départemens du Midi. (B. 27, 275.)

23 FÉVRIER 1793. — Décret qui rappelle les officiers municipaux de Houdan à l'exécution des lois sur la police des marchés. (B. 27, 275.)

23 = 25 FÉVRIER 1793. — Décret qui déclare celui du 21 juillet 1791 applicable aux corps de cavalerie ci-devant étrangers. (L. 13, 418; B. 27, 277.)

23 FÉVRIER 1793. — Adresse au peuple français. (L. 13, 365; B. 27, 278.)

23 = 25 FÉVRIER 1793. — Décret qui ordonne l'envoi du bulletin aux écoles nationales. (L. 13, 420; B. 27, 274.)

23 = 26 FÉVRIER 1793. — Décret portant que les départemens qui auront fourni un excédant de volontaires assez considérable pour former un ou plusieurs bataillons, seront déclarés avoir bien mérité de la patrie. (B. 27, 276.)

23 FÉVRIER 1793. — Décret qui ordonne de présenter un projet de loi concernant les actionnaires et les armateurs (B. 27, 276.)

23 = 25 FÉVRIER 1793. — Décret qui accepte l'hommage d'une somme de six cent quarante-deux livres en espèces, arrêtée à Pontarlier au mois d'août 1791. (B. 27, 276.)

23 = 25 FÉVRIER 1793. — Décret portant nomination du citoyen Lequinio pour remplacer le citoyen Jean Debray, commissaire aux frontières du Nord. (B. 27, 277.)

23 = 25 FÉVRIER 1793. — Décret qui autorise la commune de Cuisery à emprunter deux cents livres, pour rembourser pareille somme empruntée en 1792. (B. 27, 277.)

23 = 25 FÉVRIER 1793. — Décret relatif à la levée des scellés apposés chez le sieur Lamarche, directeur-général des assignats. (B. 27, 278.)

23 FÉVRIER 1793. — Organisation des armées. *Voy.* 21 FÉVRIER 1793.

23 FÉVRIER 1793. — Enregistremens, etc. *Voy.* 17 FÉVRIER 1793. — Evaluation de pertes. *Voy.* 20 FÉVRIER 1793. — Fortifications; John Barlow. *Voy.* 17 FÉVRIER 1793.

24 FÉVRIER 1793. — Décret qui fixe le mode de recrutement de l'armée. (L. 13, 388; B. 27, 285; Mon. du 26 février 1793.)

Voy. lois des 20, 21, 23 et 24 MARS 1793

Art. 1er. Tous les citoyens français, depuis l'âge de dix-huit ans jusqu'à quarante ans accomplis, non mariés ou veufs sans enfans, sont en état de réquisition permanente, jusqu'à l'époque du complément du recrutement effectif des trois cent mille hommes de nouvelle levée décrété ci-après.

2. Le conseil exécutif, et subsidiairement les généraux des armées de la République, pourront requérir lesdits citoyens; les généraux rendront compte au conseil exécutif, le conseil exécutif à la Convention, du nombre de ceux qui auront été requis, et des départemens à qui les diverses réquisitions auront été faites.

TITRE Ier. Sur une levée de trois cent mille hommes, et sur le mode à suivre pour opérer cette levée.

Art. 1er. La Convention nationale fait appel de trois cent mille hommes, qui se réuniront, dans le plus court délai, aux armées de la République.

2. La répartition des citoyens à marcher se fera de la manière suivante.

3. Au nombre de trois cent mille hommes à lever on ajoutera celui des hommes classés pour la marine, plus celui des volontaires nationaux présumés aux drapeaux, lesquels seront estimés à deux cent cinquante par bataillon : le nombre total résultant de cette opération sera réparti entre les départemens en raison de leur population.

4. On déduira du nombre correspondant pour chaque département celui des hommes classés jusqu'à cinquante mille, plus celui de deux cent cinquante hommes pour chaque bataillon fourni par les divers départemens; le restant sera le nombre des citoyens à lever dans chaque département, conformément au tableau ci-annexé.

5. Dans les départemens maritimes, ou dans ceux qui fournissent au service des classes, on aura également égard au nombre d'hommes classés pour le service des vaisseaux de la République.

6. Dans les vingt-quatre heures après la réception de la loi, les directoires de département feront la répartition des hommes à fournir par les districts de leur ressort, et

les directoires de district par les communes de leur arrondissement, dans le même délai.

7. Les corps administratifs, dans cette répartition, auront égard au nombre d'hommes qui auront déjà été fournis, soit par les districts, soit par les communes, dans le cas néanmoins où ces mêmes hommes se trouvent dans ce moment dans les armées de la République.

8. Le directoire de département enverra un commissaire par district, et requerra chaque district d'en envoyer un par canton, pour suivre et surveiller, dans les diverses communes, les opérations relatives à la levée.

9. Aussitôt que les officiers municipaux auront reçu l'état des hommes que leur commune devra fournir, ils en donneront connaissance aux citoyens qui seront convoqués à cet effet.

10. Il sera ouvert, pendant les trois premiers jours qui suivront cette première notification, un registre sur lequel se feront inscrire volontairement ceux qui voudront se consacrer à la défense de la patrie.

11. Dans le cas où l'inscription volontaire ne produirait pas le nombre d'hommes fixé pour chaque commune, les citoyens seront tenus de le compléter sans désemparer; et, pour cet effet, ils adopteront le mode qu'ils trouveront le plus convenable, à la pluralité des voix.

12. Quel que soit le mode adopté par les citoyens assemblés pour compléter leur contingent, le complément ne sera pris que parmi les garçons et veufs sans enfans, depuis l'âge de dix-huit jusqu'à quarante ans accomplis.

13. Les officiers municipaux, après avoir donné connaissance aux citoyens assemblés du nombre de volontaires que leur commune doit fournir, feront lecture des articles du présent décret, ainsi que de celui relatif aux pensions, retraites et gratifications auxquelles les défenseurs de la patrie auront droit de prétendre à la fin de la guerre.

14. Les directoires de département feront réimprimer sans délai un nombre suffisant d'exemplaires de la partie de ces divers décrets relative aux objets ci-dessus, pour en faire passer à chaque municipalité de leur arrondissement.

15. Les citoyens qui se sont fait remplacer lors des levées précédentes concourront avec les autres citoyens à la levée actuelle.

16. Tout citoyen qui sera appelé à marcher à la défense de la patrie, conformément à ce qui est dit dans les articles précédens, aura la faculté de se faire remplacer par un citoyen en état de porter les armes, âgé au moins de dix-huit ans, et accepté par le conseil général de la commune.

17. Ceux des citoyens qui se feront remplacer seront tenus d'armer, d'équiper et habiller à leurs frais les citoyens qui les remplaceront, et ils en seront responsables jusqu'à ce qu'ils aient été reçus au corps qui leur sera désigné.

18. Aucun citoyen ne pourra se dispenser de se rendre à l'assemblée convoquée en vertu de cette loi.

19. Les citoyens qui, sous quelque prétexte que ce soit, ne se rendront pas à cet appel, ne seront pas dispensés de concourir avec les autres, d'après le modèle adopté par l'assemblée.

20. Ne seront point compris dans l'appel général pour cette levée, savoir :

1° Ceux que des défauts de conformation mettent hors d'état de porter les armes; 2° les administrateurs composant les directoires de département et de district; 3° les procureurs généraux et syndics; 4° les secrétaires généraux et de district; 5° les maires et officiers municipaux, et procureurs de communes; 6° les membres des tribunaux civils et criminels, le greffier, les commissaires nationaux et les juges-de-paix; 7° les receveurs de district; 8° les receveurs et directeurs d'enregistrement; 9° les ouvriers employés à la fabrication des armes et des poudres.

21. Aussitôt que le nombre des citoyens demandés à chaque commune sera complet, les noms des citoyens à marcher seront proclamés, insérés dans le procès-verbal de l'assemblée, dont il sera délivré un extrait à chacun d'eux.

22. Les officiers municipaux sont tenus de présenter les citoyens de leur commune qui devront marcher aux agens militaires que le ministre de la guerre enverra conformément à ce qui sera dit ci-après, lesquels constateront, suivant l'usage, qu'ils sont en état de servir, dresseront leur signalement, et donneront un double du tout, signé de l'un d'entre eux, aux officiers municipaux.

23. Les officiers municipaux enverront, immédiatement après la réception des citoyens de leur commune, deux minutes du procès-verbal et de leur décharge, savoir : l'une au procureur-syndic, et l'autre au procureur-général.

24. Le procureur-général de chaque département fera passer, dans le plus court délai, au ministre de la guerre et à l'agent militaire supérieur chargé de surveiller cette levée, copie de toutes les pièces ci-dessus mentionnées, et certifiées véritables.

TITRE II. Habillement, équipement, armement et subsistances.

Art. 1er. Il sera mis à la disposition du ministre de la guerre les sommes nécessaires pour habiller, équiper et armer les trois cent mille citoyens dont la levée est ordonnée par le titre Ier.

2. Les receveurs de district feront provisoirement les fonds nécessaires pour l'habillement, l'équipement et armement des citoyens qui devront marcher.

3. Le ministre de la guerre sera tenu de rembourser successivement les avances faites, à cet effet, par chaque receveur de district.

4. Les municipalités, et, à leur défaut, les directoires de district ou de département, sont tenus, sous leur responsabilité, de pourvoir, dans la huitaine du jour de la proclamation des citoyens à marcher, à l'entier habillement desdits citoyens.

5. A cet effet, les municipalités et corps administratifs requerront, pour l'intérêt public, les citoyens connus pour avoir un uniforme, et préférablement choisis dans la classe aisée, de livrer de suite leurs habits, veste et culotte uniformes, à peine de deux cents livres d'amende en cas de refus.

6. Les municipalités et corps administratifs ne pourront requérir les citoyens de fournir leur uniforme, conformément à l'article précédent, qu'en nombre égal à celui des citoyens de leur commune, canton ou district qui devront marcher et qui ne se trouveront point habillés.

7. Les habits fournis d'après les réquisitions autorisées par les articles 5 et 6 du présent titre, seront de suite remboursés à ceux qui l'exigeront par le receveur du district, et d'après les estimations qui en auront été faites par un expert nommé par la municipalité, et, à leur défaut, par le directoire de district ou celui de département.

8. Dans le cas où les citoyens à marcher se trouveraient déjà vêtus d'un uniforme complet, et pourvus de leurs fournitures, soit en tout, soit en partie, l'estimation en sera faite par-devant le directoire de district, par un expert qu'il nommera à cet effet, et ils en seront de suite remboursés, s'ils l'exigent, d'après l'estimation, par le receveur du district.

9. Les municipalités, les directoires de district et de département, sont tenus de requérir de suite tous les cordonniers de leurs domicile et arrondissement de travailler pour les citoyens qui devront marcher, jusqu'à ce qu'il soit vérifié qu'ils emportent avec eux deux paires de souliers neufs du modèle ordinaire, y compris celle qu'ils auront aux pieds.

10. Il sera fourni sur-le-champ un chapeau neuf à chaque citoyen destiné à partir, du prix de six à sept livres, conformément à celui arrêté pour les troupes, et ce, par les municipalités ou autres administrations.

11. Les sommes allouées pour ces différentes dépenses seront délivrées aux officiers municipaux, sur la demande qu'ils en feront aux administrations aussitôt après la nomination et réception des citoyens à marcher.

12. Dans tous les cas, les officiers municipaux ou administrateurs seront responsables du bon emploi des sommes qui leur auront été confiées, et de la bonne qualité de toutes les fournitures.

13. Les officiers municipaux qui se seront chargés de l'habillement, équipement, etc., tiendront une note exacte des dépenses faites pour l'achat des étoffes et les frais de façon de toutes ces diverses parties; et l'état général, signé d'eux, sera envoyé aux administrations de département et de district, qui, après l'avoir examiné et visé, le feront passer au ministre pour servir de pièce de comptabilité.

14. Les fournitures et l'habillement délivrés à chaque homme seront soumis à la réception des agens militaires : en cas de contestation sur leur qualité ou bonne façon, elle sera jugée par des experts nommés concurremment par l'administration du district et les agens militaires.

15. S'il existe dans une commune des fusils qui aient été tirés des arsenaux ou salles d'armes de la République, ils seront employés à l'armement des citoyens désignés pour marcher.

16. Les officiers municipaux et officiers de gardes nationales sont personnellement responsables de l'exécution immédiate de l'article ci-dessus.

17. Les administrations de département et de district, ainsi que les agens militaires, sont, à cet effet, chargés de se faire rendre compte des armes que chaque commune a reçues des arsenaux ou salles d'armes de la République, et de vérifier les reçus que les officiers municipaux ou de gardes nationales ont dû remettre aux gardes d'artillerie ou autres agens publics.

18. Au défaut d'armes appartenant à la République, les citoyens de chaque commune seront armés de fusils de guerre appartenant soit aux communes, soit aux particuliers.

19. Les communes ou particuliers qui auront délivré des armes aux citoyens seront remboursés immédiatement de leur valeur, sur les sommes remises, à cet effet, dans les caisses des receveurs des districts.

20. Le prix de ces armes sera déterminé par des experts nommés concurremment par les agens militaires et les directoires de district, et il ne pourra, dans aucun cas, dépasser quarante-deux livres, prix fixé pour les fusils neufs conformes au modèle de 1777, et armés de leurs baïonnettes.

21. Les procès-verbaux de réception seront envoyés par les administrations de département au ministre de la guerre, pour servir de pièces de comptabilité.

22. Aucune commune ou citoyen ne pourra se dispenser de l'exécution de l'article 15 du présent titre, et de faire connaître les fu-

sils en sa possession, sous peine de la confiscation de l'arme qu'il n'aura pas déclarée, et
d'une amende du triple de la valeur d'un fusil uniforme, c'est-à-dire de cent vingt-six
livres.

23. Les officiers municipaux seront personnellement responsables pour leurs communes.

24. Les administrations de département et
de district et les agens militaires sont chargés d'employer tous les moyens de réquisition
et d'autorité, comme aussi de faire toutes les
recherches nécessaires pour l'exécution des
articles ci-dessus, concernant l'armement des
citoyens à marcher.

25. Les citoyens destinés à marcher seront
à la solde de la nation du jour de leur inscription, et recevront la paie de vingt sous
par jour, sauf les retenues prescrites par les
décrets, et seulement jusqu'au jour de leur
départ ordonné par les agens militaires.

26. Les agens militaires sont chargés de
faire payer à chaque homme, dans les formes
ordinaires, ce qui lui revient, déduction faite
de toute retenue.

27. Tous les citoyens en route pour rejoindre, d'après les ordres qu'ils en auront
reçus des agens militaires, recevront, pendant toute leur route, trois sous par lieue
et l'étape, ainsi que les volontaires qui, ayant
quitté leurs drapeaux, soit par congé, soit
sans congé, rejoindront avant le 1er avril.

28. Pour procurer la prompte et entière
exécution des articles ci-dessus, le ministre
de la guerre fera passer dans chaque district
de la République le nombre d'officiers et de
sous-officiers qu'il jugera nécessaire pour
suivre les détails de la levée; il nommera, en
outre, un commissaire ou agent supérieur
par département, qui dirigera et surveillera
toutes les opérations, en se concertant avec
les administrations.

TITRE III. Du complément des troupes à cheval
et de l'artillerie.

Art. 1er. Les troupes à cheval de la République seront portées au complet de cent
soixante-dix hommes par escadron, fixé par
les décrets, par des hommes de bonne volonté, pris dans les bataillons d'infanterie de
toute dénomination.

2. Les régimens d'artillerie seront pareillement complétés par des hommes de bonne
volonté pris dans l'infanterie.

3. Toute autre augmentation, soit dans
les troupes à cheval, soit dans l'artillerie,
s'effectuera au moyen de la levée ordonnée
par le titre Ier du présent décret.

4. Si le nombre de trois cent mille hommes
levés en conséquence du titre Ier, est supérieur aux besoins de l'armée, l'excédant sera
réparti de la manière que le ministre jugera
plus utile.

Le conseil exécutif provisoire est chargé
d'envoyer le présent décret aux administrations de département, par des courriers extraordinaires, et il rendra compte à la Convention nationale de son exécution, tous les
huit jours.

Les administrations de district et de département sont tenues de faire connaître, au
fur et à mesure, les premières à celles de
département, et celles-ci au ministre de la
guerre, les mesures qu'elles auront prises
pour l'exécution du présent décret.

Aperçu des objets dont chaque citoyen volontaire
doit être muni.

Un habit, une veste, deux culottes, trois
chemises, deux paires de bas, deux cols,
deux paires de guêtres, dont une noire, une
grise; un chapeau, deux paires de souliers,
trois brosses, deux peignes, un sac de peau,
un sac de toile pour les distributions, un fusil avec tire-bourre, tourne-vis et baïonnette;
une giberne, s'il est possible, avec sa ban-
derole.

Articles additionnels.

Art. 1er. Les départemens sont invités à
fournir le plus de volontaires qu'il leur sera
possible, en sus de leur contingent.

2. Après que le recrutement sera terminé,
il sera fait une liste des départemens qui auront fourni un excédant de volontaires assez
considérable pour compléter un ou plusieurs
bataillons. Cette liste sera insérée dans le procès-verbal de la Convention, déposée dans les
archives de la nation, affichée dans toute la
République, et il sera déclaré que ces départemens ont bien mérité de la patrie, dans un
moment où la liberté était menacée par tous
les tyrans.

3. Le ministre de la guerre est tenu de
donner de suite des ordres pour qu'à dater
de ce jour aucun volontaire ne puisse quitter
son bataillon, et qu'il ne soit plus accordé de
permission quelconque aux défenseurs de la
patrie de quitter leurs drapeaux.

24 FÉVRIER 1793. — Décret qui autorise la vente
des ornemens des églises inutiles au culte. (L.
13, 422; B. 27, 279.)

24 FÉVRIER 1793. — Décret relatif à l'approvisionnement de Paris. (B. 27, 280.)

24 FÉVRIER 1793. — Décret relatif aux corps de
cavalerie formés à Angers par le général Li-
gonnier. (L. 13, 423; B. 27, 280.)

24 FÉVRIER 1793. — Décret qui ordonne un
rapport sur le mode de partage des biens des
communes. (B. 27, 283.)

24 = 26 FÉVRIER 1793. — Décret pour la nomination d'ingénieurs chargés d'examiner les moyens de préserver le marais de Dol des incursions de la mer. (B. 27, 279.)

24 FÉVRIER 1793. — Décret qui ordonne l'impression d'une adresse des vétérans de l'Hôtel des Invalides. (B. 27, 280.)

24 = 27 FÉVRIER 1793. — Décret relatif à l'ouverture et à l'inventaire d'une caisse contenant des effets d'or et d'argent, présentée à la barre par des députés de Nevers. (B. 27, 280.)

24 FÉVRIER 1793. — Décret qui ordonne mention honorable des citoyens Fourguemain et Carmenteau, officiers municipaux de Nevers. (B. 27, 281.)

24 = 27 FÉVRIER 1793. — Décret qui ordonne un rapport, 1° sur les dédommagemens à donner aux visiteurs et inspecteurs des rôles; 2° sur le mode de constater les pertes, afin d'accorder des indemnités. (B. 27, 281 et 282.)

24 FÉVRIER 1793. — Décret qui accepte une offrande civique des vétérans de l'Hôtel des Invalides. (B. 27, 282.)

24 FÉVRIER 1793. — Décret sur le remplacement du citoyen Bellegarde, membre de la commission aux Invalides. (B. 27, 283.)

24 = 26 FÉVRIER 1793. — Décret concernant la levée des scellés apposés aux maisons ci-devant royales. (B. 27, 284.)

24 FÉVRIER = 10 MARS 1793. — Décret qui prescrit des mesures pour établir un arsenal de construction, une école d'artillerie et une fonderie de canons à Nevers. (B. 27, 284.)

24 FÉVRIER 1793. — Décret relatif à un article additionnel sur la loi d'organisation de l'armée. (B. 27, 281.)

24 FÉVRIER 1793. — Décret qui accorde un secours provisoire de trois cents livres au citoyen Charpentier, ancien militaire. (B. 27, 285.)

24 = 27 FÉVRIER 1793. — Décret qui adjoint le citoyen Goupilleau de Fontenay à la commission pour les Invalides. (B. 27, 285.)

24 FÉVRIER 1793. — Pharmaciens de l'Hôtel des Invalides. *Voy.* 23 FÉVRIER 1793.

25 = 27 FÉVRIER 1793. — Décret qui défend aux tribunaux de district de connaître des faits d'émigration, et qui annule tous jugemens rendus par eux à ce sujet. (L. 13, 426; B. 27, 293.)

La Convention nationale déclare nuls et comme non avenus tous jugemens qui auraient été ou seraient rendus par les tribunaux de district sur les faits d'émigration; leur fait défense de connaître desdits faits; mande à la barre les juges du tribunal du district d'Amiens qui ont concouru au jugement du 20 février, et le directeur du jury.

25 FÉVRIER 1793. — Décret qui autorise les tribunaux criminels qui remplacent la haute-cour nationale à ordonner une prorogation du délai, tant sur la demande des accusés que sur les réquisitions de l'accusateur public. (L. 13, 425; B. 27, 292.)

25 FÉVRIER 1793. — Décret relatif aux commissaires nommés pour assister à la levée de scellés chez Lamarche. (B. 27, 292.)

25 FÉVRIER 1793. — Décret relatif aux fonds accordés à titre d'avance à la ville de Paris. (B. 27, 294.)

27 FÉVRIER 1793. — Décret qui approuve les mesures prises par le département de la Haute-Garonne contre les émigrés et les prêtres perturbateurs. (L. 13, 428; B. 27, 294.)

25 = 27 FÉVRIER 1793. — Décret qui accorde à titre d'avance, à la municipalité de Marseille, deux millions deux cent mille livres pour acheter des grains. (B. 27, 204.)

25 FÉVRIER 1793. — Décret qui défend d'accorder aux volontaires des permissions pour quitter leurs drapeaux. (B. 27, 292.)

25 FÉVRIER 1793. — Décret portant nomination de commissaires pour se rendre à Lyon, afin d'y rétablir l'ordre, etc. (B. 27, 293.)

25 = 27 FÉVRIER 1793. — Décrets qui ordonnent des visites domiciliaires pour la recherche des émigrés et des prêtres déportés. (L. 13, 426; B. 27, 293.)

25 FÉVRIER 1793. — Décret qui autorise la municipalité de Paris à prendre les mesures nécessaires pour contenir les malveillans, même à faire battre la générale. (B. 27, 294.)

25 FÉVRIER 1793. — Cavalerie étrangère; Chirurgiens, etc. des invalides; Cloches pour canons; Écoles nationales. *Voy.* 23 FÉVRIER 1793.

26 FÉVRIER 1793. — Décret relatif aux passeports. (L. 13, 428; B. 27, 295; Mon. du 28 février 1793.)

Voy. lois du 28 FÉVRIER = 2 MARS 1793.

La Convention nationale, considérant qu'il est de la plus grande importance de prendre sur-le-champ des mesures pour mettre les autorités constituées en état de connaître, de faire arrêter et punir les malveillans qui circulent dans différentes parties de la République, et excitent à la violation des lois; et pour empêcher, autant qu'il est possible, toute intelligence criminelle avec les ennemis du dehors, décrète que les décrets du 1er février = 28 mars, 28 = 29 juillet et 7 décembre 1792, relatifs aux passeports pour les personnes, seront exécutés jusqu'à ce qu'il en ait été autrement ordonné, et abroge toutes dispositions contraires au présent décret.

———

26 FÉVRIER 1793. — Décret qui enjoint aux propriétaires ou locataires de donner à leurs municipalités respectives la liste des personnes logées chez eux. (L. 13, 433; B. 27, 296; Mon. du 28 février 1793.)

Art. 1er. Tous citoyens de la République, propriétaires, locataires, sous-locataires, concierges ou autres, jouissant, à quelque titre que ce soit, de maisons ou portions de maisons, et qui les ont louées ou sous-louées en tout ou partie, ou même remises gratuitement à des personnes non inscrites sur le rôle des habitans du lieu, seront tenus de déclarer dans leurs municipalités ou sections, vingt-quatre heures après la promulgation du présent décret, les noms, qualités et domiciles ordinaires desdits étrangers logés chez eux ou avec eux.

Pour s'assurer de la sincérité desdites déclarations, elles seront, dans les vingt-quatre heures suivantes, affichées à la porte principale du lieu où se tiennent les séances, soit de la municipalité, soit de la section, avec invitation à tous les citoyens de dénoncer les omissions et imperfections qu'ils pourront découvrir dans les listes.

2. Les mêmes déclarations auront lieu jusqu'à ce qu'il en ait été autrement ordonné, à l'égard de ceux qui recevront par la suite aucun étranger, aux mêmes titres que ci-dessus.

3. A défaut de faire ces déclarations, ceux qui y sont assujétis par les articles précédens seront punis d'un emprisonnement qui ne pourra être moindre d'un mois ni en excéder trois, hors néanmoins le cas ci-après expliqué.

4. Toute personne qui aura recelé ou caché, moyennant salaire ou gratuitement, une autre personne assujétie aux lois de l'émigration ou de la déportation, sera punie de six ans de fers.

5. Il est enjoint aux corps administratifs de tenir sévèrement la main à ce que les gardiens des maisons des émigrés n'en transmettent, même momentanément, l'usage à qui que ce soit, sous peine de destitution, et sans préjudice des plus fortes peines portées par les articles précédens, dans le cas où ils les auraient encourues.

———

26 FÉVRIER 1793. — Décret relatif à la poursuite, par les tribunaux ordinaires, des auteurs et instigateurs des troubles et des pillages qui ont eu lieu à Paris le 25 février. (L. 13, 429; B. 27, 297.)

———

26 FÉVRIER = 1er MARS 1793. — Décret pour la levée des scellés apposés sur les papiers du général Anselme. (B. 27, 296.)

———

26 FÉVRIER = 1er MARS 1793. — Décret qui renvoie aux tribunaux ordinaires la dénonciation faite d'un écrit de Marat. (B. 27, 296.)

———

26 = 28 FÉVRIER 1793. — Décret portant que le corps d'éclaireurs commandé par le colonel Fabrefonds, formera le 9e régiment de hussards. (L. 13, 430; B. 27, 295.)

———

26 FÉVRIER 1793. — Décret pour transmettre à la municipalité de Paris un avis concernant les contre-révolutionnaires de Lyon. (B. 27, 295.)

———

26 FÉVRIER 1793. — Adresse au peuple français. *Voy.* 23 FÉVRIER 1793. — Armée; Billets patriotiques; Compagnies franches. *Voy.* 21 FÉVRIER 1793. — Grandes routes, ports et canaux. *Voy.* 22 FÉVRIER 1793. — Volontaires. *Voy.* 25 FÉVRIER 1793.

———

27 FÉVRIER 1793. — Décret concernant la formation des corps armés commandés par le général Ligonier et le citoyen Dutray. (L. 13, 430; B. 27, 298 et 299.)

———

27 FÉVRIER 1793. — Décret relatif à la formation d'une 35e division de gendarmerie nationale. (L. 13, 437; B. 27, 299.)

———

27 = 28 FÉVRIER 1793. — Décret qui ordonne de remettre à la Convention les procès-verbaux de réunion à la France, demandée par différens peuples. (B. 27, 298.)

———

27 FÉVRIER 1793. — Décret qui ordonne de rendre compte de la rédaction de la correspondance du ministère de France avec la cour de Saint-James, pour servir de manifeste au peuple anglais. (B. 27, 300.)

———

27 FÉVRIER 1793. — Corps de cavalerie d'Angers. *Voy.* 24 FÉVRIER 1793. — Emigrés de la Haute-Garonne; Emigrés, etc. *Voy.* 25 FÉVRIER 1793. — Indemnités des fournisseurs

militaires. *Voy.* 14 août 1793. — Ornemens
d'église. *Voy.* 24 février 1793.

---

28 FÉVRIER 1793. — Décret relatif aux terrains
en friche et buissons dépendant de la liste civile et des domaines des princes français. (L.
13, 440; B. 27, 303; Mon. du 2 mars 1793.)

Art. 1er. Les terrains en friche et buissons dépendant de la ci-devant liste civile et
des domaines des ci-devant princes français
émigrés, non affermés, le seront, pour la récolte de la présente année seulement, par
petites portions, dont chacune ne pourra
excéder trois arpens pour chaque adjudicataire.

2. Les adjudications seront précédées d'une
évaluation sommaire, à l'effet de déterminer
la quotité de la première mise.

3. Ces adjudications seront faites par enchères, sur une seule affiche, et dans trois
jours de la publication du présent décret.

4. Les arbres des avenues, les bois et remises en massifs de taillis, sont exceptés du
présent décret.

5. Les corps administratifs prendront toutes les mesures nécessaires pour que la location des biens ci-dessus ne nuise point à la
conservation des forêts nationales.

---

28 FÉVRIER = 2 MARS 1793. — Décret additionnel à celui du 26 février, relatif aux passeports. (L. 13, 442 ; B. 27, 302; Mon. du 2
mars 1793.)

La Convention nationale, ajoutant à son
décret du 26 de ce mois, concernant le rétablissement des passeports, décrète, après
avoir entendu le rapport de son comité de
législation, ce qui suit:

Art. 1er. Tous citoyens absens de leurs
domiciles, non munis de passeports postérieurs au mois d'août dernier, et qui se trouvent actuellement dans des villes chefs-lieux
de département et de district ou de tribunaux, seront tenus, sous les peines portées
par le décret du 1er février = 28 mars 1792,
de se présenter, dans les vingt-quatre heures
qui suivront la promulgation du présent décret, soit à la municipalité, soit au comité
de la section dans l'étendue de laquelle ils se
trouvent résider momentanément, pour y
faire prendre leurs signalemens, et y déclarer leurs noms, âges, professions et demeures.

Cette déclaration, signée par la partie si
elle le sait faire, et certifiée, soit par le citoyen dont le déclarant tiendra son logement, soit, à son défaut, par deux autres citoyens connus, sera remise au déclarant, et
lui tiendra lieu, pour cette fois, de passeport
et d'assurance pour sa liberté individuelle,
en se conformant aux lois.

2. Cette disposition aura également lieu
pour tous citoyens qui, ayant actuellement
quitté leurs domiciles sans passeports postérieurs au mois d'août dernier; se trouveront
soit en des lieux autres que ceux ci-dessus désignés, soit en voyage ou tournée.

Néanmoins, et à leur égard, le délai de la
déclaration à faire devant la municipalité du
lieu où ils se trouveront sera de trois jours
à dater de la promulgation du présent décret.

---

28 FÉVRIER 1793. — Décret relatif à la proposition de mettre sous la sauve-garde de la nation et des lois toutes les propriétés. (L. 13,
445 ; B. 27, 304; Mon. du 2 mars 1793.)

La Convention nationale, après avoir entendu la proposition faite par un de ses membres de mettre sous la sauve-garde de la
nation et des lois toutes les propriétés, passe
à l'ordre du jour, motivé, 1° sur les lois existantes; 2° sur ce que, par un décret du 22
septembre dernier, elle a mis solennellement
toutes les propriétés sous la sauve-garde de
la nation et de la loi; 3° sur ce que, par son
décret d'avant-hier, elle a chargé le ministre
de la justice de faire poursuivre devant les
tribunaux les provocateurs, instigateurs et
auteurs des violations de propriété qui ont
été commises dans la ville de Paris.

---

28 FÉVRIER = 2 MARS 1793. — Décret relatif à
la levée des scellés apposés, à Paris, sur les
papiers du général Anselme. (B. 27, 301.)

---

28 FÉVRIER 1793. — Décret qui accepte l'hommage d'un ouvrage intitulé : *De l'Education
publique dans la France libre.* (B. 27, 301.)

---

28 FÉVRIER 1793. — Décret qui accorde deux
cent mille livres au département de la Sarthe
pour l'organisation d'une force armée.(B. 27,
302.)

---

28 FÉVRIER 1793. — Décrets qui ordonnent un
rapport : 1° sur un secours de quatre cent
mille livres, demandé par le département de
la Corrèze; 2° concernant un prélèvement de
fonds pour les municipalités, sur les fonds de
quart en réserve, etc. (B. 27, 302.)

---

28 FÉVRIER 1793. — Décret sur la demande en
révision faite par Philibert Lalou, condamné
à mort pour fabrication de faux assignats, et
qui avait obtenu un sursis du ministre de la
justice. (B. 27, 304.)

---

28 FÉVRIER = 2 MARS 1793. — Décrets qui autorise les habitans de Vermanthon à conserver, pour leurs besoins, la réserve de vingt-
cinq arpens de bois. (B. 27, 305.)

28 FÉVRIER 1793. — Décret relatif à l'impression des livres rouges trouvés dans un cabinet secret de Louis XVI, à Versailles. (L. 13, 439; B. 27, 360.)

28 FÉVRIER 1793. — Décret portant que le traitement à allouer aux ouvriers et employés dans les ports leur sera fait sur le nouveau pied, à compter du 1er janvier. (L. 13, 438; B. 27, 300.)

28 FÉVRIER = 3 MARS 1793. — Acte d'accusation contre Leclerc, directeur de la *Chronique nationale et étrangère*. (B. 27, 305.)

28 FÉVRIER 1793. — Décret qui autorise à retirer des archives nationales les formes des assignats de cinquante livres. (L. 13, 444; B. 27, 301.)

28 FÉVRIER 1793. — Décret qui adjoint le citoyen Robert aux commissaires dans le Brabant et le pays de Liége. (B. 27, 300.)

28 FÉVRIER 1793. — Corps armés de Ligonier et Dutray. *Voy.* 27 FÉVRIER 1793. — Éclaireurs du colonel Fabrefonds. *Voy.* 26 FÉVRIER 1793. — Gendarmerie. *Voy.* 27 FÉVRIER 1793. — Peuples réunis à la France. *Voy.* 27 FÉVRIER 1793. — Ponts-et-chaussées; Receveurs du Var; Secours. *Voy.* 21 FÉVRIER 1793.

1er = 4 MARS 1793. — Décret qui annule tous traités d'alliance et de commerce passés entre la France et les puissances avec lesquelles elle est en guerre, et qui défend l'introduction en France de diverses marchandises étrangères. (L. 13, 459; B. 27, 312; Mon. du 2 mars 1793.)

Voy. loi du 18 BRUMAIRE an 5.

La Convention nationale, après avoir entendu ses comités de commerce, de défense générale et de la guerre, considérant que la conduite hostile des puissances coalisées contre la République est une infraction aux traités antérieurs, décrète ce qui suit:

Art. 1er. Tous traités d'alliance ou de commerce existant entre l'ancien gouvernement français et les puissances avec lesquelles la République est en guerre, sont annulés.

2. Huit jours après la publication du présent décret, il ne pourra être introduit dans l'étendue du territoire de la République, tant par mer que par terre, des velours et étoffes de coton, des étoffes de laine connues sous le nom de casimir, des bonneteries d'aucune espèce, des ouvrages d'acier poli, des boutons de métal, et des faïences de terre de pipe ou de grès d'Angleterre venant de l'étranger, sous peine de confiscation, conformément à l'article 1er du titre V du décret du 6 = 22 août 1791.

3. A compter du 1er avril prochain, il ne pourra également, et sous les mêmes peines, être importé en France, ni admis au paiement des droits du tarif, aucun objet ou marchandise manufacturé à l'étranger, qu'en justifiant qu'ils auront été fabriqués dans les Etats avec lesquels la République ne sera point en guerre.

4. Cette justification sera faite par certificats délivrés par les consuls de France résidant dans ces Etats, ou, à défaut de consuls, par les officiers publics. Ils contiendront l'attestation formelle que ces objets ou marchandises auront été manufacturés dans les lieux mêmes où les certificats seront délivrés.

5. Les objets trouvés en contravention au présent décret seront vendus trois jours après la confiscation définitivement prononcée. La moitié du produit net des objets vendus appartiendra et sera remise, aussitôt après la vente, à tous particuliers qui auraient dénoncé lesdits objets ou concouru à leur arrestation.

6. Ne sont point compris dans la présente prohibition: 1° les marchandises provenant des prises faites sur l'ennemi, pour raison desquelles le décret du 19 février dernier aura sa pleine et entière exécution; 2° les agrès ou apparaux de navire, les bois de construction, les ancres de fer, les armes et munitions de guerre, les viandes salées, les fers blancs ou noirs non ouvrés, les vases de verre servant à la chimie; tous lesquels objets seront admis au paiement des droits de tarif du 2 = 15 mars 1791.

7. Les objets et marchandises dont l'introduction est prohibée, tant par le présent décret que par les lois antérieures, qui proviendraient de l'échouement de quelques navires sur les côtes de France, pourront être introduits dans le territoire de la République, en payant; savoir: les objets précédemment prohibés et ceux compris dans l'article 2 ci-dessus, vingt pour cent de leur valeur, et ceux énoncés en l'article 3, une moitié en sus des droits fixés par le tarif.

8. La Convention nationale, jalouse de ne laisser aucun doute sur les intentions et la loyauté de la nation française, déclare qu'elle autorise tous chargemens d'objets non prohibés, faits sur navires neutres dans les ports de la République; ordonne, en conséquence, qu'il sera fait mention du présent article dans les passeports qui leur seront délivrés, pour les mettre à l'abri de toutes insultes de la part des navires français armés en course.

9. La Convention nationale charge le conseil exécutif provisoire de faire, pour l'exécution du présent décret, toutes proclamations nécessaires.

1ᵉʳ = 4 MARS 1793.—Décret qui défend l'exportation à l'étranger des bestiaux, chevaux, mulets, etc. (L. 13, 462; B. 28, 309.)

Art. 1ᵉʳ. La Convention nationale étend à tous les départemens de la République la prohibition provisoire d'exporter à l'étranger, tant par mer que par terre, tous bestiaux, chevaux, mulets, grains et fourrages, soient qu'ils soient ou non énoncés aux décrets des 31 décembre 1791, 14 mai, 8 juin, 12 septembre et 30 octobre 1792.

2. La Convention nationale, ajoutant à cette prohibition, défend provisoirement l'exportation à l'étranger des beurres frais ou salés, celle des cuirs de toute espèce, des liéges non ouvrés, de regrets ou boues de cendres des orfèvres, celles des patates, marrons, châtaignes et autres légumes ou fruits farineux, qu'elle déclare compris sous le nom générique de comestibles.

3. Tous les objets trouvés en contravention au présent décret seront saisis et confisqués. La moitié du produit net appartiendra aux dénonciateurs et à ceux qui auront concouru à leur arrestation.

4. La Convention nationale passe à l'ordre du jour sur toutes pétitions tendant à obtenir des exceptions contraires au présent décret.

1ᵉʳ = 4 MARS 1793. — Décret relatif aux pensions accordées aux officiers et soldats des armées ennemies qui ont abandonné leurs drapeaux. (L. 13, 465; B. 28, 312.)

Art. 1ᵉʳ. A compter du 1ᵉʳ juillet 1793, les pensions accordées, en vertu des décrets des 3, 27 et 29 août 1792, aux officiers, sous-officiers et soldats des armées ennemies qui abandonneraient leurs drapeaux, seront payées, tant à Paris que dans les départemens, par l'administration de l'Hôtel national des militaires-invalides, par les mêmes agens que les traitemens des militaires invalides, d'après les principes et le mode fixés par le décret du 30 avril = 16 mai 1792.

2. Jusqu'à l'époque du 1ᵉʳ juillet, lesdites pensions seront payées par la Trésorerie nationale et ses agens, tant auprès des armées que dans les départemens, sur les états de distribution qui lui seront fournis par le ministre de la guerre, appuyés des revues des commissaires des guerres du lieu de la résidence de chaque individu.

1ᵉʳ = 2 MARS 1793. — Décret portant réunion à la France des ville, faubourgs et banlieue de Bruxelles. (L. 13, 447; B. 28, 311.)

La Convention nationale, après avoir entendu le rapport de son comité diplomatique sur le vœu librement émis par le peuple souverain des ville, faubourgs et banlieue de Bruxelles, dans leur assemblée primaire, pour leur réunion à la République française, déclare, au nom du peuple français, qu'elle accepte ce vœu, et qu'en conséquence,

Art. 1ᵉʳ. Les ville, faubourgs et banlieue de Bruxelles font partie intégrante de la République.

2. Les commissaires de la Convention nationale envoyés dans la Belgique sont chargés de prendre provisoirement toutes les mesures nécessaires pour l'exécution des lois de la République française dans les ville, faubourgs et banlieue de Bruxelles, ainsi que de recueillir et transmettre à la Convention tout ce qui peut lui servir à déterminer, dans le plus bref délai possible, le mode de réunion.

1ᵉʳ = 4 MARS 1793. — Décret sur la destitution illégale du citoyen Grimaud, vicaire de l'église cathédrale du département de l'Allier. (B. 28, 312.)

1ᵉʳ = 4 MARS 1793. — Décret qui maintien le marché passé le 31 août dernier par le ministre de la guerre et la compagnie Masson e d'Espagnac. (B. 28, 309.)

1ᵉʳ = 4 MARS 1793. — Décret qui surseoit au jugement rendu contre Philibert Lalou. (L. 13, 452; B. 28, 313.)

1ᵉʳ = 4 MARS 1793. — Décret qui alloue cinq cent quarante-six mille cinq cent cinq livres dix sous, pour les dépenses de première mise de la légion des Germains. (B. 28, 313.)

1ᵉʳ MARS 1793. — Décret qui ordonne l'impression du discours des députés de la ville de Gand. (B. 28, 314.)

1ᵉʳ = 4 MARS 1793. — Décret relatif à l'organisation de l'administration des assignats. (L. 13, 453; B. 28, 314.)

1ᵉʳ = 4 MARS 1793. — Décret relatif aux fonctionnaires publics auxquels il a été refusé des certificats de civisme. (L. 13, 464; B. 28, 308.)

1ᵉʳ = 1ᵉʳ MARS 1793. — Décret relatif à la répartition des grains qui se trouvent dans les ports de la Méditerranée et autres lieux des départemens du Midi. (L. 13, 446; B. 28, 313.)

1ᵉʳ = 1ᵉʳ MARS 1793. — Décret qui ordonne de traduire à la barre le sieur Philibert, évêque du département des Ardennes. (B. 28, 308.)

1er = 4 MARS 1793. — Décret d'ordre du jour sur une demande en établissement de foires à Fourmignières. (B. 28, 308.)

1er = 4 MARS 1793. — Décret qui met le conseil général du département de la Manche en état de surveillance permanente. (B. 28, 309.)

1er MARS 1793. — Général Anselme ; Locataires; Marat; Troubles de Paris. *Voy.* 26 FÉVRIER 1793.

2 = 2 MARS 1793. — Décret portant réunion du pays de Hainaut à la France, sous le nom de *département de Jemmapes.* (L. 13, 448 ; B. 28, 321.)

La Convention nationale, après avoir entendu le rapport de son comité diplomatique sur le vœu librement émis par le peuple souverain du pays de Hainaut, dans ses assemblées primaires, pour sa réunion à la République française, déclare, au nom du peuple français, qu'elle accepte ce vœu, et en conséquence décrète ce qui suit :

Art. 1er. Le pays de Hainaut fait partie intégrante du territoire de la République, et formera un quatre-vingt-sixième département, sous le nom de *département de Jemmapes.*

2. Les bureaux des douanes établis sur les confins de la France et du ci-devant Hainaut sont supprimés, et seront tranférés, dans le plus bref délai possible, aux limites extérieures du nouveau département.

3. Les commissaires de la Convention nationale près les armées de la Belgique sont chargés de prendre toutes les mesures nécessaires pour la prompte exécution des lois de la République dans le département de Jemmapes, de procéder à la division et organisation provisoire de ce département en districts et cantons, et enfin de recueillir et transmettre à la Convention tout ce qui peut lui servir à fixer définitivement cette organisation.

4. Le pays de Hainaut nommera provisoirement dix députés à la Convention nationale.

2 = 2 MARS 1793. — Décret portant réunion à la France des communes composant les pays de Franchimont, Stavelot et Logne. (L. 13, 449 ; B. 28, 319.)

La Convention nationale, après avoir entendu le rapport de son comité diplomatique sur le vœu librement émis par le peuple souverain composant les communes des pays de Franchimont, Stavelot et Logne, dans leurs assemblées primaires, pour leur réunion à la République française, déclare, au nom du peuple français, qu'elle accepte ce vœu, et en conséquence décrète ce qui suit :

Art. 1er. Les communes composant le pays de Franchimont, Stavelot et Logne, font partie intégrante de la République.

2. Les commissaires de la Convention nationale envoyés dans la Belgique et dans le pays de Liége sont chargés de prendre provisoirement toutes les mesures nécessaires pour l'exécution des lois de la République dans les pays de Franchimont, Stavelot et Logne, ainsi que de recueillir et transmettre à la Convention tout ce qui peut lui servir à déterminer, dans le plus bref délai possible, le mode de réunion.

2 = 2 MARS 1793. — Décret portant réunion de la principauté de Salm au département des Vosges. (L. 13, 450 ; B. 28, 320.)

La Convention nationale, après avoir entendu le rapport de son comité diplomatique sur le vœu librement émis par le peuple souverain composant les communes de la ci-devant principauté de Salm, dans les assemblées primaires, pour la réunion de la République française, déclare, au nom du peuple français, qu'elle accepte ce vœu, et en conséquence décrète ce qui suit :

Art. 1er. La ci-devant principauté de Salm est réunie au territoire de la République, et fait partie provisoirement du département des Vosges.

2. Les tribunaux, juges-de-paix, municipalités et autres autorités constituées actuellement existant dans la ci-devant principauté de Salm, continueront provisoirement leurs fonctions, jusqu'à ce qu'ils soient remplacés par d'autres autorités organisées conformément aux lois générales de la République.

3. Il sera nommé deux commissaires pris dans le sein de la Convention nationale, lesquels se rendront sur-le-champ dans la ci-devant principauté de Salm, à l'effet d'y prendre les mesures nécessaires pour l'exécution des lois de la République, d'y établir la libre circulation de commerce avec les départemens voisins, et enfin de recueillir et transmettre à la Convention tout ce qui peut lui servir à déterminer, dans le plus bref délai possible, le mode d'incorporation.

2 MARS 1793. — Décret portant réunion de la ville de Gand à la France. (L. 13, 451 ; B. 28, 332.)

La Convention nationale décrète à l'unanimité la réunion de la ville de Gand au territoire de la République française, et charge son président de donner aux députés, au nom du peuple français, le baiser d'union et de fraternité.

2 = 3 MARS 1793. — Décret concernant les volontaires enrôlés dans des corps autres que

ceux auxquels ils étaient attachés. (L. 13, 467; B. 28, 319.)

Art. 1ᵉʳ. Les soldats engagés ou volontaires au service de la République, et qui, pour quelque motif ou moyen que ce puisse être, se trouvent enrôlés ou admis dans les corps autres que ceux auxquels ils étaient originairement attachés, resteront dans les corps où ils se trouvent actuellement, et y rempliront leurs engagemens, sans qu'ils puissent désormais être recherchés ni réclamés par d'autres corps.

2. La Convention nationale maintient toutefois les lois qui défendent aux soldats enrôlés ou volontaires de passer d'un corps dans un autre, sans les formalités prescrites par les décrets précédens.

2 = 5 MARS 1793. — Décret qui donne à loyer les terrains incultes des émigrés. (L. 13, 468; B. 28, 331.)

La Convention nationale, sur la proposition d'un membre, décrète que le décret du 28 février dernier, relatif à la location des terres renfermées dans les parcs dépendant de la ci-devant liste civile, est commun à tous les terrains de la même nature provenant des émigrés, et compris dans leurs parcs ou domaines non affermés.

2 = 23 MARS 1793. — Décret relatif aux exclusions faites ou à faire par des corps électoraux, administratifs, municipaux ou judiciaires, sous prétexte de scrutin épuratoire ou autrement. (L. 13, 469; B. 28, 317.)

La Convention nationale, après avoir entendu le rapport de son comité de législation sur la pétition du citoyen Veilly, électeur du département de Paris, nommé dans le canton de Stain, lequel se plaint d'avoir été exclu du corps électoral de Paris, même depuis le décret du 5 décembre dernier, qui déclare nulle toute exclusion de leurs membres faite ou à faire par des corps électoraux administratifs, municipaux ou judiciaires, sous prétexte de scrutin épuratoire ou autrement, passe à l'ordre du jour, motivé sur ce que le citoyen Veilly doit, en conséquence de ce décret, exercer les fonctions d'électeur dans le corps électoral du département de Paris, et charge le ministre de l'intérieur de rendre compte à la Convention de toute contravention soit au susdit décret, soit au présent.

2 = 11 MARS 1793. — Décret contenant proclamation aux Bataves. (L. 13, 480; B. 28, 327.)

2 = 2 MARS 1793. — Décret relatif aux troupes belges. (B. 28, 319.)

2 = 5 MARS 1793. — Décret sur l'opposition faite par le citoyen Moreton Chambrillant au paiement des effets publics au porteur qu'il affirme lui avoir été volés. (B. 28, 318.)

2 = 2 MARS 1793. — Décret relatif au jugement du sieur Lenglé-Descoubet, ci-devant maire de Cassel. (B. 28, 318.)

2 MARS 1793. — Décret sur la liquidation définitive des gratifications et pensions des ci-devant employés des fermes et régies. (B. 28, 321.)

2 = 5 MARS 1793. — Décret qui approuve des arrêtés des commissaires dans la Belgique et le pays de Liége. (B. 28, 331.)

2 = 5 MARS 1793. — Décret qui approuve la permanence du conseil général de la Loire-Inférieure. (B. 28, 332.)

2 = 5 MARS 1793. — Décret pour l'envoi dans les départemens des procès-verbaux qui caractérisent les faux assignats. (L. 13, 470; B. 28, 331.)

2 = 5 MARS 1793. — Décret qui charge le département de Paris de la liquidation des dettes de la ci-devant généralité. (L. 13, 486; B. 28, 317.)

2 = 4 MARS 1793. — Décret qui règle la conduite des généraux français dans l'exercice du pouvoir révolutionnaire dans le pays Batave. (L. 13, 471; B. 28, 321.)

2 MARS 1793. — Bruxelles. *Voy.* 1ᵉʳ MARS 1793. — Passeports; Propriétés; Vermanton. *Voy.* 28 FÉVRIER 1793.

3 = 7 MARS 1793. — Décret concernant les citoyens non inscrits sur les registres des classes maritimes, qui se livreront à la navigation intérieure des rivières et des canaux. (L. 13, 488; B. 28, 334.)

La Convention nationale, après avoir entendu son comité de marine, dérogeant aux articles 2, 3 et 4 du décret du 31 décembre = 7 janvier 1791, décrète ce qui suit:

Art. 1ᵉʳ. Les citoyens non actuellement inscrits sur les registres des classes maritimes de la République qui se livreront à la navigation intérieure des rivières et des canaux, pendant la guerre, ne pourront, tant qu'elle durera, être assujétis aux levées pour le service maritime.

2. Seront pareillement exempts des levées pour le service maritime tous citoyens qui, n'étant pas classés, feront, sur les côtes de la République, la pêche des sardines ou de tout autre poisson, vulgairement connue sous le nom de *petite pêche.*

3. Après la guerre, tout citoyen qui, en vertu des articles précédens, naviguerait sur les rivières et les canaux, ou se livrerait à la pêche sur les côtes, sera censé marin, et, en cette qualité, assujéti au service maritime de la République, s'il déclare que son intention est de continuer l'une ou l'autre de ces navigations, ou s'il les continue trois mois après la publication de la paix.

3 = 7 MARS 1793. — Décret concernant les militaires invalides. (L. 13, 490 ; B. 28, 334 ; Mon. du 5 mars 1793.)

Art. 1er. La Convention nationale approuve le tableau dressé par le directoire du département de Paris, en vertu du décret du 30 avril = 16 mai 1792, des militaires invalides qui ont droit d'être admis à l'Hôtel national qui leur est destiné, ou à la pension qui le représente.

2. En conséquence, les deux cent quarante-trois officiers, y compris les huit présentés sur un tableau particulier, et les dix-sept cents sous-officiers et soldats portés sur la liste des militaires invalides qui ont désiré et qui ont droit d'habiter l'Hôtel national, y seront admis ; et les cent huit officiers, ainsi que les dix-sept cents sous-officiers ou soldats invalides dont les noms sont établis sur la liste de ceux qui ont opté et qui ont des titres pour obtenir la pension qui représente l'Hôtel, jouiront de ladite pension à dater de l'époque de la nouvelle organisation, chacun suivant son grade, conformément à ce qui est fixé par l'article 14 du décret du 30 avril = 16 mai 1792.

Les uns et les autres, avant de jouir des avantages qui leur sont accordés par le présent article, seront tenus de produire à l'appui de leurs droits toutes les pièces justificatives exigées par ledit décret.

3. La Convention nationale, dérogeant à la rigueur du décret, en faveur des seize officiers que le directoire du département de Paris a présentés comme non admissibles à l'Hôtel ni à la pension, parce qu'ils n'ont été reçus à l'Hôtel que depuis le 28 mars 1791, et qu'ils ne réunissent pas les conditions prescrites par le décret dudit jour ; voulant dédommager lesdits seize officiers du déplacement qu'ils vont éprouver par la nouvelle organisation de l'Hôtel, décrète qu'ils jouiront dès cette époque, et chacun suivant son grade, de la pension qui le représente.

.4. Les dispositions du décret du 30 avril = 16 mai 1792, concernant la fixation de la somme à verser par la Trésorerie nationale à la caisse de l'Hôtel national des militaires invalides, et le nombre de ces militaires qui seront admis soit à l'Hôtel, soit à la pension qui le représente, auront leur exécution pour la présente année 1793.

5. Le directoire du département de Paris est expressément chargé de présenter incessamment à la Convention nationale le tableau des cinq cents militaires suppléans qui doivent être désignés, conformément à l'art. 24 du titre Ier du décret du 30 avril = 16 mai dernier, pour occuper les places qui viendront à vaquer dans le cours de l'année, soit pour l'Hôtel, soit pour la pension.

6. Les ministres de la guerre et de l'intérieur seront tenus, chacun pour ce qui le concerne, de rendre compte à la Convention nationale, sous quinzaine, des mesures qu'ils auront prises pour l'exécution de tous les décrets relatifs aux militaires invalides.

3 = 7 MARS 1793. — Décret qui ordonne des poursuites relatives aux délits commis à Lyon les 18 et 19 février. (B. 28, 335.)

3 MARS 1793. — Décret concernant les pièces à lire à la tribune de la Convention. (B. 28, 337.)

3 = 4 MARS 1793. — Décret qui accorde une pension de six cents livres au citoyen Maillet, et qui ordonne de présenter un mode pour accélérer le paiement des militaires blessés. (B. 28, 336.)

3 MARS 1793. — Décret pour l'apurement des comptes de l'administration des eaux de Paris. (B. 28, 336.)

3 = 7 MARS 1793. — Décrets qui nomment les citoyens Goupilleau aîné, Michel et Couthon, commissaires dans la ci-devant principauté de Salm. (B. 28, 332 et 333.)

3 = 7 MARS 1793. — Décret portant que le citoyen Pierre-Paul Devaux n'est point compris dans le décret qui mande à la barre les juges du tribunal d'Amiens. (B. 28, 333.)

3 = 3 MARS 1793. — Décret qui met le conseil général du département des Landes en état de surveillance permanente. (B. 28, 333.)

3 MARS 1793. — Décret relatif à un citoyen de Genève et à un Français. (B. 28, 333.)

3 = 7 MARS 1793. — Décret qui attribue au tribunal criminel de Seine-et-Oise la connaissance des troubles et pillages qui ont eu lieu à Paris les 25 et 26 février 1793. (L. 13, 486 ; B. 28, 336.)

3 MARS 1793. — Sieur Leclerc. *Voy.* 28 FÉVRIER 1793.—Volontaires. *Voy.* 2 MARS 1793.

4 MARS 1793. — Décret qui réunit à la France la ville de Florennes et trente-six villages for-

mant son arrondissement. (L. 13, 500 ; B. 28, 344 ; Mon. du 5 mars 1793.)

La Convention nationale, au nom du peuple français, déclare qu'elle accepte le vœu librement émis par le peuple souverain de Florennes et des trente-six villages qui forment son arrondissement, dans leur assemblée primaire, pour se réunir à la France. En conséquence, déclare que :

Art. 1er. La ville de Florennes et les trente-six villages de son arrondissement font partie intégrante de la République.

2. Les commissaires de la Convention à l'armée de la Belgique sont chargés de prendre toutes mesures nécessaires pour l'exécution des lois de la République dans la ville de Florennes et dans son arrondissement, ainsi que de faire parvenir à la Convention tous les renseignemens nécessaires pour fixer, dans le plus bref délai possible, le mode de réunion.

4 = 9 MARS 1793. — Décret qui règle les formes à suivre pour contraindre les entrepreneurs et fournisseurs qui ont passé des marchés avec les agens de l'État, à exécuter leurs engagemens. (L. 13, 501 ; B. 28, 342 ; Mon. du 5 mars 1793.)

Art. 1er. Les entrepreneurs, marchands, ouvriers et fournisseurs qui ont passé des marchés avec les ministres ou autres agens de la République, et qui n'ont point rempli leurs engagemens, seront poursuivis devant le tribunal de leur domicile.

2. Les ministres adresseront, à cet effet, aux commissaires de la Trésorerie nationale, les sommes non exécutés et l'état des sommes à recouvrer résultant des avances qui auraient été faites aux entrepreneurs et fournisseurs. Les commissaires de la Trésorerie feront passer ces pièces au procureur-général-syndic du département du domicile des entrepreneurs, lequel sera tenu, sous sa responsabilité, de faire contre lesdits entrepreneurs et leurs cautions toutes poursuites nécessaires, et d'en rendre compte aux commissaires de la Trésorerie. Les fonds provenant des rentrées seront versés à la caisse du receveur de district, qui en comptera au Trésor public.

3. Quoique les marchés soient passés par des actes sous signatures privées, la nation aura néanmoins hypothèque sur les immeubles appartenant aux fournisseurs et à leurs cautions, à compter du jour où les ministres auront accepté les marchés.

4. En cas d'insolvabilité des entrepreneurs ou fournisseurs et de leurs cautions, les ministres seront responsables des avances qu'ils auront faites ou ordonnées, et les commissaires de la Trésorerie en rendront compte à la Convention nationale.

4 = 5 MARS 1793. — Décret qui ordonne de rendre compte des trois sous de retenue opéré sur la solde des volontaires, depuis leur institution. (B. 28, 343.)

4 = 7 MARS 1793. — Acte d'accusation contre Desparbès. (B. 28, 344.)

4 = 7 MARS 1793. — Décret qui change le nom de la ville de Saint-Gengoux en celui de Jouvence. (B. 28, 346.)

4 MARS 1793. — Décret sur la publication du tableau de l'évaluation présumée des biens des émigrés. (B. 28, 347.)

4 = 4 MARS 1793. — Décret qui surseoit à l'exécution du jugement qui condamne Laurent Than à vingt-deux années de fers, et ordonne de le mettre provisoirement en liberté. (B. 28, 337.)

4 = 7 MARS 1793. — Décret qui accorde un sursis d'un mois au décret d'accusation contre Martin Marivaux. (B. 28, 337.)

4 = 7 MARS 1793. — Décret sur la vérification des fonds que le sieur Choiseul-Gouffier est présumé avoir versés dans le commerce de la maison Delmas à Constantinople. (B. 28, 338.)

4 = 7 MARS 1793. — Décret qui règle le mode de comptabilité des anciens receveurs de la province de Bretagne. (L. 13, 493 ; B. 28, 339.)

4 = 4 MARS 1793. — Décret qui ordonne de payer au citoyen Vence, capitaine de vaisseau, onze mille deux cent soixante-trois livres six sous huit deniers, pour diverses avances et pour son traitement. (B. 28, 337.)

4 = 4 MARS 1793. — Décret qui autorise 1° à faire payer au citoyen Bléramond-Immenaud six cent cinquante livres par forme d'avance, etc.; 2° à disposer des offrandes patriotiques faites sans destination particulière. (B. 28, 338.)

4 = 7 MARS 1793. — Décret qui ordonne de mettre en liberté le citoyen Royou, dit Guermeur. (B. 28, 343.)

4 MARS 1793. — Décret relatif à une pétition de quatre hussards de la Liberté. (B. 28, 338.)

4 MARS 1793. — Armentières. *Voy.* 18 FÉVRIER 1793. — Assignats; Compagnie Manin et d'Espagnac. *Voy.* 1er MARS 1793. — Département de la Manche; Exportation de bestiaux; Fonctionnaires; sieur Grimaud; Légion des Germains; Officiers et soldats ennemis; sieur Philibert; Puissances en guerre avec la France. *Voy.* 1er MARS 1793. — Militaires blessés. *Voy.* 3 MARS 1793.

5 = 7 MARS 1793. — Décret concernant les fonctionnaires publics qui marcheront à la défense de la patrie. (L. 13, 504; B. 28, 348.)

La Convention nationale, sur la proposition d'un membre, décrète que les fonctionnaires publics qui marcheront à la défense de la patrie en qualité de gardes nationales volontaires jouiront, pendant toute la durée de leur service, du tiers de leur premier traitement, et seront rétablis dans leurs fonctions à la fin de la campagne.

5 = 7 MARS 1793. — Décret qui déclare que toutes les colonies françaises sont en état de guerre. (L. 13, 509; B. 28, 350; Mon. du 7 mars 1793.)

Art. 1er. Toutes les colonies françaises sont déclarées, jusqu'à ce qu'il ait été autrement statué, comme étant en état de guerre. Il est enjoint néanmoins aux gouverneurs généraux et autres agens militaires, ainsi qu'aux officiers de l'administration civile, de se concerter avec les commissaires nationaux civils, et d'obéir à toutes leurs réquisitions.

2. Tous les hommes libres des colonies qui voudront prendre les armes pour la défense intérieure et extérieure des colonies sont autorisés à se réunir en légions ou compagnies franches, qui seront organisées par les gouverneurs généraux et les commissaires nationaux civils, d'après les lois existantes, auxquelles il ne pourra être dérogé.

3. Lesdits commissaires nationaux et gouverneurs généraux sont autorisés à faire provisoirement, dans les réglemens de police et de discipline des ateliers, tous les changemens qu'ils jugeront nécessaires au maintien de la paix intérieure des colonies.

4. Le ministre de la marine donnera les ordres nécessaires pour faire transporter en France le régiment du Cap, qui prendra son rang dans la ligne.

5. Les citoyens qui ont été déportés de Saint-Domingue par ordre des commissaires nationaux Ailhaux, Santhonax et Polveret, ou qui le seraient, ne pourront y retourner qu'après la cessation des troubles dans cette colonie, et qu'après en avoir obtenu une autorisation spéciale du Corps-Législatif. Le ministre de la marine est chargé de donner les ordres nécessaires à tous les ports pour l'exécution de cette disposition.

6. La Convention nationale approuve la formation des compagnies franches d'hommes libres faite à Saint-Domingue, sous les ordres des commissaires nationaux civils.

7. Le ministre de la marine est chargé d'organiser pareillement en compagnies franches tous les naturels des colonies actuellement en France, conformément aux lois existantes, et de les faire passer le plus promptement possible à Saint-Domingue.

5 = 7 MARS 1793. — Décret concernant le rétablissement, l'armement, garde et service des batteries des côtes. (L. 13, 512; B. 28, 348.)

La Convention nationale, après avoir entendu le rapport de ses comités de défense générale, de la guerre et des finances, décrète qu'il sera mis à la disposition du ministre de la guerre une somme de deux millions, tant pour fournir au rétablissement, armement, garde et service des batteries des côtes, que pour solder des gratifications de dix sous par jour, qui seront accordées aux vétérans canonniers et autres canonniers jugés assez intelligens pour diriger les bataillons et instruire les élèves.

5 MARS 1793. — Décret pour faire un rapport concernant l'égalité des partages dans les successions. (B. 28, 347.)

Voy. loi du 7 = 11 MARS 1793.

Un membre fait la proposition que le comité soit chargé de présenter, sous trois jours, un projet de loi sur l'égalité des partages dans les successions; la Convention, désirant d'établir entre tous les hommes, et principalement entre tous les enfans d'une même famille, les principes de la sainte égalité, décrète la proposition, et charge son comité de faire un rapport dans le délai prescrit.

5 = 7 MARS 1793. — Décret qui déclare individuellement et solidairement responsables les autorités constituées de Paris, des atteintes portées aux propriétés et à la sûreté des personnes. (L. 13, 508; B. 28, 353.)

5 = 7 MARS 1793. — Décret qui ordonne d'incorporer dans les compagnies incomplètes de gendarmerie à pied actuellement aux armées les citoyens valides compris dans le tableau des blessés au 10 août. (L. 13, 505; B. 28, 348.)

5 = 7 MARS 1793. — Décret qui ordonne que les officiers généraux actuellement à Paris se rendront sous quinzaine à leur poste. (B. 28, 349.)

5 = 7 MARS 1793. — Décret qui règle l'organisation d'un corps d'infanterie légère de Bataves. (L. 13, 514; B. 28, 352.)

5 = 7 MARS 1793. — Décret portant que la première compagnie des fédérés du premier bataillon de Marseille formera l'une des compagnies du premier bataillon d'infanterie légère. (L. 13, 506; B. 28, 351.)

5 = 7 MARS 1793. — Décret qui accorde la couronne civique au citoyen Bretèche. (L. 13, 503; B. 28, 350.)

5 = 7 MARS 1793. — Décret qui réunit les compagnies des hussards de la Mort et de l'Egalité à ceux de la légion des Alpes, pour former le treizième régiment de chasseurs à cheval. (L. 13, 515; B. 28, 353.)

5 MARS 1793. — Décret portant que les volontaires composant les corps armés envoyés à Paris par les départemens seront en état de réquisition. (L. 13, 513.)

5 = 7 MARS 1793. — Décrets qui accordent six cents livres au receveur du district de Bricy, et trois mille livres au citoyen Coiny, à compte d'indemnité. (B. 28, 347.)

5 MARS 1793. — Décret relatif au rapport concernant le citoyen Bretèche. (B. 28, 350.)

5 MARS 1793. — Décret qui ordonne l'envoi au général chargé des côtes de Bretagne des plans de ces côtes et mémoires y relatifs. (B. 28, 349.)

5 = 7 MARS 1793. — Décret qui divise le comité maritime en cinq sections. (B. 28, 349.)

5 = 7 MARS 1793. — Décret concernant les corps armés des départemens maritimes envoyés à Paris. (B. 28, 349.)

5 = 7 MARS 1793. — Décret qui surseoit à l'exécution du jugement qui condamne à mort Boursier. (B. 28, 352.)

5 MARS 1793. — Commissaires dans la Belgique; Corps électoraux; Dettes de la généralité; Emigrés; Effets au porteur volés; Faux assignats. *Voy.* 2 MARS 1793. — Solde des volontaires. *Voy.* 4 MARS 1793.

6 = 9 MARS 1793. — Décret relatif à la réunion de la ville et banlieue de Tournai à la France. (L. 13, 520; B. 28, 356; Mon. du 8 mars 1793.)

La Convention nationale, après avoir entendu le rapport de son comité diplomatique, déclare, au nom du peuple français, qu'elle accepte le vœu librement émis par le peuple souverain des ville et banlieue de Tournai, dans leur assemblée primaire, pour sa réunion à la France, et en conséquence décrète que :

Art. 1er. La ville de Tournai et sa banlieue font partie intégrante de la République.

2. Les commissaires de la Convention nationale à l'armée de la Belgique sont chargés de prendre toutes les mesures nécessaires pour l'exécution des lois de la République dans les ville et banlieue de Tournai, ainsi que de faire parvenir à la Convention tous

les renseignemens nécessaires pour fixer, dans le plus bref délai possible, le mode d'incorporation.

6 = 9 MARS 1793. — Décret portant que le décret relatif aux gratifications à accorder aux défenseurs de la patrie, sera lu à la tête de chaque corps. (L. 13, 519; B. 28, 356.)

6 MARS 1793. — Décret relatif au citoyen Bretèche. (B. 28, 357.)

6 MARS 1793. — Décret qui approuve les mesures prises par les commissaires Polverel et Santhonax à Saint-Domingue. (L. 13, 522; B. 28, 356.)

6 MARS 1793. — Décret relatif à la section de la Réunion. (B. 28, 357.)

6 MARS 1793. — Décret sur la demande de consigner au poste où ils sont maintenant les élèves de l'école des ponts-et-chaussées. (B. 28, 354.)

6 = 6 MARS 1793. — Décret qui alloue quarante millions en remboursement des avances faites par les corps administratifs pour l'équipement des volontaires. (L. 13, 517; B. 28, 355.)

6 = 9 MARS 1793. — Décret qui divise le tribunal criminel du département de Paris en deux sections. (L. 13, 523; B. 28, 354.)

6 MARS 1793. — Décret pour faire un rapport sur la demande faite par les citoyens de Tournay, relative à la circulation des assignats. (B. 28, 366.)

6 MARS 1793. — Décret qui ordonne la levée de deux nouveaux régimens de chasseurs à cheval. (L. 13, 525.)

6 = 6 MARS 1793. — Décret qui constitue le sieur Ailhaud en état d'arrestation. (B. 28, 354.)

6 MARS 1793. — Six commissaires pour Lyon. *Voy.* 25 FÉVRIER 1793.

7 = 11 MARS 1793. — Décret relatif aux créanciers des émigrés. (L. 13, 527; B. 28, 361; Mon. du 10 mars 1793.)

Voy. loi du 11 MARS 1793.

Art. 1er. Tous porteurs de créances sur un émigré, fondées en titres authentiques ou dûment enregistrées antérieurement à la promulgation du décret du 9 février 1792, quoique non encore liquidées, seront admis à acquérir les biens-meubles de l'émigré leur débiteur jusqu'à concurrence de leur créance, aux conditions portées aux articles suivans.

2. Ils seront tenus de rapporter un certificat du dépôt de leur titre au secrétariat du district dans l'étendue duquel se fait la vente des meubles qu'ils se proposent d'acquérir, lequel certificat portera autorisation d'acquérir des meubles de l'émigré débiteur, jusqu'à concurrence du montant de leur créance.

3. Ils seront tenus de présenter ledit certificat au receveur de l'enregistrement dans l'arrondissement duquel se fera la vente, lequel, sur le vu du procès-verbal de vente, sera tenu d'émarger le montant de l'acquisition sur ledit certificat, et d'en donner avis au directoire de district, lequel en fera mention sur le titre déposé au secrétariat.

4. Ils seront également tenus de donner bonne et suffisante caution de rapporter, jusqu'à concurrence de leur créance, le montant de leur acquisition, avec les intérêts à cinq pour cent à compter du jour de l'acquisition, dans le cas où le tout ou partie de leur créance se trouverait, par l'évènement de la liquidation, n'être pas colloqué en ordre utile.

5. Ladite caution sera discutée et reçue par le directoire du district, et à Paris par le directoire du département, en présence des représentans l'union des créanciers, s'il existe un contrat d'union, et après avoir ouï le procureur-syndic; il sera fait mention de la réception de ladite caution sur le certificat mentionné en l'article 2.

6. Les créanciers d'émigrés qui auront acquis des meubles pour le tout ou partie du montant de leurs créances seront tenus de se représenter au secrétariat du district où leur titre a été déposé, à l'effet d'émarger sur l'expédition de leur titre y déposé le montant des acquisitions de meubles par eux faites, et de rapporter le certificat de l'émargement du montant de leur acquisition fait sur la minute de leur titre de créance par le notaire qui l'aura reçu.

---

7 == 11 MARS 1793. — Décret pour l'exécution de celui du 23 mai 1792, relatif aux officiers et soldats qui quitteront leurs drapeaux. (L. 13, 549; B. 28, 267.)

La Convention nationale enjoint au conseil exécutif de donner les ordres les plus positifs pour que le décret du 23 mai dernier, relatif aux officiers et soldats qui quitteront leurs drapeaux sans congé, soit exécuté avec sévérité, et notamment envers les gendarmes nationaux qui, contre les dispositions de ce décret, auraient repris leur emploi dans leurs départemens.

---

7 == 11 MARS 1793. — Décret concernant les gagistes et pensionnaires de la liste civile. (L. 13, 558; B. 28, 360; Mon. du 9 mars 1793.)

Art. 1er. Tous les traitemens, gages, appointemens, pensions, gratifications et autres émolumens, de quelque nature qu'ils soient, attribués aux personnes attachées à la maison du ci-devant Roi autrement qu'à titre d'office, et employées sur l'état des gagistes et pensionnaires de la liste civile, sont supprimés à compter du 10 août 1792.

2. Toutes les personnes attachées à la maison du ci-devant Roi, soit en qualité de gens à gages, soit en qualité de pensionnaires pour cause de domesticité, ci-devant payées sur la liste civile, sur la cassette ou à titre d'aumône, recevront une indemnité fixée de la manière expliquée ci-après.

3. L'indemnité accordée auxdits gagistes et pensionnaires sera ce qui leur revient de leurs traitemens depuis le 10 août dernier jusqu'au 31 décembre suivant, pourvu que lesdits traitemens n'excèdent pas la somme de douze cents livres par an. Ceux dont les traitemens excéderaient cette somme recevront une indemnité calculée sur un traitement réduit au *maximum* de douze cents livres par an.

4. Il sera en outre payé le quart de l'indemnité ci-dessus aux personnes attachées à la maison du ci-devant Roi, qui ont loué des logemens situés à Versailles, antérieurement au 5 octobre 1789, pour les indemniser de la cherté de leurs loyers.

5. La Trésorerie nationale tiendra à la disposition du ministre des contributions la somme de six cent mille livres, pour être par lui employée tant au paiement des dépenses ci-dessus, qu'à l'acquit des arrérages de loyers ci-devant payés par la liste civile.

6. La Convention nationale charge son comité de liquidation de lui faire incessamment un rapport sur les pensions, secours ou indemnités qui pourraient être accordés auxdits gagistes et pensionnaires, à compter du 1er janvier 1793.

7. A compter du 1er avril 1793, les baux à loyer passés pour le service des pages de l'écurie, de la vénerie, tant à Paris qu'à Versailles, Fontainebleau, Rambouillet et autres lieux, ainsi que tous les marchés à la charge de la ci-devant liste civile, sont et demeurent résiliés.

Les loyers échus seront payés jusqu'au 1er avril prochain sur les fonds mis ci-dessus à la disposition du ministre des contributions; ceux des propriétaires qui auront reçu des avances lors de la passation de ces baux seront tenus de les imputer sur les arrérages de loyers.

8. Il sera payé à titre d'indemnité auxdits propriétaires ou locataires un tiers du loyer annuel pour chaque année que devrait encore durer le dernier bail.

Les baux passés pour un temps plus long que neuf années seront réduits à ce terme; néanmoins, si la dixième année du bail était commencée à l'époque du 10 août 1792, l'indemnité aura lieu pour les années restant de la seconde période de neuf années.

7 = 11 MARS 1793. — Décret concernant le sieur Ravier, juge-de-paix à Lyon, relatif à l'incompatibilité des fonctions de notaire et d'avoué, etc. (L. 13, 546; B. 28, 362; Mon. du 9 mars 1793.)

La Convention nationale, après avoir entendu le rapport de son comité de législation sur la pétition du sieur Ravier, juge-de-paix du canton de la Halle-aux-Blés de la ville de Lyon, tendante à cumuler les fonctions de cette place avec celles de notaire, et à contraindre le conseil général de la commune de la même ville à lui accorder à cet effet un certificat de civisme qu'il prétend lui être refusé pour cause d'incompatibilité d'exercice de ces diverses fonctions, décrète qu'elle passe à l'ordre du jour, motivé sur la disposition du décret du 29 septembre 1791 sur la nouvelle organisation du notariat, qui prononce l'incompatibilité de l'exercice des fonctions de notaire public avec celui des fonctions d'avoué, de greffier, et avec la recette des contributions publiques.

7 = 11 MARS 1793. — Décret qui abolit la faculté de tester en ligne directe (1). (L. 13, 547; B. 28, 366; Mon. des 9 et 10 mars 1793.)

Voy. lois du 25 AOUT 1792; du 5 BRUMAIRE et 17 NIVOSE an 2.

Un membre demande que la faculté de tester soit abolie. Un autre demande que l'abolition soit restreinte à la ligne directe, et la faculté de tester soit maintenue en ligne collatérale.

Un autre demande l'égalité absolue dans les partages, soit en ligne directe, soit en ligne collatérale.

Enfin, un autre propose d'abolir la faculté de tester ou de disposer par acte entre-vifs ou donations contractuelles en ligne directe, à compter de ce jour. D'autres proposent de prononcer la nullité de ces sortes d'actes, à compter du 14 juillet 1789; ces différentes propositions sont appuyées et combattues; après quelques débats, la Convention nationale décrète que la faculté de disposer de ses biens, soit à cause de mort, soit entre-vifs, soit par donation contractuelle en ligne directe, est abolie; en conséquence, que tous les descendans auront un droit égal sur le partage des biens de leurs ascendans (2).

Elle renvoie les autres propositions à l'examen de son comité de législation, pour lui en faire son rapport, et lui présenter un projet de loi sur les enfans appelés *naturels* et sur *l'adoption* (3).

7 = 11 MARS 1793. — Décret qui ordonne aux ci-devant intendans du commerce, maîtres

---

(1) *Voy.* le décret du 5 mars 1793.

(2) C'est le texte de la collection Baudouin.

Cette loi, qui abolit la faculté de se donner un héritier, abolit aussi la faculté d'en élire un pour autrui.

En d'autres termes : Une élection nominative d'héritier, faite par un père subordonnément à l'élection contraire par la mère, a été rendue irrévocable par la loi du 7 mars 1793, en telle sorte qu'elle a échappé à l'abolition prononcée par la loi du 17 nivose an 2, art. 24 (13 thermidor an 13; Cass. S. 6, 1, 114; *idem, Voy.* 17 pluviose an 13; Cass. S. 5, 1, 87).

La nullité des dispositions faites en contravention à la prohibition de disposer en ligne directe ne peut être proposée que par les héritiers ; les auteurs des libéralités ne peuvent demander eux-mêmes la révocation des donations qu'ils ont faites (15 mai 1827; Nîmes, S. 27, 2, 213 ; D. 27, 2, 196).

Lorsqu'un père a donné une moitié de ses biens, et que, relativement à l'autre moitié, il a dit qu'au cas de non disposition elle appartiendrait au donataire, cette seconde disposition a pu être annulée par la loi du 7 mars 1793 (26 août 1806 ; Cass. S. 6, 1, 381).

Cette loi n'annule pas la donation faite par un père à son fils, en le mariant, s'il n'y a dans la donation rien qui blesse l'égalité des enfans lors

du partage de la succession du père donateur : de sa nature, une telle donation est simplement réductible (14 juin 1827 ; Cass. S. 27, 1, 474 ; D. 27, 1, 273).

Au cas d'institution contractuelle, les enfans de l'institué sont, et chacun, irrévocablement saisis du droit de recueillir l'effet de l'institution au décès de leur père, tellement que, si celui-ci prédécède laissant plusieurs enfans, il n'est pas permis à l'instituant d'élire l'un de ces enfans pour lui attribuer, au préjudice des autres et à titre de préciput, aucune portion des biens, pas même celle dont il aurait pu disposer s'il n'y avait pas eu d'institution : cette décision s'applique même au cas d'institution faite antérieurement au Code civil (3 juin 1825 ; Toulouse, S. 26, 2, 148).

L'institution d'héritier faite par contrat de mariage, en 1757, de la moitié des biens du disposant au profit du premier enfant à naître, avec faculté d'élire un autre enfant, doit conserver tout son effet, encore bien que l'instituant n'exerce son droit d'élection que sous le Code civil, et même dans un cas où la quotité disponible, fixée d'après ce Code, serait inférieure à la moitié des biens du disposant : une telle institution n'a été annulée ni par la loi du 7 mars 1793, ni par la loi du 17 nivose an 2 (18 mai 1832 ; Toulouse, S. 32, 2, 510 ; D. 32, 2, 199).

(3) *Voy.* loi du 4 juin 1793.

des requêtes et autres, de remettre aux ministres les papiers qu'ils ont en leur pouvoir, à peine d'une amende de dix-huit livres par chaque jour de retard. (L. 13, 556; B. 28, 358.)

———

7 = 11 MARS 1793. — Décret qui fixe la solde des gendarmes à moins de vingt lieues de poste des frontières. (L. 13, 553; B. 28, 363.)

———

7 MARS 1793. — Décret pour la distribution des procès-verbaux à chaque député. (B. 28, 357.)

———

7 = 11 MARS 1793. — Décret qui ordonne de remplacer provisoirement les directeurs et receveurs de la régie, des droits d'enregistrement, timbre et domaines, à Strasbourg, suspendus provisoirement par les commissaires de la Convention. (B. 28, 359.)

———

7 = 11 MARS 1793. — Décret portant qu'il n'y a pas lieu à inculpation contre les citoyens Tellier, Lefèvre et Lidon, dénoncés par Musquinet. (B. 28, 369.)

———

7 = 11 MARS 1793. — Décret qui déclare que la France est en guerre avec le roi d'Espagne. (L. 13, 531; B. 28, 364.)

———

7 = 11 MARS 1793. — Décret qui conserve aux citoyens employés dans les troupes de la Belgique et du pays de Liége le grade dont ils étaient revêtus au moment de la réunion des légions belges et liégeoises. (L. 13, 529; B. 28, 358.)

———

7 = 11 MARS 1793. — Décret qui maintient le tribunal mercantile d'Avignon, sous le nom de tribunal de commerce. (L. 13, 530; B. 28, 368.)

———

7 = 11 MARS 1793. — Décret qui accorde une indemnité aux citoyens Reynaud et Leseur. (B. 28, 360.)

———

7 = 11 MARS 1793. — Décret sur les troubles excités dans la division de gendarmerie de l'armée du général Custine. (B. 28, 367.)

———

7 = 11 MARS 1793. — Décret qui accorde la franchise des lettres aux adjoints du ministère de la guerre et de la marine. (B. 28, 367.)

———

7 = 8 MARS 1793. — Décret qui met en liberté le citoyen Parent, président du comité des domaines de l'Assemblée constituante. (B. 28, 367.)

———

7 = 11 MARS 1793. — Décret portant qu'il partira le dimanche un courrier de la malle de Paris pour Lyon. (B. 28, 368.)

7 = 11 MARS 1793. — Décret qui permet d'exporter chaque année du territoire de Saunai, pour Montbéliard, quinze cents voitures de minerai, à la charge qu'il en sera rapporté une pareille quantité pour les fourneaux de Chagey. (B. 28, 368.)

———

7 = 11 MARS 1793. — Décret relatif aux mesures à prendre pour prévenir les suites de la corruption de l'air dans les départemens de la Moselle, de la Meurthe, de la Meuse et de la Marne. (L. 13, 548; B. 28, 357.)

———

7 = 10 MARS 1793. — Décret pour la formation de deux nouveaux régimens de chasseurs à cheval. (B. 28, 359.)

———

7 MARS 1793. — Autorités de Paris; Batteries des côtes; Blessés du 10 août; Boursier. Voy. 5 MARS 1793. — Choiseul Gouffier. Voy. 4 MARS 1793. — Classes maritimes. Voy. 3 MARS 1793. — Colonies; Comité maritime. Voy. 5 MARS 1793. — Commissaires à Salm. Voy. 3 MARS 1793. — Corps de Bataves. Voy. 5 MARS 1793. — Desparbès. Voy. 4 MARS 1793. — Fédérés de Marseille; Fonctionnaires publics. Voy. 5 MARS 1793. — Fournisseurs et entrepreneurs; Gengoux. Voy. 4 MARS 1793. — Hussards de la Mort. Voy. 5 MARS 1793. — Lyon. Voy. 3 MARS 1793. — Marivaux; Martin. Voy. 4 MARS 1793. — Militaires invalides. Voy. 3 MARS 1793. — Pays Batave. Voy. 2 MARS 1793. — P. P Devaux. Voy. 3 MARS 1793 — Receveurs de Bretagne; Royoudit Guermeur; Ville de Florennes. Voy. 4 MARS 1793.

———

8 = 9 MARS 1793. — Décret relatif à la réunion de la ville et banlieue de Louvain à la France. (B. 28, 373; Mon. du 10 mars 1793.)

La Convention nationale, après avoir entendu le rapport de son comité diplomatique, déclare, au nom du peuple français, qu'elle accepte le vœu librement émis par le peuple souverain des ville et banlieue de Louvain, dans leur assemblée primaire, pour se réunir à la France; en conséquence décrète:

Art. 1er. La ville de Louvain et sa banlieue font partie intégrante de la République.

2. Les commissaires de la Convention nationale à l'armée de la Belgique sont chargés de prendre toutes les mesures nécessaires pour l'exécution des lois de la République dans les ville et banlieue de Louvain, ainsi que de faire parvenir à la Convention tous les renseignemens nécessaires pour fixer, dans le plus bref délai possible, le mode d'incorporation.

———

8 = 9 MARS 1793. — Décret qui permet aux militaires de contracter mariage sans l'agrément de leurs supérieurs. (L. 13, 560; B. 28, 370.)

La Convention nationale, sur la motion d'un de ses membres, décrète qu'en dérogeant au réglement du 1ᵉʳ juillet 1788, qui défend aux militaires de contracter mariage sans avoir obtenu la permission de leurs supérieurs, il est libre à tous les militaires indistinctement de se lier par les nœuds du mariage, sans le concours de leurs chefs ou supérieurs.

———

8 MARS 1793. — Décret relatif aux billets de confiance et de secours. (L. 13, 563 ; B. 28, 370.)

La Convention nationale, après avoir entendu la lecture d'une lettre du ministre des contributions publiques sur la demande des administrateurs du directoire du département de la Charente, en interprétation des décrets des 8 novembre et 19 décembre derniers, décrète que tous les billets de confiance et de secours, émis tant par les corps administratifs ou municipaux que par les compagnies ou particuliers, dont la circulation doit cesser au premier mars, seront nuls et de nul effet à commencer du 1ᵉʳ avril prochain, et ceux dont la circulation doit cesser au 1ᵉʳ juillet seront aussi de nulle valeur à compter du 1ᵉʳ août prochain.

———

8 = 10 MARS 1793. — Décret relatif à la vente des biens formant la dotation des collèges et autres établissemens d'instruction publique. (L. 13, 564 ; B. 28, 376 ; Mon. du 10 mars 1793.)

Voy. loi des 14 et 16 FÉVRIER 1793.

Art. 1ᵉʳ. Les biens formant la dotation des collèges, des bourses et de tous autres établissemens d'instruction publique français, sous quelque dénomination qu'ils existent, seront dès à présent vendus dans la forme et aux mêmes conditions que les autres domaines de la République, sauf les exceptions ci-après énoncées (1).

2. Ces mêmes biens, soit que l'administration en ait été précédemment confiée à des congrégations séculières ou régulières, à des corps laïques ou à des particuliers, seront, à compter du 1ᵉʳ janvier 1793 jusqu'à la vente, administrés par les préposés de la régie des domaines nationaux, sous la surveillance des

corps administratifs, conformément aux lois sur cette matière ; tous actes d'administration desdits préposés, antérieurs à cette époque, sont confirmés.

3. Lesdits collèges et établissemens cesseront de recevoir, à compter de ce jour, les rentes et les arrérages qui pourraient leur être dus par le Trésor public.

4. Les administrateurs desdits établissemens rendront compte de leur régie, conformément au décret du 18 août 1792. Le reliquat de leurs comptes et tous les arriérés, en cas qu'il y en ait, seront versés dans la caisse des receveurs de district, comme propriétés nationales ; les préposés de la régie seront tenus, sous la surveillance des corps administratifs, de poursuivre les régisseurs ou économes qui les auraient dilapidés ou partagés.

5. Sont exceptés des dispositions contenues dans les articles 1ᵉʳ et 2 tous les bâtimens servant ou pouvant servir à l'usage des collèges et de tous autres établissemens de l'instruction des deux sexes, les logemens des instituteurs, professeurs et élèves, ensemble les jardins et enclos y attenant, ainsi que ceux qui, quoique séparés, sont à l'usage des établissemens de l'instruction publique, tels que les jardins des plantes, les emplacemens pour la botanique et l'histoire naturelle.

Les corps administratifs sont tenus de faire procéder aux réparations urgentes nécessaires pour prévenir la ruine et la dégradation des bâtimens réservés ci-dessus, sans que, sous prétexte de cette autorisation, ils puissent se permettre aucun ouvrage d'embellissement ou d'augmentation.

6. Sont exceptés pareillement les biens de tout genre formant la dotation de tous les établissemens étrangers mentionnés dans le décret du 28 octobre = 7 novembre 1790, lesquels continueront provisoirement d'être régis par les administrateurs actuels desdits établissemens, comme par le passé, jusqu'à ce que la Convention ait statué sur le rapport qui doit lui être fait à ce sujet par les comités d'instruction publique, des finances et d'aliénation, en exécution de son décret du 14 février dernier (2).

En conséquence, les administrateurs des-

———

(1) C'est au Conseil-d'Etat qu'il appartient de statuer sur le sens et les effets soit de la loi du 8 mars 1793 et des autres lois qui ont prononcé la réunion au domaine de l'Etat des biens provenant des établissemens d'instruction publique, soit des actes relatifs à l'affectation qui aurait pu être faite des bâtimens, cours, jardins et dépendances ; mais s'il s'élève une question de propriété entre l'Etat, représentant les établissemens d'instruction publique, et des tiers, à raison des biens que l'Etat réclame, et si cette question doit être décidée d'après des titres anciens et la

possession, les tribunaux sont seuls compétens (8 janvier 1831 ; ord. Mac. 13, 11 ; *id.* 11 juin 1828 ; ord. Mac. 10, 478).

En général toutes les fois qu'il s'agit d'apprécier les mesures administratives au moyen desquelles certains biens ont été affectés à tel ou tel service public, l'autorité administrative est seule compétente.

Voy. les notes sur la loi du 16 vendémiaire an 5.

(2) La fin de cet article a été ajoutée par un décret additionnel du 12 mars 1793.

dits biens sont autorisés à recevoir les arrérages échus, et qui écherront jusqu'audit temps, des rentes de toute nature qui leur sont dues par la République, ainsi qu'ils les ont reçues par le passé.

7. Toutes ventes de biens dépendant des colléges et autres établissemens d'instruction publique français, faite dans les formes prescrites pour la vente des domaines nationaux, sont validées par le présent décret; la Convention annule seulement la vente des objets réservés par l'article 5 ci-dessus.

8. A compter du 1er janvier 1793, le paiement des professeurs et instituteurs, tant des colléges que de tous les établissemens d'instruction publique français, seront à la charge de la nation; et, dans les cas où les traitemens des professeurs eussent été réglés à compter d'une époque antérieure, soit en vertu du décret du 8 août 1792, soit en vertu de toute autre loi, ou même en vertu d'arrêtés des corps administratifs, ils seront également payés par le Trésor public : le tout suivant les règles ci-après.

9. Les établissemens d'instruction publique dont les fonds ont toujours été faits par la Trésorerie nationale, continueront d'être payés sur les anciens états de la même manière jusqu'à la nouvelle organisation.

10. Il sera payé à chaque professeur et instituteur ce qui aura été convenu ou réglé avec eux par les corps administratifs, sans néanmoins que le traitement de chacun puisse excéder, savoir: dans les villes au-dessous de trente mille ames, quinze cents livres, et dans les villes au-dessus de cette population, deux mille livres.

11. Les traitemens seront payés tous les trois mois par les receveurs des districts, sur les ordonnances des directoires de district. Les fonds nécessaires seront fournis par la Trésorerie nationale, d'après l'état de dépense dont il sera parlé dans l'article ci-après.

12. Les fonds nécessaires pour le paiement du premier trimestre de 1793, ainsi que pour les arrérages des traitemens ou pensions qui peuvent être dus auxdits professeurs, seront pris provisoirement sur le produit des contributions publiques, et délivrés sans délai sur les ordonnances des directoires de district.

13. Les frais d'entretien des bâtimens, jardins et enclos mentionnés dans l'article 5, et tous autres frais nécessaires à l'instruction qui est donnée dans les colléges et autres établissemens français de ce genre, seront également à la charge de la nation. En conséquence, les corps administratifs seront tenus d'envoyer incessamment au ministre de l'intérieur des états de toutes les dépenses mentionnées, tant dans le présent article, que dans les articles 7, 8, 9 et 10 ci-dessus, pour, sur le compte qui en sera rendu par le minis-

tre, être faits les fonds qui seront jugés nécessaires.

14. Sur la proposition d'un membre, la Convention nationale décrète que les possessions affectées à l'entretien des établissemens d'instruction publique des protestans des départemens des Haut et Bas-Rhin, leur étant provisoirement conservées par le décret des 23 et 28 octobre = 5 novembre 1790, elle passe à l'ordre du jour, motivé sur le décret même.

———

8 = 10 MARS 1793. — Décret relatif au cautionnement à fournir par les directeurs des postes. (L. 13, 568; B. 28, 374.)

La Convention nationale, après avoir entendu le rapport de son comité des finances, sur la fixation et le mode de cautionnement à fournir par les directeurs des postes, pour garantir leur gestion et le versement des deniers qu'ils auront à recevoir, décrète ce qui suit:

Art. 1er. Les directeurs des postes seront tenus de fournir, un mois après leur élection, un cautionnement en biens-fonds, et ce cautionnement sera de la valeur du cinquième du produit net de l'année commune des recettes de chaque direction.

2. Les actes de cautionnement desdits directeurs seront reçus par les directoires de district, qui seront tenus de vérifier si les biens-fonds ne sont chargés d'aucune hypothèque, suivant le mode prescrit par les articles 11 et 13 du décret du 14 = 24 novembre 1790.

3. Lesdits acte de cautionnement seront sujets au droit d'enregistrement, et emporteront privilége et préférence sur les biens qui y seront contenus, à dater du jour de la réception desdits actes.

4. Lesdits actes de cautionnement une fois vérifiés et reçus par les directeurs de district, l'administration des postes sera tenue d'adresser, dans huitaine, au citoyen élu, sa commission et tous les ordres nécessaires pour son installation.

5. Les fonctions des directoires de district se borneront à la réception et vérification des actes de cautionnement. L'administration des postes restera chargée de veiller à la situation de la caisse, de faire toutes les poursuites et diligences nécessaires pour la rentrée périodique des deniers provenant de la gestion des directeurs.

6. En cas de mort, de fuite, de faillite ou de négligence d'aucun desdits directeurs de fournir le cautionnement dans le délai et la forme prescrits par la présente loi, le directoire de district commettra provisoirement, en son lieu et place, à la continuation desdites fonctions de directeur, jusqu'à la prochaine réunion des électeurs.

7. Les directeurs des postes actuellement en exercice, qui auront fourni, aux termes des précédens décrets, un cautionnement accepté par l'administration actuelle, sont exempts des formalités prescrites par les articles du présent décret.

8. Les administrateurs des postes sont tenus de résilier, sans dommages et intérèts, les baux passés avec les anciens directeurs pour les messageries, routes de traverse, et charge du soin des transports de paquets les directeurs élus par le peuple.

———

8 = 8 MARS 1793. — Décret qui révoque les congés accordés aux militaires de tous grades. (L. 13, 558; B. 28, 373.)

———

8 = 8 MARS 1793. — Décret pour l'envoi de commissaires dans les sections de Paris. (B. 28, 374.)

———

8 MARS 1793. — Décret relatif à la recherche des auteurs des dilapidations et mauvaises fournitures qui ont eu lieu dans les magasins de Saint-Denis, Traisnel et autres. (L. 13, 561.)

———

8 = 10 MARS 1793. — Décret relatif au paiement du traitement des ci-devant employés de la régie des domaines et droits de l'île de Corse. (L. 13, 571; B. 28, 371.)

———

8 = 8 MARS 1793. — Décret relatif à l'envoi de commissaires de la Convention pour requérir des renforts pour les armées françaises dans la Belgique. (L. 13, 559.)

———

8 = 9 MARS 1793. — Décret pour la translation des enfans, vieillards, infirmes ou malades, dans les maisons de Saint-Juste et de Sainte-Marie de la ville de Romans. (B. 28, 369.)

———

8 = 9 MARS 1793. — Décret qui ordonne de verser au trésor public vingt mille sept cent soixante-quinze livres dix-huit sous trois deniers provenant de l'ancien clergé, pour servir à la destination indiquée par le département du Lot. (B. 28, 369.)

———

8 MARS 1793. — Décret relatif à une lettre du citoyen Raisson, directeur de la fabrication des assignats. (B. 28, 375.)

———

8 = 9 MARS 1793. — Décret qui accorde une indemnité de sept mille six cents livres au citoyen Quibet, capitaine du navire l'*Africain*. (B. 28, 371.)

———

8 = 9 MARS 1793. — Décret d'ordre du jour sur une demande d'indemnité faite par la dame Corbin, pour découverte de vols commis au Garde-Meuble. (B. 28, 373.)

———

8 = 8 MARS 1793. — Décret concernant les fournitures et les charrois pour les armées. (B. 28, 370.)

———

8 = 8 MARS 1793. — Décret qui rappelle les membres de la Convention absens par congés. (L. 13, 559; B. 28, 374.)

———

8 MARS 1793. — Sieur Parent. *Voy.* 7 MARS 1793.

———

9 = 12 MARS 1793. — Décret qui autorise le ministre de la guerre à prendre parmi les élèves des ponts-et chaussées ceux qui seront jugés capables d'être employés aux armées. (L. 13, 580; B. 28, 384.)

La Convention nationale, après avoir entendu la pétition des élèves de l'école nationale des ponts-et-chaussées, et sur la proposition d'un de ses membres, décrète que le ministre de la guerre est autorisé à prendre parmi les élèves de l'école des ponts-et-chaussées ceux qui seront jugés capables d'être employés aux armées, et que les autres continueront leurs études, sans pouvoir être forcés à marcher comme volontaires nationaux.

———

9 = 12 MARS 1793. — Décret relatif aux bourses vacantes dans les collèges. (L. 13, 581; B. 28, 376.)

La Convention nationale, sur la proposition d'un de ses membres, décrète que les bourses vacantes dans les collèges de la République seront données par préférence aux enfans des citoyens qui ont pris les armes pour la défense de la patrie.

———

9 = 12 MARS 1793. — Décret portant la réunion des villes d'Ostende et de Namur à la France. (L. 13, 582; B. 28, 380.)

La Convention nationale, sur la proposition d'un membre, décrète que la ville et banlieue de Namur font partie intégrante de la République française; renvoie au comité diplomatique pour présenter le mode d'incorporation, et ordonne l'impression de l'adresse lue par les députés.

La Convention nationale, après avoir entendu le rapport de son comité diplomatique, déclare, au nom du peuple français, qu'elle accepte le vœu librement émis par le peuple souverain de la ville d'Ostende pour sa réunion à la France; en conséquence, décrète que la ville d'Ostende fait partie intégrante de la République française.

Les commissaires de la Convention nationale à l'armée de la Belgique sont chargés de prendre toutes les mesures nécessaires pour l'exécution des lois de la République dans la ville d'Ostende, ainsi que de faire parvenir à la Convention nationale, tous les renseignemens nécessaires pour fixer, dans le plus bref délai, le mode d'incorporation.

9 = 12 MARS 1793. — Décret qui ordonne l'élargissement des prisonniers détenus pour dettes, et qui abolit la contrainte par corps (1). (L. 13, 584; B. 28, 379; Mon. du 11 mars 1793.)

Voy. loi du 30 MARS 1793.

La Convention nationale décrète que les prisonniers détenus pour dettes seront élargis; que la contrainte par corps est abolie, et charge son comité de législation de lui faire incessamment un rapport sur les exceptions (2).

9 = 12 MARS 1793. — Décret pour l'établissement d'une subvention de guerre sur les riches. (B. 28, 379.)

Sur la proposition d'un membre, la Convention nationale décrète qu'il sera établi une subvention de guerre qui ne pèsera que sur les riches, et charge son comité des finances de lui en présenter le mode.

9 = 14 MARS 1793. — Décret pour l'option entre les fonctions de député et celles de rédacteur de journal. (L. 13, 585; B. 28, 384.)

Voy. loi du 2 MARS 1793.

La Convention décrète que les membres de la Convention qui rédigent des journaux seront tenus d'opter entre les fonctions de député et celles de rédacteur de journal.

9 MARS 1793. — Décret pour l'impression d'une adresse de la commune de Paris. (B. 28, 378.)

9 = 10 MARS 1793. — Décret portant nomination de commissaires chargés d'accélérer le recrutement dans les départemens. (L. 13, 574; B. 28, 381.)

9 MARS 1793. — Décret qui ordonne la vérification des faits contenus dans la lettre signée Coursiaux, relative au député Gorsas. (B 28, 385.)

9 = 9 MARS 1793. — Décret qui défend aux commis des postes d'interrompre leurs fonctions. (L. 13, 579; B. 28, 378.)

9 MARS 1793. — Décret qui ordonne de délivrer des armes au bataillon des piquiers caserné rue de Babylonne. (B. 28, 379.)

9 MARS 1793. — Décret qui enjoint à l'imprimeur de la Convention de n'imprimer que ce qui émane de l'Assemblée. (B. 28, 380.)

9 = 12 MARS 1793. — Décret sur la paie provisoire accordée aux gendarmes ci-devant formés en compagnies. (B. 28, 384 et 385.)

9 MARS 1793. — Décret qui suspend toute formation de nouveaux corps. (B. 28, 385.)

9 = 11 MARS 1793. — Décret pour l'établissement d'un tribunal criminel et extraordinaire pour juger les conspirateurs et les contre-révolutionnaires. (B. 28, 378.)

9 MARS 1793. — Billets de confiance; dame Corbin; Département du Lot. *Voy.* 8 MARS 1793. — Gratification; Levée de chasseurs. *Voy.* 6 MARS 1793. — Louvain; Mariage des militaires; sieur Quibet. *Voy.* 8 MARS 1793. — Saint-Domingue; Tournai; Tribunal criminel de Paris; Volontaires. *Voy.* 6 MARS 1793.

10 = 12 MARS 1793. — Décret relatif à la formation d'un tribunal criminel extraordinaire, et qui règle sa composition et ses attributions. (L. 13, 589; B. 28, 390; Mon. des 12, 13 mars 1793.)

Voy. loi du 5 AVRIL 1793.

TITRE Ier. De la composition et de l'organisation d'un tribunal criminel extraordinaire.

Art. 1er. Il sera établi à Paris un tribunal criminel extraordinaire, qui connaîtra de toute entreprise contre-révolutionnaire, de tous attentats contre la liberté, l'égalité, l'unité, l'indivisibilité de la République, la sûreté intérieure et extérieure de l'État, et de tous les complots tendans à rétablir la royauté, ou à établir toute autre autorité attentatoire à la liberté, à l'égalité et à la souveraineté du peuple, soit que les accusés

_____

(1) Abrogée par la loi du 24 ventose an 5.

(2) La contrainte par corps est applicable à un engagement de commerce contracté sous l'empire de cette loi qui l'avait abolie, si cet engagement a son principe dans une convention antérieure à cette loi (27 octobre 1806; Cass. S. 6, 1, 433; *id.* 20 février 1809; Cass. S. 9, 1, 124).

La contrainte par corps n'a pu être exercée pour l'exécution des obligations contractées depuis cette loi, qui l'avait abolie, jusqu'à celle du 24 ventose an 5, qui l'a rétablie (17 prairial an 12; Cass. S. 4, 2, 713).

Un septuagénaire ne peut être soumis aujourd'hui à l'exercice de la contrainte par corps par suite de condamnations consulaires antérieures à cette loi. Les lois postérieures ont elles-mêmes déclaré ne disposer que pour les obligations à venir (16 mars 1811, Paris; S. 11, 2, 120; *idem* 22 avril 1813; Cass. S. 13, 1, 366).

Voy. l'ord. de 1667, tit. 34, art. 9.

étoient fonctionnaires civils ou militaires, ou de simples citoyens.

2. Le tribunal sera composé d'un jury, et de cinq juges qui dirigeront l'instruction et appliqueront la loi après la déclaration des jurés sur le fait.

3. Les juges ne pourront rendre aucun jugement s'ils ne sont au moins au nombre de trois.

4. Celui des juges qui aura été le premier élu présidera, et, en cas d'absence, il sera remplacé par le plus ancien d'âge.

5. Les juges seront nommés par la Convention nationale, à la pluralité relative des suffrages, qui ne pourra néanmoins être inférieure au quart des voix.

6. Il y aura auprès du tribunal un accusateur public et deux adjoints ou substituts, qui seront nommés par la Convention nationale, comme les juges et suivant le même mode.

7. Il sera nommé dans la séance de demain, par la Convention nationale, douze citoyens du département de Paris et des quatre départemens qui l'environnent, qui rempliront les fonctions de jurés, et quatre suppléans du même département, qui remplaceront les jurés en cas d'absence, de récusation ou de maladie. Les jurés rempliront leurs fonctions jusqu'au 1er mai prochain ; et il sera pourvu par la Convention nationale à leur remplacement et à la formation du jury pris entre les citoyens de tous les départemens.

8. Les fonctions de la police de sûreté générale, attribuées aux municipalités et aux corps administratifs par le décret du 11 août dernier, s'étendront à tous les crimes et délits mentionnés dans l'art. Ier du présent décret.

9. Tous les procès-verbaux de dénonciation, d'information, d'arrestation, seront adressés, en expédition, par les corps administratifs, à la Convention nationale, qui les renverra à une commission de ses membres, chargée d'en faire l'examen et de lui en faire le rapport.

10. Il sera formé une commission de six membres de la Convention nationale, qui sera chargée de l'examen de toutes les pièces, d'en faire le rapport, et de rédiger et présenter les actes d'accusation, de surveiller l'instruction qui se fera dans le tribunal extraordinaire, d'entretenir une correspondance suivie avec l'accusateur public et les juges, sur toutes les affaires publiques qui seront envoyées au tribunal, et d'en rendre compte à la Convention nationale.

11. Les accusés qui voudront récuser un ou plusieurs jurés seront tenus de proposer les causes de récusation par un seul et même acte, et le tribunal en jugera la validité dans les vingt-quatre heures.

12. Les jurés voteront et formeront leur déclaration publiquement à haute voix, et à la pluralité absolue des suffrages.

13. Les jugemens seront exécutés sans recours au tribunal de cassation.

14. Les accusés en fuite, qui ne se présenteront pas dans les trois mois du jugement, seront traités comme émigrés, et sujets aux mêmes peines, soit par rapport à leur personne, soit par rapport à leurs biens.

15. Les juges du tribunal éliront, à la pluralité absolue des suffrages, un greffier et deux huissiers. Le greffier aura deux commis, qui seront reçus par les juges.

TITRE II. Des peines.

Art. 1er. Les juges du tribunal extraordinaire prononceront les peines portées par le Code pénal et les lois postérieures contre les accusés convaincus ; et, lorsque les délits qui demeureront constans seront dans la classe de ceux qui doivent être punis des peines de la police correctionnelle, le tribunal prononcera ces peines, sans renvoyer les accusés aux tribunaux de police.

2. Les biens de ceux qui seront condamnés à la peine de mort seront acquis à la République, et il sera pourvu à la subsistance des veuves et des enfans, s'ils n'ont pas de biens d'ailleurs.

3. Ceux qui seraient convaincus de crimes ou de délits qui n'auraient pas été prévus par le Code pénal et les lois postérieures, et dont la punition ne serait pas déterminée par les lois, et dont l'incivisme et la résidence sur le territoire de la République auraient été un sujet de trouble public et d'agitation, seront condamnés à la peine de la déportation.

4. Le conseil exécutif est chargé de pourvoir à l'emplacement du tribunal.

5. Le traitement des juges, greffier, commis et des huissiers, sera le même que celui qui a été décrété pour les juges, greffier, commis et huissiers du tribunal criminel du département de Paris.

---

10 = 13 MARS 1793. — Décret qui suspend l'exécution des articles 3 du titre III, et 1er du titre IV du décret sur l'organisation de l'armée, en ce qui concerne la cavalerie des légions et corps francs. (L. 13, 595 ; B. 28, 388.)

Art. 1er. L'exécution des articles 3 du titre III, et 1er du titre IV du décret du 21 février dernier sur l'organisation générale de l'armée, est provisoirement suspendue, seulement en ce qui concerne la réunion de la cavalerie des corps francs à cheval et la réunion des corps francs à pied en bataillons d'infanterie légère.

2. Tous les corps de cavalerie et d'infanterie actuellement existans seront conservés et complétés ; jusqu'à ce complétement, il n'en sera plus créé de nouveaux.

---

10 = 13 MARS 1793. — Décret qui augmente la solde des marins. (L. 13 , 596 ; B. 28 , 390.)

Voy. loi du 17 = 22 MAI 1793.

La Convention nationale, sur la proposition du ministre de la marine, convertie en motion par un de ses membres, décrète, pour le surcroît de paie accordé aux marins en général, ce qu'elle a déjà décrété pour l'augmentation des salaires des maîtres et ouvriers accordée à la même époque, et portée au 1er janvier par un décret postérieur, et renvoie, pour le surplus de la lettre du ministre, à son comité de marine.

10 = 10 MARS 1793. — Décret qui défend aux ouvriers employés à la fabrication des assignats de quitter leurs ateliers. (L. 13, 586; B. 28, 387.)

10 = 10 MARS 1793. — Décret qui proroge jusqu'au 15 avril 1793 la solde décrétée le 21 février en faveur des troupes. (L. 13, 588 ; B. 28, 386.)

10 = 13 MARS 1793. — Décret qui charge les commissaires envoyés dans les départemens pour le recrutement, de vérifier l'état des subsistances. (L. 13, 504; B. 28, 389.)

10 = 10 MARS 1793. — Décret qui adjoint le citoyen Jard-Panvilliers à la commission des Invalides. (B. 28, 386.)

10 = 12 MARS 1793. — Décret qui autorise les commissaires de la Convention à traduire au tribunal criminel extraordinaire ceux qui s'opposeraient à leurs opérations. (B. 28 , 389.)

10 MARS 1793. — Décret pour l'impression du décret et de la liste des commissaires inscrits pour les départemens. (B. 28, 387.)

10 MARS 1793. — Décret sur l'exemption de la contribution mobilière, demandée en faveur des militaires. (B. 28, 387.)

10 MARS 1793. — Décret de renvoi relatif à la régie de l'enregistrement. (B. 28, 386.)

10 = 10 MARS 1793. — Décret qui traduit à la barre les généraux Stengel et Lanoue. (B. 28, 388.)

10 MARS 1793. — Décret qui mande à la barre le maire de Paris, le commandant général Colombeau, et le secrétaire-greffier de la municipalité, chargé d'apporter les registres de la municipalité. (B. 28, 389.)

10 MARS 1793. — Décret concernant l'envoi des décrets aux commissaires de la Convention. (B. 28, 386.)

10 MARS 1793. — Biens des colléges, etc.; Corse; Directeurs des postes. *Voy.* 8 MARS 1793. — Recrutement. *Voy.* 9 MARS 1793.

11 = 14 MARS 1793. — Décret relatif aux citoyens salariés par l'État qui se consacreront à la défense de la patrie. (L. 13, 598; B. 28, 396.)

La Convention nationale décrète que tous les citoyens salariés par la République qui se consacreront à la défense de la patrie, conserveront le tiers de leur traitement, et reprendront leurs places à leur retour.

11 = 16 MARS 1793. — Décret concernant les approvisionnemens de salpêtres et poudres. (L. 13, 604; B. 28, 393; Mon. du 14 mars 1793.)

Art. 1er. A compter du jour de la publication du présent décret, il sera permis provisoirement à tous particuliers et commerçans, d'introduire dans la République, et en exemption de droits, toutes espèces de poudre qu'ils achèteront dans l'étranger.

2. La sortie de la République de toutes espèces de poudres et salpêtres demeure prohibée.

3. La régie des poudres et salpêtres suspendra provisoirement, dans l'intérieur, la vente des poudres de chasse et de traite.

4. Les armateurs et corsaires continueront d'être approvisionnés de poudres par la régie nationale, en raison de la quantité de leurs armes à feu, et sur des états certifiés par le commissaire de la marine, et visés par l'administration du district.

5. Dès que les vaisseaux ou navires mis en course rentreront pour relâche ou désarmement, la quantité des poudres qu'ils rapporteront sera constatée par le commissaire de la marine, qui veillera à ce qu'elles soient déposées dans les magasins destinés à cet objet, et sur un récépissé du garde-magasin, dont un double sera remis au commissaire.

6. La régie continuera à fournir les poudres nécessaires à l'exploitation des mines et carrières, sur des demandes signées, et dont la quantité sera constatée par l'administration du district.

7. Conformément à l'article 9 du décret du 23 septembre = 19 octobre 1791, la régie nationale fournira les poudres de guerre nécessaires au service des gardes nationales, sur les demandes faites par les municipalités, visées et autorisées par le district et le département, lesquelles seront adressées au ministre de l'intérieur, qui donnera ordre de faire les fournitures qu'il jugera nécessaires; elles

seront payées comptant, à raison de 21 sous la livre.

8. Les fournitures de poudres qui seront faites au département de la guerre et de la marine seront payées comptant à la régie par les ministres de ces départemens, à mesure des livraisons dans les fabriques, au prix de 24 sous, barillage compris, et d'après les récépissés fournis par l'artillerie de la marine.

9. Les poudres et salpêtres de différentes qualités, vendus par la régie pour les approvisionnemens des armateurs ou corsaires, et pour l'exploitation des mines et carrières, seront payés comme il suit :

Salpêtre brut, une livre ; salpêtre de deux cuites, une livre cinq sous ; salpêtre de trois cuites, une livre dix sous ; poudre de traite, une livre dix sous ; poudre de mine, une livre cinq sous ; poudre de guerre, une livre dix sous ; poudre de chasse, deux livres dix sous ; poudre superfine, quatre livres.

———

11 = 16 MARS 1793. — Décret qui réunit les villes et banlieues de Namur, Ham-sur-Sambre, Charles-sur-Sambre, Fleurus et Wasseigne, à la France. (L. 13, 607 ; B. 28, 394.)

La Convention nationale, après avoir entendu le rapport de son comité diplomatique, déclare, au nom du peuple français, qu'elle accepte le vœu librement émis par le peuple souverain des villes et banlieues de Namur, Ham-sur-Sambre, Charles-sur-Sambre, Fleurus et Wasseigne, dans leurs assemblées primaires, pour leur réunion à la France, et en conséquence décrète que :

Art. 1er. Les villes et banlieues de Namur, Ham-sur-Sambre, Charles-sur-Sambre, Fleurus et Wasseigne, font partie intégrante du territoire de la République.

2. Les commissaires de la Convention nationale près des armées de la Belgique sont chargés de lui faire parvenir, dans le plus bref délai possible, tous les renseignemens nécessaires pour fixer le mode d'incorporation.

———

11 = 16 MARS 1793. — Décret qui augmente le traitement des préposés à la régie des douanes. (L. 13, 608 ; B. 28, 392.)

Art. 1er. Le traitement des préposés de la régie des douanes dont les appointemens fixes ne s'élèvent pas à la somme de six mille livres, et qui seront en activité lors de la promulgation du présent décret, sera augmenté, pour la présente année, d'un cinquième, sans cependant que le *maximum* de leur traitement puisse excéder ladite somme de six mille livres par an. Celui des lieutenans d'ordre et principaux, ainsi que des capitaines généraux, sera augmenté d'un dixième.

5.

2. Le paiement du supplément accordé par l'article ci-dessus sera fait mois par mois, et à compter du 1er janvier dernier ; il y sera d'abord employé les sommes provenant des vacances d'emplois pendant l'année 1792. Le ministre des contributions publiques sera tenu, avant de délivrer son ordonnance pour le paiement du surplus, de remettre au comité des finances l'état, par direction, des fonds des vacances et des employés qui doivent jouir dudit supplément.

3. Les régisseurs des douanes sont autorisés à supprimer les places qu'ils jugeront inutiles, à mesure qu'elles viendront à vaquer.

———

11 = 16 MARS 1793. — Décret qui ordonne l'interrogatoire de l'archevêque, Thibaut, Gismer, Bernard, etc., déportés de Saint-Domingue, et les constitue en état d'arrestation. (B. 28, 397.)

———

11 = 16 MARS 1793. — Décret concernant les juges du tribunal du district d'Amiens. (B. 28, 394.)

———

11 = 16 MARS 1793. — Décret qui ordonne le paiement de deux mille trois cent une livres dix-neuf sous au citoyen Pâris, pour direction d'ouvrages dans les bureaux des affaires étrangères. (B. 28, 397.)

———

11 = 12 MARS 1793. — Décret qui dispense les garçons boulangers de s'enrôler pour voler au secours des frontières. (B. 28, 396.)

———

11 = 16 MARS 1793. — Décret qui exempte de l'enrôlement pour les frontières les employés au service dans les arsenaux. (L. 13, 610 ; B. 28, 395.)

———

11 = 29 MARS 1793. — Décret qui renvoie au tribunal criminel les procédures commencées sur les délits dont la connaissance lui est attribuée. (L. 13, 611.)

———

11 = 15 MARS 1793. — Décret qui nomme les citoyens Faure et Petit-Jean commissaires dans les départemens, aux lieu et place de Regnaud et Levasseur. (B. 28, 398.)

———

11 = 16 MARS 1793. — Décret qui interdit aux chefs des établissemens militaires toutes masses d'économie. (B. 28, 395.)

———

11 MARS 1793. — Décret qui affecte la somme de mille onze livres huit sous, offerte par les électeurs du département de la Nièvre, au secours des veuves et enfans de ceux qui ont contribué à la journée du 10 août. (B. 28, 397.)

———

11 MARS 1793. — Décret de renvoi pour faire un rapport sur la situation politique des colonies françaises. (B. 28, 396.)

13

11 = 15 MARS 1793. — Décrets qui changent les dénominations des villes de Fontenay-le-Comte, Mont-Dauphin, Bourbon-Lancy et Nogent-le-Roi, en celles de Fontenay-le-Peuple, Mont-Lyon, Bellevue-les-Bains et Nogent-de-la-Haute-Marne. (L. 13, 230; B. 28, 401.)

11 MARS 1793. — Adjoints du ministère de la guerre, etc.; Anciens intendans du commerce; Courriers pour Lyon; Corruption de l'air; Créanciers des émigrés; Donations. *Voy.* 7 MARS 1793. — Émigrés. *Voy.* 12 MARS 1793. — Enregistrement à Strasbourg; Gendarmerie; Gendarmes; Guerre avec l'Espagne; Liste civile; Minérai; Notaires. *Voy.* 7 MARS 1793. — Mercantile. *Voy.* 2 MARS 1793. — Officiers et soldats. *Voy.* 7 MARS 1793. — Proclamation aux Bataves. *Voy.* 2 MARS 1793. — Ravier; Reynaud et Leseur. *Voy.* 7 MARS 1793. — Saint-Just, etc., à Romans. *Voy.* 8 MARS 1793. — Tellier, etc.; Tribunal d'Avignon; Troupes belges, etc. *Voy.* 7 MARS 1793.

12 (11 et) MARS 1793. — Décret relatif à l'administration des biens des émigrés et à la vente de leur mobilier. (B. 28, 395.)

Voy. lois du 14 MARS 1793; du 28 MARS = 15 AVRIL 1793.

Art. 1er. L'administrateur des domaines nationaux aura, sur les biens des émigrés, la même surveillance que celle qui lui est attribuée sur les domaines nationaux.

2. Il se concertera avec les ministres de la justice, des contributions et de l'intérieur, pour la confection des listes des personnes et des biens des émigrés, et fournira auxdits ministres tous les renseignemens relatifs à ces objets, qu'il peut avoir précédemment recueillis.

3. L'administration des domaines nationaux surveillera la vente du mobilier, ainsi que celle des immeubles; à cet effet, il correspondra tant avec les corps administratifs qu'avec les commissaires des guerres, les commissaires nationaux et autres agens de la République dans les pays étrangers occupés par les armées.

4. Les directoires de district sont autorisés à arrêter les états et à taxer le salaire des personnes qui auront été employées pour la garde, inventaire, transport, criée et vente des meubles des émigrés. Ces taxes seront vérifiées par les directoires de départemens. Les mêmes taxes seront faites à Paris par le directoire de département, et, dans les pays étrangers occupés par les armées de la République, elles le seront par les commissaires des guerres ou autres agens publics qui auront repris la vente des biens des émigrés.

5. Les directoires de département et autres agens ci-dessus désignés feront passer tous les mois un état de ces taxes à l'administrateur des domaines nationaux, avec l'indica-

tion des bases qui les auront déterminés.

6. Il est expressément défendu de comprendre dans ces états aucun objet qui serait étranger aux frais de garde, d'inventaire, transport, criée et vente desdits immeubles, sous peine, par ceux qui auront arrêté lesdits états, d'en rétablir personnellement le montant dans les caisses de district.

7. A l'avenir, la taxe particulièrement relative aux frais d'inventaire, de criée et de vente, pourra être faite soit en raison du temps employé auxdites opérations, soit en raison du produit des ventes desdits meubles, à la charge, par les corps administratifs et autres agens désignés dans l'article 4, de se conformer aux instructions qui leur seront adressées par l'administrateur des domaines nationaux.

8. Les receveurs du droit d'enregistrement, et ceux qui, en pays étrangers, auront reçu directement des acquéreurs le produit de la vente des meubles des émigrés, seront tenus d'acquitter le montant des taxes, et ils feront note des sommes acquittées sur la copie du procès-verbal de vente, qui doit leur être délivrée dans huit jours après la dernière vacation de chaque vente, par l'huissier ou autre officier qui y aura procédé, conformément à l'article 5 du décret du 25 novembre 1792.

9. Ces copies des procès-verbaux de vente demeureront entre les mains des receveurs du droit d'enregistrement, jusqu'à ce que leur recette ait été vérifiée par les inspecteurs du droit d'enregistrement. Lesdits inspecteurs les retireront et les remettront au directoire de leur département, qui les fera passer à l'administrateur des domaines nationaux, sauf aux préposés de la régie, et à toutes les autres personnes intéressées, à prendre communication, si besoin est, desdites ventes, sans déplacer, sur les minutes qui seront déposées au secrétariat du district. Les préposés primaires à la recette en pays étrangers remettront également aux commissaires des guerres et autres agens les copies desdits procès-verbaux de vente, avec les annotations prescrites par l'article 8, lorsque le montant des ventes aura été acquitté et les frais payés, et lesdits commissaires ou autres agens feront passer lesdits procès-verbaux à l'administrateur des domaines nationaux, nonobstant l'exécution de l'article 2 du décret du 26 janvier dernier.

10. Les préposés primaires à la recette en pays étrangers verseront le produit net desdites ventes, dans les mêmes espèces qu'ils les auront reçues, entre les mains des payeurs de la guerre, conformément au décret du 26 janvier dernier.

11. Les commissaires de district qui se seront déplacés pour assister aux ventes des meubles des émigrés seront remboursés des dépenses de leur voyage, suivant l'arrêté qui

men sera également fait par les directoires de district, visé et vérifié par ceux de département; ces frais seront payés de la même manière que les précédens; et, dans les états que les directoires de département en feront passer à l'administrateur des domaines nationaux, ils auront soin de distinguer la partie desdits frais qui concernera chaque émigré.

12. Les directoires de district feront passer, dans quinzaine, à ceux de département, l'état des sommes qu'ils ont fait acquitter en exécution du décret du 30 mars = 8 avril 1792, et de celles qu'ils feraient acquitter en vertu de la présente loi, sur les revenus des émigrés, et ceux-ci le transmettront, sous huitaine, à l'administrateur des domaines nationaux, après l'avoir visé.

13. Les directoires de département continueront provisoirement à faire payer, en limite de l'avis de ceux de district, sur les revenus recouvrés des biens des émigrés, les domestiques, ouvriers, fournisseurs et porteurs de titres authentiques antérieurs au 9 février 1792, et qui ne seraient pas dans le cas de nullité ou de réduction prononcée par les lois, pourvu que lesdites créances n'excèdent pas huit cents livres.

14. Ils feront acquitter, de préférence, les rentes viagères et autres qui auraient été constituées pour prix de vente d'immeubles, ou pour récompense de services domestiques; ces rentes seront même acquittées pour la totalité, lorsque les revenus pourront y suffire: dans le cas contraire, ils feront payer des àcomptes à chaque créancier, de telle sorte qu'il soit pourvu à leurs besoins les plus pressans (1).

15. S'il se rencontre des oppositions de la part d'autres créanciers du même émigré aux mentionnés aux articles précédens, ces derniers seront tenus de fournir, par-devant le directoire du district, caution solvable de rapporter le montant des sommes qu'ils auront touchées, dans le cas où ils ne seraient pas utilement colloqués lors de la distribution de l'actif de leurs débiteurs entre tous les créanciers, ils justifieront de ce cautionnement au receveur du droit d'enregistrement, qui sera chargé d'acquitter leurs créances.

16. Les corps administratifs feront remettre aux receveurs du droit d'enregistrement les titres de créance qu'ils peuvent avoir en leur pouvoir, ou dont ils auraient connaissance, d'après les déclarations qui ont dû être faites en exécution du décret du 23 août 1792; lesdits receveurs s'en chargeront au bas des inventaires qui en ont été ou qui en seront faits, et ils poursuivront sans délai, sous la surveillance des corps administratifs, les débiteurs qui seraient en retard de paiement.

17. Les corps administratifs feront passer incessamment à l'administrateur des domaines nationaux l'état des frais de bureau et des commis qu'ils seront dans la nécessité d'employer, relativement aux biens des émigrés, pour en être rendu compte à la Convention nationale.

———

12 = 15 MARS 1793. — Décret qui annule les procès existant entre des communes et des citoyens prétendant à la noblesse. (L. 13, 615; B. 28, 405; Mon. du 14 mars 1793.)

Art. 1er. Tous les procès existant entre des communes et des citoyens prétendant à se faire déclarer nobles, sont annulés.

2. Les citoyens prétendant à la noblesse ou à se faire déclarer nobles seront tenus de rembourser aux communes tous les frais qu'ils leur ont occasionés à raison de la poursuite desdits procès, et encore tous les impôts dont ils auraient pu être provisoirement déchargés par des jugemens quelconques.

3. Toutes saisies ou arrêts faits au préjudice des communes, sur leurs revenus ou patrimoines, par les citoyens prétendant ou voulant se faire déclarer nobles, demeurant annulés, en conséquence, la Convention décrète la main-levée, au profit desdites communes, des sommes saisies ou arrêtées.

———

12 = 15 MARS 1793. — Décret relatif aux droits d'entrée à percevoir sur les sucres, cafés, cacao et indigo venant des colonies françaises. (L. 13, 617; B. 28, 401.)

Art. 1er. Jusqu'au 1er août 1794, les sucres, cafés, cacao et indigo venant des colonies françaises de l'Amérique, ne paieront, à leur arrivée dans les ports de la République, les droits d'entrée fixés par l'article 1er du décret du 18 mars 1791, que d'après les valeurs déterminées par l'état d'évaluation annexé audit décret.

2. L'entrepôt accordé aux sucres têtes et terrés sera illimité pendant la présente guerre, à la charge par le soumissionnaire de fournir, à la fin de chacun des mois qui suivront celui de l'expiration du délai desdits entrepôts, les déclarations prescrites par l'article 29 du décret du 22 juin 1791, et des dispositions des articles 30 et 31 du même décret, ainsi que l'article 5 de celui du 27 août 1791.

———

12 = 15 MARS 1793. — Décret qui ordonne l'envoi du bulletin de la Convention aux sociétés patriotiques. (L. 13, 616; B. 28, 401.)

———

12 MARS 1793. — Décret relatif à l'académie de Dijon. (B. 28, 403.)

———

(1) Voy. loi du 26 = 30 mars 1793.

13.

12 = 16 MARS 1793. — Décret portant que le conseil général de la commune de Paris et le commandant général de la garde parisienne ont bien mérité de la patrie. (L. 13, 678 ; B. 28, 402.)

---

12 = 12 MARS 1793. — Décret relatif aux fédérés et aux militaires qui sont à Paris. (B. 28, 405.)

---

12 = 16 MARS 1793. — Décret relatif à la poursuite d'un complot attentatoire à la sûreté de la Convention. (B. 28, 402.)

---

12 MARS 1793. — Décret de renvoi relatif aux canonniers de la section du faubourg Montmartre et aux canonniers volontaires de tous les départemens. (B. 28, 403.)

---

12 MARS 1793. — Décret en témoignage de satisfaction de la conduite que le général Omoran a tenue à Tournay. (B. 28, 401.)

---

12 = 12 MARS 1793. — Décret qui ordonne de mettre en état d'arrestation Fournier, dit l'Américain. (B. 28, 402.)

---

12 MARS 1793. — Décret sur la nomination des jurés provisoires près le tribunal extraordinaire. (B. 28, 404.)

---

12 MARS 1793. — Décret relatif au général Rozières et à deux maréchaux-de-camp. (B. 28, 406.)

---

12 MARS 1793. — Décret qui ordonne la levée des scellés chez Maxcerber, administrateur du directoire des achats. (B. 28, 404.)

---

12 MARS 1793. — Décret de renvoi relatif aux secours à accorder aux femmes et enfans des marins employés dans les arsenaux. (B. 28, 403.)

---

12 = 15 MARS 1793. — Décret qui ordonne la poursuite des auteurs et complices de mouvemens séditieux qui ont eu lieu à Chollet. (B. 28, 406.)

---

12 MARS 1793. — Décret relatif à la nomination des membres du tribunal criminel extraordinaire. (B. 28, 404.)

---

12 MARS 1793. — Décret de renvoi relatif à un mode de correspondance avec les commissaires de l'armée de la Belgique et les généraux. (B. 28, 405.)

---

12 MARS 1793. — Boulangers de Paris. *Voy.* 11 MARS 1793. — Bourses des colléges ; Contrainte par corps ; Elèves des ponts-et-chaussées. *Voy.* 9 MARS 1793. — Faure et Levasseur. *Voy.* 11 MARS 1793. — Ostende et Namur ; Subventions de guerre. *Voy.* 9 MARS 1793. —

Tribunal criminel extraordinaire. *Voy.* 10 MARS 1793.

---

13 = 17 MARS 1793. — Décret qui déclare à la solde de la France les hussards noirs du Nord. (L. 13, 620 ; B. 28, 409.)

---

13 MARS 1793. — Décret qui ordonne l'impression d'une lettre du ministre de la marine et l'envoi aux départemens. (B. 28, 409.)

---

13 = 13 MARS 1793. — Décret qui nomme les juges et les jurés qui doivent composer le tribunal extraordinaire. (L. 13, 621 ; B. 28, 410.)

---

13 = 17 MARS 1793. — Décret qui nomme le citoyen Guffroi en remplacement du citoyen Lombard-Lachaux, en qualité de commissaire dans les départemens. (B. 28, 408.)

---

13 = 13 MARS 1793. — Décret qui appelle à la barre Jourdain, pour donner des renseignemens sur une lettre qu'il a écrite au président. (B. 28, 407.)

---

13 = 15 MARS 1793. — Décret relatif à la délivrance des farines nécessaires pour le département de Paris. (L. 13, 619 ; B. 28, 408.)

---

13 = 17 MARS 1793. — Décret qui ordonne l'interrogatoire des sieurs Amy, ex-législateur, et de Marivaux. (B. 28, 406.)

---

13 = 13 MARS 1793. — Décret qui accorde un secours de cinquante mille livres aux Liégeois. (B. 28, 407.)

---

13 = 13 MARS 1793. — Décret d'accusation contre le général d'Harambure. (B. 28, 407.)

---

13 = 13 MARS 1793. — Décret qui met en arrestation les membres du comité dit d'insurrection. (B. 28, 407 et 408.)

---

13 = 13 MARS 1793. — Décrets qui mettent en état d'arrestation Desfieux et Lazouski. (B. 28, 408.)

---

13 = 17 MARS 1793. — Décret qui ordonne de mettre en liberté le citoyen Fournier. (B. 28, 409.)

---

13 MARS 1793. — Décret pour l'établissement d'un comité chargé de faire l'analyse des projets présentés sur la constitution. (B. 28, 409.)

---

13 MARS 1793. — Jard Panvilliers ; Organisation de l'armée ; Solde de marins ; Subsistances. *Voy.* 10 MARS 1793.

14 = 15 MARS 1793. — Décret qui réunit à la France trente-deux communes sur les bords du Rhin. (L. 13, 626; B. 28, 416.)

La Convention nationale, après avoir entendu le rapport de son comité diplomatique, déclare, au nom du peuple français, qu'elle accepte le vœu librement émis par le peuple souverain des villes et communes suivantes : Berglabren, Glengenmenster, Billicheim, Oberhoffen, Barbelrod, Winten, Dierbach, Pleichweiser, Klingen, Oberhausen, Kleishorbach, Fiderhorbach, Kleiszellen, Kaplen, Herchiersveiler, Horbach, Erlebach, Mertzheim, Steinveiler, Volsfisheim, Appenhoffen, Heichelheim, Mulheffen, Volmersheim, Nidershorst, Oberhorst, Effingen, Aldorff, Gommersheim, Freisbach, Ilvesheim, enclaves et dépendances, dans leurs assemblées primaires, pour leur réunion à la France, et, en conséquence, lesdites villes et communes font partie intégrante de la République française.

Les commissaires de la Convention nationale dans les départemens de la Meurthe, de la Moselle et du Bas-Rhin, sont chargés de prendre toutes les mesures pour l'exécution des lois de la République dans lesdites villes et communes, ainsi que de faire parvenir à la Convention nationale tout ce qui peut lui servir à fixer définitivement leur organisation.

Ces villes et communes formeront le cinquième district du département du Bas-Rhin. Le chef-lieu sera Landau.

14 MARS 1793. — Décret qui oblige les notaires de faire coter et parapher les répertoires des actes passés par eux ou leurs prédécesseurs, à compter du 1ᵉʳ janvier 1793. (L. 13, 628; B. 28, 417; Mon. du 17 mars 1793.)

La Convention nationale, instruite des manœuvres criminelles que les émigrés se proposent d'employer pour dérober leurs biens à la seule indemnité qui est due à la nation, et voulant les prévenir, décrète ce qui suit :

Art. 1ᵉʳ. Dans les vingt-quatre heures qui suivront la publication du présent décret, les notaires de Paris seront tenus, à peine de vingt mille livres d'amende, qui ne pourra être remise ni modérée, de représenter au directoire du département les répertoires des actes passés par eux ou leurs prédécesseurs, à compter du 1ᵉʳ janvier 1793, pour être cotés et paraphés première et dernière page, et ce, par les administrateurs du directoire ou par les commissaires par eux nommés à cet effet.

2. Les notaires, tabellions et autres officiers publics des anciennes provinces et pays dans lesquels le timbre et le contrôle des actes n'étaient pas établis à cette époque,

ou ne l'ont été que postérieurement, seront tenus, sous les mêmes peines, dans les quatre jours qui suivront la publication du présent décret au chef-lieu de leur district, de faire coter et parapher les répertoires des actes par eux passés depuis la même époque, et ce, par les administrateurs du directoire ou par les commissaires par eux nommés à cet effet.

3. Dans le cas où lesdits officiers n'auraient point tenu de répertoires, ils seront tenus, sous les mêmes peines, de faire dans le même délai coter et parapher les minutes des actes passés par eux et par leurs prédécesseurs depuis la même époque, et ce, par le juge-de-paix du canton où ils sont domiciliés.

4. Il ne sera ajouté foi à aucun acte à la charge d'un émigré, qui ne sera pas porté aux répertoires ainsi paraphés, ou dont la minute ne sera pas représentée, cotée et paraphée conformément à l'article précédent, sauf les droits des citoyens intéressés auxdits actes, contre les officiers publics négligens ou prévaricateurs.

5. Tout citoyen qui se sera porté à la passation ou au contrôle d'un acte à la charge d'un émigré, d'une date antérieure à sa passation, sera puni de dix années de fers; il sera, en outre, tenu de payer au Trésor public une somme égale au tort qu'eût souffert la République par l'effet dudit acte, dans le cas où il aurait été exécuté.

Le présent article sera exécuté contre ceux au profit desquels les actes de cette espèce auront été passés, et qui les auront signés ou acceptés.

6. Le présent décret sera envoyé sur-le-champ au ministre de la justice, qui est chargé de pourvoir à sa prompte exécution.

14 = 18 MARS 1793. — Décret relatif à l'organisation du tribunal criminel du département de Paris. (L. 13, 630; B. 28, 413; Mon. du 17 mars 1793.)

La Convention nationale, sur le rapport de son comité de législation, rapporte le décret du 6 mars dernier concernant le tribunal criminel du département de Paris, et décrète ce qui suit :

TITRE Iᵉʳ. Du tribunal criminel du département de Paris.

Art. 1ᵉʳ. Le tribunal criminel du département de Paris sera composé d'un président et de deux vice-présidens, d'un accusateur public et de deux substituts, de six juges, d'un greffier et de six commis-greffiers assermentés, d'un commis-greffier du parquet, de cinq huissiers, d'un concierge et de deux garçons.

2. Il se formera lui-même en deux sections, dont l'une au moins sera en activité.

3. Il sera dressé, le premier jour de chaque mois, deux listes de chaque jury, tant ordinaire que spécial, dont l'une servira du 1er au 15 de chaque mois, et l'autre du 15 de chaque mois jusqu'à la fin; de sorte que les mêmes jurés ne soient jamais employés pendant plus d'une quinzaine de chaque mois.

4. Afin de compléter cette nouvelle organisation, les électeurs du département de Paris procéderont sans délai à la nomination d'un vice-président dudit tribunal et d'un substitut de l'accusateur public.

Les trois nouveaux juges seront pris, comme les trois premiers, dans les six tribunaux d'arrondissement, et feront le service concurremment avec eux.

L'accusateur public nommera, pour le service du parquet, un commis aux mêmes appointemens que les autres commis-greffiers dudit tribunal.

TITRE II. Du tribunal des directeurs de jury du département de Paris.

Art. 1er. Les directeurs de jury des six tribunaux de Paris seront en activité pendant six mois consécutifs, et se réuniront à un point central qui sera indiqué par l'administration du département de Paris.

2. Ils feront, à leur tour, les actes et diligences nécessaires pour prononcer s'il y a lieu à accusation.

3. Quatre des six directeurs formeront, au besoin, un tribunal qui, sur le rapport du directeur chargé de l'instruction, prononcera et remplira à cet égard les fonctions attribuées dans les autres départemens aux tribunaux de district.

4. Un greffier, un commis-greffier et deux huissiers seront attachés à ce tribunal, et chargés de l'exécution des mandats.

14 MARS 1793. — Décret relatif aux procédures criminelles en première instance qui auront été annulées. (B. 28, 415.)

La Convention nationale, ouï le rapport de son comité de législation, décrète que, lorsqu'il y aura lieu de refaire les procédures criminelles de première instance qui auront été annulées en tout ou en partie pour quelque défaut dans les formes requises avant l'exécution de la loi concernant la police de sûreté et l'établissement des jurés, lesdites procédures seront de nouveau instruites en entier, et suivies jusqu'à jugement définitif, suivant les formes prescrites par ladite loi.

14 = 18 MARS 1793. — Décret qui dispense les boulangers, charretiers, conducteurs, employés au service de l'armée, du concours pour les levées nécessaires à la défense de la patrie. (L. 13, 634; B. 28, 411.)

14 = 21 MARS 1793. — Décret qui nomme le citoyen Garat ministre de l'intérieur, et le citoyen Beurnonville ministre de la guerre. (L. 13, 633; B. 28, 419.)

14 = 18 MARS 1793. — Décret d'ordre du jour sur les étoffes des habillemens à fournir aux volontaires. (L. 13, 637.)

14 MARS 1793. — Décret sur la composition de l'administration des assignats. (B. 28, 412.)

14 = 18 MARS 1793. — Décret qui accorde quarante mille livres au département de la Haute-Loire, à titre d'avance. (B. 28, 412.)

14 MARS 1793. — Décret de renvoi relatif à la demande d'une somme de quinze mille livres par le citoyen Esquard. (B. 28, 413.)

14 = 14 MARS 1793. — Décret qui accorde une somme de trois cents livres au sieur Belgadère, par forme de secours et de récompense. (B. 28, 412.)

14 = 14 MARS 1793. — Décret qui autorise le citoyen Camus, commissaire de la Belgique, à se rendre à Paris. (B. 28, 413.)

14 MARS 1793. — Décret d'ordre du jour concernant Lazouski et Deffieux. (B. 28, 415.)

14 MARS 1793. — Décret relatif à un arrêté de la section du Panthéon. (B. 28, 418.)

14 = 18 MARS 1793. — Décret portant que les citoyens Danton, Delacroix et Robert, se rendront dans la Belgique. (B. 28, 413.)

14 MARS 1793. — Décret qui ordonne de rendre compte de l'exécution de la loi relative à la relaxation des galériens et à la route qu'ils doivent tenir. (B. 28, 415.)

14 MARS 1793. — Décret sur les créanciers des émigrés qui se sont pourvus par-devant les corps administratifs. (B. 28, 415.)

14 = 15 MARS 1793. — Décret d'ordre du jour sur une pétition des boulangers de Paris, relative à l'approvisionnement de cette ville. (B. 28, 416.)

14 = 15 MARS 1793. — Décret qui autorise le sieur Lavergne à se rendre à Angoulême, et à y rester en état d'arrestation. (B. 28, 416.)

14 = 14 MARS 1793. — Décret qui nomme, pour commissaire dans le département de la Haute-Garonne et de l'Aude le citoyen Lombard-Lachaux, à la place du citoyen Fabre d'Eglantine. (B. 28, 419.)

14 = 14 MARS 1793. — Décret relatif à la gendarmerie de service auprès de la Convention, du tribunal de cassation et du ministre de la justice. (L. 13, 625; B. 28, 412.)

14 = 18 MARS 1793. — Décret qui ordonne le jugement des conspirateurs et des frères de Louis XVI par le tribunal extraordinaire. (L. 13, 633; B. 28, 418.)

14 MARS 1793. — Députés rédacteurs des journaux. *Voy.* 9 MARS 1793. — Salariés de l'Etat. *Voy.* 11 MARS 1793.

15 = 18 MARS 1793. — Décret relatif aux certificats de résidence des députés et des employés des armées. (L. 13, 638; B. 28, 422; Mon. du 19 mars 1793.)

Art. 1er. Il n'est rien innové par les articles de la loi sur les émigrés concernant les certificats de résidence, aux formes des simples certificats de résidence exigés des fonctionnaires publics et des autres citoyens créanciers ou pensionnaires de la nation, lesquels seront délivrés comme par le passé, à la charge par eux de rapporter une attestation du directoire du département du lieu de leur domicile, contenant qu'ils n'ont point été et qu'ils ne sont point compris dans la liste des émigrés, et que leurs biens n'ont point été en séquestre.

2. Les certificats délivrés aux membres de la Convention nationale par le président et les secrétaires, portant qu'ils sont à leur poste, suffiront pour constater leur résidence, et leur tiendront lieu, dans tous les cas, de tous autres certificats.

3. Il en sera de même à l'égard des attestations délivrées par les conseils d'administration aux citoyens qui sont employés dans les armées de la République.

15 = 19 MARS 1793. — Décret relatif au traitement des militaires admis provisoirement à l'Hôtel des Invalides. (L. 13, 639; B. 28; 421.)

La Convention nationale décrète que les citoyens militaires qui, d'après les dispositions du décret du 12 janvier dernier, sont ou seront admis provisoirement à l'Hôtel national des invalides, y jouiront aussi provisoirement, à compter du jour de leur admission, du même traitement que les autres citoyens militaires invalides définitivement admis, quant au logement, à l'habillement, à la nourriture et à la solde.

15 MARS 1793. — Décret qui dispense du tirage au sort pour compléter l'armée les conducteurs, charretiers et autres employés des équipages d'artillerie. (L. 13, 640; B. 28, 422.)

15 = 19 MARS 1793. — Décret qui nomme les commissaires de la Convention auprès du tribunal criminel extraordinaire. (L. 13, 621; B. 28, 422.)

15 = 19 MARS 1793. — Décret qui ordonne de rendre compte des motifs de la mise en liberté de Ducroix, traduit devant le tribunal de district de Perpignan. (B. 28, 419.)

15 = 15 MARS 1793. — Décret qui rapporte celui du 10 novembre, qui chargeait le conseil exécutif d'accorder des lettres de représailles au citoyen Courmes, s'il éprouvait un déni de justice de la part du gouvernement de Genève. (B. 28, 420.)

15 = 15 MARS 1793. — Décret qui surseoit à l'exécution de tous jugemens en main-levée rendus ou à rendre sur le sieur Sneck, armateur en course, et les propriétaires de quatre navires pris sur les Anglais. (B. 28, 420.)

15 = 18 MARS 1793. — Décret qui admet le citoyen Geoffroy à la pension représentative de l'Hôtel des Invalides. (B. 28, 420.)

15 = 15 MARS 1793. — Décret qui ordonne la mise en arrestation des députés de Saint-Domingue. (B. 28, 422.)

15 MARS 1793. — Décret pour faire un rapport demain, concernant les étrangers et les gens sans aveu qui se trouvent à Paris. (B. 28, 419.)

15 MARS 1793. — Décret pour faire un rapport sur les récompenses à accorder aux militaires qui seront estropiés. (B. 28, 421.)

15 MARS 1793. — Boulangers de Paris. *Voy.* 14 MARS 1793. — Droits sur le sucre, etc.; Envoi des bulletins. *Voy.* 12 MARS 1793. — Faure et Petit-Jean. *Voy.* 12 MARS 1793. — Fontenay-le-Comte, etc. *Voy.* 3 FÉVRIER 1793. — Lavergne; Notaires. *Voy.* 14 MARS 1793. — Officiers généraux de la Belgique; Procès entre les communes et les nobles. *Voy.* 12 MARS 1793. — Trente-deux communes sur le Rhin. *Voy.* 14 MARS 1793.

16 = 18 MARS 1793. — Décret qui supprime la maison de Saint-Louis, à Saint-Cyr-lès-Versailles. (L. 13, 641; B. 28, 424; Mon. du 18 mars 1793.)

Art. 1er. La maison d'éducation de Saint-Louis, à Saint-Cyr-lès-Versailles, est supprimée, et sera évacuée dans le mois à compter de la publication du présent décret.

2. Les religieuses institutrices et les sœurs converses recevront une pension de retraite qui sera fixée, pour chacune d'elles, conformément au décret du 7 août 1792, dont toutes les dispositions leur seront appliquées.

3. Elles pourront, en conséquence, disposer du mobilier de leur chambre et des effets qu'elles prouveront avoir été à leur usage personnel, avec les précautions et sous les réserves portées par la loi.

4. Les élèves recevront chacune, pour retourner chez elles, quarante sous par lieue jusqu'à la municipalité où elles déclareront vouloir se retirer. Cette indemnité leur sera payée d'avance par le receveur du district de la situation de Saint-Cyr.

5. Les élèves pourront disposer des habits et du linge qui étaient à leur usage personnel.

6. Sur les observations de la municipalité de Saint-Cyr, et l'avis des corps administratifs, il sera accordé aux personnes attachées à l'administration de cette maison, ainsi qu'aux domestiques de l'un et de l'autre sexe, à raison de la nature et de la durée de leurs services, une retraite qui sera fixée par un décret.

7. Les pensions qui étaient payées par la maison de Saint-Cyr aux citoyennes Saussard, Walbled, Montlardier, Chastelle et Larribaud, en considération de leurs longs services, et faisant en tout la somme de deux mille cent livres, leur seront continuées par le Trésor public.

8. L'intendant-économe de cette maison sera tenu de rendre ses comptes devant le directoire du district, sur les observations de la municipalité. Le directoire du département est autorisé à apurer ces comptes définitivement.

Dans le cas où il sera déclaré reliquataire, il sera poursuivi comme les autres débiteurs de la nation; et, s'il est reconnu qu'il est en avance, attendu la nature de l'administration, il sera pourvu sans délai à son remboursement par un décret particulier.

Sur la proposition faite d'excepter de la vente des biens de Saint-Cyr la maison, le jardinet le clos attenant, la Convention passe à l'ordre du jour, motivé sur ce que la loi fait cette exception pour toutes les maisons d'éducation, et par conséquent pour la maison de Saint-Cyr.

16 MARS 1793. — Décret en faveur des sous-officiers et soldats suisses licenciés. (L. 13, 644; B. 28, 423.)

Art. 1er. Le ministre de la guerre est autorisé à accorder aux sous-officiers et soldats suisses licenciés, susceptibles d'une retraite, la même subsistance qu'aux soldats français, jusqu'à ce qu'ils aient obtenu les pensions de retraite qui peuvent leur être dues à raison de l'ancienneté de leurs services.

2. Sur les sommes, tant en numéraire qu'en assignats et autres valeurs, trouvées dans les caisses du citoyen Forestier, quartier-maître-trésorier du ci-devant régiment des gardes-suisses, et déposées dans une des caisses de la Trésorerie nationale, les commissaires de la Trésorerie sont autorisés à retirer la valeur du débet du citoyen Forestier, et à lui faire raison des sommes excédant ladite valeur, à la charge, par le citoyen Forestier, de justifier de la validité des réclamations qu'il pourra faire pour parvenir au recouvrement des sommes qu'il prétendra lui être dues. Il sera aussi remis au citoyen Forestier le montant des sommes en numéraire qu'il justifiera lui appartenir.

3. Le ministre de la guerre est encore autorisé à délivrer des ordonnances sur la Trésorerie nationale, pour le paiement des diverses sommes qui peuvent être dues aux citoyens isolés qui composaient le ci-devant régiment des gardes-suisses, soit à raison des prêts qui n'ont pu leur être comptés par leurs fourriers, soit à raison des indemnités relatives à la perte de leurs effets, lors de la défection de ce régiment, jusqu'à la concurrence de la somme qui restera après la liquidation et l'acquittement du compte général et définitif qu'a produit le citoyen Forestier, quartier-maître-trésorier du ci-devant régiment des gardes-suisses.

16 MARS 1793. — Décret sur l'apurement du compte du sieur Forestier, quartier-maître-général des gardes-suisses. (B. 28, 424.)

16 = 16 MARS 1793. — Décret qui alloue cinquante mille livres pour le paiement des employés et ouvriers des manufactures des Gobelins, de la Savonnerie et de Sèvres. (B. 28, 425.)

16 = 18 MARS 1793. — Décret qui ordonne de continuer la procédure contre le sieur Ducruix, et de le mettre provisoirement en liberté. (B. 28, 426.)

16 = 16 MARS 1793. — Décret qui alloue une somme de cent mille francs pour les dépenses de la fabrication des assignats. (B. 28, 423.)

16 = 18 MARS 1793. — Décret qui nomme les citoyens Bohan et Jud commissaires à la place des citoyens Fabre d'Eglantine et Augier, pour assister à la levée des scellés et aux inventaires à faire dans les maisons royales. (B. 28, 426.)

16 = 18 MARS 1793. — Décret qui ordonne de rendre compte des mesures prises pour l'approvisionnement de Givet et de Charlemont. (B. 28, 426.)

ð n 6 MARS 1793. — Décret d'ordre du jour relatif à la mise en état d'arrestation du général d'Harembure. (B. 28, 426.)

ð n 6 = 18 MARS 1793. — Décret qui lève la suspension prononcée contre le citoyen Desperrières. (B. 28, 427.)

ð n 6 = 18 MARS 1793. — Décret qui ordonne de procéder à la levée des scellés apposés chez Maxcerber. (B. 28, 427.)

ð n 6 = 18 MARS 1793. — Décret qui adjoint les citoyens Drouet et Batelier aux citoyens Thuriot et Pons de Verdun, commissaires dans les départemens de la Meuse et de la Marne. (B. 28, 427.)

ð n 6 MARS 1793. — Affaires étrangères. *Voy.* 11 MARS 1793. — Conseil général de Paris. *Voy.* 12 MARS 1793. — Employés des arsenaux; Larchevêque, Thibaut, etc.; Masse d'économie; Namur, etc.; Poudres et salpêtres; Préposés à la douane. *Voy.* 11 MARS 1793.

⟨ u 7 = 26 MARS 1793. — Décret portant que les prévenus d'avoir empêché le recrutement seront jugés par le tribunal extraordinaire. (L. 13, 646; B. 28, 428.)

⟨ u 7 = 26 MARS 1793. — Décret relatif à une adresse de la section du Théâtre-Français, sur les évènemens de la nuit du 9 au 10, et au mode de délibération dans les sections de Paris. (B. 28, 429.)

⟨ u 7 = 17 MARS 1793. — Décret sur la composition de la 35ᵉ division de gendarmerie. (B. 28, 428.)

⟨ u 7 = 24 MARS 1793. — Décret qui casse un arrêté de commissaires de la Convention, portant suspension et bannissement de plusieurs citoyens. (B. 28, 429.)

⟨ u 7 = 17 MARS 1793. — Décret qui ordonne l'envoi de courriers extraordinaires pour connaître les causes du retard des courriers de Nantes. (B. 28, 428.)

⟨ u 7 = 19 MARS 1793. — Décret qui accorde six cents livres au citoyen Hérault, sous-lieutenant au 2ᵉ bataillon de la Gironde. (B 28, 430.)

⟨ u 7 MARS 1793. — Amy et Marivaux; Fournier; Hussards noirs du Nord. *Voy.* 13 MARS 1793.

8 18 MARS 1793. — Décret qui ordonne le dénombrement et la désignation des vieux châteaux d'émigrés, et autres compris parmi les biens nationaux; la rédaction d'une adresse au peuple français, et la formation d'un co-mité de salut public. (L. 13, 651; B. 28, 434; Mon. du 20 mars 1793.)

Art. 1ᵉʳ. Les directoires de département feront dénombrer et désigner les vieux châteaux d'émigrés et autres compris parmi les biens nationaux qui ne peuvent servir aux établissemens d'instruction publique ou à des fabriques et manufactures.

2. Il sera fait un rapport, à la vue de ces états, par les comités des domaines et d'aliénation, sur la démolition de ces châteaux et sur l'emploi et distribution qui pourraient être faits des matériaux provenant de ces démolitions en faveur des citoyens peu fortunés.

3. Il sera fait une adresse au peuple français, tendant à éclairer les citoyens sur l'explosion contre-révolutionnaire qui vient de se manifester presque en même temps dans plusieurs parties de la République.

4. Il sera formé incessamment dans le sein de l'Assemblée un comité de salut public, et organisé de manière à prévenir toutes les défiances, à éteindre les discordes, et à établir des communications plus actives de la Convention nationale avec le conseil exécutif.

5. La Convention nationale, regardant comme une précaution indispensable dans le moment actuel de surveiller activement les étrangers, de faire sortir sans délai de la République ceux qui sont sans aveu, en décrète le principe, et renvoie la rédaction et les moyens d'exécution à ses comités réunis de législation et de sûreté générale.

18 = 18 MARS 1793. — Décret relatif à la promotion au grade de capitaine des vaisseaux français. (L. 13, 647; B. 28, 433.)

La Convention nationale décrète que les citoyens qui, sur l'invitation du ministre de la marine, ont été désignés par les marins de leurs départemens respectifs comme les plus dignes d'être promus au grade de capitaine des vaisseaux de la République, seront admis à ce grade, pourvu qu'ils aient commandé plusieurs voyages ou qu'ils soient déjà lieutenans des vaisseaux de l'Etat, même de la dernière promotion, et qu'ils soient munis de certificats de civisme.

18 = 22 MARS 1793. — Décret relatif au jugement des émigrés et des prêtres déportés arrêtés sur le territoire français. (L. 13, 657; B. 28, 431.)

Voy. lois du 9 OCTOBRE 1792; du 20 MARS 1793; du 28 MARS = 15 AVRIL 1793.

Art. 1ᵉʳ. Huitaine après la publication du présent décret, tout citoyen est tenu de dénoncer, arrêter ou faire arrêter les émigrés et les prêtres dans le cas de la déportation, qu'il saura être sur le territoire de la République.

2. Les émigrés et les prêtres dans le cas de déportation, qui auront été arrêtés dans le délai ci-dessus fixé, seront conduits de suite dans les prisons du district, jugés par un jury militaire, et punis de mort dans les vingt-quatre heures.

18 = 22 MARS 1793. — Décret qui établit un impôt gradué et progressif sur le luxe et les richesses foncières et mobilières. (L. 13,658; B. 28, 435; Mon. du 20 mars 1793.)

La Convention nationale décrète comme principe que, pour atteindre à une proportion plus exacte dans la répartition des charges que chaque citoyen doit supporter en raison de ses facultés, il sera établi un impôt gradué et progressif sur le luxe et les richesses tant foncières que mobilières.

18 = 22 MARS 1793. — Décret qui prononce la peine de mort contre quiconque proposera une loi agraire. (L. 13,661; B. 28, 435; Mon. du 20 mars 1793.)

Voy. loi du 27 GERMINAL an 4.

La Convention nationale décrète la peine de mort contre quiconque proposera une loi agraire ou toute autre subversive des propriétés territoriales, commerciales et industrielles.

18 = 21 MARS 1793. — Décret qui ordonne à la municipalité de Paris de remettre au comité de sûreté générale la liste des hommes notés comme gens sans aveu, suspects et malintentionnés. (L. 13, 662; B. 28, 432.)

18 MARS 1793. — Décret sur l'attentat commis sur la personne de Léonard Bourdon. (L. 13, 648; B. 28, 435.)

18 MARS 1793. — Décret qui met en permanence les conseils généraux de département, de district et de commune. (L. 13, 656; B. 28, 435.)

18 = 22 MARS 1793. — Décret qui exempte du recrutement les ouvriers de l'arsenal de Rochefort. (B. 28, 430.)

18 = 22 MARS 1793. — Décret qui ordonne d'établir un mode d'instruction révolutionnaire pour la punition des coupables. (B. 28, 430.)

18 = 22 MARS 1793. — Décret relatif au don patriotique fait par l'Académie des sciences. (B. 28, 430.)

18 MARS 1793. — Décret qui ordonne l'impression d'une adresse de la Halle-au-Blé et l'envoi au département. (B. 28, 431.)

18 MARS 1793. — Décret qui ordonne l'impression d'une adresse de la section de la Réunion, et l'envoi aux départemens. (B. 28, 432.)

18 = 22 MARS 1793. — Décret relatif à l'envoi de la loi qui accorde trois sous par lieue et l'étape aux volontaires pour rejoindre leur corps. (B. 28, 432.)

18 = 18 MARS 1793. — Décret pour transférer dans les prisons de Paris les prisonniers prévenus de conspiration, détenus dans les prisons de Rennes et ailleurs. (B. 28, 432.)

18 = 22 MARS 1793. — Décret qui accepte divers dons pour la construction des hôpitaux ambulans. (B. 28, 430.)

18 = 22 MARS 1793. — Décret qui accorde une somme de trente mille livres à la commune de Brest. (B. 28, 431.)

18 MARS 1793. — Décret qui ordonne l'impression du rapport du citoyen Barrère et procès-verbal de la séance de ce jour, et l'envoi aux départemens. (B. 28, 431.)

18 = 18 MARS 1793. — Décret qui ordonne l'envoi des forces nécessaires dans le département d'Ille-et-Vilaine, pour y rétablir le calme. (B. 28, 432.)

18 MARS 1793. — Décret pour faire un rapport, demain, relatif aux approvisionnemens. (B. 28, 431.)

18 = 22 MARS 1793. — Décret qui approuve la suspension du départ du régiment de dragons qui se trouvait à Angers. (B. 28, 432.)

18 = 18 MARS 1793. — Décret qui ordonne que le sieur Fontenai, commandant de Valenciennes, sera traduit devant le tribunal extraordinaire. (B. 28, 432.)

18 MARS 1793. — Décret qui ajourne les discussions sur la proposition du partage des biens communaux. (B. 28, 433.)

18 MARS 1793. — Boulangers, etc. de l'armée. *Voy.* 14 MARS 1793. — Citoyens Bohan et Jud; Citoyen Desperrières; Citoyen Drouet et Batellier; citoyen Maxerber. *Voy.* 16 MARS 1793. — Conspirateurs et frères de Louis XVI; Danton, etc. *Voy.* 14 MARS 1793. — Députés, etc. *Voy.* 15 MARS 1793. — Givet et Charlemont; Maison de Saint-Louis; Soldats suisses licenciés. *Voy.* 16 MARS 1793. — Tribunal criminel de Paris; Volontaires. *Voy.* 14 MARS 1793.

19 = 20 MARS 1792. — Décret concernant la punition de ceux qui sont ou seront prévenus.

d'avoir pris part à des révoltes ou émeutes contre-révolutionnaires qui ont eu ou auraient lieu à l'époque du recrutement. (L. 13, 663; B. 28, 447; Mon. du 21 mars 1793.)

Voy. loi du 5 JUILLET 1793.

Art. 1er. Ceux qui sont ou seront prévenus d'avoir pris part aux révoltes ou émeutes contre-révolutionnaires qui ont éclaté ou qui éclateraient à l'époque du recrutement dans les différens départemens de la République, et ceux qui auraient pris ou prendraient la cocarde blanche ou tout autre signe de rébellion, sont hors de la loi ; en conséquence, ils ne peuvent profiter des dispositions des décrets concernant la procédure criminelle et l'institution des jurés.

2. S'ils sont pris ou arrêtés les armes à la main, ils seront, dans les vingt-quatre heures, livrés à l'exécuteur des jugemens criminels et mis à mort, après que le fait aura été reconnu ou déclaré constant par une commission militaire formée par les officiers de chaque division employée contre les révoltés. Chaque commission sera composée de cinq personnes prises dans les différens grades de la division soldée ou non soldée.

3. Le fait demeurera constant, soit par un procès-verbal revêtu de deux signatures, soit par un procès-verbal revêtu d'une seule signature confirmée par la déposition d'un témoin, soit par la déposition orale et uniforme de deux témoins.

4. Ceux qui, ayant porté les armes ou ayant pris part à la révolte et aux attroupemens, auront été arrêtés sans armes ou après avoir posé les armes, seront envoyés à la maison de justice du tribunal criminel du département, et, après avoir subi un interrogatoire dont il sera retenu note, ils seront, dans les vingt-quatre heures, livrés à l'exécuteur des jugemens criminels et mis à mort, après que les juges du tribunal auront déclaré que les détenus sont convaincus d'avoir porté les armes parmi les révoltés ou d'avoir pris part à la révolte : le tout sauf la distinction expliquée dans l'article 6.

5. Les moyens de conviction contre les coupables seront les mêmes pour les tribunaux criminels que pour les commissions militaires.

6. Les prêtres, les ci-devant nobles, les ci-devant seigneurs, les émigrés, les agens et domestiques de toutes ces personnes, les étrangers, ceux qui ont eu des emplois ou exercé des fonctions publiques dans l'ancien Gouvernement ou depuis la Révolution; ceux qui auront provoqué ou maintenu quelques-uns des attroupemens des révoltés ; les chefs, les instigateurs, ceux qui auront des grades dans les attroupemens, et ceux qui seraient convaincus de meurtre, d'incendie ou de pillage, subiront la peine de mort.

Quant aux autres détenus, ils demeureront en état d'arrestation, et il ne sera statué à leur égard qu'après un décret de la Convention nationale, sur le compte qui lui en sera rendu.

7. La peine de mort prononcée dans les cas déterminés par le présent décret emportera la confiscation des biens; et il sera pourvu, sur les biens confisqués, à la subsistance des pères, mères, femmes et enfans qui n'auraient pas d'ailleurs des biens suffisans pour leur nourriture et entretien. On prélèvera en outre, sur le produit desdits biens, le montant des indemnités dues à ceux qui auront souffert de l'effet des révoltes.

8. Les biens de ceux dont il est parlé dans la première partie de l'article 6, et qui seront tués en portant les armes contre la patrie, seront déclarés acquis et confisqués au profit de la République, et la confiscation sera prononcée par les juges du tribunal criminel, sur le procès-verbal de reconnaissance du cadavre.

9. Les commandans de la force publique feront incessamment publier une proclamation portant injonction à tous les rebelles de se séparer et de mettre bas les armes.

Ceux qui auront obéi et seront rentrés dans le devoir, aux termes de la proclamation, et dans le délai de vingt-quatre heures, ne pourront être ni inquiétés ni recherchés. Ceux qui livreront les chefs ou auteurs et instigateurs de révoltes, dans quelque temps que ce soit, avant néanmoins l'entière dispersion des révoltés, ne pourront être poursuivis, ni les jugemens rendus contre eux mis à exécution.

Les personnes désignées dans la première partie de l'article 6 ne pourront profiter des dispositions du présent article, et elles subiront, dans tous les cas, la peine portée par le présent décret.

10. Le décret portant établissement du tribunal criminel extraordinaire sera exécuté, sauf la distraction d'attribution déterminée par le présent décret.

Le présent décret sera porté par des courriers extraordinaires dans tous les départemens de la République.

————•————

19 = 23 MARS 1793. — Décret qui ordonne de dénoncer et de livrer aux tribunaux tout citoyen qui se permettra des indécences dans les lieux consacrés à la religion. (L. 13, 668 ; B. 28, 437.)

La Convention nationale, ayant entendu avec douleur le récit des profanations commises par des citoyens dans plusieurs églises de la Belgique, au moment où, en vertu du décret du 15 décembre dernier, on en extrayait les vases et ornemens d'or et d'argent inutiles, superflus à la dignité du culte, décrète que tout citoyen qui se permettra des indécences dans les lieux consacrés à la religion, ou sera convaincu de profanations, dans quelque genre que ce soit, sera dénoncé et livré aux tribunaux, pour y être poursuivi suivant l'exigence du cas.

---

19 = 24 MARS 1793. — Décret concernant la nouvelle organisation des secours publics. (L. 13, 670 ; B. 28, 444 ; Mon. du 21 mars 1793.)

Art. 1er. Il sera attribué par chaque législature une somme annuelle à chaque département de la République, laquelle sera employée en secours en faveur de l'indigence, dans la proportion et de la manière qui vont être ci-après déterminées.

2. Les bases élémentaires de répartition de secours dans la République seront :

1° La portion contribuable des départemens, comparée avec la non contribuable ; de telle sorte qu'à parité de population, le département qui contiendra un moindre nombre de citoyens contribuables aura droit à une plus forte somme de secours ;

2° Le prix commun de la journée de travail dans chaque département, de même sorte qu'à parité de population et de non-contribuables ; celui qui paiera la journée de travail à un plus haut prix aura en proportion une plus forte part à la distribution de secours.

3. La répartition sera faite sur les mêmes bases, des départemens aux districts, et des districts aux cantons.

4. Sur la somme de secours déterminée par la législature, une portion, qui demeure fixée au cinquième du secours total, restera à sa disposition, pour être versée dans les lieux où besoin de travail, des accidens imprévus et des circonstances extraordinaires appelleront ce versement. L'autre portion sera distribuée entre les départemens, en conformité des dispositions de l'article 2, pour subvenir aux dépenses des établissemens qui seront créés et organisés en faveur des pauvres non valides.

5. Au moyen de ce que l'assistance du pauvre est une dette nationale, les biens des hôpitaux, fondations et dotations en faveur des pauvres seront vendus dans la forme qui sera réglée par le comité d'aliénation, et néanmoins cette vente n'aura lieu qu'après l'organisation complète, définitive et en pleine activité des secours publics (1).

6. Il sera formé dans chaque canton une agence chargée, sous la surveillance des corps administratifs et du pouvoir exécutif, de la distribution du travail et des secours aux pauvres valides et non valides domiciliés,

qui se seront fait inscrire sur un registre ouvert à cet effet dans leur canton.

7. Les membres des agences de secours ne seront pas salariés. Les comptes de leur administration seront rendus publics et soumis à l'examen et à la vérification des corps administratifs, qui les feront parvenir à la législature.

8. Les fonds de secours que la République destinera à l'indigence seront divisés de la manière suivante :

Travaux de secours pour les pauvres valides, dans les temps morts au travail ou de calamité ;

Secours à domicile pour les pauvres infirmes, leurs enfans, les vieillards et les malades ;

Maisons de santé pour les malades qui n'ont point de domicile, ou qui ne pourront y recevoir de secours ;

Hospices pour les enfans abandonnés, pour les vieillards et les infirmes non domiciliés ;

Secours pour les accidens imprévus.

9. Les travaux seront ouverts tous les jours de chaque semaine, le septième excepté.

10. Les fonds de secours applicables aux travaux seront accordés aux départemens, dans les proportions de l'article 2 du présent décret, sur la demande de l'agence aux corps administratifs, et d'après leurs avis, à la charge, par les municipalités du canton à qui ces travaux profiteront, d'y appliquer le produit d'une contribution imposée sur elles-mêmes, égale au quart en sus de la somme qu'elles recevront.

11. Il sera établi, partout où besoin sera, des officiers de santé pour les pauvres secourus à domicile, pour les enfans abandonnés, et pour les enfans inscrits sur les états des pauvres.

12. Les accoucheurs et accoucheuses établis dans les villes et dans les campagnes, et dont la capacité sera reconnue, seront chargés des accouchemens des femmes inscrites sur les états des pauvres. Les établissemens pour les noyés et les asphyxiés seront conservés dans les pays où ils sont établis, et il en sera établi de nouveaux où besoin sera.

13. Pour aider aux vues de prévoyance des citoyens qui voudraient se préparer des ressources à quelque époque que ce soit, il sera fait un établissement public, sous le nom de *Caisse nationale de prévoyance*, sur le plan et d'après l'organisation qui seront déterminés.

14. La mendicité sera réprimée ; en conséquence, il sera établi dans chaque département des maisons de répression, où le travail sera introduit, et où les mendians seront conduits dans les cas et pour le temps qui se-

---

(1) *Voy.* lois du 23 messidor an 2 et 16 vendémiaire an 5

ront fixés. Les comités de législation et de secours publics se concerteront pour proposer une peine qui prévienne tout retour au vagabondage, dans le cas de double ou tierce récidive.

15. Toutes distributions de pain et d'argent aux portes des maisons publiques ou particulières, où dans les rues, cesseront d'avoir lieu aussitôt que l'organisation des secours sera en pleine activité; elles seront remplacées par des souscriptions volontaires dont le produit sera versé dans la caisse de secours du canton, pour être le tout réuni aux fonds de secours qui lui seront échus dans la répartition.

16. Les souscriptions seront reçues, tous les jours de l'année, au domicile d'un membre de l'agence désigné à cet effet. Le tableau du produit de la souscription sera affiché tous les trois mois devant la maison commune du chef-lieu du canton, et proclamé sur l'autel de la patrie, les jours consacrés aux fêtes nationales.

19 = 23 MARS 1793. — Décret qui réunit à la France les communes de Nerel, d'Aeltre, de Thouroult, de Blankenberg, d'Etloc, de Damne, et la banlieue de Bruges. (L. 13, 685; B. 28, 444.)

La Convention nationale, après avoir entendu le rapport de son comité diplomatique sur le vœu librement émis par le peuple souverain de Nérel, d'Aeltre, de Thouroult, de Blankenberg, d'Etloc, de Damne et de la banlieue de Bruges, dans leurs assemblées primaires, pour leur réunion à la République française, déclare, au nom du peuple français, qu'elle accepte ce vœu, et qu'en conséquence les communes formant les assemblées primaires de Nérel, d'Aeltre, de Thouroult, de Blankenberg, d'Etloc, de Damne et de la banlieue de Bruges, font partie intégrante du territoire de la République.

19 = 23 MARS 1793. — Décret qui constitue en état d'arrestation Serre et Mollard, déportés de Saint-Domingue. (B. 28, 450.)

19 MARS 1793. — Décret relatif aux membres qui doivent composer le tribunal criminel extraordinaire. (B. 28, 437.)

19 = 23 MARS 1793. — Décret qui accorde six cent soixante-dix-sept mille trois cents livres pour les dépenses des bureaux du département de la guerre. (B. 28, 449.)

19 = 23 MARS 1793. — Décret qui ordonne la vente de chevaux des émigrés, qui ne peuvent servir aux armées. (L. 13, 669; B. 28, 443.)

19 MARS 1793. — Décret portant que les habitans de La Rochelle ont bien mérité de la patrie. (B. 28, 450.)

19 = 23 MARS 1793. — Décret qui change le nom de l'île de Bourbon en celui d'île de la Réunion. (L. 13, 667; B. 28, 449.)

19 = 23 MARS 1793. — Décret pour l'admission du citoyen Boursault à la place de Manuel, membre de la Convention. (B. 28, 449.)

19 = 23 MARS 1793. — Décret pour la levée des scellés apposés sur les effets du général Anselme. (B. 28, 449.)

19 = 24 MARS 1793. — Décret portant rectification de plusieurs erreurs dans les titres et contrats de rente. (L. 13, 675; B. 28, 438.)

19 = 19 MARS 1793. — Décrets qui ordonnent un rapport sur Eternot, adjudant des Charrois, détenu à Melun, et soupçonné d'embauchage. (B. 28, 436 et 443.)

19 = 23 MARS 1793. — Décret qui suspend l'exécution de celui du 5 mars 1793, relatif aux Antilles françaises. (B. 28, 437.)

19 MARS 1793. — Conducteurs, etc. d'artillerie; Ducruix. Voy. 15 MARS 1793. — Hérault. Voy. 17 MARS 1793. — Léonard Bourbon. Voy. 18 MARS 1793. — Tribunal criminel extraordinaire. Voy. 15 MARS 1793. — Tribunal extraordinaire. Voy. 13 MARS 1793.

20 = 25 MARS 1793. — Décret qui défend à tous dépositaires de payer aucune somme de deniers, sur des jugemens rendus par défaut contre des absens ou émigrés. (L. 13, 690; B. 28, 451.)

Voy. loi du 29 FRUCTIDOR an 2.

La Convention nationale décrète ce qui suit:

Il est défendu à tous dépositaires de payer aucune somme de deniers, sur des jugemens rendus par défaut contre des absens ou émigrés, à moins que lesdits jugemens par défaut n'aient été rendus contradictoirement avec les procureurs-généraux-syndics de département.

20 = 25 MARS 1793. — Décret qui réunit à la France les communes de Biding, d'Enting et la partie allemande de Lelling-Empire. (L. 13, 693; B. 28, 454.)

La Convention nationale, après avoir entendu le rapport de ses comités diplomatique et de défense générale réunis, déclare, au nom du peuple français, qu'elle accepte le vœu librement émis par les citoyens des communes de Biding d'Enting, et de la partie allemande de Lelling-Empire, pour leur réunion à la France, et en conséquence décrète que les communes de Biding, d'Enting et la partie allemande de Lelling font partie intégrante de la République française; que les communes de Biding et Lelling-Empire sont dès à présent réunies au district de Sarguemines, et la commune d'Enting au district de Boulay.

Le directoire du département de la Moselle est chargé de prendre toutes les mesures nécessaires pour l'exécution des lois de la République française dans les trois communes ci-dessus nommées.

20 = 25 MARS 1793. — Décret qui excepte de la loi sur le recrutement les professeurs et élèves entretenus dans les écoles vétérinaires. (L. 13, 697 ; B. 28, 453.)

La Convention nationale décrète que les professeurs et élèves entretenus dans les écoles vétérinaires par le Gouvernement et par les administrations de départemens, sont exceptés de la loi du 24 février, sur le recrutement. Il est enjoint aux directeurs de ces écoles de remettre à leurs municipalités les listes de leurs professeurs et élèves.

20 = 25 MARS 1793. — Décret relatif à la réclamation des troupes sur les côtes de l'Océan, relative à leur traitement. (L. 13, 699 ; B. 28, 457.)

20 = 21e MARS 1793. — Décret qui nomme ministre le citoyen Gohier. (B. 28, 458.)

20 = 22 MARS 1793. — Décret portant que François Lavigne recevra une couronne civique. (L. 13, 688 ; B. 28, 455.)

20 = 26 MARS 1793. — Décret qui ordonne la poursuite des auteurs ou instigateurs des troubles de la ville d'Arles, et le remboursement des dépenses occasionées par ces troubles. (L. 13, 700 ; B. 28, 453.)

20 MARS 1793. — Décret qui ordonne d'imprimer l'état nominatif de tous les officiers civils et militaires et de tous les employés dans les bureaux et dans toutes les parties de l'administration. (L. 13, 692 ; B. 28, 452.)

20 = 25 MARS 1793. — Décret qui ordonne de mettre en jugement Langlé Descoubeckque. (B. 28, 451 et 452.)

20 = 25 MARS 1793. — Décret qui approuve les mesures prises par l'administration de la manufacture d'armes de St.-Etienne. (B. 28, 452.)

20 = 22 MARS 1793. — Décret sur la demande de la pension due au citoyen Glaine, dragon du 4e régiment. (B. 28, 455.)

20 = 25 MARS 1793. — Décret qui accorde quatre cents livres au citoyen Martin, blessé au bombardement de Lille. (B. 28, 456.)

20 = 25 MARS 1793. — Décret qui autorise la résiliation du bail passé à Antoine Gevaudan pour les convois militaires. (B. 28, 456.)

20 MARS 1793. — Décret relatif à l'autorisation des dépenses à faire par les inspecteurs de la salle. (B. 28, 458.)

20 = 25 MARS 1793. — Décret relatif à l'établissement d'une fonderie de canons à Lyon. (B. 28, 450.)

20 = 23 MARS 1793. — Décret qui accorde une indemnité à la veuve de Pierre Anfrère, tué au siége de la Bastille. (B. 28, 451.)

20 = 25 MARS 1793. — Décret relatif au traitement des gendarmes qui justifieront avoir servi dans la garde nationale soldée de Paris. (B. 28, 457.)

20 MARS 1793. — Décret qui met en état d'arrestation chez eux, mais sans garde à leurs frais, les déportés de Saint-Domingue arrivés à Paris depuis le 1er mars. (B. 28, 456.)

20 MARS 1793. — Décret sur la demande d'autorisation d'un emprunt de quatre mille livres, fait par la commune de Milhau. (B. 28, 457.)

20 MARS 1793. — Décret qui ordonne un rapport sur les certificats de civisme, des inspecteurs, vérificateurs et receveurs du droit de timbre. (B. 28, 455.)

20 = 25 MARS 1793. — Décret qui accorde dix-huit mille livres à-compte des ouvrages et ameublemens faits et à faire à la ci-devant chambre des comptes. (B. 28, 458.)

20 MARS 1793. — Décret relatif à l'assassinat de Pierre Manuel, à Montargis. (B. 28, 451.)

20 = 21 MARS 1793. — Acte d'accusation contre Marat. (B. 28, 458.)

20 MARS 1793. — Loi agraire. *Voy.* 18 MARS 1793. — Révolte pour le recrutement. *Voy.* 19 MARS 1793.

21 = 23 MARS 1793. — Décret qui ordonne l'établissement, dans chaque commune, d'un comité chargé de recevoir les déclarations des

b étrangers qui y résident ou qui pourront y arriver. (L. 13, 651; B. 28, 465; Mon. du 23 mars 1793.)

A. Art. 1er. Il sera formé, dans chaque commune de la République et dans chaque section des communes divisées en sections, à maneure qui sera indiquée à l'avance par le conseil général, un comité composé de douze citoyens.

.e 2. Les membres de ce comité, qui ne pourront être choisis ni parmi les ecclésiastiques, q parmi les ci-devant nobles, ni parmi les b-devant seigneurs de l'endroit et les agens as ci-devant seigneurs, seront nommés au vrutin et à la pluralité des suffrages.

.E 3. Il faudra, pour chaque nomination, autant de fois *cent votans* que la commune ou ilaction de commune contiendra de fois mille anes de population (1).

.14. Le comité de la commune, ou chacun a as comités des sections de commune, sera nargé de recevoir pour son arrondissement b à déclarations de tous les étrangers actuellement résidant dans la commune ou qui nourront y arriver.

.15. Ces déclarations contiendront les noms, e, profession, lieu de naissance et moyens existe du déclarant.

.16. Elles seront faites dans les huit jours après la publication du présent décret; le loleau en sera affiché et imprimé.

.7. Tout étranger qui aura refusé ou négligé à faire sa déclaration devant le comité de scommune ou de la section sur laquelle il biidera, dans le délai ci-dessus prescrit, sera mn de sortir de la commune sous vingt-tantre heures, et sous huit jours du territoire clla République.

.8. Tout étranger né dans les pays avec les avernemens desquels les Français sont en terre, qui, en faisant sa déclaration, ne urra pas justifier devant le comité, ou d'un liblissement formé en France, ou d'une proilion qu'il exerce, ou d'une propriété imidbilière acquise, ou de ses sentimens civias, par l'attestation de six citoyens domicib depuis un an dans la commune, ou dans section si la commune est divisée en sections, sera également tenu de sortir de la immune sous vingt-quatre heures, et sous il jours du territoire de la République: as le cas contraire, il lui sera délivré un ilificat d'autorisation de résidence.

.. Les étrangers qui n'auront pas en mce de propriété, ou qui n'y exerceront u une profession utile, seront tenus, sous peines y portées, outre les certificats de citoyens, de donner caution jusqu'à conrence de la moitié de leur fortune préiée.

10. Tous ceux que la disposition des précédens articles exclurait du territoire français, et qui n'en seraient pas sortis au délai fixé, seront condamnés à dix ans de fers, et poursuivis par l'accusateur public du lieu de leur résidence.

11. Les déclarations faites devant le comité seront, en cas de contestation, soit sur lesdites déclarations, soit sur la décision, portées devant le conseil général ou devant l'assemblée de la section, qui statueront sommairement et définitivement; et, à cet effet, lorsque le conseil ou les sections d'une commune suspendront leur séance, il sera préalablement indiqué sur le registre l'heure à laquelle le retour de la séance sera fixé.

12. Hors le cas de convocation extraordinaire, desquels l'objet, la nécessité ou la forme seront constatés sur le registre, toute délibération arrêtée dans l'intervalle de suspension des séances est annulée par le fait; le président et le secrétaire qui l'auront signée seront poursuivis devant le tribunal de police correctionnelle, et condamnés à trois mois de détention.

13. Tout étranger saisi dans une émeute, ou qui serait convaincu de l'avoir provoquée ou entretenue par voie d'argent ou de conseils, sera puni de mort.

---

21 = 22 MARS 1793. — Décret relatif aux contributions foncière et mobilière pour 1793; à l'organisation du cadastre général; à la suppression des patentes, et à la conservation des droits d'enregistrement, d'hypothèques, de douanes, et autres impôts indirects. (L. 13, 658; B. 28, 462.)

Art. 1er. La contribution foncière sera maintenue et conservée. Le comité des finances proposera le taux auquel elle peut être fixée pour 1793, avec le sous pour livre additionnels, les rectifications et bonifications dont elle est susceptible, sans retardement de l'exécution des rôles de la présente année.

2. Le même comité présentera incessamment, en exécution des précédens décrets, le plan d'organisation du cadastre général de toutes les terres et biens-fonds de la République, et du bureau de direction.

3. Au défaut et dans l'attente de ce cadastre, pour atteindre au plus près possible à une répartition exacte, et mettre la Convention nationale en état de prononcer sur les demandes en décharge et réduction formées par différens départemens, il sera procédé à la rectification des matrices de rôles pour la contenance des fonds et leur produit net, de la manière qui sera fixée et déterminée ensuite du plan que le comité des finances demeure chargé de lui présenter.

(1) *Voy.* loi du 30 mars 1793.

4. La contribution mobilière sera également maintenue et conservée, et le comité des finances présentera incessamment ses vues sur le taux auquel elle doit être portée pour 1793, avec les sous additionnels, ainsi que sur les rectifications et améliorations qu'elle paraît exiger.

5. Les droits de patentes demeurent supprimés à compter du 1er janvier de la présente année (1); les revenus d'industrie et autres, soumis auxdites patentes, seront pris en considération dans la contribution mobilière.

6. Les droits d'enregistrement, les droits d'hypothèques, les douanes, seront conservés, de même que tous les impôts qui ne sont pas nommément supprimés par le présent décret: le comité des finances présentera successivement des plans de rectification et amélioration de chacune desdites contributions, ainsi que sur les postes et messageries.

---

21 MARS 1793. — Décret relatif aux journaux rédigés sous le nom de membres de la Convention nationale. (B. 28, 461.)

Voy. loi du 9 MARS 1793.

Sur la proposition qui en a été faite par un membre, la Convention nationale décrète que ses comités de sûreté générale et de législation lui rendront compte demain, sans autre délai, de l'exécution du décret du 9 du présent mois, qui prohibe aux membres de la Convention la faculté de rédiger sous leurs noms aucuns des journaux qui se rédigent dans son enceinte ou ailleurs, à moins qu'ils n'optent entre les fonctions de député et celles de rédacteur de journal, afin qu'en cas d'inexécution, au mépris d'une loi formelle, la Convention nationale prenne dans sa sagesse les moyens propres à faire respecter ses décisions.

---

21 = 22 MARS 1793. — Décret qui excepte de la loi sur le recrutement les payeurs des guerres. (B. 28, 460.)

La Convention nationale décrète, sur la réclamation des commissaires de la Trésorerie nationale, contre l'enrôlement du payeur de la guerre du département de l'Indre, et d'après le compte qui en a été rendu par le comité des finances, que les payeurs des guerres demeurent exceptés de la loi du 24 février sur le recrutement; il est enjoint à la municipalité de Châteauroux de ne pas comprendre le citoyen Robin, payeur de la guerre, au nombre des volontaires nationaux qui doivent se rendre sur les frontières.

21 = 22 MARS 1793. — Décret pour le remboursement d'une somme de mille deux cent trente-neuf livres huit sous six deniers, avancée par le département de la Côte-d'Or. (B. 28, 460.)

21 MARS 1793. — Décret relatif au paiement des pensions aux ci-devant religieux qui se sont rendus aux frontières. (B. 28, 461.)

21 MARS 1793. — Décret relatif à l'escadron de cavalerie légère du Calvados. (B. 28, 464.)

21 MARS 1793. — Décret sur la réforme des cours martiales pour juger les délits militaires. (B. 28, 462.)

21 MARS 1793. — Extrait du procès-verbal relatif à François Lavigne et à son père. (B. 28, 464.)

21 MARS 1793. — Décret qui ordonne l'impression d'un rapport fait par le citoyen Jean Debry, sur les persécutions qu'éprouvent les Français chez les puissances en guerre avec la France. (B. 28, 465.)

21 MARS 1793. — Décret qui ordonne l'envoi de celui du 19 de ce mois, relatif aux citoyens qui se permettraient des indécences dans les lieux consacrés à la religion. (B. 28, 462.)

21 = 24 MARS 1793. — Décret qui improuve une adresse de la société de Marseille, et casse les arrêtés des corps administratifs de cette ville. (L. 13, 505; B. 28, 463.)

21 MARS 1793. — Décret qui ajourne au 29 la discussion sur les loteries. (B. 28, 462.)

21 MARS 1793. — Décret qui déclare que la ville de Niort a bien mérité de la patrie. (B. 28, 467.)

21 MARS 1793. — Décret sur les formalités à remplir pour obtenir une nouvelle carte civique. (B. 28, 467.)

21 MARS 1793. — Acte d'accusation contre Marat. *Voy.* 20 MARS 1793. — Citoyens Garat et Beurnonville. *Voy.* 14 MARS 1793. — Citoyen Gohier. *Voy.* 20 MARS 1793.

22 = 24 MARS 1793. — Décret relatif aux professeurs et aux élèves pensionnaires boursiers qui se rendront aux frontières. (L. 13, 706; B. 28, 467.)

La Convention nationale décrète que les professeurs qui se rendront aux frontières

---

(1) *Voy.* lois du 2 = 17 mars 1791; du 23 = 25 mars 1793; du 1er brumaire an 7.

pour la défense de la liberté, conserveront pendant la guerre le tiers de leur traitement, et reprendront leur places à la paix, s'il y a lieu.

Les élèves pensionnaires boursiers qui se rendront aux frontières pour la défense de la liberté conserveront, pendant la guerre, le produit de leurs bourses, et reprendront également leurs places à la paix, s'il y a lieu.

22 = 25 MARS 1793. — Décret relatif aux religieux qui se sont rendus aux frontières. (L. 13, 704.)

22 = 24 MARS 1793. — Décret qui réunit les deux compagnies d'ouvriers d'artillerie formées lors du camp de Paris. (L. 13, 707; B. 28, 468.)

22 MARS 1793. — Décret qui surseoit à l'exécution du jugement rendu contre Jean Hautefeuille. (B. 28, 468.)

22 MARS 1793. — Décret qui ordonne des informations pour découvrir les chefs et auteurs de la désertion de l'aile gauche de Dumouriez à la bataille de Nerwinde. (B. 28, 468.)

22 = 26 MARS 1793. — Décret qui accorde quarante-quatre mille sept cent soixante livres pour acquitter un excédant de travaux relatifs au camp de Paris. (B. 28, 469.)

22 = 24 MARS 1793. — Décret portant que le général Lanoue sera entendu le lendemain à la barre. (B. 28, 469.)

22 MARS 1793. — Contribution mobilière. *Voy.* 20 MARS 1793. — Émigrés et prêtres déportés. *Voy.* 18 MARS 1793. — François Lavigne. *Voy.* 20 MARS 1793. — Hôpitaux ambulans; Impôt sur le luxe; Instruction révolutionnaire; Ouvriers de Rochefort; Suspects. *Voy.* 18 MARS 1793.

23 = 25 MARS 1793. — Décret interprétatif de l'article 1er du décret du 9 octobre 1792, contre les émigrés pris les armes à la main. (L. 13, 690; B. 28, 475.)

La Convention nationale, interprétant en tant que de besoin l'article 1er du décret du 9 octobre, contre les émigrés pris les armes à la main ou ayant servi contre la France, décrète que tous les Français émigrés qui ont été ou seront pris faisant partie des rassemblemens armés, ou ayant fait partie desdits rassemblemens, et ceux qui ont été ou seront pris, soit sur les frontières, soit en pays ennemi, soit dans les pays occupés par les troupes de la République, s'ils ont été précédemment dans les armées ennemies ou dans les rassemblemens d'émigrés; ceux

5.

qui auront été trouvés ou se trouveront saisis de congés ou de passeports délivrés par les chefs français émigrés ou les commandans militaires des armées ennemies, sont réputés avoir servi contre la France, et compris dans les dispositions du décret du 9 octobre, et qu'ils doivent être punis de la manière prescrite par l'article 1er dudit décret.

Les commissions militaires renverront les émigrés qui ne se trouveront pas dans les cas prévus par le décret du 9 octobre et le présent, dans les maisons de justice des tribunaux criminels des départemens, pour être jugés suivant le mode qui sera décrété pour le jugement des émigrés.

23 = 25 MARS 1793. — Décret qui réunit à la France le pays de Porentruy, sous le nom de département du *Mont-Terrible*. (L. 13, 692; B. 28, 474.)

Art. 1er. Le pays de Porentruy formera un département particulier, sous le nom de département du *Mont-Terrible*.

2. Les commissaires de la Convention nationale envoyés dans ce pays par décret du 10 février dernier sont chargés de prendre toutes les mesures nécessaires pour y assurer l'exécution des lois de la République, ainsi que de faire parvenir à la Convention tous les renseignemens propres à déterminer l'organisation et la division de ce département.

3. Le conseil exécutif provisoire est chargé de faire procéder au reculement des barrières, en prenant toutes les précautions nécessaires pour prévenir les exportations en contravention aux lois de la République.

23 = 25 MARS 1793. — Décret portant réunion à la France des communes de Marquain, Chin, Tramegnies, etc. (Tournaisis). (L. 13, 693; B. 28, 474; Mon. du 24 mars 1793.)

La Convention nationale, après avoir entendu le rapport de ses comités diplomatique et de défense générale réunis, sur le vœu librement émis par le peuple souverain des communes de Marquain, Chin, Tramegnies, Esquelmes, Bailleul, Verne, Carnelle, Wiers, Wourloing, Espierres, Saint-Génois, Mouen, Bossut, Leers, Estampuis, Templeuve, Nechin, Hertein, Blandain, Saint-Léger, Evergnies, Herzeaux, Hellechin, Froidmont, Lamain, Eplechin, Rumes, Petit-Rumes, Taintignies, Willemeau, Guegnies, Florent, Velvain, Weze, Merlain, Jolain, Dottignies, Bruyelle, Lesdin, Ovardrie, Rougies, Bleharis, Hollain, Vaux Antoing, Péronne, Fontenoy, Bourgeon, Vezou, Maubray, Havinue, Ramelroix, Gaurain, Beclers, Herquegies, Petriec, Verbois, Mourcour, Melle, Herniaux, Kain, Obigies, Loancourt, Hernies, Potte, Pont-Alaye, déclare, au

14

nom du peuple français, qu'elle accepte le vœu de ces communes pour leur réunion à la France; en conséquence, décrète ce qui suit :

Art. 1er. Les communes ci-dessus désignées font dès à présent partie intégrante du territoire de la République française.

2. Les commissaires de la Convention nationale envoyés dans la Belgique sont chargés de prendre provisoirement toutes les mesures nécessaires pour l'exécution des lois de la République française dans les communes ci-dessus nommées, ainsi que de recueillir et transmettre à la Convention tout ce qui peut lui servir à déterminer, dans le plus bref délai possible, le mode de réunion.

3. Les mêmes commissaires sont autorisés, en procédant à l'organisation du département de Jemmapes, à former du Tournai et du Tournaisis un des districts dudit département.

23 = 25 MARS 1793. — Décret qui détermine le mode de cotisation des négocians et marchands de Paris sujets à la patente, aux rôles de la contribution additionnelle de quatre millions. (L. 13, 713 ; B. 28, 473.)

Art. 1er. Tous les négocians, marchands et artisans sujets à patente, dont les loyers excèdent trois cents livres, seront cotisés ainsi qu'il suit aux rôles de la contribution additionelle de quatre millions, que la municipalité de Paris a été autorisée à lever, pour chacune des années 1792 et 1793, par décret des 7 et 27 février dernier.

2. Lesdits négocians, marchands, seront cotisés sur un revenu présumé égal à la totalité du loyer qu'ils paient, tant pour leurs magasins et ateliers que pour leur habitation. Lorsque leurs loyers d'habitation leur feront présumer un revenu supérieur à leur loyer total, ils seront cotisés d'après leur loyer d'habitation.

3. Dans le cas où le mode de répartition prescrit par le décret du 7 février dernier ne produirait pas chaque année les quatre millions dont la levée a été ordonnée, la municipalité est autorisée, sous la surveillance du directoire du département, à imposer le déficit au marc la livre du montant de chaque cote, en suivant toujours l'échelle de proportion fixée par le décret.

4. Le produit de ces contributions additionnelles, pour 1792 et 1793, sera versé en entier au Trésor public jusqu'à concurrence de la somme de huit millions, accordée à titre d'avance à la municipalité de Paris par les décrets des 7 et 27 février dernier.

Le ministre des contributions est chargé de surveiller la rentrée desdites contributions, et d'en rendre compte tous les mois à la Convention nationale.

23 = 26 MARS 1793. — Décret qui excepte de la loi du recrutement les évêques, les curés et vicaires salariés par la nation. (B. 28, 470.)

La Convention nationale déclare qu'elle n'a pas entendu comprendre dans la loi du recrutement les évêques, curés et vicaires salariés par la nation, et en conséquence décrète que ceux qui, ayant concouru au recrutement, se trouveraient au nombre des citoyens qui doivent marcher, seront libres de rester ou de revenir à leur poste.

23 = 23 MARS 1793. — Décret qui excepte de l'enrôlement les ingénieurs, commissaires des guerres, et les officiers de santé attachés au service des armées. (B. 28, 469.)

Lecture faite d'une lettre du ministre de la guerre et de la pétition des citoyens d'Aignan, Chambon, Pelletan et autres, qui demandent que les officiers de santé attachés aux armées, les ingénieurs et les commissaires des guerres soient exceptés de l'enrôlement qui se fait pour la levée des trois cent mille hommes, la proposition du ministre convertie en motion, la Convention passe à l'ordre du jour, motivé sur ce que les ingénieurs, commissaires des guerres, et les officiers attachés par brevet ou commission au service des armées, en font partie ou sont dans une activité de service dont les corps administratifs ne peuvent les faire sortir.

23 MARS 1793. — Décret sur les mesures à prendre pour réprimer les troubles de la Vendée. (B. 28, 472.)

23 MARS 1793. — Décret qui approuve la proclamation du conseil exécutif relative à Gauthier, directeur des douanes de Marseille. (B. 28, 475.)

23 = 25 MARS 1793. — Décret relatif au tableau à présenter pour la division de la Belgique en cantons, districts et départemens. (L. 13, 696; B. 28, 473.)

23 MARS 1793. — Décret relatif au rassemblement de forces nécessaires pour dissiper les rebelles attroupés dans divers départemens. (L. 13, 709; B. 28, 472.)

23 = 26 MARS 1793. — Décret relatif à la nomination de commissaires pour surveiller l'exécution des décrets. (L. 13, 718; B. 28, 471.)

23 = 25 MARS 1793. — Décret relatif aux demandes en rapport ou suspension des décrets. (L. 13, 718; B. 28, 471.)

23 = 25 MARS 1793. — Décret qui met cent mille livres à la disposition du général en chef de l'armée des côtes. (B. 28, 472.)

£ 23 = 25 MARS 1793. — Décret qui met soixante-dix millions à la disposition du ministre de la marine pour les frais d'armement. (L. 13,712; B. 28, 470.)

£ 23 = 26 MARS 1793. — Décret qui règle le mode de déposer et de contracter les dons volontaires faits pour les frais de la guerre. (L. 13,715; B. 28, 476.)

£ 23 MARS 1793. — Décret qui met deux millions à la disposition du ministre de l'intérieur pour acquitter les dépenses des mesures prises pour arrêter les troubles. (L. 13, 711; B. 28, 471.)

£ 23 MARS 1793. — Décret qui ordonne de rendre compte chaque jour de la situation des départemens où il existe des troubles. (B. 28, 470.)

£ 23 MARS 1793. — Chevaux des émigrés. *Voy.* 19 MARS 1793. — Comités des communes. *Voy.* 21 MARS 1793. — Emigrés et comité de salut public. *Voy.* 18 MARS 1793. — Ile Bourbon; Indécences contre la religion; Réunion de communes à la France; Citoyens Serre et Molard. *Voy.* 19 MARS 1793 — Veuve de Pierre Anfrère. *Voy.* 20 MARS 1793.

£ 24 MARS 1793. — Décret relatif à la rédaction des questions à faire aux généraux Stengel et Lanoue. (B. 28, 481.)

£ 24 MARS 1793. — Décret qui déclare que les rapports de la commission des Six seront toujours à l'ordre du jour. (B. 28, 477.)

£ 24 MARS 1793. — Décret qui accorde comme récompense à la citoyenne Bisson, qui a fait la campagne en Belgique, d'apposer le sceau de l'Etat sur le congé qu'elle a obtenu. (B. 28, 481.)

£ 24 MARS 1793. — Décret concernant le premier bataillon de la Creuse. (B. 28, 478.)

£ 24 MARS 1793. — Décret relatif aux gratifications à accorder aux gendarmes de la 33e division formée des vainqueurs de la Bastille. (B. 28, 478.)

£ 24 MARS 1793. — Décret qui conserve aux palefreniers, postillons, etc., attachés au service de Louis XVI et à celui de ses frères, la jouissance de leurs logemens et meubles. (B. 28, 478.)

£ 24 MARS 1793. — Décret qui suspend, dans le département de Paris, la vente du mobilier des émigrés. (L. 13, 737; B. 28, 481.)

£ 24 MARS 1793. — Décret qui accorde six cents livres à la citoyenne Aladane. (B. 28, 480.)

24 MARS 1793. — Décret qui approuve les arrêtés pris par les commissaires de la Convention dans la Belgique. (B. 28, 578.)

24 = 28 MARS 1793. — Décret qui déclare que la ville de Nantes a bien mérité de la patrie. (B. 28, 479.)

24 MARS 1793. — Décret portant nomination de commissaires pour inventorier les papiers et effets du château de Chantilly. (B. 28, 480.)

24 MARS 1793. — Décret qui met en arrestation le général Miranda et le colonel du 73e régiment. (B. 28, 479.)

24 = 25 MARS 1793. — Décret qui rapporte celui qui déclare la ville d'Orléans en état de rébellion. (B. 28, 481.)

24 MARS 1793. — Camp de Paris; Ouvriers d'artillerie. *Voy.* 22 MARS 1793. — Professeurs et élèves boursiers; Religieux. *Voy.* 20 MARS 1793. — Secours publics. *Voy.* 19 MARS 1793. — Société de Marseille. *Voy.* 21 MARS 1793. — Titres et contrats de rente. *Voy.* 19 MARS 1793.

25 = 29 MARS 1793. — Décret qui charge les municipalités de faire cultiver et ensemencer les terres qui étaient cultivées par les émigrés ou pour leur compte. (L. 13, 725; B. 28, 488.)

Art. 1er. Les fermiers des biens nationaux, et notamment de ceux des émigrés, dont les baux sont expirés, ne pourront, sous quelque prétexte que ce soit, être privés de la récolte de l'année, à quelque époque que leur ferme soit vendue, à la charge par eux d'en payer la redevance à qui de droit, sur le pied du dernier bail.

Cette condition sera expressément énoncée dans l'adjudication.

2. Les municipalités, sous la surveillance des corps administratifs, seront tenues, pour la présente année, de faire cultiver, ensemencer à prix d'argent toutes les terres jusqu'alors cultivées par des émigrés ou pour le compte des émigrés, et qui se trouveraient délaissées au moment de la publication du présent décret.

Elles sont invitées à employer de préférence l'orge ou panelle dans les terres qui en sont susceptibles.

3. Les municipalités pourront employer à l'usage de ces semailles les grains de saisons qui pourront se trouver dans les maisons nationales provenant des émigrés, et qui seront situées dans l'étendue de leur territoire.

4. Les comités d'agriculture et d'aliénation se réuniront pour présenter à la Convention nationale, dans le plus bref délai, le mode de responsabilité des municipalités,

14.

celui du paiement des frais de culture par la régie nationale et celui de l'emploi des récoltes sur les terres qui ne seraient pas encore vendues à l'époque de la moisson.

25 = 29 MARS 1793. — Décret relatif à l'acquittement des dépenses concernant les restitutions à faire aux acquéreurs de domaines nationaux. (L. 13, 728; B. 28, 487.)

Art. 1er. La Trésorerie nationale acquittera les dépenses concernant les restitutions à faire aux acquéreurs de domaines nationaux, soit pour trop payé sur le prix de leurs acquisitions, soit pour paiemens faits sur des ventes annulées postérieurement à ces paiemens, ou sur des ventes résiliées ou réduites en exécution des décrets des 18 juin, 25 août, 11 et 13 septembre 1792.

2. Il ne sera plus délivré d'ordonnances pour ces sortes de dépenses; elles seront acquittées sur des états de distribution, visés et arrêtés par l'administrateur des domaines nationaux, sous sa responsabilité, ainsi qu'il a été prescrit par le décret du 10 février dernier, pour les à comptes à payer provisoirement sur les états de frais d'estimation, de vente et d'administration de domaines nationaux. Lesdits états seront adressés aux commissaires de la Trésorerie nationale, qui délivreront les mandats de paiement.

3. Les pièces justificatives, cotées et paraphées par l'administrateur des domaines nationaux, seront jointes aux états de distribution, pour le tout être rapporté par le payeur de la Trésorerie, chargé de l'acquittement de la dette publique, à l'appui de ses comptes, au bureau de comptabilité, sans toutefois que le payeur demeure garant ni responsable de la validité des pièces.

4. Lesdites restitutions, ainsi que les frais de vente des domaines nationaux, et le seizième aux municipalités, seront acquittées par le payeur de la Trésorerie, dénommé en l'article précédent; et, pour l'ordre de la comptabilité, le montant des dépenses ainsi acquittées sera déduit du produit des ventes et fruits desdits domaines nationaux; en sorte que le produit net desdites ventes et revenus puisse toujours être constaté et connu avec la plus grande exactitude.

25 = 29 MARS 1793. — Décret relatif aux matières d'or et d'argent versées à la Monnaie de Paris. (L. 13, 734; B. 28, 488.)

Art. 1er. Les commissaires nommés par l'article 2 du décret du 28 septembre dernier seront tenus, aussitôt après la notification du présent décret, de constater par un procès-verbal qu'ils dresseront en présence de deux membres du directoire du département de Paris, ou après les avoir dûment appelés à cet effet, le nombre des caisses renfermant des argenteries qui ont été envoyées jusqu'à présent à la Monnaie de Paris, en conséquence du décret du 3 = 27 mars 1791. Ils feront ensuite procéder à l'ouverture de ces caisses, et ils feront un inventaire exact des pièces d'argenterie et autres objets qu'elles renfermeront.

2. A compter de ce jour, lesdits commissaires sont chargés de constater, seuls, et conformément au décret du 28 septembre dernier, toutes les matières d'or, d'argent, bijoux et autres objets qui seront envoyés à l'hôtel de la Monnaie de Paris, en conformité dudit décret et de ceux des 27 mars 1791 et 31 août 1792.

3. A compter du même jour, les vaisselles et argenteries dont les titres seront connus par les poinçons qui seront insculpés seront remises sur-le-champ aux directeurs des Monnaies, qui les porteront sur leurs registres du change, et qui seront tenus d'en compter suivant la valeur déterminée par le tarif du 15 mai 1773.

4. Dans le cas où ces titres ne pourraient point être reconnus faute de poinçons apparens, ou parce qu'ils se trouveraient effacés, alors il sera procédé, savoir: à Paris, en présence des commissaires nommés par le décret du 28 septembre dernier, et dans les autres Monnaies, en présence de deux membres du directoire du département, ou de deux membres du directoire du district, à la fonte de ces argenteries. Il en sera formé des lingots, desquels il sera tiré des morceaux pour servir aux essais séparés qui en seront faits par trois essayeurs choisis par la commission des monnaies, en présence d'un des ses membres.

5. Le directeur de la Monnaie de Paris sera tenu de former un bref état de comptes du poids et de la valeur des matières d'or et d'argent qui lui ont été remises depuis le 3 = mars 1791 jusqu'à présent, et d'indiquer l'emploi qu'il en a fait; il remettra ce compte tant aux commissaires de la Trésorerie nationale qu'aux commissaires généraux des Monnaies, après l'avoir certifié véritable.

6. Il sera remis à l'hôtel de la Monnaie de Paris, à la disposition desdits commissaires, une fonderie uniquement destinée à la fonte de ces matières, laquelle servira aussi de dépôt pour les cendres et déchets résultant ordinairement des fontes; ces cendres y seront travaillées particulièrement dans le même local, pour en extraire toutes les parties d'or et d'argent qui pourront s'y trouver enveloppées, afin que la nation ne soit exposée à essuyer aucune perte par le mélange qui pourrait avoir lieu avec celles des travaux ordinaires de la Monnaie.

25 = 29 MARS 1793. — Décret qui accorde deux cent mille livres, à titre d'avance, à la compagnie Wointer, pour fourniture de chevaux. (B. 28, 485.)

25 MARS 1793. — Décret qui ordonne de donner des renseignemens sur le général Wittenkoff. (B. 28, 486.)

25 = 29 MARS 1793. — Décret portant que le citoyen Philibert, évêque des Ardennes, restera à Paris sur sa parole, jusqu'à la décision de son affaire. (B. 28, 486.)

25 = 29 MARS 1793. — Décret qui comprend sous le n° 10 les hussards de la Liberté. (L. 13, 733 ; B. 28, 485.)

25 = 29 MARS 1793. — Décret qui ordonne la vente des orges et avoines trouvées chez les émigrés à Grandpré. (L. 13, 722 ; B. 28, 485.)

25 = 29 MARS 1793. — Décret relatif au remplacement des sommes payées ou avancées par la Trésorerie dans le mois de février. (L. 13, 731 ; B. 28, 491.)

25 MARS 1793. — Décret qui confirme les adjudications faites à la commune de Vendôme. (B. 28, 481.)

25 = 29 MARS 1793. — Décret qui autorise le ministre de l'intérieur à fournir aux commissaires de la Convention les voitures qui appartiennent à la nation. (B. 28, 482.)

25 MARS 1793. — Décret qui ordonne de prendre des mesures pour la défense des frontières d'Espagne. (B. 28, 483.)

25 = 29 MARS 1793. — Décret qui déclare que la section du Mail a bien mérité de la patrie. (B. 28, 483.)

25 = 29 MARS 1793. — Décret qui statue sur le traitement des citoyens Pivot et Grognard. (B. 28, 484.)

25 = 29 MARS 1793. — Décret qui réintègre dans leurs fonctions les citoyens Brudieu et Lignières, déportés de Saint-Domingue, et leur accorde à chacun deux cents livres, etc. (B. 28, 484.)

25 = 26 MARS 1793. — Décret relatif à l'organisation et composition du comité de défense générale. (L. 13, 725 ; B. 28, 490.)

25 MARS 1793. — Décret qui ordonne un rapport sur les navires de trois capitaines anglais. (B. 28, 486.)

25 = 29 MARS 1793. — Décret relatif aux révoltes dans les départemens. (B. 28, 492.)

25 = 29 MARS 1793. — Décret relatif à l'acquittement du prix des piques fabriquées en exécution du décret du mois d'août 1792. (L. 13, 727; B. 28, 482.)

25 = 29 MARS 1793. — Décret qui rapporte celui du 11 mars 1793, relatif à la masse d'économie de l'arsenal de Lafère. (L. 13, 728 ; B. 28, 483.)

25 = 29 MARS 1793. — Décret qui nomme le citoyen Isoré pour remplacer le citoyen Lakanal, commissaire dans les départemens de l'Oise et de Seine-et-Marne. (B. 28, 486.)

25 = 29 MARS 1793. — Décret qui proroge le délai pour fournir au commissaire liquidateur des certificats de résidence. (B. 28, 492.)

25 = 29 MARS 1793. — Décret qui alloue une somme de cent mille livres pour la fabrication des assignats. (B. 28, 492.)

25 MARS 1793. — Décret qui ordonne un rapport relatif aux domestiques des émigrés et des malveillans qui s'enrôlent pour les frontières. (B. 28, 483.)

25 = 29 MARS 1793. — Décret qui autorise le citoyen Treilhard, commissaire dans la Belgique, à revenir à Paris. (B. 28, 493.)

25 MARS 1793. — Décret sur les importations dans les colonies par les vaisseaux des Etats-Unis. *Voy.* 26 MARS 1793.

25 MARS 1793. — Absens ou émigrés; Antoine Gevaudan. *Voy.* 20 MARS 1793. — Armée des côtes. *Voy.* 23 MARS 1793. — Communes réunies à la France. *Voy.* 20, 23 MARS 1793. — Ecoles vétérinaires. *Voy.* 20 MARS 1793. — Emigrés. *Voy.* 23 MARS 1793. — Employés des bureaux. *Voy.* 20 MARS 1793. — Evêques, etc.; Frais d'armement; Citoyen Gautier ; Ingénieurs, etc. *Voy.* 23 MARS 1793. — Lyon ; Manufacture d'armes de Saint-Etienne; Citoyen Martin. *Voy.* 20 MARS 1793. — Négocians et marchands de Paris. *Voy.* 23 MARS 1793. — Or'éans. *Voy.* 24 MARS 1793. — Porentruy. *Voy.* 23 MARS 1793. — Traitement des troupes. *Voy.* 20 MARS 1793.

26 = 30 MARS 1793. — Décret qui ordonne le désarmement de personnes reconnues suspectes. (L. 13, 735 ; B. 28, 496 ; Mon. du 27 mars 1793.)

Art. 1er. Les ci-devant nobles, les ci-devant seigneurs autres que ceux qui sont employés dans les armées de la République, ou comme fonctionnaires publics, civils et militaires; les prêtres autres que les évêques, curés et vicaires, et autres que ceux qui sont employés dans les troupes de la République, seront désarmés, ainsi que les agens et domestiques desdits ci-devant nobles, ci-devant seigneurs et prêtres.

2. Les conseils généraux des communes pourront faire désarmer les autres personnes reconnues suspectes; à défaut des conseils généraux des communes, les directoires de district ou de département pourront ordonner ce désarmement.

3. Les conseils généraux des communes, ou, à leur défaut, les autres corps administratifs, prendront, selon les localités, toutes les mesures convenables pour que ce désarmement ait lieu sans troubler la tranquillité publique, et pour que les personnes et les propriétés soient respectées; le désarmement ne pourra avoir lieu de nuit.

4. Il sera fait des états des armes; elles seront provisoirement déposées dans chaque commune, dans des lieux sûrs indiqués par le corps administratif qui aura fait procéder à ce désarmement, et il en sera disposé suivant les besoins de la République.

5. Les personnes désignées par le présent décret, et reconnues comme suspectes, qui, après avoir été désarmées, seront trouvées saisies de nouvelles armes, seront de nouveau désarmées, et punies de six mois de détention.

6. Ceux qui seront convaincus d'avoir recelé des armes appartenant aux personnes dont le désarmement a été décrété par l'article 1er, seront punis de trois mois de détention.

---

26 = 30 MARS 1793. — Décret qui rétablit une omission dans l'article 14 du décret des 11 et 12 mars 1793, relatif à l'administration des biens des émigrés et à la vente de leur mobilier. (L. 13, 740; B. 28, 495.)

La Convention nationale, sur l'observation faite par un membre que, dans l'article 14 du décret des 11 et 12 mars, il a été omis après les mots : *pour prix de vente d'immeubles*, ceux-ci : *ou créés à prix d'argent*, décrète que ces mots seront rétablis, et que lesdites rentes seront acquittées de la même manière que les autres rentes comprises audit article.

---

26 MARS 1793. — Décret qui admet en exemption de tous droits les subsistances et autres objets d'approvisionnement importés dans les ports des colonies par les vaisseaux des Etats-Unis. (L. 13, 747; B. 28, 494.)

Art. 1er. A compter du jour de la publication du présent décret dans les colonies françaises d'Amérique, les navires des Etats-Unis, du port de soixante tonneaux au moins, uniquement chargés de farines et subsistances, ainsi que des objets d'approvisionnement énoncés dans l'article 2 de l'arrêté du 30 août 1784, comme encore de lard, beurre, saumons salés et chandelles, seront admis dans les ports desdites colonies en exemption

de tous droits. La même exemption aura lieu pour les bâtimens français chargés des mêmes espèces venant de l'étranger.

2. Les capitaines des bâtimens des Etats-Unis qui, ayant porté dans les colonies françaises d'Amérique les objets compris dans l'article ci-dessus, voudront faire leur retour dans le territoire desdits Etats, pourront charger dans lesdites colonies, indépendamment des sirops, rhums, tafias et des marchandises de France, une quantité de café équivalente au cinquantième du tonnage de chaque navire, ainsi qu'une quantité de sucre équivalente au dixième du tonnage, en se conformant aux articles suivans.

3. Tout capitaine de navire américain qui voudra faire des retours dans les Etats-Unis en café et sucre des colonies françaises, devra justifier que son bâtiment y est entré aux deux tiers au moins de sa charge, suivant l'article 1er. A cet effet, il sera tenu de remettre, dans les vingt-quatre heures de son arrivée, au bureau des douanes du lieu du débarquement, un certificat des agens de la marine, qui constate la jauge de son bâtiment et le tonnage effectif de son chargement.

Les préposés desdites douanes s'assureront que l'exportation des sucres et cafés n'excède pas les proportions fixées par l'article 2 du présent décret.

4. Les capitaines des bâtimens des Etats-Unis d'Amérique ne paieront, à la sortie des îles, ainsi que ceux de la République, qu'un droit de cinq livres par quintal d'indigo, dix livres par millier de coton, cinq livres par millier de café, cinq livres par millier de sucre tête et terré, et cinquante sous par millier de sucre brut. Toutes autres marchandises seront exemptes des droits à la sortie desdites colonies.

5. Les sucres et cafés qui seront chargés paieront, dans les bureaux des douanes qui sont dans les colonies ou y seront établis, outre les droits ci-dessus fixés, ceux imposés par le décret du 19 mars 1791 sur les sucres et cafés importés desdites colonies en France et conformément au même décret.

6. Les capitaines des bâtimens des Etats-Unis qui voudront charger des marchandises dans lesdites colonies pour les ports de France, fourniront, au bureau des douanes du lieu du départ, les soumissions exigées des armateurs des bâtimens français par l'art. 3 du décret du 7 = 16 juillet 1791, pour assurer le déchargement de ces marchandises dans les ports de la République.

7. Les bâtimens des nations avec lesquelles la République française n'est point en guerre pourront porter dans les colonies françaises d'Amérique tous les objets désignés par le présent décret. Ils pourront aussi rapporter dans les ports de la République seulement tous

les denrées desdites colonies, aux conditions énoncées dans ledit décret, ainsi que dans celui du 19 février.

26 MARS 1793. — Décret qui exempte de l'enrôlement les agens des administrations des subsistances militaires. (L. 13, 731 ; B. 28, 499.)

26 MARS 1793. — Décret qui proroge le délai pour présenter au bureau de liquidation les certificats de résidence. (B. 28, 492.)

26 = 31 MARS 1793. — Décret qui met cent mille livres à la disposition du ministre de l'intérieur pour secourir les citoyens français expulsés des pays étrangers. (L. 13, 740; B. 28, 498.)

26 = 30 MARS 1793. — Décret qui met en liberté les citoyens de la ville d'Orléans arrêtés en exécution du décret du 18. (L. 13, 744; B. 28, 496.)

26 = 31 MARS 1793. — Décret qui nomme le citoyen Villars commissaire dans le département de la Loire-Inférieure. (B. 28, 497.)

26 MARS 1793. — Décret qui autorise le comité des décrets à remettre les décrets d'accusation et les pièces à l'appui à la commission établie près le tribunal extraordinaire. (B. 28, 497.)

26 = 31 MARS 1793. — Décret qui ordonne la poursuite et le jugement des auteurs et instigateurs des troubles arrivés à Caen, à l'occasion du recrutement. (B. 28, 498.)

26 MARS 1793. — Décret portant que la démission du citoyen Liebau est regardée comme non avenue. (B. 28, 498.)

26 MARS 1793. — Décret qui déclare que les habitans de la Gironde, les corps administratifs et la société populaire de Bordeaux ont bien mérité de la patrie. (B. 28, 499.)

26 MARS 1793. — Décret qui ordonne de pourvoir à l'équipement du bataillon des Tuileries. (B. 28, 495.)

26 = 30 MARS 1793. — Décret d'ordre du jour sur une pétition de quatre mille tailleurs de Paris. (B. 28, 497.)

26 MARS 1793. — Citoyenne Bisson. *Voy.* 24 MARS 1793. — Décrets. *Voy.* 23 MARS 1793. — Dons volontaires. *Voy.* 20 MARS 1793. — Exécution des décrets. *Voy.* 23 MARS 1793. — Recrutement. *Voy.* 17 MARS 1793. — Troubles d'Arles. *Voy.* 20 MARS 1793.

27 = 29 MARS 1793. — Décret concernant des articles additionnels à celui du 10 mars 1793, portant établissement d'un tribunal criminel extraordinaire pour juger les conspirateurs. (B. 28, 504.)

Art. 1er. Les fonctionnaires publics qui ont été ou qui pourront être nommés pour remplir les fonctions de juges, accusateur public, substitut et jurés au tribunal criminel extraordinaire créé par le décret du 10 de ce mois, conserveront leurs places et pourront en reprendre l'exercice après la cessation de leurs travaux près ce tribunal.

Ils seront, pendant leur absence, remplacés par leurs suppléans, qui jouiront du traitement attaché à leurs fonctions.

2. Ceux des juges, accusateur public, substitut et jurés qui seront tenus de se déplacer pour se rendre au poste où ils auront été appelés près le tribunal criminel extraordinaire, seront indemnisés de leurs frais de voyages.

3. Il y aura auprès du tribunal quatre huissiers, qui seront élus par les juges, accusateur public et substitut. Il y aura aussi un concierge et deux garçons, qui seront élus de la même manière, et dont les salaires seront les mêmes que ceux des concierges et garçons du tribunal criminel de Paris.

4. Si, nonobstant les dispositions de l'article 8 du décret du 10 de ce mois, qui attribue aux municipalités et corps administratifs la connaissance des crimes et délits énoncés en l'article 1er de ce même décret, il se trouvait que des tribunaux criminels fussent saisis d'instructions et procès relatifs à ces crimes et délits, ils seront tenus de suspendre les jugemens de ces procès, et d'envoyer les informations, listes de témoins, pièces de conviction et autres, à la Convention nationale, qui décidera, s'il y a lieu, à la translation des accusés au tribunal criminel.

L'envoi des informations, listes de témoins et autres pièces, aura également lieu s'il arrive que, dans le cours des instructions relatives à des crimes ou délits ordinaires, les juges des tribunaux criminels ou autres découvrent des preuves ou vestiges des crimes ou délits indiqués ci-dessus.

27 MARS 1793. — Décret concernant le mode d'avancement pour le corps d'artillerie. (L. 13, 753; B. 28, 502.)

La Convention nationale, après avoir entendu son comité de la guerre, rapporte le second paragraphe de l'article 2 du titre V du décret du 21 février dernier, et décrète que le mode d'avancement pour le corps d'artillerie continuera à avoir lieu conformément au décret du 16 = 27 avril 1791.

27 = 30 MARS 1793. — Décret relatif aux jugemens qui n'ont pas été signés par les juges devenus membres de la Convention nationale. (L. 13, 754; B. 28, 499.)

La Convention nationale, après avoir entendu lecture d'une lettre du ministre de la justice, qui l'instruit que des membres de la Convention, qui étaient juges des tribunaux de district, sont partis pour se rendre à leur poste à Paris avant d'avoir pu signer sur les registres les jugemens auxquels ils avaient participé ou présidé, et qu'il est urgent de décider s'ils prendront des congés pour aller donner leurs signatures, ou si on leur enverra les minutes, décrète, sur la motion d'un membre, que lesdits jugemens auront leur effet comme ils auraient pu l'avoir s'ils avaient été signés par les juges devenus députés, pourvu qu'ils soient signés par les autres juges présens, ou par celui desdits juges présens qui les suivait dans l'ordre du tableau.

27 = 30 MARS 1793. — Décret relatif aux jugemens rendus contre les prévenus de complots contre-révolutionnaires. (L. 13, 755; B. 28, 507.)

La Convention nationale, sur la motion d'un de ses membres, décrète que, dans tous les jugemens rendus contre les prévenus de complots contre-révolutionnaires, il sera fait mention des titres et qualités qu'ils avaient avant la révolution.

27 = 28 MARS 1793. — Décret qui déclare nul le jugement de mort prononcé contre Oriot. (B. 28, 503.)

27 = 30 MARS 1793. — Décret qui traduit au tribunal militaire huit rebelles arrêtés dans le district de Thiers. (B. 28, 506.)

27 = 30 MARS 1793. — Décret qui improuve une adresse de la société populaire d'Amiens. (B. 28, 506.)

27 = 28 MARS 1793. — Décret portant que Fontenay sera traduit à l'Abbaye. (B. 28, 507.)

27 MARS 1793. — Décret qui déclare que les départemens des Vosges et de Lot-et-Garonne ont bien mérité de la patrie. (B. 28, 502 et 507.)

27 MARS 1793. — Décret relatif à l'exécution de celui du 21 de ce mois, concernant les étrangers et gens sans aveu. (B. 28, 502.)

27 = 28 MARS 1793. — Décret portant que les généraux Stengel et Lanoue seront interrogés le lendemain à la barre. (B. 28, 502.)

27 MARS 1793. — Décret qui déclare de nouveau la ville d'Orléans en état de rébellion. (L. 13, 720; B. 28, 503.)

27 = 29 MARS 1793. — Décret concernant l'évacuation du château des Tuileries, afin d'y établir les archives, comités et bureaux de la Convention. (B. 28, 500.)

27 MARS 1793. — Décret pour l'envoi à Orléans des commissaires nommés par le décret du 18 du présent mois. (B. 28, 502.)

27 MARS 1793. — Décret qui autorise la levée des scellés apposés sur les meubles et papiers de quelques citoyens prévenus de recèlement des effets du château de Chantilly. (B. 28, 501.)

27 = 31 MARS 1793. — Décret qui confirme la nomination des directeurs de la fabrication des assignats. (L. 13, 748; B. 28, 505.)

27 = 30 MARS 1793. — Décret qui met hors de la loi les aristocrates et les ennemis de la révolution; ordonne que les citoyens seront armés au moins de piques, et que le tribunal extraordinaire sera mis dans le jour en pleine activité. (L. 13, 761; B. 28, 507.)

27 = 30 MARS 1793. — Décret qui annule tous les sursis à la vente des biens des émigrés, accordés par le ministre de l'intérieur. (L. 13, 756; B. 28, 500.)

27 MARS 1793. — Décret relatif aux députés qui obtiendront des congés. (L. 13, 500; B. 28, 500.)

27 MARS 1793. — Décret qui ordonne un rapport sur le remplacement d'un million provenant des fonds de la marine. (B. 28, 501.)

27 = 30 MARS 1793. — Décret qui confirme l'arrêté du département du Tarn, qui ordonne d'élever autour de l'arbre de la liberté un autel à la patrie, aux frais de ceux qui avaient renversé ledit arbre. (L. 13, 457; B. 28, 508.)

27 MARS 1793. — Mobilier des émigrés. Voy. 24 MARS 1793.

28 MARS = 2 AVRIL 1793. — Décret qui détermine les mesures à prendre pour assurer le recrutement et les approvisionnemens des armées, et pour prévenir et punir la désertion et la vente des armes par les soldats et volontaires. (L. 13, 765; B. 28, 511.)

Art. 1er. Les communes accéléreront le recrutement le plus qu'il sera possible; elles feront connaître à chacun des citoyens inscrits pour marcher sa destination, aux termes des articles 21 et suivans du titre I.er du décret du 24 février dernier sur le recrutement de l'armée, et de l'instruction adressée par le ministre de la guerre aux administrations de département. Aussitôt que lesdits citoyens seront arrivés à leur destination, ils feront passer à leur municipalité un certificat signé du commissaire des guerres pour constater qu'ils se sont rendus à leur poste. Les communes ne seront déchargées de leur contingent qu'en rapportant lesdits certificats.

2. Tout citoyen inscrit pour le recrutement qui ne se rendrait pas directement à l'armée dans laquelle il doit entrer, ou qui, hors le cas d'un empêchement légitime, ne s'y rendrait pas au jour qui lui a été prescrit, qui rentrerait dans son domicile après l'avoir quitté pour partir et avant le temps déterminé par la loi, sera sujet aux peines portées, par le décret du 30 septembre 1791, contre les soldats des troupes de ligne qui abandonnent leurs drapeaux.

3. Les municipalités dans lesquelles lesdits citoyens rentreraient, ou dans le territoire desquelles viendrait résider un militaire de quelque grade que ce soit qui aurait abandonné son drapeau sans congé, seront tenues de les dénoncer sur-le-champ au ministre de la guerre, pour qu'ils soient poursuivis et punis suivant la rigueur des lois. Les municipalités qui les auraient recelés et cachés seront tenues de fournir, à leurs frais, autant de volontaires qu'elles laisseraient habiter dans leur territoire de citoyens qui auraient refusé d'aller rejoindre leurs drapeaux ou qui les auraient abandonnés.

4. La gendarmerie est mise en état de réquisition permanente, à l'effet de former des patrouilles sur les routes et chemins qui conduisent aux armées. Elle arrêtera tout militaire qui reviendrait de l'armée sans congé, ou se détournerait de la route qui lui a été donnée pour se rendre à l'armée; elle le constituera prisonnier, le renverra de brigade en brigade à son bataillon, pour que son procès lui soit fait.

5. Il est défendu à tout soldat de vendre ses armes ou son équipement, et à toute personne de les acheter. Les armes et équipement achetés en contravention à la loi seront confisqués et portés aux arsenaux ou autres dépôts d'armes, pour être distribués aux troupes de la République. Le vendeur sera renvoyé à la police correctionnelle, pour

être puni de la peine d'emprisonnement, aux termes du Code de la police. Les acheteurs, entremetteurs et complices desdits achats y seront pareillement renvoyés, pour être puni par une amende qui ne pourra excéder trois mille livres, outre la peine de l'emprisonnement, aux termes du Code de la police (1).

6. Les ouvriers employés à la fabrication des armes et autres objets nécessaires à la défense de la République n'ayant pas dû être compris dans le recrutement, les chefs des ateliers employés pour le service de la République enverront au ministre de la guerre un état de ceux de leurs ouvriers qui, étant employés depuis plus de six mois, auraient été compris dans le recrutement et seraient partis pour l'armée. Le ministre de la guerre enverra ces états aux états-majors des armées, qui feront rechercher lesdits ouvriers, et les renverront à leurs ateliers pour y continuer leurs travaux.

7. Dans le cas où les chefs d'ateliers et de manufactures auraient compris dans les états qu'ils remettront au ministre de la guerre des personnes qu'ils n'employaient pas réellement et utilement depuis six mois, ils seront condamnés à fournir, équiper et entretenir à leurs frais un volontaire pour la durée de la campagne, sans préjudice du service personnel que devra faire le citoyen qui aura été compris mal à propos dans l'état, et qui sera obligé de retourner à l'armée.

8. Les décrets précédemment rendus, notamment celui du 9 mars dernier, pour mettre à la disposition de la nation les chevaux qui ne servent point à l'agriculture, au commerce ou à des besoins d'une nécessité reconnue, seront exécutés; mais, en y ajoutant, la Convention nationale décrète que lesdits chevaux seront retirés de fait par les administrateurs de district, et à Paris par la municipalité, pour servir soit à l'artillerie, soit à la cavalerie, ainsi que toutes les provisions de fourrage et avoine qui auraient été faites pour leur nourriture.

9. Les chevaux, fourrage et avoine qui seront pris, aux termes de l'article précédent, pour le service de la République, seront payés aux propriétaires, sur estimation faite à dire d'experts, en bons à valoir sur les contributions que peuvent ou pourront devoir lesdits propriétaires. Les receveurs d'impositions et de district recevront lesdits bons de la part de ceux auxquels ils auront été délivrés, et ils leur donneront quittance d'autant sur les contributions foncière et mobilière.

(1) Lorsqu'une loi pénale est positive, toute remise de la peine par un ministre ne peut empêcher les juges de la prononcer : telle, par exemple, cette loi, qui punit les acheteurs d'armes des militaires (28 juillet 1814 ; Cass. S. 14, 1, 240 ; — idem, 14 avril 1815 ; Cass. S. 15, 1, 32).

28 MARS = 5 AVRIL 1793. — Décret concernant les peines portées contre les émigrés. (L. 13, 777; B. 28, 516; Mon. des 2, 3, 7, 8 mars 1793.)

Voy. loi du 25 JUILLET 1793, formant le titre II de cette loi; lois du 9 = 12 FÉVRIER 1792; du 30 MARS = 8 AVRIL 1792; du 25 BRUMAIRE an 3; du 12 VENTOSE an 8 (1).

TITRE Ier. *Partie pénale.*

SECTION Ire. Des peines de l'émigration.

Art. 1er. Les émigrés sont bannis à perpétuité du territoire français; *ils sont morts*

civilement; leurs biens sont acquis à la République (2).

2. L'infraction du bannissement prononcé par l'article 1er sera punie de mort (3).

SECTION II. Des effets de la mort civile prononcée contre les émigrés.

3. Les effets de la mort civile dont la nation a frappé les émigrés ne pourront être opposés à la République; en conséquence, toutes les substitutions dont les émigrés ont été grevés sont ouvertes au profit de la nation. A l'égard des successions échues aux

---

(1) *Voy.* loi du 12 = 15 avril 1793.

(2) Le mariage qu'un émigré a contracté dans l'étranger durant sa mort civile est nul et sans effet en France, même après son amnistie (16 mai 1808; Cass. S. 8, 1, 297).

Voy. une consultation délibérée par MM. Toullier, Carré, Corbière, etc. (S. 19, 2, 117).

Un habitant du continent français qui, après son départ pour les colonies, fut inscrit sans réclamation sur la liste des émigrés, a été, par cela même, frappé de mort civile, et incapable de tester, encore que le testament ait été fait et que le testateur soit décédé aux colonies, dans une île où les lois sur l'émigration n'avaient pas été publiées, et dans un temps où elles ne pouvaient pas l'être, vu l'occupation de l'île par des Anglais (20 mai 1812; Cass. S. 12, 1, 357).

Lorsqu'une personne a été inscrite sur la liste des émigrés, les tribunaux ne peuvent, sans commettre un excès de pouvoir et sans entreprendre sur l'autorité administrative, s'attacher à de simples présomptions de non émigration, et valider, en conséquence, les dispositions de dernière volonté du mort civilement (4 septembre 1810; Cass. S. 12, 1, 209).

Un testament olographe, fait par un individu inscrit sur la liste des émigrés, peut être rendu valable par une disposition additionnelle que le testateur y aura faite (pour en ordonner l'exécution), postérieurement à son élimination de la liste ou à son amnistie (15 juin 1813; Paris, S. 14, 2, 308).

En matière de mort civile, par suite d'émigration ou d'inscription sur la liste des émigrés, il faut distinguer la législation du 12 ventose an 8, qui réputait émigré, et par suite mort civilement, tout inscrit, d'avec la loi du 28 mars 1793, qui dans l'inscription ne voyait qu'une prévention, surtout en cas de réclamation en temps utile. Ainsi l'inscrit décédé avant le 12 ventose an 8 est mort *integri statûs*, sans que la loi survenue ait pu rétroagir (9 février 1818; Paris, S. 18, 2, 264). — Et au contraire l'inscrit décédé depuis la loi du 12 ventose an 8 a été frappé de mort civile; à ce titre, son testament est nul (28 germinal an 12; Cass. S. 4, 1, 304).

Lorsqu'il s'agit d'une succession échue durant la prévention d'un émigré amnistié, les tribunaux ne peuvent attribuer à l'amnistié une partie de cette succession (28 juin 1808; Cass. S. 8, 1, 457).

L'inscrit sur la liste des émigrés qui a réclamé en temps utile, mais qui, à l'époque du 4 nivose an 6, n'était pas encore rayé définitivement, a été réputé émigré depuis la publication de la loi du 12 ventose de la même année, et par suite frappé de mort civile pendant tout le temps qu'a duré son inscription.

La communauté conjugale, dissoute par la mort civile d'un des époux réputé émigré, n'a pas été rétablie de plein droit par l'effet de la radiation ou de l'amnistie de cet époux, en ce sens qu'elle soit considérée comme ayant toujours subsisté (10 juin 1806; Cass. S. 6, 1, 367).

Voy. la loi du 12 ventose an 8, art. 1 et 2; l'arrêté du Gouvernement du 3 floréal an 11, art. 3 et 4.

La communauté entre époux a été dissoute par l'inscription emportant mort civile, sur la liste des émigrés, de telle sorte que les biens ultérieurement acquis par la femme d'un émigré lui ont été propres, encore qu'elle n'ait pas renoncé en termes formels à la communauté. L'amnistie ultérieure du mari, si elle a rétabli la communauté, n'a pas altéré les droits que la femme s'était rendus propres durant la mort civile (12 novembre 1810; Cass. S. 11, 1, 70).

La mort civile prononcée par cette loi n'a pas rendu aux femmes d'émigrés l'exercice de leurs droits civils (14 fructidor an 12; Paris, S. 5, 2, 9).

Voy. le sénatus-consulte du 6 floréal an 10.

La femme d'émigré a pu contracter sans autorisation, dès que son mari fut inscrit sur la liste des émigrés; on ne peut prétendre qu'il a fallu que la femme fît prononcer le divorce, comme l'y autorisait la loi du 20 septembre 1792 (14 floréal an 13; Cass. S. 5, 1, 155).

La mort civile d'un émigré ne le rend pas incapable des contrats qui sont purement du droit des gens, tel qu'un contrat de vente (28 frimaire an 13; Cass. S. 5, 1, 53; 28 juin 1808; Cass. S. 9, 1, 84).

Elle ne le rend pas incapable de constituer une dot à son fils en le mariant, surtout si la dot ainsi constituée au fils, en pays étranger, a dû profiter à la femme étrangère, et lui acquitter un douaire conventionnel (14 juin 1827; Cass. S. 27, 1, 474; D. 27, 1, 273).

Voy. la loi du 20 septembre 1792, art. 4.

(3) *Voy.* loi du 1er août 1793.

émigrés, en ligne directe et collatérale, depuis leur émigration, et de celles qui leur écherront par la suite, elles seront recueillies par la République, pendant cinquante années à compter du jour de la promulgation du présent décret, sans que, pendant ledit temps, les cohéritiers puissent opposer la mort naturelle desdits émigrés (1).

4. Il ne pourra être fait aucune vente ni aucun autre acte de disposition, ni créé aucune hypothèque, au préjudice de l'action nationale, sur les biens présens et futurs des citoyens dont les émigrés sont héritiers présomptifs en ligne directe.

5. Tous actes de vente, cession, transport, obligations, dettes et hypothèques, faits et contractés par les pères et mères ou aïeux d'émigrés, postérieurement à l'émigration de leurs enfans, petits-enfans ou héritiers présomptifs en ligne directe descendante, ou par des enfans, petits-enfans ou héritiers présomptifs en ligne directe ascendante, postérieurement à l'émigration de leurs pères, mères ou aïeux, sont nuls et de nul effet, à moins que les actes qui les contiennent, ou qui constatent lesdites dettes et hypothèques, n'aient été passés en forme authentique, ou que leur date n'ait été arrêtée ou ne soit devenue authentique, par dépôt public ou par des jugemens, antérieurement au 1er février 1793 (2).

SECTION III. De ce qu'on entend par émigrés (3).

6. Sont émigrés :

1° Tout Français de l'un et de l'autre sexe qui, ayant quitté le territoire de la République depuis le 1er juillet 1789, n'a pas justifié de sa rentrée en France dans les délais fixés par le décret du 30 mars = 8 avril 1792. Ledit décret continuera d'être exécuté en ce qui concerne les peines pécuniaires prononcées contre ceux qui seront rentrés dans le délai qu'il a prescrit ;

2° Tout Français de l'un et de l'autre sexe, absent du lieu de son domicile, qui ne justifiera pas, dans la forme qui va être prescrite, d'une résidence sans interruption en France depuis le 9 mai 1792 ;

3° Tout Français de l'un et de l'autre sexe qui, quoique actuellement présent, s'est absenté du lieu de son domicile, et ne justifiera pas d'une résidence sans interruption en France depuis le 9 mai 1792 ;

4° Ceux qui sortiront du territoire de la République sans avoir rempli les formalités prescrites par le décret ;

5° Tout agent du Gouvernement qui, ayant été chargé d'une mission auprès des puissances étrangères, ne serait par rentré en France dans trois mois du jour de son rappel notifié ;

6° Tout Français de l'un ou de l'autre sexe qui, durant l'invasion faite par les armées étrangères, a quitté le territoire français non envahi, pour résider sur le territoire occupé par l'ennemi ;

7° Ceux qui, quoique nés en pays étrangers, ont exercé les droits de citoyens en France, ou qui, ayant un double domicile, savoir : un en France et l'autre en pays étrangers, ne justifieront pas d'une résidence sans interruption en France depuis le 9 mai 1792 ;

7. Ne pourra être opposée comme excuse ou prétexte d'absence la résidence à Malte, ou sur le territoire de Bouillon, Monaco et autres lieux qui, quoique limitrophes ou alliés par des traités et relations de commerce, ne font pas partie intégrante de la France. A l'égard de la résidence dans les pays réunis à la République, elle ne pourra être opposée comme excuse pour le temps antérieur à la réunion proclamée.

SECTION IV. Des exceptions.

8. Ne seront pas réputés émigrés:

1° Les enfans de l'un et l'autre sexe qui, au jour de la promulgation du présent décret, ne seront pas âgés de quatorze ans, pourvu qu'ils ne soient pas convaincus d'avoir porté les armes contre la patrie, à la charge de rentrer en France dans trois mois du jour de la promulgation, et d'y résider. Le délai ne courra, pour chaque enfant au-dessous de dix ans, qu'à compter du jour où il aura atteint dix ans accomplis, et pour ceux âgés de dix

---

(1) La présomption légale de vie pendant cinquante ans, établie pour les émigrés au profit du domaine par cette loi, a eu effet au profit du domaine jusqu'à la radiation de l'émigré, ou, à défaut de radiation, jusqu'au 1er messidor an 11. Ainsi, pour tout ce qui est droit ouvert jusqu'alors, le domaine a droit de réputer l'émigré vivant, encore que son décès soit constaté par acte authentique (Avis du Conseil-d'État du 9 fructidor an 11; décret du 17 avril 1812; S. 13, 2, 305).

L'État a dû recueillir les effets des institutions contractuelles faites en faveur des émigrés par leurs père et mère, encore bien qu'il existât un enfant issu du mariage à l'occasion duquel l'institution avait eu lieu. L'enfant n'est pas fondé à se prévaloir de la mort civile de son père, pour prétendre que par suite lui seul, comme ayant été compris tacitement dans l'institution, a été saisi du bénéfice de cette institution, à défaut de son père (29 avril 1828; Cass. S. 28, 1, 392; D. 28, 1, 231).

(2) Voy. loi du 10 = 14 juillet 1793.

(3) Voy. les notes sur l'art. 1er et la section XI ; voy. aussi la loi du 12 ventose an 8.

ans et au-dessus, à compter du jour de la promulgation du présent décret : néanmoins les
filles émigrées, âgées de plus de quatorze
ans et de moins de vingt-un ans, qui sont
rentrées ou qui rentreraient dans le territoire
de la République, seront déportées; dans le
cas où elles reviendraient en France après
leur déportation, elles seront punies de mort;

2° Les bannis à temps;

3° Ceux qui ont été nominativement déportés en exécution du décret du 26 août
1792, ou par l'effet des arrêtés des corps administratifs, sans déroger néanmoins audit
décret ni auxdits arrêtés, en ce qui concerne
la déportation ou les peines prononcées contre les déportés;

4° Ceux dont l'absence est antérieure
au 1er juillet 1789, pourvu que, dans le cas
où ils seraient rentrés depuis ladite époque,
ils ne soient pas ressortis du territoire de la
République, et encore pourvu qu'ils ne se
soient pas retirés, depuis les hostilités commencées, sur le territoire des puissances en
guerre contre la France : ceux qui, étant
sortis de France antérieurement au 1er juillet 1789, n'ont point habité d'autre territoire
que celui des puissances en guerre contre la
France, ne pourront se prévaloir de la présente exception, s'ils se sont retirés dans les
électorats et évêchés du Rhin, dans les cer-
cles intérieurs de l'empire, ou dans le cercle
de Bourgogne.

L'exception ci-dessus ne pourra être invo-
quée par les ambassadeurs et autres fonctionnaires publics chargés de mission du Gouvernement hors du territoire de la République,
quoiqu'ils aient été rappelés avant le 1er juillet 1789;

5° Ceux qui ont de la nation une mission
vérifiée par le pouvoir exécutif national actuel, leurs épouses, pères, mères, enfans et
domestiques, sans que ceux-ci puissent être
admis au-delà du nombre que chacun de ces
fonctionnaires en emploie habituellement.
Les domestiques ne seront pas admis également, quand ils n'auront pas été en état de
domesticité antérieurement à leur départ; et
toutes les fois que les fonctionnaires publics
présenteront une mission de la nation, le département auquel elle sera remise sera tenu
de l'adresser au conseil exécutif actuel, pour
la faire vérifier avant de donner la décision;

6° Les négocians, leurs facteurs et les ouvriers notoirement connus pour être dans
l'usage de faire, en raison de leur commerce
ou de leur profession, des voyages chez l'é-
tranger, et qui en justifieront par des certificats authentiques des conseils généraux des
communes de leur résidence, visés par les
directoires de district et vérifiés par les direc-

toires de département; les épouses et enfans
desdits négocians demeurant avec eux, leurs
commis et leurs domestiques, dans le nombre
que chacun d'eux en emploie habituellement;
à la charge, par ceux qui sont sortis de France
depuis le décret du 9 février 1792, de justifier des passeports dans lesquels les épouses, enfans, commis et domestiques auront
été dénommés et signalés;

7° Les Français qui, n'ayant aucune fonction publique, civile ou militaire, justifieront
qu'ils se sont livrés à l'étude des sciences,
arts et métiers, qui ont été notoirement connus avant leur départ pour s'être consacrés
exclusivement à ces études, et ne s'être absentés que pour acquérir de nouvelles connaissances dans leur état.

Ne seront pas compris dans la présente
exception ceux qui n'ont cultivé les sciences
et les arts que comme amateurs, ni ceux qui,
ayant quelque autre état, ne font pas leur
profession unique de l'étude des sciences et
arts, à moins que, par des arrêtés des conseils généraux des communes de leur résidence, visés et vérifiés par les directoires de
district et de département, antérieurs au
10 août 1792, ils n'eussent été reconnus être
dans l'exception portée par l'article 6 du
décret du 30 mars = 8 avril 1792, en faveur
des sciences et des arts;

8° Les enfans que leurs parens, leurs tuteurs, ou ceux qui en sont chargés, ont envoyés en pays étranger pour apprendre le
commerce ou pour leur éducation, à la charge
de fournir des certificats délivrés par les conseils généraux des communes de leur résidence, visés et vérifiés par les directoires de
district et de département; lesquels constateront qu'il est notoirement connu que lesdits enfans ont été envoyés pour le commerce
ou leur éducation.

9° Ceux qui seront convaincus d'avoir favorisé la rentrée d'un ou plusieurs émigrés,
en les substituant frauduleusement aux personnes de leur famille, ou de leurs commis
ou domestiques, seront punis de quatre années de fers, et seront en outre responsables,
sur tous leurs biens, des torts que ce délit
aura occasionés à la République.

SECTION V. De la formation et de la continuation des listes et des affiches des biens des émi-
grès (1).

10. Dans les départemens, districts et municipalités qui n'ont pas encore exécuté le décret du 30 mars = 8 avril 1792, il sera
formé, dans le délai de huitaine, des listes
contenant les noms, prénoms, surnoms, ci-
devant qualités, professions et derniers domiciles de toutes les personnes émigrées,

---

(1) *Voy.* loi du 27 brumaire an 2.

avec indication des biens, de leur nature, des noms des fermiers ou locataires, du prix des jouissances, et de l'évaluation par aperçu des biens non affermés.

11. Dans les départemens, districts et municipalités qui ont formé des listes, conformément au décret du 30 mars = 8 avril 1792, il sera dressé des listes supplétives, 1° des émigrés qui n'ont pas été compris dans les premières listes, quoiqu'ils ne possèdent aucun bien; 2° de ceux qui sont émigrés depuis la formation desdites listes.

12. Il sera également formé, dans tous les départemens, des listes de ceux qui émigreront dans la suite, dans les formes prescrites par le présent décret.

13. Les listes indiqueront les droits et créances des émigrés; elles contiendront aussi les biens reconnus pour appartenir à des émigrés, quoique non domiciliés dans la municipalité où les biens sont situés.

14. Les officiers municipaux feront passer, dans la huitaine suivante, ces listes à leurs districts; les districts en formeront un état général dans huit jours de la réception, et les feront passer chacun au département de son arrondissement, dans le même délai.

15. Les départemens feront imprimer ces listes, et les feront afficher et publier dans leur arrondissement, dans la huitaine de l'envoi qui leur en aura été fait; ils enverront un imprimé certifié à chacun des ministres de l'intérieur, de la justice, de la guerre et des contributions publiques.

16. Les ministres de la justice, de la guerre, des contributions et de l'intérieur, feront faire un recueil général des émigrés, par ordre alphabétique, avec indication de leur domicile; ils en adresseront des imprimés; savoir: le ministre de la justice, aux tribunaux, aux officiers de police, de sûreté et de gendarmerie nationale; le ministre de l'intérieur, aux corps administratifs et le ministre de la guerre, aux conseils d'administration des corps armés, aux commissaires-ordonnateurs de la marine et aux commissaires des guerres, pour que les uns et les autres fassent saisir et arrêter les émigrés qui sont rentrés et qui rentreront dans le territoire de la République. Il sera en outre remis six exemplaires de ce recueil général à chacun des membres de la Convention nationale, par le ministre de l'intérieur.

17. Le ministre des contributions publiques remettra des exemplaires de ce recueil général à la Trésorerie nationale, aux payeurs des rentes de l'État, aux bureaux de comptabilité nationale, et aux bureaux de régie des domaines nationaux qui ont dû et doivent cesser tout paiement aux émigrés. Le ministre formera un tableau des émigrés qui sont créanciers et pensionnaires de l'État, et

adressera cet état à la Convention nationale au 1ᵉʳ juin prochain.

18. Les conseils d'administration des corps armés, les commissaires-ordonnateurs de la marine, les gouverneurs, inspecteurs généraux et autres préposés aux écoles militaires du génie, de l'artillerie et de la marine, sont tenus, chacun en ce qui concerne son corps ou son administration, d'envoyer au ministre de l'intérieur, dans la quinzaine du jour de l'envoi qui leur sera fait du présent décret, les états nominatifs de tous les officiers, de quelque grade que ce soit, et de tous les employés au service de la République dans les armées de terre ou de mer, qui ont quitté leurs poste depuis le 1ᵉʳ juillet 1789, sans démission légale et acceptée, et de tous les élèves et pensionnaires des écoles militaires d'artillerie, du génie et de la marine, qui ont quitté lesdites écoles depuis la même époque.

19. Les ministres de la guerre, de la marine et des affaires étrangères, remettront, chacun en ce qui le concerne, dans quinze jours de la promulgation du présent décret, entre les mains du ministre de l'intérieur, les états nominatifs de tous les officiers supérieurs de terre et de mer, et de tous les agens du Gouvernement près les puissances étrangères, qui auront quitté leur poste depuis le 1ᵉʳ juillet 1789.

20. Tous ces états, destinés à faire connaître les fonctionnaires qui ont émigré, et qui pourraient échapper à la vigilance des autorités constituées, comprendront les noms, le grade ou l'emploi des personnes qui y seront inscrites, avec la désignation du lieu de leur naissance ou de leur dernier domicile, et des corps dans lesquels ils servaient.

21. Le conseil exécutif provisoire remettra, d'ici au 1ᵉʳ juin prochain, au ministre de l'intérieur, une liste générale, divisée par départemens, des fonctionnaires qui ont quitté leur poste, et le ministre de l'intérieur en adressera, dans un mois, des imprimés aux directoires des départemens, qui en enverront des exemplaires aux municipalités par la voie des districts : le tout pour être lu, publié et affiché aux lieux ordinaires dans l'étendue de chaque département, district et municipalité, et servir de renseignemens pour la formation et la correction des tableaux des émigrés.

SECTION VI. Des certificats de résidence.

22. Pour justifier de la résidence exigée par la troisième section de la présente loi, les prévenus d'émigration seront tenus de représenter les certificats de huit citoyens domiciliés dans le canton de la résidence certifiée, y compris le propriétaire ou le principal locataire de la maison dans laquelle le certifié aura demeuré ou sera demeurant. A défaut du propriétaire ou du principal locataire,

le certifié pourra y suppléer par le témoignage de deux citoyens domiciliés dans le canton, et les plus voisins de sa résidence ; et, dans ce cas, il sera nécessaire de neuf certifians, lesquels, excepté les propriétaires ou principaux locataires, ne seront ni parens, ni alliés, ni fermiers, ni domestiques, ni créanciers, ni débiteurs, ni agens des certifiés.

23. Les parens, les alliés, les fermiers, les domestiques, les créanciers, les débiteurs, ni les agens des prévenus d'émigration, ne pourront être admis pour certifier la résidence d'aucun autre prévenu d'émigration.

24. Les certificats désigneront le temps, le lieu de la résidence certifiée, et spécialement les maisons où les certifiés auront demeuré.

25. Les certificats seront délivrés par les conseils généraux des communes des chefs-lieux de canton de la résidence certifiée ; ils seront soumis au droit d'enregistrement, qui sera fait dans la huitaine de la délivrance, à peine de nullité ; ils seront inscrits dans les registres des communes des chefs-lieux, publiés et affichés pendant huit jours, tant dans les chefs-lieux de canton que dans les communes de la résidence certifiée, et ne seront délivrés que huitaine après l'affiche et la publication.

26. Dans les villes divisées en sections, les certificats seront délivrés dans les assemblées générales des sections de la résidence à certifier ; ils seront visés et vérifiés par les conseils généraux des communes, et par les directoires des districts et départemens ; ils seront signés par six membres au moins, tant des assemblées générales de section que des conseils généraux des communes, et par deux membres au moins des directoires de district et de département, sans qu'aucune signature, même celle des secrétaires greffiers, puisse être suppléée par une griffe.

27. Les municipalités ou les sections se borneront à la délivrance des certificats de résidence, pour le temps qu'elle a eu lieu dans leur arrondissement, sans exiger la preuve de la résidence dans d'autres municipalités.

28. Les maires, les officiers municipaux et tous les membres des conseils généraux ou des assemblées générales de section, seront garans des faits relatifs au domicile et à la résidence des certifians. Les conseils généraux des communes et les assemblées générales des sections auront la faculté de rejeter le témoignage de ceux des certifians qui leur seront présentés et qu'ils jugeront suspects.

29. Les certificats contiendront les noms, prénoms et surnoms, l'âge, la ci-devant qualité, la profession et le signalement des certifiés ; ils seront signés des certifiés, en présence des certifians, tant sur les registres de municipalités ou des sections que sur les

certificats ; et lesdits certificats ne seront délivrés par les municipalités ou par les sections, après les affiches de huitaine, qu'en présence des certifians, qui signeront eux-mêmes sur les registres et sur les certificats au moment de la délivrance ; et, dans le cas où les certifiés ou les certifians, ou quelques-uns d'eux, ne sauraient signer, il en sera fait mention dans les registres et dans les certificats.

30. Les certificats délivrés, ou dont on a justifié antérieurement à la promulgation du présent décret, même ceux sur lesquels il serait intervenu des décisions ou des arrêtés •des corps administratifs, sont nuls et de nul effet, si ceux ou celles à qui ils ont été délivrés, ou qui en ont justifié ont été ou sont actuellement compris dans les listes ou tableaux des émigrés, ou s'ils y sont rétablis ultérieurement si leurs biens ont été séquestrés, ou s'ils ont été ou sont à l'avenir dénoncés comme émigrés par deux citoyens domiciliés.

31. Sont pareillement déclarés nuls et comme non avenus les arrêtés et délibérations par lesquels les corps administratifs auraient réintégré dans leurs biens des émigrés ou prévenus d'émigration, en vertu des certificats ci-dessus annulés ; et les mêmes corps administratifs seront tenus de séquestrer de nouveau les biens desdits émigrés ou prévenus d'émigration, sauf à ceux-ci à se pourvoir, dans le délai d'un mois à compter de la promulgation du présent décret, afin d'obtenir main-levée sur des certificats de résidence dans la forme qui vient d'être prescrite.

32. Les certificats délivrés aux membres de la Convention nationale par le président et les secrétaires, portant qu'ils sont à leur poste, suffiront pour constater leur résidence, et leur tiendront lieu, dans tous les cas, de tous autres certificats.

33. Les certificats seront faits conformément au modèle qui sera joint au présent décret.

34. S'il s'élève quelque doute ou quelque difficulté sur la forme des certificats, leur validité à cet égard sera jugée par les directoires de département, sur l'avis des directoires des districts, chacun dans son arrondissement.

35. Ceux qui seront convaincus d'avoir attesté un fait faux par leur certificat seront condamnés à six années de gêne, conformément à l'article 17 du titre II de la section II du Code pénal ; ils seront en outre responsables solidairement, sur tous leurs biens, des pertes que le faux aurait occasionées à la République.

36. Les procureurs-syndics des districts et les procureurs-généraux-syndics des départemens seront tenus, sous les peines ci-après portées, de dénoncer les fraudes et témoi-

gnages suspects de faux, aussitôt qu'ils seront venus à leur connaissance, au directeur du jury d'accusation près le tribunal du district de l'arrondissement, qui, sans instruction préalable devant le juge-de-paix, et sans avoir recours au tribunal, sera tenu de dresser l'acte d'accusation et de le présenter au jury d'accusation, pour être procédé de suite dans la forme prescrite par le décret du 16 = 29 septembre 1791.

37. Il n'est rien innové par les articles ci-dessus à la forme des certificats de résidence exigés des fonctionnaires publics et des autres citoyens, créanciers ou pensionnaires de la nation non prévenus d'émigration; lesdits certificats leur seront délivrés comme par le passé, à la charge par eux de rapporter une attestation du directoire du département du lieu de leur domicile ou de leur résidence habituelle, contenant qu'ils n'ont point été et ne sont point compris dans la liste des émigrés, et que leurs biens n'ont pas été mis en séquestre.

SECTION VII. De la nullité des ventes et autres dispositions des biens des émigrés, et des exceptions y relatives.

38. Toute donation entre-vifs ou à cause de mort, même celles faites par testament, codicille et contrat de mariage, et tous autres actes de libéralité faits par des émigrés ou leurs fondés de pouvoirs, depuis le 1er juillet 1789, sont nuls et de nul effet.

39. Seront néanmoins exécutées:

1° Les ventes faites par les donataires d'objets compris aux donations énoncées en l'article précédent, quand les dates desdites ventes auront été arrêtées par l'enregistrement, ou quand elles seront devenues authentiques par des actes publics ou par des jugemens, le tout antérieurement à la promulgation du décret du 9 février 1792;

2° Les dispositions rémunératoires contenues dans des actes authentiques en faveur des nourrices, instituteurs et domestiques, pour leurs services antérieurs au 9 février 1792, mais jusqu'à concurrence seulement de mille livres de rente ou pension viagère pour chaque donataire.

40. Tout acte de vente ou aliénation d'immeuble réel ou fictif, toute obligation, cession, et tout transport de sommes ou créances; tout partage, licitation amiable ou judiciaire, tous baux à ferme et à loyer, tout engagement ou emphytéose, et généralement tout acte de disposition de propriété et d'usufruit, faits et passés par des émigrés ou leurs fondés de pouvoirs, ou dans lesquels les émigrés ont des droits ou des intérêts, depuis la promulgation du décret du 9 février 1792, sont nuls et de nul effet (1).

41. Tout paiement fait aux émigrés ou à leurs agens et fondés de pouvoirs, de sommes non exigibles et par anticipation depuis la promulgation du décret du 9 février 1792, est nul et de nul effet.

42. Tout paiement fait aux émigrés ou à leurs agens et fondés de pouvoirs, de sommes exigibles et exigées autrement que par ordonnance de contrainte, en exécution d'un titre paré ou d'un jugement, depuis la promulgation du décret du 30 mars = 8 avril 1792, est nul et de nul effet, sauf le recours de ceux qui ont payé à des agens ou fondés de pouvoirs contre lesdits agens et fondés de pouvoirs.

43. Toutes quittances et tous actes de remise de sommes ou effets déposés à des officiers publics, appartenant à des émigrés depuis la promulgation du décret du 9 février 1792, sont nuls et de nul effet.

Tout billet, promesse, reconnaissance, effet de commerce, négociable ou non, et généralement tous les actes énoncés aux articles précédens, faits sous signature privée, sont nuls et de nul effet, si leur date n'a pas été arrêtée par l'enregistrement, ou s'ils ne sont pas devenus authentiques par des actes de dépôts publics ou par des jugemens, le tout avant la promulgation du décret du 9 février 1792 (2).

44. Seront exceptés des dispositions de l'article ci-dessus:

1° Les salaires d'ouvriers;

2° Les gages des domestiques, seulement pour les trois dernières années de leur service;

3° Les créances des fournisseurs, quand leurs fournitures auront été reconnues et réglées dans la forme prescrite par le décret du 30 mars = 8 avril 1792, sauf la prescription légale, sur laquelle les juges pronon-

---

(1) La nullité prononcée par cet article n'est que relative, en ce qui touche seulement les intérêts du fisc (20 fructidor an 11; Cass. S. 4, 1, 381; 15 ventose an 12; Cass. S. 4, 2, 168). *Voy.* la loi du 1er floréal an 3, art. 5.

(2) La prescription n'a pas couru au profit de l'émigré durant son émigration, contre le créancier qui n'était porteur que de titres sous seing privé et sans date certaine avant l'émigration, le créancier n'ayant pu, en ce cas, en réclamer le paiement contre l'Etat, représentant l'émigré (28 janvier 1828; Paris, S. 28, 2, 186; D. 28, 2, 139).

Plusieurs jugemens du tribunal de première instance de la Seine ont jugé dans ce sens. *Voy.* notamment ceux du 3 mai 1827, du 8 juillet 1826, du 6 mai 1826. *Voy.* le recueil de M. Naylies, t. 2, p. 111.

ceront, sur les conclusions du commissaire national.

45. Seront néanmoins exécutés tous les actes authentiques ou devenus authentiques de la nature de ceux énoncés aux articles précédens, quoique leur date ou celle de leur authenticité soit postérieure à la promulgation du décret du 9 février 1792, lorsqu'il sera prouvé que les signataires desdits actes n'ont émigré que depuis la date authentique ou devenue authentique desdits actes.

Cette preuve sera acquise en rapportant :

1º Le certificat de résidence du vendeur ou du cédant, dans la forme qui était prescrite à la date desdits actes ;

2º Les certificats des conseils généraux des communes ou des sections, visés et vérifiés par les directoires de district et de département, préalablement enregistrés, justificatifs que les noms des signataires desdits actes n'étaient pas compris dans les listes des émigrés à la date où lesdits actes ont été ou sont devenus authentiques, et qu'à la même époque les biens desdits signataires n'étaient point séquestrés. Ces certificats seront donnés dans les assemblées générales de commune ou de section commune de la résidence du certifié. Ils seront inscrits sur les registres des délibérations, et délivrés par copie au pied des actes mêmes qui exigeront lesdits certificats.

46. Tous les actes énoncés aux articles ci-dessus, à quelque date qu'ils soient faits et signés, sont nuls et de nul effet s'ils sont jugés faits en fraude ou en contravention à la saisie nationale prononcée par le décret du 9 février 1792.

47. Les saisies mobilières non suivies de ventes et traditions d'espèces, les saisies-réelles, les baux judiciaires faits sur les émigrés depuis la promulgation du décret du 9 février 1792, sont annulés, sauf les droits des saisissans et le paiement des frais légitimement faits, sur le prix des objets saisis.

48. Les liquidations de droits, les collocations de créances, et les actes d'exécution des séparations et des divorces, faits et prononcés depuis le 1er juillet 1789, entre maris et femmes émigrés, ou dont l'un des deux serait émigré, sont nuls et de nul effet, sauf les droits des séparés ou divorcés, qu'ils exerceront sur les biens de leurs époux émigrés, par les voies ordinaires de droit.

49. Tous les droits attributifs de jouissance ou d'usufruit sur les biens des enfans émigrés, en faveur de leurs pères et mères, cesseront à compter du jour de la promulgation du présent décret.

SECTION VIII. Des peines contre ceux qui troublent l'administration ou les acquéreurs des biens des émigrés, et qui recèlent ou divertissent quelque partie desdits biens.

50. Ceux qui auront enlevé, diverti ou recelé des titres, de l'argent, des assignats ou des effets appartenant aux émigrés, seront poursuivis et punis comme voleurs d'effets publics.

51. Ceux qui troubleront les administrateurs nationaux ou les acquéreurs des biens des émigrés, dans leur administration ou acquisition ; qui feront enlever les fruits, et qui commettront des dégradations dans les biens des émigrés vendus ou à vendre, seront punis des peines prononcées par la loi de police correctionnelle.

52. Ceux qui auront nui à la vente des biens des émigrés, par des voies de fait ou des menaces, seront punis de quatre années de fers, et seront en outre responsables, sur tous leurs biens présens et futurs, des torts que leur délit aura occasionés à la République.

53. Quand les délits énoncés aux deux articles précédens auront été commis par des parens ou des agens des émigrés, ils seront punis de six années de fers, et les délinquans seront en outre responsables, sur tous leurs biens présens et à venir, des pertes et dommages que leur délit aura occasionés, soit à la République, soit aux particuliers.

SECTION IX. Des complices des émigrés ; des suites de ce crime contre les pères et mères des émigrés ; des exceptions y relatives.

54. Tous ceux qui seront convaincus d'avoir, depuis le 9 mai 1792, aidé ou favorisé les projets hostiles des émigrés, d'avoir envoyé leurs enfans ou soudoyé des hommes sur terre étrangère ; de leur avoir fourni des armes ou des chevaux, ou des munitions, ou toutes autres provisions de guerre, ou des secours pécuniaires, seront réputés complices desdits émigrés, et punis, comme tels, des peines portées contre eux par le présent décret (1).

55. Les pères et mères qui, aux termes du décret du 12 septembre dernier, sont tenus de fournir l'habillement et la solde de deux hommes pour chaque enfant émigré, ne pourront fournir le remplacement d'hommes, ni le fournissement en nature ; mais ils seront tenus de verser à la caisse du receveur de district de l'arrondissement de leur domicile, et ce dans quinzaine de la sommation qui leur en sera faite à la requête du procureur-général-syndic du département, poursuite et diligence dudit receveur, la somme à laquelle

_____

(1) *Voy.* loi du 8 pluviose an 2.

sera arbitrée, par le directoire du département de l'arrondissement, la valeur desdits remplacemens. Le montant de la solde, à raison de quinze sous par jour pour chaque homme, sera également versé à la caisse du receveur du district de l'arrondissement, par chaque année et d'avance, tant que durera la guerre, à compter du 1er janvier 1792.

56. Les pères et mères sont chargés de la preuve de la résidence de leurs enfans en France.

57. Sont exceptés des dispositions de l'article 55 :

1° Ceux des pères et mères dont les enfans étaient mariés ou domiciliés séparément de leurs pères et mères, avant le 1er juillet 1789.

2° Ceux qui justifieront n'avoir pas plus de mille livres de revenu par ménage, et non par tête, qui fourniront en outre un certificat de civisme, délivré par le conseil général de la commune de leur résidence, lequel certificat sera vérifié et approuvé par les directoires de district et de département de l'arrondissement.

58. Le paiement de la charge imposée par l'article 55 ne sera perçu que sur l'excédant de ladite somme de mille livres de revenu, réservée pour la subsistance de chaque ménage, et tout l'excédant sera employé jusqu'à concurrence de l'acquit total de ladite charge.

SECTION X. Des peines contre les fonctionnaires publics négligens ou infidèles dans les fonctions relatives à l'exécution du présent décret (1).

59. Les administrateurs, les officiers municipaux et tous les autres fonctionnaires publics qui seront convaincus de négligence dans l'exécution du présent décret, seront destitués de leur place.

60. Ceux qui seront convaincus d'infidélité dans l'exercice des fonctions relatives aux dispositions du présent décret, seront punis de deux années de fers, et en outre responsables, sur tous leurs biens présens et à venir, des torts que leur infidélité aura occasionés à la République ou aux particuliers.

SECTION XI. Des réclamations contre les listes des émigrés.

61. Les émigrés qui n'ont pas réclamé contre les listes sur lesquelles ils ont été portés, lorsque ces listes auront été définitivement arrêtées par les directoires de département, ne seront plus admis à former aucune espèce de réclamation.

62. Les émigrés dont les réclamations ont été rejetées, soit par les directoires de département, soit par le conseil exécutif, sont tenus de quitter le territoire de la République dans la huitaine qui suivra la promulgation du présent décret, sous peine d'être punis comme les émigrés qui ont enfreint leur bannissement.

63. Les personnes portées sur les listes des émigrés, qui ont réclamé, et sur les demandes desquelles il n'a point été statué, et celles dont les certificats de résidence sont annulés, seront tenues de s'en pourvoir dans quinze jours à compter de la promulgation du présent décret.

64. A l'avenir, les personnes qui prétendront être mal à propos portées sur les listes des émigrés faites en exécution du présent décret, se pourvoiront devant les départemens dans le délai d'un mois à compter de la publication et de l'affiche des listes dans l'arrondissement du département, soit qu'il s'agisse de faire prononcer sur l'exception déterminée par le décret, soit qu'il s'agisse de justifier de leur résidence en France.

65. Après les délais ci-dessus fixés, il n'y aura plus lieu à aucune réclamation.

66. Les arrêtés des départemens qui ont rejeté ou qui rejetteront les réclamations formées par des émigrés, seront définitifs, et exécutés sans aucun recours.

67. Si les arrêtés des départemens ont été ou sont favorables aux prévenus, ou si les départemens ont pris des arrêtés contradictoires sur la même personne, l'exécution en sera suspendue, et les procureurs-généraux-syndics des départemens se pourvoiront sur-le-champ pour obtenir une décision définitive et motivée du conseil exécutif.

68. Avant de prononcer, le conseil exécutif fera un état nominatif des personnes qui auront obtenu des arrêtés de département, contenant décharge de séquestration de biens, ou radiation de leurs noms sur les listes d'émigrés. Cet état sera imprimé, publié et affiché dans les départemens, district et communes où les certificats de résidence auront été délivrés, et où les prévenus d'émigration avaient leur dernier domicile et ont des biens situés. Le conseil exécutif ne donnera sa décision que dans un mois après l'affiche et publication.

69. Si, dans le délai de deux mois ci-dessus fixé, il y a dénonciation ou réclamation de la part des citoyens ou des corps administratifs, le conseil exécutif sera tenu de délibérer sur leurs motifs, lors de sa décision.

70. Aussitôt que le conseil exécutif aura donné une décision relative aux émigrés ou prévenus d'émigration, il en enverra une expédition à la Convention nationale : si elle est favorable à l'émigré, elle sera imprimée pour

_____

(1) Voy. loi du 11 = 12 août 1793.

5.   15

être publiée dans le lieu du domicile de l'émigré, et dans les lieux où il a des biens.

71. Le conseil exécutif sera tenu, dans le plus court délai, de faire les recherches les plus rigoureuses contre les administrateurs et fonctionnaires publics qui ont pu se prêter à admettre de faux certificats de résidence en faveur des émigrés, pour les faire traduire au tribunal extraordinaire.

72. Tous les citoyens pourront dénoncer aux directoires de district ou de département les émigrés omis sur les listes. Dès lors les corps administratifs seront tenus de statuer sur la dénonciation, et de faire réparer l'omission, s'il y a lieu.

73. Tout citoyen qui fera connaître des biens d'émigrés qui auront été recelés ou omis dans les listes, aura la dixième partie de ces mêmes biens (1).

Section XII. Jugement et condamnations des émigrés (2).

74. Tous les Français émigrés qui seront pris faisant partie des rassemblemens armés ou non armés, ou ayant fait partie desdits rassemblemens, et ceux qui ont été ou seront pris soit sur les frontières, soit en pays ennemi, soit dans les pays occupés par les troupes de la République, s'ils ont été précédemment dans les armées ennemies ou dans les rassemblemens d'émigrés; ceux qui auront été ou se trouveront saisis de congés ou de passeports délivrés par les chefs français émigrés, ou par les commandans militaires des armées ennemies, sont réputés avoir servi contre la France, et compris dans les dispositions du décret du 9 octobre dernier, et seront punis de la manière prescrite par l'article 1er dudit décret.

75. Les commissions militaires renverront les émigrés qui ne se trouveront pas dans les cas prévus par la loi du 9 octobre dernier, et par la présente loi, dans les maisons de justice des tribunaux criminels des départemens, pour être jugés suivant le mode qui va être établi pour le jugement des émigrés.

76. Les émigrés qui rentreront, ceux qui sont rentrés, ceux qui resteront sur le territoire de la République contre la disposition des lois, seront conduits devant le tribunal criminel du département de leur dernier domicile en France, qui les fera mettre à la maison de justice.

77. L'accusateur public fera citer des personnes dont le civisme sera certifié, au moins au nombre de deux, de la commune du domicile de l'accusé, ou, à leur défaut, des

lieux circonvoisins, pour faire reconnaître si le prévenu est la même personne que celle dont l'émigration est constatée par la liste des émigrés ou par les arrêtés des corps administratifs.

78. Les témoins cités seront entendus publiquement à l'audience, et toujours en présence de deux commissaires du conseil général de la commune du lieu où le tribunal est établi. Le prévenu comparaîtra devant les témoins, et, s'ils affirment l'identité, les juges du tribunal condamneront l'émigré à mort, ou à la déportation, s'il s'agit d'une femme de vingt-un ans et au-dessous, jusqu'à quatorze ans.

79. Le condamné sera mis à mort ou déporté dans les vingt-quatre heures, sans qu'il puisse y avoir lieu à aucun sursis, recours ou demande en cassation.

80. Dans le cas où le prévenu prétendrait être encore dans le délai de justifier de sa résidence en France, ou de faire valoir quelques exceptions déterminées par la loi, les tribunal le fera retenir à la maison de justice, et renverra sur-le-champ au directoire du département, qui statuera sur l'allégation, conformément à ce qui a été prescrit.

81. Les jugemens rendus contre les dispositions de la présente loi seront nuls; en conséquence, les prévenus d'émigration qui ont pu être absous seront de nouveau mis en jugement.

Tous prévenus d'émigration, détenus dans les maisons d'arrêt et prisons des tribunaux de district, soit qu'il y ait ou qu'il n'y ait pas de procédures commencées seront renvoyés sur-le-champ au tribunal criminel du département de leur dernier domicile.

82. Les citoyens qui auront saisi et arrêté des émigrés recevront, aussitôt après l'exécution du jugement, la somme de cent livres par chaque émigré. Le mandat leur en sera donné par le directoire du département, sur le préposé à la régie des domaines nationaux le plus voisin, qui en aura reprise dans les comptes de régie des domaines et biens provenant des émigrés.

83. Le conseil exécutif fera parvenir dans le plus court délai, et par les moyens les plus prompts, le présent décret. Les corps administratifs lui en certifieront de même la réception. Il en sera, sous huit jours, distribué six exemplaires à chaque membre de la Convention; il sera proclamé dans toutes les communes, en présence du conseil-général.

84. Tous les décrets antérieurs relatifs aux émigrés sont abrogés en ce qu'ils pourraient avoir de contraire aux dispositions du présent décret.

---

(1) *Voy.* loi du 12 juillet 1793.
(2) *Voy.* lois du 26 avril 1793; des 13 et 16 septembre 1793.

MODÈLE DU CERTIFICAT DE RÉSIDENCE.

Certificat de résidence fourni en exécution du décret rendu contre les émigrés, délivré gratis, sauf le droit du timbre.

Commune (1) de   chef-lieu du canton de   district de   département de

Extrait des registres des délibérations de la commune de

Nous soussignés, maire, officiers municipaux et membres du conseil - général de la commune de   sur la demande qui a été faite par L.   ci-après nommé, certifions, sur l'attestation des citoyens (écrire les noms et demeures des citoyens certifians), tous domiciliés dans (2) le canton de   qui est celui dans l'arrondissement duquel est la résidence du certifié, que (écrire les noms, prénoms, l'âge, la profession et le signalement du certifié) demeure actuellement à   maison appartenant à   et qu'il y réside ou y a résidé sans interruption depuis   jusqu'à

En foi de quoi nous avons délivré le présent certificat, qui a été donné en présence du certifié et des certifians que nous avons réunis au témoignage, lesquels certifians ne sont, à notre connaissance, et suivant l'affirmation qu'ils ont faite devant nous, parens, alliés, fermiers, domestiques, créanciers, débiteurs ni agens dudit certifié, ni d'aucun titre prévenu d'émigration ou émigré (3), et ledit certifié signé, tant sur le registre des délibérations et actes de la commune de   que sur le présent extrait; (ou bien) ledit certifié a déclaré ne savoir écrire ni signer, ce interpellé.

Fait en la maison commune, ce   1793, l'an second de la République française.

Signature du certifié.

Signatures des maire, officiers municipaux et membres du conseil général de la commune de....

Certificat de l'affiche du certificat de résidence, pendant huit jours, dans le chef-lieu de canton et dans la commune de résidence du certifié.

Nous soussignés, maire, officiers munici-

paux et membres des conseils-généraux de la commune de   qui est celle du chef-lieu du canton de   et de la commune de   qui est celle de la résidence de (mettre ici le nom du certifié),

Certifions que le certificat de résidence ci-dessus délivré le   a été publié et affiché dans le chef-lieu du canton de   et dans l'étendue de la commune de   pendant huit jours consécutifs, aux termes de loi.

Fait à   le

Signatures des maire, officiers municipaux et membres du conseil général de la commune de....

Fait à   le

Signatures des maire, officiers municipaux et membres du conseil général de la commune de....

Délivrance du certificat.

Le certificat ci-dessus a été délivré audit (le nom du certifié), que les citoyens certifians (mettre le nom des certifians) reconnaissent pour être le même que celui dont ils ont attesté la résidence à la commune de   le

Signatures des certifians.

Signature du secrétaire-greffier.

Visa du directoire de district.

Vu et vérifié par nous, président et membres du directoire du district de
fait à   le   1793, l'an second de la République française.

Signatures des membres du directoire de district.

Signature du secrétaire du district.

Visa du directoire de département.

Vu et vérifié par nous, président et membres du directoire du département de

---

1) Dans les villes divisées en sections, il faudra mettre le titre comme il suit : Commune .... département de.....

2) Dans les villes divisées en sections, il faudra substituer à ce mot *canton* et suivans, ceux-là la section de.... qui est celle dans l'arrondissement de laquelle est la résidence du certifié.»

(3) Dans le cas où le propriétaire ou le principal locataire de la maison du certifié serait son parent, son allié, etc., comme la loi ne le prohibe pas pour cela, il faudra ajouter ces mots : « à l'exception de (mettre le nom du propriétaire ou « du principal locataire), lequel nous a déclaré « être parent ou allié, ou..... dudit certifié. »

15,

Fait à   le   1793, l'an second de la République française.

Signatures des membres du directoire du département.

Signature du secrétaire-général du département (1).

---

28 MARS 1793. — Décret qui déclare que les habitans de Longwy n'ont pas démérité de la patrie, et met en état d'arrestation Lavergne, commandant de cette place, et plusieurs membres du directoire du district et de la municipalité. (L. 13, 774; B. 28, 510.)

28 MARS = 2 AVRIL 1793. — Décret qui enjoint aux corps administratifs de faire passer à la Convention les noms, surnoms et qualifications des contre-révolutionnaires qui seront arrêtés. (L. 13, 773; B. 28, 538.)

28 MARS 1793. — Décret pour accélérer l'envoi des lois aux agens de leur exécution. (B. 28, 510.)

28 MARS 1793. — Décret qui met en activité le tribunal criminel extraordinaire, et l'autorise à juger au nombre de dix jurés. (L. 13, 762; B. 28, 510.)

28 = 30 MARS 1793. — Décret concernant les indemnités accordées aux citoyens Jourdain, dit Lelaye d'Aveley, et Morgan père et fils. (B. 28, 508.)

28 MARS 1793. — Décret relatif aux mesures à prendre par la municipalité de Paris pour le désarmement des personnes suspectes. (L. 13, 765; B. 28, 513.)

28 MARS 1793. — Décret pour le versement d'une somme en faveur des Quinze-Vingts. (B. 28, 510.)

28 MARS = 2 AVRIL 1793. — Décret qui met les ingénieurs des ponts-et-chaussées à la disposition du ministre de l'intérieur, et les dispense de concourir au recrutement. (L. 13, 776; B. 28, 537.)

28 MARS 1793. — Décret qui surseoit à toute procédure sur la demande intentée par La Rochette et la veuve Admiraut, contre le citoyen Turpin. (B. 28, 508.)

---

28 MARS 1793. — Décret qui charge le conseil exécutif de rendre compte des motifs qui ont pu l'empêcher de donner connaissance de l'existence et des progrès de la conspiration de Bretagne. (B. 28, 509.)

28 = 30 MARS 1793. — Décret qui fixe les indemnités en faveur de divers habitans d'Amiens, pour raison des pertes par eux éprouvées sur les grains achetés en 1789. (B. 28, 508.)

28 MARS 1793. — Décret relatif au citoyen Dermigue, promu nouvellement par le ministre de la guerre au grade d'officier général. (B. 28, 509.)

28 MARS 1793. — Décret portant que les cartes des députés leur tiendront lieu de cartes civiques. (B. 28, 511.)

28 MARS = 3 AVRIL 1793. — Décret qui établit provisoirement à Paris une commission centrale de bienfaisance pour administrer les revenus de donation appartenant aux pauvres. (L. 13, 769; B. 28, 514.)

28 MARS 1793. — Corps d'artillerie; Députés. *Voy.* 27 MARS 1793. — Nantes. *Voy.* 24 MAI 1793.

29 = 31 MARS 1793. — Décret qui admet à la traite de la gomme, dans le Sénégal, les bâtimens américains et ceux des nations avec lesquelles la France n'est pas en guerre. (L. 11, 749; B. 28, 539; Mon. du 31 mars 1793.)

La Convention nationale, voulant continuer à prouver aux alliés du peuple français ainsi qu'aux nations amies de sa liberté qu'elle désire les appeler aux mêmes avantages que sa sollicitude aura toujours pour objet de procurer au commerce de la République, décrète ce qui suit :

Les bâtimens des Etats-Unis de l'Amérique, ceux des nations avec lesquelles la République française n'est point en guerre, qui seront armés dans ses ports et pour compte des négocians français, seront admis à la traite de la gomme du Sénégal. Ils jouiront, pour leurs approvisionnemens et leurs retours en France, des mêmes faveurs que les bâtimens de la République, à la charge de fournir au bureau des douanes du lieu du départ les soumissions exigées des armateurs des bâtimens français, pour assurer leur rechargement dans les ports de la République

---

(1) Par décret du 12 avril 1793, la Convention nationale décréta que tous les articles de la partie pénale du décret contre les émigrés seraient réunis et datés du 28 mars 1793, et que tous lesdits articles seraient transcrits dans le procès-verbal dudit jour 28 mars. *Voy.* ce décret du 11 avril 1793, à sa date.

29 = 3o mars 1793. — Décret qui abolit la course sur mer à l'égard des navires de la ville de Hambourg et des villes anséatiques, et ordonne de lever, dans le plus court délai, l'embargo mis sur les navires de ces villes. (L. 13, 805; B. 28, 540; Mon. du 31 mars 1793.)

La Convention nationale, considérant que la ville de Hambourg, ainsi que les villes anséatiques, ont déclaré adhérer à la proposition faite par l'Assemblée législative à toutes les nations d'abolir la course sur mer, décrète ce qui suit :

Art. 1er. A compter de ce jour, la course sur mer est et demeure abolie à l'égard des navires de la ville de Hambourg et de ceux des villes anséatiques.

2. En conséquence de l'article précédent, le conseil exécutif provisoire fera lever, dans le plus bref délai, l'embargo mis sur les navires de Hambourg et des villes anséatiques qui sont actuellement dans les ports et rades de la République; et, au départ de tout navire appartenant auxdites villes, il sera délivré aux capitaines des passeports où seront insérées les dispositions du présent décret.

29 = 31 mars 1793. — Décret qui fixe le prix des chevaux de poste, à compter du 1er avril 1793. (L. 13, 808; B. 28, 541; Mon. du 31 mars 1793.)

Art. 1er. A dater du 1er avril prochain, les chevaux de poste seront payés par les voyageurs et les courriers extraordinaires, à raison de quarante sous par cheval, par poste, et quinze sous de guide au postillon. Les courriers des malles continueront de payer seulement trente sous par cheval, par poste, et quinze sous de guide, ainsi qu'il est réglé par le décret du mois de février dernier.

2. En cas d'abandon du service par quelques maîtres de poste, il sera pourvu, à leurs frais, à leur remplacement.

3. La Convention nationale se réserve d'accorder des indemnités aux maîtres de postes qui, indépendamment des avantages du présent décret, seront obligés à de nouvelles dépenses pour le soutien de leurs relais, lesquelles dépenses seront attestées et réglées par le département, sur l'avis du district et les observations de la municipalité.

4. Ceux qui auront exigé des voyageurs au-delà du prix fixé seront tenus de restituer le trop perçu. La connaissance en est attribuée aux municipalités et aux juges-de-paix concurremment.

29 = 31 mars 1793. — Décret qui enjoint à tous propriétaires ou principaux locataires de faire afficher à l'extérieur de leurs maisons les noms, prénoms, surnoms, âges et professions de tous les individus résidant dans leurs maisons. (L. 13, 810; B. 28, 542; Mon. du 31 mars 1793.)

Art. 1er. Dans trois jours de la promulgation du présent décret, tous propriétaires, principaux locataires, concierges, agens, fermiers, régisseurs, portiers, logeurs ou hôteliers des maisons et de toutes habitations dans le territoire de la République, seront tenus d'afficher à l'extérieur desdites maisons, fermes et habitations, dans un endroit apparent et en caractères bien lisibles, les noms, prénoms, surnoms, âge et professions de tous les individus résidant actuellement ou habituellement dans lesdites maisons, fermes ou habitations.

2. Lesdites affiches seront renouvelées toutes les fois qu'il y aura mutation d'individus ou détérioration de l'affiche.

3. Dans toutes les villes et lieux de la République, d'une population de dix mille ames et au-dessus, les copies des affiches, certifiées des propriétaires, principaux locataires, fermiers, concierges ou portiers, seront par eux remises aux comités des communes ou sections de communes; ils en tireront récépissé.

4. Dans le cas de négligence ou d'infidélité dans l'exécution du présent décret, les délinquans seront punis d'un emprisonnement qui ne pourra être moindre d'un mois, ni excéder six mois. Ils seront condamnés en outre à une amende égale au double du montant de leurs contributions; les propriétaires, principaux locataires et tous chefs de maisons, seront responsables de la négligence ou de l'infidélité de leurs agens.

5. Il n'est aucunement dérogé à l'exécution du décret du 26 février dernier, concernant les déclarations à faire des noms et qualités des étrangers résidant dans le territoire de la République.

29 = 31 mars 1793. — Décret portant que les ministres seuls seront responsables des marchés qu'ils ont conclus. (L. 13, 812; B. 28, 541.)

La Convention nationale, sur la lettre du ministre de la guerre relative à la responsabilité des ministres quant aux avances qu'ils font aux fournisseurs, décrète que le ministre qui a conclu un marché sera seul responsable.

29 = 31 mars 1793. — Décret relatif à la réparation des vexations que Hamet Moktar, chef de la tribu des Maures Braknas, s'est permises envers des Français voyageant pour la traite des gommes. (L. 13, 813; B. 28, 539; Mon. du 31 mars 1793.)

La Convention nationale, voulant obtenir la réparation des vexations que Hamet Moktar, chef de la tribu des Maures Braknas, s'est permises envers les Français qui sont allés dans ce pays pour faire la traite de la gomme, décrète ce qui suit :

Art. 1er. Il sera signifié à Hamet Moktar, chef de la tribu des Maures Braknas, que la nation française ne lui paiera plus aucune coutume, et cessera toute relation de commerce avec lui, jusqu'à ce qu'il ait réparé les vexations qu'il s'est permises envers les Français, et qu'il ait donné des otages qui répondent de sa conduite pour l'avenir.

2. Il est défendu provisoirement à tout bâtiment français de faire aucune traite de gomme à l'Escala, qui est sous la domination d'Hamet Moktar : le conseil exécutif est autorisé à établir sur la rivière un bâtiment armé qui fasse respecter cette défense.

---

29 = 31 MARS 1793. — Décrets relatifs aux écrits tendant à provoquer le meurtre et la violation des propriétés. (L. 13, 815 ; B. 28, 542 ; Mon. du 31 mars 1793.)

La Convention nationale décrète que ceux qui provoqueront par leurs écrits le meurtre et la violation des propriétés seront punis, savoir : 1° de la peine de mort, lorsque le délit aura suivi la provocation ; 2° de la peine de six ans de fers, lorsque le délit ne l'aura pas suivie.

29 = 31 MARS 1793. — Décret relatif aux auteurs, colporteurs d'écrits tendant à la dissolution de la Convention, au rétablissement de la royauté ou de tout autre pouvoir attentatoire à la souveraineté du peuple. (L. 13, 815 ; B. 28, 543.)

La Convention nationale décrète :

Art. 1er. Quiconque sera convaincu d'avoir composé ou imprimé des ouvrages ou écrits qui provoquent la dissolution de la représentation nationale, le rétablissement de la royauté ou de tout autre pouvoir attentatoire à la souveraineté du peuple, sera traduit au tribunal extraordinaire et puni de mort.

2. Les vendeurs, distributeurs et colporteurs de ces ouvrages ou écrits, seront condamnés à une détention qui ne pourra excéder trois mois, s'ils déclarent les auteurs, imprimeurs ou autres personnes de qui ils les tiennent ; s'ils refusent cette déclaration, ils seront punis de deux années de fers.

---

29 MARS 1793. — Décret relatif au compte à rendre par les agens chargés de la surveillance du mobilier de la liste civile. (L. 13, 807 ; B. 28, 543.)

---

29 = 31 MARS 1793. — Décret qui agrée l'hommage d'un tableau de David, représentant Michel Lepelletier sur son lit de mort. (B. 28, 541.)

---

29 = 31 MARS 1793. — Décret relatif aux dépenses des membres de la Convention envoyés en commission. (L. 13, 817 ; B. 28, 539.)

29 MARS 1793. — Décret qui ordonne de faire passer des secours au département de Maine-et-Loire. (B. 28, 538.)

29 MARS 1793. — Décret pour l'envoi du Bulletin aux hôpitaux militaires. (B. 28, 538.)

29 MARS 1793. — Décret qui traduit à la barre le général Miranda. (B. 28, 540.)

29 MARS 1793. — Arsenal de La Fère ; Assignats; Citoyen Brudieu et Lignières ; Citoyen Isoré; Citoyen Philibert ; Citoyens Pivot et Grognard; Citoyen Treilhard ; Comité de sûreté générale; Compagnie Wointer; Domaines nationaux; Émigrés; Hussards de la Liberté ; Monnaie de Paris ; Piques ; Terres des émigrés. *Voy.* 28 MARS 1793. — Tribunal criminel. *Voy.* 11 MARS 1793. — Tribunal extraordinaire. *Voy.* 27 MARS 1793.

30 MARS 1793. — Décret relatif à l'élection des comités de surveillance. (L. 13, 822 ; B. 28, 546.)

La Convention nationale, interprétant l'article 3 du décret du 21 mars courant, décrète que, sur mille citoyens ayant droit à voter dans la section, il faudra les suffrages de cent pour l'élection des membres qui doivent composer le comité de surveillance.

---

30 MARS = 3 AVRIL 1793. — Décret portant que les comptables des deniers publics sont soumis à la contrainte par corps. (L. 13, 826 ; B. 28, 544 ; Mon. du 31 mars 1793.)

Voy. loi du 9 MARS 1793.

La Convention nationale, après avoir entendu le rapport de son comité des finances sur les exceptions que doit recevoir l'abolition de la contrainte par corps pour dettes civiles, prononcée par le décret du 9 mars dernier, décrète que les comptables qui ont eu ou ont actuellement le maniement des deniers appartenant à la République française, les fournisseurs qui ont reçu des avances du Trésor public, et autres ses débiteurs directs, sont et demeurent exceptés de la contrainte par corps, et seront poursuivis, même par cette voie, pour l'exécution de leurs engagemens.

---

30 MARS = 9 AVRIL 1793. — Décret portant que les villes de Mayence, Worms, etc., font partie intégrante de la France. (L. 13, 827 ; B. 28, 548.)

La Convention nationale, après avoir entendu l'adresse à elle présentée, au nom des peuples libres de la Germanie, par les députés de la Convention nationale séant à Mayence ; vu aussi le décret rendu le 21 du présent mois par la même Convention, tendant à obtenir la réunion à la République française de toutes les villes et communes qu'elle représente, déclare, au nom du peuple français, qu'elle accepte ce vœu librement émis, et, en conséquence, décrète que les villes et communes de Mayence, Worms, Durekein, Grunstadt, Fusgenheim, Eckelsheim, Wollstein, Schoinsheim, Grunsheim, Altheiningen, Bleiderheim, Kalkoffen, Flonheim, Holsosweiser, Imsbach, Nakenheim, Batzbatch, Badenheim, Oberolm, Budenheim, Heringen, Oberlustall, Karlsberg, Dudenhoffen, Ilbesheim, Neubamherg, Niedersauheim, Sarmsheim, Obrigheim, Hanheim, Reistal, Rudels-Kerchen, Herllingsfen, Wendelsheim, Relsberg, Mulheim, Sprendlingen, Bisserheim, Niederlustall, Essingen, Schouborn, Algesheim, Rusbach, Hogelstein et Heidesheim, Wartenberg, Altoof, Morbach, Wollsheim, Niederhochstall, Obersaulheim, Dietersheim, Landsthul, Sinckenbach, Razheim, Schweisweil, Bobeinheim, Heidesheim, Merterheim, Bretzenheim et Zahlbach, Okenheim, Waleine, Gros-Bokeinheim, Seclffersheim, Lohnsfels, Reibozheim, Rugheim, Spollon, Kleinwinternheim, Weissenau, Mariemborn, Cassel, Klethotheins, Sembach, Dromersheim, Munsheim, Uffhoren, Badesheim, Mincheweiler, Brenheim, New-Hemsbach, Drais, font partie intégrante de la République.

30 MARS 1793. — Décret qui confirme la nomination des jurés et suppléans du tribunal criminel extraordinaire. (L. 13, 819 ; B. 28, 545.)

30 MARS = 3 AVRIL 1793. — Décret portant que les fabriques des départemens révoltés fourniront les toiles nécessaires pour l'approvisionnement des armées. (L. 13, 823 ; B. 28, 543.)

30 MARS 1793. — Décret qui mande à la barre le général Dumouriez, rappelle les commissaires près de l'armée du Nord, et en nomme de nouveaux pour se rendre avec le ministre de la guerre à l'armée. (L. 13, 820 ; B. 28, 544.)

30 MARS = 5 AVRIL 1793. — Décret sur la suppression des barrières entre le département de Jemmapes et celui du Nord. (L. 13, 824 ; B. 28, 545.)

30 MARS = 3 AVRIL 1793. — Décret qui autorise l'envoi de quatre pièces de canon au département de l'Eure, et fixe le mode de paiement. (B. 28, 545.)

30 MARS 1793. — Décret relatif à la formation d'un comité des comptes. (B. 28 , 546.)

30 MARS 1793. — Décret qui met vingt-cinq millions à la disposition du ministre de l'intérieur pour achat de subsistances. (B. 28, 547.)

30 MARS 1793. — Décret qui ordonne au conseil exécutif de faire connaître les noms de vingt jeunes gens de Montauban qui ont repoussé cinq cents brigands. (B. 28, 547.)

30 MARS 1793. — Décret concernant les indemnités à accorder aux Belges patriotes réfugiés en France. (B. 28, 548.)

30 MARS 1793. — Décret relatif à l'interrogatoire des généraux Lanoue et Stingel, et au rapport sur le général Miranda. (B. 28, 546.)

30 MARS = 3 AVRIL 1793. — Décrets qui accordent un million à la commune de Nantes, et deux millions à celle de Bordeaux. (B. 28, 546 et 547.)

30 MARS 1793. — Décret relatif au compte à rendre sur les affaires de la Belgique. (B. 28, 547.)

30 MARS = 3 AVRIL 1793. — Décret qui charge le ministre des affaires étrangères d'exercer par intérim les fonctions de celui de la guerre. (B. 28, 549.)

30 MARS = 3 AVRIL 1793. — Décret qui ordonne l'apport d'une lettre écrite par le sieur Salle. (B. 28, 549.)

30 MARS 1793. — Aristocrates mis hors de la loi ; Autel de la patrie. *Voy.* 27 MARS 1793. — Citoyens d'Orléans arrêtés ; Complots révolutionnaires ; Emigrés ; Jugemens. *Voy.* 26 MARS 1793. — Navires de Hambourg, etc. *Voy.* 29 MARS 1793. — Subsistances militaires. *Voy.* 26 MARS 1793.

31 MARS 1793. — Décret qui suspend, pendant la guerre, le droit de fret imposé sur les navires gênois et autres employés au transport des grains en France. (L. 13, 829 ; B. 28, 551.)

La Convention nationale, après avoir entendu la lecture de la lettre du ministre de l'intérieur sur la demande de la municipalité de Toulon, décrète que le droit de fret de sept livres dix sous par tonneau de mer, imposé sur les navires gênois, toscans, romains, vénitiens et ragusois employés au transport des grains en France, est suspendu pendant tout le temps que durera la guerre.

31 mars 1793. — Décret portant que le décret de suspension des passeports ne s'étend pas aux agens ni membres des ambassades des puissances étrangères reconnus par le pouvoir exécutif. (L. 13, 831 ; B. 28, 550.)

La Convention nationale, sur la plainte faite par Jacques-François Armand, citoyen suisse et aumônier de l'ambassadeur de Hollande, de la suspension mise par le département de Paris à la délivrance du passeport qui lui a été donné par la municipalité de Paris, sur le certificat de sa section, pour retourner dans sa patrie, et sur la proposition d'un membre, décrète que la loi portant suspension des passeports ne s'étend pas aux agens ni membres des ambassades des puissances étrangères reconnus par le pouvoir exécutif.

31 mars 1793. — Proclamation relative aux poids et mesures. (L. 13, 832.)

Vu par le conseil exécutif provisoire le décret du 8 mai = 22 août 1790, qui a ordonné l'uniformité des poids et mesures dans toute l'étendue du territoire français; la proclamation du 10 juin 1792, concernant les observations et expériences à faire par les commissaires de l'Académie des sciences pour l'exécution dudit décret, et le décret de l'Assemblée nationale législative du 7 septembre de l'année dernière, qui enjoint aux corps administratifs, municipalités et gardes nationales de tous les lieux, de protéger et faciliter de tout leur pouvoir les opérations desdits commissaires; considérant qu'il importe que ces opérations, nécessaires à l'effet de trouver un mode invariable pour tous les poids et mesures, exigent une continuité de travaux auxquels il est indispensable que ces commissaires puissent se livrer sans trouble et sans empêchement, et combien il est instant, pour que ce grand ouvrage soit promptement conduit à sa perfection, qu'ils trouvent, en faveur de l'utilité qui doit en résulter pour la chose publique, ce concours de volontés et de zèle que les autorités constituées doivent apporter à l'occasion desdites opérations ;

Le conseil croit devoir faire connaître de nouveau aux départemens ci-après désignés ceux desdits commissaires qui, étant chargés de la mesure géométrique du méridien, auront à se transporter dans divers lieux de leurs arrondissemens pour y faire des observations, et qui auront besoin d'être secondés par les corps administratifs et municipalités desdits arrondissemens, soit pour leur procurer des chevaux et voitures pour le transport de leurs instrumens, soit pour empêcher qu'on ne les trouble dans leurs observations, et qu'on ne renverse ou dérange les signaux dont ils seront dans le cas de faire usage. Les

corps administratifs, pénétrés des grands avantages que l'uniformité des poids et mesures doit procurer, s'empresseront sans doute de coopérer, autant qu'il sera possible, à l'achèvement d'une opération depuis si longtemps désirée. En conséquence le conseil a confirmé et confirme l'approbation précédemment donnée au choix fait par l'académie des sciences des citoyens Méchain et Delambre, pour s'occuper spécialement de la mesure géométrique des degrés du méridien, depuis Dunkerque jusqu'à Perpignan et Barcelone ; recommande à tous les corps administratifs et aux municipalités dans le ressort desquels lesdits commissaires et les coopérateurs par eux désignés seront dans le cas de procéder à leurs opérations, et principalement à ceux des départemens du Nord, du Pas-de-Calais, de la Somme, de l'Oise, de Seine-et-Oise, de Seine-et-Marne, de Paris, du Loiret, du Cher, de Loir-et-Cher, de l'Allier, de la Creuse, du Puy-de-Dôme, de la Corrèze, du Cantal, du Lot, de l'Aveyron, du Tarn, de l'Hérault, de l'Aude et des Pyrénées-Orientales, de faciliter autant qu'il sera en eux lesdits commissaires et leurs coopérateurs, relativement aux observations et expériences qu'ils se proposent de faire dans lesdits lieux, et de leur procurer les moyens d'établir, partout où ils jugeront nécessaire, des signaux, des mâts, des réverbères et des échafauds, même sur le faîte et à l'extérieur des clochers, tours et châteaux, à la charge par eux, en cas de quelque dommage, de faire remettre à leurs frais les choses et lieux en leur premier état; comme aussi de leur procurer, à un prix convenu entre les municipalités et lesdits commissaires, les chevaux et voitures dont ils pourraient avoir besoin pour le transport de leurs instrumens, ainsi que les bois et matériaux nécessaires pour la construction des échafauds, et de pourvoir à ce que lesdits commissaires ne soient point troublés dans leurs observations, et à ce que les signaux, échafauds et autres ouvrages qu'ils auront fait construire, ne soient ni endommagés ni détruits. Ordonne que la présente proclamation sera publiée et affichée partout où besoin sera.

31 mars = 3 avril 1793. — Décrets relatifs au dépôt et à l'emploi des armes et matières d'or et d'argent trouvées à Chantilly. (B. 28, 549 et 550.)

31 mars 1793. — Décret qui défend la représentation de *Mérope*. (B. 28, 549.)

31 mars = 3 avril 1793. — Décret interprétatif de celui du 16 de ce mois, relatif au sieur Forestier. (B. 28, 551.)

31 MARS 1793. — Décret relatif à la défense des côtes de Bretagne. (B. 28, 550.)

31 = 31 MARS 1793. — Décret qui accorde cent mille livres à la ville de Sédan. (B. 28, 551.)

31 MARS 1793. — Décret qui annule les jugemens rendus par le conseil de discipline tenu au Fort-Louis du Rhin, et destitue quelques officiers du 40e régiment. (B. 28, 552.)

31 = 31 MARS 1793. — Décret qui maintient provisoirement le bureau de santé de Marseille. (B. 28, 552.)

31 MARS 1793. — Affiches. Voy. 29 MARS 1793. — Assignats. Voy. 27 MARS 1792. — Certificats de résidence. Voy. 26 MARS 1793. — Chevaux de poste; Écrits incendiaires. Voy. 29 MARS 1793. — Français en pays étranger. Voy. 26 MARS 1793. — Gomme du Sénégal; Hamet Moktar; Membres de la Convention en commission; Ministres; Tableau de David. Voy. 29 MARS 1793. — Vaisseaux des Etats-Unis. Voy. 26 MARS 1793.

1er = 5 AVRIL 1793. — Décret relatif aux membres de la Convention. (L. 14, 5; B. 29, 3.)

La Convention nationale, considérant que le salut du peuple est la suprême loi, décrète que, sans avoir égard à l'inviolabilité d'un représentant de la nation française, elle décrétera d'accusation celui ou ceux de ses membres contre lesquels il y aura de fortes présomptions de sa complicité avec les ennemis de la liberté, de l'égalité et du gouvernement républicain, résultant de dénonciation ou de preuves écrites déposées au comité de défense générale, chargé des rapports relatifs aux décrets d'accusation à lancer par la Convention.

1er = 1er AVRIL 1793. — Décret relatif aux déserteurs et aux gens suspects. (B. 29, 1.)

1er = 5 AVRIL 1793. — Décret relatif à un procédé du sieur Chape. (B. 29, 2.)

1er AVRIL 1793. — Décret relatif au sieur Lelièvre. (B. 29, 3.)

1er AVRIL 1793. — Décret relatif aux hussards de la Liberté. (B. 29, 7.)

1er = 1er AVRIL 1793. — Décret qui met en état d'arrestation le sieur Baptiste. (B. 29, 7.)

1er = 1er AVRIL 1793. — Décret qui exige des certificats de civisme des citoyens nommés pour remplacer provisoirement les administrateurs suspendus, et annule la nomination des sieurs Couturier et Bourges. (L. 14, 1; B. 29, 3.)

1er AVRIL 1793. — Grandes propriétés nationales. Voy. 4 AVRIL 1793. — Paoli. Voy. 2 AVRIL 1793.

2 = 2 AVRIL 1793. — Décret qui autorise les directoires des départemens maritimes à faire réparer les redoutes, corps-de-garde, canons et autres armes qui se trouvent le long des côtes. (L. 14, 17; B. 29, 10.)

La Convention nationale décrète que les directoires des départemens maritimes feront mettre incessamment en réparation les redoutes, corps-de-garde, pièces de canon et autres armes qui se trouvent le long de leurs côtes, et que les fonds nécessaires à ces dépenses seront pris provisoirement dans les caisses de district, aux charges par les directoires des départemens d'en rendre compte au conseil exécutif.

2 = 4 AVRIL 1793. — Décret qui exempte du recrutement les ouvriers attachés à la fabrication des armes, aux fonderies de canons, aux grandes forges et aux mines de fer, et qui détermine le modèle, le prix et le lieu de l'épreuve et du contrôle des fusils. (L. 14, 19; B. 29, 11.)

Art. 1er. Tous les ouvriers attachés à la fabrication des armes, aux fonderies de canons tant de terre que de mer, aux grandes forges et aux mines de fer, sont exceptés du recrutement, et si quelques-uns sont enrôlés, ils seront rappelés dans leurs ateliers. Les dispositions restrictives du décret du 28 mars dernier seront applicables au présent décret.

2. Le ministre de l'intérieur se fera rendre compte de l'état actuel des mines de fer, de cuivre, de plomb et de charbon de terre de la République, ainsi que des améliorations dont leur exploitation est susceptible. Sur son rapport, les comités d'agriculture et d'instruction publique présenteront à la Convention les mesures convenables pour donner de l'activité à cette branche importante de richesses nationales.

3. Pour mettre tous les entrepreneurs et les fabricans d'armes en état de se procurer le nombre d'ouvriers qui leur sera nécessaire, les municipalités recevront l'inscription des ouvriers, pour en faire un tableau portant l'indication de la partie à laquelle chacun peut être employé. Ces tableaux seront envoyés au ministre de la guerre, qui en fera faire un tableau général, et l'enverra à tous les conseils d'administration.

4. Les fusils fabriqués, à compter de la publication du présent décret, seront en tout conformes au modèle n° 1, présenté par les fabricans de Saint-Etienne, et déposé chez le ministre de la guerre.

5. On ne s'occupera du modèle de 1777 que sur une demande déterminée du conseil

exécutif; et cependant, tous fusils fabriqués avant le présent décret seront reçus par le conseil d'administration, pourvu qu'ils aient un calibre de guerre, que leur longueur ne soit pas au-dessous de trente-six pouces, et qu'ils soient reconnus solides aux épreuves qu'ils subiront.

6. Ceux qui auront dans leurs ateliers ou magasins des armes de guerre qui ne seraient ni du modèle nº 1, ni de celui de 1777, seront tenus de les déclarer, dans la quinzaine qui suivra la publication du présent décret, au conseil d'administration; passé ce terme, aucun de ces fusils ne sera admis dans les arsenaux de la nation.

7. Le prix des fusils modèle nº 1 demeure fixé à quarante livres; le prix de ceux modèle de 1777, à quarante-huit livres. Cette fixation n'aura lieu que jusqu'au 1er juillet prochain.

Jusqu'à cette époque, le conseil d'administration de chaque ville où il se fabrique des armes, réuni au conseil général de la commune et à douze chefs d'ateliers, examineront s'il y a lieu à changer les prix, et présenteront au ministre de la guerre un rapport à ce sujet. Le prix des fusils qui ne seront point fabriqués sur ces deux modèles sera fixé par le conseil d'administration, à raison de leur perfection, sans jamais passer le prix du modèle dont ils approcheront le plus.

8. Le conseil d'administration, d'après les modèles qui lui seront présentés par le ministre de la guerre, donnera communication des calibres, formes et mesures propres au modèle nº 1, à tous ceux qui se présenteront pour les connaître.

9. Il n'y aura qu'un seul lieu d'épreuve et de contrôle, dans les endroits où il y aura un conseil d'administration; on y admettra tous les fusils du modèle demandé, en quelque nombre qu'ils soient, qu'ils viennent d'un individu ou d'une compagnie.

10. On ne recevra point de fusils sans baïonnette ni baguette d'acier; toutes les parties de l'arme seront essayées, conformément au décret du 19 juin = 8 juillet 1792. La baguette sera éprouvée dans tous les sens à la planche; la tête sera essayée séparément au tar.

11. On ne refusera pas les bois pour quelques parties blanches, mais seulement pour cause de vermoulure, gélivure, échaudure, fente, éclat, défaut de sécheresse ou de proportion.

12. Il y aura auprès de chaque conseil d'administration un cabinet de modèles d'armes, d'outils et de machines, qui sera sous la direction d'un armurier mécanicien qui fera partie du conseil d'administration, et sera nommé par le conseil général de la commune.

13. Les fabricans et entrepreneurs ne pourront employer, pour monter leurs armes, que des bois préalablement examinés par le conseil d'administration, qui les marquera d'un poinçon d'acceptation. Les bois ne pourront être mis en œuvre que dans la troisième année de l'emmagasinement.

14. Tous les paiemens seront faits en assignats, tant aux ouvriers qu'aux fabricans.

15. Les ouvriers et fabricans mettront leur marque sur leur ouvrage, afin que le zèle et le talent soient connus et honorés.

16. Tout citoyen, fabricant ou non, pourra faire passer au ministre de la guerre sa soumission pour fournir des fusils du modèle demandé.

17. Toute invention, tout procédé tendant à simplifier, accélérer ou perfectionner l'arme à feu, seront examinés; et, s'ils sont jugés bons, le ministre est autorisé à en faire l'acquisition pour les répandre dans la République.

18. Le ministre est également autorisé à traiter avec le citoyen Javelle, attaché à la fabrique du citoyen Jovin, établie à Saint-Etienne, pour l'acquisition des machines de son invention, sur le jugement du bureau de consultation. Il sera statué par un décret particulier sur l'emploi de ces machines, lorsqu'elles appartiendront à la République.

19. Le ministre de la guerre se fera rendre compte des procédés propres à chaque manufacture d'armes; il les fera examiner comparativement par des gens de l'art, pour répandre et faire adopter partout ceux qui seront jugés les plus économiques et les plus utiles.

20. Tous les traités des manufactures d'armes ci-devant royales, faits avec le Gouvernement, sont résiliés. Le directoire du département où elles sont établies enverra des commissaires pris dehors et dans son sein, pour prendre connaissance, de concert avec le conseil d'administration, de l'état de situation desdites manufactures vis-à-vis le Gouvernement. Si les entrepreneurs se trouvent reliquataires, il leur sera accordé cinq années pour remboursement, en payant par eux un intérêt annuel de cinq pour cent.

21. Le prix de l'arme sera le même pour les manufactures que pour les fabricans particuliers; il sera présenté par le ministre de la guerre à la Convention nationale un règlement général qui dirigera la conduite du conseil d'administration, conforme à ce nouvel ordre de choses.

22. Le conseil exécutif enverra à Saint-Etienne un commissaire-ingénieur pour visiter les lieux, à l'effet de voir ce qu'il serait possible de faire pour augmenter les eaux du Furens, s'il y a lieu, ou y suppléer par d'autres moyens dans le temps de sécheresse. Sur le compte qui en sera rendu à la Convention, il sera pris par elle une détermination définitive.

23. Le décret du 19 août 1792 sera exécuté en tout ce qui n'est point contraire au présent décret.

---

2 = 3 AVRIL 1793. — Décret concernant les députés feuillistes. (L. 14, 16; B. 29, 8; Mon. du 4 avril 1793.)

Voy. lois du 9 MARS 1793 et du 21 MARS 1793.

Sur la proposition d'un de ses membres, *la Convention nationale,* considérant combien doit être grand le respect dû à la pensée, a rapporté le décret qui enjoint à ses membres d'opter entre la qualité de membre de la Convention et celle de feuilliste.

---

2 = 2 AVRIL 1793. — Décret qui ordonne l'arrestation du général Paoli et du procureur-syndic du département de Corse. (B. 29, 7.)

---

2 = 2 AVRIL 1793. — Décret qui enjoint aux commandans en chef des armées de donner, toutes les vingt-quatre heures, l'état de leur situation. (L. 14, 2; B. 29, 9.)

---

2 = 2 AVRIL 1793. — Décret sur la publication des états et tableaux de tous les généraux et officiers de tous grades, tant civils que militaires, des armées de terre et de mer. (B. 29, 9.)

---

2 = 2 AVRIL 1793. — Décret qui ordonne la levée des scellés et l'interrogatoire des personnes arrêtées le 1er de ce mois, à l'occasion de la trahison de Dumouriez. (B. 29, 10.)

---

2 = 3 AVRIL 1793. — Décret qui ordonne l'impression de toutes les lettres et mémoires du général Dumouriez. (L. 14, 15; B. 29, 10.)

---

2 = 2 AVRIL 1793. — Décret qui charge le pouvoir exécutif de rendre compte de la situation de la France. (B. 29, 8.)

---

2 = 2 AVRIL 1793. — Décret qui accorde au citoyen Garnier, gendarme, un cheval d'escadron, et trois cents livres. (B. 29, 9.)

---

2 = 3 AVRIL 1793. — Décret qui réunit au 12e régiment de chasseurs l'escadron formé à Arras. (L. 14, 18; B. 29, 11.)

---

2 = 2 AVRIL 1793. — Décret qui supprime la commission des Six, chargée de surveiller le tribunal extraordinaire. (L. 14, 13; B. 29, 10.)

---

2 = 3 AVRIL 1793. — Décret relatif à un arrêté pris le 31 mars par des commissaires de sections rassemblés à l'évêché. (L. 14, 14; B. 29, 8.)

---

2 = 3 AVRIL 1793. — Décret portant que le général Miranda paraîtra le lendemain à la barre. (B. 29, 14.)

---

2 AVRIL 1793. — Décret qui invite le ministre de la marine à se rendre dans le sein de la Convention. (B. 29, 9.)

---

2 = 2 AVRIL 1793. — Décret qui permet aux commissaires envoyés près du général Dumouriez, par le ministre Lebrun, d'aller où il leur plaira. (B. 29, 14.)

---

2 AVRIL 1793. — Armées; Contre-révolutionnaires; Habitans de Longvy; Ingénieurs des ponts-et-chaussées. *Voy.* 28 MARS 1793.

---

3 = 9 AVRIL 1793. — Décret qui interdit la sortie des drilles ou chiffes hors de France. (L. 14, 28; B. 29, 14.)

Art. 1er. La sortie des drilles ou chiffes hors la République demeure interdite.

2. Nul entrepôt ni circulation desdites matières ne pourra se faire dans l'étendue des trois lieues des frontières, soit de terre, soit de mer, à moins qu'il ne soit justifié, par un acquit-à-caution, de leur destination pour l'intérieur de la République.

3. Toutes drilles ou chiffes prises dans l'étendue des trois lieues des frontières, soit de terre, soit de mer, qui circuleraient sans ces formalités, seront saisies et confisquées.

4. Les préposés aux douanes sont chargés, sous la surveillance des corps administratifs, de l'exécution du présent décret.

---

3 = 3 AVRIL 1793. — Décret qui ordonne d'arrêter tous officiers et soldats revenant de l'armée. (L. 14, 26; B. 29, 21.)

---

3 = 3 AVRIL 1793. — Décret qui autorise les commissaires dans les départemens et près les armées à faire arrêter, même déporter, tous les citoyens suspects. (L. 14, 27; B. 29, 20.)

---

3 AVRIL 1793. — Décret qui déclare Dumouriez traître à la patrie, le met hors de la loi, autorise tout citoyen à lui courir sus, et assure une récompense de trois cent mille livres à ceux qui s'en saisiront et l'amèneront à Paris mort ou vif. (L. 14, 24; B. 29, 18.)

---

3 = 11 AVRIL 1793. — Décret concernant les fonds nécessaires pour l'exploitation des bâtimens dépendans de la ci-devant liste civile. (B. 29, 16.)

---

3 = 9 AVRIL 1793. — Décret qui attribue aux jurés près le tribunal criminel extraordinaire le même traitement qu'aux juges. (L. 14, 29; B. 29, 19.)

3 = 11 AVRIL 1793. — Décret relatif aux certificats de civisme des employés de l'enregistrement. (L. 14, 31; B. 29, 16.)

3 = 11 AVRIL 1793. — Décret relatif à l'organisation provisoire de la municipalité de Paris. (L. 14, 30; B. 29, 21.)

3 = 4 AVRIL 1793. — Décret qui ordonne l'arrestation du général Miazinsky. (B. 29, 15.)

3 = 11 AVRIL 1793. — Décret qui accorde trois cent mille livres à la commune de Strasbourg. (B. 29, 15.)

3 = 11 AVRIL 1793. — Décret qui autorise les officiers municipaux de Milhau à emprunter quatre cent mille livres. (B. 29, 17.)

3 = 11 AVRIL 1793. — Décret qui accorde cent soixante mille livres à la commune de Montauban. (B. 29, 17.)

3 = 11 AVRIL 1793. — Décret relatif à l'établissement de commissaires militaires pour la nouvelle levée. (B. 29, 20.)

3 AVRIL 1793. — Décret en faveur du citoyen Levasseur, estropié au siége de Lille. (B. 29, 20.)

3 = 9 AVRIL 1793. — Décret qui autorise une coupe de baliveaux dans la forêt de Braconne pour les forges de Ruelle. (B. 29, 20.)

3 = 11 AVRIL 1793. — Décret pour le remplacement d'un million avancé au département du Var pour l'achat de grains. (B. 29, 18.)

3 = AVRIL 1793. — Décret relatif à la tranquillité de Paris. (B. 29, 19.)

3 AVRIL 1793. — Décret qui charge le comité des décrets de surveiller l'envoi des lois. (B. 29, 19.)

3 AVRIL 1793. — Ambassadeurs, etc. *Voy.* 31 MARS 1793. — Commissaires des sections. *Voy.* 2 AVRIL 1793. — Commission centrale de bienfaisance. *Voy.* 28 MARS 1793. — Comptables des deniers publics; Départemens de Jemmapes et du Nord. *Voy.* 30 MARS 1793. — Escadron d'Arras. *Voy.* 2 AVRIL 1793. — Fabriques des départemens révoltés. *Voy.* 30 MARS 1793. — Fort-Louis. *Voy.* 31 MARS 1793. — Général Dumouriez. *Voy.* 2 AVRIL 1793. — Grains. *Voy.* 31 MARS 1793. — Membres de la Convention qui sont journalistes. *Voy.* 2 AVRIL 1793.

4 (1er et) AVRIL 1793. — Décret qui ordonne la division et vente par lots séparés des châteaux royaux, palais épiscopaux, bâtimens, cours et jardins des abbayes, monastères ou congrégations supprimées, et autres grandes propriétés nationales. (L. 14, 6; B. 29, 4 et 28.)

Voy. loi du 22 MAI 1793.

Art. 1er. Les châteaux ci-devant royaux qui ne seront pas réservés pour cause d'utilité publique, les palais épiscopaux, les bâtimens, cours et jardins des abbayes, monastères ou congrégations supprimées, les grands emplacemens nationaux situés dans les villes, et tous autres biens nationaux d'une grande étendue, dont la vente en masse serait reconnue moins avantageuse, seront divisés et vendus par lots séparés.

2. Les directoires de district, et, à Paris, le directoire du département, feront lever par des experts, dans le délai de deux mois à compter du jour de la publication du présent décret, les plans visuels de tous ceux des susdits biens qui sont situés dans leurs arrondissemens respectifs; et, après avoir ouï la municipalité du lieu, dont les dires et réquisitions seront joints aux pièces, ils feront tracer les divisions dont ils seront jugés susceptibles, relativement à leur nature, aux localités, à l'utilité publique, et surtout au plus grand avantage de la vente; ils feront en même temps dresser par les experts des procès-verbaux d'estimation tant desdits biens en masse que de chacun des lots résultant de la division.

3. Pour faciliter l'exécution de l'article précédent, lesdits directoires sont autorisés à retirer, sous récépissé, des bureaux du contrôle des bâtimens du ci-devant Roi, du Garde-Meuble et de tous autres dépôts, les plans des châteaux, parcs, jardins, conduits des eaux, ainsi que les plans détaillés qui ont pu être levés de la ville de Paris. Tous dépositaires desdits plans seront tenus de les livrer, et invités à donner les renseignemens qui sont à leur connaissance.

4. Si l'exécution du projet de division doit donner lieu à des démolitions, déblais et autres changemens quelconques, les experts auront soin d'en donner les détails et l'évaluation dans leurs procès-verbaux.

5. Les directoires de district fourniront leurs observations sur ces plans et procès-verbaux, et les adresseront aux départemens, qui les examineront, proposeront les changemens qu'ils jugeront convenables, et enverront le tout, dans la quinzaine qui suivra la réception, à l'administrateur des biens nationaux, qui demeure chargé d'arrêter définitivement les projets de division, hors les cas prévus ci-après dans les articles 6, 12 et 17, et d'en suivre l'exécution.

6. Dans le cas où ledit administrateur jugerait les plans et projets de division susceptibles de changemens considérables pour l'amélioration du produit des biens divisés, il

les indiquera aux départemens, ceux-ci aux districts; et, après avoir recueilli les nouvelles observations des corps administratifs, il fera passer toutes les pièces à la Convention nationale, qui statuera sur l'adoption de l'un ou de l'autre projet de division.

7. Les ventes des biens nationaux susceptibles de division seront faites par lots; les enchères seront ouvertes sur chacun desdits lots, d'après l'estimation qui en aura été faite en exécution de l'article 2 ci-dessus. Il ne pourra être passé outre à l'adjudication définitive qu'autant que la dernière enchère couvrira ladite estimation, augmentée de la portion contributoire de chaque lot dans les travaux et acquisitions qu'aura nécessités la division, et qui auront été ou devront être faits aux frais de la République.

8. Lorsque l'administrateur des biens nationaux aura autorisé, ou la Convention nationale décrété l'exécution du projet de division d'un bien national, comme il est dit dans les articles 3, 5 et 6, le directoire annoncera, par deux affiches apposées de quinzaine en quinzaine, la première séance d'enchères pour la vente de ce bien, et une seconde séance pour l'adjudication définitive. Le même directoire aura soin de désigner dans ces affiches chacun des lots, avec des détails suffisans pour qu'ils soient facilement reconnus, et d'y ajouter le prix de l'estimation de chacun d'eux, ainsi que les travaux dont l'adjudicataire de chaque lot sera chargé. Les plans visuels, projets de division, procès-verbaux d'estimation, devis estimatifs, et autres pièces relatives à la vente du même bien, seront déposés au secrétariat du district, et les citoyens invités par les affiches à en prendre communication.

9. Les travaux à faire par les acquéreurs seront mis au nombre des clauses de l'adjudication, et le délai pour leur exécution sera fixé, à peine, en cas d'inexécution, d'y être procédé par folle enchère.

10. Les travaux qui, par l'effet de la vente du bien par lots séparés, devront être exécutés aux frais de la nation, seront adjugés au rabais par le directoire, dans le plus court délai possible, après avoir rempli néanmoins toutes les formalités ordinaires en pareil cas.

11. Les frais auxquels donneront lieu tant les plans et procès-verbaux de division et estimation, que les travaux qui ne pourront être exécutés par l'adjudicataire de chaque lot séparé, seront, au compte de la nation, payés par la Trésorerie nationale, après que les formalités prescrites par la seconde section du titre II du décret du 28 septembre = 16 octobre 1791 auront été remplies.

12. Dans les cas où la division d'un bien national exigerait l'ouverture d'une rue, et que, pour y parvenir, il serait nécessaire de faire, au nom de la nation, l'acquisition de maisons ou terrains appartenant à des particuliers, cette acquisition ne pourra avoir lieu qu'en vertu d'un décret de la Convention nationale; et, à cet effet, l'administrateur des biens nationaux lui enverra toutes les pièces propres à constater les avantages du projet de division dont l'exécution devra donner lieu à l'acquisition proposée (1).

13. Lorsque la Convention aura décrété l'acquisition, au nom de la nation, desdites maisons ou terrains, l'évaluation en sera faite par deux experts nommés, l'un par le propriétaire et l'autre par le directoire de district, en prenant pour base le capital à cinq pour cent des loyers ou fermages connus ou présumés, et il sera ajouté au prix ainsi réglé un quart en sus, par forme d'indemnité accordée aux propriétaires.

14. Les adjudicataires des différens lots ne seront pas solidaires les uns des autres. Chaque lot sera adjugé par adjudication séparée, sur la troisième publication, en observant, au surplus, les formalités prescrites pour les ventes des biens nationaux.

15. Il sera sursis à la location par baux des bâtimens, jardins ou autres terrains dépendant des biens nationaux désignés dans le premier article, qui seront reconnus susceptibles d'être vendus divisément. Les préposés de la régie pourront seulement les louer en tout ou en partie, avec la condition expresse que les locataires seront tenus d'en sortir et de les remettre au même état deux mois après leur vente, à la réquisition qui leur en sera faite par le district.

16. Ceux des biens nationaux qui auront été vendus en masse antérieurement au présent décret, et qui, par défaut de paiement de la part des acquéreurs, seront dans le cas de subir la folle enchère, seront revendus de la même manière que ceux du même genre non encore vendus, et les dispositions du présent décret leur seront applicables.

17. Les demandes qui ont été ou seront formées par les municipalités pour l'abandon des bâtimens ou terrains nationaux, sur le fondement qu'ils sont nécessaires à l'élargissement des rues, à l'agrandissement des places ou à l'embellissement des villes, seront adressées au ministre de l'intérieur, qui, après avoir fait constater leur légitimité par les corps administratifs, et les avoir commu-

---

(1) Lorsqu'une rue à ouvrir sur le terrain vendu est entrée comme élément dans les stipulations de l'acte de vente, et que le conseil municipal s'est refusé ensuite à l'ouverture de la rue, la demande en résolution de la vente est fondée (8 février 1831; ord. Mac. 13, 84).

niquées à l'administrateur des biens nationaux, les remettra à la Convention nationale, avec toutes les pièces justificatives. Il ne pourra être fait aucun abandon de ce genre qu'en vertu de décrets particuliers.

18. Toutes les fois que les demandes dont il s'agit n'auront pour objet qu'un simple alignement, dont l'exécution intéressera essentiellement la sûreté publique, l'abandon qui pourra en résulter de quelques portions de terrains appartenant à la République ne sera pas mis à la charge des villes.

19. Si, au contraire, l'objet de l'abandon réclamé est l'élargissement des rues ou des places, la commodité des citoyens ou l'embellissement de quelques quartiers des villes, sans qu'il soit prouvé que l'état actuel des choses puisse nuire essentiellement à la tranquillité et à la sûreté publique, les terrains laissés à la disposition des communes seront payés par elles; et, à cet effet, l'estimation en sera faite par deux experts nommés, l'un par la municipalité, l'autre par le district, et, à Paris, par le département. Le prix fixé par lesdits experts sera soumis, par le district, à l'approbation du département, et, par le département, à celle de l'administrateur des biens nationaux, pour être ensuite définitivement arrêté par le décret qui autorisera la concession réclamée.

4 = 6 AVRIL 1793. — Décret concernant l'uniforme des officiers généraux. (L. 14, 40; B. 29, 27.)

La Convention nationale, sur la proposition d'un de ses membres, décrète que l'uniforme des officiers généraux de la République française sera l'uniforme national, et renvoie à son comité militaire, pour lui proposer les signes qu'il croira nécessaires pour reconnaître leurs grades.

4 = 5 AVRIL 1793. — Décret qui met en liberté les militaires détenus aux galères pour désertion antérieure à la déclaration de guerre. (L. 14, 45; B. 29, 26.)

La Convention nationale décrète que les militaires détenus aux galères pour désertion antérieure à la déclaration de guerre faite le 20 avril 1792, seront mis sur-le-champ en liberté; abolit tout jugement rendu contre eux; fait défenses de faire aucune poursuite contre ceux qui se sont rendus coupables du même délit avant ladite époque, et qui ne sont pas sortis du territoire de la République.

4 = 4 AVRIL 1793. — Décret qui nomme le citoyen Bouchotte ministre de la guerre. (L. 14, 36 et 39; B. 29, 27.)

4 = 4 AVRIL 1793. — Décret portant que les pères, mères, femmes et enfans des officiers de l'armée de Dumouriez, seront gardés à vue comme otages par les municipalités. (L. 14, 34; B. 29, 23.)

4 = 4 AVRIL 1793. — Décret pour faire mettre en état de défense les places de guerre des frontières du Nord. (L. 14, 41; B. 29, 25.)

4 AVRIL 1793. — Décret qui diffère la publication du nom du nouveau général désigné pour l'armée du Nord. (B. 29, 24.)

4 = 4 AVRIL 1793. — Décret qui met le général d'Estourmel en état d'arrestation. (B. 29, 25.)

4 = 5 AVRIL 1793. — Décret qui renvoie le général Miranda au comité de la guerre et de sûreté générale, pour y être interrogé. (B. 29, 25.)

4 = 5 AVRIL 1793. — Décret qui mande à la barre les généraux Valence et Egalité (Orléans), Ligneville, Westermann et autres. (L. 14, 46; B. 29, 26.)

4 = 4 AVRIL 1793. — Décret qui ordonne la formation d'une armée de quarante mille hommes. (B. 29, 22.)

4 = 4 AVRIL 1793. — Décret qui met en état d'arrestation la femme et les enfans du général Valence. (B. 29, 24.)

4 = 4 AVRIL 1793. — Décret qui ordonne au général Custine de rester à la tête de l'armée. (L. 14, 43; B. 29, 24.)

4 = 5 AVRIL 1793. — Décret qui prononce la peine de mort contre quiconque parlera de capituler avec Dumouriez, ou sera convaincu d'avoir approuvé sa rébellion ou ses principes anti-républicains. (L. 14, 44; B. 29, 26.)

4 = 4 AVRIL 1793. — Décret relatif à Cerf-Berg. (B. 19, 24.)

4 = 5 AVRIL 1793. — Décret qui ordonne de doubler la garde du Temple. (B. 29, 27.)

4 = 6 AVRIL 1793. — Décret qui approuve la nomination du citoyen Mercier à la place de directeur de l'imprimerie des assignats. (B. 29, 27.)

4 AVRIL 1793. — Ouvriers d'armes, etc. *Voy.* 2 AVRIL 1793. — Ventes des grandes propriétés nationales. *Voy.* 1er AVRIL 1793.

5 = 5 AVRIL 1793. — Décret relatif à la poursuite des crimes de conspiration et des délits nationaux par le tribunal extraordinaire. (L. 14, 53; B. 29, 39.)

Art. 1er. La Convention nationale rapporte l'article de son décret du 10 mars dernier, qui ordonnait que le tribunal extraordinaire ne pourrait juger les crimes de conspiration et délits nationaux que sur le décret d'accusation porté par la Convention.

2. L'accusateur public près dudit tribunal est autorisé à faire arrêter, poursuivre et juger tous prévenus desdits crimes sur la dénonciation des autorités constituées ou des citoyens.

3. Ne pourra cependant ledit accusateur décerner aucun mandat d'arrêt ni d'amener contre les membres de la Convention nationale, sans un décret d'accusation, ni contre les ministres et généraux des armées de la République, sans en avoir obtenu l'autorisation de la Convention.

4. Quant aux autres exceptions, la Convention renvoie à son comité de législation pour lui faire son rapport dans le plus court délai.

5 = 7 AVRIL 1793. — Décret portant qu'il sera formé, dans chaque grande ville, une garde salariée par l'Etat. (L. 14, 55; B. 29, 36.)

La Convention nationale décrète qu'il sera formé, dans chaque grande ville, une garde de citoyens choisis parmi les moins fortunés, et que ces citoyens seront armés et salariés aux frais de la République.

La Convention charge son comité militaire de lui faire un rapport sur le mode d'exécution du présent décret.

5 = 7 AVRIL 1793. — Décret portant qu'il sera accordé des fonds aux sections de la France où le prix des grains ne se trouvera plus dans une juste proportion avec le salaire des ouvriers. (L. 14, 57; B. 29, 36.)

La Convention nationale décrète que, dans chaque section de la République où le prix des grains ne se trouvera plus dans une juste proportion avec le salaire des ouvriers, il sera fourni par le Trésor public un fonds nécessaire, qui sera prélevé sur les grandes fortunes, et avec lequel on acquittera l'excédant de la valeur du pain, comparée aux prix des salaires des citoyens nécessiteux.

La Convention nationale charge ses comités des finances et d'agriculture réunis de lui faire un rapport sur les moyens d'exécuter le présent décret, de telle sorte qu'il ne nuise ni à l'agriculture ni à la circulation des grains.

5 = 10 AVRIL 1793. — Décret relatif aux citoyens qui ont quitté leur domicile lors du recrutement. (L. 14, 60; B. 29, 39.)

La Convention nationale, sur la proposition d'un membre, décrète que les citoyens qui ont abandonné leur domicile dès qu'ils ont eu connaissance de la loi du recrutement, et pour s'y soustraire, seront traités comme de lâches déserteurs, et seront obligés de marcher. La Convention charge son comité de la guerre de lui présenter un mode d'exécution de ce décret.

5 = 5 AVRIL 1793. — Décret contenant une nouvelle rédaction du décret d'arrestation du général d'Estourmel. (B. 29, 38.)

5 = 10 AVRIL 1793. — Décret d'accusation contre Thuring. (B. 29, 39.)

5 = 10 AVRIL 1793. — Décret en faveur du brave Bretèche. (B. 29, 39.)

5 = 7 AVRIL 1793. — Décret qui charge le conseil exécutif de faire passer à Valenciennes les effets d'équipement. (B. 29, 37.)

5 AVRIL 1793. — Décret qui appelle les suppléans des citoyens Balla et Fockedey. (B. 29, 36.)

5 AVRIL 1793. — Décrets relatifs aux fournitures de l'armée jugées défectueuses. (B. 29, 37.)

5 AVRIL 1793. — Décret relatif à la distribution des fonds affectés à la réparation des routes du département d'Ille-et-Vilaine et des Côtes-du-Nord. (B. 29, 38.)

5 AVRIL 1793. — Décret qui ordonne un rapport sur la mise en état d'accusation du général Harville. (B. 29, 33.)

5 = 6 AVRIL 1793. — Décret qui ordonne la suspension d'une adjudication annoncée par le district d'Epernay. (B. 29, 35.)

5 = 7 AVRIL 1793. — Décret qui déclare que les officiers généraux et l'état-major de la nouvelle armée ne seront point pris dans la classe des ci-devant privilégiés. (B. 29, 35.)

5 = 9 AVRIL 1793. — Décret qui approuve le règlement présenté par le ministre de la guerre sur la solde et les masses des armées. (L. 14, 56; B. 29, 37.)

5 = 10 AVRIL 1793. — Décret qui défend aux généraux en chef d'éloigner les officiers généraux de leur poste. (L. 14, 61; B. 29, 39.)

5 = 7 AVRIL 1793. — Décret portant que les départemens du Nord et du Pas-de-Calais, et le 3ᵉ bataillon de l'Yonne, ont bien mérité de la patrie. (L. 14, 59; B. 29, 35.)

5 = 5 AVRIL 1793. — Adresse de la Convention nationale à l'armée de la Belgique. (B. 29, 31.)

5 = 7 AVRIL 1793. — Décret qui ordonne de convertir en monnaie l'argenterie provenant du pays de Liége et de la Belgique. (L. 14, 58; B. 29, 38.)

5 = 5 AVRIL 1793. — Décret qui désigne les personnes qui serviront d'otages à la nation française, jusqu'à ce que la liberté ait été rendue aux commissaires de la Convention et au ministre Beurnonville, détenus dans l'armée du prince de Cobourg. (L. 14, 50; B. 29, 33.)

5 = 6 AVRIL 1793. — Décret relatif à une proclamation du conseil exécutif. (B. 29, 35.)

5 AVRIL 1793. — Dumouriez. *Voy.* 4 AVRIL 1793. — Essai des télégraphes. *Voy.* 1ᵉʳ AVRIL 1793. — Généraux mandés à la barre. *Voy.* 4 AVRIL 1793. — Membres de la Convention. *Voy.* 1ᵉʳ AVRIL 1793.

6 = 11 AVRIL 1793. — Décret pour la formation d'un comité de salut public. (B. 29, 42; Mon. des 7, 8 et 9 avril 1793.)

La Convention nationale décrète :

Art. 1ᵉʳ. Il sera formé, par appel nominal, un comité de salut public, composé de neuf membres de la Convention nationale.

2. Le comité délibérera en secret; il sera chargé de surveiller et d'accélérer l'action de l'administration confiée au conseil exécutif provisoire, dont il pourra même suspendre les arrêtés, lorsqu'il les croira contraires à l'intérêt national, à la charge d'en informer sans délai la Convention.

3. Il est autorisé à prendre, dans les circonstances urgentes, des mesures de défense générale extérieure et intérieure; et les arrêtés signés de la majorité de ses membres délibérant, qui ne pourront être au-dessous des deux tiers, seront exécutés sans délai par le conseil exécutif provisoire. Il ne pourra, en aucun cas, décerner des mandats d'amener ou d'arrêt, si ce n'est contre des agens d'exécution, et à la charge d'en rendre compte sans délai à la Convention.

4. La Trésorerie nationale tiendra à la disposition du comité de salut public jusqu'à concurrence de cent mille livres pour dépenses secrètes, qui seront délivrées par le comité, et payées sur les ordonnances, qui seront signées comme les arrêtés.

5. Il fera, chaque semaine, un rapport général et par écrit de ses opérations et de la situation de la République.

6. Il sera tenu registre de toutes les délibérations.

7. Ce comité n'est établi que pour un mois.

8. La Trésorerie nationale demeurera indépendante du comité d'exécution, et soumise à la surveillance immédiate de la Convention, suivant le mode fixé par les décrets.

6 = 11 AVRIL 1793. — Décret qui met en arrestation les citoyens élargis par le citoyen Badon, juge au tribunal du district d'Argenton, et mande ce juge à la barre. (B. 29, 44.)

6 = 11 AVRIL 1793. — Décret relatif aux ouvriers employés à l'impression des assignats. (B. 29, 40.)

6 = 11 AVRIL 1793. — Décret qui ordonne de payer mille six cent neuf livres au citoyen Guyon de Montlevaux. (B. 29, 44.)

6 = 11 AVRIL 1793. — Décret qui autorise l'accusateur public du tribunal criminel extraordinaire à se faire remettre toutes les pièces transmises au ministre de la justice et aux comités de la Convention. (B. 29, 43.)

6 = 11 AVRIL 1793. — Décret qui met quatre cent mille livres à la disposition du ministre des contributions, pour la fabrication des assignats. (B. 29, 40.)

6 = 11 AVRIL 1793. — Décret qui ordonne de rendre compte des motifs de l'arrestation du citoyen Ailhaud, commissaire à Saint-Domingue. (B. 29, 43.)

6 = 11 AVRIL 1793. — Décret relatif aux gendarmes Bouvié et Bosquet. (B. 29, 41.)

6 = 11 AVRIL 1793. — Décret qui accorde trois cent mille livres à la commune de Besançon. (B. 29, 42.)

6 = 6 AVRIL 1793. — Décret qui met en état d'arrestation tous les individus de la famille des Bourbons, et constitue prisonniers ceux qui sont au Temple. (L. 14, 62; B. 29, 40 et 42.)

6 = 11 AVRIL 1793. — Décret portant que le département du Jura a bien mérité de la patrie. (L. 14, 65; B. 29, 41.)

6 = 6 AVRIL 1793. — Décret qui adjoint le citoyen Aimé Goupilleau aux commissaires de la Vendée. (B. 29, 40.)

6 = 11 AVRIL 1793. — Décret pour acquitter les demi-soldes de la ci-devant garde de Paris. (B. 29, 44.)

6 = 11 AVRIL 1793. — Décret qui déclare que les citoyens Proly, Perreyra et Dubuisson ont bien mérité de la patrie. (B. 29, 45.)

6 AVRIL 1793. — Uniforme des officiers généraux. *Voy.* 4 AVRIL 1793.

7 = 7 AVRIL 1793. — Décret relatif au jugement des prévenus d'avoir pris part aux révoltes ou émeutes contre-révolutionnaires. (L. 14, 66; B. 29, 47; Mon. du 10 avril 1793.)

Art. 1er. Les tribunaux criminels seront tenus, sur la réquisition des administrations de département, de se transporter dans les chefs-lieux de district, pour y juger, conformément au décret du 19 mars, les prévenus d'avoir pris part aux révoltes ou émeutes contre-révolutionnaires.

2. Les jugemens seront exécutés dans les vingt-quatre heures, et sans recours au tribunal de cassation, conformément à l'article 4 du même décret du 19 mars.

3. Les directoires de département feront faire, par l'intermédiaire des directoires de district, toutes les dispositions nécessaires à la tenue des séances des tribunaux criminels; ils ordonnanceront les états de frais de voyage et transport, sur le *visa* des présidens des tribunaux criminels.

7 = 7 AVRIL 1793. — Décret qui réintègre dans les prisons de l'Abbaye Laclos et Bonnecarrère. (B. 29, 45.)

7 = 7 AVRIL 1793. — Décret relatif à l'interrogatoire des généraux Stengel, Lanoue, Miranda et Harville. (B. 29, 45.)

7 = 7 AVRIL 1793. — Décret qui ordonne de garder à vue les adjoints des ministres de la guerre, de la marine, et Dumas, ex-législateur. (B. 29, 46.)

7 = 7 AVRIL 1793. — Décret d'ordre du jour sur la réclamation faite, à titre de député, par Louis-Philippe-Joseph d'Orléans, contre son arrestation. (L. 14, 62; B. 29, 45.)

7 = 8 AVRIL 1793. — Décret portant que nul employé dans les bureaux des postes ne pourra recevoir en franchise des lettres ou paquets. (L. 14, 68; B. 29, 47.)

7 = 8 AVRIL 1793. — Décret qui accorde la franchise à l'accusateur public près le tribunal criminel extraordinaire. (L. 14, 68; B. 29, 48.)

7 = 7 AVRIL 1793. — Décret qui met en arrestation les gendarmes et les officiers qui ont arrêté les commissaires du département du Nord, par ordre de Dumouriez. (B. 29, 46.)

7 = 7 AVRIL 1793. — Décret qui approuve un arrêté du conseil exécutif relatif à l'Erguel et au Munsterthal. (B. 29, 46.)

7 = 7 AVRIL 1793. — Décret qui enjoint aux tribunaux criminels de se transporter dans les chefs-lieux de districts, pour y juger les prévenus de révoltes ou émeutes contre-révolutionnaires. (B. 29, 47.)

7 = 7 AVRIL 1793. — Décret qui traduit au tribunal criminel extraordinaire l'adjudant-général Devaux. (B. 29, 48.)

7 = 11 AVRIL 1793. — Décret qui nomme le citoyen Lindet membre du comité de salut public. (B. 29, 48.)

7 AVRIL 1793. — Argenterie, etc. *Voy.* 5 AVRIL. 1973. — Comité de salut public. *Voy.* 6 AVRIL 1793. — Départemens qui ont bien mérité de la patrie; Garde salariée; Grains; Masses des armées. *Voy.* 5 AVRIL 1793.

8 = 9 AVRIL 1793. — Décret relatif aux soldats de l'armée de la Belgique qui se sont éloignés de leurs drapeaux. (L. 14, 72; B. 29, 49.)

Art. 1er. Le conseil exécutif provisoire prendra toutes les mesures nécessaires pour que les soldats de l'armée de la Belgique que des manœuvres criminelles et des trahisons évidentes ont déterminés à s'éloigner de leurs drapeaux les rejoignent sans délai, et l'autorise à faire mettre en liberté ceux desdits soldats qui, en exécution de la loi, sont en état d'arrestation.

2. Il en sera usé de même à l'égard des recrues qui seraient aussi en état d'arrestation.

3. Les soldats porteurs de congés seront mis en liberté pour rejoindre leurs corps respectifs.

4. Les malades seuls pourront jouir de l'effet de leurs congés.

5. Il sera donné à chaque soldat qui rejoindra un ordre de route pour son régiment, et l'étape lui sera fournie.

6. Il est enjoint à chaque conseil d'administration de bataillon ou de régiment de vérifier les motifs qui auront déterminé les congés accordés par Dumouriez; et, dans le cas où ils auraient été déterminés par une intelligence criminelle avec ce chef, les porteurs de ces congés seront dénoncés à l'accusateur public du tribunal extraordinaire.

8 = 10 AVRIL 1793. — Décret relatif à la vente des moulins et usines appartenant à l'État, ou provenus des émigrés. (L. 14, 79; B. 29, 53.)

Art. 1er. Les moulins et usines appartenant à la nation ou provenus des émigrés, qui sont placés sur des rivières ou cours d'eau, ne pourront être vendus qu'après qu'il aura été vérifié que leur conservation ne cause aucun dommage aux propriétés environnantes, et que leur destruction ne deviendra pas nécessaire au desséchement des marais.

2. Il sera procédé à cette vérification, sur la demande du procureur-général-syndic du département, par l'ingénieur du même département, en présence d'un commissaire du district et de deux officiers municipaux de la commune sur le territoire de laquelle se trouveront ces moulins et usines.

3. Après ce rapport, le directoire du département, sur l'avis de celui du district, ordonnera la vente desdits objets, ou il y fera surseoir, si le cas l'exige.

8 = 10 AVRIL 1793. — Décret qui supprime le droit de fret dans le cas de grand cabotage par les navires étrangers. (L. 14, 81; B. 29, 55.)

La Convention nationale, après avoir entendu la lecture d'une lettre du ministre des contributions publiques, convertie en motion par un membre, décrète la suppression du droit de fret, dans le cas de grand cabotage par les navires étrangers.

8 = 11 AVRIL 1793. — Décret portant que les prix de tous les achats, marchés ou conventions pour le service de l'État, seront stipulés en sommes d'assignats, et qui détermine la nature du paiement de la solde des troupes, tant de terre que de mer. (L. 14, 83; B. 29, 54.)

Voy. loi du 2 AOUT 1793.

Art. 1er. A compter du jour de la publication du présent décret, les prix de tous les achats, marchés ou conventions pour le service de la République, seront stipulés en sommes fixes d'assignats, sans qu'il puisse y être inséré aucune stipulation de paiement en espèces, ni aucune autre clause y relative.

2. Le prix desdits marchés ou conventions qui auront été passés pour le compte de la République antérieurement au présent décret, et depuis la promulgation du décret qui déclare l'argent marchandise, avec stipulation de paiement en espèces, ou autres clauses y relatives, sera également payé en assignats, avec une indemnité proportionnée auxdites clauses et réserves.

3. L'indemnité sera réglée par le ministre dans le département duquel les marchés auront été passés et par le fournisseur, et sera revue et définitivement déterminée par la Convention nationale, sur le rapport de son comité des finances; elle sera ajoutée aux marchés comme clause additionnelle, et sera soumise à toutes les formalités prescrites pour les marchés passés par les ministres.

4. A compter du 15 avril présent mois, la partie de solde, appointemens, traitemens, qui, d'après les lois, était payée en numé-raire aux officiers, soldats et autres personnes de tout grade et de toute dénomination, qui sont employés dans les départemens de la guerre et de la marine, et qui seront en Europe dans le territoire français ou occupé par les armées françaises, sera payé en assignats, avec une plus-value de moitié en sus de la somme qui était payée en numéraire, laquelle sera payée dans la même forme que les appointemens, solde et traitemens.

5. Les décomptes des corps et individus compris dans l'article précédent seront arrêtés en numéraire et en assignats, jusqu'au 15 avril, conformément aux lois existantes.

6. Les revenans-bons ou débets en numéraire résultant de ces décomptes seront soldés, savoir:

S'il est dû du numéraire au corps ou individu, le revenant-bon leur sera payé en assignats, avec une plus-value de moitié en sus.

Si, au contraire, le corps ou l'individu doit du numéraire, il le paiera:

1° Avec une somme égale en assignats;

2° Avec une reconnaissance de la moitié de cette somme, à précompter sur la plus-value du décompte des trimestres.

7. Le paiement de cette reconnaissance se fera par des retenues successives, qui ne pourront, dans aucun cas, réduire de plus d'un quart la plus-value fixée par l'article 4 ci-dessus.

8 = 13 AVRIL 1793. — Décret relatif au remplacement des membres des corps administratifs qui donneront leur démission. (L. 14, 86; B. 29, 51.)

La Convention nationale, après avoir entendu la lecture d'une lettre du ministre de l'intérieur, sur la question de savoir comment seront remplacés les membres du directoire dans les corps administratifs lorsque les suppléans seront épuisés, décrète que le premier membre du conseil remplacera celui qui viendra à quitter le directoire.

8 AVRIL 1793. — Décret qui détermine les pouvoirs des représentans du peuple députés vers les armées. (L. 14, 75.)

8 = 8 AVRIL 1793. — Décret qui transfère à Marseille tous les individus de la famille des Bourbons, hors ceux qui sont détenus au Temple. (L. 14, 62; B. 29, 48.)

8 = 9 AVRIL 1793. — Décret concernant les commissaires envoyés dans les départemens frontières, maritimes et de l'intérieur. (B. 29, 52.)

8 = 9 AVRIL 1793. — Décret qui traduit à la barre le général Chazot. (B. 29, 49.)

8 = 10 AVRIL. 1793. — Décret qui change le nom de Villiers-le-Duc en celui de Villiers-la-Forêt, et celui de Bar-le-Duc en celui de Bar-sur-Meuse. (L. 14, 82 ; B. 29, 56.)

8 = 8 AVRIL 1793. — Décret qui ordonne l'impression des listes, états et tableaux des officiers de tous grades, civils et militaires, tant de terre que de mer. (L. 14, 74 ; B. 29, 50.)

8 AVRIL 1793. — Décret qui charge le comité de salut public d'indiquer, sous une heure, le lieu, hors de Paris, où seront mis en état d'arrestation les membres de la famille des Bourbons. (B. 29, 48.)

8 = 9 AVRIL 1793. — Décret portant que madame d'Orléans sera gardée à vue chez elle jusqu'au rétablissement de sa santé. (B. 29, 51.)

8 AVRIL 1793. — Décret qui autorise le ministre de la guerre, sur sa responsabilité, à fournir les sommes nécessaires à la dépense qu'exige le décret de ce jour, relatif aux soldats qui se sont éloignés des drapeaux. (B. 29, 52.)

8 = 8 AVRIL 1793. — Décret sur la reddition des comptes du citoyen Taillevis, ci-devant adjoint au ministère de la marine. (B. 29, 51.)

8 AVRIL 1793. — Décret qui autorise la section du comité de la guerre à présenter directement les rapports dont elle est chargée. (B. 29, 51.)

8 = 10 AVRIL 1793. — Décret qui met les biens du feu prince de Luxembourg à la disposition de la légion dite de Luxembourg. (B. 29, 53.)

8 = 8 AVRIL 1793. — Décret relatif à l'envoi de quatre commissaires de la Convention aux armées du Rhin, des Vosges et de la Moselle. (B. 29, 50.)

8 = 10 AVRIL 1793 — Décret qui accorde trois cents livres aux citoyens Osget, Thomasset et Boulnoy, volontaires du bataillon des Gravilliers. (B. 29, 55.)

8 AVRIL 1793. — Accusateur public. *Voy.* 7 AVRIL 1793 — Bourbons. *Voy.* 6 AVRIL 1793. — Employés des postes, Louis-Philippe-Joseph d'Orléans. *Voy.* 7 AVRIL 1793. — Vente des châteaux royaux. *Voy.* 4 AVRIL 1793.

9 = 9 AVRIL. — Décret qui établit trois représentans près chaque armée, et règle leurs fonctions et attributions. (L. 14, 75 ; B. 29, 57 ; Mon. du 11 avril 1793.)

Art. 1er. Il y aura constamment trois représentans du peuple députés près chacune des armées de la République ; tous les mois l'un des trois sera renouvelé.

2. Ils exerceront la surveillance la plus active sur les opérations des agens du conseil exécutif, sur la conduite des généraux, officiers et soldats de l'armée ; ils se feront journellement rendre compte de l'état des magasins, de toute espèce de fournitures, vivres et munitions ; ils porteront l'examen le plus sévère sur les opérations et la conduite de tous les fournisseurs et entrepreneurs des armées de la République.

3. Ils prendront toutes les mesures qu'ils jugeront convenables pour accélérer la réorganisation des armées, l'incorporation des volontaires et recrues dans les cadres existans : ils agiront, pour cet effet, de concert avec les généraux commandans de divisions et autres agens du conseil exécutif.

4. Les représentans députés près les armées sont investis de pouvoirs illimités pour l'exercice des fonctions qui leur sont déléguées par le présent décret ; ils pourront employer tel nombre d'agens qu'ils croiront convenable. Les dépenses extraordinaires qu'ils auront autorisées seront acquittées par le Trésor public, sur des états visés par eux ; leurs arrêtés seront exécutés provisoirement, à la charge de les adresser dans les vingt-quatre heures à la Convention nationale, et, pour ce qui devra être secret, au comité de salut public.

5. Il est enjoint à tous les agens civils et militaires d'obéir aux réquisitions des commissaires de la Convention nationale, sauf à eux de faire auprès de la Convention toutes les réclamations qu'ils croiront fondées.

6. Les représentans du peuple près les armées prendront sans délai toutes les mesures nécessaires pour découvrir, faire arrêter et traduire au tribunal révolutionnaire tout militaire, tout agent civil et autres citoyens qui ont aidé, conseillé ou favorisé d'une manière quelconque la trahison de Dumouriez, ou tout autre complot contre la sûreté de la nation, ou qui ont machiné la désorganisation des armées et tenté la ruine de la République.

9 = 9 AVRIL 1793. — Décret relatif au transport des munitions de guerre. (L. 14, 88 ; B. 29, 58 ; Mon. du 11 avril 1793.)

Art. 1er. Il sera établi sans délai, de quatre lieues en quatre lieues, la quantité de chariots ou charrettes nécessaires pour transporter rapidement aux armées du Nord, des Ardennes, de la Moselle et du Rhin, les trains d'artillerie, les munitions de guerre, les effets de campement, les fourrages et subsistances dont elles peuvent avoir besoin, ainsi que tout ce qui peut accélérer le développement des forces nationales.

2. Il sera établi, à cet effet, sur les différentes routes de ces armées, le nombre de chevaux nécessaire pour ce service.

3. Il sera formé sur-le-champ à Paris un bureau général qui aura constamment des chevaux de relais, voitures et harnais nécessaires à cet établissement.

4. Le ministre de la guerre est autorisé à choisir un local propre à l'établissement de ce bureau central.

5. Le ministre de la guerre fournira un état détaillé des dépenses que nécessitera cet établissement; en attendant, la Trésorerie nationale tiendra à sa disposition jusqu'à la concurrence de la somme de deux millions.

---

9 = 11 AVRIL 1793. — Décret interprétatif de celui du 16 février 1793, relatif aux fournitures de l'armée jugées défectueuses. (L. 14, 93; B. 29, 62; Mon. du 11 avril 1793.)

Art. 1er. La confiscation des fournitures pour l'armée, prononcée par le décret du 16 février dernier, n'aura lieu que pour les objets défectueux ou d'une qualité inférieure aux échantillons dont on aurait cherché à couvrir par l'art les défectuosités quelconques, et pour ceux dont les défectuosités, quoique de facile apparence, seraient cependant telles que l'objet ne pourrait servir à l'usage auquel il était destiné.

2. Cette confiscation n'aura pas lieu pour les simples défectuosités ou infériorités apparentes, mais qui n'empêcheraient pas que l'objet ne pût servir à l'usage auquel il est destiné; dans ce dernier cas néanmoins, les objets défectueux ou non conformes aux échantillons et modèles seront rebutés, estampillés et rendus aux fournisseurs, qui seront tenus de les remplacer dans le plus bref délai, et lesdits fournisseurs seront condamnés à une amende égale au quart de la valeur desdits objets, s'ils étaient recevables.

3. Si les fournisseurs ne remplaçaient pas les fournitures rejetées, dans le temps qui leur sera prescrit, le ministre de la guerre ou ses agens seront autorisés à faire faire ce remplacement aux frais et dépens des fournisseurs et de leurs cautions.

4. Les dispositions du présent décret sont applicables à toutes les soumissions faites jusqu'à ce jour, quelles que soient les clauses y portées.

---

9 = 13 AVRIL 1793. — Décret concernant les messageries, la poste aux lettres et la poste aux chevaux. (L. 14, 95; B. 29, 60; Mon. du 11 avril 1793.)

Voy. lois du 23 et 24 JUILLET 1793.

Art. 1er. Le bail des messageries, coches et voitures d'eau, adjugé le 16 mars 1791 à Jean-François de Queux pour six ans neuf mois, commencés au 1er avril suivant, demeurera résilié à l'époque du 1er mai 1793.

2. Dans le mois à compter du jour de la publication du présent décret, des experts respectivement nommés par le directoire des postes et les fermiers actuels des messageries, procéderont à l'estimation des voitures de toute espèce, coches, bateaux, fourrages, chevaux, ustensiles et effets de toute nature, maisons et magasins servant à l'exploitation des messageries; il en sera usé de même à l'égard des sous-fermiers à l'instant de la résiliation de leurs sous-baux.

3. Le montant de ces estimations sera payé comptant des deniers qui seront mis à cet effet à la disposition du ministre des contributions publiques.

4. La Convention nationale se réserve de prononcer sur les indemnités des fermiers et sous-fermiers, après avoir entendu le rapport qui lui sera présenté à ce sujet par son comité.

5. La poste aux lettres, les messageries et la poste aux chevaux seront, à compter du 1er mai 1793, réunies sous une seule et même administration, spécialement chargée de la surveillance et du maintien de l'exécution des trois services.

6. La poste aux lettres et les messageries seront exploitées en régie. Le service de la poste aux chevaux sera fait en vertu d'adjudications à l'enchère, au rabais.

7. Le service de la poste aux lettres, des messageries et de la poste aux chevaux, sera fait exclusivement par les agens et les préposés de la nation.

8. Le comité des finances présentera incessamment un plan d'organisation sur le régime et l'administration de ces trois services.

9. Les maîtres de poste ou entrepreneurs qui font actuellement le service des messageries, soit en vertu de traités particuliers, soit par suite de convention sociale, seront tenus de continuer ce service jusqu'à ce qu'il soit organisé par les agens de la nouvelle administration, d'après les bases qui seront réglées.

10. Attendu qu'il s'agit d'un service public et de celui des armées, les maîtres de poste ou entrepreneurs seront personnellement responsables des frais, dommages et intérêts résultant des retards ou refus qu'ils pourraient apporter.

11. Ce service provisoire sera payé, savoir: pour les voitures à six places intérieures, à raison de six chevaux, et pour les voitures à huit places et au-dessus, à raison de huit chevaux.

12. Le prix des chevaux sera de trente sous par poste, et les guides de quinze sous aussi par poste.

13. Il sera accordé aux maîtres de poste et entrepreneurs qui jouissent d'une gratification ou d'une indemnité, à cause de leur

9 = 10 AVRIL 1793. — Décret relatif au jugement des prévenus de provocation au rétablissement de la royauté, ou d'émeutes contre-révolutionnaires. (L. 14, 90; B. 29, 59.)

9 = 13 AVRIL 1793. — Décret qui transfère la paroisse Notre-Dame-la-Chaussée, de Valenciennes, dans l'église du ci-devant Béguignage, dite de *Sainte-Élisabeth*. (B. 29, 56.)

9 AVRIL 1793. — Décret relatif à l'élection d'un vice-président. (B. 29, 62.)

9 AVRIL 1793. — Décret pour presser la levée des trois cent mille hommes. (B. 29, 56.)

9 AVRIL 1793. — Proclamation du pouvoir exécutif pour l'exécution du décret du 8 avril 1792, relatif aux émigrés. (L. 14, 98.)

9 = 10 AVRIL 1793. — Décret qui approuve la conduite des commissaires à Valenciennes. (L. 14, 92; B. 29, 59.)

9 = 10 AVRIL 1793. — Décret qui traduit au tribunal extraordinaire Cantin, ci-devant secrétaire de Dumouriez. (B. 29, 59.)

9 = 13 AVRIL 1793. — Décret qui réunit, sous le nom de maison de bienfaisance, les deux hôpitaux de Saint-Nicolas et de Saint-Jacques de Maubeuge. (B. 29, 63.)

9 = 10 = 14 AVRIL 1793. — Décrets d'ordre du jour : 1° sur les demandes des communes de Sussay et de Verdun-sur-Doubs, pour l'établissement de foires; 2° sur la réclamation en indemnité de Prévost, garde-magasin à la Grenade. (B. 19, 60 et 64.)

9 = 9 AVRIL 1793. — Décret concernant Lecager, commandant de gendarmerie à Valenciennes. (B. 29, 60.)

9 AVRIL 1793. — Décret relatif aux citoyens qui auront des dénonciations à faire contre des membres de la Convention. (B. 29, 63.)

9 AVRIL 1793. — Drilles et chiffes; Jurés, etc., du tribunal extraordinaire; Mayence, Worms, etc. *Voy.* 3 AVRIL 1793. — Représentans du peuple. *Voy.* 8 AVRIL 1793.

10 = 10 AVRIL 1793. — Décrets relatifs aux passeports. (L. 14, 100; B. 29, 64 et 65; Mon. du 12 avril 1793.)

La Convention nationale décrète que la loi portant suspension des passeports ne s'étend pas sur les agens des puissances étrangères accrédités, ni sur les personnes de leur nation qui sont à leur service, et que le ministre des affaires étrangères est autorisé à délivrer les passeports suivant le mode ordinaire.

La Convention nationale, en maintenant les dispositions de son décret sur les passeports, supprime l'usage des *laissez-passer*, établi par la commune de Paris pour sortir des barrières.

10 = 10 AVRIL 1793. — Décret qui mande le président et le secrétaire de la section de la Halle-au-Blé. (B. 29, 65.)

10 AVRIL 1793. — Décret relatif à la lettre des commissaires Lequinio, Cochon et Bellegarde, à Valenciennes. (B. 29, 66.)

10 = 11 AVRIL 1793. — Décret qui ordonne de suivre, dans le département de l'Orne, les traces de la conspiration de Louis-Philippe-Joseph Orléans. (B. 28, 65.)

10 = 10 AVRIL 1793. — Décret qui nomme le citoyen Dalbarade ministre de la marine. (L. 14, 103; B. 29, 65.)

10 = 10 AVRIL 1793. — Décret relatif au transport du tribunal criminel du département du Nord à Valenciennes. (B. 29, 64.)

10 = 11 AVRIL 1793. — Décret qui ordonne de lever les scellés apposés chez Louis-François-Joseph Bourbon-Conti. (B. 29, 66.)

10 AVRIL 1793. — Décret qui traduit les citoyens Escuyer et Cantin devant le tribunal criminel extraordinaire de Paris. (B. 29, 66.)

10 AVRIL 1793. — Commis des domaines. *Voy.* 11 AVRIL 1793. — Droit de fret; Emigrés. *Voy.* 8 AVRIL 1793. — Officiers généraux. *Voy.* 5 AVRIL 1793. — Prévenus. *Voy.* 9 AVRIL 1793. — Recrutement. *Voy.* 5 AVRIL 1793. — Valenciennes. *Voy.* 9 AVRIL 1793. — Villiers-le-Duc et Bar-le-Duc. *Voy.* 8 AVRIL 1793.

11 = 13 AVRIL 1793. — Décret portant qu'un membre de la Convention peut être arrêté pour crime et en flagrant délit. (L. 14, 104; B. 29, 74.)

La Convention nationale décrète qu'aucun de ses membres ne pourra être arrêté lorsqu'il sera muni de sa carte de député, si ce n'est pour crime et en flagrant délit. La Convention nationale décrète que le commandant général sera tenu de faire mettre à l'ordre de la garde nationale parisienne le présent décret.

11 = 16 AVRIL 1793. — Décret qui défend la vente du numéraire, sous peine de six années de fers, et déclare qu'aucuns achats, ventes, traités, conventions ou transactions ne pourront désormais contenir d'obligation autrement qu'en assignats. (L. 14, 105; B. 29, 72.)

Voy. loi du 6 FLORÉAL an 2.

Art. 1er. A compter de la publication du présent décret, la vente du numéraire de la République, dans toute l'étendue du territoire français ou occupé par les armées françaises, est défendue, sous peine de six années de fers contre les personnes qui en achèteront ou en vendront.

2. Aucuns achats, ventes, traités, conventions ou transactions, ne pourront désormais contenir d'obligation autrement qu'en assignats : ceux qui seront convaincus d'avoir arrêté ou proposé différens prix, d'après le paiement en numéraire ou en assignats, seront pareillement condamnés à six années de fers, sans néanmoins interdire à ceux qui ont du numéraire la faculté d'en faire usage dans leurs paiemens au pair des assignats.

3. A compter de la publication du présent décret, il ne pourra être fait aucun dépôt en numéraire de la République; en conséquence, tous billets, comptes ou reconnaissances de dépôt ou de garde du numéraire de la République, qui seront faits postérieurement au présent décret, seront réputés engagemens ordinaires, et le remboursement en sera fait en assignats.

4. Toute personne qui refusera des assignats en paiement sera contrainte à les recevoir et condamnée à une amende égale à la somme refusée, laquelle amende sera perçue au profit de la nation par le receveur du droit d'enregistrement. La présente disposition aura lieu nonobstant toute stipulation contraire qui pourrait avoir été faite.

5. Sont exceptées de la disposition du présent article les personnes qui, antérieurement au présent décret, et depuis la promulgation du décret qui déclare l'argent marchandise, auront traité avec les fournisseurs de la République, avec stipulation en espèces ou autres clauses y relatives, lesquelles jouiront des avantages accordés aux fournisseurs par les articles 2 et 3 du décret du 8 avril courant.

6. Les représentans de la nation envoyés par la Convention auprès des armées, qui sont ou seront dans les pays hors du territoire français occupés par les armées de la République, pourront prendre toutes les mesures qu'ils jugeront convenables pour y établir, favoriser et accélérer la circulation des assignats.

7. L'exportation des ouvrages d'orfévrerie et de joaillerie en or et en argent, et des matières d'or ou d'argent, continuera d'être défendue, conformément au décret des 5 et 15 septembre 1792, et sous les peines qui y sont portées.

---

11 = 16 AVRIL 1793. — Décret portant que la vente et l'adjudication des bois appartenant au ci-devant domaine et aux corps ecclésiastiques, seront faites par les receveurs de district. (L. 14, 108; B. 29, 72.)

La Convention nationale, sur la proposition d'un de ses membres, décrète que les ventes et adjudications des bois appartenant ci-devant au domaine, ainsi que celles des bois des ci-devant corps et communautés ecclésiastiques, seront faites à l'avenir par les directoires de district.

---

11 = 16 AVRIL 1793. — Décret relatif à l'embargo mis sur les navires des sujets des puissances alliées. (L. 14, 109; B. 29, 68; Mon. du 14 avril 1793.)

Art. 1er. Les marchandises et autres effets chargés sur les navires ennemis, arrêtés dans les ports de la République en vertu des ordres du conseil exécutif provisoire, qui seront prouvés appartenir à des Français ou aux sujets des puissances amies et alliées de la France au moment de l'embargo mis sur lesdits navires, seront rendus aux propriétaires, et ne seront sujets à confiscation que dans le cas d'insuffisance de preuves écrites pour en constater la propriété.

2. Cette remise n'aura lieu, à l'égard des sujets des puissances amies et alliées avec lesquelles les circonstances auraient nécessité une rupture postérieure, qu'autant que leur réclamation aura précédé les hostilités commencées ou ordonnées contre les mêmes puissances.

3. Les denrées, les matières premières et les autres objets desquels la sortie est défendue, qui feraient partie des chargemens dont main-levée est accordée par le présent décret, ne pourront être exportés à l'étranger; les marchandises et autres objets dont l'entrée est prohibée depuis leur chargement, ou qui auraient été chargés en entrepôt, seront assujétis aux droits fixés par les décrets des 19 février et 1er mars 1793.

4. La Convention nationale déroge à toutes les lois et jugemens contraires au présent décret.

---

11 = 11 AVRIL 1793. — Décret relatif à l'augmentation de solde de la cavalerie française. (L. 14, 111; B. 29, 68.)

Art. 1er. Les troupes à cheval de la République française recevront une augmentation de solde dans la même proportion que celle accordée à l'infanterie de la République française, et cette augmentation datera du 15 mars, ainsi que celle de l'infanterie.

2. Il n'y aura qu'une classe de capitaines dans les troupes à cheval, et leurs appointe-

« mens ou solde seront de la somme de deux
« mille cinq cents livres pour chaque année.

11 = 16 AVRIL 1793. — Décret qui remplace
cent cinquante millions en assignats de cinquante livres par une même somme en assignats
de quatre cents livres. (L. 14, 107; B. 29, 72.)

11 = 19 AVRIL 1793. — Décret qui met en liberté le citoyen Michaux, supérieur de l'hôpital de Saint-Stanislas, à Nancy. (B. 29, 69.)

11 = 16 AVRIL 1793. — Décret qui confirme
une proclamation du conseil exécutif. (B. 29,
72.)

11 = 19 AVRIL 1793. — Décret d'ordre du jour
sur la demande en indemnité formée par le
citoyen Binard, pour fourniture de viande
fraîche. (B. 29, 69.)

11 = 11 AVRIL 1793. — Décret qui met soixante
mille livres par mois à la disposition de l'administration des domaines, pour le paiement
des commis. (B. 29, 66.)

11 AVRIL 1793. — Décret qui affecte trente-huit
mille huit cent quatre-vingt-seize livres onze
sous à l'acquit de l'indemnité due pour raison
de pillage des magasins du citoyen Guérard
Thomas, négociant au Havre. (B. 29, 70.)

11 = 11 AVRIL 1793 — Décret qui nomme
deux commissaires pour la visite des magasins
de Saint-Denis, Traisnel, etc. (B. 29, 70.)

11 = 11 AVRIL 1793. — Décret qui met sous la
surveillance du ministre de la marine l'administration des forges de la Chaussade. (B. 29,
74.)

11 AVRIL 1793. — Décret sur la pétition du citoyen Orchamps. (B. 29, 71.)

11 = 11 AVRIL 1793. — Décret qui met en liberté les citoyens Proly, Dubuisson et Pe-
reyra. (B. 29, 74.)

11 = 11 AVRIL 1793. — Décret qui accorde un
million à la commune de Grenoble. (B. 29,
71.)

11 AVRIL 1793. — Décret qui ordonne de rendre compte de l'exécution d'un décret relatif
aux Bourbons (B. 29, 71.)

11 = 11 AVRIL 1793. — Décret relatif au citoyen Dalbarade. (B. 29, 68)

11 = 11 AVRIL 1793. — Décret qui lève la surveillance donnée au citoyen Dumas, ex-législateur. (B. 29, 71.)

11 AVRIL 1793. — Achats pour l'État, et solde
des troupes. Voy. 8 AVRIL 1793. — Bâtimens
de la liste civile. Voy. 3 AVRIL 1793 — Citoyen Dalbarade. Voy. 10 AVRIL 1793. — Comité de salut public. Voy. 7 AVRIL 1793. —
Employés de l'enregistrement. Voy 3 AVRIL
1793. — Fournitures défectueuses. Voy. 9
AVRIL 1793. — Jura. Voy. 6 AVRIL 1793. —
Municipalité de Paris. Voy. 3 AVRIL 1793.

12 = 16 AVRIL 1793. — Décret relatif au refus
de recevoir les assignats de dix livres et de
quatre cents livres, sous prétexte qu'ils ne
portent pas l'effigie du Roi. (L. 14, 115; B.
29, 78.)

La Convention nationale, après avoir entendu la dénonciation faite par un de ses
membres du refus que font quelques personnes de recevoir en paiement des assignats de
dix livres et de quatre cents livres, parce
qu'ils ne portent point l'effigie du Roi;

Considérant qu'un décret porte la peine
de mort contre quiconque provoquerait le rétablissement de la royauté, et un autre la
peine de six ans de fers contre quiconque re-
fuserait de recevoir des assignats en paiement, passe à l'ordre du jour, motivé sur
l'existence de ces deux décrets.

12 = 16 AVRIL 1793. — Décret relatif aux tentatives de vol non consommé. (L. 14, 116; B.
29, 77.)

La Convention nationale, ayant entendu
son comité de législation sur une lettre du
ministre de la justice du 6 de ce mois, énon-
ciative d'un arrêté du tribunal de district
du Donjon du 11 mai 1792, adressé à l'Assemblée législative, portant surséance du jugement définitif de cinq prévenus de tentatives de vol non consommé, et demande l'interprétation du Code pénal à cet égard, renvoie au pouvoir exécutif la partie desdits
arrêté et lettre ayant rapport aux cinq prévenus, et ordonne au surplus que le comité
de législation fera incessamment son rapport
sur la punition à infliger à cette espèce de
délit.

12 = 15 AVRIL 1793. — Décret relatif à la loi
des émigrés, etc. (B. 29, 76.)

Le rapporteur de la partie pénale de la loi
contre les émigrés observe que, les différens
articles de la loi ayant été recueillis dans les
procès-verbaux de diverses dates, il est convenable d'en arrêter l'ensemble à la date du
28 mars 1793, jour auquel le dernier article
a été décrété. Sur cette observation, la Convention nationale décrète que tous les articles de la loi contre les émigrés, partie pénale, seront réunis et datés du 28 mars 1793,
et que tous les articles de cette loi seront insérés dans le procès-verbal dudit jour 28
mars.

12 = 13 AVRIL 1793. — Décret sur l'exécution de celui qui ordonne de mettre en liberté tous les prisonniers pour dettes. (L. 14, 112; B. 29, 76.)

12 = 16 AVRIL 1793. — Décret contenant la liste des représentans députés près les armées. (L. 14, 113; B. 29, 77.)

12 = 12 AVRIL 1793. — Décret qui met trois cent mille livres à la disposition du département des Deux-Sèvres, pour le paiement des fonctionnaires publics. (B. 29, 74.)

12 AVRIL 1793. — Décret qui ordonne l'interrogatoire du général d'Harville. (B. 29, 79.)

12 = 13 AVRIL 1793. — Décret qui met en liberté les membres de la municipalité de Longuyon, etc. (B. 29, 76.)

12 = 12 AVRIL 1793. — Décret qui met Marat en état d'arrestation à l'Abbaye. (B. 29, 77.)

12 = 12 AVRIL 1793. — Décret qui suspend le jugement porté contre Geoffroy, prévenu de complicité de fabrication de faux assignats. (B. 29, 78.)

12 = 12 AVRIL 1793. — Décret qui nomme les commissaires chargés de prendre des renseignemens sur d'Orléans. (B. 29, 75.)

12 = 12 AVRIL 1793. — Décret qui invite les sieurs Bellegarde, Lequinio et Cochon à aider de leurs conseils les commissaires envoyés pour les remplacer à Valenciennes. (B. 29, 75.)

12 = 13 AVRIL 1793. — Décret qui renvoie par-devant le tribunal criminel extraordinaire les généraux Lanoue, Stengel, Miranda et Miazinsky. (B. 29, 75.)

13 = 17 AVRIL 1793. — Décret qui prononce la peine de deux ans de détention contre ceux qui mutileront ou casseront les chefs-d'œuvre de sculpture des lieux publics. (L. 14, 120; B. 29, 79.)

La Convention nationale, sur la proposition d'un membre, inspecteur de la salle, qui annonce que des malveillans ont mutilé quelques statues aux Tuileries, décrète que ceux qui seront convaincus d'avoir mutilé ou cassé les chefs-d'œuvre de sculpture dans le jardin des Tuileries et autres lieux publics appartenant à la République seront punis de deux ans de détention.

Charge le ministre de l'intérieur de faire faire dans le jardin des Tuileries des patrouilles, le soir, pour la conservation des monumens.

13 = 13 AVRIL 1793. — Décret qui punit de mort quiconque proposerait de négocier ou de traiter avec des puissances ennemies qui n'auraient pas préalablement reconnu solennellement l'indépendance de la nation française, sa souveraineté, l'indivisibilité et l'unité de la République. (L. 14, 117; B. 29, 79; Mon. des 14 et 15 avril 1793.)

La Convention nationale déclare, au nom du peuple français, qu'elle ne s'immiscera en aucune manière dans le gouvernement des autres puissances; mais elle déclare en même temps qu'elle s'ensevelira plutôt sous ses propres ruines, que de souffrir qu'aucune puissance s'immisce dans le régime intérieur de la République, ou influence la création de la constitution qu'elle veut se donner.

La Convention nationale décrète la peine de mort contre quiconque proposerait de négocier ou de traiter avec des puissances ennemies qui n'auraient pas préalablement reconnu solennellement l'indépendance de la nation française, sa souveraineté, l'indivisibilité et l'unité de la République, fondée sur la liberté et l'égalité.

13 = 17 AVRIL 1793. — Décret relatif aux pays réunis à la République française. (L. 14, 119; B. 29, 81.)

La Convention nationale, sur la demande faite par un de ses membres que la Convention déclare qu'elle n'entend pas nuire aux droits des pays réunis à la République française, et que jamais elle ne les abandonnera aux tyrans avec lesquels elle est en guerre, passe à l'ordre du jour, motivé sur ce que les contrées réunies font partie intégrante de la République.

13 = 17 AVRIL 1793. — Décret relatif à l'estimation et au paiement des chevaux amenés par les déserteurs étrangers. (L. 14, 121; B. 29, 80.)

13 = 17 AVRIL 1793. — Décret en faveur de plusieurs Français établis à Tunis. (B. 29, 80.)

13 AVRIL 1793. — Décret qui nomme un commissaire pour faire passer les décrets de renvoi au comité de salut public. (B. 29, 80.)

13 = 17 AVRIL 1793. — Décret qui suspend la vente du séminaire de Saint-Sulpice à Paris. (B. 29, 80.)

13 AVRIL 1793. — Décret sur le mode de reconnaître les témoins militaires appelés à déposer contre les ministres ou généraux traduits au tribunal révolutionnaire. (B. 29, 81.)

13 = 16 AVRIL 1793. — Décret d'accusation contre Marat. (B. 29, 82.)

13 = 17 AVRIL 1793. — Décret qui ordonne l'arrestation du citoyen Chapieux, premier lieutenant-général du cinquième bataillon de Saône-et-Loire. (B. 29, 81.)

13 AVRIL 1793. — Corps administratifs. *Voy.* 8 AVRIL 1793. — Louis-Philippe-Joseph d'Orléans. *Voy.* 10 AVRIL 1793. — Messageries, postes aux lettres, etc. *Voy.* 9 AVRIL 1793.

14 = 17 AVRIL 1793. — Décret concernant la marque distinctive des notables membres des conseils généraux des communes. (L. 14, 122; B. 29, 83.)

La Convention nationale, sur la proposition d'un membre, décrète que les notables membres des conseils généraux des communes pourront porter, en forme d'écharpe, comme marque distinctive, un ruban tricolore, lorsqu'ils exerceront, soit par délégation, soit par commission, quelques fonctions municipales, et délibéreront au conseil.

14 = 17 AVRIL 1793. — Décret relatif aux pensions des soldats blessés dans les colonies. (L. 14, 123; B. 29, 83.)

La Convention nationale, après avoir entendu à la barre le citoyen Boivaud, soldat invalide, qui demande le paiement d'une pension de six cents livres qui lui a été accordée par l'assemblée coloniale de Saint-Domingue, pour récompense des services militaires qu'il a faits dans cette colonie, et sur la proposition d'un membre, décrète que les pensions accordées par les assemblées coloniales aux soldats de la République blessés dans les combats, seront fixées sur le même pied que les pensions accordées en France, et que lesdites assemblées seront tenues de justifier des titres desdites pensions.

14 AVRIL 1793. — Décret qui met en état d'arrestation le sieur Ferru. (B. 29, 82.)

14 AVRIL 1793. — Décret qui accorde au citoyen Gerbault six mille livres, comme inventeur d'une nouvelle machine à monnayer. (B. 29, 83.)

14 = 27 AVRIL 1793. — Décret qui accorde à la veuve Aufrère la même pension qu'aux vainqueurs de la Bastille. (B. 29, 83.)

15 = 22 AVRIL 1793. — Décret relatif au tribunal du département de la Lozère. (B. 29, 84.)

15 = 22 AVRIL 1793. — Décret qui renvoie au bureau de vérification trois assignats rongés, etc. (B. 29, 84.)

15 AVRIL 1793. — Décret qui enjoint aux citoyens qui ont donné leur adhésion à une pétition des quarante-huit sections de Paris, d'y apposer leur signature individuelle. (B. 29, 84.)

15 = 22 AVRIL 1793. — Décret qui accorde un passeport au citoyen Jacquelin et Courvoisier, pour se rendre auprès de François Bourbon-Conti. (B. 29, 86.)

15 AVRIL 1793. — Décret relatif aux commissaires envoyés dans les départemens. (B. 29, 86.)

15 AVRIL 1793. — Décret qui ordonne de rendre compte des motifs de la détention de Boissonat. (B. 29, 87.)

15 = 17 AVRIL 1793. — Décret qui met en état d'accusation Auguste Harville, Benoît-Louis Bouchet, Barneville, etc., le colonel Montchoisi, Frossi, Quivit et Osselin. (B. 29, 87.)

15 = 22 AVRIL 1793. — Décret qui casse et annule l'arrêté pris par le corps électoral de la Haute-Garonne. (B. 29, 85.)

15 = 22 AVRIL 1793. — Décret qui approuve les mesures prises par les commissaires envoyés dans le département de la Lozère. (B. 29, 85.)

15 AVRIL 1793. — Décret portant que le comité de salut public fera, sous trois jours, un rapport sur ce qui est relatif aux chevaux de remonte. (B. 29, 85.)

15 AVRIL 1793. — Décret qui règle l'ordre du jour de la Convention. (B. 29, 85.)

15 = 16 AVRIL 1793. — Décret qui désavoue la correspondance des commissaires Dubois-Dubay et Briès, dans le département du Nord, avec le général Cobourg. (B. 29, 88.)

15 = 17 AVRIL 1793. — Décret d'ordre du jour motivé, relatif à la réclamation des canonniers, ouvriers d'artillerie attachés à la légion nationale des Pyrénées. (B. 29, 86.)

15 = 20 AVRIL 1793. — Décret qui maintient Laussel, procureur de la commune de Lyon, en état d'arrestation, jusqu'à ce qu'il ait été statué sur la pétition des citoyens de Lyon. (B. 29, 88.)

15 AVRIL 1793. — Emigrés. *Voy.* 28 MARS 1793. — Prisonniers pour dettes. *Voy.* 12 AVRIL 1793.

16 = 16 AVRIL 1793. — Décret qui supprime les droits d'entrée en France sur les chevaux venant de l'étranger. (L. 14, 126; B. 29; 89.)

La Convention nationale, sur la proposition de son comité de commerce, décrète ce qui suit :

Les droits perçus à l'entrée dans la République, sur les chevaux venant de l'étranger, sont supprimés.

16 = 22 AVRIL 1793. — Décret relatif à une nouvelle organisation des commissaires des guerres. (L. 14, 135; B. 29, 96.)

Voy. lois du 20 SEPTEMBRE = 14 OCTOBRE 1791 ; du 12 MAI 1793, et du 24 = 25 JUILLET 1793.

TITRE Iᵉʳ. De la suppression et de la recréation des commissaires des guerres.

Art. 1ᵉʳ. Tous les commissaires des guerres des troupes de la République, ainsi que les aides, sont supprimés.

2. Il sera aussitôt recréé trois cent quatre-vingt-dix commissaires des guerres, qui seront pris ainsi qu'il suit :

1° Parmi les commissaires des guerres supprimés par l'article précédent, de quelques nominations qu'ils puissent être, et parmi les aides ;

2° Parmi les quartiers-maîtres-trésoriers, sergens-majors, maréchaux-des-logis des troupes de la République, de quelque arme que ce soit ;

3° Parmi les officiers qui auront antécédemment rempli les places de quartier-maître-trésorier, ou de sergent-major, ou de maréchaux-des-logis dans les troupes de la République; néanmoins, aucun sujet ne pourra être admis s'il n'a vingt-cinq ans accomplis.

3. Chaque commissaire des guerres nommé d'après les dispositions de l'article ci-dessus sera tenu de faire parvenir au ministre de la guerre, un mois après sa nomination, un certificat qui atteste sa capacité pour son état, et son civisme reconnu.

4. Ce certificat devra être signé par le conseil général de la commune du lieu de sa résidence, visé et approuvé par le corps administratif supérieur dudit lieu, et d'une date postérieure à la publication du présent décret.

5. A l'égard des commissaires des guerres qui, dans la présente nomination, auront été tirés des troupes de la République, conformément à l'article 2 du présent titre, chacun sera tenu de fournir, un mois après sa nomination, le même certificat qui, dans ce cas seulement, ne devra être signé que des membres composant le conseil d'administration du corps d'où il sera sorti.

6. Le ministre de la guerre est seul chargé de nommer les trois cent quatre-vingt-dix commissaires recréés par l'article 2 du présent titre, et cette nomination ne sera regardée que comme provisoire, jusqu'à l'époque fixée pour les certificats exigés ci-dessus.

7. Le ministre de la guerre, un mois après la nomination faite des commissaires, en fera passer la liste à la Convention nationale, avec l'attestation que tous ceux qui y sont portés ont produit le certificat exigé par les articles précédens. Il est en outre chargé de la faire parvenir de suite à tous les corps administratifs et les municipalités de la République.

8. Au moyen des dispositions ci-dessus, toutes dénominations d'aides et commissaires extraordinaires, qui leur étaient ci-devant affectées, sont abolies.

TITRE II. De l'organisation des commissaires des guerres.

Art. 1ᵉʳ. Les trois cent quatre-vingt-dix commissaires recréés par l'article 2 du titre précédent seront divisés en quatre classes, ainsi qu'il suit :

1° Vingt commissaires ordonnateurs de première classe;

2° Vingt commissaires ordonnateurs de seconde classe;

3° Cent cinquante commissaires ordinaires de première classe;

4° Deux cents commissaires ordinaires de deuxième classe.

2. Ces quatre classes seront distinguées par les dénominations mentionnées dans l'article précédent, et plus particulièrement encore par la gradation de leur traitement ci-après fixé.

3. Les commissaires des guerres conserveront leurs fonctions administratives militaires, comme par le passé.

TITRE III. Du traitement des commissaires des guerres.

Art. 1ᵉʳ. Les vingt commissaires ordonnateurs de la première classe auront dix mille livres; plus, il leur sera passé deux mille livres pour les frais de bureau.

2. Les vingt commissaires ordonnateurs de la seconde classe auront huit mille cinq cents livres; pour frais de bureau, quinze cents livres.

3. Les cent cinquante commissaires ordinaires de la première classe auront quatre mille livres; pour frais de bureau, mille livres.

4. Les cent commissaires ordinaires de la seconde classe auront trois mille livres; pour frais de bureau, six cents livres.

5. Les cent autres commissaires auront deux mille quatre cents livres; pour frais de bureau six cents livres.

6. Au moyen des appointemens ci-dessus fixés, aucun commissaire des guerres, de

quelque classe qu'il soit, n'aura droit de prétendre, soit en paix, soit en guerre, à aucune indemnité quelconque pour son logement; il sera, dans tous les cas, obligé de le prendre en nature.

TITRE IV. Du mode d'avancement et de remplacement.

Art. 1er. Le commissaire de la quatrième classe passera commissaire ordinaire, et successivement dans chacune des classes indiquées par l'art. 1er du titre II.

2. Les deux tiers des places seront donnés à l'ancienneté de service de commissaire, et l'autre tiers au choix du ministre de la guerre.

3. Ce choix ne pourra être fait que conformément à l'article 2 du titre 1er du présent décret.

4. Ce mode d'avancement et de remplacement n'aura lieu que trois mois après la publication du présent décret.

5. Les commissaires des guerres non employés dans cette nomination auront leur retraite, conformément à l'article 2 du titre X du décret du 20 septembre = 14 octobre 1791, qui continuera d'être applicable à l'avenir aux commissaires des guerres à qui il sera dû une retraite.

TITRE V. De l'uniforme des commissaires des guerres.

La Convention nationale, voulant rapprocher le plus possible l'uniforme des commissaires des guerres de la simplicité de celui des troupes de la République,

Décrète qu'un mois après la publication du présent décret, les commissaires seront tenus de porter l'uniforme ci-après, savoir:

Habit bleu national, sans revers, doublé de même, boutonné sur l'estomac, paremens écarlate, et en bottes, avec quatre boutons sur chaque parement; collet rouge rabattu; habit, parement, collet, retroussis et poches lisérés en blanc; poches en travers, avec trois boutons sur chaque poche; veste et culotte blanches; boutons jaunes, avec couronne civique, et au milieu : *Administration militaire.*

Les commissaires-ordonnateurs porteront pour distinction, en guise d'épaulettes, quatre petites ganses en or, sans franges.

Le commissaire-ordinaire de la première classe, deux, et ceux de la seconde classe, une. Le chapeau sera distingué par des ganses de la même manière.

16 = 21 AVRIL 1793. — Décret qui ordonne l'interrogatoire des princes de la famille des Bourbons, et le séquestre des biens de celle des Bourbons-d'Orléans. (L. 14, 131 ; B. 29, 90.)

16 = 16 AVRIL 1793. — Décret portant qu'il ne sera plus formé aucun corps à cheval, et qu'il sera levé trente mille hommes de cavalerie. (L. 14, 124 ; B. 29, 89.)

16 = 22 AVRIL 1793. — Décret relatif au mode de vérification des certificats de civisme de tous les employés. (L. 14, 141 ; B. 29, 93.)

16 = 23 AVRIL 1793. — Décret concernant l'indemnité à accorder aux perruquiers liquidés antérieurement au décret du 30 juillet 1792. (L. 14, 142 ; B. 29, 92.)

16 = 21 AVRIL 1793. — Manifeste de la Convention nationale de France à tous les peuples et à tous les gouvernemens. (L. 14, 127; B. 29, 99.)

16 = 22 AVRIL 1793. — Décret qui ordonne de liquider la créance du citoyen Alban. (B. 29, 92.)

16 = 22 AVRIL 1793. — Décret qui met six millions à la disposition du conseil exécutif, pour dépenses secrètes. (L. 14, 133 ; B. 29, 102.)

16 = 16 AVRIL 1793. — Décret qui accorde quatre cent mille livres, à titre de prêt, à la municipalité de Toulouse. (B. 29, 88.)

16 = 23 AVRIL 1793. — Décret relatif aux chevaux de remonte et à l'interrogatoire de l'inspecteur. (B. 29, 102.)

16 AVRIL = 3 MAI 1793. — Résultat des procès-verbaux de liquidation d'offices de judicature et ministériels, en exécution du décret du 17 décembre 1791, et de celui de janvier dernier. (B. 29, 91.)

16 AVRIL 1793. — Décret qui confirme plusieurs arrêtés du comité de liquidation. (B. 29, 94.)

16 = 21 AVRIL 1793. — Décret qui accorde trois cent mille livres au département de la Drôme, et cent mille livres à chacune des communes de Rennes et de Saint-Denis. (B. 29, 94 et 95.)

16 = 22 AVRIL 1793. — Décret qui accorde des secours aux femmes et enfans des volontaires d'un bataillon des Vosges, massacrés à Francfort. (B. 29, 102.)

16 = 22 AVRIL 1793. — Décret qui accorde deux cent mille livres à l'administration du département de Rhône-et-Loire. (B. 29, 94.)

16 AVRIL 1793. — Décret qui ordonne l'interrogatoire du général Chazot. (B. 29, 95.)

16 AVRIL 1793. — Décret d'ordre du jour sur la réclamation des procureurs postulans au ci-devant bailliage de Rennes, et des huissiers du ci-devant parlement de Nancy. (B. 29, 103.)

16 AVRIL 1793. — Assignats; Députés pour les armées. *Voy.* 12 AVRIL 1793. — Numéraire. *Voy.* 10 AVRIL 1793. — Tentatives de vol. *Voy.* 12 AVRIL 1793.

17 AVRIL = 3 MAI 1793. — Décret d'ordre du jour sur le refus fait d'accorder des passeports aux ci-devant nobles. (L. 14, 143.)

17 AVRIL 1793. — Décret qui met en liberté les généraux Longueville et Dalley. (B. 29, 103.)

17 AVRIL = 3 MAI 1793. — Décret relatif au monument à élever sur les ruines de la Bastille. (B. 29, 107.)

17 = 17 AVRIL 1793. — Décret qui accorde un million à la ville de Lille. (B. 29, 104.)

17 = 17 AVRIL 1793. — Décret qui nomme les citoyens Brival et Pelé pour assister à la levée des scellés mis sur les papiers de l'ex-ministre Roland. (B. 29, 104.)

17 AVRIL 1793. — Décret qui rappelle le citoyen Gemeau à ses fonctions de commissaire national à la Monnaie d'Orléans. (B. 29, 104.)

17 = AVRIL = 3 MAI 1793. — Décret qui ordonne de délivrer un passeport à la citoyenne Julie Honorati, élève de Saint-Cyr. (B. 29, 105.)

17 AVRIL = 3 MAI 1793. — Décret qui accorde des pensions et secours à des employés supprimés. (B. 29, 105.)

17 AVRIL = 3 MAI 1793. — Décret d'ordre du jour motivé sur une demande du ministre de l'intérieur. (B. 29, 107.)

17 AVRIL 1793. — Décret qui ordonne de verser à la Trésorerie la lettre de change de vingt-cinq mille neuf cent quatre-vingt-onze livres seize sous, donnée par les Français résidant à Naples. (B. 29, 108.)

17 AVRIL = 3 MAI 1793. — Décret qui nomme deux adjoints aux commissaires envoyés à Chantilly. (B. 29, 106.)

17 AVRIL 1793. — Décret qui charge le maire de Paris de rendre compte de l'état des subsistances. (B. 29, 107.)

17 AVRIL 1793. — Chefs-d'œuvre de sculpture; Déserteurs étrangers. *Voy.* 13 AVRIL 1793. — Notables. *Voy.* 14 AVRIL 1793. — Peuples réunis à la France. *Voy.* 13 AVRIL 1793. — Soldats blessés dans les colonies. *Voy.* 14 AVRIL 1793.

18 = 24 AVRIL 1793. — Décret concernant la ration de viande accordée aux troupes. (L. 14, 149; B. 29, 115.)

La Convention nationale décrète que désormais, dans chaque ration de viande que les lois accordent aux officiers, sous-officiers et soldats qui composent les armées de la République française, l'administration des vivres pourra faire concourir un quart de mouton.

Le surplus du décret du 27 = 29 février 1792, et particulièrement les articles 3 et 4 d'icelui, continueront d'être exécutés en ce qui n'est pas contraire au présent décret.

18 = 18 AVRIL 1793. — Décret relatif aux citoyens qui ont satisfait à l'appel pour la levée des trois cent mille hommes, dans une autre municipalité que la leur. (L. 14, 144; B. 29, 110.)

18 AVRIL 1793. — Décret qui ordonne de faire mention, au procès-verbal, des applaudissemens donnés dans les tribunes à la lecture d'une lettre annonçant le massacre prochain des députés de la Gironde. (B. 29, 118 et 147.)

18 = 24 AVRIL 1793. — Décret relatif au remplacement des officiers nommés par Dumouriez. (L. 14, 150; B. 29, 111.)

18 = 21 AVRIL 1793. — Décret qui censure le citoyen Philibert, évêque du département des Ardennes. (B. 29, 115.)

18 = 18 AVRIL 1793. — Décret relatif à l'incorporation des citoyens à lever en exécution du décret du 24 février 1793. (L. 14, 145; B. 29, 109.)

18 = 24 AVRIL 1793. — Décret qui autorise les commissaires de la salle à payer aux entrepreneurs dix-neuf mille sept cent dix-huit livres quinze sous. (B. 29, 113.)

18 = 24 AVRIL 1793. — Décret qui accorde des fonds pour le paiement des pensions des élèves des écoles militaires. (L. 14, 152; B. 29, 117.)

18 = 24 AVRIL 1793. — Décret qui ordonne de rendre compte des mesures prises pour assurer le retour des Français détenus à Rome. (B. 29, 114.)

18 = 24 AVRIL 1793. — Décret qui autorise la Trésorerie à payer les officiers de la ci-devant chambre des comptes de Lorraine. (B. 29, 114.)

18 = 24 AVRIL 1793. — Décret pour le remplacement des sommes avancées par la Trésorerie dans le courant de mars dernier. (L. 14, 147 ; B. 29, 108.)

18 = 24 AVRIL 1793. — Décrets qui accordent une indemnité : 1° aux commis des salines des trois départemens de la Manche, du Jura et du Doubs ; 2° au citoyen Persegol. (B. 29, 116.)

18 = 24 AVRIL 1793. — Décret concernant les offices remboursables en quittances de finances. (B. 29, 111.)

18 = 19 AVRIL 1793. — Décret qui met en liberté le citoyen Ailhaud. (L. 14, 153 ; B. 29, 110.)

18 = 19 AVRIL 1793. — Décret qui ordonne aux trois bataillons du Calvados de se rendre à leur destination. (B. 29, 118.)

18 = 24 AVRIL 1793. — Décret qui ordonne de rendre compte des mesures prises à l'effet de pourvoir aux besoins des prisonniers de guerre français. (B. 29, 118.)

19 = 24 AVRIL 1793. — Décret qui proroge l'exécution du décret qui accorde trois sous par lieue et l'étape aux militaires. (L. 14, 156 ; B. 29, 118.)

19 = 24 AVRIL 1793. — Décret qui met cinquante-deux millions huit cent mille livres à la disposition du ministre de la guerre. (B. 29, 119.)

19 = 24 AVRIL 1793. — Décret qui surseoit à l'exécution du jugement rendu contre le sieur Lanoé. (B. 29, 119.)

19 AVRIL 1793. — Décret pour accélérer le travail des secrétaires de la Convention. (B. 29, 120.)

19 AVRIL 1793. — Décret qui ordonne de retirer de chez le citoyen Guillermain, député décédé, un carton de papiers appartenant au comité colonial. (B. 29, 120.)

20 = 20 AVRIL 1793. — Acte d'accusation contre Marat. (B. 29, 112.)

20 = 25 AVRIL 1793. — Décret qui improuve comme calomnieuse une pétition présentée au nom de trente-cinq sections de Paris. (L. 14, 157 ; B. 29, 123.)

20 AVRIL 1793. — Décret qui ordonne la communication des marchés passés par les sieurs Beurnonville, Portail, etc. (B. 29, 222.)

20 = 25 AVRIL 1793. — Décret qui autorise le directoire du département de la Sarthe à percevoir, à titre de prêt, la somme de deux cent mille livres. (B. 29, 120.)

20 AVRIL 1793. — Décret qui autorise le passage de plusieurs corps militaires dans l'arrondissement de trente mille toises. (B. 29, 120.)

20 = 25 AVRIL 1793. — Décret qui autorise la municipalité d'Angers et le conseil général du district de Dieppe, à percevoir, à titre de prêt, sur les contributions directes de 1792, la première cent mille livres, la seconde quatre cent mille livres. (B. 29, 121.)

20 = 25 AVRIL 1793. — Décret qui accorde un secours de cent cinquante livres aux mères, épouses et enfans des citoyens de Fontainebleau qui ont volé aux frontières. (L. 29, 122.)

20 AVRIL 1793. — Décret qui approuve l'arrêté pris par les commissaires aux armées du Rhin. (B. 29, 122.)

20 AVRIL 1793. — Décret portant que l'armée de la Vendée a bien mérité de la patrie. (B. 29, 121.)

20 AVRIL 1793. — Décret qui autorise la communication de tous les papiers nécessaires à la justification du général Miranda. (B. 29, 123.)

20 AVRIL 1793. — Décret qui charge le président d'écrire une lettre de félicitation aux commissaires qui sont à Mayenne. (B. 29, 122.)

20 AVRIL 1793. — Décret qui ordonne de rendre compte de l'exécution du décret qui met Marat en état d'arrestation. (B. 29, 123.)

20 = 25 AVRIL 1793. — Décret qui ordonne de garder à vue les adjoints du ministre de la marine. (B. 29, 123.)

21 = 26 AVRIL 1793. — Décret qui surseoit à toutes poursuites contre le citoyen Volney. (B. 29, 124.)

21 = 29 AVRIL 1793. — Décret qui rapporte deux décrets de sursis à l'exécution de deux

jugemens à mort, prononcés contre des distributeurs de faux assignats. (L. 14, 160; B. 29, 126.)

21 = 26 AVRIL 1793. — Décret qui autorise la commune de Roquemaure à acquérir le vieux château et les fossés en dépendans. (B. 29, 124.)

21 AVRIL 1793. — Décret qui enjoint au ci-devant comité de défense générale de rendre compte de tous ses travaux jusqu'au jour de sa dissolution. (B. 29, 125.)

21 = 21 AVRIL 1793. — Décret qui exempte du recrutement des armées les mariniers attachés au citoyen Carnat pour le service du passage de la Loire. (B. 29, 124.)

21 AVRIL 1793. — Décret qui ordonne de rendre compte des causes qui ont empêché de faire sortir des forces maritimes suffisantes pour la défense des côtes et des bâtimens. (B. 29, 125.)

21 = 26 AVRIL 1793 — Décret qui distrait une partie du bois pour être distribuée en nature entre les habitans de Saint Martin-d'Albois. (B. 29, 125.)

21 = 25 AVRIL 1793. — Décret qui ordonne de payer quatre mille huit cent trente-quatre livres aux citoyens Poyet et Desjardins, pour levée des plans de l'emplacement de la Bastille. (B. 29, 126.)

21 = 26 AVRIL 1793. — Décret qui ordonne la communication de l'état au vrai des créances à la charge de la liste civile qui sont liquidées, etc. (B. 29, 126.)

21 = 24 AVRIL 1793. — Décret qui accorde un secours de cent livres au soldat Renault. (B. 29, 127.)

21 = 29 AVRIL 1793. — Bourbons. *Voy.* 16 AVRIL 1793. — Déportation des prêtres. *Voy.* 23 AVRIL 1793. — Manifeste de la Convention. *Voy.* 16 AVRIL 1793.

22 = 27 AVRIL 1793. — Décret qui renvoie aux ministres Bouchotte et d'Albarade les comptes à rendre par les adjoints des ministres Beurnonville et Monge. (B. 29, 129.)

22 AVRIL 1793. — Décret qui défend d'admettre aucun pétitionnaire les jours consacrés à la discussion de la constitution. (B. 29, 127.)

22 AVRIL 1793. — Décret qui charge le comité de salut public des moyens d'employer utilement les armes des arquebusiers. (B. 29, 127.)

22 AVRIL 1793. — Décret qui charge le comité de législation de lui présenter incessamment un projet de loi contre les calomniateurs. (B. 29, 127.)

22 = 22 AVRIL 1793. — Décret qui ordonne une revue générale des armées pour en constater l'état effectif. (L. 14, 160; B. 29, 128.)

22 AVRIL 1793. — Commissaires des guerres; Dépenses secrètes; Employés; Perruquiers. *Voy.* 16 AVRIL 1793.

23 = 25 AVRIL 1793. — Décret relatif à la découverte et à la poursuite des fabricateurs et distributeurs de faux assignats, soit dans l'intérieur de la France, soit à l'étranger. (L. 14, 162 ; B. 29, 136.)

Art. 1er. Le bureau de vérification et du brûlement des assignats, établi par le décret du 31 décembre dernier, sera chargé, sous la surveillance de l'administration des assignats, de veiller à la découverte et à la poursuite des fabricateurs et distributeurs de faux assignats, soit dans l'intérieur de la République, soit à l'étranger.

2. Toutes dénonciations contre les fabricateurs ou distributeurs de faux assignats seront portées directement au bureau de vérification, ou lui seront renvoyées sans délai par les autorités constituées auprès desquelles elles auraient été faites, sans néanmoins que les autorités constituées cessent les poursuites et diligences qu'elles seraient dans le cas de faire sur ces dénonciations, conformément au décret du 25 = 27 février 1792.

3. Le vérificateur en chef tiendra registre exact et détaillé de toutes les dénonciations qui lui seront faites directement, ainsi que de toutes celles qui lui seront renvoyées; de tous les ordres et instructions qu'il aura donnés, ainsi que des jugemens qui auront été prononcés par les tribunaux, afin qu'il soit constamment en état de suivre toutes les ramifications de la falsification des assignats dans toutes les parties de la République, et d'en faire poursuivre les auteurs et complices avec toute l'activité et l'exactitude nécessaires.

4. Le vérificateur en chef comptable est autorisé à faire, sur les dénonciations qui lui seront adressées directement ou qui lui auront été envoyées, toutes les poursuites et diligences nécessaires pour la découverte des fabricateurs et distributeurs de faux assignats.

5. Dans le cas où une fabrication établie dans un département serait dénoncée au bureau de vérification, ou que la dénonciation lui aurait été renvoyée, le directeur ou vérificateur en chef adressera aux directoires de département et de district, ou conseils généraux de commune, dans l'étendue desquels existeront les fabricateurs et distributeurs,

les réquisitions et instructions nécessaires pour la recherche et la poursuite des prévenus; il pourra, s'il en est besoin, envoyer sur les lieux un ou plusieurs agens qui poursuivront les prévenus du crime de fabrication ou de distribution, ou dirigeront les poursuites à faire contre eux.

6. Les agens du bureau de vérification, porteurs des ordres nécessaires, sont autorisés à se faire assister, sur leurs réquisitions, par tous officiers de police, juges-de-paix et autres dépositaires de l'autorité, et par la force publique, pour faire les recherches et perquisitions nécessaires, et pour obtenir et mettre à exécution tout mandat d'amener ou d'arrêt.

7. Il sera mis à cet effet à la disposition de l'administration de la fabrication des assignats, et sous la responsabilité des administrateurs, une somme de cent mille livres pour subvenir aux frais de cette partie d'administration.

8. Le vérificateur en chef fera dresser, publier et distribuer les procès-verbaux des signes caractéristiques et distinctifs des faux assignats.

9. Tous les assignats présentés à la vérification et reconnus faux seront contrôlés du caractère de faux, et seront déposés au bureau de vérification, où il en sera tenu registre, pour constater la date des dépôts et la nature des faux assignats.

10. Dans le cas néanmoins où un citoyen aurait présenté à la vérification un ou plusieurs assignats reconnus faux, ils pourront lui être confiés, après toutefois qu'ils auront été contrôlés du caractère de faux, s'ils sont nécessaires pour obtenir son recours, en lui remettant un récépissé qui atteste la remise faite, et qui contienne la description de l'assignat ou des assignats faux.

11. Les prévenus ou accusés du crime de distribution ou fabrication de faux assignats seront détenus séparément les uns des autres, sans pouvoir communiquer entre eux pendant l'instruction de leur procès, soit qu'ils soient complices ou non, et ils ne pourront communiquer avec personne du dehors de la prison sans l'autorisation du directeur du jury.

12. Le vérificateur en chef, sous l'autorisation du conseil exécutif provisoire, qui délibérera et prononcera sur l'utilité, pourra établir des commissaires-vérificateurs à l'étranger, dans les principales villes étrangères avec lesquelles la République française se trouve en relations commerciales.

13. Les commissaires-vérificateurs à l'étranger seront tenus de correspondre directement avec les vérificateurs en chef. Ils examineront les assignats qui leur seront présentés, et ils en certifieront la valeur ou la nullité. Ils sont autorisés à faire aux Gouvernemens étrangers près desquels ils résideront,

par la voie des ministres et autres agens accrédités de la République, toutes les réquisitions nécessaires pour faire enlever les outils et matières destinés aux fabrications, et faire poursuivre par-devant les tribunaux les fabricateurs et distributeurs de faux assignats; ils instruiront exactement le vérificateur en chef de toutes leurs opérations, et celui-ci, de concert avec le conseil exécutif, prendra toutes les mesures nécessaires pour faire cesser et disparaître toutes les fabrications étrangères.

14. Le chef du bureau de vérification adressera aux commissaires-vérificateurs à l'étranger toutes les instructions nécessaires: il leur fera passer tous les procès-verbaux de vérification; il leur donnera connaissance des diverses dénonciations qui lui seront faites de fabrications existant dans les pays étrangers de leurs résidences respectives.

15. Toutes les fois qu'un assignat faux, d'une nouvelle contrefaçon, sera présenté aux commissaires vérificateurs à l'étranger, ils en dresseront procès-verbal, qu'ils enverront avec l'assignat faux au chef du bureau de vérification, qui dressera le procès-verbal de reconnaissance des signes caractéristiques de falsification.

16. Le conseil exécutif, de concert avec la direction des assignats et le vérificateur en chef, présentera sans délai à la Convention nationale l'état des villes étrangères dans lesquelles il pourra envoyer des commissaires-vérificateurs, et l'état de leurs appointemens.

17. Les commissaires-vérificateurs à l'étranger seront tenus de fournir un cautionnement de la valeur de cinquante mille livres.

18. Les commissaires de la Trésorerie nationale et les commissaires à la fabrication des assignats sont chargés de traiter avec le citoyen Merklein l'aîné, ingénieur-mécanicien, pour la fabrication d'un nombre suffisant de machines à vérifier les assignats, pour en pourvoir incessamment toutes les caisses des receveurs de la Trésorerie nationale, dans toute l'étendue de la République. Dans le cas néanmoins où il y aurait plusieurs caisses ou receveurs dans un même lieu, on n'enverra qu'une seule machine auprès de la caisse la plus considérable.

19. A mesure que ces machines seront fabriquées, délivrées et acceptées, la Trésorerie nationale les fera parvenir successivement aux receveurs particuliers et aux commissaires-vérificateurs.

20. Chacune des machines sera accompagnée des instructions nécessaires sur l'usage de la machine, des procès-verbaux de vérification et de reconnaissance des faux assignats, et d'un assignat-vérificateur de chacune des coupures actuellement en circulation.

21. A mesure qu'il sera mis en circulation de nouvelles coupures d'assignats, il sera

aussi envoyé un assignat-vérificateur de chacune des nouvelles coupures.

22. Ces assignats-vérificateurs resteront en dépôt avec la machine, pour y avoir recours au besoin ; et, pour empêcher qu'ils ne puissent être changés par erreur ou autrement, ils seront contrôlés au revers, chacun, de ces mots : *assignat-vérificateur*, et contre-signés par un commissaire de la Convention et un commissaire de la fabrication.

23. Tout citoyen qui aura des inquiétudes sur la vérité ou la fausseté d'un assignat dont il serait porteur pourra le faire vérifier en sa présence et sans frais par le gardien de la machine à vérifier les assignats.

24. Les receveurs ou caissiers, et vérificateurs-gardes de la machine à vérifier, marqueront du caractère de faux et du nom du district tous les assignats qu'ils auront vérifiés tels ; ils en dresseront procès-verbal en présence du citoyen porteur de l'assignat reconnu faux, et ils enverront ce procès-verbal au bureau central de vérification, avec l'assignat ou les assignats reconnus faux, sauf le cas de l'article 10 ci-dessus. Ils tiendront registre de ces procès-verbaux ; le registre destiné à recevoir ces procès-verbaux sera signé et paraphé par le président du district.

25. Le citoyen porteur d'un assignat reconnu faux pourra exiger une seconde vérification, qui sera faite à Paris par le vérificateur en chef.

26. S'il résultait de cette seconde vérification que l'assignat fût reconnu bon, le vérificateur en chef en dressera procès-verbal au dos ; et, après l'avoir fait certifier par les directeurs de la fabrication des assignats, le porteur pourra s'en faire rembourser à la Trésorerie nationale.

27. Les assignats remboursés à la Trésorerie nationale en vertu de l'article précédent seront brûlés dans la même forme que ceux provenant du paiement des domaines nationaux. Il sera dressé procès-verbal de leur brûlement, et leur montant sera remplacé, dans la caisse de la Trésorerie nationale, par des assignats tirés de la caisse à trois clefs.

28. La Convention nationale se réserve de statuer par un décret particulier sur l'indemnité à accorder aux receveurs et caissiers, gardes de la machine à vérifier les assignats, à raison de l'augmentation de travail que la vérification des assignats pourra leur occasioner.

29. Il ne pourra plus être échangé à la Trésorerie nationale d'assignats déchirés ou usés, ou autrement altérés par la circulation, qu'ils n'aient été préalablement reconnus et vérifiés par le bureau central de vérification, et ce, sous la responsabilité personnelle des commissaires de la Trésorerie nationale.

23 (21) = 24 AVRIL 1793, — Décret relatif aux prêtres non-assermentés. (B. 29, 136.)

Voy. lois du 26 AOUT 1792, du 17 SEPTEMBRE 1793.

Art. 1er. La Convention nationale décrète que tous les ecclésiastiques réguliers, séculiers, frères convers et lais, qui n'ont pas prêté le serment de maintenir la liberté et l'égalité, conformément à la loi du 15 août 1792, seront embarqués et transférés sans délai à la Guiane française.

2. Seront sujets à la même peine ceux qui seront dénoncés pour cause d'incivisme par six citoyens dans le canton. La dénonciation sera jugée par les directoires de département, sur l'avis des districts.

3. Le serment qui aura été prêté postérieurement au 23 mars dernier est regardé comme non avenu.

4. Les vieillards âgés de plus de soixante ans, les infirmes et caducs, seront renfermés sous huitaine dans une maison particulière, dans le chef-lieu du département.

5. Ceux des déportés en exécution des articles 1 et 2 ci-dessus, qui rentreraient sur le territoire de la République, seront punis de mort dans les vingt-quatre heures.

6. Les évêques, curés et vicaires élus par le peuple ou conservés dans leurs places au moyen du serment exigé par la loi ; les professeurs, les ecclésiastiques appelés aux fonctions administratives, et les aumôniers des régimens et bataillons actuellement aux armées ou casernés, ne sont pas compris dans le présent décret.

---

23 = 26 AVRIL 1793. — Décret portant que l'armée de la Belgique a bien mérité de la patrie. (L. 14, 161 ; B. 29, 133.)

---

23 = 26 AVRIL 1793. — Décrets qui confirment l'arrêté pris par les commissaires près les départemens de l'Ain, de l'Isère, et maritimes méridionaux de la France. (B. 29, 134.)

---

23 = 26 AVRIL 1793. — Décret qui met à la disposition du ministre de la marine cinq millions cinq cent soixante-un mille trois cent soixante-quinze livres, pour subvenir aux dépenses de son département pour l'exercice de 1792. (L. 14, 165 ; B. 29, 135.)

---

23 = 26 AVRIL 1793. — Décret qui ordonne une fabrication de papier d'assignats. (B. 29, 134.)

---

23 AVRIL 1793. — Décret qui ordonne de rendre compte des opérations faites par l'ex-ministre Monge pour l'armement de nos places fortes. (B. 29, 134.)

---

23 = 23 AVRIL 1793. — Décret qui adjoint plusieurs commissaires à ceux envoyés aux frontières du Nord. (B. 29, 135.)

23 AVRIL 1793. — Décret relatif aux fabrications ou première exposition de faux assignats. (B. 29, 137.)

24 AVRIL = 2 MAI 1793. — Décret relatif à la vente des meubles et immeubles provenant des émigrés, et autres effets nationaux. (L. 14, 172; B. 29, 137.)

Voy. lois des 11 et 12 MARS 1793; 24 = 29 AVRIL 1793.

Art. 1er. Les commissaires et gardiens nommés par les directoires de département et de district, pour la conservation du mobilier provenu des émigrés et autres effets nationaux, seront surveillés par les municipalités des lieux où ils exerceront leurs fonctions.

2. Ils pourront être destitués en tout temps par les directoires qui les auront nommés; ceux-ci seront tenus de prononcer cette déchéance lorsqu'elle sera demandée par les conseils généraux des communes, et ils ne pourront les remplacer que par des personnes dont la probité et le civisme leur seront attestés par les mêmes conseils-généraux des communes.

3. Dans les villes au-dessus de dix mille ames, les deux officiers municipaux qui doivent assister aux levées des scellés, inventaires et ventes des domaines nationaux et des biens provenus des émigrés, pourront être remplacés par deux commissaires choisis à cet effet par les conseils généraux des communes : les fonctions de ces commissaires, pris hors le sein des municipalités, ne pourront s'étendre que dans les sections qu'ils habitent.

4. Les vacations des levées de scellés, inventaires et vente, ne pourront jamais commencer avant l'arrivée des officiers municipaux ou des commissaires qui les remplaceront; ils seront tenus de s'y rendre à l'heure indiquée, de rester jusqu'à la clôture, et il sera fait mention de leur présence au commencement et à la fin du procès-verbal.

5. Il ne pourra être procédé à aucune vente de mobilier, qu'elle n'ait été précédée d'une estimation faite par gens de l'art; il en pourra être requis une nouvelle par les commissaires de département, district et municipalité, lorsque celle qui aura été faite leur paraîtra défectueuse. Aucun objet ne pourra être délivré aux enchérisseurs, si le prix n'est au moins égal à l'estimation.

6. Il ne pourra être procédé, dans Paris, à plus de quatre ventes de mobilier par jour, et chacune sera précédée des publications et affiches indicatives des objets à vendre, apposées au moins quatre jours d'avance. Les commissaires veilleront à ce qu'il ne soit exposé en vente que les objets indiqués.

7. Pour diminuer les frais de garde que nécessitent les scellés apposés sur les meubles des émigrés, les directoires de district, et, à

5.

Paris, celui de département, feront réunir dans une même maison et confieront à un seul gardien les parties de mobiliers peu considérables qui se trouveraient dans la même commune ou section, en distinguant avec soin et faisant vendre séparément ce qui appartient à chaque émigré.

8. Tous les objets d'arts et sciences, tableaux, statues, estampes, dessins, bronzes, vases, porcelaines, médailles, meubles précieux, ne pourront être vendus séparément dans les ventes particulières. Ils seront réunis pour former des ventes indiquées par affiches, avec distribution de catalogues; le directoire du département de Paris, ainsi que les directoires de district, nommeront pour cet effet des artistes ou marchands qui font habituellement ces ventes.

9. Les directoires des districts enverront, dans les deux mois qui suivront la publication du présent décret, à l'administrateur des domaines nationaux, une copie certifiée des procès-verbaux d'apposition des scellés et inventaires estimatifs des meubles provenus des émigrés. Cet administrateur vérifiera si toutes les formalités prescrites par les lois pour le séquestre et la vente des biens des émigrés, ont été remplies; il fera aussi la comparaison des inventaires avec les procès-verbaux de vente, dont les copies doivent également lui être adressées en forme de l'article 9 du décret du 11 mars 1792, pour s'assurer que tous les effets ont été vendus : enfin, il donnera connaissance à la Convention nationale des contraventions et abus qu'il pourrait découvrir.

10. Les commissaires de département et de district, chargés de faire procéder aux ventes et locations des biens nationaux et autres régis ou vendus pour le compte de la nation, sont tenus de veiller à la police du lieu où les ventes se font, et à ce que toutes personnes ayant les qualités requises aux termes des précédens décrets soient libres de faire mises ou enchères, sous peine de répondre personnellement des fraudes et abus qui s'y commettraient, ou d'être réputés complices.

11. Tous ceux qui troubleraient la liberté des enchères par des injures ou menaces seront punis d'une amende qui ne pourra être au-dessous de cinquante livres et d'un emprisonnement qui ne pourra être au-dessous de quinze jours : ces peines pourront être portées à une amende de cinq cents livres et à un emprisonnement d'un an, suivant la gravité des circonstances.

12. Ceux qui troubleraient la liberté des enchères ou empêcheraient que les adjudications ne s'élevassent à leur véritable valeur, soit par offre d'argent ou par des conventions frauduleuses, soit par des violences ou voies de fait exercées avant, pendant ou à l'occasion des enchères, seront poursuivis et

punis d'une amende qui ne pourra être au-dessous de cinq cents livres, et d'un emprisonnement qui ne pourra être moindre de six mois. Ces peines pourront être portées à une amende de dix mille livres et à deux années de détention, suivant la gravité des circonstances : elles seront prononcées, ainsi que celles portées en l'article précédent, par voie de police correctionnelle.

13. Les commissaires et les préposés aux ventes, ainsi que tous gardiens et dépositaires de meubles et effets mobiliers appartenant à la nation ou provenus des émigrés, qui commettraient des soustractions, divertissemens, échanges ou remplacemens, pour quelque cause que ce soit, seront poursuivis et punis des peines portées au Code pénal contre les voleurs d'effets publics; l'instruction de leur procès sera portée devant le tribunal criminel.

14. Les commissaires des départemens et les districts useront au besoin de la faculté qui leur est accordée par les lois de requérir la force armée; ils pourront même faire mettre en état d'arrestation ceux qui troubleraient leurs opérations par des injures, menaces ou voies de fait; ils en informeront l'officier de police de sûreté, qui décernera le mandat d'arrêt, et qui fera l'instruction en conformité des lois.

15. Pour assurer la punition des délits mentionnés aux articles précédens, lesdits commissaires seront tenus d'en dresser procès-verbal, et de le faire passer sans délai au procureur syndic; celui-ci poursuivra les délinquans par-devant le tribunal de police correctionnelle, lorsque l'objet sera de sa compétence, ou il les dénoncera à l'accusateur public, lorsque les délinquans devront être jugés par les tribunaux criminels.

16. Les procureurs-syndics donneront successivement connaissance aux procureurs-généraux-syndics des départemens des procès-verbaux que lesdits commissaires dresseront en exécution de la présente loi, et des jugemens qui seront intervenus, dans la huitaine à compter de leur date; les procureurs-généraux-syndics en donneront connaissance, dans le même délai, à l'administrateur des domaines nationaux, qui en rendra compte à la Convention nationale, ou au conseil exécutif, si le cas l'exige.

17. Lesdits commissaires seront tenus de surseoir à toutes adjudications, lorsqu'ils ne pourront faire cesser les troubles dans le lieu de leurs séances, et leurs opérations ne pourront être reprises qu'en suite d'un arrêté du directoire du district, publié et affiché dans toute son étendue.

18. Si les directoires du district ou leurs commissaires ne veillaient pas exactement au maintien de l'ordre et de la tranquillité, et à l'entière liberté des enchères, les directoires de département enverront des commissaires, lesquels surveilleront lesdites ventes; ils seront payés et indemnisés aux frais des administrateurs de district.

19. Si ces commissaires ne pouvaient remplir l'objet de leur mission, ou si les directoires de département ne pouvaient s'en procurer, les directoires ordonneront qu'il sera sursis à toute vente de biens nationaux, et ils donneront connaissance de leur arrêté à l'administrateur des domaines nationaux.

20. Le conseil exécutif pourra, sur le compte qui lui en sera rendu par cet administrateur, et d'après son avis, ordonner par une proclamation que la vente des immeubles sera faite dans le chef-lieu du district le plus voisin, ou au directoire du département; et prendre les autres mesures de répression qu'il jugera convenables, à la charge d'en informer la Convention et d'en donner connaissance à l'administrateur des domaines nationaux.

21. Il sera expressément défendu à toutes les communes ou municipalités d'acheter aucun immeuble sans y avoir été préalablement autorisées par un décret de la Convention, sous peine de nullité de la vente, et d'une amende égale au tiers du prix d'adjudication contre les officiers municipaux qui auraient concouru à l'acquisition. Il leur est défendu de faire de pareilles acquisitions sous des noms empruntés, sous les mêmes peines.

22. Seront réputées conventions frauduleuses, et punies comme telles, les associations de tous ou de partie considérable des habitans d'une commune pour acheter les biens mis en vente, et en faire ensuite la répartition ou division entre lesdits habitans.

23. Les communes qui se seront permis de former de pareilles coalitions avant la promulgation de ce décret éviteront les peines qu'elles ont encourues, à la charge par elles de déclarer, dans la quinzaine qui suivra cette promulgation, qu'elles renoncent aux ventes qui leur ont été faites; en ce cas, elles s'adresseront à l'administrateur des domaines nationaux, par l'intermédiaire des directoires de district et de département, pour obtenir le remboursement des sommes qu'elles auront payées.

24. Cette déclaration sera faite dans une délibération du conseil général de la commune dont extrait sera envoyé, dans le même délai, au directoire de district qui aura fait procéder aux ventes.

25. Au moyen des dispositions du présent décret, la Convention nationale lève le sursis qu'elle a prononcé à la vente du mobilier des émigrés, dans l'étendue de Paris, par son décret du 24 mars dernier.

Elle lève également le sursis prononcé à la vente des domaines nationaux par le directoire du département du Gard, le 23 février

1792. Elle approuve au surplus la conduite de ce directoire.

24 AVRIL = 2 MAI 1793. — Décret relatif au paiement des aumôniers et officiers de santé des places de guerre, et des frais des consignes et portiers desdites places. (L. 14, 179 ; B. 29, 143.)

Voy. loi du 5 octobre 1793.

La Convention nationale, après avoir entendu le rapport de ses comités de la guerre et des finances réunis, sur la demande qui lui a été faite par le ministre de la guerre de pourvoir au paiement des aumôniers et officiers de santé des places de guerre ; considérant que le décret du mois de mai 1791 a supprimé ces différens employés, passe à l'ordre du jour sur la demande du ministre.

Décrète, en outre, que le ministre est autorisé à faire payer les frais des consignes et portiers des places de guerre, frontières, de première et seconde ligne, qui auront été jugés nécessaires par les commandans généraux. Ce paiement sera ordonné sur les états remis au ministre, d'après les revues des commissaires des guerres, et les fonds en seront pris sur ceux destinés aux dépenses extraordinaires de la guerre.

24 AVRIL = 2 MAI 1793. — Décret relatif au remboursement des capitaux et intérêts des emprunts à terme faits en pays étrangers. (L. 14, 180 ; B. 29, 149 ; Mon. du 26 avril 1793.)

Art. 1er. La Trésorerie nationale, chargée, en exécution du décret du 31 décembre dernier, de continuer le remboursement des capitaux de la dette publique, qui s'opérait précédemment par la caisse de l'extraordinaire, remboursera à l'avenir et à chaque échéance, sans qu'il soit besoin de reconnaissance de liquidation, les capitaux des intérêts des emprunts à terme faits en pays étrangers, dus par la République, à mesure de leur exigibilité.

2. Elle remboursera de même les frais de change et de commission, soit pour les capitaux exigibles, soit pour les intérêts des emprunts faits en pays étrangers ; mais, pour diminuer ces frais, elle est autorisée à faire tenir directement sur les lieux où doivent se faire ces remboursemens les fonds nécessaires, en opérant à cet égard de la manière qui lui paraîtra la plus avantageuse à l'Etat.

3. Il n'est point dérogé par le présent décret à l'article 10 de celui du 27 juin 1792, portant exception à celui du 15 mai précé-

dent, qui a différé le remboursement des créances de dix mille livres et au-dessus ; en conséquence, les capitaux de ces emprunts à terme faits en pays étrangers continueront d'être remboursés concurremment avec les créances de dix mille livres et au-dessous, sur les six millions affectés par mois au remboursement de la dette publique.

24 AVRIL = 2 MAI 1793. — Décret qui déclare biens nationaux les biens meubles et immeubles qui ont été possédés par les ci-devant chevaliers ou compagnies d'arquebusiers, archers, arbalétriers, couleuvriniers ou autres corporations. (L. 14, 182 ; B. 29, 143 ; Mon. du 26 avril 1793.)

Art. 1er. Les biens meubles et immeubles qui ont été possédés par les ci-devant chevaliers ou par les compagnies connues sous les noms d'*arquebusiers, archers, arbalétriers, couleuvriniers* ou autres corporations, sous quelque autre dénomination que ce soit, sont déclarés nationaux (1).

2. Ces biens seront adjugés de suite en la forme et avec les conditions prescrites pour l'adjudication des autres biens nationaux.

3. Les dettes desdites corporations seront acquittées en la manière décrétée relativement aux autres biens nationaux.

24 = 24 AVRIL 1793. — Décret portant que le château et le jardin des Tuileries porteront le nom de palais et jardin national. (L. 14, 171 ; B. 29, 145.)

24 AVRIL = 2 MAI 1793. — Décrets sur diverses demandes des commis transcripteurs des arrêts du ci-devant parlement de Paris. (B. 29, 141 et 142.)

24 AVRIL = 2 MAI 1793. — Décret qui conserve aux gardes des registres du contrôle général leurs émolumens. (B. 29, 142.)

24 AVRIL = 2 MAI 1793. — Décrets qui ordonnent de payer onze mille deux cent trente-trois livres un sous neuf deniers au citoyen Gervin, et neuf cents livres au citoyen Krahmer. (B. 29, 144.)

24 AVRIL = 2 MAI 1793. — Décrets d'ordre du jour : 1° sur une demande de deux cents mille livres pour payer les entrepreneurs des routes de Seine-et-Marne ; 2° sur le paiement des sommes allouées par le corps municipal de Paris à plusieurs greffiers et commis-adjoints au ci-devant parlement de Paris. (B. 29, 145 et 146.)

(1) Sont compris dans les dispositions de cette loi les biens de la corporation des pêcheurs de Marseille ; les prud'hommes pêcheurs ne peuvent soutenir qu'ils ne formaient pas une corporation et revendiquer les biens confisqués sur eux (12 août 1829 ; ord. Mac. 11, 323).

17.

24 = 25 AVRIL 1793. — Décret qui ordonne de payer au citoyen Maillet les émolumens qui lui sont dus depuis le 1er septembre 1790. (B. 29, 144.)

24 = 24 AVRIL 1793. — Décret qui alloue vingt-cinq mille quatre-cent vingt-huit livres huit sous quatre deniers pour frais de fabrication de canons et affûts commandés aux sieurs Perrier par la commune de Caen. (B. 29, 146.)

24 = 24 AVRIL 1793. — Décret qui met en liberté le citoyen Peuvergne, ci-devant membre de la Convention, arrêté à Nevers, et qui statue sur les passeports nécessaires aux membres de la Convention. (B. 29, 147.)

24 AVRIL 1793. — Décret concernant les députés du département de la Gironde. (B. 29, 147.)

24 AVRIL 1793. — Décret d'ordre du jour sur la demande [en secours de subsistances formée par le département des Alpes-Maritimes. (B. 29, 147.)

24 AVRIL = 2 MAI 1793. — Décret qui traduit le général Marcé devant le tribunal extraordinaire. (B. 29, 149.)

24 AVRIL = 2 MAI 1793. — Décret qui alloue deux millions quatre cent soixante-quinze mille cinquante-six livres pour l'habillement, l'équipement, etc. des troupes. (B. 29, 148.)

24 AVRIL 1793. — Déportés à la Guiane. Voy. 23 AVRIL 1793. — Ecoles militaires. Voy. 18 AVRIL 1793. — Etapes. Voy. 19 AVRIL 1793. — Officiers nommés par Dumouriez; Ration de viande pour les troupes. Voy. 18 AVRIL 1793. — Subsistances militaires. Voy. 19 AVRIL 1793.

25 = 27 AVRIL 1793. — Décret relatif aux dépenses nécessaires pour les réparations des édifices appartenant à l'Etat. (L. 14, 185; B. 29, 151.)

La Convention nationale, après avoir entendu le rapport de son comité des domaines, décrète, en ajoutant à la disposition du décret du 19 août = 12 septembre 1791, que les directoires de département pourront autoriser les préposés à la régie des domaines nationaux à faire, sans adjudication et par économie, les dépenses nécessaires pour les réparations des édifices appartenant à la République, lorsque ces mêmes dépenses n'excéderont pas la somme de cent cinquante livres.

25 AVRIL 1793. — Décret concernant le comité colonial. (B. 29, 151.)

25 = 27 AVRIL 1793. — Décret qui ordonne de briser les monumens contenus dans le coffre déposé dans une des pierres fondamentales de la colonne de la liberté élevée sur les ruines de la Bastille, pour leur en substituer de nouveaux. (L. 14, 184; B. 29, 150.)

25 AVRIL 1793. — Décret qui ordonne de délivrer des fusils aux volontaires de la compagnie franche de Nevers. (B. 29, 150.)

25 AVRIL 1793. — Décret sur la demande en secours de subsistances formée par les départemens maritimes. (B. 29, 155.)

25 = 26 AVRIL 1793. — Décret qui autorise la municipalité de Paris à délivrer un passeport aux citoyens Gros et Arbelin, attachés à la citoyenne Bourbon. (B. 29, 154.)

25 = 27 AVRIL 1793. — Décret qui accorde un secours de cent livres au citoyen Mercent. (B. 29, 151.)

25 = 26 AVRIL 1793. — Décret qui alloue trente-huit mille quatre cent soixante-quatorze livres quatre sous six deniers pour solder les dépenses de la pose de la première pierre de la colonne de la liberté, sur les ruines de la Bastille. (B. 29, 152.)

25 AVRIL 1793. — Décret portant que les lettres de ses commissaires, datées de Douai, Lille et Valenciennes, et pièces y jointes, seront renvoyées au comité de salut public. (B. 29, 150.)

25 = 27 AVRIL 1793. — Décret qui autorise la commune du Mans à prélever quarante-cinq mille livres sur les contributions de 1792. (B. 29, 154.)

25 AVRIL 1793. — Armée de la Belgique; Faux assignats; Ministre de la marine. Voy. 23 AVRIL 1793. — Pétition improuvée. Voy. 20 AVRIL 1793.

26 = 26 AVRIL 1793. — Décret portant que les émigrés ne doivent, en aucun cas, être jugés par jurés. (L. 14, 186; B. 29, 156.)

Voy. loi du 28 MARS 1793.

La Convention nationale, sur la lecture d'une lettre écrite par les commissaires de la Convention nationale à Valenciennes, sur la question de savoir s'il faut faire juger par un jury militaire, ou par une commission militaire, des émigrés remis au général de brigade commandant à Douay par le procureur-général-syndic du département du Nord, passe à l'ordre du jour, attendu que les émigrés ne doivent en aucun cas être jugés par des jurés; en conséquence, elle ordonne que les émigrés conduits à Douay seront condamnés aux peines prononcées par la loi, après que le fait aura été reconnu et déclaré constant par une commission militaire formée par l'état-major, et composée de cinq personnes prises dans les différens grades de la division, soldées ou non soldées. Le conseil exécutif fera parvenir sans délai le présent décret à Douay.

26 = 28 AVRIL 1793. — Décret relatif à l'empreinte des monnaies de cuivre et de bronze. (L. 14, 191; B. 29, 156; Mon. du 27 avril 1793.)

Voy. lois du 5 FÉVRIER 1793 et du 16 VENDÉMIAIRE an 2.

Art. 1er. Les monnaies de cuivre et de bronze de la République française porteront pour empreinte une table sur laquelle seront inscrits ces mots : *Les hommes sont égaux devant la loi;* au-dessous de cette table sera gravé un œil rayonnant; aux deux côtés seront gravées une grappe de raisin et une gerbe de blé. La légende sera composée des deux mots : *République française;* l'exergue désignera l'année de la République, en chiffres romains.

Le revers de la pièce portera pour empreinte une balance dont les deux bassins seront en équilibre, jointe à une couronne civique, surmontée du bonnet de la liberté. La valeur de la pièce sera gravée dans le milieu de la couronne. La légende sera composée des deux mots : *Liberté, Egalité ;* l'exergue contiendra le millésime de l'année, en chiffres arabes.

2. Le ministre des contributions publiques donnera les ordres nécessaires pour que les divers ateliers servant à la fabrication des monnaies de cuivre et de bronze soient promptement fournis des matrices et poinçons nécessaires pour l'exécution du présent décret, et que les anciens poinçons, matrices et carrés soient incessamment biffés et déformés.

26 = 29 AVRIL 1793. — Décret relatif aux monnaies pour le paiement des dépenses de la France en pays étrangers. (L. 14, 193; B. 29, 158; Mon. du 27 avril 1793.)

Art. 1er. Les commissaires de la Trésorerie nationale sont autorisés à faire les opérations qui seront nécessaires pour se procurer les monnaies qui sont indispensables pour le paiement des dépenses de la République en pays étrangers.

2. Ces dépenses sont allouées en compte, et surveillées par le comité des finances.

26 = 26 AVRIL 1793. — Décret contenant une adresse aux armées françaises. (L. 14, 187; B. 29, 159.)

26 = 29 AVRIL 1793. — Décret qui déclare que la ville d'Orléans n'est plus en état de rébellion. (L. 14, 190; B. 29, 157.)

26 = 29 AVRIL 1793. — Décret qui autorise le directoire du département de la Creuse à employer une somme de quinze mille livres en travaux utiles et au soulagement de la classe indigente. (B. 29, 155.)

26 AVRIL 1793. — Décret qui charge le comité de salut public de faire un rapport, dans trois jours, sur la nécessité de supprimer le quartier-général établi à Toulouse. (B. 29, 155.)

26 = 28 AVRIL 1793. — Décret qui autorise l'avance d'une somme de deux cent mille livres à la commune de Çalais. (B. 29, 158.)

26 AVRIL 1793. — Décret relatif aux fautes d'impression de l'adresse des Jacobins. (B. 29, 157.)

26 = 29 AVRIL 1793. — Décret qui approuve un arrêté des administrateurs du département des Hautes-Pyrénées, pour la formation de nouvelles brigades de gendarmerie nationale. (B. 29, 160.)

26 AVRIL 1793. — Colonne de la Liberté ; Edifices de l'Etat. *Voy.* 25 AVRIL 1793.

27 AVRIL = 1er MAI 1793. — Décret relatif à l'incendie de la voilerie du port de Lorient, et qui accorde une récompense à ceux qui dévoileront les complots tendant à porter atteinte aux établissemens français. (L. 14, 194; B. 29, 164.)

27 AVRIL 1793. — Décret qui approuve les vues présentées par les départemens de l'Hérault et du Gard, relativement à la formation des corps armés de nouvelle levée. (L. 14, 196; B. 29, 164.)

27 = 28 AVRIL 1793. — Décret qui règle l'organisation et le traitement de l'escadron de gendarmerie formé, à Paris, des hommes du 14 juillet. (B. 29, 163.)

27 = 29 AVRIL 1793. — Décret relatif aux forces additionnelles au recrutement. (B. 29, 165.)

27 = 30 AVRIL 1793. — Décret qui autorise la commune de Lude à vendre plusieurs masses de plomb trouvées dans les sépulcres. (B. 29, 165.)

27 AVRIL = 1er MAI 1793. — Décret qui accorde cinquante mille livres pour secourir les réfugiés Liégeois. (B. 29, 161.)

27 = 27 AVRIL 1793. — Décret qui accorde à deux officiers prussiens déserteurs un secours de six cents livres. (B. 29, 162.)

27 = 27 AVRIL 1793. — Décret qui ordonne de porter à la Monnaie les meubles, bijoux d'or et d'argent, et autres effets précieux saisis chez la dame Marchand, à Fontainebleau. (B. 29, 162.)

27 = 29 AVRIL 1793. — Décret qui déclare que les habitans de la ville de Fougères et le district de Marennes ont bien mérité de la patrie. (B. 29, 161.)

28 AVRIL = 9 MAI 1793. — Décret qui attribue aux régisseurs des douanes la perception des droits de feux, phares et balisage. (L. 14, 206; B. 29, 167.)

La Convention nationale, sur les difficultés qui se sont élevées entre les régisseurs des douanes nationales, chargés de la régie des droits sur le commerce et la navigation, et les anciens percepteurs des droits de feux, phares et balisages, passe à l'ordre du jour, motivé sur ce qu'en attribuant, par son décret du 30 décembre dernier, la perception et régie des droits de navigation aux régisseurs des douanes nationales, elle a entendu y comprendre les droits de feux, phares et balisage qui se perçoivent dans les ports, hâvres et rivières de la République.

28 AVRIL = 3 MAI 1793. — Décret relatif à une incorporation dans les différentes divisions de gendarmerie. (L. 14, 204; B. 29, 168.)

28 AVRIL = 3 MAI 1793. — Décret qui surseoit à la vente des diamans et bijoux saisis à Fontainebleau. (B. 29, 168.)

28 = 28 AVRIL 1793. — Décret qui ordonne le paiement des appointemens dus aux six aides-de-camp du commandant de Paris. (B. 29, 166.)

28 AVRIL = 3 MAI 1793. — Décret qui autorise la commune de Maurupt à acquérir le pré Marset et le terrain en friche y attenant. (B. 29, 167.)

28 AVRIL 1793. — Décret relatif au paiement des appointemens des officiers et sous-officiers des divisions de cavalerie formées à l'Ecole-Militaire. (B. 29, 169.)

28 = 28 AVRIL 1793. — Décret qui met en liberté, sous caution, Guillemard et Jacqueminot, décrétés d'accusation. (B. 29, 169.)

28 = 28 AVRIL 1793. — Décret qui ordonne de rendre compte : 1° des munitions et équi-pemens envoyés dans les armées des Pyrénées; 2° de l'inexécution des décrets qui ordonnent l'impression des états nominatifs des fonctionnaires publics et employés civils et militaires. (B. 29, 170.)

28 AVRIL = 3 MAI 1793. — Décret qui établit deux paroisses et deux succursales à Bayeux. (B. 29, 171.)

28 AVRIL 1793. — Décret pour faire un rapport concernant le septième bataillon du Calvados. (B. 29, 172.)

28 AVRIL = 3 MAI 1793. — Décret qui accorde un secours de cent cinquante livres à l'épouse du citoyen Martin, ancien militaire. (B. 29, 171.)

28 AVRIL 1793. — Décret pour faire un rapport sur la conduite qu'ont tenue les fournisseurs. (B. 29, 172.)

28 AVRIL 1793. — Décret qui ordonne l'examen des comptes de l'ex-ministre Pache. (B. 29, 171.)

28 AVRIL 1793. — Décret qui ordonne de prendre des renseignemens sur les dilapidations commises dans les magasins de l'armée en Belgique. (B. 29, 171.)

28 AVRIL 1793. — Adresse aux armées; Empreintes des monnaies. *Voy.* 26 AOUT 1793.— Hérault et Gard. *Voy.* 27 AVRIL 1793.

29 = 29 AVRIL 1793. — Décret qui lève l'état d'arrestation des membres de la municipalité et du conseil général de la commune d'Orléans. (B. 29, 173.)

29 AVRIL 1793. — Décret qui ordonne le rétablissement de deux décrets concernant la commission des dépêches dans les procès-verbaux des 8 et 10 avril. (B. 29, 172.)

29 AVRIL = 3 MAI 1793. — Décret qui proroge les fonctions des juges et jurés du tribunal criminel extraordinaire. (L. 14, 207.)

29 AVRIL 1793. — Décret qui autorise le député Mainvielle à venir siéger dans la Convention, quoiqu'il soit en état d'arrestation. (B. 29, 174.)

29 AVRIL 1793.— Faux assignats. *Voy.* 21 AVRIL 1793. — Monnaies d'Orléans. *Voy.* 26 AVRIL 1793. — Recrutement. *Voy.* 27 AVRIL 1793.

30 AVRIL = 21 MAI 1793. — Décret relatif aux détachemens de gendarmerie nationale employés pour l'exécution des jugemens des tri-

bunaux militaires et le maintien de la police dans les camps. (L. 14, 217 ; B. 29, 178.)

Art. 1er. Les détachemens de gendarmerie nationale employés pour l'exécution des jugemens des tribunaux militaires et le maintien de la police dans les camps, fixés à trente-trois hommes, y compris les officiers, par le décret du 18 = 23 mai 1792, seront portés à cent cinquante hommes dans chaque armée, excepté dans celles des côtes et de l'intérieur, où il ne sera rien changé à cet égard.

2. Chaque détachement de cent cinquante hommes sera composé d'un lieutenant-colonel, d'un capitaine, de trois lieutenans, de quatre maréchaux-des-logis, de huit brigadiers et de cent trente-trois gendarmes.

3. Les détachemens de gendarmerie nationale auprès des armées, dont la force excéderait celle fixée par l'article 1er du présent décret, seront réduits au nombre ci-dessus déterminé, et ceux qui se trouveront inférieurs à ce nombre y seront portés d'après les ordres qui seront donnés à cet effet par le ministre de la guerre.

4. Les lieutenans-colonels, les officiers et sous-officiers employés dans lesdits détachemens, seront nommés par le conseil exécutif provisoire, sur la proposition des généraux en chef, qui seront tenus de les prendre d'abord parmi les officiers et sous-officiers de même grade actuellement employés à la force publique des armées, et, à leur défaut, parmi les officiers et sous-officiers du même grade, soit des divisions organisées en guerre, soit des divisions de l'intérieur. Il en sera de même pour les gendarmes.

5. Les officiers, sous-officiers et gendarmes employés à la police des armées jouiront du traitement accordé par le décret du 18 = 23 mai 1792.

6. Les lois concernant la gendarmerie nationale auxquelles il n'est pas dérogé par le présent décret, continueront d'être exécutées.

---

30 AVRIL = 3 MAI 1793. — Décret qui ordonne de congédier des armées les femmes inutiles. (L. 14, 219 ; B. 29, 176 ; Mon. du 2 mai 1793.)

Art. 1er. Dans la huitaine du jour de la promulgation du présent décret, les généraux, les chefs de brigade, les chefs de bataillon et tous autres chefs, feront congédier des cantonnemens et des camps toutes les femmes inutiles au service des armées.

2. Seront au nombre des femmes inutiles celles qui ne seront point employées au blanchissage et à la vente des vivres et boissons.

3. Il y aura par chaque bataillon quatre blanchisseuses : elles seront autorisées à faire ce service par une lettre du chef du corps,

visée par le commissaire des guerres. Elles porteront une marque distinctive.

4. Les femmes qui ne seront point pourvues de lettres d'autorisation seront exclues des camps et cantonnemens.

5. Seront comprises dans cette exclusion les femmes des officiers généraux et de tous autres officiers.

6. Ceux dénommés dans l'article précédent qui s'opposeront à cette disposition encourront la peine de prison pour la première fois, et ils seront destitués s'ils récidivent.

7. Les généraux divisionnaires délivreront aux vivandières qu'ils croiront absolument nécessaires aux besoins de leurs divisions une marque distinctive : celles qui ne seront point munies de cette marque seront congédiées.

8. Celles qui auront obtenu la marque ci-dessus désignée, et qui ne feront aucun commerce de vivres et de boissons, seront congédiées ; leur marque leur sera retirée sur-le-champ, et remise au général divisionnaire.

9. Les vaguemestres et voituriers ne recevront sur les voitures que les femmes porteuses de lettres d'autorisation visées par les commissaires des guerres.

10. L'accusateur militaire, les commissaires des guerres et la gendarmerie nationale, veilleront soigneusement à l'exécution du présent décret.

11. Les femmes qui servent actuellement dans les armées seront exclues du service militaire ; il leur sera donné un passeport et cinq sous par lieue pour rejoindre leur domicile.

12. Les femmes reconnues pour être les épouses des militaires actuellement à l'armée, et qui ne seront point ou blanchisseuses ou vivandières, seront tenues de se retirer à leur domicile. Il leur sera donné cinq sous par lieue.

---

30 AVRIL = 1er MAI 1793. — Décret relatif aux pouvoirs des représentans envoyés en qualité de commissaires de la Convention dans les départemens et auprès des armées. (L. 14, 208 ; B. 29, 179.)

---

30 = 30 AVRIL 1793. — Décret pour rectifier une erreur essentielle dans la rédaction du procès-verbal de la séance du 19 de ce mois. (B. 29, 174.)

---

30 AVRIL 1793. — Décret qui autorise le citoyen Le Comte à payer le prix d'une acquisition de bois nationaux en quittances de finance. (L. 14, 221 ; B. 29, 176.)

---

30 = 30 AVRIL 1793. — Décret qui autorise le ministre de l'intérieur à faire l'envoi, par ses courriers ordinaires, du décret du 17 de ce

mois qui approuve les vues des citoyens du département de l'Hérault, sur le recrutement. (B. 29, 175.)

———

30 AVRIL = 3 MAI 1793. — Décret qui annule la procédure instruite par le juge-de-paix de Pont-de-Vaux contre Deydier et Lias. (B. 29, 175.)

———

30 = 30 AVRIL 1793. — Décret d'ordre du jour relatif à Geoffroi, condamné à mort par le tribunal criminel du département de Paris. (B. 29, 175.)

———

30 AVRIL 1793. — Décret qui fixe à l'ouverture de chaque séance la lecture des lettres, adresses et mémoires envoyés à la Convention, et aux renvois, mention honorable, insertion, ordre du jour, etc. (B. 29, 175.)

———

30 AVRIL 1793. — Décret pour faire un rapport concernant la régie des messageries. (B. 29, 179.)

———

1ᵉʳ = 1ᵉʳ MAI 1793. — Décret relatif à la nomination des commissaires des guerres. (L. 14, 222; B. 30, 4.)

La Convention nationale décrète que, pour cette fois-ci seulement, le ministre de la guerre est autorisé, pour la nouvelle création des commissaires des guerres, a prendre, soit parmi les commissaires, soit parmi les aides supprimés n'ayant pas vingt-cinq ans, pourvu qu'ils aient au moins vingt-un ans, qu'ils se soient trouvés en exercice à l'époque du décret rendu pour la suppression de tous les commissaires des guerres, et qu'ils produisent le certificat exigé par ce même décret.

———

1ᵉʳ = 2 MAI 1793. — Décret relatif à la liquidation et au paiement des dettes de Louis-Philippe-Joseph d'Orléans, et à la levée des scellés apposés sur ses biens. (L. 14, 223; B. 30, 2.)

Art. 1ᵉʳ. L'agent du Trésor public surveillera toutes les opérations relatives à la liquidation et au paiement des dettes de Louis-Philippe-Joseph d'Orléans, qui seront faites en exécution du concordat intervenu entre lui et ses créanciers le 9 janvier 1792.

2. L'administration des biens de d'Orléans sera continuée par les mandataires de ses créanciers unis, dans la forme prescrite par le concordat.

3. Il ne pourra être statué sur aucun objet de l'administration qu'en suite d'une délibération prise en présence et du consentement de l'agent du Trésor public. En cas de diversité d'avis, les questions seront décidées suivant le mode fixé par l'article 4 du concordat.

4. L'agent du Trésor public adressera, tous les trois mois, aux commissaires de la Trésorerie nationale, une expédition du compte rendu aux créanciers par leurs mandataires. Chaque trimestre, il leur présentera ses vues sur tout ce qui pourrait concerner l'intérêt national dans cette administration.

5. Les scellés apposés sur les biens de d'Orléans à la diligence des corps administratifs ou municipaux, seront levés sans délai, à la réquisition des créanciers, en présence de l'agent du Trésor public ou de son procureur fondé.

6. A l'égard des papiers qui seront trouvés dans le domicile de d'Orléans, à Paris, et dans ses maisons situées au Raincy et à Mouceaux, les scellés seront levés en présence de deux commissaires de la Convention et de l'agent du Trésor public. Tous ceux relatifs à la correspondance de d'Orléans et aux affaires publiques seront séparés et vérifiés par les commissaires, qui en rendront compte à la Convention.

7. La Convention nomme pour commissaires les citoyens Cambacérès et Mathieu.

———

1ᵉʳ = 3 MAI 1793. — Décret relatif au service des postes et messageries. (L. 14, 225; B. 30, 8.)

Voy. lois du 9 AVRIL 1793; 23 et 24 JUILLET 1793; Mon. du 4 MAI 1793.

Art. 1ᵉʳ. Les administrateurs du directoire des postes surveilleront provisoirement le service des postes et messageries, conformément au décret du 9 avril dernier.

2. Les adjudications à l'enchère ou au rabais des postes et relais dont il est parlé à l'article 6 dudit décret n'auront lieu qu'en cas d'abandon desdits maîtres de postes ou de leurs héritiers, dans les formes prescrites par les lois antérieures.

3. Les sous-fermiers actuels seront tenus de faire leur service comme ci-devant, jusqu'à ce qu'il en ait été autrement ordonné. Ils profiteront, ainsi que les voitures d'eau de la Saône desservant les diligences de Paris à Lyon et de Lyon à Paris, de l'augmentation du tarif ci-après.

Tarif pour les voitures par terre.

Chaque place de voyageur dans les voitures de poste sera d'une livre par lieue; pour les diligences, dans le corps de la voiture, quinze sous par lieue; dans les cabriolets, devant, douze sous; dans les fourgons, pour chaque lieue, cinq sous. Le prix des marchandises et ballots par les diligences sera de trente livres le quintal pour cent lieues, et en proportion; le prix desdites marchandises et ballots par les fourgons, chariots et guimbardes sera de vingt livres par quintal. Le surplus de l'ancien tarif sera provisoirement exécuté selon sa forme et teneur.

1er = 4 mai 1793. — Décret relatif à l'administration des biens formant la dotation des hôpitaux et maisons de charité. (L. 14, 228; B. 30, 3.)

Art. 1er. Les biens formant la dotation des hôpitaux et maisons de charité desservis par des ci-devant membres soit de l'ordre de Saint-Jean-de-Dieu, dits *frères do la Charité*, soit de toutes autres congrégations séculières de l'un et l'autre sexe, vouées au service des pauvres et au soin des malades, sont provisoirement exceptés de la vente ordonnée par le décret du 18 août 1792, portant suppression desdites congrégations. Cette vente demeurera suspendue jusques après l'organisation complète, définitive et en pleine activité des secours publics, conformément à l'article 5 du décret du 19 mars dernier, qui fixe les bases de cette organisation.

2. Ces biens seront provisoirement régis, sous la surveillance des corps administratifs, par les anciens administrateurs ou par les individus qui auront été choisis pour les remplacer, comme ils l'étaient avant le décret du 18 août 1792, à la charge de rendre compte, ainsi qu'il est prescrit par l'article 14 du titre Ier du décret des 23 et 28 octobre = 5 novembre 1790.

3. La régie nationale sera tenue, dans la huitaine de la publication du présent décret, de rendre compte aux corps administratifs chargés de la surveillance, de toutes les sommes par elle perçues comme appartenant auxdits établissemens, et d'en verser de suite le montant en deniers ou quittances dans la caisse du receveur desdites maisons.

4. Dans le cas où, en exécution du décret du 18 août 1792, les biens de quelques-uns desdits établissemens de charité auraient été vendus en tout ou en partie, il leur sera tenu compte en deniers de la totalité de leurs revenus, suivant la liquidation qui en sera faite par les corps administratifs, conformément aux décrets antérieurs.

5. Pour tout le surplus, et par exprès en ce qui concerne les ci-devant membres des congrégations hospitalières, le décret du 18 août 1792 sera exécuté suivant sa forme et teneur.

1er = 4 mai 1793. — Décret relatif aux commissaires nommés par la municipalité de Paris, pour accompagner les troupes qui vont dans le département de la Vendée. (L. 14, 227; B. 30, 8.)

1er mai 1793. — Décret sur l'élection au scrutin des députés envoyés en mission. (B. 30, 9.)

1er = 4 mai 1793. — Décret portant que les citoyens de Paris ont bien mérité de la patrie. (L. 14, 230; B. 30, 7.)

1er = 3 mai 1793. — Décret qui met en liberté les citoyens Granet, Bonjour et Najac, ci-devant adjoints au ministre de la marine. (B. 30, 9.)

1er = 4 mai 1793. — Décret qui ordonne de comprendre dans les paiemens faits sur les fonds des invalides les citoyens Pairet, Massar et la veuve Alléron. (B. 30, 10.)

1er = 2 mai 1793. — Décret qui ordonne de traduire Fécamp au tribunal extraordinaire. (B. 30, 1.)

1er = 1er mai 1793. — Décret qui alloue onze mille sept cent vingt-cinq livres pour l'entretien des soixante-neuf élèves du collège de La Flèche. (B. 30, 2.)

1er = 4 mai 1793. — Décret qui accorde à la municipalité de Caen, à titre d'avance, cent cinquante mille livres pour approvisionnemens. (B. 30, 6.)

1er = 4 mai 1793. — Décret relatif à des demandes de différens aveugles, et par exprès de ceux se disant aspirans à l'hôpital des Quinze-Vingts. (B. 30, 4.)

1er = 4 mai 1793. — Décret relatif à l'exécution du décret qui ordonne à tous les militaires de rejoindre leurs corps respectifs. (B. 30, 5.)

1er = 4 mai 1793. — Décrets qui autorisent: 1° le département de la Vendée à percevoir trois cent mille livres sur les fonds provenant des impositions; 2° la municipalité de Tours à prendre deux cent mille livres sur les premiers deniers des contributions. (B. 30, 6 et 7.)

1er = 4 mai 1793. — Décret concernant une demande de fonds par le conseil général de la commune de la ville de Lyon. (B. 30, 5.)

1er = 4 mai 1793. — Décret relatif à une demande de fonds par le directoire du département de la Haute-Loire. (B. 30, 5.)

1er = 4 mai 1793. — Décret relatif à l'artillerie traduite à Paris des diverses frontières. (B. 30, 9.)

1er mai 1793. — Commissaires. *Voy.* 30 avril 1793.

2 mai 1793. — Décret qui ordonne l'impression, l'affiche, l'envoi, etc., de la pétition lue à la barre de la Convention par deux administrateurs du département de la Loire-Inférieure. (B. 30, 11.)

2 MAI 1793. — Décret qui autorise le conseil exécutif à prendre les mesures nécessaires pour que les approvisionnemens ne manquent pas. (B. 30, 12.)

2 MAI 1793. — Décret qui appelle le suppléant du citoyen Daubermeuil. (B. 30, 12.)

2 = 4 MAI 1793. — Décret relatif à l'établissement de la culture du coton, du chanvre, du lin, de la garance et de la soie, et de la filature desdites productions, etc., dans le département de la Corse. (B. 30, 10.)

2 MAI 1793. — Décret qui ajourne à samedi prochain un rapport à faire sur l'exécution d'un précédent décret, qui accorde une somme de quarante mille livres au département de la Haute-Loire. (B. 30, 12.)

2 MAI 1793. — Décret qui fixe à après-demain le rapport à faire par le comité de législation sur divers objets relatifs au tribunal criminel révolutionnaire. (B. 30, 12.)

2 = 4 MAI 1793. — Décret relatif à une pétition de la section de la Réunion. (B. 30, 13.)·

2 MAI 1793. — Biens des corporations. *Voy.* 24 AVRIL 1793. — Dettes de Louis-Philippe-Joseph d'Orléans. *Voy.* 1er MAI 1793. — Emigrés; Emprunts en pays étrangers. *Voy.* 24 AVRIL 1793. — Gendarmerie. *Voy.* 30 AVRIL 1793. — Plans de guerre. *Voy.* 24 AVRIL 1793.

3 = 3 MAI 1793. — Décret qui supprime la fourniture de l'étape, et accorde six sous par lieue aux citoyens qui se rendent aux lieux de dépôt désignés pour le rassemblement des recrues. (L. 14, 231; B. 30, 15.)

La Convention nationale décrète qu'à compter du 1er mai, il sera payé six sous par lieue de poste à chacun des citoyens français partis depuis cette époque, ou qui partiront à l'avenir pour se rendre dans les lieux de dépôt désignés par le ministre de la guerre à chaque département pour le rassemblement de ses recrues : au moyen de cette taxe, la fourniture de l'étape demeure supprimée.

3 MAI 1793. — Décret qui accorde des fonds pour indemniser les alliés de la France. (L. 14, 233; B. 30, 16.)

La Convention nationale, après avoir entendu le rapport du comité de salut public, décrète qu'il sera pris sur l'extraordinaire de la guerre les fonds nécessaires pour indemniser les alliés de la République des armemens et dépenses qu'ils feront pour seconder le développement de ses forces contre ses ennemis.

Le ministre de la guerre, avant d'ordonnancer ces dépenses, sera tenu d'en présenter l'aperçu au comité des finances, qui se concertera à cet effet avec le comité de salut public.

3 = 5 MAI 1793. — Décret qui comprend dans les bataillons d'infanterie légère, sous le n° 21, le bataillon de chasseurs à pied de Muller. (L. 14, 232; B. 30, 13.)

3 = 5 MAI 1793. — Décret qui ordonne l'envoi des bulletins de la Convention aux corps administratifs, municipalités, tribunaux et armées de terre et de mer. (L. 14, 236; B. 30, 14.)

3 = 5 MAI 1793. — Décret portant que les objets déposés le 14 juillet 1792 dans les fondemens de la colonne à élever sur les ruines de la Bastille, seront retirés et brisés, et que les fragmens en seront déposés aux archives nationales, comme monument de l'histoire. (B. 30, 14.)

3 = 5 MAI 1793. — Décret concernant les officiers, sous-officiers et hussards composant les trois premières compagnies du 10e régiment de hussards, dit de la Liberté. (B. 30, 13.)

3 = 5 MAI 1793. — Décret qui accorde six cents livres au citoyen Theulet. (B. 30, 15.)

3 MAI 1793. — Décret pour faire un rapport sur un arrêté de l'administration du département du Doubs, relatif à des ecclésiastiques et autres personnes mises en état d'arrestation. (B. 30, 15.)

3 = 5 MAI 1793. — Décret qui lève le sursis mis à la vente des bois de l'émigré Boulogne. (B. 30, 17.)

3 MAI 1793. — Décret qui charge le comité d'agriculture de présenter un projet de loi pénale contre les citoyens qui cacheraient des grains ou des farines. (B. 30, 16.)

3 MAI 1793. — Décret qui enjoint de restituer les armes saisies chez la fille de Louis-Michel Lepelletier. *Voy.* 4 MAI 1793.

3 MAI 1793. — Armées. *Voy.* 30 AVRIL 1793. — Gendarmerie. *Voy.* 28 AVRIL 1793. — Citoyen Lecomte. *Voy.* 30 AVRIL 1793. — Passeports refusés aux nobles. *Voy.* 17 AVRIL 1793. — Postes et messageries. *Voy.* 1er MAI 1793. — Régisseur des douanes. *Voy.* 28 AVRIL 1793. — Tribunal extraordinaire. *Voy.* 29 AVRIL 1793.

4 = 4 MAI 1793. — Décret relatif aux subsistances. (L. 14, 238; B. 30, 25; Mon. des 29 avril, 2 et 8 mai 1793.)

Voy. lois des 19, 20, 23 et 30 AOUT 1793.

Art. 1er. Immédiatement après la publication du présent décret, tout marchand, cultivateur ou propriétaire quelconque de grains et farines, sera tenu de faire à la municipalité du lieu de son domicile la déclaration de la quantité et de la nature des grains ou farines qu'il possède, et, par approximation, de ce qui lui reste de grains à battre. Les directoires de district nommeront des commissaires pour surveiller l'exécution de cette mesure dans les diverses municipalités.

2. Dans les huit jours qui suivront cette déclaration, les officiers municipaux, ou des citoyens par eux délégués à cet effet, vérifieront les déclarations faites, et en dresseront le résultat.

3. Les municipalités enverront sans délai au directoire de leur district un tableau des grains et farines déclarés et vérifiés ; les directoires de district en feront passer, sans retard, le résultat au directoire de leur département, qui en dressera un tableau général et le transmettra au ministre de l'intérieur et à la Convention nationale.

4. Les officiers municipaux sont autorisés, d'après une délibération du conseil général de la commune, à faire des visites domiciliaires chez les citoyens possesseurs de grains ou farines qui n'auraient pas fait la déclaration prescrite par l'article 1er, ou qui seraient soupçonnés d'en avoir fait de frauduleuses.

5. Ceux qui n'auront pas fait la déclaration prescrite par l'article 1er, ou qui l'auraient faite frauduleuse, seront punis par la confiscation des grains ou farines non déclarés, au profit des pauvres de la commune.

6. Il ne pourra être vendu de grains ou farines que dans les marchés publics ou ports où l'on a coutume d'en vendre, à peine d'une amende qui ne pourra être moindre de trois cents livres et plus forte de mille livres, tant contre le vendeur que contre l'acheteur, solidairement.

7. Pourront néanmoins les citoyens s'approvisionner chez les cultivateurs, marchands ou propriétaires de grains de leur canton, en rapportant un certificat de la municipalité du lieu de leur domicile, constatant qu'ils ne font point commerce de grains, et que la quantité qu'ils se proposent d'acheter, et qui sera déterminée par le certificat, leur est nécessaire pour leur consommation d'un mois seulement, sans qu'ils puissent excéder cette quantité.

Les municipalités seront tenues d'avoir des registres de ces certificats, sous le numéro correspondant à celui porté sur chacun d'eux.

8. Les directoires de département sont autorisés, d'après l'avis des directoires de district, à établir des marchés dans tous les lieux où ils seront jugés nécessaires, sans qu'ils puissent supprimer aucun de ceux actuellement existans.

9. Les corps administratifs et municipaux sont également autorisés, chacun dans leur arrondissement, à requérir tout marchand, cultivateur ou propriétaire de grains ou farines, d'en apporter au marché la quantité nécessaire pour les tenir suffisamment approvisionnés.

10. Ils pourront aussi requérir des ouvriers pour faire battre les grains en gerbes, en cas de refus de la part des fermiers ou propriétaires.

11. Les directoires de département feront parvenir leurs réquisitions aux directoires de district, et ceux-ci aux municipalités, qui seront tenues d'y déférer sans délai.

12. Nul ne pourra se refuser d'exécuter les réquisitions qui lui seront adressées, à moins qu'il ne justifie qu'il ne possède pas de grains ou farines au-delà de sa consommation jusqu'à la récolte prochaine, et ce à peine de confiscation des grains ou farines excédant ses besoins ou ceux de ses colons, métayers, journaliers et moissonneurs.

13. Le conseil exécutif provisoire est autorisé, sous la surveillance du comité de salut public, à prendre toutes les mesures qui seront jugées nécessaires pour assurer l'approvisionnement de la République.

14. Le ministre de l'intérieur est également autorisé à adresser aux départemens dans lesquels il existera un excédant de subsistances les réquisitions nécessaires pour approvisionner ceux qui se trouveraient n'en avoir pas une quantité suffisante.

15. Tout citoyen qui voudra faire le commerce des grains ou farines sera tenu d'en faire la déclaration à la municipalité du lieu de son domicile ; il lui en sera délivré extrait en forme, qu'il sera tenu d'exhiber dans tous les lieux où il ira faire ses achats, et il sera constaté en marge, par les officiers préposés dans ces lieux à la police des marchés, la quantité de grains ou farines qu'il y aura achetée.

16. Tous marchands en gros ou tenant magasin de grains ou farines seront tenus d'avoir des registres en règle où ils inscriront leurs achats et leurs ventes, avec indication des personnes auxquelles ils auront acheté ou vendu.

17. Ils seront tenus en outre de prendre des acquits-à-caution dans le lieu de leurs achats, lesquels seront signés du maire ou du procureur de la commune du lieu, ou, en leur absence, par deux officiers municipaux ; de les faire décharger avec les mêmes formalités dans le lieu de la vente, et de les représenter ensuite à la municipalité du lieu de l'achat ; le tout à peine de confiscation de leurs marchandises, et d'une amende qui ne

pourra être moindre de trois cents livres ni excéder mille livres.

18. Ces acquits-à-caution seront délivrés gratuitement sur papier non timbré, porté sur des registres tenus par les municipalités.

19. Tous agens du Gouvernement pour les approvisionnemens de l'armée et de la marine, tous commissionnaires de grains, soit des corps administratifs, soit des municipalités, seront assujétis aux mêmes formalités, et en outre de faire porter sur leurs acquits-à-caution le prix de leurs achats.

20. Il est expressément défendu aux dénommés dans l'article précédent de faire aucun commerce de grains ou farines pour leur propre compte, à peine de confiscation et d'une amende qui ne pourra être moindre de la valeur des grains ou farines confisqués, ni excéder vingt mille livres.

21. Il est également défendu à tous fonctionnaires publics de s'intéresser directement ni indirectement dans les marchés du Gouvernement, à peine de mort.

22. Les bladiers ou marchands de grains en détail seront dispensés de la tenue des registres ordonnée par l'article 16, et seront seulement astreints à prendre des acquits-à-caution, conformément à l'article 17 du présent décret.

23. Les lois relatives à la libre circulation des grains et farines continueront à être observées, et il ne pourra y être porté aucun trouble ni empêchement, en s'assujétissant toutefois aux formalités prescrites par le présent décret.

24. Les municipalités veilleront avec soin à entretenir le bon ordre et la tranquillité dans les marchés publics.

25. Pour parvenir à fixer le *maximum* du prix des grains dans chaque département, les directoires des districts seront tenus d'adresser à celui de leur département le tableau des mercuriales des marchés de leur arrondissement, depuis le 1er janvier dernier jusqu'au 1er mai présent mois.

Le prix moyen résultant de ces tableaux, auquel chaque espèce de grains aura été vendue entre les deux époques ci-dessus déterminées, sera le *maximum* au-dessus duquel le prix de ces grains ne pourra s'élever.

Les directoires de département les déclareront dans un arrêté qui sera, ainsi que les tableaux qui y auront servi de base, imprimé, envoyé à toutes les municipalités de leur ressort, publié, affiché, et adressé au ministre de l'intérieur.

26. Ce *maximum* ainsi fixé décroîtra dans les proportions suivantes : au 1er juin prochain, il sera réduit d'un dixième, plus d'un autre vingtième sur le prix restant au 1er juillet, d'un trentième au 1er août, et enfin d'un quarantième au 1er septembre.

27. Tout citoyen qui sera convaincu d'a-

voir vendu ou acheté des grains ou farines au-delà du *maximum* fixé, sera puni par la confiscation desdits grains et farines, s'il en est encore en possession, et par une amende qui ne pourra être moindre de trois cents livres ni excéder mille livres, solidairement entre le vendeur et l'acheteur.

28. Ceux qui seront convaincus d'avoir, méchamment et à dessein, gâté, perdu ou enfoui des grains et farines, seront punis de mort.

29. Il sera accordé, sur les biens de ceux qui seront convaincus de ces crimes, une récompense de mille livres à celui qui les aura dénoncés.

30. Les municipalités, communes des douanes et autres préposés, veilleront avec exactitude, et sous leur responsabilité, à l'exécution des lois contre l'exportation des grains et farines à l'étranger.

31. Le présent décret sera envoyé, par des courriers extraordinaires, dans tous les départemens.

4 = 5 MAI 1793. — Décret qui accorde des secours aux familles des militaires et des marins employés au service de l'Etat. (L. 14, 244; B. 30, 19; Mon. du 7 mai 1793.)

Art. 1er. Il sera accordé des secours aux familles des militaires de toutes armes servant dans les armées, et aux familles des marins, ouvriers navigans, canonniers et soldats de marine en activité de service sur les vaisseaux et autres bâtimens de la République.

2. Les individus de ces familles qui auront droit à ces secours sont : les pères, les mères et autres ascendans, les épouses, les enfans, les frères et sœurs orphelins de père et de mère qui seraient reconnus et jugés, par les sections ou municipalités, n'avoir pour moyens suffisans de subsister que le produit du travail desdits militaires ou marins.

3. Les pères, mères et autres ascendans, épouses, enfans, frères et sœurs de tous ceux qui sont partis en remplacement, n'y auront aucune part.

4. Ces secours seront dus, savoir :

1° A dater du 26 novembre dernier, à tous ceux qui devaient en obtenir aux termes de la loi de ce jour, et en auraient rempli les formalités;

2° A compter du 1er mai présent mois, aux familles de tous autres militaires ou marins actuellement en activité de service;

3° A toutes les familles des militaires ou marins qui partiront à l'avenir, à compter du jour de ce départ.

Ces secours cesseront du moment que le militaire ou le marin sera rentré dans son domicile, ou que le délai pour s'y rendre sera expiré.

5. Si les citoyens en considération desquels les secours auront été accordés viennent à périr dans les combats au service de la République, les individus de leur famille secourus recevront, à titre de gratification, une somme une fois payée et égale à la valeur de quatre années des secours dont ils jouissaient. Néanmoins, les individus qui, à raison de la mort du même citoyen, auraient droit d'ailleurs, en vertu d'une autre loi, à d'autres pensions ou gratifications de l'Etat, ne pourront en même temps jouir du bénéfice du présent décret.

6. Il sera ouvert dans chaque municipalité, et dans chaque section des villes divisées en sections, pendant un mois à compter du jour de la publication du présent décret, un registre où iront se faire inscrire tous ceux qui croiront avoir des droits à ces secours.

7. Ceux qui se présenteront pour se faire inscrire sur le registre des secours seront tenus de se procurer et de remettre sur papier libre, au greffe de leur municipalité ou section, l'extrait signé de l'acte légal qui constate l'époque de leur naissance.

Ils devront remettre encore l'extrait, dûment signé, de l'inscription ou enrôlement des militaires ou marins en considération desquels ils réclament des secours.

8. A l'expiration de chaque mois, le registre sera arrêté. Chaque municipalité ou section en fera le dépouillement, et formera un rôle de ceux qu'elle jugera devoir obtenir des secours, et réunir pour cela les conditions requises par le présent décret; elle portera en marge, article par article, les sommes qu'elle croira être dues à chacun, d'après les règles établies ci-après.

Quant à ceux qui n'auront pas paru devoir obtenir des secours, il en sera tenu note sur un registre séparé, avec mention sommaire des motifs sur lesquels leur exclusion sera fondée.

9. Après avoir certifié, au bas desdits rôles, qu'il est de leur parfaite connaissance que les personnes qui y sont portées réunissent les conditions et ont rempli les formalités prescrites par le présent décret, les municipalités et sections feront parvenir sans délai lesdits rôles, avec les pièces justificatives, au directoire du district.

10. Les directoires de district seront tenus, dans la huitaine de la réception desdits rôles, de les examiner et faire passer avec leur avis aux directoires de département, qui, dans un pareil délai, les arrêteront et les enverront au ministre de l'intérieur, avec toutes les pièces justificatives.

11. Le ministre de l'intérieur, après les avoir vérifiés et signés, les fera parvenir sans retard, par la voie des corps administratifs, à chaque municipalité ou section, avec les secours qui seront dus et échus à l'époque de la signature.

12. Ces secours seront payables à l'avenir par trimestre et d'avance; la date des trimestres sera comptée du jour de la signature des rôles par le ministre de l'intérieur, qui, sous sa responsabilité, sera en conséquence tenu de faire passer, avant l'ouverture du trimestre, à chaque municipalité ou section, par la voie des corps administratifs, les fonds qui doivent revenir à ces sections ou municipalités.

13. Le paiement sera fait par chaque municipalité ou section à chaque individu porté dans le rôle, ou à ceux qui le représentent légalement, comme père, mère et tuteur, au fur et à mesure qu'ils se présenteront à l'ouverture de chaque trimestre.

14. Les municipalités ou sections ne pourront payer le trimestre ouvert aux individus portés au rôle ou à leurs représentans légaux, que sur le vu d'un certificat visé des conseils d'administration des régimens ou bataillons, qui constatera que le militaire est effectivement présent au corps, ou sur le vu d'un certificat des officiers des classes et d'administration de la marine, portant que le marin est réellement en activité de service.

Lesdits certificats pourront être expédiés sur papier libre; ils devront être renouvelés à chaque trimestre, et resteront annexés au rôle, afin de justifier de la validité du paiement.

15. Il sera fait des rôles de paiement en double, dans lesquels, article par article, il devra être fait mention :

1° De la date du paiement;

2° Des certificats d'après lesquels le paiement aura été fait, et de leur date;

3° De la somme payée;

4° De celui qui l'aura reçue;

5° De la signature, s'il n'a su ou n'a pu signer.

L'un de ces rôles sera envoyé, chaque trimestre, au ministre de l'intérieur, après avoir été certifié par les officiers municipaux ou par les présidens et secrétaires des sections.

16. Les secours à fournir seront fixés, pour chaque année de leur durée, de la manière suivante :

A cinquante livres pour chacun des fils ou filles, jusqu'à l'âge de douze ans accomplis;

A cent livres pour chacun desdits fils ou filles invalides et incapables de travailler, quel que soit en ce cas leur âge, après douze ans accomplis;

A cent livres pour les épouses, quel que soit leur âge;

A cent livres pour les pères et mères, et pour chacun d'eux, s'ils sont âgés de plus de soixante ans, ou s'ils sont infirmes ou incapables de travailler, quel que soit leur âge;

A cent livres pour les mères en état de vi-
duité, quel que soit leur âge;

A cinquante livres pour les frères et sœurs
orphelins, jusqu'à l'âge de douze ans accomplis;

A cent livres pour lesdits frères ou sœurs
orphelins qui, âgés de plus de douze ans, seraient, à raison de leurs infirmités, hors
d'état de travailler.

17. Lorsque, dans l'intervalle d'un trimestre à l'autre, il sera survenu des changemens
au rôle de secours, les municipalités ou sections en instruiront les corps administratifs,
qui les feront connaître au ministre de l'intérieur, afin que celui-ci puisse faire les retranchemens convenables dans les sommes à
envoyer.

18. Si, après la formation des rôles, le
nombre des personnes qui ont droit à ces secours venait à augmenter, leur demande serait reçue, jugée et envoyée dans les formes
ci-dessus prescrites au ministre de l'intérieur,
qui, après en avoir connu la légitimité, se
conformera, pour l'envoi des nouveaux fonds,
aux dispositions précédentes.

19. Il sera mis provisoirement par la Trésorerie nationale à la disposition du ministre de l'intérieur une somme de dix millions, pour ladite somme, réunie à ce qui
reste des deux millions décrétés le 26 novembre dernier, être employée au paiement des
secours accordés par le présent décret.

20. Le ministre de l'intérieur rendra
compte, tous les mois, à la Convention nationale, de l'exécution de ce décret.

21. Le présent décret sera envoyé aux départemens par les courriers extraordinaires
chargés de leur porter le nouveau décret sur
les subsistances, et inséré au bulletin de la
Convention.

4 = 7 MAI 1793. — Décret relatif au général
Westermann et aux fonctionnaires publics sa-
lariés qui seront mandés ou traduits à la barre.
(L. 14, 257; B. 30, 18.)

Art. 1er. Il n'y a lieu à aucune inculpation
contre le général Westermann.

2. Tout citoyen fonctionnaire public, ou
ayant un traitement de la République, ou payé
par les administrés, qui sera mandé, traduit
à la barre ou accusé, touchera son traitement
en entier, s'il est déclaré innocent ou renvoyé à son poste.

4 = 7 MAI 1793. — Décret qui rejette un legs
fait à l'Etat par le nommé Lombard, dit la
Jeunesse. (B. 30, 17.)

4 = 7 MAI 1793. — Décret qui maintient les représentans Briez et Dubois-Dubais à l'armée
du Nord, en qualité de commissaires. (B. 30,
18.)

4 = 7 MAI 1793. — Décret portant établissement de comités pour surveiller l'administration des vivres et subsistances militaires, et
celle des charrois et de l'habillement des
troupes. (L. 14, 251; B. 30, 29.)

4 MAI 1793. — Proclamation relative aux municipalités qui n'ont pas terminé leurs matrices de rôles des contributions foncière et
mobilière. (L. 14, 258.)

4 = 5 MAI 1793. — Décret qui exempte du recrutement les chefs et principaux commis des
administrations publiques, et les commis employés au service des postes. (L. 14, 250; B.
30, 23.)

4 = 7 MAI 1793. — Décret qui enjoint à la municipalité de Saint-Fargeau de faire restituer
les armes saisies chez la fille de Louis-Michel
Lepelletier. (B. 30, 17.)

4 MAI 1793. — Décret pour faire un rapport
concernant les biens de Jean-Robert Lecointre, dénoncé comme émigré. (B. 30, 19.)

4 MAI 1793. — Décret qui ajourne à demain le
rapport sur les créanciers des congrégations,
confréries. (B. 30, 18.)

4 = 5 MAI 1793. — Décret qui met en liberté
le citoyen Vincent. (B. 30, 22.)

4 = 7 MAI 1793. — Décret qui ordonne de brûler, briser et refondre les poinçons, matrices,
planches et formes qui ont servi à la fabrication des faux assignats. (B. 30, 23.)

4 = 4 MAI 1793. — Décret relatif à la légion
germanique, et qui enjoint aux commissaires
de la Convention à Orléans de se rendre à
Tours. (B. 30, 24.)

4 = 7 MAI 1793. — Décret qui ordonne la restitution de trois navires hollandais, détenus
l'un à Tréport et les deux autres à Dieppe.
(B. 30, 24.)

4 MAI 1793. — Décret qui accorde: 1° une gra-
tification de cent cinquante livres à Elisabeth
Bourgé; 2° cent cinquante livres à Louis et
René Orgé. (B. 30, 32 et 33.)

4 MAI 1793. — Commissaires dans la Vendée;
Hôpitaux, etc. Voy. 1er MAI 1793.

5 = 8 MAI 1793. — Décret relatif à la nomination aux bourses vacantes dans les collèges.
(L. 14, 261; B. 30, 37.)

Voy. lois du 16 VENDÉMIAIRE an 5 et 25
MESSIDOR an 5.

Art. 1er. La Convention nationale décrète

que les bourses vacantes dans les colléges de la République seront données par préférence aux enfans des citoyens qui out pris les armes pour la défense de la patrie.

2. Décrète pareillement, en rapportant les dispositions de l'article 6 du titre II du décret du 18 août 1792, relatif à la vacance des bourses établies dans les colléges qui étaient régis par des congrégations séculières, que tant ces bourses que celles établies dans des séminaires, réservées par l'article 4 du décret du 22 décembre 1790, et transportées provisoirement, en vertu de l'article 5 du titre II du décret du 18 août 1792, dans les diocésains institués par le décret du 12 juillet 1790, seront également données par préférence aux enfans des citoyens qui ont pris les armes pour la défense de la patrie.

En ce qui concerne les bourses au profit des filles, la Convention nationale renvoie au comité d'instruction publique.

3. Tous les modes suivant lesquels il a été pourvu auxdites bourses sont abrogés; il sera nommé dorénavant de la manière ci-après.

4. Dans chacun des départemens dans lesquels il y a des bourses, la connaissance en sera rendue publique par la voie d'une liste imprimée et affichée dans chaque municipalité, laquelle liste contiendra le genre, l'objet et les conditions de la fondation.

5. Il sera ouvert, dans chaque municipalité, un registre où les parens des enfans dont les pères, sans distinction, auront pris les armes pour la défense de la patrie, feront inscrire le nom, l'âge de ceux pour lesquels ils solliciteront ces places. Les tuteurs ou curateurs, au défaut de parens, pourront faire inscrire leurs pupilles.

6. Chaque municipalité fera un relevé de ceux qui sont inscrits, lequel elle enverra au directoire de district, avec des observations sur ceux qui paraîtront le plus mériter ces places, en indiquant d'abord ceux dont les pères sont morts sous les armes pour la défense de la patrie dans la guerre actuelle, ensuite ceux qui seront le plus dans le besoin, enfin ceux qui auront le plus d'intelligence.

7. Des relevés envoyés dans les districts il sera fait un relevé général qui sera adressé au directoire du département, lequel choisira les sujets, en ayant égard aux observations prescrites par l'article 6 ci-dessus (1).

8. La municipalité décidera, sans aucun recours, sur les demandes qui seront faites pour être inscrit sur le registre.

9. Dans le cas où les fondations porteraient qu'il sera fourni aux boursiers des choses en nature relatives aux vêtemens, à quelques meubles, livres ou autres objets d'étude, la fourniture en sera faite en monnaie, sur le pied de l'estimation des directoires de département, après avoir pris l'avis de ceux de district et les observations des municipalités.

10. L'enseignement public pour des cours de différens genres établis dans l'académie de Dijon, ainsi que la distribution des prix qui a eu lieu jusqu'à ce jour, sont maintenus provisoirement.

11. La dépense pour les cours et distribution des prix de ladite académie, ainsi que celle des bourses mentionnées au présent décret, seront portées dans l'état qui doit être envoyé au ministre de l'intérieur, en vertu du décret du 8 mars dernier, et acquittées conformément au même décret.

En ce qui concerne la dépense de l'académie d'agriculture de Paris, renvoie aux comités d'instruction publique et des finances réunis, pour en faire le rapport demain.

5 = 8 MAI 1793. — Décret concernant les pensions des professeurs des colléges et le traitement de quelques membres des congrégations séculières et autres professeurs. (L. 14, 264; B. 30, 36.)

Art. 1er. Les pensions méritées et obtenues par les instituteurs, professeurs ou maîtres des colléges et autres établissemens d'enseignement public, dont les biens ont été mis en vente par le décret du 8 mars dernier, continueront de leur être payées sur le pied qu'elles se trouveront réglées.

2. Les pensionnaires de ce genre seront tenus, pour la conservation de leurs pensions, de se conformer aux lois concernant les pensionnaires de l'Etat. Néanmoins, jusqu'à ce qu'il ait pu leur être délivré un nouvel acte, ils seront provisoirement payés par les receveurs de district, de la manière et aux conditions ci-après, indépendamment des autres conditions prescrites pour le paiement des pensions, et à la charge de représenter un certificat de civisme dans les formes prescrites par le décret (2).

3. Pour pouvoir toucher les leurs des receveurs des districts, les pensionnaires du genre mentionné à l'article 1er du présent décret seront tenus de présenter leurs titres au directoire du district de leur domicile, et sur

---

(1) Lorsqu'un testateur a fondé, sous les anciennes lois, des bourses gratuites, et qu'il a déclaré les destiner à ses parens d'une certaine ligne, et en conférer la collation au curé et à l'un de ses plus proches parens paternels, l'administration d'une telle fondation doit être aujourd'hui confiée au bureau de bienfaisance, à la place du curé. La collation des bourses ainsi fondées appartient au préfet, sur la présentation du bureau de bienfaisance (décret du 20 septembre 1809; S. 17, 2, 189).

(2) Voy. loi du 21 = 24 mai 1793.

la vérification qui en sera faite, il leur sera délivré une ordonnance par celui du département.

4. Le paiement, tant qu'il sera fait, en vertu de l'article 2 ci-dessus, par les receveurs de district, le sera sur les fonds de la manière réglée par le décret du 8 mars dernier, et seulement après la représentation du certificat de civisme exigé par l'article 2 du présent décret : à cet effet, lesdites pensions seront portées dans l'état des dépenses qui doit être envoyé au ministre de l'intérieur en vertu dudit décret du 8 mars (1).

5. Ceux des instituteurs, professeurs ou maîtres qui, n'ayant pas exercé le temps prescrit pour obtenir des pensions, continueront leur service, et qui prétendront ensuite avoir droit d'en obtenir, se pourvoiront comme les autres prétendans à des pensions sur l'Etat, et il leur en sera accordé, conformément aux lois particulières sur les colléges antérieures à celles faites par l'Assemblée constituante.

6. Les professeurs, maîtres ou sous-maîtres ecclésiastiques du collége boursier de Foix, établi à Toulouse, pourvus comme instituteurs et comme ministres du culte catholique, dans ledit collége, en vertu des lettres-patentes du 21 septembre 1781, qui, après avoir prêté le serment prescrit, étaient resté en fonctions à l'époque du décret du 18 août 1792, seront traités comme les bénéficiers pourvus de chapellenies laïques mentionnés dans le décret du 12 juillet = 24 août 1790, concernant le traitement du clergé. Ils pourront d'ailleurs emporter du logement qu'ils occupaient ou qu'ils pourraient encore occuper dans ledit collége les meubles et effets étant à leur usage.

7. La Convention nationale déclare que les membres de la ci-devant congrégation de la Mission de France ou de Saint-Lazare sont compris dans la classe des congrégations vouées au culte et à la grande instruction; en conséquence, elle déclare comme non avenu l'arrêté du directoire du département de Paris du 3 novembre 1792, et décrète que le traitement des individus des maisons énoncees audit arrêté sera fixé suivant les règles établies par le § Ier du titre III du décret du 18 août 1792.

---

5 = 8 MAI 1793. — Décret concernant les créanciers des congrégations séculières, des confréries de l'ordre de Saint-Lazare, de Notre-Dame du Mont-Carmel et autres ordres y réunis, de l'ordre de Malte et des colléges. (L. 14, 267; B. 30, 34.)

Art. Ier. La Convention nationale, interprétant les articles 26, 27 et 28 du titre V du décret du 18 août 1792, décrète que les créanciers des congrégations séculières et des confréries, mentionnés dans lesdits articles, feront liquider leurs créances, et en seront payés par la nation de la manière ci-après.

Décrète pareillement que les créanciers de l'ordre de Saint-Lazare, de Notre-Dame du Mont-Carmel et autres ordres y réunis, ceux de l'ordre de Malte, ceux enfin des colléges et autres établissemens d'enseignement public, dont les biens ont été mis en vente par le décret du 8 mars dernier, se feront aussi liquider, et seront payés de la même manière.

2. Néanmoins ne seront réputées à la charge de la nation, parmi les dettes de l'ordre de Malte, de l'ordre de Saint-Lazare, du Mont-Carmel et autres ordres y réunis, que celles qui auront été contractées pour l'amélioration et l'utilité des biens de ces ordres qui sont situés en France, ou qui dépendent des bénéfices de ces ordres dont le chef-lieu est en France.

3. Tous lesdits créanciers seront tenus, pour parvenir à la liquidation de leurs créances et en obtenir le paiement, de se conformer aux décrets concernant la liquidation et le paiement des dettes de l'Etat, particulièrement à ceux des 23 et 28 octobre = 5 novembre 1790 et 14 = 27 avril 1791, concernant les créanciers des maisons, corps et communautés ecclésiastiques supprimés, et autres décrets rendus par rapport aux créanciers de ce genre, lesquels sont déclarés communs avec eux dans toutes leurs dispositions.

4. La Convention nationale, en prorogeant le délai accordé par le décret du 18 août 1792 aux créanciers des congrégations séculières et des confréries, décrète que ces mêmes créanciers, ainsi que ceux des colléges et des ordres mentionnés au présent décret, seront tenus de déposer leurs titres, conformément aux décrets des 23 et 28 octobre = 5 novembre 1790, et 14 = 27 avril 1791, avant le Ier octobre prochain; et, passé ledit temps, les uns et les autres sont et demeurent dès à présent déchus de tous droits.

5. Ceux desdits créanciers dont la créance, de quelque genre qu'elle soit, sera exigible et n'excédera pas huit cents livres, ou qui, d'une autre manière, se trouveront dans les cas prévus par les décrets du 11 avril, 13 septembre et 20 novembre 1792, jouiront du bénéfice accordé par les mêmes lois, et seront payés par les receveurs de district.

Les dispositions du présent article sont déclarées communes avec les créanciers du même genre que dessus, des corps, maisons et communautés ecclésiastiques supprimés et mentionnés dans les décrets des 23 et 28 octobre = 5 novembre 1790, et 14 = avril 27 1791.

---

(1) Voy. loi du 21 = 24 mai 1793.

6. Les créanciers de rentes perpétuelles et viagères des corps et ordres mentionnés au premier article du présent décret seront traités comme ceux des maisons, corps et communautés ecclésiastiques supprimés mentionnés dans les décrets des 23 et 28 octobre = 5 novembre 1790, 14 = 27 avril 1791 et 15 septembre 1792; en conséquence, ces décrets sont déclarés communs avec eux, pour leur reconstitution, ainsi que pour le paiement des arrérages tant échus qu'à échoir, jusqu'à ce qu'ils aient obtenu un titre reconstitutif, que pour ceux qui écherront ensuite.

7. Cependant, pour faciliter d'autant plus la comptabilité, les arrérages desdites rentes échus jusqu'aux 1er janvier 1793, seront payés par les receveurs de district, et les fonds à ce nécessaires seront faits conformément aux décrets rappelés à l'article 6 ci-dessus: à compter de ladite époque, les arrérages seront acquittés par les payeurs des rentes à Paris ou dans les districts, au choix des créanciers; en, par ceux-ci, se conformant auxdits décrets.

8. Les corps administratifs, les municipalités, les receveurs de district et le commissaire-liquidateur-général, seront au surplus, chacun en ce qui le concerne, soumis, tant pour la comptabilité que pour les règles à suivre dans la liquidation et le paiement des créanciers désignés dans le présent décret, à tout ce qui leur est prescrit par les décrets ci-devant rappelés, qui concernent les créanciers des maisons, corps et communautés ecclésiastiques supprimés.

9. Si un ou plusieurs individus, membres des corps et ordres mentionnés à l'article 1er du présent décret, se trouvent avoir contracté, en leur nom personnel, des dettes dont ils justifieront, suivant les règles établies par le décret des 23 et 28 octobre = 5 novembre 1790, que, les sommes auront tourné au profit desdits corps ou à l'utilité des biens qu'ils possédaient, ils pourront, dans le délai prescrit par l'article 3 du présent décret, se pourvoir pour obtenir leur liquidation et leur remboursement, comme le pourraient faire leurs créanciers s'ils s'adressaient directement à la nation.

10. L'archiviste et les huissiers de l'ordre de Malte recevront, comme ceux de Saint-Lazare et du Mont-Carmel, à titre de pension, la moitié des émolumens dont ils justifieront par titres authentiques avoir joui dans ledit ordre; mais le *maximum* de ces pensions ne pourra excéder mille livres: elles commenceront à courir de l'époque à laquelle ceux qui les obtiendront auront cessé d'être payés de leurs appointemens.

5 = 8 MAI 1793. — Décret qui ordonne la levée provisoire du séquestre mis sur les biens de Lalligan Morillon fils. (B. 30, 33.)

5.

5 = 8 MAI 1793. — Décret relatif à la composition et à la paie de la compagnie de chasseurs bons tireurs du département du Haut-Rhin. (B. 30, 39.)

5 MAI 1793. — Décret qui suspend l'exécution de celui du 4, concernant trois navires hollandais. (B. 30, 41.)

5 = 8 MAI 1793. — Décret qui accorde au citoyen Chardar, blessé au siége de Thionville, une pension viagère de deux cent quarante livres. (B. 30, 33.)

5 MAI 1793. — Décret qui accorde au sieur Cazenove une somme de trois cents livres à titre d'indemnité, et pour pourvoir aux frais de son voyage. (B. 30, 32.)

5 = 8 MAI 1793. — Décret qui invite les artistes à concourir pour présenter un projet de division du local compris entre le Carrousel, la rue Saint-Nicaise, la rue Saint-Honoré, etc. (L. 14, 271; B. 30, 40.)

5 = 8 MAI 1793. — Décret qui accorde des fonds pour les enfans trouvés et les dépôts de mendicité. (L. 14, 260; B. 30, 39.)

5 = 8 MAI 1793. — Décret concernant le sieur Goëvier, grenadier de la gendarmerie nationale faisant le service près la Convention. (B. 30, 41.)

5 MAI 1793. — Alliés de la France; Bataillon de Muller. *Voy.* 4 MAI 1793. — Commis des postes. *Voy.* 4 MAI 1793. — Envoi du bulletin. *Voy* 3 MAI 1793. — Famille des militaires et marins. *Voy.* 4 MAI 1793.

6 = 8 MAI 1793. — Décret relatif à l'uniforme des officiers d'infanterie de tout grade. (L. 14, 274; B. 30, 44.

La Convention nationale, après avoir entendu le rapport de son comité de salut public, décrète qu'à compter du 15 juin prochain, les officiers d'infanterie de tout grade employés dans les armées de la République ne pourront porter d'autre uniforme que l'uniforme national réglé par le décret du 29 septembre = 14 octobre 1791.

6 MAI 1793. — Décret portant que le maire de Paris rendra compte des motifs de l'arrestation des pétitionnaires de la section de Bon-Conseil. (B. 30, 45.)

6 = 8 MAI 1793. — Décret portant que les villes et départemens qui ont fourni des volontaires contre les révoltés ont bien mérité de la patrie. (L. 14, 27; B. 30, 43.)

6 = 8 MAI 1793. — Décret d'ordre du jour sur une dénonciation contre trois particuliers de La Ferté-sur-Aube. (B. 30, 44.)

6 MAI 1793. — Décret relatif au mode de recrutement adopté par les départemens de l'Hérault et de l'Aude. (L. 14, 273 ; B. 30, 42.)

6 MAI 1793. — Décret qui ajourne le rapport du comité de salut public sur les instructions et les pouvoirs des commissaires de la Convention près les armées. (B. 30, 45.)

6 MAI 1793. — Décret portant que le département de la Charente a bien mérité de la patrie. (L. 14, 276 ; B. 30, 43.)

6 MAI 1793. — Décret qui permet au général Chazot d'aller et venir dans Paris, sous la garde d'un gendarme. (B. 30, 42.)

6 = 8 MAI 1793. — Décret relatif aux citoyens qui se formeront en bataillons pour aller au secours de la Vendée. (B. 30, 43.)

6 = 7 MAI 1793. — Décret qui met à la disposition du conseil exécutif les gendarmes nationaux servant près la Convention. (B. 30, 42.)

6 = 8 MAI 1793. — Décret qui lève le décret d'accusation contre les citoyens Ami et Marivaux. (B. 30, 44.)

7 = 9 MAI 1793. — Décret concernant les rations de fourrages pour la nourriture des chevaux des différentes armes et des différens services des armées. (L. 14, 281 ; B. 30, 46.)

Art. 1er. A dater du jour de la publication du présent décret, les rations de fourrages destinées à la nourriture des chevaux des différentes armes et différens services des armées, seront réduites et composées ainsi qu'il suit, pour tout le temps de la guerre, savoir :

Pour les chevaux de la cavalerie et des dragons, des officiers des états-majors civils et militaires des armées, à la guerre, ration de dix-huit livres de foin, trois quarts de boisseau d'avoine; pour les mêmes, en garnison dans l'intérieur, de quinze livres de foin, deux tiers de boisseau d'avoine; pour ceux des hussards, chasseurs, volontaires à cheval, officiers d'états-majors, des corps d'infanterie et sans troupe, à la guerre ou en quartier, de quinze livres de foin, deux tiers de boisseau d'avoine; pour ceux des équipages de l'artillerie, des vivres, de l'ambulance et pour les chevaux des charrois des armées, à la guerre, de vingt livres de foin, un boisseau d'avoine; pour les mêmes en garnison,

de dix-huit livres de foin, deux tiers de boisseau d'avoine.

2. En conséquence de cette disposition, les rations de fourrages attribuées aux différens grades par les décrets des 27 = 29 février et 23 = 27 avril 1792, seront délivrées ainsi qu'il suit, savoir :

GARDE NATIONALE ET INFANTERIE DE LIGNE.

Nombre des rations attribuées.

Sous-lieutenans et lieutenans, deux rations; capitaines, deux rations; chefs de bataillon, trois rations; chefs de brigade, quatre rations.

Troupes à cheval.

Sous-lieutenans et lieutenans, deux rations; capitaines, trois rations; chefs d'escadron, quatre rations; chefs de brigade, six rations.

Les officiers de l'état-major de l'armée, les aides-de-camp, les officiers du corps du génie et d'artillerie, les commissaires des guerres et autres employés dans les armées de la République, recevront en nature le même nombre de rations que les officiers de troupes à cheval, à raison du grade auquel ils correspondent.

Officiers généraux.

Généraux de brigade, dix rations; généraux de division, douze rations; généraux en chef, seize rations.

3. Dans les cas de pénurie de fourrages en campagne, le ministre de la guerre et les généraux en chef pourront soit réduire le poids des rations qui vient d'être fixé, soit substituer une denrée à une autre, en faisant compensation. Le ministre de la guerre réglera la nature et la quantité de chaque denrée, qui, dans ce dernier cas, pourront être fournies en compensation d'une denrée de nature différente.

4. Les rations que le présent décret accorde, ne seront cependant délivrées que pour les chevaux dont l'existence sera constatée par des revues faites dans les formes prescrites. Nul officier ne pourra exiger de rations au-delà du nombre des chevaux qu'il aura.

5. Le prix du remboursement des rations non délivrées sera, savoir : jusqu'au 1er septembre prochain, dans toutes les armées, d'un sou par livre de foin, et de vingt sous le boisseau d'avoine.

6. Les décomptes qui restent à faire aux officiers des différentes armes pour les rations de fourrages qu'ils n'ont pas consommées depuis le 1er janvier 1793, seront faits d'après les fixations de l'article précédent.

7. La Convention nationale révoque la faculté accordée par l'article 2 du décret du 23 = 27 avril 1792, aux capitaines des dif-

férens corps, de recevoir, moyennant quinze sous, une ration de fourrage en sus de celles qui leur sont accordées pendant la campagne. Aucune ration de supplément ne pourra être accordée, à compter du jour de la publication du présent décret.

8. Les rations en nature seront distribuées tous les quatre jours, et d'avance. Tous ceux à qui elles seront dues seront tenus de les faire prendre dans les magasins militaires, les jours indiqués pour la distribution. Ceux qui auraient négligé de les prendre ne pourront les exiger en nature, mais elles leur seront remboursées aux prix fixés par l'article précédent.

9. Le remplacement en argent, accordé aux officiers qui ne prendront point de fourrages, n'aura lieu que pour le sous-lieutenant, jusqu'au capitaine inclusivement.

---

7 MAI 1793. — Décret portant création de douze cents millions d'assignats. (L. 14, 285 ; B. 30, 52 ; Mon. du 10 mai 1793.)

La Convention nationale, après avoir entendu le rapport de son comité des finances sur les états de situation des diverses caisses de la Trésorerie nationale, à la date du 27 avril dernier, fournis par les commissaires de ladite Trésorerie ; considérant qu'une nouvelle émission d'assignats devient nécessaire pour assurer le succès de la guerre sacrée de la liberté contre les tyrans coalisés de l'Europe ;

Considérant que les rentes perpétuelles et les rentes viagères s'éteignent journellement, et forment une charge ordinaire de l'Etat ;

Considérant que la dette exigible liquidée se trouve réduite, par les remboursemens effectués, à la somme de six cents millions, et les assignats actuellement en circulation, à celle de trois milliards cent millions ;

Considérant que nos ressources consistent : 1° en neuf cents millions d'arriéré des contributions ; 2° en cinq cents millions de créances illiquidées, sommes à recouvrer sur les sels et les tabacs, celles avancées pour les grains et ibdifférens prêts aux communes ; enfin l'arriéré des fermes, des domaines et régies ; 3° en deux milliards de ce qui reste dû sur les biens nationaux vendus ; 4° en douze cents millions de bois et forêts ; 5° en trois cents millions des biens de la liste civile ; 6° en cent millions de bénéfices sur les domaines engagés ; 7° en cinquante millions de droits féodaux dont les titres primitifs existent ; 8° en cinquante millions de salines et salins ; 9° en trois milliards des biens nationaux provenant des émigrés, toutes dettes défalquées. — Total, sept milliards sept cents millions.

Considérant que cette somme excède de quatre milliards celle de nos dettes, ce qui, après une nouvelle émission de douze cents

millions, présentera encore un excédant absolument libre de deux milliards huit cents millions ; décrète ce qui suit :

Art. 1er. Il sera créé douze cents millions en assignats, destinés à fournir, tant aux besoins ordinaires et extraordinaires de la Trésorerie nationale, qu'au paiement des dépenses de la guerre.

2. La présente création sera composée de cent cinquante millions en assignats de quatre cents livres, dont la fabrication a été ordonnée par décret du 21 novembre 1792 ; trois cents millions en assignats de cinquante livres, dont la fabrication a été ordonnée par décret du 24 octobre 1792 ; huit millions quatre cent mille livres en assignats de cinquante sous, dont la fabrication a été ordonnée par décret du 23 décembre 1792 ; quatorze millions sept cent mille livres en assignats de vingt-cinq sous, dont la fabrication a été ordonnée par décret du 23 décembre 1792 ; sept cent vingt-six millions neuf cent mille livres en assignats, dont la fabrication sera décrétée incessamment. — Total, douze cents millions.

3. La comptabilité des assignats de la présente création sera soumise aux mêmes formalités que celles décrétées pour les précédentes.

4. Le comité d'aliénation présentera incessamment un projet de loi pour déterminer le mode et la forme de vente des biens nationaux invendus.

---

7 = 9 MAI 1793. — Décret qui fixe l'indemnité des militaires dont les équipages de guerre auront été pris par l'ennemi. (L. 14, 288 ; B. 30, 48.)

Art. 1er. Tous militaires employés dans les armées de la République française, dont les équipages de guerre auront été pris par les ennemis, recevront une indemnité.

2. L'indemnité à accorder sera fixée comme il sera expliqué ci-après.

3. L'état des pertes que les officiers, sous-officiers et soldats auront éprouvées, sera constaté par les conseils d'administration des bataillons ou régimens auxquels seront attachés ceux qui réclameront des indemnités. Ces états devront être certifiés par les commissaires des guerres, et visés par un officier de l'état-major de l'armée.

4. Ces états, ainsi constatés, seront envoyés au ministre de la guerre, qui pourra seul ordonnancer les sommes que les payeurs-généraux des armées seront tenus d'acquitter.

5. Ces états, ainsi ordonnancés et acquittés, seront reçus à décharge par la Trésorerie nationale, dans les comptes des payeurs des armées.

6. Dans aucun cas, l'indemnité à accorder aux officiers des troupes de la République,

quand leur équipage de guerre leur aura été pris par l'ennemi, ne pourra excéder la somme qui est accordée à chacun d'eux, selon leur grade, par le décret du 5 mai 1792, pour leur gratification de campagne.

7. Le ministre de la guerre fixera à chacun des officiers des armées de la République à qui l'ennemi aura pris partie ou tous ses équipages de guerre, la somme qu'il devra recevoir à titre d'indemnité, cette somme devant être dans une juste proportion de la perte faite avec la somme de gratification de campagne. L'officier devra faire constater l'état de ses pertes, comme il est dit dans les articles précédens.

8. Les sous-officiers et soldats recevront en nature le remplacement des effets de petit équipement qui leur auront été pris, et, dans le cas où les magasins de la République ne pourraient pas les leur fournir sur-le-champ, le ministre leur en fera payer le prix d'après les traités que l'administration des équipemens aura faits avec les divers fournisseurs.

7 = 9 MAI 1793. — Décret qui autorise le général de l'armée des Alpes à conserver les trois cents hommes qu'il a organisés en compagnies de guides. (B. 30, 51.)

7 MAI 1793. — Décret portant que les séances seront toujours ouvertes par la lecture du procès-verbal de la veille. (B. 30, 51.)

7 MAI 1793. — Décret qui refuse d'entendre les citoyens Lidon et Chambon sur une dénonciation de Marat, par le motif que les calomnies de Marat ne peuvent atteindre personne. (B. 30, 54.)

7 MAI 1793. — Décret relatif au tribunal criminel extraordinaire. (L. 14, 278; B. 30, 49.)

7 = 9 MAI 1793. — Décret qui ordonne que le coffre déposé dans une des pierres fondamentales de la colonne de la Liberté, qui doit être élevée sur les ruines de la Bastille, en sera retiré, et que les monumens qu'il contient seront brisés. (B. 30, 51.)

7 MAI 1793. — Décret portant que les gendarmes de service près la Convention auront à l'armée le même traitement. (B. 30, 45.)

7 = 9 MAI 1793. — Décret qui réunit à la 21e division de gendarmerie les gendarmes préposés au service des approvisionnemens des camps et armées. (B. 30, 50.)

7 MAI 1793. — Comités des vivres; Général Westermann. Voy. 4 MAI 1793.

8 = 12 MAI 1793. — Décret portant réunion du pays de Liége à la France. (L. 14, 291; B. 30, 72; Mon. du 10 mai 1793.)

La Convention nationale, après avoir entendu la lecture d'une adresse des citoyens de Liége réfugiés à Paris, qui demandent, au nom de leurs concitoyens, la réunion du pays de Liége à la France, et sur la proposition d'un membre, décrète qu'elle accepte la réunion du pays de Liége à la République française; renvoie l'adresse et les procès-verbaux déposés sur le bureau par les Liégeois, au comité de salut public et des finances, pour faire un prompt rapport, et ordonne que l'adresse des Liégeois sera imprimée, envoyée aux départemens et insérée au Bulletin.

8 MAI 1793. — Décret qui autorise le passage dans les environs de Paris des troupes destinées à renforcer l'armée de réserve. (B. 30, 72.)

8 MAI 1793. — Décret pour l'envoi dans les sections de Paris des commissaires de la Convention, à l'effet de prendre des mesures pour m mettre en marche une force armée contre les révoltés de la Vendée. (B. 30, 73.)

8 MAI 1793. — Bourses dans les colléges; Congrégations et confréries diverses. Voy. 5 MAI 1793. — Département de la Charente. Voy. 6 MAI 1793. — Ecole militaire. Voy. 28 AVRIL 1793. — Enfans trouvés. Voy. 5 MAI 1793. — Local compris entre le Carrousel, la rue Saint-Nicaise, etc. Voy. 5 MAI 1793. — Officiers d'infanterie. Voy. 6 MAI 1793. — Professeurs. Voy. 5 MAI 1793.

9 = 11 MAI 1793. — Décret qui déclare que sous la dénomination de navires ennemis sont compris les navires connus sous le nom de smogleurs ou fraudeurs. (L. 14, 299; B. 30, 79.)

La Convention nationale, après avoir entendu le rapport de son comité de marine, déclare que sous la dénomination générale de navires ennemis sont compris les navires particulièrement connus sous le nom de smogleurs ou fraudeurs, et, en conséquence, décrète que la libre navigation et l'admission dans les ports de la République de ces smogleurs ou fraudeurs, est prohibée à dater du jour de la déclaration de guerre.

9 = 11 MAI 1793. — Décret qui surseoit à l'exécution de tous jugemens rendus ou à rendre par les tribunaux de commerce ou de district, à raison des prises de navires sur les villes anséatiques. (L. 14, 300; B. 30, 78 Mon. du 11 mai 1793.)

Voy. loi du 9 = 11 JUIN 1793.

La Convention nationale, après avoir entendu le rapport de son comité de marine décrète qu'il sera sursis à l'exécution de tous jugemens rendus ou à rendre par les tribunaux de commerce ou de district des villes maritimes de la République, à raison des diverses prises de navires qui ont pu être faites jusqu'à ce jour sur les villes anséatiques.

Il sera néanmoins procédé à la vente des effets ou marchandises chargés sur lesdits navires, qui seraient sujets à dépérissement, dans les formes prescrites; mais le prix en provenant sera et demeurera séquestré dans le greffe des tribunaux, jusqu'à ce qu'il en ait été autrement ordonné.

9 = 11 MAI 1793. — Décret relatif au séquestre des biens possédés sur le territoire français par les princes ou puissances avec lesquels la France est en guerre. (L. 14, 302; B. 30, 77.)

Art. 1er. Dans les départemens où il existe des biens possédés par les princes ou puissances avec lesquelles la République est en guerre, ces biens seront séquestrés, si ce n'est fait, par les corps administratifs de ces départemens, dans la forme prescrite pour le séquestre des biens des émigrés, et ce, immédiatement après la réception du présent décret.

2. Aussitôt après le séquestre, il en sera donné avis aux administrateurs de la régie des domaines nationaux, qui les feront régir par des préposés, en prenant sous leur responsabilité tous les moyens pour assurer la sûreté de cette administration.

3. Les sommes provenant des revenus de ces biens seront versées dans les caisses des receveurs des districts respectifs, et par ceux-ci à la Trésorerie nationale. Ces différens comptables tiendront de ces revenus une comptabilité particulière et distincte des autres revenus nationaux, en observant un ordre de subdivision de ce qui proviendra de chaque différent possesseur et de chacun des différens objets de revenu.

4. L'administrateur des domaines nationaux exercera sur les séquestres et la régie des biens mentionnés en la présente loi, la surveillance qui lui est attribuée sur les biens des émigrés par le décret du 12 mars dernier, et conformément audit décret.

9 = 12 MAI 1793. — Décret relatif aux navires neutres chargés de comestibles ou de marchandises pour les puissances ennemies. (L. 14, 304; B. 30, 81.)

Voy. lois du 23 MAI = 4 JUIN 1793; du 1er = 2 JUILLET 1793, et du 27 = 31 JUILLET 1793.

La Convention nationale, après avoir entendu le rapport de son comité de marine;

Considérant que le pavillon des puissances neutres n'est pas respecté par les ennemis de la France;

Que deux cargaisons de farines arrivées à Falmouth sur des navires anglo-américains, et achetées, avant la guerre, pour le service de la marine française, ont été retenues en Angleterre par le Gouvernement, qui n'a voulu en payer la valeur qu'à un prix au-dessous de celui auquel ces farines avaient été vendues;

Qu'un navire de Papemburg, nommé *la Theresia*, commandé par le capitaine Hendrick Kob, chargé de divers effets appartenant à des Français, a été conduit à Douvres, le 2 mars dernier, par un cutter anglais;

Qu'un corsaire de la même nation a amené au même port de Douvres, le 18 du même mois, le navire danois *le Mercure Christianland*, capitaine Freucher, expédié de Dunkerque le 17, avec un chargement de blé pour Bordeaux;

Que le navire *le John*, capitaine Shkleley, chargé d'environ six mille quintaux de blé d'Amérique, allant de Falmouth à Saint-Malo, a été arrêté par une frégate anglaise, et conduit à Guernesey, où les agens du Gouvernement ont simplement promis de faire payer la valeur de la cargaison, parce qu'elle n'était pas pour compte français;

Que cent un passagers français, de différentes professions, embarqués à Cadix, par ordre du ministre espagnol, sur le navire gênois *la Providence*, capitaine Ambroise Briaser, pour être amenés à Bayonne, ont été indignement pillés par l'équipage d'un corsaire anglais;

Que les divers rapports qui sont faits successivement par les villes maritimes de la République annoncent que ces mêmes actes d'inhumanité et d'injustice se multiplient et se répètent impunément chaque jour sur toute l'étendue des mers;

Que, dans une pareille circonstance, tous les droits des gens étant violés, il n'est plus permis au peuple français de remplir vis-à-vis toutes les puissances neutres en général le vœu qu'il a si souvent manifesté, et qu'il formera constamment, pour la pleine et entière liberté du commerce et de la navigation, décrète ce qui suit :

Art. 1er. Les bâtimens de guerre et corsaires français peuvent arrêter et amener dans les ports de la République les navires neutres qui se trouveront chargés, en tout ou en partie, soit de comestibles appartenant à des neutres et destinés pour des ports ennemis, soit de marchandises appartenant aux ennemis.

2. Les marchandises appartenant aux ennemis seront déclarées de bonne prise, et confisquées au profit des preneurs; les comestibles appartenant à des neutres et chargés pour des ports ennemis seront payés sur

le pied de leur valeur dans le lieu pour lequel ils étaient destinés.

3. Dans tous les cas, les navires neutres seront relâchés du moment où le déchargement des comestibles arrêtés ou des marchandises saisies aura été effectué. Le fret en sera payé au taux qui aura été stipulé par les chargeurs. Une juste indemnité sera accordée, à raison de leur détention, par les tribunaux qui doivent connaitre de la validité des prises.

4. Ces tribunaux seront tenus, en outre, de faire parvenir, trois jours après leur jugement, un double de l'inventaire desdits comestibles ou marchandises au ministre de la marine, et un autre double au ministre des affaires étrangères.

5. Le présent décret, applicable à toutes les prises qui ont été faites depuis la déclaration de guerre, cessera d'avoir son effet dès que les puissances ennemies auront déclaré libres et non saisissables, quoique destinés pour les ports de la République, les comestibles qui seront propriétés neutres, et les marchandises chargées sur des navires neutres, qui appartiendront au Gouvernement ou aux citoyens français.

9 = 11 MAI 1793. — Décret relatif aux lettres chargées ou non chargées dans les bureaux de poste, à l'adresse des personnes portées dans la liste des émigrés. (L. 14, 307 ; B. 30, 80.)

La Convention nationale, sur la proposition d'un membre, décrète :

Art. 1er. Dans tous les lieux où il existe des bureaux de poste, deux officiers municipaux ou deux membres du conseil général de la commune, nommés à cet effet par le conseil, se transporteront chez le directeur, et vérifieront s'il n'existe point de lettres chargées ou non chargées à l'adresse des personnes portées sur la liste des émigrés.

2. Ces commissaires dresseront procès-verbal du nombre de ces lettres et des noms des personnes émigrées auxquelles elles seront adressées; ils en donneront décharge au directeur, au bas d'un double du procès-verbal qu'ils lui délivreront sur-le-champ.

3. Il sera de suite procédé, en l'hôtel commun, à l'ouverture de toutes les lettres et paquets, en présence du conseil général de la commune; il en sera dressé procès-verbal, ainsi que de ce qu'ils pourraient contenir de relatif au salut de la République, et des objets de valeur réelle qu'ils pourraient renfermer.

4. Les objets de valeur réelle en assignats seront aussitôt versés entre les mains du receveur de la régie des domaines de la République le plus voisin du bureau, lequel sera tenu d'en donner sa reconnaissance au bas du procès-verbal.

5. Les effets à l'ordre et tous autres actes

et titres de propriétés mobilières ou immobilières seront déposés aux archives du district, avec expédition double de tous les procès-verbaux et reçus; l'un des doubles demeurera aux archives du district, et l'autre sera envoyé par l'administration du district à celle du département.

6. Les effets à ordre et autres actes portant sommes au profit de personnes émigrées seront acquittés à la diligence des procureurs-syndics de district, et le montant en provenant versé entre les mains du receveur de la régie; le tout conformément aux lois ci-devant rendues, et relatives à la régie des biens et revenus des émigrés.

———

9 MAI 1793. — Décret qui approuve les mesures prises par chaque section de Paris pour effectuer son recrutement particulier. (B. 30, 76.)

———

9 MAI 1793. — Décret qui ordonne l'exécution des lois et réglemens relatifs à la conservation de la santé dans les ports de la Méditerranée. (B. 30, 75.)

———

9 MAI 1793. — Décret d'ordre du jour délibéré sur la réclamation faite par les ci-devant sous-officiers et gardes de la Prévôté-de-l'Hôtel, de la propriété des maisons qu'ils occupaient à Versailles et à Fontainebleau. (B. 30, 75.)

———

9 MAI 1793. — Décret qui alloue un million pour les dépenses que nécessite la marche forcée des troupes. (B. 30, 76.)

———

9 = 10 MAI 1793. — Décret qui déclare que les citoyens du département de la Haute-Vienne ont bien mérité de la patrie. (B. 30, 77.)

———

9 = 11 MAI 1793. — Décret qui accorde six mille sept cent trente livres à l'établissement de charité appelé l'Œuvre-du-Bouillon-des-Pauvres de la ville du Puy. (B. 30, 77.)

———

9 = 11 MAI 1793. — Décret concernant les officiers et sous-officiers qui, par la loi du 8 mars dernier, ont été obligés de rejoindre leurs corps dans la huitaine. (B. 30, 80.)

———

9 MAI 1793. — Décret relatif à l'organisation du contingent fourni pour aller au secours des départemens de l'Ouest. (L. 14, 292.)

———

9 = 29 MAI 1793. — Décret qui autorise le paiement des traites tirées par l'ordonnateur de Saint-Domingue, montant à la somme de trois millions six cent trente-six mille cent quarante-neuf livres trois sous huit deniers. (B. 30, 83.)

———

9 MAI 1793. — Décret qui renvoie au tribunal révolutionnaire la demande d'un citoyen à l'effet d'obtenir un sursis pour son père, traduit audit tribunal. (B. 30, 84.)

9 MAI 1793. — Décret relatif à une consigne qui défend d'entrer au jardin des Tuileries avec canne ou bâton. (B. 30, 85.)

9 = 11 MAI 1793. — Décret qui applique aux légions belges et liégeoises, et aux troupes à cheval belges, le décret du 21 février sur l'organisation de l'armée. (B. 30, 78.)

9 = 11 MAI 1793. — Décret qui alloue quatre cent mille livres pour acquitter les dépenses de l'administration et de la régie des assignats. (B. 30, 79.)

9 = 11 MAI 1793. — Décret qui adjoint le citoyen Maulde aux commissaires envoyés dans le département de la Charente. (B. 30, 83.)

9 MAI 1793. — Assignats; Fourrages; Militaires; Tribunal extraordinaire. *Voy.* 7 MAI 1793. — Volontaires contre les révoltés. *Voy.* 6 MAI 1793.

10 MAI 1793. — Décret qui déclare nuls tous les baux passés par anticipation par les membres ou agens des ci-devant ordres de chevalerie, corporations séculières et régulières, collèges et universités, postérieurement au 2 novembre 1789. (L. 14, 309; B. 30, 86.)

Voy. loi du 4 GERMINAL an 2.

La Convention nationale décrète que tous les baux passés par anticipation, par les membres ou agens de l'ordre de Malte, des autres ci-devant ordres de chevalerie, corporations séculières et régulières, collèges et universités, postérieurement à la date du 2 novembre 1789, sont nuls et de nul effet, et qu'ils ne pourront servir de base à l'estimation des biens qui en sont l'objet. Déclare également nulles et comme non avenues les ventes desdits biens qui auraient pu être faites d'après le prix desdits baux anticipés, et ordonne qu'il y sera procédé de nouveau conformément aux décrets existans pour les biens non affermés, et à ceux pour la vente en détail des biens nationaux susceptibles de division.

10 MAI 1793. — Décret relatif aux passeports des agens du conseil exécutif et du comité de salut public. (L. 14, 310; B. 30, 85.)

La Convention nationale autorise son comité de salut public à viser les passeports qui seront donnés par le conseil exécutif aux différens agens qu'il emploiera, même à en délivrer aux citoyens qu'il jugera nécessaire d'employer, tant dans l'intérieur que dans l'extérieur de la République. Ces *visa* ou passeports seront signés au moins par les deux tiers des membres du comité, et ne seront assujétis à aucune formalité.

La Convention nationale déclare responsables les corps administratifs et municipaux du retard et de tous autres empêchemens que pourraient éprouver les citoyens munis de ces passeports.

10 = 11 MAI 1793. — Décret relatif aux chefs et instigateurs des révoltés. (L. 14, 312; B. 30, 87.)

La Convention nationale décrète que les chefs et instigateurs des révoltés seront seuls sujets à la peine portée par le décret du 19 mars dernier contre les rebelles.

10 = 12 MAI 1793. — Décret qui accorde six sous par lieue aux officiers - mariniers, timoniers, ouvriers, matelots, novices et mousses. (L. 14, 313; B. 30, 89.)

La Convention nationale décrète qu'à l'avenir la conduite des officiers-mariniers, timoniers, ouvriers, matelots, novices et mousses, sera, comme celle des soldats, de six sous par lieue de poste, en été comme en hiver, conformément au décret du 2 mai courant.

10 = 11 MAI 1793. — Décret qui met en liberté le citoyen Fontenay. (B. 30, 87.)

10 MAI 1793. — Décret qui charge le comité d'instruction publique de s'informer du nom du brave soldat qui a eu un bras emporté dans le combat du 7. (B. 30, 90.)

10 = 11 MAI 1793. — Décret qui nomme le citoyen Cussuin pour remplacer le citoyen Lequinio près les armées du Nord, et le citoyen Cavagnac pour remplacer le citoyen Alquier près l'armée des côtes de Brest. (B. 30, 88.)

10 = 12 MAI 1793. — Décret qui annule un échange fait entre l'ancien gouvernement et le citoyen Bernai Favancourt. (B. 30, 89.)

10 MAI 1793. — Décret qui défend d'exécuter les jugemens criminels sur la place de la Réunion. (B. 30, 85.)

10 MAI 1793. — Décret qui autorise l'avance de six cent mille livres au citoyen Clevel, qui offre de fournir à l'armée de la Moselle la viande à raison de vingt sous la livre. (B. 30, 87.)

10 MAI 1793. — Décret qui permet à l'ex-ministre Roland de sortir de Paris, en faisant connaître le lieu de sa résidence. (B. 30, 90.)

10 = 12 MAI 1793. —Décret qui conserve leur logement, à la caserne, aux femmes et enfans des militaires qui partent pour l'armée de la Vendée. (B. 30, 89.)

10 = 12 MAI 1793. — Décret qui autorise les commissaires de la comptabilité à continuer la vente des papiers et parchemins inutiles trouvés dans les anciens dépôts publics. (B. 30, 88.)

10 MAI 1793. — Décret qui adjoint des commissaires à ceux qui sont près de l'armée des côtes de La Rochelle. (B. 30, 86.)

10 MAI 1793. — Haute-Vienne. *Voy.* 9 MAI 1793.

11 = 13 MAI 1793. — Décret qui augmente le nombre des compagnies de canonniers à cheval, et relatif aux deux compagnies qui ont fait la campagne dans l'armée de la Belgique. (L. 14, 321 ; B. 30, 97.)

La Convention nationale décrète, sur la proposition du ministre de la guerre, convertie en motion par un de ses membres, que le nombre des compagnies de canonniers à cheval, fixé à vingt par décret, sera porté à vingt-deux, et que deux compagnies de canonniers à cheval qui se sont volontairement formées au mois de septembre dernier, et ont fait la campagne dans l'armée de la Belgique, conserveront leur activité de service, et toucheront la même paie que les autres compagnies de canonniers à cheval.

11 = 13 MAI 1793. — Décret qui réunit en une seule les paroisses de la ville de Bayeux. (B. 30, 95.)

11 = 13 MAI 1793. — Décret qui autorise l'administration de l'habillement à recevoir seize cents paires de souliers que les municipalités du district de Neufchâtel ont fait faire. (B. 30, 96.)

11 = 12 MAI 1793. — Décret qui proroge pour un mois le comité de salut public. (B. 30, 96.)

11 MAI 1793. — Décret qui ordonne d'élever un obélisque en l'honneur de ceux qui ont péri dans la ville de Thouars. (B. 30, 92.)

11 = 13 MAI 1793. — Décret qui ordonne d'organiser huit bataillons sur les vingt-un mille hommes rassemblés à Grenoble. (B. 30, 93.)

11 MAI 1793. — Décret qui conserve aux gendarmes qui marchent contre les rebelles la solde dont ils jouissent. (B. 30, 92.)

11 MAI 1793. — Décret relatif à l'organisation des bataillons destinés à la défense des côtes maritimes de l'Ouest. (L. 14, 316.)

11 MAI 1793. — Décret relatif à la formation des huit bataillons du département de l'Isère, à la prise de la ville de Thouars, et qui décerne les honneurs du Panthéon au général Dampierre. (L. 14, 314 ; B. 30, 93.)

11 MAI 1793. — Décret qui ordonne qu'il sera sursis à la reconstruction d'une maison située à l'encoignure de la rue de l'Echelle. (B 30, 91.)

11 MAI 1793. — Décret qui ordonne de mettre en liberté les militaires détenus pour fait de discipline seulement. (L. 14, 320.)

11 MAI 1793. — Décret qui accorde une prorogation de congé au citoyen Vilet. (B. 30, 98.)

11 = 13 MAI 1793. — Décret qui accorde vingt mille livres au citoyen Schoel. (B. 30, 96.)

11 = 13 MAI 1793. — Décret qui ordonne de transporter au cabinet d'histoire naturelle tous les objets composant le cabinet de Chantilly. (B. 30, 97.)

11 MAI 1793. — Décret pour faire un rapport sur l'arrestation des généraux Leveneur et Chazot. (B. 30, 98.)

11 MAI 1793. — Décret pour faire un rapport sur le receveur du district de Nogent-le-Rotrou. (B. 30, 98.)

11 MAI 1793. — Décret qui ordonne de communiquer au comité de la guerre les pièces relatives aux généraux mis en état d'arrestation. (B. 30, 97.)

11 MAI 1793. — Navires smogleurs ou fraudeurs; Navires des villes anséatiques; Princes en guerre avec la France. *Voy.* 9 MAI 1793. — Révoltés. *Voy.* 10 MAI 1793.

12 = 16 MAI 1793. — Décret relatif à l'organisation des tribunaux criminels militaires. (L. 14, 323 ; B. 30, 103.)

Voy. lois du 22 SEPTEMBRE = 29 OCTOBRE 1790 ; du 30 SEPTEMBRE = 19 OCTOBRE 1791; du 12 = 16 MAI 1792 ; du 16 AOUT 1793, et du 3 PLUVIOSE an 2.

TITRE Ier. Organisation des tribunaux criminels militaires, pour les troupes de la République, en temps de guerre.

Art. 1er. Il sera établi sans délai des tribunaux militaires pour toutes les troupes de la République.

2. Il y aura deux tribunaux pour chacune des armées de la République.

3. Chaque tribunal sera composé d'un accusateur militaire, d'un jury de jugement, de trois juges qui appliqueront la loi, et d'un greffier qui sera toujours au choix du premier juge.

4. Il y aura, par deux brigades militaires, un juge-de-paix militaire, qui fera les fonctions d'officier de police de sûreté dans les deux brigades, pour les délits prévus dans le Code pénal.

5. Dans le cas où plusieurs armées se trouveraient réunies sous un même commandement, chaque armée conservera les tribunaux militaires qui lui sont attribués.

6. Les trois juges seront pris parmi les juges-de-paix militaires les plus à portée et à tour de rôle, pourvu qu'ils n'aient pris aucune part à l'instruction. Dans tous les cas, ce sera le plus ancien d'âge qui présidera.

7. Les juges seront renouvelés, autant que faire se pourra, à chaque vacation, c'est-à-dire après que les prévenus pour lesquels ils auront été convoqués seront définitivement jugés.

8. L'accusateur militaire et les juges-de-paix seront choisis par le conseil exécutif, et ratifiés par le comité de salut public; ils ne pourront être pris parmi les militaires, ni parmi les individus employés dans les armées.

TITRE II. Fonctions des officiers de police de sûreté.

Art. 1er. Le juge civil faisant les fonctions d'officier de police de sûreté recevra les dénonciations qui lui seront faites: il aura soin d'exiger du dénonciateur la déclaration circonstanciée des faits, la remise des pièces servant à conviction, et l'indication des témoins qui peuvent servir à la preuve: la dénonciation sera signée par le dénonciateur, s'il sait signer, et, s'il ne le sait pas, par deux témoins, en présence desquels elle devra être faite en pareil cas.

2. L'officier de police de sûreté, après avoir entendu le prévenu, rendra plainte, s'il y a lieu, à l'accusateur militaire, dans les vingt-quatre heures, des délits prétendus commis dans l'étendue de son arrondissement, et qui seront parvenus à sa connaissance par voie de dénonciation, par la clameur publique ou par toute autre voie légale; il constatera, sans délai, par procès-verbal, le corps et les circonstances du délit, s'il a laissé des traces permanentes.

3. L'officier de police de sûreté qui aura connaissance d'un délit commis hors de son arrondissement sera tenu d'avertir, sans aucun délai, celui de ses collègues dans l'arrondissement duquel ce délit passera pour avoir

été commis, et de lui envoyer tous les renseignemens qu'il aura pu se procurer, notamment de la dénonciation, s'il en a reçu une.

4. Dans le cas où les généraux, officiers, sous-officiers, ou toute personne attachée à l'armée ou à sa suite, négligerait de maintenir la discipline dans leurs subordonnés, ou de dénoncer un délit commis par eux dont ils auraient connaissance, l'officier de police de sûreté sera tenu de les poursuivre comme complices dudit délit.

5. Quand le juge civil faisant les fonctions d'officier de police de sûreté jugera qu'il y a lieu à accusation contre un prévenu, il appellera auprès de lui l'officier qui se trouvera commander en second le corps d'où sera le prévenu, ainsi que le plus ancien d'âge de son grade; et, s'il arrive que le prévenu soit séparé de son corps, l'officier de police prendra toujours dans la troupe présente le lieu où se feront les poursuites l'officier commandant et un du grade du prévenu.

6. Dans ce cas, l'officier de police de sûreté leur communiquera les pièces, s'il y en a, ainsi que son procès-verbal, dans lequel seront les déclarations des témoins, et il sera mis à la majorité, au bas du procès-verbal, l'acte d'accusation, s'il y a lieu, et toute la procédure consistera dans le procès-verbal.

7. L'officier de police de sûreté veillera à ce que tout militaire quelconque, ou toute autre personne au service de l'armée ou à sa suite, prévenu d'un délit, soit mis provisoirement en état d'arrestation.

8. Dans le cas où l'arrestation n'aurait pas encore eu lieu au moment de la plainte, il requerra qui de droit, en sa qualité d'officier de police de sûreté, pour qu'elle soit faite à l'instant.

9. S'il y a lieu à accusation, l'officier de police de sûreté décernera un mandat d'arrêt.

10. L'acte d'accusation, dressé au pied du procès-verbal, sera de suite envoyé à l'accusateur militaire.

11. Toute poursuite dont l'attribution est donnée à l'officier de police de sûreté contre un prévenu sera faite de suite, et terminée au plus tard dans les vingt-quatre heures.

12. Dans le cas où il ne se trouverait pas d'officier de police de sûreté sur les lieux, et qu'il serait à plus de trois lieues de distance, le commandant de la troupe le suppléera dans toutes ses fonctions, et s'assurera toujours du prévenu.

13. L'officier de police de sûreté se fera remettre par le commissaire des guerres attaché aux deux brigades dont la police lui est confiée, un tableau du jury de jugement, en sept colonnes, comme il sera dit ci-après.

TITRE III. Fonctions de l'accusateur militaire.

Art. 1er. L'accusateur militaire est chargé de poursuivre les délits sur les actes d'accusation dressés comme il est dit article 10, du titre II, *des fonctions des officiers de police de sûreté*; et, s'ils se trouvent défectueux, il pourra les refaire en son nom.

2. L'accusateur militaire surveillera et même poursuivra extraordinairement, s'il y a lieu, par-devant le tribunal militaire, tout juge militaire faisant les fonctions d'officier de police de sûreté qui négligerait ou retarderait la poursuite d'un délit, ou qui prévariquerait dans ses fonctions.

3. L'accusateur militaire dénoncera et poursuivra par-devant le tribunal militaire, tous les généraux d'armée qui se trouveront dans les cas prévus dans le Code pénal.

4. La voie de dénonciation contre les généraux est également ouverte à tous les officiers et soldats, volontaires et autres citoyens attachés aux armées.

5. Toute dénonciation quelconque pourra se faire, soit au conseil de discipline, soit par-devant l'officier de police, soit enfin par-devant l'accusateur militaire.

6. Le dénonciateur signera sa dénonciation; s'il ne sait ou ne peut signer, il en sera fait mention. Le dénonciateur pourra, s'il le veut, se faire accompagner de deux témoins, pour constater, s'il en était besoin, le refus qu'on ferait de recevoir sa dénonciation, et il se fera donner extrait de sa dénonciation.

7. Toute dénonciation faite et dont les cas auront été prévus par le Code pénal sera de suite envoyée à l'officier de police de sûreté de la brigade du prévenu, qui fera sans aucun délai les poursuites nécessaires.

8. Si la dénonciation est dirigée contre le général d'armée ou le chef d'une division, l'officier de police de sûreté, à son défaut l'accusateur militaire, décernera contre le prévenu un mandat d'arrêt.

9. Dans le cas prévu par l'article précédent, l'information se fera dans les formes indiquées, et l'accusateur militaire convoquera, dans ce cas-là, six juges qui devront composer le tribunal criminel.

10. La dénonciation sera présentée au tribunal. L'accusateur militaire et les témoins y seront entendus; et, si le tribunal juge à la majorité qu'il y a lieu à poursuivre, le président en dressera l'acte et le fera passer au Corps-Législatif, à la diligence de l'accusateur militaire.

11. Le Corps-Législatif décidera s'il y a lieu à donner suite à l'accusation, et renverra l'affaire par-devant le tribunal qu'il jugera devoir en connaître.

12. Si l'accusateur militaire prévariquait dans ses fonctions, ou s'il se rendait coupable par défaut de surveillance, tout officier, soldat, volontaire ou autres citoyens attachés aux armées, pourront le dénoncer dans les formes prescrites par les articles 5 et 6 du titre II.

13. Toute dénonciation faite contre l'accusateur militaire sera portée à un officier de police. Il informera dans les formes indiquées, et, s'il y a lieu, il convoquera six juges, qui, dans ce cas aussi devront composer le tribunal militaire.

14. Les informations faites sur le tout, la dénonciation sera portée au tribunal, et ce sera alors l'officier qui aura fait les premières poursuites, qui remplira pour ce fait seul les fonctions d'accusateur militaire.

15. Si le tribunal juge à la majorité qu'il y a lieu à poursuivre, le président en dressera l'acte et le fera passer au Corps-Législatif, qui décidera si l'affaire doit être suivie, et la renverra au tribunal qui devra en connaître.

TITRE IV. Composition du jury de jugement.

Art. 1er. Chaque commissaire des guerres sera tenu d'avoir toujours chez lui, et de remettre à l'officier de police de sûreté, un tableau divisé en sept colonnes, ainsi qu'il suit, savoir:

La première contiendra les officiers-généraux et supérieurs de toute arme confiés à sa police; la deuxième, les capitaines; la troisième, les lieutenans; la quatrième, les sous-lieutenans et adjudans; la cinquième, les sergens et maréchaux-des-logis; la sixième, les caporaux et brigadiers; la septième, les simples soldats. Les officiers et sous-officiers sans troupes, tels que ceux de l'artillerie et du génie, seront placés à leur rang dans les colonnes de leur grade.

2. Dans le cas où le prévenu ne serait pas militaire, mais attaché à l'armée ou à sa suite, on ne prendra point de jurés dans la colonne des officiers supérieurs; les trois jurés manquans seront de la profession ou état du prévenu.

3. Le commissaire des guerres sera tenu de remettre, pour cet effet, à l'officier de police de sûreté, le tableau de tous les employés à l'armée ou à sa suite qui se trouveront dans la division confiée à sa surveillance.

4. Il y aura dix-huit jurés de jugement, qui seront pris ainsi qu'il suit, savoir:

Deux par chaque colonne, et les quatre autres dans la colonne du grade du prévenu, le tout à tour de rôle. Dans le cas où il ne se trouverait pas sur les lieux une suffisante quantité d'officiers compris dans une des colonnes, on les remplacerait par le grade immédiatement inférieur, indépendamment de ce qu'il doit fournir, et successivement il en sera de même pour tout autre grade. Dans tous les cas, celui qui remplacera d'une colonne à l'autre sera regardé comme étant du grade qu'il remplace; ainsi, le cas où il ne se trouverait que des sous-officiers et soldats n'arrêterait pas la composition du jury; on aurait seulement l'attention de maintenir la proportion établie en faveur du prévenu.

5. Dans aucun cas, le général en chef ou de division, et le commandant des corps d'où sera le prévenu, ne pourront être appelés comme jurés.

6. Sur ces dix-huit jurés de jugement, le prévenu pourra en exclure moitié par colonne, et, à défaut par lui d'en exclure, ce seront les neuf derniers jurés qui se retireront.

7. Le jury de jugement sera toujours pris dans les troupes, de quelque arme que ce soit, présentes sur les lieux où se feront les poursuites; et, dans le cas où il ne se trouverait pas de quoi compléter ce jury, soit en officiers de quelque grade que ce soit, soit en sous-officiers, caporaux, soldats, la gendarmerie et les invalides employés pourront être appelés comme tels, en suivant les formes indiquées dans l'article 4 du présent titre.

8. Néanmoins aucun militaire, de quelque grade qu'il soit, ne pourra être appelé comme juré s'il n'est âgé de vingt-cinq ans accomplis, s'il ne sait lire ni écrire, et s'il n'a pas un an de service effectif.

9. L'accusateur militaire seul convoquera les jurés par la voie de l'officier de police, lequel fera passer la convocation au commissaire des guerres de sa division, ou, à son défaut, au commandant militaire.

10. Aussitôt que l'officier de police aura reçu de l'accusateur militaire la convocation du jury, il sera tenu de choisir dans les colonnes ceux qui devront composer le jury, d'en envoyer la liste au commissaire des guerres le plus à portée, ou, à son défaut, au commandant militaire, qui les fera de suite avertir par écrit, suivant les formes militaires.

11. Aucun juré ne pourra se dispenser de se rendre à la convocation qui lui sera faite, à moins de maladie constatée, auquel cas le malade fera prévenir de suite l'officier de police.

12. Le jury sera renouvelé à chaque convocation.

13. Aucun juré ne pourra être ni parent ni allié du prévenu, jusqu'au degré prohibé.

Titre V. Procédure devant le tribunal militaire.

Art. 1er. Nul ne peut être poursuivi devant le tribunal militaire et jugé que sur une accusation faite dans les formes prescrites par l'art. 5 du titre II.

2. Lorsque l'accusateur militaire aura reçu les notes de l'interrogatoire, ainsi que les éclaircissemens qui auront été pris par l'officier de police de sûreté, en forme de procès-verbal, ainsi qu'il est dit dans l'article 5 du titre II, il sera tenu de les remettre au président du tribunal militaire.

3. Tout accusé pourra faire choix d'un ami pour lui servir de conseil dans ses défenses, sinon le président lui en désignera un; mais le conseil ne pourra jamais communiquer avec l'accusé que lorsqu'il aura été entendu.

4. Les témoins seront tenus de comparaître sur l'assignation qui leur sera donnée, sous peine d'amende et de contrainte par corps, lesquelles peines seront prononcées par le tribunal, à la réquisition de l'accusateur militaire.

5. Dans le cas où les témoins seraient obligés de se déplacer et demanderaient indemnité, ils seront taxés suivant un tarif qui sera dressé à cet effet par les juges du tribunal militaire, et exécuté provisoirement jusqu'à ce que le Corps-Législatif l'ait approuvé.

6. Les témoins assignés ou produits par l'accusé seront entendus dans le débat.

7. L'accusateur militaire sera tenu, aussitôt après l'interrogatoire, de faire ses diligences de manière que l'accusé soit jugé sans que l'instruction puisse être différée ou interrompue.

Titre VI. De l'examen et de la conviction.

Art. 1er. En présence des juges, de l'accusateur militaire, des jurés et des citoyens, qui ne pourront entrer que sans armes, sans cannes et bâtons, l'accusé comparaîtra à la barre, libre et sans fers; le président lui dira qu'il peut s'asseoir, lui demandera ses noms, âge et profession, et sa demeure, dont il sera tenu note par le greffier.

2. L'accusateur militaire avertira l'accusé d'être attentif à tout ce qu'il va entendre; il ordonnera au greffier de lire l'acte d'accusation; après quoi il dira à l'accusé : « Voilà de quoi on vous accuse; vous allez entendre les charges qui seront produites contre vous. »

3. L'accusateur militaire exposera le sujet de l'accusation; il fera entendre les témoins, ainsi que la partie plaignante, s'il y en a.

4. Chaque témoin sera tenu de déclarer s'il est parent, allié, serviteur et domestique du prévenu; s'il connaissait l'accusé avant le fait qui a donné lieu à l'accusation, et s'il entend parler de l'accusé présent.

5. À chaque déposition du témoin, le président demandera à l'accusé s'il veut répondre à ce qui vient d'être dit contre lui. L'accusé pourra, ainsi que ses conseils, dire, tant contre les témoins que contre leur témoignage, ce qu'il jugera utile à sa défense.

6. Le conseil sera tenu de s'exprimer avec décence et modération.

7. Tous les effets trouvés lors du délit ou depuis, pouvant servir à conviction, seront représentés à l'accusé, et il lui sera demandé

de répondre personnellement s'il les reconnaît.

8. A la suite des dépositions, l'accusateur militaire sera entendu ; la partie plaignante pourra demander à faire des observations à l'accusé, et ses conseils pourront leur répondre.

9. Le président résumera l'affaire, fera remarquer aux jurés les principales preuves pour et contre l'accusé ; il terminera en leur rappelant avec simplicité les fonctions qu'ils ont à remplir, et posant, de l'avis des juges, distinctement les questions sur lesquelles ils ont à décider.

10. Le président mettra par écrit les questions suivant leur ordre, et les donnera au chef du jury, qui sera toujours le plus ancien d'âge.

11. Le président ordonnera aux jurés de se retirer dans une chambre voisine. Ils y resteront sans pouvoir communiquer avec personne.

12. Lorsque les jurés se trouveront en état de pouvoir donner leur déclaration, ils feront avertir l'accusateur militaire, lequel passera dans la chambre du conseil, où le chef du jury se rendra pareillement, et un juré du grade du prévenu. Les jurés, successivement et en l'absence les uns des autres, feront chacun devant eux leur déclaration particulière de la manière qui va être expliquée.

13. Chaque juré prononcera sa déclaration dans la forme suivante : Sur mon honneur et ma conscience, l'accusé est convaincu de tel fait, ou l'accusé n'est pas convaincu de tel fait. Il pourra aussi ajouter : l'accusé est excusable, ou ne l'est pas.

Il faudra les deux tiers des voix pour fixer la déclaration.

14. Cela fait, les jurés rentreront dans l'auditoire, et, après avoir repris leur place, le président leur demandera si l'accusé est convaincu d'avoir, etc., etc.

15. Le chef du jury répondra : Sur mon honneur et ma conscience, la déclaration du jury est : Tel n'est pas convaincu, etc., ou bien tel est convaincu, etc.; tel est excusable, ou tel n'est pas excusable.

Si le jury déclare que l'accusé est excusable, le tribunal prononcera la peine de discipline résultant du procès porté devant lui.

16. La déclaration sera reçue par le greffier, signée de lui et de tous les juges.

17. Le jury ne pourra donner de déclaration sur un délit qui ne serait pas porté dans l'acte d'accusation, quelle que soit la déposition des témoins.

18. Si l'accusé est déclaré non convaincu du fait porté dans l'acte d'accusation, et qu'il ait été inculpé sur un autre crime par les dépositions des témoins, le président, sur la demande de l'accusateur militaire, ordonnera qu'il soit arrêté de nouveau ; il recevra les éclaircissemens que le prévenu donnera sur ce nouveau fait, et, s'il y a lieu, il délivrera un mandat d'arrêt, et renverra le prévenu, ainsi que les témoins, par-devant l'officier de police de sûreté de la division du prévenu, qui procédera de suite à une nouvelle instruction (1).

19. Le tribunal criminel militaire, une fois assemblé, ne pourra, dans aucun cas, se séparer que les prévenus pour lesquels il aura été convoqué ne soient définitivement jugés.

TITRE VII. Du jugement et de l'exécution.

Art. 1er. Lorsque l'accusé aura été déclaré non convaincu, le président prononcera qu'il est acquitté de l'accusation, et ordonnera qu'il soit mis sur-le-champ en liberté.

2. Tout particulier ainsi acquitté ne pourra plus être repris ni accusé pour raison du même fait.

3. Lorsque l'accusé aura été convaincu, le président, en présence des citoyens, le fera comparaître et lui donnera connaissance de la déclaration du jury.

4. L'accusateur militaire fera sa réquisition au tribunal, pour l'application de la loi.

5. Les juges prononceront ensuite, et sans désemparer, la peine établie par la loi, ou acquitteront le cas où le fait dont il est convaincu n'est pas défendu par elle ; il sera libre aux juges de se retirer dans une chambre pour y délibérer.

6. Les juges donneront leur avis à haute voix, en présence des citoyens, en commençant par le plus jeune et en finissant par le président.

7. Si les juges étaient partagés pour l'application de la loi, l'avis le plus favorable à l'accusé sera suivi.

8. Le président, après avoir recueilli les voix, et avant de prononcer le jugement, lira le texte de la loi sur laquelle il est fondé.

9. Le greffier écrira le jugement, dans lequel sera inséré le texte de la loi lue par le président.

10. Le président prononcera à l'accusé son jugement de condamnation.

---

(1) Lorsque l'accusé, acquitté du fait de l'accusation, se trouve, par suite des débats, inculpé sur un autre fait qui ne constitue pas un fait nouveau, qui n'est qu'une modification du fait principal et s'y trouve implicitement compris, le conseil de guerre peut s'abstenir de statuer sur ce fait, sous le prétexte qu'il n'était pas compris dans la plainte (7 avril 1832 ; Cass. S. 32, 1, 715 ; D. 32, 1, 244).

11. L'accusateur militaire fera exécuter le jugement dans les vingt-quatre heures, et aura à cet effet le droit de requérir l'assistance de la force publique.

12. Le silence le plus absolu sera observé dans l'auditoire ; et si quelque particulier s'écartait du respect dû à la justice, le président pourra le reprendre, le condamner à une amende, ou même à garder prison jusqu'au terme de huit jours, suivant la gravité des faits.

13. Le tribunal criminel sera compétent pour prononcer les peines de discipline résultant des procès portés devant lui.

14. A l'égard des contumaces, ils seront jugés dans la même forme et de la même manière, sauf à recommencer la procédure dans le cas où le prévenu serait arrêté et traduit devant le tribunal militaire.

15. Le tribunal militaire fera passer, à la diligence de l'accusateur militaire, le jugement de chaque condamné au ministre de la guerre.

16. Le président veillera à ce que le jugement soit lu dans les vingt-quatre heures, à la tête du corps dont sera le coupable.

17. A cet effet, l'accusateur militaire aura le droit de requérir le commandant du corps de rassembler sa troupe, qui, dans ce cas, se rassemblera sans armes.

TITRE VIII. Du lieu de la résidence de chaque tribunal militaire.

Art. Ier. Le commissaire-ordonnateur en chef de chaque armée fera la répartition des tribunaux militaires, de manière que les divisions soient les plus égales possible. A cet effet, il remettra à l'accusateur militaire un état nominatif des officiers de police de son arrondissement, et, en cas de mutations, il sera tenu de les lui faire connaître.

2. Il y en aura toujours un au quartier-général, l'autre dans le point le plus central des lieux occupés par les troupes, et qui sera indiqué par le général d'armée.

3. Le général d'armée, et, en son absence, le commandant en chef, sera tenu de faire arrêter un local convenable et suffisant pour les audiences du tribunal militaire et pour loger l'accusateur militaire.

4. Le président et l'accusateur militaire seront tenus de se transporter partout où sera le prévenu, lorsque cette translation sera nécessaire pour accélérer le jugement ; et, dans ce cas, le tribunal militaire se tiendra dans le lieu même où se trouvera le prévenu.

5. Il y aura toujours un poste au local choisi pour la tenue des audiences du tribunal militaire.

TITRE IX. Du traitement accordé aux officiers du tribunal militaire.

Le traitement de l'accusateur militaire sera de six mille livres.

Celui de chaque officier de police aux armées sera de deux mille livres.

Il leur sera en outre payé à chacun, pour le logement, quatre cents livres.

Le greffier aura, par jour de séance, trois livres en sus de la paie de son grade ; ses frais de voyage lui seront payés par lieue sur le pied de vingt sous, ainsi que pour le retour.

Il sera passé à l'accusateur militaire, pour frais de bureau, six cents livres.

Toutes ces dépenses seront acquittées chaque mois par le payeur général de l'armée, sur une ordonnance du commissaire-ordonnateur.

TITRE X. Costume des officiers de police de sûreté, aux armées, et de l'accusateur militaire.

Habit bleu national, doublé de même ; collet de même couleur, rabattu ; boutons en drap ; veste et culotte de drap blanc, boutons de drap. Ils porteront un médaillon pareil à celui des juges-de-paix, sur le front duquel seront gravés ces mots : *Officiers de police militaire* ; une plume aux trois couleurs au chapeau. Lorsqu'ils feront les fonctions de juges, ils porteront l'épée et le ruban aux trois couleurs en sautoir, comme les juges criminels ou civils.

Même costume pour l'accusateur militaire, avec cette différence que le collet rabattu sera blanc, et qu'en fonctions au tribunal, il aura un chapeau rond et une plume noire autour ; le ruban aux trois couleurs, et l'épée comme les autres juges.

CODE PÉNAL MILITAIRE

POUR TOUTES LES TROUPES DE LA RÉPUBLIQUE, EN TEMPS DE GUERRE.

12 = 16 MAI 1793.

Voy. lois du 30 SEPTEMBRE = 19 OCTOBRE 1791, du 2e jour complémentaire an 3, du 4 NIVOSE an 4, 21 BRUMAIRE an 5.

TITRE Ier. Des délits et peines.

SECTION Ire. *De la désertion.*

Art. Ier. Tout militaire, c'est-à-dire depuis le général d'armée jusqu'au soldat ou volontaire inclusivement, ou tout autre employé soit dans les armées, soit à leur suite, qui passera à l'ennemi ou chez les rebelles sans y être autorisé par ses chefs, sera puni de mort.

2. Tout militaire qui désertera avec armes, chevaux et bagages dans l'intérieur

de la République sera puni de dix ans de fers;

Et dans le cas où il serait convaincu de vol fait à la troupe, de quelque nature qu'il soit, il sera puni de quinze ans de fers;

3. Tout militaire qui désertera dans l'intérieur de la République sera puni de cinq ans de fers, et, s'il était de service, de dix ans.

4. Sera réputé déserteur dans l'intérieur de la République tout militaire qui aura quitté son corps sans congé en bonne forme, ou tout autre employé dans les armées ou à leur suite qui les abandonnerait sans une permission en forme de ses supérieurs.

5. Sera aussi réputé déserteur dans l'intérieur tout citoyen qui, s'étant fait inscrire pour servir dans les troupes de la République, aura reçu une route ou frais de conduite, et ne se sera pas rendu à sa destination dans le délai fixé; dans ce cas, il sera puni de cinq ans de fers, à moins qu'il ne justifie d'un empêchement légitime;

Et dans le cas où il se serait rendu coupable de vol, de violation de domicile ou de personne, il sera puni de quinze ans de fers.

6. Sera réputé déserteur à l'ennemi tout militaire ou tout employé dans les armées qui aura passé, sans avoir reçu d'ordre, les limites fixées par le commandant du corps dont il fait partie.

7. Tout citoyen qui se sera fait enregistrer sur le registre d'une section ou d'une municipalité, pour marcher aux armées en remplacement d'un autre citoyen, et qui, après avoir reçu pour ce fait soit de l'argent, soit son équipement ou habillement, serait convaincu d'avoir été se faire enregistrer ailleurs pour le même objet, sera puni de cinq ans de fers.

8. Tout chef de complot de désertion à l'ennemi ou chez les rebelles, quand même le complot ne serait pas exécuté, sera puni de mort, et, si c'est à l'intérieur, de quinze ans de fers.

9. Lorsque des militaires de différens grades auront déserté ensemble, ou en auront formé le complot, sans que le chef en soit connu, le plus élevé en grade, ou, à grade égal, le plus ancien de service, sera réputé chef de complot et puni comme tel.

10. Tout complice qui découvrira un complot de désertion ne pourra être poursuivi ni puni à raison du crime qu'il aura découvert.

11. Tout embaucheur pour l'étranger ou pour les rebelles sera puni de mort.

SECTION II. De la trahison.

Art. 1er. Tout militaire ou individu de l'armée, quel que soit son état ou son grade,

convaincu de trahison, sera puni de mort.

2. Sont réputés coupables de trahison les auteurs des délits ci-après détaillés, savoir :

Tout individu qui, en présence de l'ennemi, sera convaincu de s'être permis des clameurs qui auraient jeté l'épouvante et occasioné le désordre dans les rangs;

Tout commandant d'un poste, ainsi que la sentinelle, qui aurait donné de fausses consignes;

Tout commandant d'une patrouille qui aura caché les découvertes qu'il aura faites;

Tout commandant d'un poste qui cacherait à celui qui le relève les découvertes essentielles qu'il aurait faites, soit par lui-même, soit par ses patrouilles, soit par toutes autres personnes, relativement à la défense d'un poste;

Tout militaire convaincu d'avoir communiqué le secret du poste ou le mot d'ordre à quelqu'un qui n'en devait pas avoir connaissance;

Tout militaire ou individu de l'armée qui entretiendra une correspondance dans l'armée ennemie, sans la permission par écrit de son commandant ou supérieur;

Tout militaire ou tout autre individu au service ou à la suite des armées qui aura encloué ou mis hors de service, sans ordre ou sans motifs légitimes, un canon ou mortier, obusier ou affût;

Tout commandant d'une place attaquée qui, sans cause légitime et sans l'autorisation des corps administratifs, dont il justifiera au tribunal criminel militaire, aura consenti à la reddition de la place, avant que l'ennemi ait fait brèche praticable, et qu'il ait soutenu trois assauts;

Tout général d'armée, tout commandant de division ou commandant en chef de place en état de guerre, qui n'aura pas fait connaître au ministre les besoins de son armée, soit en vivres, soit en fourrages, soit en approvisionnemens de guerre;

Tout général d'armée ou commandant de division qui sera convaincu d'avoir pris des mesures pour faire tomber entre les mains des ennemis les magasins, les convois des armées, ou enfin toutes autres munitions de guerre;

Tout général d'armée ou commandant de division qui sera convaincu d'avoir négligé d'employer tous les moyens qu'il avait en son pouvoir pour assurer les magasins, la marche des convois et garantir les munitions, lorsqu'ils seront tombés en tout ou en partie entre les mains des ennemis.

Les généraux ou officiers prévenus des délits ci-dessus détaillés seront poursuivis et jugés comme criminels de haute trahison par le tribunal à qui la connaissance en appartient, sans néanmoins déroger aux premières poursuites indiquées dans la loi du 12 mai sur l'établissement des tribunaux militaires aux armées.

SECTION III. Du vol.

Art. 1er. Tout militaire qui, pour faire payer ou distribuer à sa troupe ce qui lui revient, sera convaincu d'avoir porté sur son état de situation sa troupe au-dessus de son nombre effectif, soit en route, soit à l'armée, soit en garnison, sera puni de six ans de fers et condamné au remboursement de ce qu'il aura touché au-dessus de ce qui revenait de droit à sa troupe.

2. Tout militaire ou commissaire des guerres qui, après avoir pris en nature les rations de fourrage que la loi lui accorde, sera convaincu de les avoir vendues à quelque habitant, sera destitué de son emploi et puni d'un an de prison.

3. Tout employé quelconque dans les administrations des équipages des différens services des armées qui sera convaincu d'avoir vendu à son profit ou distrait le fourrage qui lui aura été confié, sera puni de six ans de fers et condamné à la restitution du prix du fourrage qu'il aura vendu ou distrait.

4. Tout préposé de ces mêmes administrations qui sera convaincu d'avoir reçu, de connivence avec les distributeurs, des fournitures, grains ou fourrages de mauvaise qualité, sera chassé des armées et puni d'un an de prison.

5. Tout agent ou employé dans ce genre de service qui sera convaincu d'avoir fait de faux bons et contrefait l'écriture de son supérieur sera puni de cinq ans de fers.

6. Tout préposé de ces administrations qui sera convaincu d'avoir pris ou détourné ce que les voitures porteront, soit en avoine, foin, paille ou farine, sera condamné à trois ans de fers et à la restitution des objets pris ou détournés.

7. Tout préposé de ces administrations qui sera convaincu d'avoir reçu, dans les dépôts de l'armée ou en route, de mauvais fourrages, ou le non-complet des rations, sera condamné à une année de prison, à moins que, dans les vingt-quatre heures, il n'en ait averti un de ses supérieurs ou les officiers municipaux du lieu.

8. Tout préposé de ces administrations ou conducteur qui sera convaincu de s'être fait payer plus qu'il n'aura dépensé, soit dans les dépôts, auberges ou en route, sera puni de deux ans de fers.

9. Tout préposé de ces administrations ou conducteur qui sera convaincu d'avoir retardé le service des charrois sera puni de six mois de prison, et, si c'est à dessein prémédité, il sera puni de trois ans de fers.

10. Tout distributeur de fourrages et de vivres qui sera convaincu de quelque infidélité dans les distributions dont il est chargé sera puni de trois ans de fers.

11. Tout garde-magasin quelconque qui sera convaincu d'avoir fait quelque distraction des objets qui lui auront été confiés sera puni de cinq ans de fers et condamné à rembourser le montant des objets soustraits ou échangés.

12. Tout militaire convaincu d'avoir volé l'argent de l'ordinaire de ses camarades, ou tout autre effet à eux appartenant, sera puni de six ans de fers (1).

13. Tout militaire qui vendra ou qui mettra en gage, en tout ou en partie, ses armes, son habillement, fourniment, ou son cheval ou équipement, le tout fourni par la nation, sera puni de cinq ans de fers (2).

14. Tout militaire qui sera convaincu d'avoir volé des fournitures de casernes ou effets de campement sera puni de trois ans de fers (3).

15. Tout militaire ou tout autre individu au service ou à la suite de l'armée, qui sera convaincu d'avoir volé soit de la poudre, soit des boulets, soit toutes autres munitions ou effets d'artillerie, dans les parcs, magasins, dépôts ou convois, sera puni de trois ans de fers (4).

16. Tout militaire ou tout autre individu attaché à l'armée qui sera convaincu d'avoir volé les personnes chez lesquelles il aurait logé sera puni de dix ans de fers.

17. Tout militaire ou tout autre individu attaché à l'armée qui sera convaincu d'avoir pris, par fraude et sans payer, à boire ou à manger chez un habitant, soit en route, soit en garnison ou cantonnement, sera puni de trois mois de prison; de six mois, si le délit a été accompagné de menaces, et de deux ans de fers, s'il y a eu voies de fait.

18. Tout militaire ou tout autre individu de l'armée qui sera convaincu d'avoir attenté, en quelque lieu que ce soit, à la sûreté ou à la liberté des citoyens, sera puni de six mois de prison, et, s'il y a vol ou voies de fait, la peine sera de deux ans de fers, et, en cas d'assassinat, il sera puni de mort.

---

(1) L'art. 56 du Code pénal, sur la récidive, s'applique à tout individu qui a déjà subi une première condamnation pour *crime*, encore que ce ne soit qu'un crime prévu par les lois militaires. Ils s'appliquent notamment à l'individu qui, ayant déjà subi, comme militaire, la peine des fers et de la dégradation pour crime de vol d'effets appartenans à ses camarades, est de nouveau reconnu coupable du crime de vol domestique prévu par l'art. 386 du Code pénal (19 mars 1829; S. 29, 1, 290; D. 29, 1, 191).

(2, 3 et 4) Abrogation par la loi du 15 juillet 1829. *Voy.* les notes sur cette loi. *Voy.* aussi l'ordonnance du 23 janvier 1828, et les notes.

Section IV. De l'insubordination.

Art. 1er. Tout militaire qui, en cas d'alerte, d'appel ou de la générale, ne sera pas rendu à son poste au moment où la troupe prend les armes, sera, pour la première fois, puni de trois mois de prison; pour la seconde fois, de six mois, destitué et déclaré incapable de servir dans les armées.

2. Tout militaire qui, à la guerre, ne sera pas rendu à son poste, sera puni de cinq ans de fers; et celui qui aura abandonné son poste pour songer à sa propre sûreté sera puni de mort.

3. Tout militaire qui sera convaincu d'avoir, dans une affaire avec l'ennemi, abandonné ou jeté lâchement ses armes, sera puni de dix ans de fers.

4. Tout militaire qui, dans une place prise d'assaut, quittera son poste pour se livrer au pillage, sera puni de cinq ans de fers.

5. Tout soldat trouvé endormi en faction ou en vedette dans les postes les plus près de l'ennemi sera puni de mort.

6. Tout soldat trouvé endormi en faction ou en vedette dans tous autres postes que ceux indiqués dans l'article précédent, sera puni de cinq ans de fers.

7. Tout commandant de poste qui prendra sur lui de changer sa consigne sera traduit au tribunal criminel militaire; et, s'il est déclaré coupable, il sera puni de mort.

8. Tout soldat ou sentinelle en vedette qui n'aura pas exécuté sa consigne sera traduit au tribunal criminel militaire; et, si les suites en sont devenues funestes, il sera puni de mort; sinon le tribunal appliquera la peine de discipline.

9. Tout militaire convaincu d'avoir insulté une sentinelle de propos ou de geste, la peine pour le simple soldat sera de deux ans de prison; pour le sous-officier, de quatre ans; pour l'officier, de six ans; et, s'il y a voies de fait, le coupable sera puni de mort.

10. Tout militaire qui sera convaincu de ne s'être pas conformé aux ordres de son supérieur relatifs à son service sera destitué, mis pour un an en prison, et déclaré incapable de servir dans les armées de la République; et, si c'est dans une affaire en présence de l'ennemi, il sera puni de mort (1).

11. Tout militaire convaincu d'avoir menacé son supérieur de paroles ou de gestes sera puni de deux ans de prison, destitué et déclaré incapable de servir dans les armées de la République; et, s'il y a voies de fait, il sera puni de mort.

12. Tout militaire qui sera convaincu d'avoir frappé son subordonné sera destitué, puni de trois ans de prison, et déclaré incapable de servir dans les armées de la République; si ce n'est pour maintenir dans les rangs ceux qui fuiraient devant l'ennemi.

13. S'il y a révolte contre les supérieurs, la peine de la désobéissance combinée est, à l'égard de ceux qui l'ont suscitée, d'être punis de mort, et ceux qui l'ont partagée, d'être condamnés à dix ans de fers.

14. En cas d'attroupement, les supérieurs commanderont que l'on se sépare et que chacun se retire; et, s'ils ne sont pas sur-le-champ obéis, ils nommeront les auteurs de l'attroupement; et, si les désignés ne rentrent pas aussitôt dans le devoir, ils seront dès lors regardés comme chefs de révolte et punis de mort.

15. Si le rassemblement n'est pas dissous par le commandement fait au nom de la loi, les supérieurs sont autorisés à employer tous les moyens de force qu'ils jugeront nécessaires, sans préjudice de la peine portée dans l'article précédent, qui, dans ce cas, tombera sur tous les révoltés.

16. Tout complice d'un délit subira la même peine que celui qui l'aura commis.

17. Tout dénonciateur d'un délit prévu par le Code pénal, qui sera convaincu d'avoir fait poursuivre sans preuves suffisantes un prévenu, sera lui-même, pour ce fait, poursuivi par l'accusateur militaire et puni de la même peine qu'aurait supportée le dénoncé, s'il avait été convaincu du délit porté dans la dénonciation faite contre lui.

18. Tout militaire qui sera convaincu de s'être fait inscrire sur le registre de l'état-major de son corps sous un faux nom, et qui, à dater de la publication de la présente loi, s'il est présent à son corps, n'aura pas fait rectifier l'erreur dans le délai de huit jours, sera puni de cinq ans de fers.

19. Tout militaire qui serait convaincu de s'être servi du congé d'un autre ou d'y avoir fait substituer un autre nom que le sien, ou enfin de tout autre faux, sera puni de cinq ans de fers.

20. A l'avenir, tout commandant de troupes autre que les officiers généraux, qui sera convaincu d'avoir reçu ou de garder sciemment dans sa troupe un volontaire ou soldat sorti d'un autre corps, sans qu'il soit porteur d'un congé en bonne forme, sera puni d'un an de prison et destitué de son emploi.

21. Tout commissaire des guerres qui sera convaincu de n'avoir pas dénoncé un délit dont il aurait eu connaissance, sera destitué

---

(1) La destitution ou incapacité de servir n'a pas lieu de plein droit; elle ne peut être suppléée quand elle a été omise dans le jugement de condamnation à l'emprisonnement (10 décembre 1824; Cass. S. 25, 1, 217; D, 25, 1, 22).

de son emploi et déclaré incapable d'être appelé à aucune fonction civile ou militaire.

22. Tout commissaire des guerres qui sera convaincu d'avoir prévariqué dans l'exercice de ses fonctions administratives, sera destitué et puni au moins de six mois de prison, et au plus de cinq ans de fers; et si, par une suite de cette prévarication, la sûreté de l'armée ou le succès de ses opérations se trouvait compromis, il sera puni de mort.

23. Tout commissaire des guerres qui s'absentera de son arrondissement sans l'ordre de son supérieur et sans avoir prévenu le commandant en chef des troupes sera destitué de son emploi et déclaré incapable de servir dans les troupes de la République.

24. Les conseils de discipline seront aussitôt rétablis et tenus exactement.

25. Tous les cas non prévus dans le présent Code, et qui rentreront dans la loi du 21 septembre 1791, sur la discipline ordinaire, seront jugés conformément à cette loi.

26. Quant à ce qui n'est pas prévu, soit dans le présent Code, soit dans la loi sur la discipline militaire, le général d'armée est autorisé à y suppléer provisoirement par des réglemens particuliers qui seront adressés sans délai au Corps-Législatif, sans qu'il puisse y être porté peine de mort.

Section V. De la publication du présent Code.

Art. 1er. Chaque commandant de corps, aussitôt après la réception du présent Code, sera tenu, sur sa responsabilité, de faire assembler sa troupe et de la faire lire à la tête de chaque compagnie.

2. Cette lecture sera renouvelée dans les mêmes formes, une fois tous les huit jours.

3. Tout commandant de corps, qui sera convaincu de ne s'être point conformé aux deux articles précédens sera, pour la première fois, puni d'un mois de prison; pour la deuxième fois, de trois mois, et pour la troisième fois, destitué de son emploi et déclaré incapable de servir dans les armées de la République.

4. L'accusateur militaire et les commissaires des guerres veilleront à l'exécution des articles précédens, 1, 2 et 3 du présent titre, et prendront à partie ceux qui y contreviendront.

5. Les commissaires des guerres sont chargés de faire connaître le présent Code à tous les individus employés à l'armée ou à leur suite.

6. Le général d'armée se fera rendre compte, par procès-verbal signé du conseil d'administration de chaque corps, de la présente publication, et en rendra lui-même compte, dans la huitaine de la réception de la présente loi, à la Convention nationale et au ministre.

5.

7. Le ministre de la guerre est chargé de faire tenir sans délai un nombre d'exemplaires suffisant du présent décret et du présent Code pénal militaire à tous les officiers généraux, à tous les commandans de corps, à tous les commissaires des guerres, à tous les accusateurs et officiers de police, et de veiller, sous sa responsabilité, à son exécution la plus exacte.

Section VI. De l'exécution des jugemens à mort.

Art. 1er. La condamnation à la mort s'exécutera militairement comme il suit.

2. Il sera commandé quatre sergens, quatre caporaux et quatre fusiliers, les plus anciens de service, pris à tour de rôle dans la troupe du prévenu, autant que faire se pourra, sinon toujours dans la troupe présente sur les lieux où l'exécution devra se faire.

3. On placera ces douze militaires sur deux rangs: ce sont eux qui seront chargés de faire feu sur le coupable, quand le signal leur en sera donné par l'adjudant.

4. L'exécution se fera sur une place indiquée à cet effet, en présence de la troupe du prévenu, lorsqu'elle sera sur le lieu, qui sera rangée en bataille et sans armes, sinon en présence de la troupe qui aura fourni les tireurs.

5. Il y aura toujours un des juges du tribunal qui aura appliqué la loi présent à l'exécution.

6. Il sera commandé un piquet de cinquante hommes en armes pour conduire le coupable au lieu de l'exécution: la gendarmerie sera également commandée, quand il y en aura; l'un et l'autre seront chargés, sous les ordres du commandant, de veiller au maintien de l'ordre et de la police qui doivent régner dans ces sortes d'exécution.

12 = 12 MAI 1793. — Décret qui ordonne aux administrateurs des subsistances militaires de verser à la Trésorerie le numéraire qui se trouve dans leurs mains. (B. 30, 99.)

12 = 13 MAI 1793. — Décret qui accorde au citoyen Paquegery deux mois de ses appointemens, lui permet d'en jouir pendant tout le temps de son service, et de reprendre sa place à son retour. (B. 30, 100.)

12 = 14 MAI 1793. — Décret qui approuve les marchés passés avec les citoyens Didot et Levrier de l'Isle, pour la fabrication du papier-assignat. (B. 30, 101.)

12 = 16 MAI 1793. — Décret qui rappelle l'exécution de la loi relative à l'étape des volontaires. (B. 30, 103.)

12 = 14 MAI 1793. — Décret sur l'administration de l'école des sourds-muets de Bordeaux. (B. 30, 102.)

12 MAI 1793. — Décret relatif aux demandes de congés par les membres de la Convention. (B. 30, 125.)

2 = 12 MAI 1793. — Décret qui suspend le tribunal provisoire établi à Marseille. (B. 30, 100.)

12 MAI 1793. — Décret de renvoi sur la demande d'un passeport faite par le sieur Beckford, Anglais. (B. 30, 125.)

12 MAI 1793. — Décret portant que les commissaires envoyés dans les sections de Paris y retourneront le soir. (B. 30, 125.)

12 = 14 MAI 1793. — Décret portant que l'abandon d'une pension de six cents livres fait par le citoyen Duplessis, sera reversé sur ses père et mère. (B. 30, 101.)

12 MAI 1793. — Général Dampierre; Izère. *Voy.* 11 MAI 1793. — Navires neutres. *Voy.* 9 MAI 1793. — Officiers mariniers, etc. *Voy.* 10 MAI 1793. — Pays de Liége. *Voy.* 8 MAI 1793. — Thouars. *Voy.* 11 MAI 1793.

13 MAI 1793. — Décret relatif aux députés nommés à des grades militaires. (L. 14, 367; B. 30, 367; Mon. du 15 mai 1793.)

La Convention nationale décrète que les députés à la Convention ne pourront être nommés à aucun grade militaire que suivant leur ancienneté de service, et qu'ils ne pourront être en activité dans les armées à moins qu'ils n'optent.

13 MAI 1793. — Décret qui adopte l'ordre de séries, de chapitres et de questions ci-dessous, à suivre dans la discussion de la constitution. (B. 30, 131; Mon. du 20 mai 1793.)

La Convention nationale adopte l'ordre de séries présenté par sa commission des Six, comme suit :

Série des chapitres ou titres dans l'ordre desquels le comité des Six propose de discuter et délibérer la constitution.

Chapitre Ier ou titre Ier. De la division du territoire.

2. Des conditions requises pour être citoyen, et en exercer les droits.

3. Des assemblées primaires.

4. Du Corps-Législatif.

5. Des Conventions nationales.

6. Des agens supérieurs d'exécution.

7. Des administrations secondaires.

8. De l'administration de la justice civile et criminelle.

9. De la force publique.

10. Des contributions publiques.

11. De la Trésorerie nationale et de la comptabilité.

12. Comment le peuple exerce lui-même sa souveraineté sur les fonctionnaires publics et sur leurs actes.

13. Des lois civiles et criminelles, et des institutions les plus propres à garantir le maintien de la constitution.

14. Des relations de la République française avec les nations étrangères.

Série des questions générales sur la constitution proposée par le comité des Six.

1re. Quelle sera la division politique du territoire?

2. Quelles seront les conditions requises pour être citoyen, pour voter et être éligible dans les assemblées du peuple?

3. Quelles seront les fonctions des assemblées primaires, leur organisation, leur police intérieure, la forme de leurs délibérations, les règles générales qu'elles devront observer dans leurs élections?

4. Quelles seront les fonctions du Corps-Législatif, son organisation, le mode d'élection de ses membres, les règles concernant la tenue de ses séances, et la formation des lois et des décrets?

5. Quelles seront les règles concernant les Conventions nationales?

6. Qui seront les agens supérieurs de l'exécution des lois? Quelles seront leurs fonctions et leur autorité? Quel sera le mode de leur élection et celui de leurs relations avec le Corps-Législatif?

7. Quelles seront les agences d'administration locale? quelles seront leurs fonctions et leur autorité? Comment seront organisées et par qui seront nommées ces agences secondaires?

8. Comment sera organisée l'administration de la justice civile et criminelle?

9. Quelles seront les bases des contributions publiques?

10. Comment seront organisées la Trésorerie nationale et la comptabilité?

11. Quels sont la nature, la destination et les devoirs de la force publique?

12. Comment le peuple exerce-t-il lui-même sa souveraineté sur les fonctionnaires publics et sur leurs actes?

13. Quelles sont les lois et les institutions qu'il convient de rendre constitutionnelles?

14. Quelles seront les bases de nos relations avec les nations étrangères?

13 MAI 1793. — Décret qui déclare que le département des Landes a bien mérité de la patrie, et qui approuve l'arrêté de ce département, relatif à l'habillement des troupes. (L. 14, 362; B. 30, 132.)

13 = 14 MAI 1793. — Décret qui approuve la nomination du général Custine au commandement en chef des armées du Nord et des Ardennes. (L. 14, 360; B. 30, 128.)

13 = 14 MAI 1793. — Décret portant que les députés envoyés en mission ne peuvent pourvoir au remplacement des juges ni des notaires. (L. 14. 361; B. 30, 127.)

13 = 13 MAI 1793. — Décret qui accorde, à titre de prêt, cent cinquante mille livres à la section du Panthéon, et soixante-dix mille livres à celle des Tuileries. (B. 30, 126 et 127.)

13 = 14 MAI 1793. — Décret qui approuve l'arrêté du département de l'Hérault, relatif aux moyens d'accélérer le recrutement. (L. 14, 357; B. 30, 128.)

13 MAI 1793. — Décret qui accorde des fonds, à titre de prêt, à la section du Finistère. (B. 30, 130.)

13 MAI 1793. — Décret concernant l'exécution des décrets relatifs aux listes et états nominatifs des officiers et fonctionnaires publics, civils et militaires. (B. 30, 130.)

13 MAI 1793. — Décret qui déclare qu'aux jours fixés pour la discussion de la constitution, aucune lecture ou motion d'ordre ne pourra suspendre la discussion. (B. 30, 130.)

13 MAI 1793. — Canonniers à cheval; Comité de salut public; Côtes maritimes de l'Ouest; Militaires détenus. *Voy.* 11 MAI 1793.

14 MAI 1793. — Décret relatif aux chevaux, aux pierreries, or et argent, et autres objets précieux remis par les administrateurs du département de Jemmapes, ou provenant des émigrés et des maisons nationales. (L. 14, 375; B. 30, 142.)

Art. 1er. Il sera nommé deux commissaires pris dans le sein de la Convention, qui se transporteront, avec les administrateurs du département de Jemmapes, à l'hôtel du ministre de l'intérieur, lequel, d'après inventaire, donnera décharge auxdits administrateurs du département de Jemmapes des différens objets qu'ils lui auront remis, tels que chevaux, pierreries, or et argent.

2. Le ministre disposera, sous sa responsabilité, des chevaux et autres objets, comme de ceux de même nature qui appartenaient à la République. A l'égard des diamans, perles et autres bijoux mentionnés au présent décret, ils seront inventoriés, décrits et estimés par deux artistes-experts nommés à cet effet par le ministre de l'intérieur, et déposés dans la caisse à trois clefs établie dans le local de l'administration des domaines nationaux, dont une des clefs doit être ès-mains du ministre de l'intérieur, la seconde en celles de l'administrateur des domaines nationaux, et la troisième en celles du caissier; copie de l'inventaire estimatif et descriptif sera remise aux archives nationales, et une autre copie à l'administrateur des domaines nationaux.

3. Les commissaires envoyés à Chantilly, Versailles et autres maisons dépendant de la liste civile, et la commission des monumens, se réuniront au comité d'aliénation, pour proposer à la Convention un décret tendant à assurer la conservation et la vente la plus avantageuse des diamans et autres objets précieux appartenant à la nation, provenant du mobilier des émigrés, des maisons ci-devant royales et autres maisons nationales.

14 MAI 1793. — Décret relatif au séquestre des terres des princes possessionnés en France qui n'ont point protesté contre le *conclusum* de la diète de Ratisbonne. (L. 14, 377; B. 30, 143.)

La Convention nationale, sur la proposition d'un membre, décrète que les terres des princes possessionnés en France et qui n'ont pas protesté contre le *conclusum* de la diète de Ratisbonne, qui déclare l'empire en guerre avec la France, seront séquestrées au profit de la République, quand bien même ces princes n'auraient pas fait marcher de troupes contre elle.

Elle ordonne en outre que les receveurs de l'enregistrement seront tenus de rendre compte, dans le plus bref délai, des diligences qu'ils auront faites pour que ces terres soient séquestrées sans aucune exception.

14 = 20 MAI 1793. — Décret qui autorise les directoires de département et de district à s'aider, pour le paiement des dépenses mises à leur charge pendant l'année 1793, des avances qui leur avaient été faites par le Trésor public en l'année 1791. (L. 14, 372; B. 30, 141.)

14 = 20 = 25 MAI 1793. — Décrets qui accordent, à titre d'avance, différentes sommes aux départemens de la Manche, des Hautes-Alpes, de Maine-et-Loire, de l'Ardèche, de l'Indre, au district de Montluçon, et qui autorisent les municipalités de Châtel-sur-Moselle et de Moulins à faire un emprunt pour pourvoir aux subsistances. (B. 30, 137 à 140.)

14 MAI 1793. — Décret qui ordonne l'impression, l'envoi aux départemens et l'affiche dans Paris, de l'adresse des citoyens de Bordeaux à la Convention. (B. 30, 143.)

14 = 20 MAI 1793. — Décret qui déclare que les représentans du peuple sont comptables à la nation de l'état de leur fortune. (L. 14, 374; B. 30, 144.)

14 MAI 1793. — Décret portant nomination de commissaires pour assister à la levée des scellés chez Bourbon-Orléans. (B. 30, 144.)

14 = 16 MAI 1793. — Décret qui ordonne au conseil exécutif de procéder à l'exécution du décret du 8 du présent mois, et autres antérieurs, concernant les listes des officiers civils et militaires. (B. 30, 135.)

14 = 15 MAI 1793. — Décret qui dispense du recrutement les entrepreneurs, associés, commis, contre-maîtres et ouvriers des manufactures de toiles à voiles, des fonderies et manufactures d'armes destinées au service de la marine. (L. 14, 368; B. 30, 135.)

14 = 20 MAI 1793. — Décret qui autorise le général Bouchet à rester en état d'arrestation chez lui. (B. 30, 144.)

14 MAI 1793. — Décret qui renvoie aux comités de division et de salut public un projet de décret relatif à la nomination de députés à la Convention, par le département de Jemmapes. (B. 30, 143.)

14 MAI 1793. — Députés en mission; Députés nommés à des grades militaires. Voy. 13 MAI 1793. — Élèves des écoles militaires. Voy. 12 MAI 1793. — Recrutement. Voy. 13 MAI 1793.

15 MAI 1793. — Décret relatif aux accusés condamnés comme auteurs du même délit, et dont les condamnations ne peuvent se concilier, et font la preuve de l'innocence de l'une ou de l'autre partie. (L. 14, 384; B. 30, 148; Mon. du 18 mai 1793.)

Voy. Code d'instruction criminelle, articles 443 et suiv.

Art. 1er. Si un accusé a été condamné pour un délit, et qu'un autre accusé ait aussi été condamné comme auteur du même délit, en sorte que les deux condamnations ne puissent se concilier et fassent la preuve de l'innocence de l'une ou de l'autre partie, l'exécution des deux jugemens sera suspendue, quand même on aurait attaqué l'un ou l'autre sans succès au tribunal de cassation.

2. Si c'est le même tribunal qui a rendu lesdits jugemens, il sera compétent pour en ordonner la révision, et renvoyer, à cet effet, les accusés devant le tribunal criminel le plus voisin, sur leur propre demande, ou sur la réquisition du ministère public, lequel sera tenu, en pareil cas, d'agir d'office pour faire ordonner la révision.

3. Lorsque lesdits jugemens auront été rendus en des tribunaux différens, l'accusateur public ou les parties intéressées en instruiront le ministre de la justice: celui-ci dénoncera le fait au tribunal de cassation, qui cassera, si les deux condamnations ne peuvent se concilier, les jugemens dénoncés, et, en conséquence, renverra les accusés en un même tribunal criminel le plus voisin du lieu du délit, mais qui ne pourra être choisi parmi ceux qui auront rendu lesdits jugemens (1).

15 MAI 1793. — Décret qui accorde un congé aux représentans Antoine et Martin. (B. 30, 150 et 151.)

15 = 15 MAI 1793. — Décret qui annule toute création de tribunal extraordinaire faite sans autorisation expresse de la Convention. (B. 14, 378; B. 30, 145.)

15 = 18 MAI 1793. — Décret qui ordonne le paiement de différentes sommes à des dénonciateurs de fabrications de faux assignats. (B. 14, 380; B. 30, 149.)

15 = 18 MAI 1793. — Décret qui ordonne de payer vingt-deux mille huit cent trente-huit livres dues à différens fournisseurs et ouvriers pour le service de la bibliothèque nationale. (B. 30, 149.)

15 = 18 MAI 1793. — Décret qui accorde ces livres au citoyen Garnier. (B. 30, 147.)

(1) Cette loi n'est point rapportée par l'art. 594 du Code des délits et des peines (9 vendémiaire an 9; Cass. S. 1, 1, 344).

15 = 18 MAI 1793. — Décret d'ordre du jour sur l'établissement de trois foires demandées par la commune de Port-sur-Saône. (B. 30, 146.)

15 = 18 MAI 1793. — Décret qui autorise la translation des hôpitaux de la ville de Romans. (B. 30, 147.)

15 = 18 MAI 1793. — Décret qui ordonne l'impression de la procédure relative aux conspirateurs du camp de Jalès. (B. 30, 148.)

15 = 18 MAI 1793. — Décret relatif aux moulins à bras et à manége inventés par les citoyens Durand père et fils. (L. 14, 382; B. 30, 146.)

15 MAI 1793. — Entrepreneurs, etc., au service de la marine. *Voy.* 14 MAI 1793. — Habillement des troupes. *Voy.* 13 MAI 1793.

16 MAI 1793. — Décret relatif au service des charrois militaires. (L. 14, 390.)

Art. 1er. Il sera attaché à chaque bataillon et régiment un nombre nécessaire de chevaux de peloton et de voitures dont les conducteurs et ouvriers seront pris dans le bataillon ou régiment, parmi les citoyens qui seront au fait de ce service, sans que, par ce nouveau service, ils puissent quitter leurs drapeaux et cesser les exercices militaires, lorsque les travaux des charrois leur en laisseront la faculté.

2. Les conducteurs et ouvriers seront à la solde des entrepreneurs, du jour qu'ils feront le service des charrois.

La Convention nationale charge le ministre de la guerre de l'exécution du présent décret.

16 = 16 MAI 1793. — Décret qui ordonne de mettre en liberté la dame Coirnot. (B. 30, 151.)

16 MAI 1793. — Décret qui ordonne l'exécution de toutes les mesures arrêtées par le comité de salut public et par le conseil exécutif provisoire. (L. 14, 386; B. 30, 156.)

16 = 16 MAI 1793. — Décret portant que l'escadron de cavalerie légère du Calvados formera à l'avenir le dernier régiment des hussards. (L. 14, 388; B. 30, 151.)

16 = 17 MAI 1793. — Décret qui déclare les dispositions du décret du 12 de ce mois applicables à tous les employés des bureaux de la Convention enrôlés pour la Vendée. (B. 30, 154.)

16 = 16 MAI 1793. — Décret relatif aux agens civils envoyés par le conseil exécutif provisoire, et aux commissaires de la Convention dans les départemens près les armées. (B. 30, 153.)

16 = 18 MAI 1793. — Décret qui révoque l'ordre donné pour le transport à Saint-Domingue de la première compagnie de la légion dite *Américains du Midi*. (B. 30, 154.)

16 = 24 MAI 1793. — Décret qui charge les généraux d'armée d'ouvrir sans délai un cartel d'échange pour tous les prisonniers. (L. 14, 392; B. 30, 155.)

16 = 24 MAI 1793. — Décret qui accorde, à titre d'avance, cent vingt mille livres à la section de la Croix-Rouge. (B. 30, 155.)

16 = 24 MAI 1793. — Décret qui charge le conseil exécutif de pourvoir à l'illumination des villes de Lorient et de Brest. (B. 30, 156.)

16 = 25 MAI 1793. — Décret qui alloue une somme de quarante mille livres aux déportés de la Guadeloupe. (B. 30, 156.)

16 = 16 MAI 1793. — Décret portant qu'il n'y a pas lieu à renvoyer au tribunal extraordinaire la procédure commencée contre Chantepie. (B. 30, 152.)

16 = 20 MAI 1793. — Décret pour procéder demain à l'élection des membres qui doivent composer les nouveaux comités des charrois et habillemens. (B. 30, 154.)

16 MAI 1793. — Code pénal militaire; Tribunaux criminels militaires. *Voy.* 12 MAI 1793.

17 = 22 MAI 1793. — Décret qui accorde une augmentation de paie aux citoyens faisant le service de la marine non compris dans le décret du 25 janvier 1793. (L. 14, 394; B. 30, 159.)

La Convention nationale, après avoir entendu la lecture d'une lettre du ministre de la marine du 16 courant, et sur la proposition d'un membre, décrète que le décret du 25 janvier dernier et celui du 10 mars suivant, qui accordent une augmentation de paie de neuf livres par mois aux officiers-mariniers et matelots, sont communs aux pilotes-côtiers, aux timoniers, aux apprentis-canonniers, aux novices de toute espèce, ainsi qu'aux officiers non mariniers qui n'ont pas été compris dans le décret du 25 janvier, et qu'il sera également accordé aux mousses une augmentation de quarante sous par mois.

17 = 22 MAI 1793. — Décret relatif au remplacement des notaires. (L. 14, 395; B. 30, 159.)

Art. 1er. Jusqu'à ce qu'il ait été autrement ordonné, il sera pourvu seulement au remplacement de ceux des notaires publics dont il sera, par les corps administratifs, sur la demande des conseils généraux des communes, reconnu urgent et nécessaire de remplir les places vacantes.

2. Ces places seront d'abord conférées aux ci-devant notaires royaux demeurés sans emploi par l'effet de la nouvelle organisation du notariat, et qui, par le décret du 29 septembre = 6 octobre 1791, sont appelés de préférence à être employés.

3. Dans le cas où il ne se trouverait pas de ces ci-devant notaires royaux ni d'autres candidats inscrits sur le tableau dressé en conséquence d'un concours précédent, les directoires de département pourront, s'ils le jugent à propos, avant l'époque du concours annuel fixé au 1er septembre, provoquer et proclamer un concours extraordinaire dans un délai qu'ils détermineront.

4. Les citoyens appelés à remplir des places de notaires n'auront besoin, pour entrer en fonctions, d'aucune commission ou provision du conseil exécutif: l'arrêté du directoire de département, constatant leur droit à remplir la place de notaire public dont il s'agira, tiendra lieu de la commission du ci-devant pouvoir exécutif, exigée par le décret du 29 septembre = 6 octobre 1791.

5. Les décrets précédens seront exécutés en tout ce qui n'est pas contraire au présent décret.

17 = 22 MAI 1793. — Décret relatif aux commissions à délivrer aux officiers de santé. (L. 14, 393; B. 30, 158.)

17 = 22 MAI 1793. — Décret qui autorise l'Académie des sciences de Paris à nommer aux places vacantes dans son sein. (L. 14, 397; B. 30, 158.)

17 = 22 MAI 1793. — Décret qui accorde un supplément d'appointemens aux secrétaires-commis du comité de salut public. (B. 30, 161.)

17 = 17 MAI 1793. — Décret pour assurer les subsistances des troupes qui se rendent dans les départemens occupés par les révoltés. (B. 30, 157.)

27 = 22 MAI 1793. — Décret qui déclare nulles et arbitraires l'arrestation et la destitution du citoyen Bront-l'Epinay, capitaine des équipages à l'armée des Vosges. (B. 30, 157.)

17 = 22 MAI 1793. — Décret qui dissout le cinquième tribunal criminel provisoire établi à Paris. (B. 30, 158.)

17 = 22 MAI 1793. — Décret qui met en liberté le citoyen Leroux, juge-de-paix de la section de l'Unité de Paris. (B. 30, 157.)

17 MAI 1793. — Décret d'ordre du jour concernant les souliers fournis par le citoyen Depacquit, cordonnier à Reims. (B. 30, 160.)

18 = 18 MAI 1793. — Décret relatif à la solde des gardes nationales en activité. (L. 14, 398; B. 30, 162.)

La Convention nationale, après avoir entendu le rapport de son comité de salut public, décrète que tous les gardes nationaux qui, par réquisition, sont ou seront en activité de service, n'auront d'autre solde que celle décrétée pour toutes les troupes de la République.

18 = 20 MAI 1793. — Décret portant que le général Kellermann n'a pas cessé de mériter la confiance de la patrie. (L. 14, 400; B. 30, 162.)

18 = 21 MAI 1793. — Décret qui établit dans le sein de la Convention une commission extraordinaire chargée de prendre connaissance de tous les complots tramés contre la liberté, dans l'intérieur de la France, et contre la représentation nationale. (L. 14, 401; B. 30, 165.)

18 = 18 MAI 1793. — Décret relatif aux commissaires envoyés par le conseil exécutif et par les ministres près les armées dans les départemens frontières. (B. 30, 161.)

18 MAI 1793. — Décret relatif à la police des tribunes de la salle de la Convention. (B. 30, 163.)

18 MAI 1793. — Décret qui charge le comité de législation de présenter des articles additionnels au réglement de la Convention. (B. 30, 164.)

18 MAI 1793. — Décret relatif à l'appel nominal dans les questions constitutionnelles. (B. 30, 164.)

18 = 18 MAI 1793. — Décret qui suspend l'exécution du jugement rendu contre le général Miaczinsky. (B. 30, 161 et 162.)

18 MAI 1793. — Décret qui ordonne l'interrogatoire de Salvi, détenu à Sainte-Pélagie par ordre du général Santerre. (B. 30, 163.)

18 MAI 1793. — Décret qui ordonne que l'adresse lue à la barre de l'assemblée par les députés de la section de la Fraternité sera imprimée et envoyée aux départemens. (B. 30, 164.)

18 MAI 1793. — Décret pour faire un rapport, mardi, sur l'état de l'administration de l'armée. (B. 30, 163.)

18 MAI 1793. — Accusés condamnés; Faux assignats; Moulins à bras et à manége. *Voy.* 15 MAI 1793.

19 = 20 MAI 1793. — Décret portant suppression et modification de plusieurs droits d'entrée sur différens comestibles et marchandises. (L. 14, 404; B. 30, 167.)

Art. 1er. Les droits d'entrée sur les beurres, lards et bœufs salés, sur les armes et munitions de guerre de toute espèce, sur les cuivres en planche pour le doublage des navires, et en flaons pour les monnaies, sont supprimés. Ceux perçus sur les toiles de chanvre ou de lin, blanches ou écrues, sur les charbons de terre, sur les ouvrages de cordonnerie, sont réduits à moitié.

2. La prime accordée à l'exportation des poissons provenant de pêche nationale est suspendue pendant la guerre.

3. Il ne sera plus perçu pour droits d'entrée que cinquante sous pour cent livres pesant brut sur les harengs et maquereaux salés ou fumés, et cinq livres sur tous les autres poissons de mer secs, marinés, salés ou fumés, importés directement dans les ports de la République. Ceux provenant de prises faites sur l'ennemi ne seront assujétis qu'à un droit de cinq pour cent de leur valeur, d'après le prix de l'adjudication.

4. Les huiles de poisson des Etats-Unis de l'Amérique ne seront plus assujéties qu'à un droit de cinq livres par quintal ou cent pesant; celles provenant des autres pêches étrangères seront introduites dans le territoire de la République, en payant dix livres aussi par quintal ou cent pesant.

5. Les navires étrangers, ainsi que leurs agrès et apparaux, introduits directement en France, paieront pour droits d'entrée deux et demi pour cent de leur valeur; ceux pris sur l'ennemi seront exempts de tous droits.

6. Les eaux-de-vie prohibées à l'entrée, et actuellement en entrepôt dans les ports de la République, pourront être introduites dans l'intérieur, en payant les mêmes droits que les eaux-de-vie doubles.

7. Les toiles blanches du Levant jouiront, comme celles de l'Inde, de la faculté de la réexportation en exemption de droits pour le commerce d'Afrique, et seront assujéties aux mêmes formalités.

8. La Convention nationale décrète qu'elle n'a point entendu assujétir aux certificats prescrits par les articles 3 et 4 du décret du 1er mars dernier, les eaux-de-vie, les huiles de poisson, les sucres têtes et terrés, les sucres raffinés, introduits par les départemens des Haut et Bas-Rhin, de la Meurthe et de la Moselle; les fers et aciers en barre, en verge, feuillards, carillons, rondins ou aplatis; l'acier laminé, les cuivres dont les droits d'entrée n'excèdent pas dix-huit livres par quintal; les fils de fer, d'acier ou de laiton; les limes, faux et faucilles de toute espèce; les armes et munitions de guerre; le sel ammoniac, les cuirs et peaux tannés, corroyés ou chamoisés; l'or et l'argent en barre, battus, monnayés ou en barre; les fils de chanvre et de lin désignés dans le décret du 2 = 15 mars 1791; tous lesquels objets continueront d'être importés, suivant les décrets précédens non abrogés par le présent décret.

9. La Convention nationale, ajoutant aux prohibitions déjà portées, défend l'exportation, soit par terre, soit par mer, des cotons en rame, en laine, en graine ou filés; des laines, lins et chanvres filés ou non filés; des fers, plombs, cuivres et étains; des suifs ouvrés ou non ouvrés, sous les peines portées par les décrets antérieurs.

19 = 20 MAI 1793. — Décret relatif à l'exportation pour la Suisse, par le bureau d'Héricourt, des peaux de mouton ramaillées, effleurées ou souffleurs, passées en chamois. (L. 14, 409; B. 30, 167.)

La Convention nationale, après avoir entendu le rapport de son comité de commerce sur la pétition des chamoiseurs de Besançon, appuyée de l'avis du conseil général du département du Doubs, décrète ce qui suit :

Les peaux de mouton ramaillées, effleurées ou souffleurs, passées en chamois, pourront, pendant la quinzaine seulement qui suivra la publication du présent décret, être exportées pour la Suisse par le bureau d'Héricourt; passé lequel temps l'exportation en demeure suspendue.

19 = 20 MAI 1793. — Décret qui approuve l'arrêté du conseil exécutif, relatif aux déserteurs allemands. (L. 14, 407; B. 30, 167.)

19 = 20 MAI 1793. — Décret qui étend aux sous-officiers destitués arbitrairement le décret du 5 septembre 1791. (L. 14, 408; B. 30, 166.)

19 = 20 MAI 1793. — Décret qui excepte du recrutement les personnes employées aux hôtels des monnaies. (L. 14, 403; B. 30, 166.)

19 = 20 MAI 1793. — Décret qui met provisoirement en liberté des citoyens d'Orléans détenus sans mandat d'arrêt. (B. 30, 165.)

19 = 20 MAI 1793. — Décret qui surseoit à la déportation du citoyen Chevalier, curé de Livry, département de la Nièvre. (B. 30, 166.)

19 MAI 1793. — Décret pour faire un rapport concernant les droits sur les sucres têtes et terrés. (B. 30, 169.)

19 MAI 1793. — Décret relatif à la lecture des adresses des départemens. (B. 30, 169.)

20 = 22 MAI 1793. — Décret relatif à l'exportation des vins fins. (L. 14, 411 ; B. 30, 170.)

La Convention nationale, sur la demande du ministre de l'intérieur, au sujet de l'arrestation des vins fins de la Côte-d'Or qui ont été arrêtés aux frontières, convertie en motion par un membre, décrète que son comité de commerce lui présentera demain un projet de décret pour l'exportation des vins fins hors de la République, et que provisoirement les vins fins qui sont en arrestation sur la frontière suivront leur destination et ne pourront y être retenus.

20 = 25 MAI 1792. — Décret qui ordonne un emprunt forcé d'un milliard sur les citoyens riches. (L. 14, 412 ; B. 30, 170 ; Mon. des 21 et 22 mai 1793.)

La Convention nationale décrète ce qui suit :

Il sera fait un emprunt forcé d'un milliard sur tous les citoyens riches.

Les reconnaissances seront admises en paiement des biens des émigrés.

Le comité des finances présentera incessamment le mode d'exécution.

20 = 20 MAI 1793. — Décret sur les membres de la Convention qui troublent les délibérations. (B. 30, 169.)

La Convention nationale décrète que tous ceux de ses membres qui, après avoir été rappelés à l'ordre par le président, continueront de troubler les discussions, seront inscrits au procès-verbal, et leurs noms envoyés et affichés dans toutes les communes de la République, comme perturbateurs des délibérations de l'Assemblée.

20 MAI 1793. — Charrois militaires. *Voy.* 16 MAI 1793. — Chevaux, etc., d'émigrés ; *Conclusum* de la diète de Ratisbonne ; Dépenses. *Voy.* 14 MAI 1793. — Déserteurs allemands ; Droits d'entrée sur les comestibles ; Employés aux hôtels des monnaies. *Voy.* 19 MAI 1793. — Général Kellermann. *Voy.* 18 MAI 1793. —

Peaux de mouton, etc. *Voy.* 19 MAI 1793. — Représentans du peuple. *Voy.* 14 MAI 1793. — Sous-officiers destitués. *Voy.* 19 MAI 1793.

21 = 24 MAI 1793. — Décret interprétatif des articles 2 et 4 de celui du 5 mai 1793, concernant les pensionnaires sur les biens des colléges. (B. 30, 173.)

La Convention nationale, sur les observations d'un membre sur les articles 2 et 4 du décret du 5 de ce mois, concernant les pensionnaires sur les biens des colléges, déclare qu'elle n'a point entendu, dans ces deux articles, assujétir à rapporter un certificat de civisme pour toucher leurs pensions ceux des pensionnaires qui n'exercent plus aucune fonction, mais seulement ceux qui, étant en activité de service, confondent dans les émolumens qui y sont attachés leurs pensions avec les traitemens qui leur sont assignés.

Déclare pareillement que ceux qui ne sont salariés en aucune manière par le Trésor public sont dispensés de représenter un certificat de civisme tel que sont tenus d'en rapporter les fonctionnaires publics et tous salariés par la nation.

21 = 21 MAI 1793. — Décret qui lève le sursis concernant le général Miaczinski. (B. 30, 171.)

21 = 23 MAI 1793. — Décret qui maintient provisoirement dans leurs fonctions les juges et jurés du tribunal criminel du département de Rhône-et-Loire. (B. 30, 174.)

21 MAI 1793. — Décret qui renvoie à la commission des Douze une dénonciation du président du département des Pyrénées-Orientales contre les commissaires de la Convention dans ce département. (B. 30, 174.)

21 = 21 MAI 1793. — Décret qui suspend la réunion des hussards du 1er régiment à l'escadron du Calvados. (B. 30, 171.)

21 = 22 MAI 1793. — Décret qui nomme le général Kellermann pour commander provisoirement en chef l'armée de la Vendée. (L. 14, 412 ; B. 30, 172.)

21 = 24 MAI 1793. — Décret qui ordonne de prendre des informations sur le complot de calomnier Paris dans les départemens. (L. 14, 414 ; B. 30, 172.)

21 = 24 MAI 1793. — Décret qui autorise à délivrer provisoirement des lettres de service aux militaires compris dans l'état des officiers-généraux. (L. 14, 416 ; B. 30, 173.)

21 MAI 1793. — Complots. *Voy.* 12 MAI 1793.

22 = 22 MAI 1793. — Décret relatif aux adjudications des lots résultant de la division des grandes propriétés nationales. (L. 14, 419 ; B. 30, 175.)

La Convention nationale, s'étant fait rendre compte de la teneur de l'article 14 de son décret des 1er et 4 avril dernier, décrète que l'adjudication des lots résultant de la division des grandes propriétés nationales devra avoir lieu sur la seconde et non sur la troisième publication, ainsi qu'il est porté par erreur audit article.

22 = 24 MAI 1793. — Décret qui établit, pendant la guerre seulement, des adjudans de place dans différentes villes. (L. 14, 420 ; B. 30, 180.)

La Convention nationale, après avoir entendu le rapport de son comité de la guerre, décrète que, pendant la guerre seulement, il sera établi des adjudans de place dans les villes ci-après désignées, savoir :

Première division. A Bergues, Graveline, Landrecies, Bouchain, Lille, le Quesnoy. — *Deuxième*, à Philippeville, Montmédi. — *Troisième*, à Metz, Longwy, Sarrelouis, Bitche. — *Quatrième*, à Marsal. — *Cinquième*, à Weissembourg, Schelestat, Huningue, Phalsbourg. — *Huitième*, à Antibes, îles Sainte-Marguerite. — *Douzième*, à Nantes, Rochefort. — *Quatorzième*, à Granville. — *Quinzième*, à Dieppe. — *Seizième*, à Béthune, Hesdin, Montreuil-sur-mer, Boulogne. — *Vingt-troisième*, à Calvi, Ajaccio.

22 = 24 MAI 1793. — Décret relatif à la comptabilité du caissier de la recette journalière de la Trésorerie nationale. (L. 14, 428 ; B. 30, 176 ; Mon. du 24 mai 1793.)

Art. 1er. A compter du 1er juin 1793, le caissier de la recette journalière de la Trésorerie nationale, établi en vertu du décret du 16 août = 15 novembre 1791, sera comptable, au bureau de comptabilité, du montant de ses recettes et de ses versemens à la caisse générale de ladite Trésorerie. Il signera en conséquence les récépissés, lesquels ne seront valables qu'autant qu'ils auront été visés par le contrôleur général des caisses.

2. Ledit caissier versera, tous les huit jours, ou plus souvent si les besoins du service l'exigent, à la caisse générale, sur les reconnaissances *en masse* du caissier général, le produit de ses recettes, tant en espèces et assignats qu'en effets sur Paris.

3. A compter dudit jour 1er juin 1793, les envois des receveurs de district, pour toutes leurs recettes *autres que celles provenant des capitaux et des fruits des domaines nationaux, ainsi que des échanges,* seront adressés par eux directement au caissier de la re-

cette journalière, en la même forme qu'ils l'ont été jusqu'à présent au caissier général. Le caissier de la recette journalière jouira, en conséquence, de la franchise des ports de lettres et paquets qui lui seront adressés.

4. Ledit caissier recevra également toutes les sommes qui seront versées au Trésor public, par tous comptables ou débiteurs, à quelque titre que ce puisse être, et il en délivrera ses récépissés. Il conservera en dépôt les fonds provenant des rescriptions, jusqu'à ce qu'elles soient rentrées acquittées. Lesdits fonds lui seront versés tous les soirs par le signataire desdites rescriptions, et seront remis tous les huit jours dans une caisse à deux clefs, dont l'une sera déposée dans les mains du président de la Trésorerie, et la seconde restera dans celles du caissier de la recette journalière.

5. Le caissier général sera chargé de recevoir directement : 1° le produit *en masse* des recettes journalières dans lesquelles celui des biens des émigrés sera distingué, pour le dépôt en être provisoirement fait par ledit caissier général, ainsi qu'il est ordonné par le décret du 31 décembre 1792 ;

2° Les assignats provenant de la fabrication, et qui doivent être déposés dans la caisse à trois clefs destinée à les renfermer ;

3° Les sommes qui seront tirées de ladite caisse à trois clefs pour être appliquées au service public, en exécution des décrets du Corps-Législatif ;

4° Les assignats annulés provenant des capitaux et des fruits des domaines nationaux, ainsi que des échanges ;

5° Le numéraire provenant des opérations dont la Trésorerie a été chargée ;

6° Enfin, les dépôts qui seraient ordonnés être faits à la caisse générale de ladite Trésorerie.

6. Le cautionnement de cinq cent mille livres à fournir par le caissier général seul, en exécution du décret du 16 août = 13 novembre 1791, sera partagé entre ledit caissier général et le caissier des recettes journalières, à raison de trois cent mille livres pour le premier, et de deux cent mille livres pour le second.

7. Les dispositions du décret du 16 août = 13 novembre 1791 continueront au surplus d'être exécutées en ce qui concerne le service de la caisse générale, en tout ce à quoi il n'est pas dérogé par le présent décret.

22 = 24 MAI 1793. — Décret qui accorde huit mille livres, à titre d'avance, à la section de Popincourt. (B. 30, 184.)

22 = 24 MAI 1793. — Décret qui accorde neuf cents livres au citoyen Ronnay. (B. 30, 183.)

22 MAI 1793. — Décret de mention honorable des administrateurs et des habitans du département de la Meuse. (B. 30, 185.)

22 = 24 MAI 1793. — Décret qui fixe la solde des officiers et gendarmes montés et non montés. (L. 14, 422; B. 30, 179.)

22 = 24 MAI 1793. — Décret qui met différentes sommes à la disposition des commandans en chef des armées. (L. 14, 426; B. 30, 183.)

22 MAI 1793. — Décret relatif au remplacement des sommes payées ou avancées par la Trésorerie, dans le courant d'avril dernier. (L. 14, 424.)

22 = 24 MAI 1793. — Décret qui autorise la municipalité de Caen et le conseil général de la Seine-Inférieure à prélever des sommes sur les contributions directes de 1791 et 1792. (B. 30, 174 et 184.)

22 = 22 MAI 1793. — Décret qui accorde deux millions pour les dépenses que nécessitent les expéditions dans les départemens troublés. (L. 14, 418; B. 30, 176.)

22 = 24 MAI 1793. — Décret qui proroge le terme fixé pour compléter le 19e régiment de chasseurs à cheval. (L. 14, 423; B. 30, 180.)

22 = 24 MAI 1793. — Décret qui autorise le contrôleur-général de la caisse de la Trésorerie à retirer de la caisse à trois clefs jusqu'à concurrence de deux cent cinquante-six millions. (B. 30, 178.)

22 = 24 MAI 1793. — Décret qui ordonne l'inventaire et la vente du mobilier du ci-devant prince de Salm. (B. 30, 181.)

22 = 24 MAI 1793. — Décret qui ordonne le paiement des appointemens dus au citoyen Coquille Deslongchamps. (B. 30, 182.)

22 = 22 MAI 1793. — Décret qui ordonne le paiement de trois mille livres pour les frais de copie, gravure et tirage du plan du quartier des Tuileries. (B. 30, 175.)

22 = 22 MAI 1793. — Décret qui accorde trois cents livres au citoyen Briançon. (B. 30, 176.)

22 MAI 1793. — Décret pour faire un rapport concernant le citoyen Letellier. (B. 30, 184.)

22 = 24 MAI 1793. — Décret qui ordonne de payer les traitemens des membres de l'Académie des sciences de Paris. (B. 30, 179.)

22 MAI 1793. — Académie des sciences Voy. 17 MAI 1793. — Exportation des vins fins. Voy. 20 MAI 1793. — Général Kellermann. Voy. 21 MAI 1793. — Officiers de santé; Remplacement des notaires; Service de la marine. Voy. 17 MAI 1793.

23 = 28 MAI 1793. — Décret relatif à la division en coupures des assignats de la création du 7 mai 1793. (L. 14, 435; B. 30, 189.)

Art. 1er. Les sept cent un millions huit cent mille livres faisant partie de la création et de l'émission décrétées le 7 du courant, seront composés ainsi qu'il suit, savoir:

Trois cents millions, assignats de quatre cents livres; deux cents millions, assignats de cinquante livres; cinquante millions, assignats de dix livres; soixante-quinze millions, assignats de cinquante sous; quarante millions, assignats de quinze sous; trente-six millions huit cent mille livres, assignats de dix sous.

2. Le papier de quatre cents livres et de cinquante livres, dont la fabrication a été ordonnée par le décret du 23 avril dernier, sera imprimé par continuation de séries, et sous la même date que les assignats de quatre cents livres et de cinquante livres fabriqués en exécution des décrets des 21 novembre et 14 décembre 1792.

3. L'archiviste de la République passera sans délai les marchés pour la fabrication du papier nécessaire à la confection d'assignats de dix livres et de petites coupures ordonnées par le présent décret.

4. Les cinquante millions d'assignats de dix livres, dont la fabrication est ordonnée par le présent décret, seront imprimés par continuation de séries, et sous la date du 24 octobre 1792, et semblables en tout à l'assignat de dix livres, fabriqué et émis en exécution de ce décret du 24 octobre 1792.

5. Le papier pour les assignats de cinquante sous sera du poids de dix-huit à vingt livres la rame, et dans les dimensions du papier qui a servi à la confection des premiers assignats de cinquante sous. Il portera dans son filigrane, en clair, les deux lettres initiales F. R., en majuscules italiques liées ensemble. Ces deux lettres seront inscrites dans un cercle en opaque: entre les deux lettres sera le nombre de cinquante sous, en clair.

Les parallélogrammes en tête de cet assignat, au lieu de ces mots: Loi du 4 janvier 1792, l'an quatrième de la liberté, porteront ceux-ci en italique: Loi du 23 mai 1793, l'an deuxième de la République.

Cette nouvelle émission fera un compte séparé de la première, et les séries, de deux mille feuilles chacune, commenceront par le n° 1er.

Le timbre sec brisé de cet assignat sera

remplacé par un timbre sec non brisé, portant la tête de *Brutus*.

6. Le papier pour les assignats de quinze sous sera du poids de vingt à vingt-deux livres la rame, et dans les mêmes dimensions que le précédent. Il portera dans son filigrane, en clair, les deux lettres initiales *F. R.*, en capitales romaines, séparées entre elles par trois points disposés en triangle, et au-dessous le nombre *quinze sous*, en clair. Ces signes seront inscrits dans une losange en opaque.

Les parallélogrammes de cet assignat, qui portent ces mots : *Loi du 4 janvier, l'an quatrième de la liberté*, porteront ceux-ci en italique : *Loi du 23 mai 1793, l'an deuxième de la République.*

Le timbre sec non brisé de cet assignat sera remplacé par un timbre sec brisé, portant la tête de *Caton*.

Les deux ornemens portés en tête de l'assignat, à droite et à gauche du mot *quinze sous*, seront remplacés par deux autres ornemens, portant sur des hachures, à droite, ces mots en petites capitales romaines : RÉPUBLIQUE FRANÇAISE, et à gauche, UNE ET INDIVISIBLE.

7. Le papier pour les assignats de dix sous sera du poids de vingt à vingt-deux livres, dans les mêmes dimensions que le précédent. Le filigrane sera composé d'un hexagone en opaque, dans lequel seront inscrites en clair les deux lettres initiales *R. F.*, en capitales italiques, séparées par trois points disposés en triangle; au-dessous de ces lettres sera le nombre *dix sous*, en chiffres romains, en clair.

Les parallélogrammes de l'assignat, au lieu de ces mots : *Loi du 4 janvier 1792, l'an quatrième de la liberté*, porteront ceux-ci : *Loi du 23 mai 1793, l'an deuxième de la République.*

Le timbre sec brisé sera remplacé par un timbre non brisé, portant la tête de *Publicola*.

Dans le triangle sur lequel s'appuient les deux figures qui supportent le bonnet de la liberté, ces mots : *La nation, la loi et le Roi*, seront remplacés par ceux-ci : *Liberté, égalité, sûreté.*

Dans les nouveaux assignats de cinquante sous, quinze sous et dix sous, l'écusson de France et le chiffre seront remplacés par des ornemens qui représenteront la pique et le bonnet de la liberté.

Les nouveaux timbres secs porteront les noms de *Brutus*, de *Caton* et de *Publicola*, dans le cordon intérieur de chacun des timbres.

8. Les nouveaux assignats dont la fabrication est ordonnée par le présent décret seront déposés dans la caisse à trois clefs, au fur et à mesure de la fabrication.

23 MAI = 4 JUIN 1793. — Décret relatif aux bâtimens des Etats-Unis. (L. 14, 448; B. 30, 190.)

Voy. loi du 28 = 30 MAI 1793.

La Convention nationale, après avoir entendu le rapport de son comité de salut public, voulant maintenir l'union établie entre la République française et les Etats-Unis de l'Amérique, décrète que les bâtimens des Etats-Unis ne sont pas compris dans les dispositions du décret du 9 mai, conformément à l'article 16 du traité passé le 6 février 1778.

———

23 = 23 MAI 1793. — Décret relatif à la frégate française *la Céleste* et au brick danois *le Franc-Navire*. (B. 30, 196.)

———

23 = 23 MAI 1793. — Décret et adresse aux armées françaises. (L. 14, 446; B. 30, 188.)

———

23 = 23 MAI 1793. — Décret qui autorise le paiement de deux mille livres au citoyen Thouvenin, à compte des ouvrages par lui faits au local de la fabrication des assignats. (B. 30, 196.)

———

23 MAI 1793. — Décret de renvoi à la commission des Douze d'une proposition relative à des motions contre les représentans du peuple. (B. 30, 197.)

———

23 MAI 1793. — Décret qui déclare que la section de la Fraternité de Paris a bien mérité de la patrie, ainsi que celle des Tuileries. (B. 30, 198.)

———

23 MAI 1793. — Décret relatif aux bijoux et autres effets précieux provenant du département de Jemmapes. (B. 30, 197.)

———

23 = 24 MAI 1793. — Décret qui autorise le paiement des appointemens dus au capitaine Rousseau. (B. 30, 191.)

———

23 = 28 MAI 1793. — Décret qui autorise l'enlèvement des plombs et cuivres restés dans les jardin et parc de Chantilly. (B. 30, 192.)

———

23 = 28 MAI 1793. — Décret relatif à des déportés de Saint-Domingue par ordre de Santonax. (B. 30, 197.)

———

23 MAI 1793. — Décret qui autorise l'organisation en bataillon des recrues rassemblées dans le département de l'Isère. (B. 30, 198.)

———

23 = 28 MAI 1793. — Décret qui alloue des fonds, à titre de prêt, pour acquitter les billets de parchemin et ceux de la maison de secours. (L. 14, 434; B. 30, 192.)

23 = 28 MAI 1793. — Décret relatif aux troubles de l'île de Corse. (L. 14, 443; B. 30, 186.)

23 = 28 MAI 1793. — Décret contenant une adresse aux citoyens de l'île de Corse. (B. 30, 187.)

23 = 24 MAI 1793. — Décret qui accorde cent deux mille livres, à titre de prêt, à la section des Quinze-Vingts. (B. 30, 185.)

23 = 28 MAI 1793. — Décret qui ordonne l'insertion au procès-verbal du décret du 25 novembre, concernant les règles à suivre dans la vente du mobilier des émigrés. (B. 30, 191.)

23 = 25 MAI 1793. — Décret qui renvoie au tribunal militaire la destitution du général Fournier. (B. 30, 185.)

23 = 26 MAI 1793. — Décret qui accorde deux mille livres au citoyen Manecq, et l'autorise à acheter des biens nationaux jusqu'à la concurrence de six mille livres. (B. 30, 186.)

23 = 23 MAI 1793. — Décrets qui sursoient à l'avance d'un million huit cent mille livres demandés par la municipalité de Paris, pour les dépenses administratives de 1793, et l'autorisent à percevoir deux millions cinq cent mille livres sur les contributions de 1791 et 1792. (L. 14, 440 et 442; B. 30, 195.)

23 MAI 1793. — Autel à la patrie. *Voy.* 26 JUIN 1793.

24 = 29 MAI 1793. — Décret relatif aux différens dépôts faits à la caisse de l'extraordinaire. (L. 14, 455; B. 30, 203.)

Art. 1er. Les dépôts faits à la ci-devant caisse de l'extraordinaire en exécution du décret du 28 septembre dernier, et tous autres dépôts de même nature qui y auront été faits jusqu'à ce jour, seront remis au receveur près l'administration des domaines nationaux, dont le reçu, visé de l'administrateur au bas du procès-verbal de ladite remise, opérera la décharge du ci-devant trésorier.

2. Les receveurs de district et tous autres agens quelconques qui seraient dépositaires de pierres fines ou fausses, et d'autres objets précieux de même nature provenant des églises, maisons religieuses et autres établissemens publics supprimés, les feront passer sur-le-champ, par la messagerie, au receveur près l'administration des domaines nationaux.

3. Ils accompagneront leurs envois d'un inventaire descriptif des objets, en ayant soin de désigner les lieux ou les individus d'où ils proviennent, leur nombre et leur poids. Cet inventaire sera dressé en présence de deux membres du directoire du district, et du préposé des messageries, qui s'en chargera.

4. Les receveurs ou autres agens qui feront ces envois feront passer séparément le procès-verbal de chargement par la poste à l'administration des domaines nationaux, en ayant soin de faire charger le paquet.

5. L'administrateur des domaines nationaux est autorisé à choisir un citoyen connaisseur dans cette partie, pour dresser les inventaires, faire les classemens, et procéder à toutes les opérations qui précéderont la vente tant des effets déjà déposés que de ceux qui seront envoyés des diverses parties de la République.

6. Les dépôts de toute nature qui ont été ou seront faits à ladite administration seront renfermés dans une caisse à trois clefs: l'une sera entre les mains du receveur; la seconde dans celles de l'administrateur; la troisième dans celles du ministre de l'intérieur, ou de la personne qu'il chargera de la représenter pour cet objet.

7. Aucun paquet arrivant par la messagerie au receveur près l'administration des domaines nationaux, ne pourra être ouvert que le procès-verbal de chargement ne soit parvenu à l'administrateur.

8. Lorsque les procès-verbaux de chargement lui seront parvenus, il les remettra au préposé désigné dans l'article 5, à l'effet de procéder à l'ouverture des paquets arrivés au receveur, en présence du préposé des messageries.

9. Il sera dressé procès-verbal du récolement des inventaires qui auront été dressés par les receveurs de district ou autres agens, et qui auront accompagné les envois d'effets précieux. Expéditions de ces procès-verbaux, au bas desquels seront mis les reçus du receveur près l'administration, seront adressés aux receveurs de district, ou à tous autres qui auraient fait parvenir lesdits effets, pour opérer leur décharge.

10. Lorsque le préposé nommé par l'administrateur aura classé les effets par nature, il sera dressé procès-verbal de leur évaluation, par des experts choisis concurremment par l'administrateur et le ministre de l'intérieur, et expédition dudit procès-verbal sera adressé à la Convention.

11. L'administrateur des domaines nationaux est autorisé à faire recevoir par le receveur près l'administration des domaines nationaux, tous dépôts quelconques d'effets précieux provenant soit des domaines nationaux, soit des émigrés, en se conformant aux formalités ci-dessus prescrites.

12. Les diamans et autres effets précieux provenant des émigrés seront distingués et vendus séparément, pour servir, s'il y a lieu, au paiement des créanciers de l'émigré auquel

ils appartenaient, à la déduction de la portion des frais d'expertise et de vente qu'ils doivent supporter.

13. La Trésorerie tiendra à la disposition de l'administrateur des domaines nationaux la somme de deux cents livres par mois, pour le traitement du préposé qu'il aura choisi en exécution de l'article 5, et paiera, sur les états certifiés par ledit administrateur, les frais d'expertise ou autres frais extraordinaires relatifs à l'exécution du présent décret.

_____

24 = 25 MAI 1793. — Décret relatif à la nomination des jurés du tribunal extraordinaire. (B. 30, 201 ; Mon. du 27 mai 1793.)

La Convention nationale décrète ce qui suit :

Art. 1er. Dans la séance de demain, il sera placé sur le bureau un vase dans lequel seront déposés quatre-vingt-cinq billets indiquant chacun un département.

Il en sera de suite tiré seize, dont les douze premier serviront à désigner les départemens dans lesquels seront pris les douze jurés, et les quatre suivans, ceux qui fourniront les quatre suppléans.

2. Dans les séances suivantes, il sera formé, par scrutins signés, une liste de candidats domiciliés dans les seize départemens indiqués par le sort.

3. Cette liste sera imprimée et distribuée à tous les membres de la Convention, et, le lendemain de cette distribution, il sera procédé, par scrutins signés, à la nomination des douze jurés et de leurs quatre suppléans.

4. Le citoyen de chacun des départemens désignés qui réunira le plus de suffrages comparativement aux autres citoyens du même département, sera élu.

Si l'un d'eux refusait, le citoyen de son département qui aura eu le plus de suffrages après lui sera appelé en son lieu et place.

5. Le résultat général sera incessamment proclamé, et le décret aussitôt transmis au conseil exécutif, auquel il demeure dès à présent enjoint de tenir la main à la prompte expédition et envoi, pour que le rassemblement des nouveaux jurés puisse s'opérer avant le 15 juin, terme jusques auquel demeure prorogé le pouvoir des jurés actuellement en exercice.

6. L'exercice des jurés demeure à l'avenir limité à un mois.

La Convention décrète, en conséquence, que, le 15 de ce mois, il sera procédé au tirage des départemens qui fourniront le juré pour le mois suivant, et, les jours qui suivront, procédé à la présentation des candidats et à l'élection : le tout en la forme ci-dessus, et telle sorte néanmoins que les départemens qui auront fourni les jurés ou suppléans, ne

puissent concourir de nouveau qu'après le tour de complément révolu.

_____

24 = 29 MAI 1793. — Décret d'ordre du jour sur l'avancement des citoyens Duchemin, Bigarré, Clinet et Robert. (B. 30, 202.)

_____

24 = 29 MAI 1793. — Décret qui accorde deux cents livres au citoyen Pariset. (B. 30, 202.)

_____

24 = 29 MAI 1793. — Décret relatif aux officiers de toutes armes nommés par le général Dumouriez. (L. 14, 454 ; B. 30, 201.)

_____

24 = 29 MAI 1793. — Décret qui accorde à la commune de Montreuil-sur-mer la jouissance du terrain dit le Bouillon, pour lui servir de cimetière commun. (B. 30, 203.)

_____

24 MAI 1793. — Décret qui ordonne l'impression du discours du citoyen Lanjuinais, sur l'organisation des communes, et l'envoi aux départemens. (B. 30, 205.)

_____

24 = 24 MAI 1793. — Décret qui accorde soixante mille livres, à titre de prêt, à la section du Luxembourg. (B. 30, 200.)

_____

24 = 24 MAI 1793. — Décret qui met sous la sauve-garde des bons citoyens la fortune publique, la représentation nationale et la ville de Paris. (L. 14, 450 ; B. 30, 199.)

_____

24 MAI 1793. — Décret qui déclare que la section de la Butte-des-Moulins a bien mérité de la patrie. (B. 30, 205.)

_____

24 MAI 1793. — Adjudans de place. Voy. 22 MAI 1793. — Biens d'émigrés. Voy. 25 NOVEMBRE 1792. — Biens des colléges. Voy. 21 MAI 1793. — Caissier de la Trésorerie nationale. Voy. 22 MAI 1793. — Cartel d'échange pour les prisonniers. Voy. 15 MAI 1793. — Commandant en chef des armées. Voy. 22 MAI 1793. — Complot de calomnie. Voy. 21 MAI 1793. — Grandes propriétés nationales. Voy. 22 MAI 1793. — Lettres de service ; Paris. Voy. 21 MAI 1793. — Solde des sous-officiers et gendarmes ; Trésorerie nationale. Voy. 22 MAI 1793.

_____

25 = 26 MAI 1793. — Décret qui déclare nuls les arrêtés pris par les commissaires de la Convention dans les départemens des Bouches-du-Rhône et du Loiret, comme attentatoires à la liberté de la presse. (L. 14, 458 ; B. 30, 211.)

La Convention nationale casse et annule l'arrêté pris à Orléans, le 13 mai, par Julien et Bourbotte, ses commissaires dans le département du Loiret, ainsi que l'ordre expédié de Marseille à la municipalité d'Avignon, le 11 avril, par Moïse Bayle et Boissel, ses commissaires dans le département des Bouches-du-Rhône, comme attentatoires et destructifs de la liberté de la presse.

Déclare nuls et non avenus tous arrêtés qui contiendraient de pareilles dispositions; fait les défenses les plus expresses à toutes autorités constituées, corps administratifs et municipaux, de donner aucune suite à de pareils arrêtés.

---

25 = 30 MAI 1793. — Décret qui établit un mode uniforme pour l'échange des prisonniers de guerre. (L. 14, 459 ; B. 30, 206.)

La Convention nationale, voulant établir, pour toutes les armées de la République un mode uniforme pour l'échange des prisonniers de guerre; convaincue d'ailleurs que l'intérêt respectif des nations belligérantes veut qu'elles se rendent sans retard ceux de leurs défenseurs que le sort des armes a mis au pouvoir des unes ou des autres, et qu'elles concilient dans ces sortes de calamités tout ce que la justice, l'humanité et la loyauté réclament d'elles;

Ouï le rapport de son comité de la guerre, décrète ce qui suit :

Décret sur le cartel d'échange pour les prisonniers de guerre, au nom de la République française.

Art. 1er. Il n'y aura aucun tarif pécuniaire pour l'échange des prisonniers de guerre.

2. Il n'y aura pas de tarif d'échange, tel qu'un officier ou sous-officier, de quelque grade que ce soit, puisse être échangé contre un plus grand nombre d'individus de grade inférieur.

3. Ne seront point compris dans les échanges les individus désignés par différens décrets pour servir d'otages à la République, et lui répondre de la sûreté des commissaires de la Convention nationale, livrés à l'ennemi par la plus infâme trahison.

4. Nul émigré, nul déserteur à l'ennemi en temps de guerre, ne pourra être échangé.

5. La base commune des échanges, qu'aucune modification ne peuvent altérer sans le consentement exprès de la Convention nationale, sera d'échanger homme pour homme, et grade pour grade.

6. Aucun échange ne sera fait que d'après un état nominatif contenant les noms et grades des prisonniers échangés.

7. Ne seront réputés prisonniers de guerre tous les individus attachés simplement au service des armées, et qui ne sont pas du nombre des combattans. Ainsi la restitution en sera faite aussitôt qu'ils seront réclamés et suffisamment reconnus; bien entendu que cette disposition sera réciproque entre les nations belligérantes.

8. Les généraux en chef des armées de la République sont autorisés à traiter, en conséquence de ces principes, avec les généraux des armées ennemies.

9. Il sera nommé, par le général en chef de chaque armée, un officier de grade supérieur et un commissaire-ordonnateur des guerres pour déterminer par un cartel, avec les officiers nommés par le général ennemi, chaque échange de prisonniers, le nombre de ceux qui devront y être compris, ainsi que le temps et le lieu où il devra s'effectuer.

10. Les prisonniers de guerre qui n'auront pas été compris dans un cartel d'échange, parce qu'ils se trouveront excéder le nombre de ceux au pouvoir de l'ennemi, pourront être renvoyés sur leur parole d'honneur de ne faire aucun service qu'ils n'aient été échangés. Ils seront en conséquence compris les premiers dans le prochain cartel, et il en sera formé deux états nominatifs, dont l'un sera remis au général ennemi, et l'autre au général de l'armée française, afin que de part et d'autre il soit tenu la main à l'exécution de cette disposition.

11. Nul cartel d'échange ne pourra être arrêté qu'au nom de la République française.

12. Aussitôt qu'un cartel d'échange aura été convenu et arrêté dans les formes et suivant les règles ci-dessus établies, et adressé au général en chef, il en ordonnera l'exécution, laquelle aura lieu dans le délai déterminé par le cartel, sans que, sous aucun prétexte, elle puisse être différée.

13. Pour prévenir toute lenteur à cet égard, les prisonniers de guerre faits sur l'ennemi seront à la disposition du général de chaque armée, qui, du consentement des représentans du peuple présens aux armées, fixera les lieux de leur résidence, soit dans les villes de son commandement, soit dans toute autre, et il en préviendra les corps administratifs, qui ne pourront, pour quelque motif que ce puisse être, changer sans son ordre exprès la destination de ces prisonniers.

14. Le général en chef rendra compte au ministre de la guerre de toutes les mesures qu'il aura prises relativement au transport, à la résidence et à la sûreté des prisonniers, ainsi qu'à leur échange, et à toutes les mutations qu'ils pourront éprouver.

15. Lorsque les prisonniers de guerre seront arrivés au lieu que le général aura fixé pour leur résidence, il sera fait choix, par les corps administratifs ou municipaux, d'un officier de confiance, soit de la gendarmerie nationale, soit de la garde citoyenne, et d'un nombre de sous-officiers suffisant pour prendre la police du dépôt, et y maintenir l'ordre et la discipline; ces officiers et

sous-officiers jouiront, à cet égard, d'un traitement extraordinaire qui sera fixé incessamment par la Convention nationale.

16. Les corps administratifs ou municipaux informeront sur-le-champ le général en chef du choix de l'officier chargé du dépôt, afin que le général puisse lui transmettre les ordres qu'il jugera convenables.

17. Aucun prisonnier fait sur l'ennemi ne pourra être forcé à servir dans les troupes de la République, et les généraux en chef de ses armées exigeront la même réciprocité des généraux des armées ennemies.

18. La République fera payer à titre de subsistance, aux officiers, sous-officiers et soldats fait prisonniers sur l'ennemi, le montant des appointemens et solde affectés en temps de paix aux grades correspondant aux leurs dans l'armée française, et, lorsqu'il leur sera délivré des rations de pain, la retenue leur en sera faite sur le même pied qu'aux troupes de la République.

19. Ce traitement leur sera payé par les caisses municipales ou de district, sur les états de prêt qui seront arrêtés par l'officier chargé de la police, et visés du commissaire des guerres employé dans la place, ou, en son absence, d'un officier municipal.

20. Le remboursement de ces avances sera fait tous les mois aux caisses municipales ou de district, sur les revues qui seront passées par un commissaire des guerres, dont une expédition sera envoyée par lui au ministre de la guerre, une au général en chef, et une au payeur général de l'armée, qui sera chargé d'acquitter ces dépenses.

21. L'officier chargé de la police de chaque dépôt de prisonniers de guerre enverra tous les mois au général en chef, ou plus souvent s'il le juge nécessaire, l'état de situation des prisonniers de son dépôt, afin que le général soit continuellement en état de rendre compte au ministre, et celui-ci à la Convention, du nombre et de la situation des prisonniers ennemis.

22. Les généraux en chef auront soin d'adresser pareillement au ministre de la guerre les états les plus exacts des Français faits prisonniers, et ils prendront des mesures pour être instruits non-seulement de leur nombre, mais encore de leur situation, de la manière dont il est pourvu à leur subsistance, et du traitement qu'ils éprouvent en pays étranger, afin d'être en état de leur porter secours et protection auprès du général ennemi, et d'obtenir qu'il soit fait droit sur leurs plaintes, lorsqu'elles seront fondées.

23. L'intention de la République étant que les officiers et soldats français que le sort de la guerre a fait ou fera tomber au pouvoir de l'ennemi jouissent également, jusqu'à l'époque de leur échange, des appointemens et solde attribués à leur grade, les généraux en chef des armées donneront connaissance de cette disposition aux généraux des armées ennemies, ainsi que du tarif des appointemens et solde, sur le pied de paix, réglés pour les différens grades, afin que les prisonniers français soient traités chez l'ennemi comme les prisonniers ennemis le sont dans les terres de la République.

24. Il sera fait mention expresse de ces avances réciproques dans les cartels d'échange, auxquels il sera joint des états dûment certifiés, et il sera donné des ordres par le général pour que le remboursement en soit fait respectivement, pour tous les prisonniers compris dans chaque échange, aussitôt qu'il s'exécutera.

25. Les prisonniers français qui, en vertu de l'article 8 du présent décret, seront renvoyés sur leur parole, jouiront de leurs appointemens et solde de paix jusqu'au moment où, rendus au service de la République par la voie de l'échange, ils pourront rentrer dans leurs corps respectifs.

26. Les prisonniers ennemis qui seront malades ou blessés seront traités dans les hôpitaux militaires de la République, soit ambulans, soit sédentaires, avec le même soin que les soldats français; et alors leurs appointemens et soldes seront sujets aux mêmes retenues qui s'exercent en pareil cas sur les officiers et soldats de la République; bien entendu que cette disposition, dictée par la justice et l'humanité, sera réciproquement observée par l'ennemi envers les Français prisonniers.

27. La Convention approuve et ratifie en tout leur contenu les cartels d'échange des 26 septembre 1792 et 17 février 1793, et ordonne en conséquence au ministre de la guerre et aux généraux en chef des armées de la République de terminer promptement les échanges résultant de ces traités, après avoir constaté l'exactitude des réclamations faites à cet égard par l'ennemi.

28. La Convention nationale maintient les dispositions de l'article 1er du décret du 28 avril dernier, concernant les princes allemands détenus à l'Abbaye.

29. La Convention nationale charge le ministre de la guerre de l'exécution du présent décret, et lui enjoint de communiquer exactement à son comité de la guerre chaque cartel d'échange immédiatement après sa conclusion.

---

25 = 30 MAI 1793. — Décret relatif au traitement des citoyens chargés de la surveillance des prisonniers faits sur l'ennemi, et au paiement des appointemens des prisonniers français. (L. 14, 465; B. 30, 210.)

Art. 1er, Ceux des citoyens qui auront été

nommés par les corps administratifs pour la surveillance des prisonniers faits sur l'ennemi auront pour traitement cent livres par mois, qui ne seront payées qu'autant qu'ils seront en exercice.

2. Les officiers des troupes de la République chargés de ce genre de service ne pourront cumuler deux traitemens; et, dans le cas où leurs appointemens seront au-dessous de douze cents livres, il leur sera payé par mois un supplément de traitement jusqu'à concurrence de cette somme.

3. Les sous-officiers des troupes de la République qu'on emploiera à ce genre de service recevront quinze sous de haute-paie par jour, qui cesseront de leur être comptés aussitôt que les prisonniers confiés à leur surveillance auront été échangés.

Ces sous-officiers seront sous les ordres de l'officier chargé en chef de cette partie.

4. Le ministre de la guerre est autorisé à faire payer les appointemens de tous les employés à l'armée, et qui sont à la solde de la République, lorsqu'ils auront été faits prisonniers, et ce, du jour qu'ils seront tombés au pouvoir des ennemis.

25 MAI 1793. — Décret qui défend aux membres de la Convention les injures et les qualifications de factieux les uns contre les autres, dans le sein de l'Assemblée. (B. 30, 212; Mon. du 26 mai 1793.)

La Convention nationale décrète que ceux de ses membres qui se permettront dans son sein des injures, des qualifications de factieux, les uns contre les autres, seront à l'instant chassés de l'Assemblée.

25 = 25 MAI 1793. — Décret qui accorde, à titre de prêt, quarante mille livres à la section des Invalides, et quarante-cinq mille livres à la section de Beaurepaire. (B. 30, 205 et 206.)

25 = 30 MAI 1793. — Décret qui ordonne la vérification des comptes des adjoints du ministre de la guerre, et leur défend de quitter Paris avant l'apurement de ces comptes. (B. 30, 210 et 211.)

25 = 25 MAI 1793. — Décret qui répartit par égale portion cent mille livres entre les deux généraux commandant l'armée des Pyrénées. (B. 30, 212.)

25 = 30 MAI 1793. — Décret relatif à plusieurs mandats d'arrêt décernés par le comité de surveillance des étrangers de la section de l'Unité, et qui met en liberté le citoyen Letellier. (B. 30, 214.)

25 MAI 1793. — Emprunt forcé d'un milliard. *Voy.* 20 MAI 1793. — Tribunal extraordinaire. *Voy.* 24 MAI 1793.

26 MAI = 1er JUIN 1793. — Décret interprétatif de celui du 17 mai 1790, sur l'abolition du retrait féodal ou censuel. (L. 14, 467; B. 30, 217).

La Convention nationale, après avoir entendu son comité de législation sur des pétitions des citoyens de la commune de Vernouillet et du citoyen Duplein des 25 avril et 7 de ce mois, tendant à faire interpréter le décret du 17 mai 1790 sur l'abolition du retrait féodal ou censuel; considérant que ce décret a eu pour objet d'éteindre toutes les demandes en retrait féodal ou censuel qui n'auraient pas été consommées par un jugement définitif, et que, par jugement en dernier ressort, il doit être entendu que toutes poursuites de retrait qui n'auraient pas été entièrement terminées, ou sur lesquelles il existait encore, à l'époque du 3 novembre 1789, quelque contestation relativement soit à la régularité de la demande, soit à la forme et à l'effet des offres, seraient déclarées comme non avenues, passe à l'ordre du jour sur les pétitions des habitans de Vernouillet et du citoyen Duplein; et, sur la demande faite par un membre que toute action en paiement de sommes prétendues ou exigées pour droits féodaux supprimés sans indemnité, en exécution de jugemens ou actes, à quelque date qu'ils aient été rendus ou passés, sera éteinte et anéantie sans aucune répétition de frais ou mises d'exécution, la Convention nationale renvoie au comité de législation pour faire rapport dans trois jours; et cependant décrète que, jusqu'au décret définitif sur ladite proposition, il sera sursis à toutes poursuites ou exécutions commencées en vertu de tous actes et jugemens portant obligation ou condamnation de sommes en principal ou accessoires pour droits féodaux supprimés sans indemnité.

26 MAI = 1er JUIN 1793. — Décret qui défend toutes suites de procédures relatives au paiement des droits censuels féodaux. (L. 14, 473; B. 30, 216.)

La Convention nationale, sur la proposition faite par un membre que les cens et rentes ci-devant féodaux ne puissent être exigés, même en vertu d'un jugement rendu en dernier ressort, si le paiement n'en a pas été effectué;

Et sur celle faite par un autre membre que les propriétaires des fonds grevés desdits cens et rentes ne puissent exiger des fermiers chargés d'acquitter les droits féodaux aucun paiement des années échues antérieurement à la promulgation du décret du 25 août dernier,

Renvoie ces propositions au comité de législation, et décrète que l'exécution de tous jugemens et arrêts, que toutes suites de procédures relatives au paiement des droits censuels féodaux, soit entre les propriétaires de ces droits, soit entre les propriétaires des fonds grevés desdits droits et leurs fermiers, seront suspendues; charge le comité de faire son rapport dans trois jours.

26 = 29 MAI 1793. — Décret qui accorde au département du Mont-Terrible le transit à l'étranger. (L. 14, 475; B. 30, 215.)

La Convention nationale, sur la proposition du ministre des contributions publiques, convertie en motion par un membre, décrète que le transit de l'étranger à l'étranger, accordé par le décret du 7 juillet 1791 aux départemens du Rhin, de la Meuse et de la Moselle, est également accordé, et aux mêmes conditions, au département du Mont-Terrible.

26 MAI = 1er JUIN 1793. — Décret relatif à l'incompatibilité des fonctions de notaire avec celles d'avoué et de greffier. (L. 14, 476; B. 30, 216.)

La Convention nationale, après avoir entendu son comité de législation sur le référé des juges du tribunal du district d'Uzès, département du Gard, sur la cumulation des fonctions de notaire et des fonctions d'avoué, passe à l'ordre du jour, motivé sur le décret du 29 septembre 1791, article 3, section II, portant que les fonctions de notaire sont incompatibles avec celles d'avoué et de greffier et la recette des contributions publiques; et, sur la demande faite par un membre que la même disposition d'incompatibilité s'étende aux fonctions d'administrateur de département et de district avec les fonctions de notaire et d'avoué, la Convention renvoie cette proposition au comité de législation, pour en faire un prompt rapport.

26 MAI = 1er JUIN 1793. — Décret relatif au paiement du traitement des officiers de terre et de mer suspendus de leurs fonctions. (B. 14, 477; B. 30, 218.)

La Convention nationale, ouï le rapport de ses comités de la guerre et des finances réunis, interprétant le décret du 8 janvier dernier, décrète que tous les officiers militaires de terre et de mer, de quelque grade qu'ils soient, qui ont été ou seront suspendus par le Corps-Législatif, les commissaires de la Convention ou le conseil exécutif, cesseront de jouir de tout traitement de paix et de guerre du jour de leur suspension, et que, lorsqu'ils seront réintégrés, ils auront droit, depuis la susdite époque, au rappel de leur traitement de paix seulement, et aux rations de fourrage attribuées par la loi.

26 MAI = 1er JUIN 1793. — Décret qui fixe le nombre des officiers de police pour chaque tribunal militaire. (L. 14, 478; B. 30, 219.)

La Convention nationale décrète, par disposition nouvelle sur la loi concernant l'établissement des tribunaux militaires dans les armées, qu'au lieu d'un officier de police par deux brigades, il y aura cinq officiers de police par tribunal militaire, dont l'exercice des fonctions se fera par arrondissement égal, autant qu'il sera possible.

26 MAI = 1er JUIN 1793. — Décret qui abroge les anciennes lois qui déclarent insaisissables les traitemens et gratifications des directeurs et préposés des loteries. (L. 14, 474; B. 30, 221.)

La Convention nationale, après avoir entendu le rapport de son comité de législation, abroge les anciennes lois et les arrêts qui déclarent insaisissables les traitemens et gratifications des directeurs et de tous autres préposés à l'administration des loteries.

26 MAI = 1er JUIN 1793. — Décret concernant l'envoi à faire par les directoires de district à l'administration des domaines nationaux, des procès-verbaux d'estimation et d'adjudication desdits domaines. (L. 14, 482; B. 30, 222.)

Art. 1er. Les directoires de district seront tenus de compléter sans délai l'envoi qui a dû être fait à l'administrateur des domaines nationaux de tous les procès-verbaux d'estimation et évaluation, procès-verbaux d'adjudication et états de vente des biens nationaux immobiliers; en conséquence, ils auront soin d'adresser toutes lesdites pièces aux directoires de département, lesquels, après avoir visé celles qui en sont susceptibles, aux termes des précédens décrets, les feront passer de suite audit administrateur.

2. Les affiches seront aussi envoyées audit administrateur, et les directoires les feront parvenir à l'instant même de la rédaction, de manière que cet administrateur puisse adresser en temps utile aux corps administratifs les observations que les affiches lui auront paru devoir comporter.

3. En suivant les formalités ci-dessus prescrites, les directoires adresseront de même sans délai audit administrateur les inventaires et procès-verbaux de vente du mobilier, et états de matières d'or et d'argent et autres métaux envoyés aux hôtels des monnaies.

4. Les receveurs de district en retard d'envoyer à l'administrateur des domaines nationaux leurs copies de journaux seront également tenus de les lui faire parvenir sans délai.

5. Pour accélérer la prompte expédition des différentes pièces exigées par les articles

5.

10

précédens, les corps administratifs et receveurs sont autorisés à employer des commis
supplémentaires, dont les rétributions seront
réglées d'après les dispositions de l'article
suivant.

6. Il sera payé :

1° Dix sous par rôle d'écriture, la page
contenant trente-six à quarante lignes, la ligne de huit à douze mots', pour chacun des
procès-verbaux d'adjudication dont l'expédition est prescrite par le présent décret, et
qui ne sont point encore parvenus à l'administration.

Cette disposition demeurera commune aux
procès-verbaux relatifs aux biens mobiliers et
immobiliers.

2° Seize sous par rôle d'écriture des copies de journaux des receveurs en retard de
les fournir à l'époque du présent décret, la
page contenant de trente-six à quarante lignes pleines, la ligne de huit à douze mots.

3° Un sou par article de vente de biens
immobiliers à porter sur les états qui doivent
être fournis à l'administrateur des domaines
nationaux, et qui ne lui sont point encore
parvenus à l'époque du présent décret.

4° Six deniers par article des états de matières d'or et d'argent et autres métaux envoyés aux hôtels des monnaies.

Les corps administratifs et les receveurs,
chacun en ce qui le concerne, surveilleront
la confection desdits états et expéditions, vérifieront l'exactitude des calculs, et ne seront
remboursés des frais de confection desdits
états qu'après avoir rectifié les erreurs qui
auraient pu s'y glisser.

7. Les rétributions accordées par l'article
précédent seront acquittées par la Trésorerie
nationale, en vertu du décret du 25 mars
dernier, sur les états qui seront adressés à
l'administrateur des domaines nationaux,
dans la forme déterminée pour les autres
frais desdits domaines.

26 MAI 1793.—Décret qui ordonne le renouvellement des comités de surveillance des étrangers des différentes sections de Paris, et qui
leur défend de se qualifier comités révolutionnaires. (L. 14, 471 ; B. 3o, 512.)

26 = 26 MAI 1793. — Décret relatif au commandement des armées du Nord, des Ardennes, de la Moselle, du Rhin, des Alpes,
d'Italie, des Pyrénées-Orientales et Occidentales, et des côtes de Cherbourg, et qui approuve les nominations des généraux Kellermann et Brunet. (L. 14, 46o; B. 3o, 225.)

26 = 29 MAI 1793. — Décret qui autorise la
municipalité de Grenoble à prendre des fonds
sur le recouvrement des contributions directes. (B. 3o, 215.)

26 = 27 MAI 1793. — Décret qui accorde cent
vingt-huit mille trois cents livres, à titre de
prêt, à la section de l'unité. (B. 3o, 214.)

26 MAI = 1er JUIN 1793. — Décret qui conserve
au tribunal criminel de l'Ardèche les poursuites relatives à la conspiration de Dusaillant
et de ses complices. (B. 3o, 220.)

26 MAI = 1er JUIN 1793. — Décret qui traduit
au tribunal révolutionnaire Jacques Leclerc
et ses complices. (B. 3o, 219.)

26 MAI = 1er JUIN 1793. — Décret qui érige en
commune et paroisse l'abbaye de Bégard.
(B. 3o, 218.)

26 = 28 MAI = 1er JUIN 1793. — Décret d'ordre du jour : 1° sur le renvoi à la Convention
de la procédure criminelle intentée contre
Rives Moustier ; 2° sur une pétition de Luc-
Antoine Laroche, prêtre français, prévenu
d'espionnage et d'intelligence avec l'ennemi.
(B. 3o, 214 et 220.)

26 = 26 MAI 1793. — Décret sur le placement
au Muséum de la collection d'histoire naturelle de Chantilly. (B. 3o, 215.)

26 MAI = 1er JUIN 1793. — Décret contenant
une proclamation aux citoyens des départemens troublés. (L. 14, 479 ; B. 3o, 221.)

26 = 26 MAI 1793. — Décret qui met en liberté
le général Bon Destourmel. (B. 3o, 225.)

26 MAI 1793. — Décret qui renvoie au comité
des finances une adresse du département de
l'Ariége, pour faire un rapport sous trois
jours. (B. 3o, 227.)

26 = 26 MAI 1793. — Décrets qui accordent,
à titre de prêt, cent quatre-vingt mille livres
à la section des Gravilliers, soixante mille
livres à celle du Finistère, et cent cinquante
mille livres à celle de Bon-Conseil. (B. 3o,
226.)

26 = 26 MAI 1796. — Décret qui autorise la
délivrance de passeports aux citoyens Leda-
met, Jannet et Charamond, prêtres. (B. 3o,
213.)

26 MAI 1793. — Commissaires de la Convention.
Voy. 25 MAI 1793.

27 MAI = 20 JUIN 1793. — Décret qui défend
d'exercer aucune retenue sur le décompte
des militaires convalescens.(L. 14, 486; B. 3o,
229.)

La Convention nationale, après avoir entendu son comité de la guerre, décrète qu'il

ne sera exercé aucune retenue sur le décompte des militaires convalescens, pour raison de deux sous par lieue, qu'elle leur a accordé par son décret du 26 novembre dernier pour frais de route, et en sus des trois sous qui leur étaient alloués précédemment.

27 MAI = 20 JUIN 1793. — Décret d'ordre du jour sur une demande de supplément de solde de dix sous par jour pour les troupes de ligne, pendant leur séjour à Paris. (B. 30, 230.)

27 MAI 1793. — Décret qui déclare citoyen français Philippe Buonarotti, natif de Toscane. (L. 14, 485 ; B. 30, 228.)

27 = 28 MAI 1793. — Décret qui ordonne que les citoyens emprisonnés par ordre de la commission extraordinaire des Douze seront mis en liberté. (B. 30, 230.)

27 = 27 MAI 1793. — Décret qui surseoit à l'exécution du jugement du tribunal criminel du Pas-de-Calais dans l'affaire de Dompmartin, etc. (B. 30, 227.)

27 = 29 MAI 1793. — Décret qui exempte du recrutement les patrons et mariniers de diligences par terre et par eau, de Châlons à Lyon et de Lyon à Paris. (B. 30, 227.)

27 MAI = 20 JUIN 1793. — Décret qui fixe la pension de la veuve de Louis Cousin et de ses enfans. (B. 30, 229.)

27 MAI = 20 JUIN 1793. — Décret relatif aux certificats produits par le fondé de pouvoir de Gestas. (B. 30, 228.)

27 MAI 1793. — Décret de renvoi au comité de législation, relatif au citoyen Bouxin. (B. 30, 230.)

27 MAI 1793. — Décret qui charge le comité de législation de présenter un projet de décret interprétatif des articles de la loi sur les émigrés, relatifs aux certificats de résidence. (B. 30, 230.)

27 MAI = 4 JUIN 1793. — Décret qui autorise le paiement de la solde des officiers de deux bataillons de volontaires organisés à Cambrai. (B. 30, 228.)

28 = 30 MAI 1793. — Décret qui rapporte celui du 23 mai 1793, relatif aux bâtimens des Etats-Unis. (L. 14, 448 ; B. 30, 231.)

La Convention nationale, sur la proposition d'un membre, rapporte le décret du 23 mai présent mois, qui déclare que les bâtimens des Etats-Unis ne sont pas compris dans les dispositions du décret du 9 de ce mois, et décrète en outre que les marchandises arrêtées resteront provisoirement en séquestre, et charge son comité de salut public, de concert avec celui de la marine, de lui faire, sous trois jours, un rapport définitif sur cette affaire.

28 = 30 MAI 1793. — Décret qui accorde cent cinquante livres à des déportés de Saint-Domingue. (B. 30, 231.)

28 MAI 1793. — Adresse aux armées françaises; Assignats; Billets de parchemin et de secours; Municipalité de Paris; Troubles de Corse. *Voy.* 23 MAI 1793.

29 MAI = 8 JUIN 1793. — Déclaration des droits de l'homme. (L. 14, 490 ; B. 30, 233.)

Voy. constitution du 24 JUIN 1793.

La Convention nationale décrète ce qui suit :

Art. 1er. Les droits de l'homme en société sont : l'égalité, la liberté, la sûreté, la propriété, la garantie sociale et la résistance à l'oppression.

2. L'égalité consiste à ce que chacun puisse jouir des mêmes droits.

3. La loi est l'expression de la volonté générale ; elle est égale pour tous, soit qu'elle récompense ou qu'elle punisse, soit qu'elle protége ou qu'elle réprime.

4. Tous les citoyens sont admissibles à toutes les places, emplois et fonctions publiques; les peuples libres ne connaissant d'autres motifs de préférence dans leur choix que les vertus et les talens.

5. La liberté consiste à pouvoir faire tout ce qui ne nuit pas à autrui.

Elle repose sur cette maxime : Ne fais pas aux autres ce que tu ne veux pas qu'ils te fassent.

6. Tout homme est libre de manifester sa pensée et ses opinions.

7. La liberté de la presse et de tout autre moyen de publier ses pensées ne peut être interdite, suspendue ni limitée.

8. La conservation de la liberté dépend de la soumission à la loi. Tout ce qui n'est pas défendu par la loi ne peut être empêché, et nul ne peut être contraint à faire ce qu'elle n'ordonne pas.

9. La sûreté consiste dans la protection accordée par la société à chaque citoyen pour la conservation de sa personne, de ses biens et de ses droits.

10. Nul ne doit être accusé, arrêté ni détenu que dans les cas déterminés par la loi, et selon les formes qu'elle a prescrites; mais tout homme appelé ou saisi par l'autorité de la loi doit obéir à l'instant : il se rend coupable par la résistance.

20,

11. Tout acte exercé contre un homme hors des cas et sans les formes déterminés par la loi, est arbitraire et nul; tout homme contre qui l'on tenterait d'exécuter un pareil acte a le droit de repousser la force par la force.

12. Ceux qui solliciteraient, expédieraient, signeraient, exécuteraient ou feraient exécuter des actes arbitraires, seront coupables et doivent être punis.

13. Tout homme étant présumé innocent jusqu'à ce qu'il ait été déclaré coupable, s'il est jugé indispensable de l'arrêter, toute rigueur qui ne serait pas nécessaire pour s'assurer de sa personne doit être sévèrement réprimée par la loi.

14. Nul ne doit être jugé et puni qu'en vertu d'une loi établie, promulguée antérieurement au délit, et légalement appliquée; la loi qui punirait des délits commis avant qu'elle existât serait un acte arbitraire.

15. L'effet rétroactif donné à la loi est un crime.

16. La loi ne doit décerner que des peines strictement et évidemment nécessaires; les peines doivent être proportionnées au délit et utiles à la société.

17. Le droit de propriété consiste en ce que tout homme est le maître de disposer à son gré de ses biens, de ses capitaux, de ses revenus et de son industrie.

18. Nul genre de travail, de culture, de commerce ne peut lui être interdit; il peut fabriquer, vendre et transporter toutes espèces de productions.

19. Tout homme peut engager ses services, son temps; mais il ne peut se vendre lui-même; sa personne n'est pas une propriété aliénable.

20. Nul ne peut être privé de la moindre portion de sa propriété sans son consentement, si ce n'est lorsque la nécessité publique, légalement constatée, l'exige évidemment, et sous la condition d'une juste et préalable indemnité.

21. Nulle contribution ne peut être établie que pour l'utilité générale et pour subvenir aux besoins publics. Tous les citoyens ont droit de concourir personnellement, ou par des représentans, à l'établissement des contributions, d'en surveiller l'emploi et de s'en faire rendre compte.

22. L'instruction est le besoin de tous, et la société la doit également à tous ses membres.

23. Les secours publics sont une dette sacrée, et c'est à la loi à en déterminer l'étendue et l'application.

24. La garantie sociale, les droits de l'homme, consistent dans l'action de tous pour assurer à chacun la jouissance et la conservation de ses droits.

Cette garantie repose sur la souveraineté nationale.

25. La garantie sociale ne peut exister si les limites des fonctions publiques ne sont pas clairement déterminées par la loi, et si la responsabilité de tous les fonctionnaires publics n'est pas assurée.

26. La souveraineté nationale réside essentiellement dans le peuple entier, et chaque citoyen a un droit égal de concourir à son exercice; elle est une et indivisible, imprescriptible et inaliénable.

27. Nulle réunion partielle de citoyens et nul individu ne peuvent s'attribuer la souveraineté.

28. Nul, dans aucun cas, ne peut exercer aucune autorité et remplir aucune fonction publique sans une délégation formelle de la loi.

29. Dans tout gouvernement libre, les hommes doivent avoir un moyen légal de résister à l'oppression; et, lorsque ce moyen est impuissant, l'insurrection est le plus saint de tous les devoirs.

30. Un peuple a toujours droit de revoir, de réformer et de changer sa constitution.

Une génération n'a pas le droit d'assujétir à ses lois les générations futures; toute hérédité dans les fonctions est absurde et tyrannique.

29 = 29 MAI 1793. — Décret relatif aux nommés Lecacheur et Salo. (B. 30, 232.)

29 = 29 MAI 1793. — Décret relatif aux gendarmes qui ont fui à Perpignan et à Niort. (L. 14, 488; B. 30, 232.)

29 = 29 MAI 1793. — Décret qui accorde soixante-sept mille livres, à titre de prêt, à la section de la Réunion. (B. 30, 232.)

29 MAI 1793. — Décret qui ordonne de rendre compte d'un dépôt fait à Tulle de vingt mille fusils mis par trahison hors de service. (B. 30, 236.)

29 MAI = 4 JUIN 1793. — Décret qui accorde cent cinquante livres à la veuve Piquet. (B. 30, 231.)

29 MAI 1793. — Décret qui consacre les séances du soir aux pétitionnaires. (B. 30, 236.)

29 MAI 1793. — Décret qui permet au représentant Vilet de rester chez lui jusqu'à son entier rétablissement. (B. 30, 236.)

30 MAI = 4 JUIN 1793. — Décret relatif au mode de réquisition de la force publique. (L. 14, 499; B. 30, 240.)

Art. 1er. La réquisition de la force publique, dans les diverses circonstances qui en solliciteront l'emploi, sera exercée, dans la forme suivante, par les autorités constituées et chargées des réquisitions par la loi.

Seront requis : 1° les citoyens depuis l'âge de seize ans jusqu'à vingt-cinq; 2° ceux de vingt-cinq jusqu'à trente-cinq; 3° ceux de trente-cinq jusqu'à quarante-cinq. La dernière réquisition comprendra tous les autres citoyens qui seront en état de porter les armes.

2. Chaque municipalité sera tenue d'avoir un rôle de tous les citoyens, et de les placer dans la classe d'âge prescrite.

3. Tout citoyen qui aura plus de trois enfans, et qui sera reconnu par sa municipalité ne pouvoir les faire subsister que du produit de son travail, ne pourra être compris que dans la dernière réquisition, quel que soit son âge.

4. Les célibataires et les hommes veufs sans enfans, jusqu'à l'âge de quarante ans, seront compris dans la première classe.

5. Chaque municipalité sera tenue d'avoir un registre pour inscrire le nombre des armes à feu existant dans l'étendue de son territoire; ces armes seront remises aux citoyens de la première réquisition, et ainsi de suite, tant qu'il y aura des armes à feu.

6. Les officiers municipaux choisiront un instructeur, et ils veilleront, sous peine de destitution, qui sera prononcée par le directoire du département, à ce que, tous les dimanches, les citoyens compris dans la première réquisition s'exercent au maniement des armes et aux évolutions militaires.

30 MAI = 8 JUIN 1793. — Décret relatif à l'établissement des écoles primaires. (L. 14, 501; B. 30, 254; Mon. du 31 mai 1793.)

Voy. loi du 27 BRUMAIRE an 3.

Art. 1er. Il y aura une école primaire dans tous les lieux qui ont depuis quatre cents jusqu'à quinze cents individus.

Cette école pourra servir pour toutes les habitations moins peuplées qui ne seront pas éloignées de plus de mille toises.

2. Il y aura, dans chacune de ces écoles, un instituteur chargé d'enseigner aux élèves les connaissances élémentaires nécessaires aux citoyens pour exercer leurs droits, remplir leurs devoirs et administrer leurs affaires domestiques.

3. Le comité d'instruction publique présentera le mode proportionnel pour les communes plus peuplées et pour les villes.

4. Les instituteurs seront chargés de faire aux citoyens de tout âge, de l'un et de l'autre sexe, des lectures et instructions une fois par semaine.

5. Le projet de décret présenté par le comité d'instruction publique sera mis à l'ordre du jour irrévocablement tous les jeudis.

30 MAI = 8 JUIN 1793. — Décret relatif aux saisies et oppositions formées et à former au Trésor public. (L. 14, 512; E. 30, 252.)

Voy. loi du 14 FÉVRIER 1792; décret du 18 AOUT 1807.

Art. 1er. Le décret du 14 = 19 février 1792, relatif aux saisies et oppositions formées au Trésor public, continuera d'avoir son exécution, à la charge toutefois par l'opposant de déclarer dans l'exploit le montant de sa créance, et de fournir copie ou extrait en forme de son titre.

2. Lesdites saisies et oppositions n'auront d'effet que jusqu'à concurrence de la somme portée auxdits titres seulement, ou de ce qui sera déclaré en rester dû.

3. Toutes saisies ou oppositions faites à l'avenir sans remplir les conditions ci-dessus ne seront point visées, et demeureront nulles.

30 MAI = 8 JUIN 1793. — Décret relatif à l'admission à l'Hôtel des Invalides. (L. 14, 513; B. 30, 241.)

Art. 1er. La Convention nationale approuve les nouveaux tableaux dressés par le directoire du département de Paris, en vertu du décret du 30 avril = 16 mai 1792, des militaires invalides qui ont droit d'être admis à l'Hôtel national qui leur est destiné, ou à la pension qui le représente, pour compléter le nombre déterminé par la loi.

2. Les six cents places affectées aux officiers militaires invalides par le décret du 30 avril = 16 mai 1792, tant à l'Hôtel qu'à la pension, seront réduites à quatre cents, moitié à l'Hôtel et l'autre moitié à la pension représentative; les deux cents places excédantes seront affectées aux sous-officiers et soldats.

Et néanmoins le tableau des officiers invalides, approuvé soit par le présent décret, soit par celui du 3 mars dernier, et dont le nombre est porté à quatre cent trente-six, sera maintenu pour cette fois seulement, et sans tirer à conséquence, pour être réduit, par le bénéfice des extinctions, à quatre cents, auquel nombre il est définitivement arrêté.

3. La Convention nationale, dérogeant à la rigueur de la loi en faveur des vingt-quatre officiers que le directoire du département de Paris a présentés comme non admissibles à l'Hôtel ni à la pension, parce qu'ils n'ont été

réunis à l'Hôtel que le 28 mars 1791; considérant que seize autres officiers qui se trouvaient dans le même cas ont été, par le décret du 3 mars dernier, admis à la pension, décrète que les vingt-quatre officiers dont il s'agit seront admis à habiter l'Hôtel national des Invalides.

4. Les vingt-six autres officiers et les dix-sept sous-officiers et soldats portés sur les nouvelles listes des militaires invalides qui ont désiré et qui ont droit d'habiter l'Hôtel national, y seront admis; les dix-neuf officiers et les cent soixante sous-officiers et soldats dont les noms sont établis sur les nouvelles listes de ceux qui ont opté et qui ont des titres pour obtenir la pension qui représente l'Hôtel, jouiront de ladite pension à dater de l'époque de la nouvelle organisation, chacun suivant son grade, conformément à ce qui est fixé par l'article 14 du décret du 30 avril = 16 mai 1792.

5. Les uns et les autres désignés dans l'article précédent, avant de jouir des avantages qui leur sont accordés, seront tenus de produire à l'appui de leurs droits toutes les pièces justificatives exigées par ledit décret.

6. La Convention nationale approuve les deux tableaux dressés par le directoire du département de Paris, en conséquence de l'article 24 du titre Ier du même décret, des cinq cents militaires invalides destinés à remplir les places qui vaqueront, dans la présente année, soit à l'Hôtel, soit à la pension.

7. Le ministre de l'intérieur est chargé de faire faire incessamment, par le directoire du département de Paris, le recensement de tous les militaires invalides admis à l'Hôtel ou à la pension par le présent décret et par celui du 3 mars, afin de faire jouir sans délai ceux des suppléans qui, en cas de décès, sont admis les premiers au remplacement.

---

30 MAI = 8 JUIN 1793. — Décret relatif aux frais de fabrication des espèces monnayées. (L. 14, 525; B. 30, 252.)

Art. Ier. Les directeurs des monnaies sont autorisés à faire entrer dans leurs comptes les frais de fabrication comme soldés en numéraire métallique jusqu'au 29 avril 1792.

2. Depuis cette époque, et pour le courant de cette année, les frais de fabrication seront alloués en assignats, mais avec le bénéfice ou plus-value de moitié en sus, conformément à l'article 9 du décret du 8 avril dernier.

---

30 MAI = 8 JUIN 1793. — Décret relatif aux officiers comptables supprimés par le décret du 24 novembre 1790. (L. 14, 528; B. 30, 255; Mon. du 31 mai 1793.)

Art. Ier. Les officiers comptables suppri-

més par le décret du 14 = 24 novembre 1790, dont les comptes, en exécution du décret du 17 = 23 février 1791, auront été provisoirement quittés par le ci-devant ordonnateur du Trésor public ou par les commissaires de la Trésorerie nationale, qui auront employé dans ces comptes, outre les impositions ordinaires, les sommes qu'ils peuvent avoir touchées sur l'imposition supplétive pour les six derniers mois 1789, et qui rapporteront en outre un compte arrêté quitte par l'administrateur de la caisse de l'extraordinaire, de ce qu'ils peuvent avoir reçu sur la contribution patriotique, pourront employer la totalité de la finance de leurs offices en paiement des domaines nationaux par eux acquis antérieurement au 1er août 1792, conformément au décret du 27 juin = 1er juillet précédent, pourvu que le prix du domaine par eux acquis excède au moins d'un dixième le montant de leur finance, et qu'ils justifient avoir payé cet excédant de leurs deniers particuliers.

2. Ceux desdits comptables qui ont déjà obtenu des reconnaissances provisoires de la moitié de leurs finances, aux termes du décret du 17 février 1791, pourront obtenir d'autres reconnaissances pour l'autre moitié de leur finance, en se conformant aux dispositions de l'article 1er du présent décret.

3. Les officiers comptables qui, au jour de la publication du présent décret, n'auront point fait arrêter provisoirement leurs comptes par le ci-devant ordonnateur du Trésor public, ou par les commissaires de la Trésorerie nationale, seront tenus, pour jouir des dispositions dudit décret, de rapporter un certificat du bureau de comptabilité, constatant que de l'examen provisoire de leurs comptes, tant des impositions ordinaires que de l'imposition supplétive pour les six derniers mois 1789, il ne résulte aucun débet envers le Trésor public. Ils rempliront, en outre, les autres conditions prescrites par l'article 1er du présent décret.

4. Les immeubles acquis au moyen desdites reconnaissances resteront spécialement affectés à la gestion desdits officiers comptables, jusqu'à l'entier apurement de leur compte, qui ne pourra résulter, aux termes des décrets relatifs à la comptabilité, que d'un décret du Corps-Législatif, rendu sur le rapport du comité de l'examen des comptes, et d'après le travail du bureau de comptabilité.

---

30 MAI = 14 JUIN 1793. — Décret qui ordonne la vente de la maison des ci-devant Célestins de Vichy. (B. 30, 241.)

---

30 = 30 MAI 1793. — Décret qui ordonne de garder à vue le député Gardien. (B. 30, 238.)

3o MAI = 6 JUIN 1793. — Décrets qui accordent un secours : 1° de cent cinquante livres au citoyen Guerrier; 2° de soixante mille livres à l'infirmerie de Versailles. (B. 3o, 241 et 253.)

3o MAI = 8 JUIN 1793. — Décret qui confirme la nomination du général Beauharnais au commandement de l'armée du Rhin. (L. 14, 505 ; B. 3o, 243.)

3o = 3o MAI 1793. — Décret qui réunit les deux escadrons de cavalerie légère du Calvados au régiment de hussards, connu sous le nom de Berchiny. (L. 14, 497 ; B. 3o, 237.)

3o MAI = 2 = 10 JUIN 1793. — Décrets qui autorisent l'administration du département du Nord , et la municipalité de Thiers à prélever des fonds, à titre d'avance, sur leurs contributions directes. (B. 3o, 236 et 239.)

3o MAI 1793. — Décret qui accepte le don de mille quatre-vingt-dix-huit livres fait par le député Marlin. (B. 3o, 264.)

3o MAI = 4 JUIN 1793. — Décret qui nomme les citoyens Antiboul et Bô représentans dans le département de Corse. (B. 3o, 239.)

3o MAI = 4 JUIN 1793. — Décret qui autorise la commune de Granville à emprunter la somme de quarante mille livres. (B. 3o, 239.)

3o = 3o MAI 1793. — Décret qui annule la destitution du citoyen Godard. (B. 3o, 238.)

3o = 3o MAI 1793. — Décret qui met en liberté le général Ligneville. (B. 3o, 238.)

3o MAI = 9 JUIN 1793. — Décret qui nomme un juge et quatre suppléans au tribunal criminel extraordinaire. (L. 14, 509; B. 3o, 256.)

3o MAI = 10 JUIN 1793. — Décret qui rectifie des erreurs dans les titres et contrats de rentes viagères. (L. 14, 530 ; B. 3o, 256.)

3o MAI = 9 JUIN 1793. — Décret qui approuve les arrêtés pris pour l'administration de la manufacture d'armes de Saint-Etienne. (L. 14, 516; B. 3o, 243.)

3o MAI = 9 JUIN 1793. — Extrait de l'arrêté des commissaires du pouvoir exécutif envoyés à Saint-Etienne, relatif au prix des armes qui seront apportées à la commission de vérification des armes à feu établie à Saint-Etienne, département de Rhône-et-Loire. (B. 3o, 243.)

3o MAI = 8 JUIN 1793. — Décret relatif aux capitaines et gardes inférieurs qui auraient droit au sixième en sus de leur traitement. (L. 14, 502.)

3o MAI 1793. — Décret pour faire un rapport sur les articles réglementaires relatifs à la tenue des séances de l'Assemblée. (B. 3o, 264.)

3o MAI = 8 JUIN 1793. — Décret relatif au récolement des effets du Garde-Meuble de la couronne. (L. 14, 526 ; B. 3o, 243.)

3o MAI = 8 JUIN 1793. — Décret relatif aux sous-officiers et gendarmes qui touchaient partie de leur solde en numéraire. (L. 14, 527 ; B. 3o, 253.)

3o MAI = 6 JUIN 1793. — Décret qui accorde des fonds pour le paiement des indemnités dues aux sous-officiers et soldats de troupes des colonies orientales. (L. 14, 501 ; B. 3o, 251.)

3o MAI = 9 JUIN 1793. — Tarif du prix des armes qui seront apportées à la commission de vérification, fait par nous, commissaires du pouvoir exécutif provisoire et du comité de salut public, soussignés. (B. 3o, 244.)

3o MAI = 9 JUIN 1793. — Proclamation des représentans du peuple auprès de l'armée des Pyrénées-Orientales, relative aux moyens d'accélérer la fabrication des armes dans les manufactures de Saint-Etienne, et d'arrêter les abus qui s'y étaient introduits. (B. 3o, 245.)

3o MAI = 8 JUIN 1793. — Décret relatif à la formation et composition d'un bureau diplomatique et commercial. (L. 14, 5o3; B. 3o, 249.)

3o MAI = 1er JUIN 1793. — Décret contenant nomination de représentans du peuple près l'armée du Nord et la manufacture d'armes de Saint-Etienne. (B. 3o, 263.)

3 MAI = 8 JUIN 1793. — Décret relatif à l'enregistrement des certificats de civisme. (L. 14, 504; B. 3o, 253.)

3o MAI = 5 JUIN 1793. — Décret relatif à des officiers du 2e bataillon du 92e régiment d'infanterie, en garnison au cap Français. (B. 3o, 254.)

3o MAI = 8 JUIN 1793. — Décret relatif à l'établissement d'une fonderie de canons à Tarbes. (L. 14, 506; B. 3o, 250.)

3o MAI 1793. — Bâtimens des Etats-Unis. Voy. 28 MAI 1793. — Echange des prisonniers de guerre ; Prisonniers. Voy. 25 MAI 1793.

31 = 31 MAI 1793. — Décret qui supprime la commission des Douze, fixe au 10 août 1793 une fédération générale, et détermine les mesures à prendre pour la sûreté des personnes et des propriétés. (L. 14, 540; B. 30, 265.)

31 = 31 MAI 1793. — Décret portant que les sections de Paris ont bien mérité de la patrie. (B. 30, 264.)

31 = 31 MAI 1793. — Décret portant que les membres du conseil exécutif du département de Paris et du conseil général de la commune, se réuniront à l'instant près du lieu des séances de l'Assemblée. (B. 30, 265.)

31 MAI = 13 JUIN 1793. — Décret qui ordonne le dépôt des pièces et preuves contre les députés qui ont cherché à semer la division ou à égarer l'opinion publique. (L. 14, 544; B. 30, 266.)

1er = 1er JUIN 1793. — Décret qui exempte du recrutement les élèves du corps du génie. (L. 14, 550; B. 31, 1.)

1er JUIN 1793. — Décret relatif à l'insurrection qui s'est manifestée à Paris le 31 mai. (L. 14, 545.)

1er = 2 JUIN 1793. — Décret qui change les noms de Mont-Louis, Montigny-le-Roi, Carlat-del-Comte et Bussy-le-Roi. (L. 14, 548; B. 31, 2.)

1er = 2 JUIN 1793. — Proclamation de la Convention sur les journées des 31 mai et 1er juin. (B. 31, 3.)

1er = 2 JUIN 1793. — Décret relatif aux mesures à prendre pour le salut de l'Etat, et aux députés dénoncés par les autorités constituées de Paris. (L. 14, 549; B. 31, 5.)

1er = 1er JUIN 1793. — Décret qui accorde, à titre de prêt, cinquante mille livres à la section des Droits-de-l'Homme. (B. 31, 2.)

1er = 1er JUIN 1793. — Décret qui comprend la ville d'Avesnes dans les places de guerre. (B. 31, 2.)

1er JUIN 1793. — Départemens troublés; Directeurs, etc., des loteries; Domaines nationaux; Droits censuels féodaux; Fonctions de notaire et d'avoué; Officiers de police; Officiers de terre et de mer; Retrait féodal ou censuel. Voy. 26 MAI 1793.

2 = 2 JUIN 1793. — Décret qui autorise la commune de Cusset à prendre cinquante mille livres sur les contributions directes. (B. 31, 5.)

2 = 2 JUIN 1793. — Décret qui rappelle les commissaires envoyés à Orléans. (B. 31, 8.)

2 = 13 JUIN 1793. — Décret qui interdit aux députés Isnard et Fauchet la liberté de sortir de Paris. (B. 31, 9.)

2 = 2 JUIN 1793. — Décret relatif aux mouvemens contre-révolutionnaires qui avaient éclaté dans le département de la Lozère, et qui enjoint à toutes les autorités constituées de faire mettre en état d'arrestation les personnes notoirement suspectes d'aristocratie et d'incivisme. (B. 31, 6.)

2 = 2 JUIN 1793. — Décret qui suspend l'exécution de celui relatif à la réunion de l'escadron du Calvados au 1er régiment de hussards. (B. 31, 5.)

2 = 2 JUIN 1793. — Décret qui rappelle le député Coustard. (B. 31, 7.)

2 = 2 JUIN 1793. — Décret qui prescrit des mesures de salut public. (B. 31, 8.)

2 JUIN 1793. — Décret qui met en état d'arrestation les Girondins membres de la Convention et les ministres Clavière et Lebrun. (L. 14, 555; B. 31, 8.)

2 = 2 JUIN 1793. — Décret qui ordonne d'arrêter les suspects dans le département de la Loire-Inférieure. (B. 31, 8.)

2 = 2 JUIN 1793. — Décret qui fixe à six mille hommes l'armée soldée de Paris. (L. 14, 551; B. 31, 7.)

2 JUIN 1793. — Insurrection de Paris; Mont-Louis, etc.; Salut de l'Etat. Voy. 1er JUIN 1793.

3 JUIN 1793. — Décret relatif à l'augmentation de l'artillerie légère à cheval. (L. 14, 560; B. 31, 16.)

Art. 1er. L'artillerie légère à cheval décrétée le 17 avril 1792 sera augmentée de huit compagnies.

2. Ces nouvelles compagnies auront la même formation et la même solde que celles déjà existantes.

3. Aussitôt que ces nouvelles compagnies seront formées et organisées, elles seront réparties par le ministre de la guerre dans les différentes armées de la République.

4. Le ministre de la guerre présentera, sous trois jours, à la Convention nationale, l'état de dépenses qu'occasionera la création de ces huit nouvelles compagnies.

3 JUIN 1793. — Décret relatif aux citoyens appelés à remplir les fonctions de jurés d'accusation. (L. 14, 561; B. 31, 10.) .

Art. 1er. Les citoyens appelés à remplir les fonctions de juré d'accusation seront tenus de mettre au bas de l'acte l'une des trois formules indiquées par les articles 22 et 24 du titre Ier de la seconde partie du décret du 15 = 29 septembre 1791.

2. En cas de contravention, le directeur du jury ne recevra point leur déclaration : il en référera au tribunal, lequel, après avoir entendu le commissaire national, prononcera la nullité des déclarations, procès-verbaux et autres actes que les jurés auraient pu dresser.

3. Le tribunal ordonnera en outre que les jurés se rassembleront de nouveau, et procéderont, sans désemparer, à forme de loi.

4. En cas de refus ou de résistance de la part des jurés, ils seront condamnés à une amende qui ne pourra être moindre de cent livres, et plus forte de cinq cents livres pour chacun d'eux, sans préjudice de poursuites criminelles dans les cas prévus par le Code pénal.

3 = 4 JUIN 1793. — Décret relatif à la formation, dans chaque département, d'une compagnie de canonniers nationaux soldés. (L. 14, 556; B. 31, 17.)

3 = 5 JUIN 1793. — Décret relatif aux indemnités dues aux personnes pillées par les rebelles de la Loire-Inférieure. (L. 14, 572; B. 31, 20.)

3 JUIN 1793. — Décret qui déclare que c'est Louvet du Loiret, et non Louvet de la Somme, qui doit être mis en arrestation. (B. 31, 21.)

3 JUIN 1793. — Décret qui ordonne le renouvellement de tous les comités de la Convention, à l'exception du comité de salut public. (L. 14, 573; B. 31, 9.)

3 JUIN 1793. — Décret relatif à l'emprunt forcé. (B. 31, 9.)

3 = 5 JUIN 1793. — Décret portant que les députés mis en état d'arrestation dans leur domicile y seront gardés par un seul gendarme. (31, 10.)

3 JUIN 1793. — Décret portant que les enchères et adjudications indiquées au district de Saint-Diez seront faites devant le directoire du district du département des Vosges. (B. 31, 10.)

3 = 4 JUIN 1793. — Décret qui avance des sommes, à titre de prêt, aux sections du Temple et des Sans-Culottes. (B. 31, 19.)

3 = 3 JUIN 1793. — Décret qui accorde vingt-sept mille huit cent huit livres à la commune de Bapaume, à compte de son seizième sur la vente des biens nationaux. (B. 31, 18.)

3 = 5 JUIN 1793. — Décret qui autorise l'administration des assignats à retirer des archives les planches de cuivre qui y ont été déposées. (B. 31, 18.)

3 = 4 JUIN 1793. — Décret qui met en réquisition trois compagnies de canonniers de Paris. (B. 31, 16.)

3 JUIN 1793. — Décret qui admet le citoyen Bouret, suppléant, au nombre des députés. (B. 31, 11.)

3 = 4 JUIN 1793. — Décret qui adjoint le citoyen R. Lindet aux représentans du peuple députés près l'armée des Alpes. (B. 31, 20.)

3 = 4 JUIN 1793. — Décret qui envoie des représentans dans le département de la Lozère, et autres limitrophes. (L. 14, 559; B. 31, 20.)

3 = 6 JUIN 1793. — Décret relatif au mode de vente des immeubles des émigrés. (L. 14, 563; B. 31, 11.)

Ce décret forme la section IV du décret du 25 juillet 1793.

4 JUIN 1793. — Décret qui accorde des pensions et des secours aux veuves des militaires décédés au service de l'Etat. (L. 14, 576; B. 31, 25.)

Voy. loi du 9 NIVOSE an 2; du 13 NIVOSE an 3, et du 29 FRIMAIRE an 6.

Art. 1er. Les veuves des militaires qui, étant en activité de service, sont morts de blessures reçues dans l'exercice de leurs fonctions, ou par suite de maladies constatées avoir été causées par l'exercice de ces mêmes fonctions, et qui, par l'article 7 du titre Ier du décret du 3 = 24 août 1790, et par l'article 1er de celui du 18 = 22 août 1791, ont droit à une pension alimentaire, recevront à ce titre la moitié du traitement que leurs maris auraient été fondés à demander à raison de leur grade et du temps de leur service, si ce service excède trente ans, et à raison du grade seulement, dans le cas où les militaires décédés ne compteraient pas trente années de service, en justifiant par lesdites veuves qu'elles n'ont pas de moyens suffisans pour subsister, par des certificats délivrés par les conseils généraux des communes de leur résidence, visés par les directoires de district et de département, et par le rapport des extraits de leurs contributions foncière et mobilière de l'année qui aura précédé la demande en pension.

2. Les veuves des militaires qui auront servi au moins pendant trente ans, et qui seront décédés en activité de service, encore qu'ils n'aient perdu la vie ni dans les combats, ni par suite des blessures reçues dans l'exercice de leurs fonctions, qui justifieront, dans la forme prescrite par l'article précédent, qu'elles n'ont pas des moyens suffisans pour subsister, recevront, à titre de secours annuel, la moitié de la pension à laquelle leurs maris auraient eu droit de prétendre à raison du temps de leurs services.

3. Les pensions alimentaires et secours énoncés aux précédens articles ne pourront néanmoins, en aucun cas et sous quelque prétexte que ce puisse être, excéder la somme de mille livres (1).

4 = 6 JUIN 1793. — Décret portant que les enfans nés hors le mariage succéderont à leurs pères et mères. (L. 14, 583; B. 31, 33; Mon. du 6 juin 1793.)

Voy. loi du 13 BRUMAIRE an 2.

La Convention nationale, après avoir entendu le rapport de son comité de législation, décrète que les enfans nés hors le mariage succéderont à leurs pères et mères dans la forme qui sera déterminée; ordonne l'impression du rapport et projet de décret, et en ajourne la discussion jusqu'à ce qu'elle ait entendu son comité de législation, tant sur le mode d'adoption que sur les successions en général, ce comité demeurant chargé de présenter ce travail sous le plus prochain délai.

4 = 6 JUIN 1793. — Décret qui maintient provisoirement les comités de salut public établis dans les départemens. (L. 14, 575; B. 31, 31.)

4 JUIN 1793. — Décret qui maintient celui du 30 mai, qui réunit les deux escadrons du Calvados au 1er régiment de hussards. (B. 31, 21.)

4 = 6 JUIN 1793. — Décret relatif aux officiers provisoirement nommés par le général Dampierre, dans l'armée du Nord. (L. 14, 585; B. 31, 30.)

4 = 6 JUIN 1793. — Décret relatif aux secours accordés aux femmes et filles de la maison de refuge de la marine à Brest. (L. 14, 587; B. 31, 26.)

4 JUIN 1793. — Décret contenant le tableau des bataillons d'infanterie légère et des régimens de cavalerie, hussards, dragons et chasseurs. (L. 14, 589; B. 31, 22.)

4 = 6 JUIN 1793. — Décret qui maintient provisoirement les marchés passés avec la compagnie Masson et d'Espagnac. (L. 14, 558; B. 31, 31.)

4 JUIN 1793. — Décret qui ordonne de remettre deux nouveaux exemplaires du livre rouge aux députés. (B. 31, 29.)

4 = 6 JUIN 1793. — Décret qui ordonne de transférer au Louvre les écoles des ponts-et-chaussées. (B. 31, 32.)

4 = 6 JUIN 1793. — Décret qui alloue cinquante-deux millions huit cent mille livres pour le service de l'administration des subsistances militaires. (L. 14, 584; B. 31, 31.)

4 JUIN 1793. — Décret portant que la commune de Clermont-Ferrand a bien mérité de la patrie. (B. 31, 21.)

4 JUIN 1793. — Décret qui ordonne de payer le traitement aux députés mis en arrestation. (B. 31, 21.)

4 JUIN 1793. — Décret qui met à la charge de l'Etat les frais d'impression des opinions des députés sur la constitution. (B. 31, 21.)

4 = 6 JUIN 1793. — Décret d'ordre du jour sur la fixation de la pension de retraite du citoyen Hatan. (B. 31, 27.)

4 JUIN 1793. — Décret sur la présentation d'un mode de paiement de ce qui est et sera dû pour créances dérivant de liquidation de maîtrises et jurandes. (B. 31, 27.)

4 = 6 JUIN 1793. — Décret qui accorde soixante mille livres à la commune d'Arras, et cinquante mille livres à celle d'Agen. (B. 31, 28.)

4 = 6 JUIN 1793. — Décret qui autorise la municipalité de Saint-Martin-Lalande à faire un emprunt de huit cent trente-huit livres treize sous six deniers. (B. 31, 29.)

4 = 6 JUIN 1793. — Décret relatif à l'exécution d'un atelier pour la construction d'affûts-fardiers, inventés par le citoyen Grobert. (L. 14, 580; B. 31, 29.)

4 = 6 JUIN 1793. — Décret qui ordonne de payer la solde des sous-officiers et soldats renvoyés de leur régiment pour cause de patriotisme. (L. 14, 586; B. 31, 27.)

(1) *Voy.* loi du 29 juillet = 11 août 1793.

4 JUIN 1793. — Décret relatif aux pétitions concernant les députés mis en état d'arrestation. (B. 31, 33.)

4 JUIN 1793. — Artillerie à cheval. *Voy.* 3 JUIN 1793. — Bâtimens des Etats-Unis. *Voy.* 23 MAI 1793. — Bois à des communautés d'habitans. *Voy.* 30 MAI 1793. — Canonniers nationaux soldés; Lozère, etc. *Voy.* 3 JUIN 1793. — Réquisitions de la force publique. *Voy.* 30 MAI 1793.

5 = 5 JUIN 1793. — Décret relatif à l'apposition des scellés sur les caisses et papiers des ci-devant fermiers-généraux, et de tous les receveurs des deniers publics qui n'ont point rendu leurs comptes ou qui n'ont pas payé le montant de leurs débets. (L. 14, 593 ; B. 31, 39.)

Art. 1er. Les scellés seront à l'instant apposés, à la requête et diligence des procureurs-syndics de tous les départemens de la République, sur les caisses et papiers de tous les ci-devant fermiers-généraux, receveurs-généraux et particuliers des finances, receveurs ou régisseurs des domaines, et de tous les comptables, trésoriers, caissiers ou receveurs de deniers publics, sous quelque dénomination que ce soit, qui n'ont point rendu leurs comptes, ou qui n'ont pas payé le montant de leurs débets, conformément à la loi.

2. Il sera fait inventaire et description exacte de toutes les sommes en numéraire ou assignats qui se trouveront dans les caisses des comptables énoncés dans l'article 1er. Lesdites sommes seront à l'instant versées, savoir : celles qui seront inventoriées dans les caisses du département de Paris, à la Trésorerie nationale, et celles qui seront inventoriées dans les autres départemens, dans les caisses des receveurs de district de l'arrondissement.

3. Lesdits inventaires seront faits, savoir : dans le département de Paris, par les juges-de-paix, en présence d'un membre du bureau de comptabilité, et dans les autres départemens, par les juges-de-paix, en présence d'un membre du directoire du département de l'arrondissement.

4. Il sera fait perquisition, lors des scellés, de ceux des papiers qui pourraient être suspects, et, s'il s'en trouve, ils seront adressés sans délai au comité de sûreté générale.

5. L'agent du Trésor public est mandé pour rendre compte demain à midi, à la barre de la Convention nationale, des poursuites qu'il a dû faire pour la rentrée des deniers publics.

6. Seront exemptées des dispositions du présent décret toutes les caisses des receveurs actuellement en exercice.

7. La commission établie par les anciens fermiers-généraux pour rendre les comptes de la ferme générale est supprimée. Les scellés seront à l'instant apposés sur la caisse et sur les registres et papiers de cette commission. Les comptables particuliers qui n'ont pas encore remis leurs comptes et débets à cette commission compteront de clerc à maître devant le bureau de comptabilité, dans les formes prescrites par la loi.

8. Le comité de sûreté générale est chargé de prendre sur-le-champ toutes les mesures nécessaires pour assurer l'exécution du présent décret.

5 = 5 JUIN 1793. — Décret relatif à la fouille du salpêtre pendant la guerre. (L. 14, 595 ; B. 31, 37.)

Art. 1er. Les salpêtriers auxquels il aura été délivré des commissions pourront faire, pendant la durée de la présente guerre, des fouilles de salpêtres dans les caves, celliers, granges, écuries, bergeries, remises, colombiers et autres lieux couverts qui ne servent pas de logemens personnels.

2. Ces fouilles seront faites, sous la surveillance des municipalités, de la manière la plus expéditive et la moins incommode aux propriétaires, et sans pouvoir nuire à la solidité des murs et des bâtimens.

3. Les municipalités et les corps administratifs favoriseront les fouilles de salpêtre par tous les moyens qui sont en leur pouvoir; nul citoyen ne pourra porter obstacle aux fouilles ni à l'enlèvement des matériaux salpêtrés provenant des démolitions. Le propriétaire ne pourra exiger, dans aucun cas, d'autre prix des matériaux ou terres salpêtrées, que leur remplacement en matériaux ou terres non salpêtrées.

4. Les salpêtriers sont tenus de rétablir dans le même état, et avant de les quitter, les lieux desquels ils auront enlevé des terres salpêtrées.

5. Les difficultés qui pourraient s'élever sur la réparation des dégâts ou le remplacement des matériaux seront terminées à l'amiable par les municipalités; en cas de recours, il y sera statué définitivement par le directoire du département, sur l'avis de celui de district, et d'après les observations et estimations des municipalités.

5 = 8 JUIN 1793. — Décret relatif au paiement des dettes exigibles contractées par les municipalités aliénataires de domaines nationaux. (L. 14, 597; B. 31, 34.)

Voy. loi du 24 AOUT 1793, art. 82 et suiv.; art. 90 et suiv.

Art. 1er. L'administrateur des domaines nationaux fera payer par la Trésorerie nationale, sous sa responsabilité et dans la forme établie par le décret du 25 mars dernier, le montant des dettes *exigibles actuellement*, contractées par les municipalités aliénataires de biens nationaux, d'après les états desdites dettes qui auront été formés, vérifiés et à lui envoyés, ainsi qu'il est prescrit par l'article 2 du décret du 17 novembre dernier; et ce, seulement jusqu'à la concurrence du montant du seizième du bénéfice dû auxdites municipalités, dans les paiemens effectués sur le prix des biens qui leur ont été aliénés. Sera néanmoins prélevé sur ledit seizième le montant des avances et fournitures faites par le Trésor public aux municipalités.

2. A l'égard des dettes constituées desdites municipalités et de celles exigibles à terme, et des avances qu'elles pourraient demander, même pour solder d'autant leurs dettes exigibles actuellement, le paiement n'en pourra être fait que lorsqu'il aura été autorisé par un décret rendu d'après les formalités prescrites par l'article 4 du décret du 17 novembre dernier.

3. Les municipalités pourront comprendre dans l'état de leurs dettes ci-dessus mentionnées les dépenses locales qu'elles ont faites jusqu'au 1er janvier dernier; mais, à compter de cette époque, ces dépenses seront payées avec les sous additionnels qui leur sont attribués.

4. Les municipalités auxquelles il a été fourni quelques sommes sur le seizième de bénéfice seront tenues de rendre compte de l'emploi qu'elles en ont fait, et d'appliquer la somme qui peut leur en rester au paiement de tout ou partie de leurs dettes exigibles, exclusivement à toute autre destination. Ce compte, vérifié par le district et visé par le département, sera envoyé à l'administrateur des domaines nationaux, ainsi que celui prescrit par l'article 10 du décret du 17 novembre 1792.

5. Ne pourront les municipalités toucher aucune somme sur le seizième de bénéfice qui leur est attribué, même pour le paiement de leurs dettes exigibles, qu'en renonçant au bénéfice du décret du 5 août 1791, et en rapportant à cet effet une délibération du conseil général de la commune, visée par les directoires de district et de département.

6. Les dispositions du décret du 17 novembre dernier auxquelles il n'est pas dérogé par celles ci-dessus prescrites, continueront à être exécutées.

———

5 = 8 JUIN 1793. — Décret relatif à la vente des créances de la nation, affectées sur les biens nationaux. (L. 14, 600; B. 31, 37.)

La Convention nationale, voulant procurer aux citoyens un moyen très-avantageux d'employer leurs assignats, et d'en tirer un produit annuel de cinq pour cent sans retenue, avec l'espérance d'être remboursés en espèces;

voulant d'ailleurs en diminuer incessamment la masse, et en hâter la rentrée et le brûlement pour en empêcher la contrefaction, faire cesser leur perte, l'agiotage, reparaître le numéraire, et baisser le prix de tous les objets nécessaires à la vie, décrète ce qui suit, après avoir entendu le rapport de son comité des assignats et monnaies :

Art. 1er. Les créances de la nation affectées sur les biens nationaux dont elles sont le prix seront vendues. En conséquence, tous les citoyens qui veulent en acquérir se présenteront au directoire du district qui possède les titres de créances qu'ils peuvent désirer, lequel, de concert avec son receveur, constatera à l'instant et en leur présence le montant de celles qu'ils auront choisies, tant en capital qu'en intérêts échus, en soustrayant des annuités les intérêts à échoir.

2. Ils délivreront ce montant au receveur; et, aussitôt qu'ils en produiront le reçu, le directoire du district leur fera cession de tout ce qui reste dû à la nation, par les titres de créances qu'ils auront ainsi acquises, tant en principal qu'en intérêts échus et à échoir, à cinq pour cent, sans retenue, avec subrogation en tous les droits, hypothèques et privilèges y attachés, sous la garantie de la nation entière; et les annuités ou obligations y relatives, s'il y en a, leur seront remises incontinent.

3. La cession sera faite au bas d'une expédition du procès-verbal d'adjudication des biens affectés à la créance vendue, et sera notifiée incessamment et sans frais au débiteur, à la diligence du procureur-syndic, par la voie de la municipalité du lieu du domicile dudit débiteur, qui se libérera entre les mains du cessionnaire.

4. Pour donner lieu à chaque citoyen de placer ses fonds pour autant de temps qu'il voudra, et pour faciliter l'emploi des petits capitaux, attendu que lesdites créances sont divisées en plusieurs paiemens annuels, chaque citoyen est libre d'acheter seulement la partie qui est payable au terme qui lui convient le mieux; mais alors l'acheteur touchera sa part chez le receveur du district, lorsque le paiement en aura été fait par le débiteur, auquel, dans ce cas, il sera inutile de notifier la cession, et le receveur la mentionnera sur ses registres, en marge de l'article de la créance, afin qu'il n'annule et ne verse pas à la caisse nationale les assignats dus pour la portion vendue.

5. Les cessionnaires pourront rétrocéder leurs droits à la nation, lorsqu'ils le jugeront à propos, en paiement de biens nationaux, et le receveur qui aura reçu quelque rétrocession en avertira sans délai le procureur-syndic de son district, qui les notifiera le plus tôt possible aux débiteurs, si la cession leur a été notifiée.

6. Lorsque lesdits cessionnaires se trouveront dans le cas d'exercer des poursuites contre les débiteurs à eux délégués par la nation, ils suivront les formes prescrites par les lois relativement aux acquéreurs de biens nationaux; et, pour cet effet, le procureur-syndic, ainsi que les membres du directoire du district, seront tenus d'agir, à cet égard, chacun en ce qui le concerne, dès que le créancier le demandera.

7. Il sera accordé aux acquéreurs de biens nationaux qui voudront se libérer avant l'échéance des termes une prime d'un demi pour cent pour chaque année d'anticipation des obligations par eux contractées, et ils ne seront tenus de payer aucun intérêt pour le temps qui restera à s'écouler jusqu'auxdits termes. Cette prime n'aura lieu que jusqu'au 1er octobre prochain (1).

8. Les assignats provenant des ventes dont il s'agit seront annulés et brûlés en la manière ordinaire.

5 = 8 JUIN 1793. — Décret qui autorise l'administrateur des domaines nationaux à faire graver en trait les plans des grands établissemens nationaux existant à Paris. (L. 14, 604; B. 31, 35.)

Art. 1er. L'administrateur des domaines nationaux est autorisé à faire graver au trait seulement, et d'après le plan général de la ville de Paris dressé par le citoyen Verniquet, sur l'échelle d'une demi-ligne pour toise, les plans particuliers de tous les grands établissemens nationaux existant dans l'étendue de cette ville et parties adjacentes, en distinguant les propriétés particulières qui s'y trouveraient enclavées ou qui les borderaient, et avec l'indication des rues aboutissantes.

2. L'administrateur des domaines nationaux délivrera des exemplaires de ces plans aux artistes qui se soumettront à proposer, dans un délai déterminé, la division et les percés qui peuvent accroître la valeur de ces établissemens et en faciliter la vente; le tout à la charge par lesdits artistes de donner l'estimation de chacun des lots, et de se conformer aux alignemens qui seront donnés par la commission de la municipalité chargée des travaux publics dans la ville de Paris, et aux autres conditions qui pourraient être déterminées par des motifs d'utilité publique.

3. Les artistes dont les plans auront été adoptés ensuite de l'avis des corps administratifs recevront une indemnité qui sera réglée de concert entre l'administrateur des domaines nationaux, le département et la municipalité de Paris.

4. Aucun projet de division ne pourra au surplus s'exécuter qu'en se conformant aux dispositions du décret des 1er et 4 avril dernier, dans ce qui n'y aura pas été dérogé par le présent décret.

5. La Trésorerie nationale tiendra à la disposition de l'administrateur des domaines nationaux une somme de douze mille livres, pour pourvoir aux frais de gravure et à tous autres relatifs à ladite opération. Ladite somme sera comprise au chapitre des frais de vente des domaines nationaux, et l'administrateur justifiera de l'emploi.

6. Les planches qui auront servi à graver les plans particuliers des grands emplacemens seront déposées à l'administration des domaines nationaux.

7. L'administrateur des domaines nationaux, après s'être concerté à cet effet avec la municipalité et le département de Paris, mettra sous les yeux de la Convention, dans le plus bref délai, l'état des maisons nationales à la vente desquelles il sera convenable de surseoir en raison de leur situation et de la nécessité où l'on pourrait être de les démolir pour faciliter la division des grandes propriétés.

5 = 8 JUIN 1793. — Décret qui déclare Jean-Robert Lecointre non émigré. (B. 31, 33.)

5 JUIN 1793. — Décret portant que les lois relatives à l'administration des bois nationaux, auront leur exécution à l'égard des bois des émigrés. (B. 31, 36.)

5 = 6 JUIN 1793. — Décret qui surseoit à l'exécution du décret du 2 avril, concernant l'arrestation du commandant en chef et du procureur-général-syndic de la Corse. (B. 31, 39.)

5 = 8 JUIN 1793. — Décret qui affecte un million pour les dépenses des dépôts de mendicité. (L. 14, 597; B. 31, 36.)

5 = 8 JUIN 1793. — Décret qui traduit Colinet devant le tribunal extraordinaire. (B. 31, 33.)

5 JUIN 1793. — Comités de la Convention; Rebelles de la Loire-Inférieure. Voy. 3 JUIN 1793.

6 JUIN 1793. — Décret relatif aux taxes dues aux experts pour l'estimation des biens nationaux, et aux salaires dus pour frais relatifs à la vente desdits biens. (L. 14, 607; B. 31, 45.)

Art. 1er. Les taxes dues aux experts pour les estimations des biens nationaux faites,

(1) Voy. loi du 13 septembre 1793.

ou pour celles qui restent à faire, ainsi que les salaires dus pour frais de voitures, transports et autres relatifs à la vente desdits biens, seront réglés définitivement, si fait n'a été, par les directoires de département, sur l'avis de ceux de district, en ayant égard aux localités et à la nature des ouvrages auxquels ils auront été employés; dérogeant à cet effet au décret du 11 août dernier et à tous autres décrets contraires.

2. Les receveurs de district sont autorisés à employer, dans les comptes qu'ils doivent rendre de leur gestion sur les domaines nationaux pour les années 1790, 1791 et 1792, le montant desdits frais et taxes; et, sur le vu du compte, l'administrateur des domaines nationaux est également autorisé à délivrer un mandat, sur la Trésorerie nationale, du montant des sommes dont les receveurs seraient en avance pour ces objets.

---

6 = 16 JUIN 1793. — Décret relatif aux pensions de retraite des militaires que leurs blessures auront mis hors d'état de continuer ou de reprendre leurs services. (L. 14, 610; B. 31, 49; Mon. du 8 JUIN 1793.)

Voy. lois des 8 et 10 FÉVRIER 1793; du 9 JUILLET 1793; du 27 THERMIDOR an 2, et du 28 FRUCTIDOR an 7.

Art. 1er. Les généraux, officiers, sous-officiers, volontaires et soldats de toutes les armes, que des blessures graves résultant des événemens de la guerre auront mis hors d'état de continuer et de reprendre leurs services, recevront des pensions de retraite suivant les bases déterminées par les articles ci-après.

2. Tous les généraux et officiers, jusqu'au grade de capitaine inclusivement, qui auront perdu *deux de leurs membres*, recevront, à titre de pension, quels que soient leur âge et le temps de leurs services, la totalité des appointemens attachés à ce grade en temps de paix, sans que néanmoins cette pension puisse jamais excéder la somme de 10,000 livres, conformément aux articles 18 et 20 du décret du 3 = 22 août 1790.

3. Tous lieutenans, sous-lieutenans, sous-officiers ou soldats de toutes armes, qui auront perdu *deux de leurs membres*, seront élevés au grade de capitaine honoraire, et recevront, à titre de pension, la totalité du traitement attaché à ce grade en temps de paix.

4. Tous les généraux, officiers et soldats, de quelque grade qu'ils soient, qui auront perdu totalement *la vue* par suite de blessures reçues à la guerre, seront traités de la même manière que ceux qui auront perdu *deux de leurs membres*, et suivant les proportions énoncées aux deux précédens articles.

5. Les officiers généraux qui auront perdu *un de leurs membres*, ou qui seront hors d'état de continuer leurs services par suite de blessures reçues ou infirmités contractées par l'exercice de leurs fonctions, recevront, à titre de pension, quels que soient leur âge et le temps de leurs services, la moitié du traitement dont ils jouissaient, sans cependant que cette pension puisse excéder cinq mille livres.

Et néanmoins, dans le cas où quelques-uns des officiers généraux se trouveraient, par leurs services effectifs et par leur âge, en droit de prétendre à une pension de retraite ou égale ou excédant la somme de cinq mille livres, ils jouiront alors : 1° de la pension à laquelle leur âge et le temps de leurs services leur donneront droit de prétendre, suivant le décret du 3 = 22 août 1790 et le décret du 23 février 1793; 2° et à titre de supplément de pension, de la moitié de la somme excédant pour parvenir au *maximum* de dix mille livres fixé par l'article 1er.

6. Les colonels, lieutenans-colonels, commandans de bataillon, capitaines, lieutenans, sous-lieutenans, qui auront perdu *un de leurs membres* à la guerre, ou qui, par leurs blessures ou infirmités contractées par l'exercice de leurs fonctions, seront hors d'état de continuer leurs services, quels que soient leur âge et le temps de ces services, seront admissibles à l'Hôtel national des Invalides, et auront par conséquent la faculté d'opter ou l'Hôtel ou la pension qui le représente, conformément à l'article 14 du décret du 30 avril = 16 mai 1792.

7. Tous porte-drapeaux, sous-officiers et soldats de toutes armes, qui auront perdu *un de leurs membres* à la guerre, ou qui, sans avoir perdu un de leurs membres, seront privés *de l'usage de deux*, ou auront reçu des *blessures incurables* et qui les mettraient hors d'état de pourvoir à leur subsistance, seront élevés au grade de sous-lieutenant; ils seront admissibles à l'Hôtel national des Invalides, et pourront opter entre l'Hôtel et la pension qui le représente, au grade de sous-lieutenant, suivant le même article 14 du décret du 30 avril = 16 mai 1792.

8. Tous sous-officiers et soldats de toutes armes qui, par suite de blessures reçues, auront perdu *l'usage d'un de leurs membres*, et seront mis hors d'état de continuer leur service, seront admissibles à l'Hôtel national des Invalides, s'il y a des places vacantes, ou recevront pour indemnité une pension de vingt sous par jour.

9. Les officiers, sous-officiers et soldats de toutes armes, reconnus, par les précédens articles, admissibles à l'Hôtel national des Invalides ou à la pension représentative, ne pourront y être admis sans avoir produit un certificat de chirurgien des armées, visé par

les chefs de leurs corps respectifs, et approuvé par le général de l'armée, qui constate que leurs blessures et infirmités résultent des évènemens de la guerre et sont de nature à ne pas leur permettre de se servir d'un ou de deux membres affectés, et de pourvoir à leur subsistance.

10. Les dispositions du présent décret seront applicables à ceux des militaires invalides retirés soit à l'Hôtel, soit dans les départemens, qui auront reçu leurs blessures depuis la déclaration de guerre pour la liberté.

Quant aux autres militaires invalides blessés avant cette époque, ils ne pourront s'en appliquer des dispositions, qu'autant qu'ils se trouveraient dans les cas prévus par les articles 2, 3 et 4.

11. Les dispositions énoncées au présent décret seront applicables aux officiers de santé qui se trouveront dans les cas qui y sont prévus.

12. Les veuves des militaires estropiés, compris dans les articles 2, 3 et 4, qui justifieront n'avoir contracté mariage avec eux que depuis l'époque des blessures reçues, auront, à titre de pension, la moitié de celle dont jouissait leur mari, en justifiant néanmoins, dans les formes prescrites par l'article 1er du décret du 4 de ce mois, qu'elles n'ont pas de moyens suffisans pour subsister, et sans qu'en aucun cas cette pension puisse excéder mille livres.

13. La Convention nationale déroge à toutes les lois précédentes relativement aux pensions et indemnités accordées aux officiers, sous-officiers et soldats ou volontaires blessés, en tout ce qui est contraire au présent décret, et les maintient, au surplus, en tout ce qui n'y est pas dérogé.

14. La Convention nationale charge son comité de la marine de lui présenter, dans le plus court délai, le mode de l'application du présent décret aux officiers et soldats de la marine, pour les faire jouir des avantages qu'il accorde aux défenseurs de la patrie que des blessures graves empêchent de continuer leurs services.

15. La Convention nationale décrète qu'à compter du 1er juillet prochain toutes les pensions militaires et autres décrétées, et qui le seront à l'avenir, seront payées par le receveur du district dans l'arrondissement duquel les pensionnaires auront résidence. Charge le comité des finances de lui présenter dans huitaine le mode d'exécution du présent décret.

6 = 16 JUIN 1793. — Décret concernant la peine applicable pour dégradation de monumens nationaux. (L. 14, 615; B. 31, 42.)

La Convention nationale, ouï le rapport de son comité d'instruction publique, décrète

la peine de deux ans de fers contre quiconque dégradera les monumens des arts dépendant des propriétés nationales.

6 = 16 JUIN 1793. — Décret relatif à la fabrication de douze cents millions d'assignats. (L. 14, 616; B. 31, 46.)

La Convention nationale, considérant: 1° que les décrets des 7 et 23 mai dernier peuvent induire le public en erreur sur la masse des assignats en circulation, et ne présentent pas assez clairement la distinction à faire entre leur création et leur émission; considérant: 2° que, lors du décret du 7 mai, qui porte une création de douze cents millions, on y a compris quatre cent quatre-vingt-dix-huit millions deux cent mille livres qui avaient été créés, mais dont l'émission n'était pas encore décrétée, en sorte que cette somme de quatre cent quatre-vingt-dix-huit millions deux cent mille livres restait à émettre pour compléter les créations antérieures, et que la somme créée par le décret du 7 mai ne se trouve réellement que de sept cent un millions huit cent mille livres, au lieu de celle de douze cents millions que la Convention voulait créer; voulant faire disparaitre les équivoques que pourraient présenter les anciennes rédactions, et donner des bases fixes à la comptabilité;

La Convention nationale, après avoir entendu le rapport de son comité des finances, décrète ce qui suit:

Art. 1er. Il sera créé douze cents millions d'assignats, dans les formes ci-après déterminées.

2. Ces assignats seront déposés dans la caisse à trois clefs, à fur et à mesure de leur fabrication.

3. Ces douze cents millions d'assignats seront composés ainsi qu'il suit, savoir:

En assignats de quatre cents livres, six cents millions; de cinquante livres, deux cents millions; de dix livres, deux cent quarante-huit millions deux cent mille livres; de cinquante sous, soixante-quinze millions; de quinze sous, quarante millions; de dix sous, trente-six millions huit cent mille livres. — Total, un milliard deux cents millions.

4. Le papier de quatre cents livres et de cinquante livres, dont la fabrication a été ordonnée par le décret du 23 avril dernier, et celui qui sera fabriqué pour compléter chacune des émissions de quatre cents et cinquante livres, sera imprimé sous les mêmes dates, et par continuation de série des assignats de quatre cents et cinquante livres, décrétés les 21 novembre et 14 décembre 1792.

5. L'archiviste passera, sans délai, les marchés pour la fabrication du papier nécessaire pour la présente création: il est auto-

risé, à cet effet, à retirer les formes des archives, et à les remettre aux divers fabricans.

6. Le nouveau papier des assignats de dix livres sera dans les mêmes dimensions que le précédent. Il portera dans sa pâte, à gauche, les lettres *R. P.* en capitales romaines, en clair, et à droite, les lettres *F. R.*, aussi en capitales romaines, en clair. Le tranchefil inférieur de chaque assignat portera deux faisceaux de piques, surmontés du bonnet de la Liberté. Ces lignes seront dans la pâte du papier, en clair.

7. Les directeurs de la fabrication des assignats sont autorisés à se servir des deux cent trente-cinq rames de papier de dix livres, ancien existant aux archives.

8. Le papier pour les assignats de cinquante sous sera du poids de seize à dix-huit livres la rame, et dans les dimensions de celui qui a servi à la confection des premiers assignats de cinquante sous. Il portera dans son filigrane, en clair, les lettres *R.* et *F.* en majuscules italiques, liées ensemble. Au-dessous de ces deux lettres sera le nombre cinquante sous en chiffres arabes, aussi en clair. Ce filigrane sera inscrit dans un cercle en opaque.

9. Les légendes de date, en tête de cet assignat, seront changées et porteront les mots suivants, en caractères italiques : *Loi du 23 mai 1793, l'an deuxième de la République.*

10. Le timbre sec brisé de cet assignat, portant la tête de *Louis XVI*, sera remplacé par l'emblème de la Justice, tenant en main la balance et l'équerre.

11. Le papier pour les assignats de quinze sous sera du poids de dix-neuf à vingt-une livres la rame, et dans les mêmes dimensions que le précédent. Il portera dans son filigrane, en clair, les deux lettres initiales *R. F.* en capitales romaines, et au-dessous le nombre quinze sous en chiffres arabes, en clair. Ces caractères seront inscrits dans un losange en opaque.

12. Les légendes de date de l'assignat de quinze sous seront remplacées par de nouvelles qui porteront ces mots, en caractères italiques : *Loi du 23 mai 1793, l'an deuxième de la République.*

13. Les deux petits ornemens carrés en tête de l'assignat, à droite et à gauche du mot *quinze sous*, portant l'écusson de France, et ces mots : *La nation, la loi et le Roi,* seront remplacés par deux autres ornemens, portant, sur des hachures, ces mots en petites capitales romaines, à gauche, RÉPUBLIQUE FRANÇAISE, et à droite, UNE ET INDIVISIBLE.

14. Le timbre sec non brisé de cet assignat, portant la tête de *Louis XVI*, sera remplacé par l'emblème de l'Abondance; à ses pieds seront les attributs du Commerce, et à côté la corne d'Amalthée.

15. Le papier des assignats de dix sous sera du poids de dix-neuf à vingt-une livres, et dans les mêmes dimensions que le précédent. Le filigrane de cet assignat sera composé d'un hexagone en opaque, portant dans son intérieur les deux lettres *R. F.* en majuscules italiques séparées, et en clair. Au-dessous de ces lettres sera le nombre DIX, en chiffres romains, aussi en clair.

16. Les légendes de date de cet assignat seront remplacées par de nouvelles qui porteront ces mots : *Loi du 23 mai 1793, l'an deuxième de la République.*

17. Dans le triangle sur lequel s'appuient les deux figures qui tiennent une pique surmontée du bonnet de la Liberté, les mots : *La nation, la loi et le Roi,* placés dans chacun des angles du triangle, seront remplacés par ces mots : *Liberté, sûreté, égalité.*

18. Le timbre sec brisé de cet assignat, portant la tête de *Louis XVI*, sera remplacé par l'emblème de la Force tenant une massue.

19. La Convention nationale rapporte tous les décrets antérieurs au présent relatifs à la présente création de douze cents millions, et dont les dispositions contrarieraient celles énoncées dans les articles ci-dessus.

---

6 = 16 JUIN 1793. — **Décret relatif au paiement des pensions par les receveurs de district.** (L. 14, 622; B. 31, 41.)

Art. 1er. A compter du 1er juillet prochain, toutes les pensions sur le Trésor public, militaires et autres, seront payées par les receveurs de district, sous les formes prescrites par les lois antérieures au présent décret.

2. Les officiers de santé sont compris dans le présent décret.

3. Le comité des finances est chargé de présenter, sous huit jours, le mode d'exécution.

---

6 = 16 JUIN 1793. — **Décret relatif à la fabrication des assignats de dix, quinze et cinquante sous, et de dix livres.** (L. 14, 624; B. 31, 43.)

---

6 JUIN 1793. — **Décret relatif au paiement des appointemens des militaires blessés qui sont à Paris.** (L. 14, 621.)

---

6 = 6 JUIN 1793. — **Décret qui surseoit à la revente de la ferme de Malmaison.** (B. 31, 41.)

---

6 = 16 JUIN 1793. — **Décret qui enjoint à l'agent du Trésor public de rendre compte de ses diligences pour assurer la rentrée des sommes dues par les comptables.** (B. 31, 45.)

6 = 6 juin 1793. — Décret qui accorde trois cents livres à la veuve Maçon. (B. 31, 42.),

6 juin 1793. — Décret qui raie Courcelle de la liste des candidats pour former le jury du tribunal criminel. (B. 31, 43.)

6 = 12 = 16 juin 1793. — Décrets qui accordent, à titre de prêt, soixante mille livres à la section de Montreuil, et quarante-cinq mille livres à la municipalité de Tulle. (B. 31, 43 et 44.)

6 = 16 juin 1793. — Décret qui alloue, à titre d'avance, quarante mille livres au département de la Haute-Loire, pour le soutien des manufactures. (B. 31, 44.)

6 = 16 juin 1793. — Décret portant que les juges et jurés du tribunal criminel ne pourront être parens et alliés des membres de la Convention. (B. 31, 42.)

6 juin 1793. — Décret relatif à un rapport sur la loi de l'organisation de la gendarmerie. (B. 31, 44.)

6 juin 1793. — Décret qui ordonne de rendre compte des motifs de la suppression de l'administration des vivres. (B. 31, 41.)

6 juin 1793. — Décret qui conserve l'organisation et la composition de l'administration des subsistances militaires. (B. 31, 46.)

6 juin 1793. — Décret qui rappelle à leur poste les membres de la Convention absens par congé. (L. 14, 609.)

6 juin 1793. — Affûts-fardiers. *Voy.* 4 juin 1793. — Biens des émigrés. *Voy.* 3 juin 1793. — Brest *Voy.* 4 juin 1793. — Comité de salut public. *Voy.* 5 juin 1793. — Compagnie Masson et d'Espagnac; Enfans naturels. *Voy* 4 juin 1793. — Jury d'accusation. *Voy* 3 juin 1793. — Officiers nommés par Dampierre. *Voy.* 4 juin 1793. — Soldats, etc., des colonies orientales. *Voy.* 30 mai 1793. — Sous-officiers et soldats renvoyés; Subsistances militaires; Veuves des militaires. *Voy.* 4 juin 1793.

7 = 8 juin 1793. — Décret qui condamne à la déportation les convaincus de crimes ou délits non prévus par le Code pénal et autres lois. (L. 14, 625; B. 31, 57.)

La Convention nationale, sur la motion d'un membre, décrète qu'elle rend communs à tous les tribunaux criminels de la République les dispositions de l'article 3 du titre II du décret du 10 mars dernier, relatif à l'établissement d'un tribunal criminel extraordinaire, conçu en ces termes :

5.

« Ceux qui, étant convaincus de crimes « ou délits qui n'auraient pas été prévus par « le Code pénal et les lois postérieures, ou « dont la punition ne serait pas déterminée « par les lois, et dont l'incivisme et la rési-« dence sur le territoire de la République « auraient été un sujet de trouble et d'agi-« tation, seront condamnés à la peine de « déportation. »

La Convention nationale décrète, en outre, que les juges des tribunaux criminels, en appliquant cette peine aux cas prévus par l'article cité, pourront la prononcer temporaire ou à vie, suivant les circonstances et la nature des délits.

7 = 9 juin 1793. — Décret qui ordonne une fabrication de nouveaux assignats, en remplacement des assignats précédemment créés qui seront retirés de la circulation. (L. 14, 627 B. 31, 54.)

Art. 1er. Les assignats créés et émis en vertu des décrets des Assemblées nationales constituante, législative et de la Convention, seront retirés de la circulation, et échangés avec des assignats qui seront nouvellement fabriqués. Les assignats provenant des échanges seront annulés au moment de l'échange, et brûlés en la manière accoutumée.

2. Le papier-assignat sera d'une nature facile à le distinguer de tous les autres papiers, et il ne sera fabriqué que dans une seule manufacture.

3. La fabrication du papier sera confiée à celui des fabricans dont le papier aura mérité la préférence, et dont les établissemens pourront suffire aux mesures de surveillance et de sûreté qui seront ci-après désignées.

4. Il sera procédé par experts choisis par le fabricant et par l'archiviste, en présence de deux commissaires de la Convention, à la fabrication d'une rame de chaque nature de papier; les experts estimeront la valeur des matières, le prix de la main-d'œuvre, et le bénéfice légalement dû au fabricant. Ils dresseront procès-verbal de leurs opérations, sur lequel l'Assemblée nationale statuera définitivement.

5. Il sera établi près la manufacture destinée à la fabrication du papier un directeur et le nombre de commis qui sera jugé nécessaire.

6. Le directeur réglera le service des commis, et fera tenir à chacun d'eux un registre sur lequel ils constateront jour par jour la quantité des rames qui auront été fabriquées, relevées, collées, préparées et refondues, suivant la nature de l'atelier auquel chacun des commis sera attaché.

7. Le directeur tiendra un journal général de toutes les opérations de la papeterie; la fabrication, le collage, la préparation, la

21

refonte des feuilles viciées et autres procédés y seront relatés jour par jour, d'après les états qui lui en seront remis par les commis. Il tiendra, en outre, un livre particulier pour chaque nature de papier, et un autre livre d'expédition et d'envoi du papier aux archives, etc.

8. Le directeur et ses commis logeront et vivront à leur frais dans un logement séparé du fabricant; ils ne pourront habiter ni vivre avec lui.

9. Les travaux de la fabrication et les opérations du directeur et de ses commis seront surveillés par deux commissaires de l'Assemblée nationale, qui seront relevés tous les quinze jours.

10. Les ouvriers qui seront employés à la fabrication du papier-assignat contracteront avec le directeur et le fabricant l'engagement de ne sortir de la fabrique qu'après l'entière fabrication du papier; au moyen de quoi, il leur sera accordé une gratification d'après le compte rendu par les commissaires de l'Assemblée nationale, le directeur et le fabricant.

11. L'ouvrier qui s'évadera pendant le cours de cette fabrication sera poursuivi et mis en état d'arrestation jusqu'à l'expiration de son engagement.

12. Quiconque détournera dans la fabrique une feuille de papier-assignat sera puni de six ans de gêne; celui qui introduira dans les ateliers de fabrication des compagnons étrangers ou voyageurs connus sous la dénomination de *pays* ou *rente*, sera puni de six mois de prison.

13. Il sera établi près la fabrique une garde armée suffisante, dont le service intérieur et extérieur sera réglé par les deux commissaires de la Convention et le directeur.

7 = 9 JUIN 1793. — Décret qui prescrit le mode de remboursement des cautionnemens fournis par les employés comptables de la régie des poudres et salpêtres. (L. 14, 630; B. 31, 52.)

Art. 1er. L'état des cautionnemens fournis par les employés comptables de la régie des poudres et salpêtres, en vertu de l'arrêt du conseil du 29 juin 1776, demeure définitivement arrêté à la somme de quatre cent quatre-vingt-dix-huit mille livres, y compris le cautionnement du caissier général, montant à cinquante mille livres.

2. Lesdits employés seront remboursés du montant de leurs cautionnemens, en rapportant : 1° leurs récépissés de caisse; 2° des certificats délivrés par les régisseurs des poudres et salpêtres, constatant qu'ils ne doivent rien à la régie, et qu'ils ont fourni les cautionnemens en immeubles fixés pour leurs emplois par le décret du 23 septembre = 19 octobre 1791, ou qu'ils ne sont plus

employés dans la régie; 3° enfin des certificats de non-opposition, tant par le caissier général de la régie que conservateur des hypothèques, ou la main-levée des oppositions, s'il en existe.

3. L'article 4 du décret du 23 septembre = 19 octobre 1791, relatif au remboursement des cautionnemens fournis par les employés, de la ferme et de la régie générales, sera observé à l'égard des employés de la régie des poudres et salpêtres, qui ne pourront en conséquence obtenir leur remboursement qu'en justifiant du consentement de ceux au profit de qui il aura été inséré, soit dans les récépissés, soit sur les registres de la régie des poudres, des déclarations de sommes prêtées auxdits employés, ou qu'en rapportant les quittances données devant notaires par lesdites personnes.

4. L'intérêt des cautionnemens fournis par les employés de la régie des poudres, qui, aux termes du décret du 23 septembre = 19 octobre 1791, devait cesser d'avoir cours au 1er janvier 1792, leur sera payé par la Trésorerie nationale, à partir de cette époque jusqu'au 1er juillet 1793, ou jusqu'au jour où, avant l'expiration de ce délai, ils obtiendront des reconnaissances de liquidation.

7 = 7 JUIN 1793. — Décret relatif aux capitaines réformés, aux capitaines de remplacement et aux capitaines dits *de réforme*. (L. 14, 632; B. 31, 53.)

La Convention nationale, voulant faire cesser les difficultés qui se sont élevées relativement à l'exécution de l'article 17 du titre II du décret du 23 septembre 1790, sanctionné le 29 octobre suivant, décrète :

Art. 1er. Le délai de trois mois accordé par ledit article aux capitaines réformés par la nouvelle organisation de l'armée, aux capitaines de remplacement et aux capitaines dits *de réforme*, pour faire connaître leur intention de renoncer à être replacés en activité, et d'être, en conséquence, remboursés de leur finance sans perte du quart, n'a dû commencer à courir que du jour où la publication de la loi en a été faite à la tête des régimens respectifs.

2. En conséquence, lesdits officiers qui se prétendront en droit de profiter de la disposition de l'article 17 du titre II du décret du 23 septembre 1790, seront tenus de remettre au bureau de la liquidation générale un certificat du ministre de la guerre, constatant la date de leur démission et celle du jour où la publication a été faite à leur corps.

3. Les capitaines réformés par la nouvelle organisation, les capitaines de remplacement et les capitaines *de réforme*, qui n'ont été remboursés que de la somme portée dans leur brevet de retenue, parce

que leur démission se trouvait postérieure aux trois mois qui se sont écoulés depuis le 29 octobre 1790, date de la sanction du décret du 23 septembre précédent, seront admis à prouver, de la manière ci-dessus indiquée, qu'ils se sont démis dans les trois mois à partir de la proclamation sus-énoncée, à la tête de leur régiment; et, dans le cas où cette preuve serait acquise, ils auront droit à être remboursés, sans intervention d'un nouveau décret, de la différence qui se trouvera entre la somme portée dans leur brevet de retenue et celle qu'ils auront réellement payée pour le montant de leur finance.

———

7 JUIN 1793. — Décret relatif à la déportation des prêtres réfractaires. (B. 31, 56.)

La Convention nationale décrète que le comité de salut public donnera les ordres nécessaires pour qu'un nombre suffisant de bâtimens de transport soient préparés, sans délai, dans les ports de la République, afin que la déportation, à la Guiane, des prêtres réfractaires, puisse être effectuée.

———

7 = 9 JUIN 1793. — Décret qui défend de demander la déportation de tous les prêtres. (B. 31, 56.)

La Convention nationale décrète que tout membre qui se permettra, dans son sein, de demander la déportation des prêtres qui se sont soumis à la loi, et sont salariés des deniers publics, sera envoyé, pour huit jours, à l'Abbaye.

———

7 JUIN 1793. — Décret portant que les départemens du Cantal, de la Haute-Loire et la ville d'Aurillac, ont bien mérité de la patrie. (B. 31, 54.)

———

7 = 7 JUIN 1793. — Décret pour le jugement des détenus en vertu d'arrêt du tribunal populaire de Marseille. (B. 31, 52.)

———

7 JUIN 1793. — Décret qui ordonne un rapport sur les prises faites par les corsaires français. (B 31, 56.)

———

7 JUIN 1793. — Décret portant que les lettres adressées par les députés en état d'arrestation seront renvoyées au comité de salut public. (B. 31, 57.)

———

7 JUIN 1793. — Décret relatif à l'envoi des bulletins et aux commis du bureau de correspondance. (B. 31, 54.)

———

7 = 7 JUIN 1793. — Décret qui prescrit des mesures pour rétablir la tranquillité à Lyon. (B. 31, 57.)

———

8 = 12 JUIN 1793. — Décret qui augmente le traitement annuel des administrateurs de district, des juges et commissaires des tribunaux, des juges-de-paix et de leurs greffiers. (L. 14, 636; B. 31, 59.)

La Convention nationale décrète qu'à compter du 1er juillet prochain, le traitement annuel des administrateurs de directoire de district, qui n'est fixé qu'à neuf cents livres, à raison de la population de la ville dans laquelle ils siégent, sera porté à douze cents livres, et que, dans les mêmes districts, le traitement des juges et commissaires nationaux des tribunaux de district sera diminué de trois cents livres.

Décrète en outre qu'à partir de la même époque, le traitement de tous les juges-de-paix indistinctement sera augmenté de trois cents livres par an, et celui des greffiers de cent cinquante livres.

———

8 = 9 JUIN 1793. — Décret qui déclare qu'il n'y a pas lieu à inculpation contre les citoyens Lamatre, Fontigny et Girault, ci-devant commissaires délégués aux Iles-du-Vent, et alloue soixante-onze mille cinq cent trente-quatre livres pour indemniser des pertes essuyées par le pillage de la flûte la Bienvenue. (B. 31, 60.)

———

8 = 9 JUIN 1793. — Décret qui accorde une sous-lieutenance au citoyen Croslambert. (B. 31, 58.)

———

8 = 8 JUIN 1793. — Décret qui charge les représentans du peuple de prendre des mesures pour ne pas dégarnir les frontières. (B. 31, 62.)

———

8 = 12 JUIN 1793. — Décret d'ordre du jour sur la pétition du citoyen Fodans, tendant à être confirmé dans la concession à vie du domaine de Bar-sur-Seine. (B. 31, 61.)

———

8 JUIN 1793. — Décret qui ordonne de présenter un nouveau mode d'avancement pour les troupes et un moyen simple d'amalgame. (B. 31, 58.)

———

8 = 8 JUIN 1793. — Décret portant que les corps constitués de Saint-Flour, les départemens de l'Allier, de l'Aveyron, du Lot, du Puy-de-Dôme, de la Haute-Garonne et du Gard, ont bien mérité de la patrie. (B. 31, 60.)

———

8 JUIN 1793. — Décret qui nomme les jurés et les suppléans pour le tribunal criminel extraordinaire. (L. 14, 634; B. 31, 61.)

———

8 = 12 JUIN 1793. — Décret qui ordonne la vente de plusieurs ornemens d'église. (L. 14, 637; B. 31, 62.)

21.

8 = 12 JUIN 1793. — Décret qui crée, dans chaque département, une maison de secours pour les pauvres des deux sexes perclus de leurs membres. (L. 14, 363 ; B. 31 , 59.)

8 = 12 JUIN 1793. — Décret qui accorde un secours au citoyen Brunel, fédéré, blessé à l'affaire des Champs-Elysées. (B. 31 , 58.)

8 JUIN 1793. — Bureau diplomatique et commercial ; Certificats de résidence. *Voy.* 30 MAI 1793. — Crimes non prévus par le Code pénal. *Voy.* 7 JUIN 1793. — Dépôts de mendicité ; Domaines nationaux. *Voy.* 5 JUIN 1793. — Ecoles primaires ; Effets du Garde-Meuble ; Espèces monnayées ; Fonderie de canons à Tarbes ; Gendarme. *Voy.* 30 MAI 1793. — Gendarmes. *Voy.* 29 MAI 1793. — Général Beauharnais ; Invalides ; Officiers ; Officiers comptables. *Voy.* 30 MAI 1793. — Plans des grands établissemens nationaux de Paris. *Voy.* 5 JUIN 1793. — Trésor public. *Voy.* 30 MAI 1793.

9 = 11 JUIN 1793. — Décret qui déclare de bonne prise les navires des villes anséatiques et de celle de Dantzick. (L. 14, 639 ; B. 31, 65 ; Mon. du 12 JUIN 1793.)

Art. 1er. Tous les navires des villes anséatiques pris par les vaisseaux de la République française ou par ceux armés en course, et munis de lettres de marque, depuis le 4 mars dernier jusqu'au 29 du même mois, sont déclarés de bonne prise.

2. Le décret du 9 mai, qui ordonne de surseoir à l'exécution de tous jugemens rendus ou à rendre sur le fait desdites prises, est rapporté, et les armateurs, ou leurs fondés de pouvoirs sont autorisés à en disposer comme de leur propriété.

3. Les navires appartenant à la ci-devant ville libre de Dantzick, à quelque époque que la capture en ait été faite, sont déclarés de bonne prise, et les capteurs pourront en disposer à volonté.

9 = 11 JUIN 1793. — Décret relatif à l'échange des assignats portant l'effigie et l'écusson de Louis XVI. (L. 14, 640 ; B. 31 , 62.)

Art. 1er. A compter du jour de la publication du présent décret, les assignats de quatre cents livres et au-dessous, décorés du nom de la République et des emblèmes de la liberté et de l'égalité, qui rentreront dans les caisses de district pour le paiement des domaines nationaux, seront échangés, autant qu'il sera possible, contre les assignats portant l'effigie ou l'écusson du ci-devant Roi qui se trouveront dans lesdites caisses, et ces derniers seront annulés en présence des acquéreurs des domaines nationaux, conformément au décret du 6 décembre 1790.

2. Jusqu'à ce qu'il en soit autrement or-donné, les coupures de cinquante, vingt-cinq, quinze et dix sous, données en paiement des domaines nationaux, ne seront plus annulées ; les receveurs de district seront tenus de les échanger contre des assignats de mille livres et au-dessous, qu'ils annuleront : les assignats de plus forte valeur seront toujours préférés pour cet échange.

3. Dans le cas où les receveurs de district n'auraient pas dans leurs caisses une quantité d'assignats suffisante pour opérer l'échange prescrit par l'article précédent, ils recevront les coupures sans les annuler, et les feront passer au receveur-général du département, lequel leur enverra pour pareille somme d'assignats de forte valeur, qu'ils annuleront dans la forme ordinaire.

4. Les payeurs-généraux, les payeurs des armées et leurs préposés, sont autorisés à échanger dans les caisses de district les assignats de grosse valeur contre ceux de valeur inférieure et contre les coupures ; et lorsque lesdites coupures données en échange, proviendront des paiemens faits pour domaines nationaux, les assignats échangés seront à l'instant annulés par les receveurs de district.

9 = 11 JUIN 1793. — Décret qui fixe le délai pendant lequel les militaires en mission à Paris peuvent y séjourner. (L. 14, 642 ; B. 31, 63.)

La Convention nationale décrète que tout militaire employé aux armées, et chargé d'une mission quelconque pour Paris, ne pourra, sous aucun prétexte, et à moins d'un décret de la Convention, résider plus de trois jours dans cette ville, à peine de destitution. Le ministre de la guerre sera responsable du retard qui pourrait être apporté dans ces bureaux à ce que les officiers retournent à leur poste dans le délai fixé.

9 = 11 JUIN 1793. — Décret relatif au mode de paiement des greffiers de police correctionnelle. (L. 14, 643 ; B. 31, 67.)

La Convention nationale, sur le rapport fait au nom des comités de législation et des finances réunis, décrète que le traitement assigné aux greffiers de police correctionnelle par l'article 54 du décret du 19 = 22 juillet 1791, doit être payé sur le produit des sous additionnels imposés sur chaque district, pour les frais de l'administration de la justice.

9 = 11 JUIN 1793. — Décret relatif à l'avancement et au rang des enseignes entretenus et non entretenus. (L. 14, 644 ; B. 31, 66.)

Voy. lois du 16 et 17 SEPTEMBRE 1792.

Art. 1er. Les enseignes entretenus de la marine actuellement employés sur les vaisseaux de la République, pourront être admis aux places de lieutenans qui sont au choix du ministre, en justifiant qu'ils sont âgés de vingt-cinq ans, qu'ils ont six années de navigation sur les vaisseaux de l'Etat, et qu'ils ont servi deux ans au moins comme volontaires de la première classe.

2. Sera pareillement admissible au grade de lieutenant de vaisseaux, tout navigateur qui sera reçu capitaine au long cours, et qui justifiera qu'il a, après sa réception, navigué trois ans au moins en qualité de capitaine en second sur les vaisseaux du commerce.

3. Les enseignes non entretenus qui auront deux années de services comme volontaires de la première classe seront aussi admissibles au grade d'enseigne entretenu, et pourront en obtenir le brevet sans subir de nouveaux examens.

4. Les services des ci-devant sous-lieutenans de vaisseau et de port leur seront comptés pour l'admission au grade de lieutenant, conformément aux anciennes ordonnances.

5. Les enseignes entretenus et non entretenus employés sur les vaisseaux de l'Etat, prendront rang entre eux en raison de la totalité de leurs services, tant sur les vaisseaux de la République que sur ceux du commerce.

6. La Convention nationale déroge aux précédens décrets en tout ce qu'ils pourraient avoir de contraire aux dispositions du présent décret, et charge son comité de marine de lui présenter ses vues pour une nouvelle organisation de la marine française.

9 JUIN 1793. — Décret portant que l'absolu nécessaire à la subsistance des citoyens sera exempt de toute contribution. (B. 31, 67.)

Un membre propose, après un rapport très-intéressant, de décréter en principe que tout homme qui n'a aucune propriété ne paiera aucune contribution pour la jouissance de ses droits.

Un autre membre propose que cette motion soit non-seulement décrétée, mais insérée en principe invariable dans la constitution; sur quoi il a été décrété que l'absolu nécessaire à la subsistance des citoyens sera exempt de toute contribution.

Renvoyé au comité de salut public pour en faire un article dans la constitution, et au comité des finances.

9 = 12 JUIN 1793. — Décret qui accorde une indemnité de six mille livres au général Castelverd. (B. 31, 64.)

9 = 11 JUIN 1793. — Décret relatif au général Duverger. (B. 31, 64.)

9 = 11 JUIN 1793. — Décret d'ordre du jour sur le traitement du concierge du parquet du tribunal de cassation. (B. 31, 67.)

9 JUIN 1793. — Décret qui renvoie à ses fonctions le citoyen Sontag, receveur des domaines et bois à Strasbourg. (B. 31, 65.)

9 = 11 JUIN 1793. — Décret portant saisie provisoire et dépôt des effets de la succession de la veuve du comte de Schœnfled, née comtesse de Michme, et réclamée par le comte Kraschinosi. (B. 31, 63.)

9 JUIN 1793. — Décret interprétatif de celui qui accorde quatre millions à la compagnie Masson et d'Espagnac. (B. 31, 64.)

9 JUIN 1793. — Décret qui alloue soixante-quinze mille huit cents livres pour les réparations de l'Hôtel de la justice. (B. 31, 65.)

9 JUIN 1793. — Assignats; Capitaines réformés. *Voy.* 7 JUIN 1793. — Manufacture d'armes de Saint-Etienne. *Voy.* 30 MAI 1792. — Poudres et salpêtres; Prêtres salariés. *Voy.* 7 JUIN 1793. — Tribunal criminel extraordinaire. *Voy.* 5 JUIN 1793. — Tribunal extraordinaire. *Voy.* 30 MAI 1793.

10 = 11 JUIN 1793. — Décret concernant le mode de partage des biens communaux. (L. 14, 663; B. 31, 68; Mon. des 7, 9 juin 1793.)

Voy. lois du 28 AOUT = 14 SEPTEMBRE 1792; du 19 BRUMAIRE an 2; ordres du jour du 27 PLUVIOSE et du 28 VENTOSE an 2; lois du 9 VENTOSE an 4; du 21 PRAIRIAL an 4; du 9 VENTOSE an 12; décrets du 9 BRUMAIRE an 13; du 4ᵉ jour complémentaire an 13; du 20 JUILLET 1807; du 29 MAI 1808; du 17 JUILLET 1808; du 20 MARS 1813.

SECTION Iʳᵉ.

Art. 1ᵉʳ. Les biens communaux sont ceux sur la propriété ou le produit desquels tous les habitans d'une ou plusieurs communes, ou d'une section de commune, ont un droit commun (1).

2. Une commune est une société de citoyens

---

(1) Les droits d'usage dans les forêts domaniales, abolis par l'ordonnance de 1669 (tit. 20, art. 1ᵉʳ), n'ont point été rétablis par les lois du 28 août 1792, du 10 juin 1793 (1ᵉʳ frimaire an 10; Cass. S. 7, 2, 1244).

A l'administration seule appartient le droit de statuer sur les réclamations contre les rôles de répartition d'affouage qu'elle est chargée de dresser (22 juin 1811, décret; J. C. t. 1, p. 505).

Voy. lois du 26 nivose an 2; 7 frimaire an 5, 19 frimaire an 10; 17 germinal an 13.

Voy. la note sur l'article suivant.

unis par des relations locales, soit qu'elle forme une municipalité particulière soit qu'elle fasse partie d'une autre municipalité, de manière que, si une municipalité, est composée de plusieurs sections différentes, et que chacune d'elles ait des biens communaux séparés, les habitans seuls de la section qui jouissait du bien communal auront droit au partage (1).

3. Tous les biens appartenant aux communes, soit communaux, soit patrimoniaux, de quelque nature qu'ils puissent être, pourront être partagés, s'ils sont susceptibles de partage, dans les formes et d'après les règles ci-après prescrites, et sauf les exceptions qui seront prononcées.

4. Sont exceptés du partage les bois communaux, lesquels seront soumis aux règles qui ont été ou qui seront décrétées pour l'administration des forêts nationales.

5. Seront pareillement exceptés du partage les places, promenades, voies publiques et édifices à l'usage des communes, et ne sont point compris au nombre des biens communaux les fossés et remparts des villes, les édifices et terrains destinés au service public, les rivages, lais et relais de la mer, les les ports, hâvres, les rades, et en général toutes les portions de territoire qui, n'étant pas susceptibles d'une propriété privée, sont considérées comme une dépendance du domaine public.

6. Les communes ou les citoyens qui ont joui jusqu'à présent du droit d'y conduire leurs bestiaux, continueront à en jouir comme par le passé.

7. Lorsque, d'après les visites et procès-verbaux des agens de l'administration forestière, auxquels seront joints les officiers municipaux, il demeurera constant que tout ou portion de ces bois n'est pas d'un produit suffisant pour rester en cette nature, l'exception portée en l'article précédent n'aura pas lieu pour cette partie, après que lesdits procès-verbaux auront été autorisés par le direc-

toire du département, sur l'avis de celui de district; mais il sera délibéré et statué sur son partage ou son repeuplement, par l'assemblée des habitans, et dans la forme qui sera ci-après prescrite.

8. Si le sol des communaux est submergé en tout ou en partie, et que le desséchement ne puisse s'opérer que par une entreprise générale, le partage de la partie submergée sera suspendu jusqu'à ce que le desséchement soit exécuté.

La Convention nationale charge son comité d'agriculture de lui présenter incessamment un projet de décret tendant à accélérer le desséchement des marais décrété par le décret du 26 décembre = 5 janvier 1791.

9. Seront tenus en réserve les terrains qui renfermeraient des mines, minières, carrières et autres productions minérales dont la valeur excéderait celle du sol qui les couvre, ou qui seraient reconnues d'une utilité générale, soit pour la commune, soit pour la République (2).

10. Les communes seront tenues de justifier qu'elles ont pourvu à l'acquittement de leurs dettes, conformément au décret du 5 août 1791, avant de pouvoir procéder à aucun acte relatif au partage de leurs biens patrimoniaux.

Section II.

Art. 1er. Le partage des biens communaux sera fait par tête d'habitant domicilié, de tout âge et de tout sexe, absent ou présent (3).

2. Les propriétaires non habitans n'auront aucun droit au partage (4).

3. Sera réputé habitant tout citoyen français domicilié dans la commune un an avant le jour de la promulgation du décret du 14 août 1792, ou qui ne l'aurait pas quittée un an avant cette époque pour aller s'établir dans une autre commune.

4. Les fermiers, métayers, valets de labour, domestiques, et généralement tous citoyens, auront droit au partage, pourvu qu'ils réu-

---

(1) Le droit d'affouage est commun à tous les habitans d'une commune; peu importe que la commune soit formée de la réunion de deux communes, et que chacune d'elles ait eu jadis les bois particuliers, même postérieurement à la réunion (21 décembre 1808; J. C. t. 1, p. 233).

La réunion de deux communes ne fait pas que les terres vaines et vagues de l'une deviennent copropriété de l'autre commune (18 avril 1815; Cass. S. 15, 1, 273).

(2) Sont nuls tous partages faits en vertu de cette loi de marais communaux renfermant des tourbières (décret du 22 frimaire an 13; S. 5, 2, 119).

(3) Le partage a lieu maintenant par feux (avis du Conseil-d'État du 20 juillet 1807 et du 12 = 26 avril 1808).

(4) Entre plusieurs communes ou plusieurs sections d'une même commune, le partage des biens communaux doit être fait par feux, sans aucun égard à l'étendue plus ou moins grande du territoire (12 septembre 1809; Cass. S. 10, 1, 287).

Les dispositions qui ordonnent le partage par feux des biens communaux dont plusieurs communes sont copropriétaires s'appliquent aux bois comme aux autres natures de biens.

Elles s'entendent du partage de la propriété comme du partage des coupes; peu importe à cet égard que, dès auparavant, les communes copropriétaires aient été dans l'usage de se partager entre elles le produit et les charges par égale part (1er février 1814; Cass. S. 14, 1, 163).

Voy. la présente loi, sect. 4, art. 2.

nissent les qualités exigées pour être réputé habitant.

5. Tout citoyen est censé domicilié dans le lieu où il a son habitation, et il y aura droit au partage.

6. Ceux qui ont accepté des fonctions publiques temporaires seront exceptés des dispositions de l'article précédent, et auront la faculté de prendre leur partage dans la commune qu'ils auront quittée pour l'exercice des mêmes fonctions. Cette exception s'étendra aux domestiques et marchands voyageurs.

7. Les pères et mères jouiront de la portion qui écherra à leurs enfans, jusqu'à ce qu'ils aient atteint l'âge de quatorze ans.

Nul ne peut avoir droit au partage dans deux communes.

8. Les tuteurs ou personnes chargées de l'entretien des orphelins veilleront avec soin à la conservation de la portion qui leur écherra en partage.

9. Les corps municipaux sont spécialement chargés de veiller en bons pères de famille à l'entretien et à la conservation des portions qui écherront aux citoyens qui se sont voués à la défense de la République. Ils les feront cultiver aux frais de la commune et recueillir au profit des partageans; cette dernière disposition n'aura lieu qu'en temps de guerre.

10. Le ci-devant seigneur, quoique habitant, n'aura point droit au partage lorsqu'il aura usé du droit de triage en exécution de l'article 4 du titre XXV de l'ordonnance de 1669, quand même il aurait disposé de sa portion en faveur de particuliers non seigneurs.

11. Le droit de triage établi par ledit article 4 du titre XXV de l'ordonnance de 1669 des eaux et forêts, est aboli par le décret du 15 mars 1790 (1).

12. Chaque habitant jouira en toute propriété de la portion qui lui écherra dans le partage.

13. Il ne pourra cependant l'aliéner pendant les dix années qui suivront la promulgation du présent décret, et la vente qu'il en pourrait faire sera regardée comme nulle et non avenue.

14. Le parcours ne donne aucun droit au partage.

15. Tout acte ou usage qui fixerait une manière de procéder au partage des biens communaux ou patrimoniaux, différente de celle portée par le présent décret, sera regardé comme nul et de nul effet, et il sera procédé au partage dans les formes prescrites par le présent décret.

16. La portion de communal qui écherra à chaque citoyen dans le partage ne pourra être saisie pour dettes, même antérieures à la promulgation du présent décret, pendant les dix ans qui suivront ladite promulgation, excepté pour le paiement des contributions publiques.

SECTION III.

Art. 1er. Le partage des biens communaux sera facultatif.

2. Huit jours après la publication du présent décret, la municipalité dans l'étendue de laquelle est situé le bien communal, ou, à son défaut, l'administration du district, convoquera tous les citoyens ayant droit au partage, dans la forme prescrite pour la convocation des assemblées communales.

3. L'assemblée des habitans aura toujours lieu un dimanche.

4. L'assemblée des habitans sera tenue suivant les formes établies pour les assemblées communales.

5. Tout individu de tout sexe ayant droit au partage, et âgé de vingt-un ans, aura droit d'y voter.

6. A l'ouverture de l'assemblée, un commissaire nommé par le conseil général de la commune donnera connaissance à l'assemblée de l'objet de sa convention, et fera lecture du présent décret, après quoi il sera procédé à la nomination d'un président et d'un secrétaire.

7. L'assemblée formée, elle délibérera d'abord si elle doit partager ses biens communaux en tout ou partie (2).

8. Les opinions seront recueillies par oui ou par non.

9. Si le tiers des voix vote pour le partage, le partage sera décidé.

10. Après cette détermination, la délibération qui portera le partage ne pourra plus être révoquée.

11. L'assemblée pourra délibérer la vente ou l'afferme d'un bien communal qui ne pourrait se partager, et dont la jouissance en commun ne serait pas utile à la commune; mais ladite délibération ne pourra avoir son effet qu'après avoir été autorisée par le directoire du département, sur l'avis de celui du district, qui fera constater si ledit bien communal n'est pas susceptible d'être partagé, ou si l'intérêt de la commune en demande la vente ou l'afferme.

---

(1) Les ci-devant seigneurs n'ont pas été maintenus par cette loi dans les triages qu'ils avaient fait prononcer dans l'intervalle de l'ordonnance de 1669 à la loi du 15 mars 1790 (19 mars 1809; Cass. S. 9, 1, 438).

(2) En matière de biens communaux, est nul le partage fait entre les habitans d'une commune sur la demande d'un seul individu (décret du 3 septembre 1808; S. 17, 2, 22, et J. C. t. 1, p. 198).

12. L'assemblée des habitans pourra pareillement déterminer qu'un bien communal continuera à être joui en commun; et, dans ce cas, elle fixera les règles qu'elle croira les plus utiles pour en régler la jouissance commune.

13. La délibération qui déterminera la jouissance en commun ne pourra être révoquée pendant l'espace d'une année.

14. La délibération qui, dans ce cas, fixera le mode de jouissance, sera transmise au directoire du département pour être autorisée, sur l'avis du directoire du district.

15. Dans le cas où l'assemblée des habitans aura déterminé la jouissance en commun de tout ou partie d'un communal, les propriétaires non habitans qui jouissaient du droit d'y conduire leurs bestiaux continueront d'en jouir comme les autres habitans.

16. Lorsque le partage sera décidé, l'assemblée procédera à la nomination de trois experts pris hors de la commune, dont un au moins sera arpenteur, et de deux indicateurs choisis dans l'assemblée, pour effectuer le partage.

17. Cette nomination sera faite à haute voix et à la pluralité relative des suffrages.

18. Si l'assemblée n'a pas terminé ses opérations le dimanche fixé pour sa première séance, elle pourra s'ajourner au dimanche suivant.

19. Le procès-verbal de l'assemblée sera dressé en double original, dont l'un sera déposé aux archives de la commune, et l'autre à celles de district.

20. Le conseil général de la commune conviendra d'avance, avec les experts nommés, du prix qui devra leur être payé pour leurs opérations.

21. Les experts procéderont de suite au partage et à la fixation comparative et proportionnelle de chaque lot, suivant les différentes qualités du sol, avec bornages distinctifs.

22. Chaque lot sera numéroté.

23. Les experts, conjointement avec les indicateurs, désigneront préalablement les chemins nécessaires pour toutes issues, ainsi que ceux qu'il conviendra de laisser pour les communications intérieures et l'exploitation particulière. Ils désigneront pareillement tous les canaux, fossés d'égout, et autres objets d'art nécessaires et d'une utilité commune, afin qu'ils soient tous soustraits de la masse générale à partager.

24. Lesdits experts désigneront pareillement les chemins nécessaires pour parvenir à des mares ou à des abreuvoirs communs, reconnus indispensables dans quelques lieux pour abreuver les bestiaux, ou pour d'autres usages d'une utilité générale.

25. Ils dresseront procès-verbal de leurs opérations en double original qu'ils signeront ainsi que les indicateurs, et dont un sera déposé aux archives de la commune, et l'autre à celles du district.

26. Dès que les experts auront terminé leurs opérations et clos leur procès-verbal, le lot de chacun sera tiré au sort.

27. En conséquence, les officiers municipaux feront proclamer, huit jours à l'avance, le jour du tirage, qui sera toujours un dimanche.

28. Les numéros correspondant à chaque lot seront placés dans une urne.

29. L'appel se fera par ordre alphabétique, et les officiers municipaux tireront pour les absens.

30. Il sera du tout dressé procès-verbal en double original, dont un sera déposé aux archives de la commune, l'autre à celles du district.

31. Les frais qu'entraînera l'opération du partage seront répartis par tête entre les copartageans.

32. Si un bien communal était assujéti à une rente foncière ou redevance non supprimée par les précédens décrets, elle sera rachetée avant de procéder au partage, et le prix du rachat sera réparti par tête entre les copartageans, si mieux n'aiment les intéressés aliéner une portion suffisante desdits biens pour payer les frais de partage et rembourser les capitaux des rentes ou redevances dont le communal sera chargé.

33. Si tout ou partie d'un communal était affermé, les copartageans seront tenus d'entretenir le bail ou d'indemniser les fermiers.

34. Les citoyens qui auront, en vertu du décret du 11 octobre, cultivé et ensemencé une partie d'un bien communal, jouiront des récoltes provenant de leurs travaux, sans qu'il puisse leur être porté, à raison du partage, aucun trouble ni empêchement.

35. Pendant les cinq premières années à compter du jour de la promulgation du présent décret, il ne sera perçu que quinze sous pour tout droit d'enregistrement pour chaque contrat d'échange des fonds partagés.

36. Il ne pourra être rien changé, à raison du présent décret, à l'état actuel des chemins vicinaux connus sous le nom de voyeux, voiries, ou autres dénominations quelconques. La Convention nationale charge son comité d'agriculture de lui présenter incessamment un projet de décret pour déterminer la largeur qu'ils doivent avoir.

37. Les revenus provenant soit du prix des fermes des biens patrimoniaux ou communaux qui ne seraient pas partagés, ou de la vente de ceux que l'assemblée des habitans aurait délibéré et obtenu la permission de vendre, ne seront plus mis en moins imposé ni employés à l'acquit des charges locales; mais ils seront partagés par tête dans la forme

prescrite pour le partage des biens communaux (1).

SECTION IV.

Art. 1er. Tous les biens communaux en général, connus dans toute la République sous les divers noms de terres vaines et vagues, gastes, garrigues, landes, pacages, pâtis, ajoncs, bruyères, bois communs, hermes, vacans, palus, marais, marécages, montagnes, et sous toute autre dénomination quelconque, sont et appartiennent de leur nature à la généralité des habitans ou membres des communes, des sections de communes dans le territoire desquelles ces communaux sont situés ; et, comme telles, lesdites communes ou sections de communes sont fondées et autorisées à les revendiquer, sous les restrictions et modifications portées par les articles suivans (2).

2. Lorsque plusieurs communes seront en possession concurremment, depuis plus de trente ans, d'un bien communal sans titre de part ni d'autre, elles auront la même faculté de faire ou de ne pas faire le partage ou la partition des terrains sur lesquels elles ont un droit ou un usage commun, que les habitans d'une commune relativement au partage de leurs communaux entre eux (3).

3. Dans le cas du partage ou de la partition arrêtés par ces communes, elles seront tenues de nommer de part et d'autre des experts à l'effet de ce partage ; ces experts dresseront procès-verbal de leurs opérations, lequel sera déposé aux archives du district, et expédition en forme en sera délivrée à chacune des communes copartageantes, pour être aussi déposée dans leurs archives.

4. En cas de division entre lesdits experts, il sera procédé sans délai à la nomination d'un tiers-expert par le directoire du département.

5. La Convention nationale n'entend rien préjuger par le présent décret sur les parcours et la vaine pâture dans les lieux où ils sont autorisés par les lois ou les usages ; elle renvoie à son comité d'agriculture pour lui faire incessamment un rapport sur cet objet.

6. Tout partage antérieur à la publication du présent décret et contraire à ses dispositions est déclaré nul et de nul effet.

7. Les partages faits en vertu du titre Ier du décret du 13 = 20 avril 1791 sont maintenus ainsi que les possesseurs des terrains desséchés et défrichés, aux termes et en exécution de l'édit et de la déclaration du 14 juin 1764 et 13 avril 1766 (4).

8. La possession de quarante ans exigée par le décret du 28 août 1792, pour justifier la propriété d'un ci-devant seigneur sur les terres vaines et vagues, gastes, garrigues, landes, marais, biens hermes, vacans, ne pourra en aucun cas suppléer le titre légi-

---

(1) Les communautés d'habitans qui n'ont pas partagé leurs biens communaux aux termes de cette loi, ne peuvent changer le mode de jouissance qu'avec l'autorisation du Roi. Décret du 9 brumaire an 13 ; S. 5, 2, 104 ; *idem* (22 février 1813 ; décret, J. C. t. 2, p. 279).

(2) *Voy.* les notes sur les art. 8 et 9. Lorsque, entre plusieurs communes, il y a contestation pour la propriété d'un terrain sur lequel elles exercent concurremment un droit de pâturage, la commune sur le territoire de laquelle est situé le fond litigieux a en sa faveur une présomption de propriété qui ne peut être détruite par les autres que par titres ou preuves d'une possession en qualité de propriétaires (23 janvier 1817 ; Colmar, S. 18, 2, 52). *Voy.* art. 12.

Cette disposition est inapplicable aux biens détenus par le domaine et provenant de la main mise sur les biens ecclésiastiques et autres propriétés devenues nationales : à cet égard il y a exception à l'art. 1er par l'art. 12 (1er juin 1824 ; Cass. S. 32, 1, 312).

La présomption de propriété au profit de la commune qui comprend les terres vaines et vagues dans son territoire a effet non-seulement vis-à-vis de l'ancien seigneur, mais encore vis-à-vis d'autres communes.... en sorte qu'au cas de contestation entre deux communes sur la propriété de terres vaines et vagues, la preuve est à la charge de la commune hors de laquelle ces terres se trouvent situées (11 février 1831 ; Angers, S. 31, 2, 97).

Jugé en sens contraire (9 juin 1825 ; Caen, S. 26, 2, 160 ; 23 juin 1829 ; Cass. S. 29, 1, 265 ; D. 29, 1, 278).

Un terrain, bien qu'inculte et servant à l'usage du public depuis long-temps, peut cependant être considéré comme n'ayant pas le caractère de terrain vain et vague, et par suite être réputé, contre la commune, constituer une propriété privée d'après de simples présomptions, et sans représentation du titre exigé par la loi (31 juillet 1832 ; Cass. S. 32, 1, 783 ; D. 32, 1, 363).

(3) Une commune en possession d'un droit de servitude, même discontinue, notamment d'un droit de pacage sur un terrain situé dans le territoire d'une commune voisine, doit être maintenue dans sa possession.

L'art. 691 du Code civil, qui dispose que les servitudes discontinues ne peuvent s'établir que par titre, n'a porté aucune atteinte à la législation spéciale (6 août 1832 ; Cass. S. 32, 1, 488).

Voy. loi du 19 brumaire an 2.

(4) Les possesseurs de communaux desséchés en vertu de la déclaration du 5 juillet 1770 sont compris dans la disposition de cet article (24 frimaire an 8 ; Cass. S. 1, 1, 272).

Voy. la loi du 4 messidor an 6, art. 1er.

Cet article n'est aucunement restreint ou modifié par l'art. 10 (9 décembre 1813 ; Cass. S. 14, 1, 88).

time, et le titre légitime ne pourra être celui qui émanerait de la puissance féodale, mais seulement un acte authentique qui constate qu'ils ont légitimement acquis lesdits biens, conformément à l'article 8 du décret du 28 août 1792 (1).

9. L'esprit du présent décret n'étant point de troubler les possessions particulières et paisibles, mais seulement de réprimer les abus de la puissance féodale et les usurpations, il excepte des dispositions des articles précédents toutes concessions, ventes, collocations forcées, partages ou autres possessions depuis et au-delà de quarante ans, jusqu'à l'époque du 4 août 1789, en faveur des possesseurs actuels ou de leurs auteurs, mais non acquéreurs volontaires, ou donataires, héritiers ou légataires du fief à titre universel (2).

10. Et à l'égard de ceux qui ne possèdent desdits biens communaux ou partie d'iceux que depuis quarante ans jusqu'à ladite époque du 4 août 1789, il sera fait cette distinction entre eux :

Les citoyens qui posséderont avec un titre légitime, et de bonne foi, et qui ont défriché, par leurs propres mains ou celles de leurs auteurs, les terrains par eux acquis et actuellement en valeur, ne seront tenus que de payer à la commune les redevances auxquelles ils seraient soumis envers le seigneur ou tous autres, s'ils ne s'en sont entièrement libérés par quittance publique;

Les possesseurs qui n'auront point de titre ou dont le titre ne sera pas légitime ou régulier, ou qui les constituerait en mauvaise foi, comme si les officiers municipaux avaient passé les titres sans le consentement des habi-

---

(1) Une île, sur le lit d'une rivière navigable, n'a pu être réclamée par la commune comme terre vaine et vague. Le fait de pacage dans un terrain n'est pas réputé possession à titre de propriété (1er brumaire an 6; Cass. S. 1, 1, 115).

Les marais productifs ne sont pas réputés appartenir aux communes, lorsque les seigneurs n'ont pas de titre (14 vendémiaire an 8; Cass. S. 1, 1, 345).

Des marais auxquels il a été fait anciennement des travaux pour les mettre en valeur ne sont pas compris dans la classe des terrains vains et vagues que cet article répute communaux (14 vendémiaire an 9; Cass. S. 7, 2, 841).

Un marais planté en bois taillis et en arbres épais n'est pas un terrain vain et vague (10 fructidor an 3; Cass. S. 6, 1, 51).

Pour que des terres soient réputées vaines et vagues dans le sens de cet article, il faut justifier que le terrain était vain et vague au 4 août 1789. Si la décision laisse du doute sur ce point de fait, cela suffit pour qu'il y ait ouverture à cassation (12 mai 1812; Cass. S. 13, 1, 337).

Un bois est essentiellement productif, et ne peut être rangé dans la classe des communaux non productifs que la législation a réputés appartenir aux communes (24 janvier 1811; Cass. S. 11, 1, 223).

La loi qui a présumé usurpées par la puissance féodale les terres occupées actuellement par les seigneurs, mais possédées jadis par les communes, ne frappe pas ceux qui n'étaient pas seigneurs de la commune réclamante (17 vendémiaire an 13; Cass. S. 5, 1, 40).

Les lois qui ont réintégré les communes dans les biens jadis possédés par elles (à moins de preuves d'achats légitimes par le détenteur) ne sont pas applicables, lors même que ces biens se trouvent dans les mains d'un souverain qui n'est pas seigneur féodal (5 avril 1808; Cass. S. 8, 1, 239).

La longue possession des ci-devant seigneurs ne suffit pas pour qu'ils puissent se prétendre propriétaires des terres vaines et vagues. La preuve testimoniale est nécessairement admissible lorsqu'il s'agit d'établir qu'une commune a possédé de temps immémorial des marais productifs situés dans l'étendue de son territoire (26 décembre 1810; Cass. S. 11, 1, 88).

On ne peut réputer terres vaines et vagues des biens qualifiés de vacans dans des titres très-anciens, lorsque depuis très-long-temps ils sont en nature de bois ou en nature de terres à labour et de vignes (24 mars 1807; Cass. S. 7, 2, 839).

Les communes ne peuvent revendiquer, contre les ci-devant seigneurs, des terrains depuis long-temps plantés en bois ou mis de quelque autre manière en état de production, qu'en justifiant qu'elles ont eu anciennement la propriété ou la possession de ce terrain (8 décembre 1818; Cass. S. 19, 1, 208).

Il ne suffit pas d'avoir eu jadis un droit de pâturage dans une forêt nationale, pour y rentrer en vertu des lois du 28 août 1792 et du 10 juin 1793 (1er prairial an 12; Cass. S. 4, 1, 318).

Les communes ne peuvent se faire réintégrer dans de prétendus vacans possédés par leur ci-devant seigneur, s'il est déclaré constant que, dans le temps antérieur, les terrains réclamés étaient incultes et ne produisaient pas de fruits (12 juillet 1814; Cass. S. 15, 1, 37).

Les habitans d'une commune qui ont cédé à un ci-devant seigneur non-seulement leurs biens communaux, mais encore toutes leurs propriétés particulières, sous la condition que le seigneur acquitterait leurs dettes, et qu'il les prendrait eux-mêmes pour ses colons partiaires, ne peuvent demander l'annulation de l'acte de cession en vertu des lois qui ont réintégré les communes dans les propriétés qui leur auraient été usurpées, surtout si, au temps de la cession, le cessionnaire n'était pas seigneur de la commune dont les biens lui ont été cédés (9 mars 1811; Turin, S. 12, 2, 78).

Ces dispositions ne sont pas applicables au cas où il y avait chose jugée sur la question de propriété au profit du seigneur, avant la publication de la loi (22 octobre 1812; Cass. S. 12, 1, 403).

(2) Voy. les notes sur l'article 8.

tans réunis en assemblée de commune, comme si encore le ci-devant seigneur avait stipulé pour lui la non-garantie, etc., de même que les acquéreurs qui n'ont fait défricher lesdits terrains que par la main d'autrui à leurs frais, ou qui les ont mis en valeur sans défrichement, quel que soit leur titre, seront dépossédés desdits terrains communaux, en quelque état qu'ils soient, sauf la préférence qui leur sera donnée pour possession de ces mêmes terrains, s'ils sont du nombre des copartageans, en payant à la commune le surplus de la valeur de leur lot dûment estimé; sauf encore leur garantie envers les vendeurs, s'il y échoit.

11. Par aucune des dispositions des articles précédens, la Convention nationale n'entend préjudicier aux droits des communes ou des ci-devant vassaux qui étaient en instance ou litige devant les tribunaux, sans égard à aucune péremption, à l'époque du décret du 28 août 1792; ces procès seront jugés sur les mêmes droits et prétentions, et sur les mêmes titres et preuves, d'après les principes établis par le présent décret.

12. La Convention nationale décrète que la partie des biens communaux possédée ci-devant soit par des bénéficiers ecclésiastiques, soit par des monastères, communautés séculières ou régulières, ordre de Malte et autres corps et communautés, soit par les émigrés, soit par le domaine, à quelque titre que ce soit, appartiennent à la nation, et, comme tels, ils ne peuvent appartenir aux communes ou sections de communes dans le territoire desquelles ils sont situés, soit que ces biens communaux aient été déjà vendus, soit qu'ils soient encore à vendre au profit de la nation (1).

13. Le droit d'enregistrement de partage des biens communaux, soit entre commune et commune, soit entre les habitans d'une seule et même commune entre eux, sera de vingt sous pour cette fois seulement.

14. Par toutes les dispositions précédentes, ni par aucune autre du présent décret sur les communaux, il n'est porté aucun préjudice aux communes, pour les droits de rachat à elles accordés par les décrets précédens sur les biens communs et patrimoniaux par elles aliénés forcément en temps de détresse, lesquels seront exécutés dans leurs vues bienfaisantes, selon leur forme et teneur (2).

SECTION V.

Art. 1er. Les contestations qui pourront s'élever à raison du mode de partage entre les communes seront terminées sur simple mémoire par le directoire du département, d'après l'avis de celui du district (3).

2. Le directoire du département, sur l'avis de celui du district, prononcera, pareillement sur simple mémoire, sur toutes les réclamations qui pourront s'élever à raison du mode de partage des biens communaux (4).

3. Tous les procès actuellement pendans ou qui pourront s'élever entre les communes et les propriétaires, à raison des biens communaux ou patrimoniaux, soit pour droits, usages, prétentions, demandes en rétablissement dans les propriétés dont elles ont été dépouillées par l'effet de la puissance féodale, ou autres réclamations généralement quelconques, seront vidés par la voie de l'arbitrage (5).

4. Les procès qui ont eu ou qui auront lieu entre deux ou plusieurs communes, à raison de leurs biens communaux ou patrimoniaux,

---

(1) *Voy.* loi du 8 = 13 août 1793.

(2) Les ventes faites de biens communaux, après l'édit d'avril 1667, ne sont pas (comme les ventes faites depuis 1620) soumises au rachat. Ce principe était plus particulièrement vrai en Franche-Comté, où l'édit de 1667 n'avait été ni publié ni enregistré (21 juin 1815; Cass. S. 15, 1, 301; *idem* 14 janvier 1811; Cass. S. 11, 1, 223).

L'action en revendication des communes qui ont vendu sans formalités est couverte par la possession de quarante ans, surtout de la part des tiers acquéreurs, de la part même d'un seigneur dont la mouvance ne s'étendait pas sur la commune (14 janvier 1811; Cass. S. 11, 1, 223).

Les communes ont pu, après la publication de cette loi, exercer le rachat des biens communaux et patrimoniaux qu'elles avaient aliénés forcément et en temps de détresse (3 août 1808; Cass. S. 8, 1, 448).

La faculté accordée aux communes, par l'édit de 1667, de rentrer dans les fonds par elles aliénés depuis 1620, peut être exercée même

par les communes situées dans le ressort de parlemens où n'avait point été enregistré l'édit. La présente loi a non-seulement la faculté de rachat établie par l'édit dont s'agit, mais en a renouvelé les dispositions, et les a rendues obligatoires en faveur des communes qui n'auraient pu s'en prévaloir précédemment.

Toutefois, cette faculté ne peut être exercée vis-à-vis des tiers qui, depuis un temps suffisant à prescrire, ont acquis de bonne foi, c'est-à-dire dans l'ignorance de l'origine des biens vendus.

Sont réputées faites forcément en temps de détresse les aliénations consenties par les communes depuis 1620 jusqu'en 1667, surtout si ces aliénations ont eu lieu pour acquittement de leurs dettes (6 avril 1831; Cass. S. 31, 1, 278; D. 31, 1, 128).

(3 et 4) *Voy.* les notes sur les art. 5 et 6.

(5) *Voy.* loi du 2 octobre 1792 et du 9 ventose an 4.

Ces dispositions n'ont pu s'appliquer à une contestation existante entre un particulier et soit qu'ils aient pour objet la propriété ou la jouissance desdits biens, seront terminés pareillement par la voie de l'arbitrage (1).

5. Il sera procédé de la même manière pour les actions exercées ou à exercer par les communes contre des citoyens, pour usurpation, partages illicitement faits, concessions, défrichemens, desséchemens et généralement pour toutes les contestations qui auront pour objet les biens communaux ou patrimoniaux.

6. En conséquence, les parties comparaîtront devant le juge-de-paix du canton où la majeure partie des biens sera située, et nommeront chacune un ou plusieurs arbitres, à nombre égal.

7. Il sera dressé procès-verbal de cette nomination par le juge-de-paix.

8. Ledit procès-verbal sera signé par le juge et par les parties, si elles savent le faire; autrement il en sera fait mention.

9. Dans le cas où l'une des parties ne voudrait pas comparaître volontairement, elle sera sommée de le faire par une simple cédule qui sera délivrée par le juge-de-paix.

10. Les délais expirés, si la partie ne comparaît pas, le juge-de-paix nommera d'office un arbitre ou plusieurs arbitres pour la partie non comparante.

11. Il en sera dressé procès-verbal qui sera signé par le juge-de-paix et par la partie qui aura comparu.

12. Les parties seront tenues de remettre leurs titres et mémoires entre les mains des arbitres, dans le délai d'un mois; lesdits arbitres seront tenus d'avoir rendu leur sentence arbitrale deux mois après cette remise (2).

13. Dans le cas où il serait nécessaire de faire quelques vérifications, lesdits arbitres nommeront des gens de l'art pour y procéder (3).

14. Les experts nommés pour les vérifica-

---

l'Etat, aux droits d'un émigré (20 juin 1821; Cass. S. 21, 1, 170).

Toute question relative à la proportion des droits respectifs de deux communes sur des biens communaux, est de la compétence des tribunaux; les préfets ne peuvent en connaître; il ne s'agit pas seulement là d'appliquer les lois sur le partage des communaux indivis (28 novembre 1809; J. C. 1, 338).

Les conseils de préfecture ne sont pas compétens pour décider entre deux communes à qui appartient la propriété de terres vaines et vagues (13 juillet 1813; décret, J. C. 2, 386).

La question de savoir si le propriétaire d'un fonds situé dans une commune a droit à sa portion dans l'affouage qui appartient à la commune, n'est pas de la compétence de l'autorité administrative; les tribunaux peuvent la décider, quand bien même le fonds à raison duquel le réclamant prétend exercer son droit serait un domaine national. Voy. la loi du 9 ventose an 4 (décret du 20 septembre 1809; S. 17, 2, 188).

La question de savoir si des biens, après partage des communaux, sont propriété particulière des détenteurs ou biens communaux, est de la compétence des tribunaux (10 mars 1809; décret, J. C. 1, 262).

L'omission des formalités requises par la loi du 27 mars 1791, pour qu'une action puisse être intentée et soutenue en justice au nom de l'Etat, forme un moyen de nullité contre les sentences arbitrales rendues au préjudice du Gouvernement pendant le cours de l'arbitrage forcé. Cette omission ne peut être couverte par le fait des administrateurs chargés de l'exercice des actions nationales.

Ces formalités sont requises pour faire intervenir l'Etat dans une instance déjà liée entre d'autres parties, encore qu'il n'y ait d'intérêt qu'à raison du séquestre dont sont frappés, à son profit, les biens qui sont l'objet de la contestation (19 prairial an 11; Cass. S. 7, 2, 770).

Dans un procès pour des biens nationaux entre une commune et l'Etat, les arbitres du Gouvernement devaient, à peine de nullité, être nommés par le procureur-général-syndic du département, seul autorisé à poursuivre et à défendre sur les demandes relatives aux biens nationaux. Le procureur-syndic du district était sans qualité à cet effet.

Ces arbitres ne pouvaient être nommés d'office par le juge-de-paix qu'après assignation donnée au procureur-général, et refus de sa part de nommer (19 mars 1819; Cass. S 20, 1, 38).

Lorsque l'Etat est partie dans l'arbitrage, comme représentant un émigré, la sentence serait nulle si les arbitres étaient nommés par les administrateurs du district, ou si l'action était dirigée contre l'agent du district; les arbitres devaient être nommés par l'agent du district, en vertu des pouvoirs du procureur-général du département, et l'action devait être dirigée nominativement contre le procureur général, poursuites et diligences de l'agent du district (1er juillet 1823; Cass. S. 23, 1, 323).

(1) Voy. la note précédente.

(2) Il est de l'essence de tous les jugemens, même des jugemens arbitraux volontaires ou nécessaires, que les parties aient pu se défendre, que les jugemens soient rendus parties ouïes ou dûment appelées. L'inobservation de la règle donne lieu à cassation (7 brumaire an 13; Cass. S. 7, 2, 787).

Si les arbitres d'une partie donnent leur démission, les arbitres de l'autre ne peuvent juger avant le remplacement des démissionnaires (3 messidor an 10; Cass. S. 2, 2, 443).

(3) Des arbitres nommés en conformité de cette loi ne peuvent nommer quelques-uns d'entre eux pour procéder, hors de la présence des parties, aux vérifications qui, aux termes des art. 13 et 14, sect. 5 de ladite loi, doivent être faites par des experts nommés par les arbitres, en présence des parties. Ce serait un excès de

tions y procéderont parties présentes ou dûment appelées, et en dresseront procès-verbal qui sera signé par eux et par les parties, si elles savent le faire; autrement il en sera fait mention.

15. Dans le cas de partage entre les arbitres, ils en dresseront procès-verbal par eux signé, qu'ils transmettront de suite au bureau de paix du canton où la majeure partie des biens sera située.

16. Le bureau de paix fera citer les parties à comparaître devant lui, pour voir procéder à la nomination du tiers-arbitre (1).

17. Le jour fixé, le tiers-arbitre sera nommé par le bureau de paix, à la pluralité des voix; il en sera dressé procès-verbal signé par les parties, si elles savent faire; autrement il en sera fait mention (2).

18. Les assesseurs qui devront assister le juge-de-paix seront toujours choisis parmi ceux d'une des municipalités du canton non intéressées dans l'affaire.

19. Si toutes les municipalités du canton y étaient intéressées, le tiers-arbitre sera nommé par le bureau de paix du canton le plus voisin, dans les formes ci-dessus prescrites.

20. Les délais pour les diverses citations ci-dessus mentionnées seront les mêmes que ceux déterminés par le décret du 18 = 26 novembre 1790, pour les citations devant les juges-de-paix.

21. La sentence arbitrale sera exécutée sans appel, et rendue exécutoire par une simple ordonnance du président du tribunal du district, qui sera tenu de la donner au bas ou en marge de l'expédition qui lui sera présentée, conformément à l'art. 6 du titre Ier du décret du 16 = 24 août 1792.

10 = 14 JUIN 1793. — Décret relatif au mode de vente du mobilier du Garde-Meuble et de la ci-devant liste civile. (L 14, 669; B. 31, 87.)

Voy. lois du 10 = 12 JUILLET 1793; du 14 AOUT 1793; 15 VENDÉMIAIRE an 2; 1er NIVOSE an 2; 15 PRAIRIAL an 3; 3 NIVOSE an 4. *Voy.* aussi les lois des 25 et 31 JUILLET 1793; 16 AOUT 1793; 14 SEPTEMBRE 1793; 2 et 7 PRAIRIAL an 2; 1er THERMIDOR an 2.

SECTION Ire. Inventaire du mobilier.

Art. 1er. Dans un mois, pour tout délai,

de la date du présent décret, il sera procédé au récolement général des inventaires qui ont dû être faits du mobilier existant au Garde-Meuble national, garnissant les maisons ci-devant royales et autres dépendant de la liste civile, dans les maisons habitées par les ministres et autres agens, ainsi que des voitures, chevaux, linge et autres effets servant au dernier roi et à sa famille, ou accordées à différentes personnes.

2. Toutes pièces quelconques, et notamment les inventaires et procès-verbaux d'estimation qui auront servi de base aux opérations prescrites par le présent décret, seront cotés et paraphés par les commissaires désignés ci-dessous, et il en sera fait mention dans leurs procès-verbaux.

3. Lorsque les inventaires précédemment faits ne comprendront pas l'estimation des objets y portés, le procès-verbal de récolement sera détaillé par article, et chaque objet y sera estimé.

4. Ce récolement sera fait par des commissaires pris dans le sein de la Convention, dont quatre pour Paris, deux pour le département de Seine-et-Oise, deux pour le département de Seine-et-Marne et deux pour le département de l'Oise, conjointement avec deux commissaires nommés à cet effet par le directoire du département de Paris et les directoires de district des lieux où sont situées les maisons ci-devant royales.

5. Les scellés seront reconnus et levés en présence des commissaires ci-dessus désignés par les juges-de-paix ou commissaires qui les ont apposés, et après qu'ils les auront reconnus. En cas d'absence, et après qu'ils auront été dûment appelés, les scellés seront levés par les commissaires désignés par l'article précédent.

6. Pour procéder audit récolement, les commissaires se feront représenter tant les inventaires généraux du Garde-Meuble national, que les inventaires particuliers des autres maisons ci-devant royales, et toutes autres pièces et renseignemens. Il sera dressé procès-verbal dudit récolement.

7. Chaque commission sera accompagnée d'un secrétaire-greffier; les procès-verbaux de chaque opération seront dressés doubles et numérotés de suite : l'un sera déposé au

pouvoir qui entraînerait la nullité de leur sentence (3 novembre 1818; Cass. S. 19, 1, 129).

Les arbitres ne peuvent prendre pour base de leur sentence ni la reconnaissance des bornes, ni l'ancienneté des clôtures et des cultures, lorsqu'il n'a pas été, au préalable, procédé par des experts à la vérification de ces objets (12 février 1809; Cass. S. 10, 1, 145).

(1) Est nul tout jugement rendu par le tiers-arbitre sans le concours des arbitres partagés (14 brumaire an 10; Cass. S. 2, 2, 333).

(2) Lorsqu'il y a partage entre deux arbitres nommés pour décider une contestation élevée entre des communes, ces communes doivent être appelées devant le bureau de paix, pour la nomination du tiers-arbitre. Si le juge-de-paix a procédé à cette nomination hors leur présence et sans leur concours, la sentence arbitrale est nulle (14 décembre 1816; Cass. S. 17, 1, 168).

district, et l'autre adressé sur-le-champ au comité d'aliénation.

8. Lesdits commissaires se concerteront avec le comité d'aliénation pour toutes les opérations prescrites par le présent décret ; et, dans le cas où ils ne seraient pas membres de ce comité, ils seraient censés en faire partie.

9. Les commissaires nommés par le ministre de l'intérieur pour lever les scellés et faire l'inventaire dans les maisons et châteaux de la liste civile, seront tenus de rendre compte sur-le-champ de leurs opérations aux commissaires de la Convention nommés en exécution de l'article 4, et de les cesser, s'il y a lieu, ou de les continuer sous la surveillance desdits commissaires de la Convention.

SECTION II. Vente du mobilier.

10. Il sera procédé sans délai à la vente des meubles courans estimés valoir moins de mille livres qui existent dans lesdites maisons, et ce, à la diligence du procureur-syndic du district, et, à Paris, du procureur-général-syndic du département, dans la forme prescrite par les précédentes lois pour la vente des meubles appartenant à la République.

11. Les commissaires mentionnés en l'article 4 auront soin de réunir, autant qu'il sera possible, dans un même local, les petites portions de mobilier qui pourraient exister dans les différentes maisons dépendant de la ci-devant liste civile, à l'effet d'accélérer les ventes, d'évacuer dans le plus bref délai lesdites maisons, et de supprimer ou diminuer les frais que nécessite la garde du mobilier, ainsi que des maisons, parcs et jardins.

12. Le ministre de la guerre sera tenu de fournir, dans quinze jours pour tout délai, l'état des matelas, couvertures et autres effets de toute nature provenant de la liste civile qui lui ont été remis, en distinguant ceux qui ont été employés pour le service de l'armée, l'emploi qui en a été fait et ceux qui sont encore nécessaires pour les différentes parties de ce service ; le surplus sera sur-le-champ mis en vente, conformément à l'article 10 du présent décret.

13. Les commissaires se feront représenter les états des chevaux, mulets, voitures, selles et harnais de la liste civile qui existaient au 10 août 1792 ; les ordres en vertu desquels il a été disposé de partie desdits objets ; et, à l'égard de ceux qui n'auront point été employés pour la remonte de la cavalerie, pour le service de l'artillerie, pour les charrois qui se font par économie pour le service de l'armée, et qui ne sont point nécessaires à ces différens objets, ils seront mis sur-le-champ en vente.

14. A l'égard des glaces de grandes dimensions, des tapisseries et autres meubles qui,

sans pouvoir être regardés comme monumens, sont précieux par le travail ; les ornemens, ciselures, dorures, marbres, etc., et dont la première estimation sera au-dessus de mille livres, il en sera dressé un catalogue descriptif, lequel sera affiché, distribué et inséré dans les journaux, avec indication des époques auxquelles il sera procédé à la vente des différens objets.

15. Il sera procédé à une seconde estimation desdits meubles précieux par des artistes experts nommés à cet effet par les commissaires de la Convention désignés en l'article 4, de concert avec le ministre de l'intérieur et l'administrateur des domaines nationaux.

16. Les tapis de la Savonnerie et les tapisseries des Gobelins que les commissaires désignés pour Paris et le ministre de l'intérieur ne jugeront pas devoir être conservés pour servir de fonds à la manufacture, seront compris au catalogue descriptif, et vendus avec les autres meubles et effets précieux.

17. Il sera procédé à la vente desdits meubles et effets précieux aux époques qui seront jugées les plus convenables par lesdits commissaires, le ministre de l'intérieur et l'administrateur des domaines nationaux. Ladite vente sera faite conformément à l'article 9 du présent décret : elle ne pourra être faite qu'en présence de deux ou au moins d'un des commissaires de la Convention désignés dans l'article 2 ci-dessus.

18. Les objets estimés valoir mille livres et au-dessus ne seront adjugés qu'à l'extinction des feux. Cette disposition aura lieu pour tous les bijoux, diamans, etc. estimés valoir ce prix. Il ne pourra être reçu, pour tous lesdits effets, aucune première mise au-dessous de l'estimation. Sur la demande des commissaires, ladite vente pourra être remise à une autre époque, et le motif en sera déduit au procès-verbal.

19. Les ouvrages d'orfévrerie qui ne sont pas précieux par le travail, ainsi que les cuivres et bronzes qui ne peuvent être regardés comme monumens d'arts, et qui ne tirent pas de la façon une plus-value considérable, seront, si fait n'a été, portés à la Monnaie pour y être convertis en espèces ; il sera dressé procès-verbal du poids et du titre desdites matières, par les essayeurs de la Monnaie. Le directeur de la Monnaie sera tenu de s'en charger, et d'en donner son récépissé auxdits commissaires, au bas de l'expédition qui lui sera délivrée du procès-verbal mentionné au présent article.

20. Les perles, les diamans et autres pierres précieuses qui pourront se trouver sous les scellés, seront distraits de la vente ; il sera procédé au récolement de l'inventaire qui a dû en être fait, en présence des personnes préposées à leur conservation. Il sera

dressé procès-verbal de leurs espèces, de leur nombre et de leur poids, par les commissaires de la Convention et du directoire, en présence desdits préposés, auxquels il en sera délivré expédition pour leur décharge.

21. Lesdits diamans, perles, pierres précieuses, etc., après avoir été classés et estimés par les experts choisis à cet effet par lesdits commissaires, le ministre de l'intérieur et l'administration des domaines nationaux, seront déposés dans la caisse fermant à trois clefs établie à la recette conservée près l'administrateur des domaines nationaux, et mentionnée au décret du 28 avril dernier.

22. Après que les perles, diamans et autres pierres précieuses, provenant soit des maisons religieuses, soit des émigrés, soit des maisons ci-devant royales, auront été réunis et déposés dans ladite caisse, il sera fait un catalogue descriptif et estimatif desdites perles, diamans, etc., ainsi que de ceux qui existent au Garde-Meuble national, par quatre joailliers experts choisis à cet effet par lesdits commissaires, le ministre de l'intérieur et l'administrateur des domaines nationaux, présentés à la Convention nationale et agréés par elle.

23. Le catalogue mentionné en l'article précédent sera imprimé, distribué et inséré dans les journaux, avec indication du lieu et du jour où il sera procédé à la vente.

24. Ladite vente sera faite à Paris dans le local qui sera désigné, en présence d'un commissaire de la Convention nationale, d'un commissaire présenté par l'administrateur des domaines nationaux et agréé par le conseil exécutif provisoire, d'un commissaire du département, et de deux des quatre joailliers experts désignés dans l'article 22 ci-dessus.

25. Seront au surplus observées, dans lesdites ventes, les formalités prescrites par les articles précédens, et par les décrets antérieurs concernant la vente des meubles appartenant à la nation.

26. Les reconnaissances de liquidation, les actions des Indes, les contrats de rentes perpétuelles et autres créances sur le Trésor public, seront admis en paiement du mobilier mentionné dans le présent décret, sur le pied de vingt pour un du revenu net qu'ils produisent. Les rentes viagères ou pensions seront admises sur le pied de dix de capital pour un de revenu net.

27. Les créances sur la liste civile, dûment liquidées, seront également admises pour la totalité de leur montant.

28. Les créances sur le Trésor public ou sur la liste civile, qui ne sont point encore liquidées, seront également admises en paiement dudit mobilier, mais pour les deux tiers seulement de leur montant, et à la charge de représenter le certificat du dépôt, et de donner bonne et suffisante caution de payer, jusqu'à due concurrence, le prix de la vente, dans le cas où la créance serait rejetée ou réduite.

SECTION III. Liquidation des créances à la charge de la liste civile.

29. Les créances de la liste civile dont les titres n'auront pas été déposés dans deux mois à compter de la promulgation du présent décret, au bureau du commissaire liquidateur, seront rejetées et annulées.

30. Le commissaire liquidateur sera tenu, à peine d'être poursuivi, même par corps, pour la restitution du traitement qu'il aura reçu, de terminer l'opération dont il est chargé avant le 1er janvier prochain, sauf à lui à requérir qu'il lui soit accordé le nombre de commis nécessaire; à l'effet de quoi il fera sa réquisition aux comités de liquidation et des finances. Les créances seront liquidées en suivant l'ordre des numéros du dépôt des titres.

31. Le comité de liquidation est chargé de nommer dans son sein deux commissaires spécialement chargés de surveiller ladite liquidation, et d'en opérer la clôture pour le 1er janvier prochain.

SECTION IV. Conservation des monumens d'art, et du mobilier nécessaire à différentes parties du service public.

32. Les commissaires de la Convention mentionnés en l'article 4, après avoir distingué les portions du mobilier dépendant ci-devant de la couronne ou de la liste civile qui doivent être vendues, des monumens d'art ainsi que des meubles meublans qu'il est nécessaire de conserver pour le palais national et autres établissemens publics, feront dresser un inventaire exact et détaillé de tous ces derniers objets.

33. Ils se concerteront avec la commission des monumens pour la rédaction de l'inventaire détaillé des monumens d'art, pour déterminer ceux qu'il conviendra de conserver dans l'emplacement qu'ils occupent, et pour transporter le surplus au palais national, ou dans tout autre local désigné à cet effet. Ils se concerteront avec le comité des inspecteurs de la salle, pour l'inventaire du mobilier à l'usage de la Convention nationale, de ses comités, et du lieu des séances du conseil exécutif provisoire, avec les ministres, l'administrateur des domaines nationaux, le directeur-général de la liquidation, les commissaires de la Trésorerie et de la comptabilité, pour l'inventaire du mobilier national à leur usage personnel, et à celui de leurs bureaux, ainsi que des administrations ou régies dont la surveillance leur est confiée.

34. Ces inventaires seront recensés, au commencement de chaque année, par les commissaires que le Corps-Législatif nommera à cet effet. Il sera fait trois copies de ce recensement, dont l'une sera déposée aux archives nationales, la deuxième au comité correspondant à chaque partie d'administration ; la troisième sera délivrée aux ministres, administrateurs ou dépositaires, lesquels seront tenus de requérir ledit récolement, à peine d'être responsables des suites de leur négligence.

Section V. Recouvrement et vente du mobilier distrait.

35. Tous dons de mobilier prétendus faits par le ci-devant Roi et sa famille sont annulés, à moins qu'ils ne l'aient été par un bon de sa main contre-signé de l'ordonnateur ou intendant du Garde-Meuble, et porté sur le registre dudit Garde-Meuble.

36. Tous donataires ou détenteurs de meubles et effets provenus de la couronne ou de la liste civile, leurs héritiers ou ayant-cause, seront tenus, dans un mois pour tout délai, à compter de la publication du présent décret, d'en faire leur déclaration au secrétariat du comité d'aliénation, ou au greffe de la municipalité de leur résidence, qui sera tenu d'en transmettre sur-le-champ copie audit secrétariat. Les possesseurs actuels desdits meubles et effets qui ne pourront justifier du bon spécifié dans l'article précédent seront tenus de les rétablir au Garde-Meuble national, ou d'en payer la valeur d'après la facture qui doit exister audit Garde-Meuble, ou à dire d'experts (1).

37. Ceux qui n'auront point satisfait à la disposition du présent article seront poursuivis comme voleurs d'effets publics. Il sera accordé au dénonciateur, à titre de récompense, le huitième du prix des meubles et effets dont il aura procuré le recouvrement.

38. Les officiers domestiques de la ci-devant famille royale qui seront convaincus d'avoir eu connaissance des dilapidations de mobilier, argenterie, bijoux et revenus territoriaux, et qui ne les dénonceront pas dans le mois qui suivra la publication du présent décret, seront privés de toutes pensions, récompenses et secours.

39. Les dénonciations mentionnées en l'article précédent seront faits aux corps administratifs, qui seront tenus de les dénoncer aux tribunaux, et d'en instruire le comité d'aliénation et l'administrateur des domaines nationaux.

40. Les meubles recouvrés seront vendus conformément aux dispositions du présent décret.

41. Tous les effets mobiliers provenant des biens nationaux, de la liste civile ou des émigrés, vendus postérieurement à la promulgation du présent décret, pourront être exportés à l'étranger en exemption de tous droits de sortie, à la charge de représenter l'extrait du procès-verbal de vente dûment certifié par l'administration de district, et, à Paris, par celle du département, et de donner caution du montant des droits, lesquels seront payés, dans le cas où lesdits extraits seraient trouvés abusifs, d'après la vérification qui en sera faite par les régisseurs des douanes ou leurs préposés. Les dispositions de la présente section sont déclarées communes au mobilier provenant des ci-devant princes et des émigrés.

Section VI. Administration des immeubles dépendant de la ci-devant liste civile.

42. Les biens dépendant de la liste civile, jusqu'à leur aliénation, seront administrés comme tous les autres biens nationaux, à l'exception du jardin et du palais national, du Jardin-des-Plantes, du vieux Louvre et autres bâtimens conservés par le présent décret, sous la surveillance spéciale du ministre de l'intérieur, et de ceux qui sont employés à des magasins pour la flotte et l'armée, au logement des ministres et des régies, lesquels continueront à être sous la surveillance des ordonnateurs de chaque partie, sauf les changemens ou réformes qui pourront être proposés par les commissaires de la Convention, son comité d'aliénation ou ses autres comités.

43. La manufacture de la Savonnerie sera, aussitôt après la promulgation du présent décret, réunie à la manufacture des Gobelins, et son local aliéné dans les formes prescrites pour les autres biens nationaux. Lesdits établissemens réunis continueront à être sous la surveillance du ministre de l'intérieur.

44. La machine de Marly est supprimée. Les fers servant à la communication des mouvemens, les tuyaux de fonte et plomb servant à la conduite des eaux, seront inventoriés et estimés, vendus par lots au plus offrant et dernier enchérisseur, conformément aux dispositions du présent décret. Le cours d'eau, les rouages et les bâtimens et terrains en dépendant seront vendus dans la forme prescrite par les précédens décrets pour la vente des domaines nationaux.

45. Les commissaires de la Convention nommés en exécution de l'article 4 ci-dessus, se feront rendre compte de l'emploi des quatre cent mille livres mises par le décret du 3 avril à la disposition du ministre de l'intérieur, pour subvenir aux dépenses d'exploitation et d'entretien des bâtimens, par le dé-

(1) *Voy*. loi du 2 prairial an 2.

cret du 29 novembre dernier, et de celle de cinquante mille livres mise à sa disposition pour la machine de Marly, les manufactures des Gobelins et de la Savonnerie, et de toutes autres sommes tirées du Trésor public depuis le 10 août dernier, pour dépenses ci-devant à la charge de la liste civile.

46. Les baux des maisons, terres, prés, etc., dépendant de la liste civile, seront annulés comme faits à vil prix. Les commissaires de la Convention, de concert avec les corps administratifs, prendront les mesures nécessaires pour faire régler par expert l'indemnité due au Trésor public pour la suppression de la dîme, de la classe, de la taille, de la capitation, et la non-prestation des clauses ménagères insérées dans les différens baux, ainsi que pour en assurer le recouvrement.

47. Ils détermineront, de concert avec les corps administratifs, et après avoir entendu les préposés de la régie, le prix auquel les fermiers pourront jouir, jusqu'à la vente des héritages à eux loués. Ce prix ne pourra être au-dessous de l'ancien prix, augmenté du montant annuel de l'indemnité réglée en exécution de l'article précédent.

48. Ils feront procéder à la location des appartemens qui seront susceptibles d'être loués, mais sous la condition expresse qu'ils seront évacués dans les six mois qui suivront la vente ou la destination spéciale à quelque partie du service public.

49. L'administrateur des domaines nationaux aura sur la vente ou régie des biens de la liste civile la même surveillance qui lui est attribuée sur les autres domaines nationaux. Les administrateurs de l'enregistrement seront tenus de correspondre avec lui pour tous les objets relatifs à leur vente ou régie, et de lui fournir tous les renseignemens dont il aura besoin.

50. Le ministre de l'intérieur ne pourra donner aucun ordre aux corps administratifs, concernant lesdits biens ; les réclamations des particuliers et des corps administratifs, directement adressées sur ces objets aux membres du conseil exécutif, seront renvoyées à l'administrateur des domaines nationaux, et il ne pourra être donné aucune décision sur ces objets sans qu'il ait donné son avis. Cet administrateur sera spécialement chargé de suivre l'exécution desdites décisions, dont il lui sera donné connaissance officielle. Le présent article ne déroge en rien aux exceptions portées ès-articles du présent décret pour différentes maisons et établissemens, lesquels sont déclarés être sous la surveillance de différens ordonnateurs.

51. Les comités d'instruction publique et de la guerre se concerteront avec le comité d'aliénation et les commissaires ci-dessus désignés, sur les portions de terrains et bâtimens nationaux qu'il peut être utile à la Ré-

publique de conserver dans les départemens de Paris, de l'Oise, de Seine-et-Oise et Seine-et-Marne. Il en sera fait rapport à la Convention.

52. Lesdits commissaires sont autorisés à faire, dans la régie et administration des biens dépendant de la ci-devant liste civile, toutes les suppressions, réductions et économies, qu'exige dès à présent le bien public, ou qui deviendront possibles d'après les opérations prescrites par le présent décret, après en avoir référé au comité d'aliénation. Le détail desdites économies sera présenté à la Convention nationale : il en sera donné connaissance à l'administrateur des domaines nationaux.

SECTION VII. Vente des immeubles dépendant de la liste civile.

53. Les maisons, parcs, jardins et tous les héritages dont la conservation n'aura point été décrétée pour servir à l'instruction ou aux établissemens publics, seront aliénés conformément aux précédens décrets, et notamment à celui du 3 de ce mois, concernant la vente des immeubles provenus des émigrés. Les valeurs qui ont été et qui seront admises en paiement desdits biens le seront également en paiement de ceux de la liste civile.

54. Les citoyens qui, en vertu des brevets des ci-devant rois, ont fait construire à neuf sur les terrains nationaux, jouiront pendant leur vie des édifices par eux construits, à la charge de les entretenir de grosses et menues réparations, sous la surveillance du procureur-général-syndic du département, qui en demeure garant. En cas de vente, ils seront indemnisés de leur jouissance, conformément à ce qui est prescrit pour les bénéficiers qui ont fait reconstruire les bâtimens de leurs bénéfices ; le montant de leur indemnité dûment liquidée sera admis en paiement des domaines nationaux.

55. Les commissaires de la Convention nommés en exécution de l'article 4 seront spécialement chargés de surveiller, pour les biens dépendant de la liste civile, l'exécution du décret concernant la vente en détail des châteaux, parcs et autres grandes propriétés nationales. L'administrateur des domaines nationaux se concertera avec eux. Ils référeront des difficultés au comité d'aliénation, lequel en fera son rapport à la Convention nationale, dans les cas prévus par la loi et autres dans lesquels l'intérêt de la République paraîtra l'exiger.

56. La commission des monumens sera et demeurera supprimée à compter du 1er septembre prochain.

57. Toutes les dispositions des précédens décrets qui sont contraires au présent sont abrogées.

5.

10 = 14 JUIN 1793. — Décret relatif à l'organisation du Jardin national des Plantes et du cabinet d'histoire naturelle, sous le nom de *Muséum d'histoire naturelle.* (L. 14, 683 ; B. 31, 79.)

Voy. loi du 11 SEPTEMBRE 1793.

TITRE Ier. Organisation de l'établissement.

Art. 1er. L'établissement sera nommé à l'avenir *Muséum d'histoire naturelle.*

2. Le but principal de cet établissement sera l'enseignement public de l'histoire naturelle, prise dans toute son étendue, et appliquée particulièrement à l'avancement de l'agriculture, du commerce et des arts.

3. Tous les officiers du Muséum porteront le titre de professeurs, et jouiront des mêmes droits.

4. La Convention nationale, voulant consacrer l'égalité entre des hommes que l'Europe savante met sur le même rang, supprime la place d'intendant du Jardin-des-Plantes et du cabinet d'histoire naturelle.

5. Le traitement attaché à ladite place sera réparti dorénavant par portions égales entre les professeurs de l'établissement.

6. Il sera nommé parmi les professeurs et par les professeurs un directeur, qui sera chargé uniquement de faire exécuter les réglemens et les délibérations de l'assemblée qu'il présidera.

7. Le directeur sera nommé pour un an, et il ne pourra être continué qu'au scrutin et pour une année seulement.

8. Il y aura un trésorier du Muséum, nommé au scrutin dans l'assemblée des professeurs et choisi parmi eux ; les attributions annuelles accordées à l'établissement seront remises en masse au trésorier pour être réparties sous sa responsabilité.

9. Lorsqu'une place de professeur vaquera par mort, démission ou autrement, les professeurs du Muséum nommeront au scrutin le savant qu'ils jugeront le plus propre à remplir la place vacante.

10. L'officier du cabinet, chargé jusqu'à présent des herbiers, sera uniquement chargé à l'avenir que d'écrire et de compléter la botanique des différentes parties de la France, et de faire la concordance de la synonymie.

11. L'administration des herbiers fera désormais partie des fonctions du professeur de botanique.

12. L'adjoint à la garde du cabinet et chargé des correspondances, sera uniquement chargé de compléter la minéralogie et la zoologie de la France.

13. Les leçons d'histoire naturelle données jusqu'ici au collège de France seront données à l'avenir dans une des salles du cabinet d'histoire naturelle.

14. Il y aura chaque année au Muséum deux séances publiques, dans lesquelles les professeurs rendront compte de leurs travaux.

15. Le Muséum d'histoire naturelle sera sous la protection immédiate des représentans du peuple, et sous la surveillance du conseil exécutif.

TITRE II. Des différens cours du Muséum.

Art. 1er. Pour enseigner complétement l'histoire naturelle dans toutes ses parties, on donnera douze cours dans le Muséum, savoir :

1° Un cours de minéralogie ; 2° un cours de chimie générale ; 3° un cours des arts chimiques ; 4° un cours de botanique dans le Muséum ; 5° un cours de botanique dans la campagne ; 6° un cours d'agriculture et de culture des jardins, des arbres fruitiers et des bois ; 7° deux cours pour l'histoire naturelle des quadrupèdes, des cétacées, des oiseaux, des reptiles, des poissons, des insectes, des vers et des animaux microscopiques ; 8° un cours d'anatomie humaine ; 9° un cours d'anatomie des animaux ; 10° un cours de zoologie ; 11° un cours d'iconographie naturelle, ou de l'art de dessiner et peindre toutes les productions de la nature.

2. La nature des objets qui doivent être traités dans ces différens cours, la nécessité de les accorder avec les saisons que plusieurs d'entre eux exigent, et tous les détails relatifs à l'organisation particulière du Muséum, seront l'objet d'un réglement que les professeurs demeurent chargés de rédiger, et qu'ils communiqueront au comité d'instruction publique.

TITRE III. Bibliothèque d'histoire naturelle.

Art. 1er. Le premier étage du bâtiment occupé jusqu'ici par l'intendant du Jardin-des-Plantes et de son cabinet d'histoire naturelle sera réservé en entier pour recevoir une bibliothèque nécessaire au complément du Muséum.

2. A cet effet, on réunira aux livres qui existent déjà dans le Muséum les doubles des livres d'histoire naturelle de la grande bibliothèque nationale.

3. Deux professeurs du Muséum, réunis à deux commissaires du comité d'instruction publique, seront autorisés à choisir dans les bibliothèques des maisons ecclésiastiques supprimées, et autres bibliothèques nationales, les livres d'anatomie, de minéralogie, de chimie, de botanique, de zoologie et de voyages qui ont des rapports à l'histoire naturelle, pour en enrichir la bibliothèque du Muséum.

4. La collection des plantes et animaux peints d'après nature dans le Muséum d'his-

toire naturelle, et déposée à différentes époques dans la bibliothèque nationale, sera transportée dans celle du Muséum.

TITRE IV. Des correspondances du Muséum.

Art. 1er. Le Muséum d'histoire naturelle correspondra avec tous les établissemens analogues placés dans les différens départemens de la République.

2. Cette correspondance aura pour objet les plantes nouvellement cultivées ou découvertes, la réussite de leur culture, les minéraux et les animaux qui seront découverts, et généralement tout ce qui peut intéresser les progrès de l'histoire naturelle, directement appliquée à l'agriculture, au commerce et aux arts.

3. Le professeur de culture sera chargé de faire parvenir dans les jardins de botanique situés dans les divers départemens de la France les graines des plantes et des arbres rares recueillies dans le jardin du Muséum. Ces envois pourront être étendus jusques aux nations étrangères, pour en obtenir des échanges propres à augmenter les vraies richesses nationales.

----

10 = 24 JUIN 1793. — Décret portant règlement sur la régie des poudres et salpêtres. (L. 14, 689; B. 31, 84.)

Voy. lois du 23 SEPTEMBRE = 19 OCTOBRE 1791; du 17 GERMINAL an 3; du 27 FRUCTIDOR an 5.

Art. 1er. La régie des poudres et salpêtres continuera d'être confiée à une seule administration, aux conditions suivantes.

2. Le nombre des régisseurs sera de trois : ils seront tenus de résider à Paris et de tenir des assemblées pour l'expédition des affaires de la régie. Ils tiendront un registre de leurs délibérations, qui seront signées des membres présens.

3. Les régisseurs seront sous la surveillance et sous les ordres du conseil exécutif, et tous les employés nécessaires à l'exploitation et fabrication seront sous les ordres des régisseurs, qui ne pourront les destituer que par délibération.

4. Il sera établi des commissaires comptables à la tête des fabriques, des raffineries, des bureaux de réception et ventes et ceux de simples ventes, suivant l'état annexé au présent.

5. Il y aura deux inspecteurs généraux, deux inspecteurs particuliers, huit contrôleurs et quatre élèves, qui seront envoyés par les régisseurs dans les fabriques, raffineries et établissemens où ils le jugeront utile.

6. Il sera formé un bureau d'administration générale près la régie centrale; il sera composé d'un caissier général, d'un directeur et un sous-directeur de correspondance, d'un directeur de comptabilité, d'un

vérificateur des comptes, d'un commis principal et de dix expéditionnaires.

7. Nul ne pourra parvenir aux emplois de la régie des poudres et salpêtres sans avoir été élève, sauf les exceptions ci-après; et, pour obtenir une commission d'élèves, il faudra se conformer aux dispositions de l'article 26 du décret du 25 septembre = 19 octobre 1791.

8. Lorsqu'une place d'élève deviendra vacante, il en sera usé ainsi qu'il est enjoint article 27 dudit décret.

9. Les places de contrôleurs qui viendront à vaquer ne seront données qu'aux élèves.

10. Les places de commissaires comptables resteront divisées en trois classes, conformément à l'article 29 dudit décret, suivant le tableau annexé au présent décret.

11. Les places de commissaires comptables qui viendront à vaquer dans la seconde classe ne pourront être données qu'aux contrôleurs ou au vérificateur des comptes, s'il a été élève.

12. Les places d'inspecteurs ne pourront être données qu'à des commissaires de première ou de seconde classe, ou à des contrôleurs.

13. Les places de commissaires de la première classe ne pourront être données qu'aux inspecteurs ou aux commissaires de la seconde classe, ou au sous-directeur de correspondance, s'il a été élève.

14. Les places de caissier général, de directeurs de correspondance et de comptabilité, seront données aux commissaires de première ou de seconde classe, aux inspecteurs ayant au moins trois ans d'exercice en ces qualités, ou au sous-directeur de correspondance, s'il a été élève.

15. La place de sous-directeur de correspondance sera donnée aux commissaires de seconde classe, au vérificateur des comptes, ou à un contrôleur.

16. La place de vérificateur des comptes sera donnée au commis principal, aux contrôleurs, aux élèves, ou aux commis expéditionnaires.

17. La place de commis principal sera donnée à un des commis expéditionnaires, qui ne seront admis qu'à dix-huit ans au moins, après examen sur les qualités nécessaires pour en remplir les fonctions.

18. Les places de commissaires de la troisième classe ne pourront être données qu'à des élèves, ou, à titre de retraite, à des commis de la régie, ou à d'autres employés des régies et administrations, pourvu que, par le temps de leurs services, ils aient droit à une pension sur le Trésor public.

19. Les régisseurs seront choisis et nommés par le conseil exécutif, entre tous les commissaires de la première classe, le caissier général, les directeurs de correspon-

22.

dance et de comptabilité, et les inspecteurs, pourvu qu'ils aient au moins cinq ans d'exercice en ces qualités.

20. Les traitemens de tous les employés seront composés de remises sur la vente des poudres et la récolte des salpêtres, sur les fabrications et achats de salin et potasse, et sur la qualité de la poudre, ou de sommes fixes, suivant le tableau annexé au présent décret, qui aura son effet à compter du 1er janvier 1793.

21. Les traitemens composés en partie de remises ne pourront, dans aucun cas, excéder, tant en sommes fixes qu'en produit de remises, savoir : pour les régisseurs, la somme de douze mille livres ; pour les commissaires de première classe, celle de sept mille livres ; pour ceux de la deuxième classe, celle de deux mille quatre cent livres, et pour ceux de la troisième, dix-huit cents livres ; ni être au-dessous du *minimum* ci-après, savoir : pour les régisseurs, huit mille livres ; pour les commissaires de première classe, quatre mille livres ; pour ceux de la seconde, dix-huit cents livres, et pour ceux de la troisième quinze cents livres, conformément à l'état annexé au présent décret.

22. Le décret du 23 septembre = 19 octobre 1791, et ceux postérieurs, seront exécutés en tout ce qui n'y est pas dérogé par le présent décret.

10 = 14 JUIN 1793. — Décret relatif à un jugement rendu sur une provocation au duel. (B. 31, 86.)

Voy. loi du 17 SEPTEMBRE 1792.

La Convention nationale, ouï le rapport de son comité de législation, passe à l'ordre du jour, motivé sur les dispositions de l'article 1er de la loi du 17 septembre, portant que tout procès et jugemens contre les citoyens, depuis le 14 juillet 1789, sous prétexte de provocation au duel, sont éteints et abolis.

10 = 10 JUIN 1793. — Décret qui adjoint le citoyen Gaudin aux représentans dans le département de la Vendée et des Deux-Sèvres. (B. 31, 82.)

10 = 14 JUIN 1793. — Décret qui accorde à titre de prêt dix mille livres à la section du Nord de Paris. (B. 31, 98.)

10 = 14 JUIN 1793. — Décret relatif au renouvellement et à l'organisation de la municipalité de Paris. (L. 14, 663 ; B. 31, 98.)

10 = 14 JUIN 1793. — Décret qui accorde un secours à la veuve du capitaine du corsaire *la Citoyenne française*, de Bordeaux. (B. 31, 99.)

10 = 14 JUIN 1793. — Décrets qui accordent des fonds pour les gagistes pensionnaires et salariés, pour l'établissement des bureaux de la marine et pour les employés du cadastre. (B. 31, 82 et 83.)

10 = 14 JUIN 1793. — Décret qui autorise les généraux à effectuer l'amalgame des troupes de ligne et des volontaires nationaux. (L. 14, 665 ; B. 31, 97.)

10 JUIN 1793. — Décret qui change le nom de la ville de la Roche-Bernard, et qui porte que le nom de Joseph Sauveur sera inscrit au Panthéon. (L. 14, 667.)

10 = 14 JUIN 1793. — Décret qui ordonne de procéder à la levée des scellés et à la vente des meubles de menuiserie et ébénisterie fabriqués pour le compte de la nation. (B. 31, 97.)

10 = 14 JUIN 1793. — Décret qui ordonne l'impression et l'envoi aux départemens et sociétés populaires du projet d'acte constitutionnel. (B. 31, 99.)

10 = 14 JUIN 1793. — Décret portant qu'il n'y a aucun motif d'inculpation contre l'ex-ministre de la justice Garat, le jury du 2e arrondissement et le tribunal du 5e arrondissement de Paris, au sujet de la dénonciation faite contre eux par les citoyens Laugier et Bontemps. (L. 14, 666 ; B. 31, 87.)

10 = 14 JUIN 1793. — Décret qui déclare citoyen français Pierre-François Plouvier, ci-devant notaire interprète à Ostende. (L. 14, 688 ; B. 31, 86.)

10 = 14 JUIN 1793. — Décret qui met cent soixante mille livres à la disposition du ministre des contributions publiques, pour les dépenses relatives à l'établissement de ses bureaux dans le ci-devant hôtel de la mairie. (B. 31, 83.)

10 JUIN 1793. — Déclaration des droits de l'homme. *Voy.* 29 MAI 1793. — Rentes viagères. *Voy.* 30 MAI 1793.

11 = 19 JUIN 1793. — Décret relatif au paiement des pensions des invalides de la marine. (L. 14, 695 ; B. 32, 101.)

La Convention nationale, après avoir entendu le rapport de son comité de marine, considérant : 1° que les pensions sur la caisse des fonds des invalides de la marine ont été soumises à la liquidation par la loi du 13 mai 1791 ; que le tableau de ces pensions a été fourni au commissaire liquidateur depuis le 17 mai 1792 ; que la loi du 8 juin suivant a ordonné que lesdites pensions continueraient d'être payées à titre de secours provisoires, pendant l'année 1792 seulement, jusqu'au *maximum* de six cents livres;

2° Que le travail nécessité ne peut être achevé avant le mois de juillet prochain, et cependant que, depuis le mois de janvier dernier, lesdits pensionnaires invalides n'ont rien reçu, quoique la plupart d'entre eux n'aient d'autre ressource que lesdites pensions; et voulant donner une preuve de justice et d'humanité en venant au secours des marins indigens, la Convention nationale décrète ce qui suit :

Art. 1er. Les pensions qui n'excéderont pas la somme de trois cents livres, accordées à quelque titre que ce soit sur la caisse des invalides de la marine, continueront d'être payées à titre de secours provisoires, pendant le cours de la présente année 1793, et même jusqu'à l'époque où lesdites pensions seront définitivement liquidées et décrétées, comme elles l'ont été pendant le courant de ladite année 1792.

2. Quant aux pensions au-dessus de trois cents livres jusqu'au *maximum* de six cents livres, et qui sont également soumises à ladite liquidation, il n'en sera seulement payé que les six premiers mois de la présente année 1793, sauf à tenir compte du moins ou du surplus, s'il y a lieu, d'après la liquidation que le commissaire-liquidateur sera tenu de lui soumettre de toutes lesdites pensions d'ici au mois de juillet prochain.

11 = 14 JUIN 1793. — Décret qui accorde six cents livres au citoyen Guyot, canonnier. (B. 31, 104.)

11 = 12 JUIN 1793. — Décret qui ordonne la suspension et le rapport de la procédure intentée contre plusieurs citoyens de Chauny. (B. 31, 104.)

11 JUIN 1793. — Décret portant que les citoyens du département du Doubs ont bien mérité de la patrie. (B. 31, 105.)

11 = 11 JUIN 1793. — Décret qui ordonne de mettre en liberté Baruch Cerf-Beer. (B. 31, 102.)

11 JUIN 1793. — Décret de liquidation de jurandes et maîtrises. (B. 31, 103.)

11 JUIN 1793. — Décret qui ordonne de rendre compte de l'élargissement du citoyen de Caderouse et de la dame de la Porte. (B. 31, 104.)

11 = 19 JUIN 1793. — Décret qui approuve une instruction de la Trésorerie aux payeurs des armées. (L. 14, 693; B. 31, 100.)

11 = 19 JUIN 1793. — Décret qui fixe le traitement du citoyen Duhamel, instituteur des sourds-muets à Paris. (B. 31, 100.)

11 = 13 = 18 JUIN 1793. — Décrets qui accordent quatre cent mille livres au département du Cantal, et cinq mille à la section des amis de la patrie à Paris. (B. 31, 102 et 103.)

11 = 19 JUIN 1793. — Décret qui suspend un arrêté pris par les représentans près l'armée du Nord, relatif au paiement des sommes pour réparations de brides et selles de la cavalerie. (B. 31, 102.)

11 JUIN 1793. — Assignats. *Voy.* 9 JUIN 1793. — Biens communaux. *Voy.* 10 JUIN 1793. — Enseignes entretenus, etc.; Greffiers de police correctionnelle; Militaires; Navires des villes anséatiques. *Voy* 9 JUIN 1793.

12 JUIN 1793. — Décret portant nomination de commissaires pour recevoir le serment des volontaires partant pour la Vendée. (B. 31, 107.)

12 = 16 JUIN 1793. — Décret qui nomme les commissaires chargés d'inventorier les papiers de la ci-devant commission des Douze. (B. 31, 107.)

12 JUIN 1793. — Décret qui approuve les mesures prises par le département de Paris pour envoyer des forces contre les rebelles. (B. 31, 107.)

12 JUIN 1793. — Décret qui admet comme membre de la Convention le sieur Blondel. (B. 31, 107.)

12 = 16 JUIN 1793. — Décret qui proroge les pouvoirs du comité de salut public, et nomme les citoyens Gasparin et Jean-Bon-Saint-André à ce comité. (L. 14, 697; B. 31, 108.)

12 = 16 JUIN 1793. — Décret relatif aux bois affectés à l'exploitation des salines de Dieuze, Moyenvic et Château-Salins. (L. 14, 699; B. 31, 105.)

12 JUIN 1793. — Décret qui autorise le paiement de la pension accordée aux élèves de la fondation des écoles militaires. (B. 31, 105.)

12 JUIN 1793. — Administrateurs, juges, etc. *Voy.* 8 JUIN 1793. — Infanterie et cavalerie. *Voy.* 4 JUIN 1793. — Pauvres; Vente d'ornemens d'église. *Voy* 8 JUIN 1793.

13 = 14 JUIN 1793. — Décret relatif à l'ouverture d'un concours pour la composition des livres élémentaires destinés à l'enseignement national. (L. 14, 708; B. 31, 112.)

Art. 1er. Il sera ouvert un concours pour la

composition des livres élémentaires destinés à l'enseignement national.

2. Il sera formé une commission d'hommes éclairés dans les sciences, les lettres et les arts, pour juger, entre les différens ouvrages qui seront envoyés, ceux qui mériteront la préférence.

3. Le comité d'instruction publique est chargé du choix des personnes qui composeront ladite commission, et d'en soumettre la liste à l'approbation de la Convention.

4. Aussitôt après la nomination, la commission arrêtera, de concert avec le comité d'instruction publique, le plan des ouvrages élémentaires qui devront servir à l'enseignement national.

5. Ces programmes seront rendus publics. Les citoyens français et les étrangers sont invités à concourir à la composition de ces livres.

6. Il sera accordé des récompenses nationales à ceux qui, au jugement de la commission, auront présenté les meilleurs ouvrages élémentaires dans les sciences, les lettres et les arts.

———

13 = 14 JUIN 1793. — Décret qui établit près des tribunaux criminels un exécuteur de leurs jugemens, et qui fixe le traitement de ces exécuteurs. (L. 14, 710; B. 31, 111.)

Art. 1er. Il y aura dans chacun des départemens de la République, près les tribunaux criminels, un exécuteur de leurs jugemens.

2. Le traitement des exécuteurs est une charge générale de l'Etat.

3. Dans les villes dont la population n'excède pas cinquante mille âmes, il sera de deux mille quatre cents livres;

Dans celles dont la population est de cinquante à cent mille âmes, de quatre mille livres.

Dans celles de cent à trois cent mille âmes, de six mille livres.

Enfin à Paris, le traitement de l'exécuteur sera de dix mille livres.

4. Lorsque les exécuteurs seront obligés d'aller faire hors le lieu de leur résidence une exécution à mort, il leur sera accordé vingt sous par lieue pour le transport de la guillotine, et autant pour le retour.

5. Tout casuel et autres droits généralement quelconques dont étaient en possession de jouir les exécuteurs des jugemens criminels, sont supprimés.

6. Ceux d'entre eux qui, par l'effet du présent décret, se trouveront sans emploi, recevront un secours annuel de six cents livres, jusqu'à ce qu'ils soient placés.

7. Il sera fait, à la diligence du ministre de la justice, un tableau des exécuteurs ci-devant en titre non employés; ils seront envoyés, suivant l'ordre de leur ancienneté,

dans les départemens qui viendront à en manquer. S'ils refusent de s'y rendre, le secours ci-dessus à eux accordé cessera d'avoir lieu.

8. Les exécuteurs qui exerçaient les droits connus sous le nom de havage, rillerie, et autres dénomination de l'espèce, et qui, depuis la révolution, ont cessé d'en jouir par le refus formel des citoyens de s'y soumettre, sur l'attestation des corps administratifs constatant ce refus et l'époque où il a eu lieu, ensemble qu'ils n'ont rien touché qui puisse y suppléer, recevront, à partir de sa date, et par forme d'indemnité, le traitement ci-dessus déterminé.

———

13 = 14 JUIN 1793. — Décret qui rectifie plusieurs erreurs dans l'article 21 de la section du décret sur les biens des émigrés relative à la vente des immeubles en provenant. (L. 14, 712; B. 31, 108.)

La Convention nationale, après avoir entendu le rapport de son comité d'aliénation, décrète que ces mots : *ou au lieu même de la situation, dans le cas prévu par l'article* 13, qui se trouvent par erreur dans l'article 21 de la section du décret sur les biens des émigrés relative à la vente des immeubles en provenant, seront rayés, et qu'en conséquence la vente desdits immeubles sera faite au chef-lieu de district seulement.

La Convention nationale décrète également que ces mots *aliénation*, etc., seront ajoutés avant le mot *vente*, et que l'article demeurera ainsi conçu :

« Les décrets relatifs à l'administration,
« aliénation et vente des bois nationaux,
« seront exécutés pour les bois provenant
« des émigrés. »

———

13 JUIN 1793. — Décret relatif aux comités de salut public et aux sociétés populaires. (B. 31, 124.)

Voy. lois du 13 = 19 NOVEMBRE 1790, et du 25 JUILLET 1793.

Art. 1er. Seront immédiatement et provisoirement élargis les membres du comité de salut public et des sociétés populaires mis en état d'arrestation à Toulouse, et partout ailleurs où les autorités constituées qui se sont coalisées pour établir le fédéralisme ou qui ont pris des arrêtés contraires à la loi et aux décrets de la Convention, se seraient permis de pareilles arrestations depuis le 1er mai dernier.

2. Il est fait défense aux autorités constituées de troubler les citoyens dans le droit qu'ils ont de se réunir en société populaire.

3. Le présent décret sera envoyé par des courriers extraordinaires.

———

13 = 14 JUIN 1793. — Décret qui accorde une gratification de douze cents livres au citoyen Sautard, gendarme. (B. 31, 122.)

13 = 14 JUIN 1793. — Décret qui nomme au ministère de la guerre le sieur Alexandre Beauharnais, au ministère des contributions le sieur Destournelles, et qui approuve la nomination du général Houchard au commandement de l'armée du Rhin. (B. 31, 123.)

13 JUIN 1793. — Décret portant que le citoyen Marceau a bien mérité de la patrie. (B. 31, 123.)

13 JUIN 1793. — Décret qui approuve la conduite des citoyens de Paris dans les journées des 31 mai, 1er et 2 juin. (B. 31, 123.)

13 = 17 JUIN 1793. — Décret qui ordonne de verser deux millions trois cent neuf mille cinq cent trente-huit livres dix-huit sous dans les caisses du Trésorier de la ville de Lyon, pour liquider les dettes de cette ville. (B. 31, 113 et suiv.)

13 JUIN 1793. — Décret concernant un rapport à faire par le comité de salut public. (B. 31, 124.)

13 = 14 JUIN 1793. — Décret d'accusation contre le député Buzot. (B. 31, 122.)

13 = 14 JUIN 1793. — Décret relatif aux rentiers et pensionnaires de la fondation des écoles militaires. (B. 31, 110.)

13 = 13 JUIN 1793. — Décret qui déclare que le conseil général de la commune d'Amiens a bien mérité de la patrie. (B. 31, 122.)

13 = 13 JUIN 1793. — Décret qui maintient le comité du salut public à Blois, et qui rappelle le sieur Carra. (B. 31, 108.)

13 = 14 JUIN 1793. — Décret qui proroge jusqu'au 12 juillet les fonctions des jurés près le tribunal criminel extraordinaire. (B. 31, 108.)

13 = 14 JUIN 1793. — Décret qui accorde à Jean Parent un secours de six cents livres. (B. 31, 109.)

13 = 14 JUIN 1793. — Décret qui ordonne l'exécution, pour 1793, des décrets rendus en faveur des pensionnaires. (B. 31, 109.)

13 = 14 JUIN 1793. — Décret qui fixe le citoyen Courtois auprès de l'armée du Nord, et rappelle le sieur Gasparin au comité de salut public. (B. 31, 113.)

13 = 13 JUIN 1793. — Décret qui met en état d'arrestation les membres du département de l'Eure qui ont concouru aux arrêtés pris, le 6 de ce mois, par l'administration de ce département, et qui casse et annule lesdits arrêtés. (B. 31, 121.)

13 = 16 JUIN 1793. — Décret qui réunit la 3e compagnie franche, employée dans l'armée de la Moselle, à celles de Saint-Maurice, de Milon et de Gazin. (B. 31, 113.)

13 JUIN 1793. — Opinions publiques. *Voy.* 31 MAI 1793. — Sociétés populaires. *Voy.* 12 JUIN 1793.

14 = 14 JUIN 1793. — Décret relatif au remplacement des membres des directoires de district absens ou démissionnaires. (L. 14, 721; B. 31, 124.)

La Convention nationale décrète que les directoires de département dans l'arrondissement desquels les directoires de district se trouvent dépourvus d'administrateurs sont autorisés à remplacer provisoirement les absens ou les démissionnaires par des commissions dont ils nommeront les membres.

Le ministre fera parvenir sans délai le présent décret aux départemens.

14 = 18 JUIN 1793. — Décret qui déclare incompatibles les fonctions de juge et celles d'administrateur de département. (L. 14, 722; B. 31, 124.)

La Convention nationale décrète qu'aucun citoyen ne pourra remplir en même temps les fonctions de juge et d'administrateur de département, actuellement en permanence. Ceux nommés à ces places seront tenus d'opter sur-le-champ.

14 = 14 JUIN 1793. — Décret portant que les administrateurs du département de la Manche ont bien mérité de la patrie. (L. 14, 725; B. 31, 129.)

14 = 24 JUIN 1793. — Décret qui alloue vingt mille livres pour secourir les patriotes belges réfugiés. (B. 31, 125.)

14 = 14 JUIN 1793. — Décret qui nomme le citoyen Tureau représentant près l'armée des côtes de La Rochelle. (B. 31, 128.)

14 = 14 JUIN 1793. — Décret qui accorde soixante-quatorze mille six cent vingt-trois livres six sous à la section des Lombards. (B. 31, 125.)

14 = 14 JUIN 1793. — Décret qui détermine les mesures à prendre pour la défense de l'Etat, et la fabrication d'armes, fusils et piques. (L. 14, 719.)

14 = 14 JUIN 1793. — Décret qui ordonne la levée des scellés apposés sur les papiers de l'ancienne commission des Douze. (L. 14, 723; B. 31, 125.)

14 = 14 JUIN 1793. — Décret qui ordonne un appel nominal des représentans du peuple. (L. 14, 724; B. 31, 127.)

14 = 14 JUIN 1793. — Décret qui met en état d'arrestation les membres du directoire du département de la Somme, et qui pourvoit à leur remplacement. (B. 31, 128.)

14 JUIN 1793. — Amalgame de troupes. *Voy.* 10 JUIN 1793. — Beauharnais, Destournelle et Houchard; Biens d'émigrés; Exécuteurs. *Voy.* 13 JUIN 1793. — Garat; Jardin national des Plantes. *Voy.* 10 JUIN 1793. — Livres élémentaires. *Voy.* 13 JUIN 1793. — Mobilier du Garde-Meuble, etc. *Voy.* 10 JUIN 1793. — Pensionnaires. *Voy.* 13 JUIN 1793. — Citoyen Plouvier. *Voy.* 10 JUIN 1793. — Rentiers, etc. des écoles militaires. *Voy.* 13 JUIN 1793. — Roche-Bernard. *Voy.* 10 JUIN 1793. — Tribunal extraordinaire; Troisième compagnie franche. *Voy.* 13 JUIN 1793.

15 = 18 JUIN 1793. — Décret qui accorde pour 1793, aux ci-devant titulaires de l'ordre de Malte, la jouissance des revenus des biens qu'ils possédaient en France. (L. 14, 726; B. 31, 130.)

Voy. loi du 12 JUILLET 1793.

Art. 1er. Les ci-devant titulaires de l'ordre de Malte jouiront de tous les revenus des biens qu'ils possédaient en France pour l'année 1793, à quelque époque qu'ils soient échus, et supporteront jusqu'à cette époque toutes les charges dont ils étaient affectés.

2. Les revenus qui ont été perçus avant le 1er janvier dernier par les receveurs des droits d'enregistrement, seront remis par la Trésorerie nationale aux titulaires qui en jouissaient précédemment.

3. Les titulaires ne pourront percevoir aucun revenu, soit des fermiers, soit des caisses nationales, qu'en remplissant toutes les formalités prescrites par les lois, à ceux qui ont à toucher des deniers des caisses de la nation.

4. Les agens de la nation et les fermiers qui auraient payé postérieurement au décret du 19 septembre dernier, et qui ne pourraient représenter les certificats attestant que les formalités dont il est fait mention en l'article précédent ont été observées, seront personnellement responsables, et contraints de rétablir dans la caisse du district la même somme qu'ils auraient payée mal à propos.

5. Les pensions accordées aux titulaires de l'ordre de Malte, par le décret du 2 décembre dernier, ont commencé à courir du 1er janvier 1793, et seront payées par quartier dans la même forme et aux mêmes conditions que celles des autres pensionnaires de l'État.

15 JUIN 1793. — Décret qui accepte du citoyen Callamar le buste du général Dampierre, et qui lui accorde mille livres d'indemnité. (B. 31, 131.)

15 = 15 JUIN 1793. — Décret qui approuve les promotions faites dans l'équipage de la frégate *la Sémillante*. (B. 31, 129.)

15 JUIN 1793. — Décret portant mention civique d'une lettre du général Custine. (B. 31, 129.)

15 = 15 JUIN 1793. — Décret portant que le sieur Biroteau est libre de sortir de sa maison, accompagné du gendarme chargé de sa garde. (B. 31, 130.)

15 = 18 JUIN 1793. — Décret qui accorde un secours au citoyen Guillaume Paul-Ile. (B. 31, 131.)

15 = 15 JUIN 1793. — Décret relatif à la pétition des communes de Lapersat et Champagnat, et qui ordonne un rapport sur la loi qui fixe le maximum du prix des grains. (B. 31, 131.)

15 = 15 JUIN 1793. — Décret d'accusation contre le citoyen Duchâtel, membre de la Convention. (B. 31, 131.)

16 = 16 JUIN 1793. — Décret relatif aux procès criminels commencés avec les anciennes formes, incidemment aux appels civils, par les ci-devant parlemens. (L. 14, 728; B. 31, 136.)

La Convention nationale, après avoir entendu le rapport de son comité de législation sur la lettre du tribunal du second arrondissement de Paris, en date du 7 juin présent mois,

Décrète que les procès criminels commencés avec les anciennes formes, incidemment aux appels civils, par les ci-devant parlemens, doivent être décidés en dernier ressort par les tribunaux qui se trouveront saisis des appels civils.

16 = 19 JUIN 1793. — Décret relatif au jugement et punition des Français ou étrangers convaincus d'espionnage. (L. 14, 729; B. 31, 137.)

Art. 1er. Les Français ou étrangers convaincus d'espionnage dans les places de guerre ou dans les armées seront punis de mort.

2. Ils seront jugés par une commission militaire formée comme il est décrété par le décret du 9 octobre dernier contre les émigrés pris les armes à la main.

16 JUIN 1793. — Décret relatif aux prisonniers élargis à la suite des évènemens qui ont eu lieu à Paris les 2 et 3 septembre 1792. (L. 14, 730; B. 31, 134.)

La Convention nationale, après avoir entendu le rapport de son comité de législation sur le mémoire du ministre de la justice, concernant les évènemens arrivés les 2 et 3 septembre dernier, et touchant le sort des prisonniers élargis à la suite de ces évènemens, décrète que ceux qui ont été élargis dans les journées des 2 et 3 septembre dernier ne pourront point être poursuivis pour les mêmes faits qui avaient donné lieu à leur détention, et que ceux qui ont été arrêtés pour ces mêmes faits seront mis en liberté, à l'exception néanmoins des prévenus d'assassinat, de vol avec effraction, de faux brevets au nom de la nation, de fabrication de faux assignats et monnaie, et des conspirations contre la sûreté intérieure et extérieure de l'Etat.

16 = 19 JUIN 1793. — Décret relatif à l'acquisition des domaines de l'île Adam, Stors, Trye et autres, au nombre de quarante-neuf, faite par Louis XVI (1). (L. 14, 734; B. 31, 132.).

Art. 1er. La vente des domaines de l'île-Adam, Stors, Trye et autres, faite par Louis-François-Joseph Bourbon-Conti au ci-devant Roi, le 7 octobre 1783, est déclarée bonne et valide, et elle continuera d'avoir son exécution, à l'égard de la République, comme elle l'aurait eue à l'égard du ci-devant Roi.

2. Néanmoins la réserve de l'usufruit desdits domaines, donné à Louis-Stanislas-Xavier par l'acte en forme de déclaration, passé, ledit jour 7 octobre 1783, par lui au ci-devant Roi son frère, et les autres clauses du même acte qui ont rapport à ladite réserve, demeureront nulles et de nul effet.

3. Les domaines dont il s'agit seront aliénés comme les autres domaines nationaux, et, jusqu'à ce, ils seront remis entre les mains des régisseurs nationaux, à l'effet par eux de les administrer conformément aux lois précédemment rendues; aussi de faire rendre compte de l'administration desdits domaines par ceux qui les ont régis jusqu'à ce moment au nom du ci-devant Roi.

4. Les rentes, tant viagères que perpétuelles, dues à différens particuliers, comme faisant parties de la vente dont il s'agit, étant déclarées dettes nationales, les créanciers desdites rentes seront tenus de remettre les titres constitutifs de leurs créances au commissaire-général de la liquidation, pour être lesdites rentes reconstituées à leur profit, ou remboursées de la manière et ainsi qu'il sera

décrété par la Convention nationale, d'après le travail dudit commissaire-directeur-général de la liquidation.

5. Louis-François-Joseph Bourbon-Conti sera également tenu de remettre au commissaire-directeur-général de la liquidation les titres, pièces, états et renseignemens nécessaires tant pour opérer la reconstitution ou le remboursement de la rente viagère de trois cent mille livres, constituée à son profit sur sa tête, avec réversion de soixante mille livres sur diverses secondes têtes, que pour parvenir à la liquidation, en tout ou partie seulement, de un million quatre cent mille livres réservées entre les mains de l'acquéreur, à cause de la substitution dont étaient grevés les biens vendus, ainsi que des sommes dont il a pu faire le paiement au lieu de l'acquéreur, soit pour les six derniers mois 1792 des rentes dont il est parlé dans l'article précédent, soit pour telles autres causes dont il justifiera valablement; et même enfin pour liquider définitivement, s'il y a lieu, les jouissances réservées audit Louis-François-Joseph Bourbon-Conti, vendeur, pendant sa vie.

16 = 20 JUIN 1793. — Décret qui fixe les indemnités à payer à différens hôpitaux et communes. (L. 14, 731; B. 31, 137.)

16 = 16 JUIN 1793. — Décret qui annule la procédure instruite contre Lacroix et Ronsin. (L. 14, 737; B. 31, 135.)

16 = 17 JUIN 1793. — Décret qui met en liberté le député Mainvielle. (B. 31, 135.)

16 JUIN 1793. — Décret qui autorise à payer trois cent vingt-cinq livres aux citoyens Clément et Dieudonné. (B. 31, 136.)

16 = 19 JUIN 1793. — Décret qui proroge, pour 1793, les fonctions du bureau central des décomptes. (B. 31, 136.)

16 = 19 JUIN 1793. — Décret qui accorde des indemnités à plusieurs arquebusiers de Paris. (B. 31, 132.)

16 = 16 JUIN 1793. — Décret qui maintient la composition de l'administration des subsistances militaires. (B. 31, 134.)

16 = 19 JUIN 1793. — Décret qui admet à servir sur les vaisseaux de l'Etat les citoyens Frémond, de Quillebœuf et Magendie, de Bordeaux. (B. 31, 134.)

_____

(1) Voy. l'application de ce décret dans l'affaire Desgraviers (S. 22, 1, 113).

16 = 17 JUIN 1793. — Décret sur les secours demandés par le département de la Creuse. (B. 31, 139.)

16 = 16 JUIN 1793. — Décret qui permet au député Vergniaud de sortir avec son garde. (B. 31, 139.)

16 JUIN 1793. — Assignats. *Voy.* 6 JUIN 1793. — Comité de salut public. *Voy.* 12 JUIN 1793. — Département de la Manche. *Voy.* 14 JUIN 1793. — Fabrication d'assignats; Membres de la Convention absens; Militaires blessés; Monumens nationaux; Pensions. *Voy.* 6 JUIN 1793. — Philippe Buonarotti. *Voy.* 27 MAI 1793. — Salines de Dieuze, etc. *Voy.* 12 JUIN 1793.

17 = 17 JUIN 1793. — Décret relatif aux députés absens sans cause ou par commission, congé, démission, maladie, suspension, accusation ou arrestation. (L. 14, 738; B. 31, 140.)

17 = 20 JUIN 1793. — Décret relatif au paiement des frais de fabrication des assignats. (L. 14, 740.)

17 = 17 JUIN 1793. — Décret interprétatif de celui du 13, portant qu'il y a lieu à accusation contre les administrateurs du département du Calvados. (B. 31, 139.)

17 = 17 JUIN 1793. — Décret qui rappelle de l'armée des Ardennes les citoyens Laporte, Hentz, Deville et Milhaut, et nomme pour les remplacer les citoyens Massieu, Perrin et Calés. (B. 31, 142.)

17 = 17 JUIN 1793. — Décret qui enjoint au procureur-général-syndic du département de Rhône-et-Loire, et au procureur-syndic du district de Lyon, de se rendre près de la Convention, et rappelle le citoyen Lindet. (B. 31, 142.)

17 = 17 JUIN 1793. — Décret qui enjoint au citoyen Lamarche de prendre un autre domicile que celui qu'il occupe. (B. 31, 141.)

17 = 17 JUIN 1793. — Décret qui ordonne que Brissot et Fouques seront transférés de Moulins à Paris. (B. 31, 142.)

17 = 20 JUIN 1793. — Décret qui ordonne le remboursement des fournitures faites par le citoyen Demolde. (B. 31, 143.)

17 = 20 = 26 JUIN 1793. — Décret qui traduit à la barre un commissaire du département de l'Eure et le procureur-général-syndic. (L. 14, 744; B. 31, 144.)

17 = 17 JUIN 1793. — Décret qui accorde un secours de six cents livres au citoyen Justin. (B. 31, 143.)

17 JUIN 1793. — Décret relatif à la lecture du procès-verbal du 27 mai dernier. (B. 31, 140.)

17 = 26 JUIN 1793. — Décret qui suspend l'exécution de celui relatif à la suppression de la machine de Marly. (B. 31, 145.)

17 JUIN 1793. — Décret qui charge les citoyens Le Jeune, Saint-Just, Duroi et Lindet, de se rendre de suite dans les départemens de l'Eure et de la Somme. (B. 31, 144.)

17 = 26 JUIN 1793. — Décret d'accusation contre le député Barbaroux. (B. 31, 145.)

17 = 26 JUIN 1793. — Décret qui accorde trois cents livres au citoyen Manzuy. (L. 14, 717.)

17 = 19 JUIN 1793. — Décret qui envoie les citoyens Treilhard et Mathieu dans les départemens de la Gironde, de Lot-et-Garonne et autres voisins. (L. 14, 739; B. 31, 144.)

18 = 18 JUIN 1793. — Décret qui ordonne l'exécution des décrets qui font défense aux membres des corps administratifs de quitter leur poste. (L. 14, 745; B. 31, 146.)

Art. 1er. Les décrets qui font défense aux administrateurs et membres des conseils généraux de district et de département de quitter leur poste sous les peines y portées, seront exécutés.

2. Tout administrateur et membre de conseil de district et de département qui sortira du cercle dans lequel il a le droit d'exercer ses fonctions sera arrêté, et ses papiers seront visités.

3. S'il y a preuve qu'il ait des instructions ou pouvoirs pour conférer avec les autres administrations, et machiner pour rompre l'unité et l'indivisibilité de la République, il sera traduit sans délai à Paris, pour être par la Convention ordonné ce qu'il appartiendra.

4. S'il n'est porteur d'aucune instruction ou pouvoir, il en sera référé au comité de sûreté générale, pour savoir s'il a des renseignemens particuliers, et il demeurera en état d'arrestation jusqu'à ce que le comité ait prononcé.

5. Ne seront arrêtés les administrateurs et membres de conseils ou commissaires par eux envoyés, qui, en conséquence de pouvoirs, se rendront directement à la barre de la Convention nationale, ou qui, en exécution de délibérations, seront à la tête de bataillons en marche pour se joindre aux armées.

6. Seront mis en état d'arrestation tous suppléans qui se rendraient à un point convenu pour y former une réunion dont l'objet serait de servir la conjuration formée contre l'unité et l'indivisibilité de la représentation nationale.

7. Enjoint au conseil exécutif, aux administrations de département et de district, aux municipalités et conseils de commune, aux tribunaux et juges-de-paix, de veiller à l'exécution du présent décret; autorise même tous les bons citoyens à faire lesdites arrestations, à la charge d'en référer aussitôt aux autorités constituées, et en même temps à la Convention nationale.

18 = 20 JUIN 1793. — Décret relatif à l'Ecole-Militaire de Paris et aux douze colléges en dépendant. (L. 14, 756; B. 31, 147.)

Art. 1er. Les dispositions du décret du 8 mars 1793 sont appliquées à l'Ecole-Militaire de Paris et aux douze colléges qui dépendent de cet établissement.

2. Les anciens administrateurs de l'Ecole-Militaire de Paris rendront leurs comptes conformément à l'article 4 du susdit décret : en conséquence, il sera, par le directoire du département de Paris, procédé à la levée des scellés qui ont été apposés, le 6 février dernier, sur les registres de ladite Ecole-Militaire.

3. Le ministre de la guerre est autorisé à répartir dans les douze écoles militaires ceux des élèves de l'école Popincourt qui, nés sans fortune, sont doués des dispositions nécessaires pour mettre à profit ce bienfait national de l'instruction publique.

4. Pourra même le ministre de la guerre placer lesdits élèves dans des établissemens particuliers d'éducation qu'il jugera convenables, pourvu que l'entretien de ces élèves se trouve compris dans les sommes mises chaque trimestre à la disposition dudit ministre pour les besoins des écoles militaires.

5. Le ministre de la guerre remettra, dans le délai d'un mois, à la Convention nationale, un état circonstancié des élèves des douze colléges militaires , avec la désignation de leur âge et du nombre des années qu'ils ont passées dans lesdits colléges. Il y joindra un pareil état des élèves qu'il aura placés dans les écoles particulières, conformément à l'article 4 du présent décret.

18 = 21 JUIN 1793. — Décret qui décharge la commune de Schœffersheim de l'entretien de la lampe qu'elle était tenue de tenir allumée dans son église. (B. 31, 150.)

La Convention nationale, sur la pétition de la commune de Schœffersheim, dépar-

tement du Bas-Rhin, district de Benfeld, qui expose qu'un seigneur de Bolselheim ayant été tué , il y a quatre siècles , dans le ban de Schœffersheim , l'évêque de Strasbourg de ce temps l'a condamné à entretenir une lampe toujours brûlante dans l'église de Bolselheim; que depuis cette lampe brûle sans discontinuation pour le repos de l'ame de ce noble; et sur la motion d'un membre, décrète que cette lampe est supprimée, sans que la commune de Schœffersheim soit obligée de se racheter de cette charge.

18 = 20 JUIN 1793. — Décret qui alloue trois cent mille livres pour l'achèvement des constructions de la salle des séances. (B. 31, 148)

18 = 20 JUIN 1793. — Décret qui autorise le versement de trois cent quinze millions cinq cent soixante-trois mille trois cent cinquante-sept livres pour remplacer les avances faites par la Trésorerie dans le courant de mai. (L. 14, 754; B. 31, 148.)

18 = 18 JUIN 1793. — Décret qui lève le sursis à la vente des meubles de l'émigré Boulogne. B. 31, 146.)

18 JUIN 1793. — Décret portant que l'administration du Cher a bien mérité de la patrie. (B. 31, 146.)

18 = 18 JUIN 1793. — Décret qui maintient la commune provisoire d'Orléans dans ses fonctions. (B. 31, 148.)

18 = 20 JUIN 1793. — Décret qui approuve plusieurs marchés pour fabrication de papier-assignat. (L. 14, 750; B. 31, 150.)

18 = 18 JUIN 1793. — Décret qui défend d'exécuter aucun arrêté signé des administrations du département de l'Eure. (L. 14, 747; B. 31, 152.)

18 = 20 JUIN 1793. — Décret qui ordonne le paiement de la récompense accordée à la veuve du dénonciateur d'Oriot et complices. (B. 31, 152.)

18 = 21 JUIN 1793. — Décret qui rappelle les députés Lecointre-Puyraveau et Jard-Panvilliers. (B. 31, 153.)

18 = 19 JUIN 1793. — Décret relatif à l'envoi de représentans dans les départemens du Jura, de l'Ain, de la Côte-d'Or et du Doubs. (L. 14, 749; B. 31, 153.)

18 = 20 JUIN 1793. — Décret relatif aux pensions de retraite accordées aux anciens chefs et commis des bureaux de la guerre. (B. 31, 151.)

18 = 20 JUIN 1793. — Décret relatif au logement des pères, mères, femmes des volontaires de la section des Sans-Culottes, et au remboursement des billets de secours. (B. 31, 151.)

18 JUIN 1793. — Titulaires de l'ordre de Malte. *Voy.* 15 JUIN 1793.

19 = 22 JUIN 1793. — Décret portant qu'à l'avenir les brevets de pension seront délivrés en parchemin. (L. 14, 762; B. 31, 174.)

La Convention nationale, après avoir entendu le rapport de son comité de liquidation sur la proposition faite par le ministre de la guerre et le directeur-général de la liquidation; considérant que les brevets de pension qui se délivrent actuellement en papier sont dans le cas de passer dans un nombre infini de mains avant d'être revêtus des formalités exigées pour que les pensionnaires puissent recevoir leur paiement, ce qui les détériore, et oblige peu de temps après, à les renouveler, décrète qu'à l'avenir ces brevets de pension seront délivrés en parchemin, et qu'à mesure qu'il s'en trouvera d'anciens hors d'état de servir, ils seront remplacés par de nouveaux aussi en parchemin.

19 = 21 JUIN 1793. — Décret relatif au mode de paiement des pensions qui excèdent trois mille livres, et qui exige des certificats de civisme pour les toucher. (L. 14, 761; B. 31, 174.)

La Convention nationale, sur la proposition d'un de ses membres, charge ses comités de liquidation et de finances de lui présenter, dans le plus bref délai, un projet de décret sur la révision de toutes les lois rendues jusqu'à ce jour relativement aux pensions;

Et cependant décrète qu'à compter du 1er juillet prochain, toutes les pensions qui excèdent trois mille livres ne seront payées provisoirement que jusqu'à concurrence de ladite somme.

Ordonne en outre que tous les pensionnaires de l'Etat, pour toucher leurs pensions, seront tenus, outre les formalités prescrites précédemment, de rapporter un certificat de civisme délivré par les conseils généraux des communes de leur résidence, visé par les directoires de district et de département.

19 = 22 JUIN 1793. — Décret qui accorde des pensions de retraite aux magistrats des anciens tribunaux de l'île de Corse. (B. 31, 173.)

19 = 22 JUIN 1793. — Décret relatif à la délivrance des brevets de pensions par le ministre de la guerre. (B. 31, 174.)

19 = 22 JUIN 1793. — Décret d'ordre du jour sur le paiement des pensions des citoyens Henri et Jean-Christophe Diessenthaller, officiers suisses. (B. 31, 174.)

19 JUIN 1793. — Décret qui alloue cinq mille neuf cent cinquante livres quinze sous quatre deniers pour la dépense des élèves du collége militaire de Brienne. (B. 31, 155.)

19 JUIN 1793. — Décret portant que celui rendu concernant le paiement des pensions militaires sera rétabli au procès-verbal dans lequel il avait été omis. (B. 31, 154.)

19 JUIN 1793. — Décret qui autorise la formation dans le département du Mont-Terrible, d'un bataillon de gardes nationales et de deux brigades de gendarmerie. (L. 14, 760; B. 31, 175.)

19 JUIN 1793. — Décret qui autorise le paiement des appointemens dus au citoyen Loubier. (B. 31, 176.)

19 = 19 JUIN 1793. — Décret qui surseoit à l'expédition du décret relatif au département de la Lozère. (B. 31, 154.)

9 = 24 JUIN 1793. — Décret qui accorde des pensions de retraite à différens fonctionnaires publics et veuves des fonctionnaires publics, et à plusieurs employés au département des contributions publiques et des affaires étrangères. (B. 31, 172.)

19 JUIN 1793. — Décret qui surseoit à l'instruction de la procédure et au jugement de Saint-Maur-d'Argier. (B. 31, 178.)

19 = 21 JUIN 1793. — Décret portant qu'il n'y a pas lieu à accusation contre le général Chazot. (B. 31, 155.)

19 JUIN 1793. — Décret concernant les pensionnaires de l'Etat. (B. 31, 155.)

19 JUIN 1793. — Décrets portant que les gardes nationales du Puy-de-Dôme ont bien mérité de la patrie, et que les administrateurs et citoyens du département du Nord et du district de Sainte-Menehould ont continué d'en bien mériter. (L. 14, 763; B. 31, 177 et 179.)

19 JUIN 1793. — Décret qui supprime le tribunal populaire de Marseille, met ses membres hors la loi, et casse le comité central des sections de la même ville. (L. 14, 758; B. 31, 176.)

19 = 21 JUIN 1793. — Décret qui rapporte celui du 18 du présent mois, relatif aux anciens chefs de bureau. (B. 31, 175.)

19 JUIN 1793.—Décret de pensions accordées à différens pensionnaires. (B. 31, 155.)

19 JUIN 1793.—Décret qui autorise la municipalité de Sainte-Foi à emprunter trente mille livres. (B. 31, 154.)

19 JUIN 1793.—Décrets de pensions accordées à différens fonctionnaires publics dans le département de la guerre. (B. 31, 165.)

19 = 22 JUIN 1793.—Décret qui accorde six cents livres au citoyen Minguet. (B. 31, 177.)

19 = 24 JUIN 1793.—Décret qui accorde des pensions de retraite aux fonctionnaires publics et veuves de fonctionnaires publics du département de l'intérieur. (B. 31, 170.)

19 JUIN 1793.—Décret qui renvoie au comité de sûreté générale la pétition du citoyen Emeric, officier municipal de la commune d'Aix. (B. 31, 177.)

19 JUIN 1793.—Décret qui accorde deux cents livres au citoyen Gérault-Lavergne. (B. 31, 178.)

19 JUIN 1793.—Envoi de représentans. *Voy.* 18 JUIN 1793.—Espions; Evènemens des 2 et 3 SEPTEMBRE. *Voy.* 16 JUIN 1793.—Invalides de la marine; Payeurs des armées. *Voy.* 11 JUIN 1793.

20 = 24 JUIN 1793.—Décret qui déclare que la société populaire du Mans a bien mérité de la patrie. (B. 31, 178.)

20 = 24 JUIN 1793.—Décret qui ordonne de prendre des renseignemens sur l'état des subsistances des villes de Reims, Abbeville, etc. (B. 31, 179.)

20 = 21 JUIN 1793.—Décret qui avance, à titre de prêt, vingt-un mille livres à la section de l'Arsenal de Paris. (B. 31, 179.)

20 = 21 JUIN 1793.—Décret qui accorde cinq cent mille livres au département de la Seine-Inférieure. (B. 31, 180.)

20 = 21 JUIN 1793.—Décret qui nomme le citoyen Meaulle pour remplacer le citoyen muquesnoy à l'armée du Nord. (B. 31, 180.)

20 = 21 JUIN 1793.—Décret qui rappelle les représentans près l'armée des Pyrénées-Orientales, et en nomme de nouveaux. (B. 31, 181.)

20 = 21 JUIN 1793.—Décret qui remplace le citoyen Lesterp, représentant à Saint-Etienne, par le citoyen Noel Pointe. (B. 31, 181.)

20 JUIN 1793.— Assignats. *Voy.* 17 JUIN 1793.— Ecole militaire de Paris; Papier d'assignats; Trésorerie nationale. *Voy.* 18 JUIN 1793.— Ile-Adam, etc. *Voy.* 16 JUIN 1793.—Militaires convalescens. *Voy.* 27 MAI 1793.

21 JUIN 1793.—Décret pour faciliter le retour des habitans de Saint-Domingue, de la Martinique et de la Guadeloupe, obligés de se réfugier à Sainte-Lucie et autres îles de l'Amérique. (B. 31, 885.)

21 = 26 JUIN 1793.—Décret qui alloue quarante mille livres pour le paiement des rentes et autres besoins des Quinze-Vingts. (B. 31, 183.)

21 = 26 JUIN 1793.—Décret qui accorde, à titre d'avance, cent mille livres au département du Mont-Terrible. (B. 31, 183.)

21 = 26 JUIN 1793.—Décret qui règle le traitement et le supplément des cent soixante gendarmes de la trentième division. (B. 31, 183.)

21 = 26 JUIN 1793.—Décret qui accorde six cents livres au citoyen Bataille et à sa femme. (B. 31, 184.)

21 = 26 JUIN 1793.—Décret qui lève la suspension du général Belmont. (B. 31, 184.)

21 = 25 JUIN 1793.—Décret portant établissement d'un comité de surveillance des subsistances militaires et de l'examen des marchés. (B. 31, 185.)

21 = 26 JUIN 1793.—Décret qui nomme le citoyen Desforgues au ministère des affaires étrangères. (L. 14, 767; B. 31, 186.)

21 JUIN 1793.—Décret portant que le comité colonial et celui de marine seront tenus de faire un rapport sur la situation des différentes colonies de la République. (B. 31, 186.)

21 = 26 JUIN 1793.—Décret relatif aux citoyens incarcérés à Lyon, à la suite des mouvemens du 29 mai dernier. (L. 14, 764; B. 31, 187.)

21 JUIN 1793.—Décret qui déclare nuls les certificats signés par une griffe depuis le décret du 28 mars 1793. (B. 31, 187.)

21 = 21 JUIN 1793.—Décret qui met vingt mille livres à la disposition du comité de sûreté générale. (B. 31, 181.)

21 = 26 JUIN 1793.—Décret portant qu'il n'y a pas lieu d'indemniser les épiciers de Paris qui ont éprouvé des pertes dans les pillages du mois de février 1793. (L. 14, 768 ; B. 31, 184.)

21 = 26 JUIN 1793. — Décret qui confirme l'emprunt de cent mille livres en numéraire fait par le département des Alpes-Maritimes. (B. 31, 182.)

21 = 21 JUIN 1793. — Décret qui conserve au citoyen Geoffroy Bigorie la bourse dont il jouissait au collége de Saint-Martial à Toulouse. (B. 31, 182.)

21 = 21 JUIN 1793. — Décret portant qu'il n'y a pas lieu à inculpation contre Bidermann et Maxbeer. (B. 31, 182.)

21 = 29 JUIN 1793.—Décret portant que Quetineau sera gardé chez lui par un gendarme. (B. 31, 187.)

21 = 26 JUIN 1793. — Décret portant que les citoyens mariés et ceux âgés de plus de quarante ans ne seront point compris dans le contingent de la commune de Campagne. (B. 31, 188.)

21 JUIN 1793. — Département du Mont-Terrible; Pensions. *Voy.* 19 JUIN 1793.

22 = 29 JUIN 1793.—Décret qui ordonne de mettre un embargo sur les corsaires et bâtimens de commerce , jusqu'à ce que les armemens des vaisseaux de l'Etat soient complétés.(L. 14, 771 ; B. 31, 191.)

Art. Ier. Il sera mis, à l'instant de la publication du présent décret, un embargo dans tous les ports sur tous les corsaires et sur les bâtimens de commerce, jusqu'à ce que les armemens des vaisseaux de la République soient complétés.

2. En considération de la défense courageuse faite par la frégate, corsaire de Bordeaux, *la Citoyenne française,* elle demeure exceptée de l'embargo.

L'exception proposée relativement aux frégates armées de trente canons de douze livres est renvoyée au comité, pour en conférer avec le ministre de la marine.

22 = 26 JUIN 1793. — Décret relatif aux citoyens servant dans les armées dirigées contre les rebelles. (L. 14, 772 ; B. 31, 190.)

Art. Ier. Tout homme servant dans les armées de la République dirigées contre les rebelles de la Vendée, qui, après avoir été momentanément arrêté par eux, en aurait reçu un passeport, et s'en prévaudrait pour se dispenser de rentrer sous les drapeaux de la République, est déclaré lâche, et déserteur de la liberté, et, comme tel, privé du droit de citoyen pendant dix ans. Il sera mis en état d'arrestation, jusqu'à ce qu'il en ait été autrement ordonné, sans préjudice de plus grandes peines dans le cas où il serait convaincu d'être d'intelligence avec les rebelles.

2. Celui qui , sans avoir été détenu par les rebelles, quitteraient l'armée, sera réputé déserteur et puni comme tel.

3. Celui qui sera porteur d'un passeport ou autre acte énonciatif de serment à Louis XVII sera arrêté et renvoyé au tribunal extraordinaire.

4. Il est défendu aux autorités constituées de leur délivrer ou de viser des passeports, ou de leur donner aucun secours, sous peine de destitution , et d'être punies conformément au Code pénal, en cas de connivence.

22 = 24 JUIN 1793. — Décret relatif au paiement des appointemens des militaires blessés qui sont à Paris ou dans d'autres lieux pour se faire guérir. (L. 14, 775 ; B. 31, 190.)

La Convention nationale, sur une lettre du ministre de la guerre convertie en motion, décrète que le ministre est autorisé à faire payer les officiers et soldats blessés ou qui ont des besoins urgens de leurs appointemens, et ceux venus à Paris ou retirés dans d'autres parties de la République pour se faire guérir de leurs blessures, et dont les états de revue de leurs bataillons se trouvent renfermés dans Condé ou dans d'autres places avec lesquelles la correspondance est interceptée par les satellites armés des despotes étrangers.

22 = 29 JUIN 1793.—Décret qui déclare que l'emprunt forcé d'un milliard ne sera point fait sur les propriétés ni sur les capitaux, mais seulement sur les revenus. (L. 14, 776 ; B. 31, 193.)

La Convention nationale, sur la proposition d'un membre, décrète à l'unanimité que, par une conséquence de sa déclaration solennellement faite au commencement de la session, et consignée dans l'acte constitutionnel qui sera incessamment présenté à la sanction du peuple souverain, tendant au maintien inviolable des propriétés territoriales, commerciales, industrielles, le répartement de la somme d'un milliard, formant l'emprunt forcé décrété le 20 mai dernier, ne sera point fait sur les propriétés ou les capitaux, mais seulement sur tous les revenus fonciers, mobiliers et industriels, d'après des règles et des mesures justes et dignes d'un peuple libre.

22 = 29 JUIN 1793. — Décret qui détermine le mode d'exécution de celui qui établit un emprunt forcé d'un milliard. (L. 14, 776 ; B. 31, 194.)

Art. 1er. Ne seront pas assujétis à l'emprunt forcé d'un milliard les personnes mariées dont les revenus nets sont au-dessous de dix mille livres, et ceux des célibataires dont les revenus sont au-dessous de six mille livres.

2. Quinzaine après la publication du présent décret, chaque citoyen dont les revenus seront au-dessus de la classe exceptée par l'article 1er, sera tenu de fournir à sa section, ou à sa commune lorsque la municipalité ne sera pas composée de plusieurs sections, une déclaration de ses revenus et de ses charges.

_____

22 = 24 JUIN 1793. — Décret qui accorde un secours au citoyen Rodrigue, député extraordinaire des îles de Saint-Pierre et de Miquelon. (B. 31, 188.)

_____

22 = 29 JUIN 1793. — Décret qui anéantit l'instruction commencée au tribunal du district d'Auxerre contre Laiguillon, laboureur. (B. 31, 189.)

_____

22 = 25 JUIN 1793. — Décret portant qu'il n'y a pas lieu à inculpation contre le citoyen Demaulde. (B. 31, 189.)

_____

22 = 29 JUIN 1793. — Décret qui prescrit un mode pour recevoir les secours destinés aux prisonniers de guerre. (L. 14, 778 ; B. 31, 189.)

_____

22 = 29 JUIN 1793. — Décret pour la remise à la Bibliothèque nationale d'une collection complète des travaux de toutes les assemblées nationales. (L. 14, 779 ; B. 31, 189.)

_____

22 JUIN 1793. — Décret sur les mesures à prendre pour porter des secours à Nantes. (B. 31, 190.)

_____

22 = 27 JUIN 1793. — Décret qui réduit à dix les représentans près l'armée des côtes de La Rochelle. (B. 31, 191.)

_____

22 = 27 JUIN 1793. — Décret qui nomme des commissaires pour surveiller les manufactures d'armes de Tulle et de Moulins. (B. 31, 192.)

_____

22 JUIN 1793. — Décret qui conserve le commandement de l'armée de la Moselle au général Houchard, et celui de l'armée du Rhin au général Beauharnais. (L. 14, 774 ; B. 31, 192.)

_____

22 = 29 JUIN 1793. — Décret qui alloue trois millions pour le service des subsistances. (B. 31, 194.)

_____

(1) Voy. loi du 25 juillet 1793, section IV.

22 JUIN 1793. — Décret portant que les administrateurs du département du Bas-Rhin, etc., ont bien mérité de la patrie. (B. 31, 188.)

_____

22 JUIN 1793. — Décret portant que le comité de sûreté générale fera un rapport sur des citoyens détenus dans les divers départemens. (B. 31, 194.)

_____

22 = 24 JUIN 1793. — Décret qui ordonne de contraindre par corps le citoyen Rodrigue à rétablir au Trésor public douze cents livres qu'il a perçues. (B. 31, 193 et 195.)

_____

22 = 22 JUIN 1793. — Décret qui défend de délivrer aucun extrait de décret qu'au préalable le décret n'ait été scellé et signé. (B. 31, 195.)

_____

22 = 29 JUIN 1793. — Décret qui nomme le citoyen Robert Lindel membre du comité de salut public. (B. 31, 192.)

_____

22 = 29 JUIN 1793. — Décret qui nomme le citoyen Gentil pour remplacer le citoyen Levasseur près l'armée de la Moselle. (B. 31, 193.)

_____

22 JUIN 1793. — Décret d'ordre du jour motivé, concernant un détachement de chasseurs du Midi. (B. 31, 195.)

_____

22 JUIN 1793. — Décret qui ordonne le paiement des appointemens des officiers et soldats blessés qui sont à Paris ou dans d'autres lieux pour se faire guérir. (B. 31, 193.)

_____

22 JUIN 1793. — Brevets de pensions. Voy. 19 JUIN 1793.

23 JUIN 1793. — Décret qui abolit la loi martiale. (L. 14, 780 ; B. 31, 200.)

Voy. lois du 21 OCTOBRE = 21 NOVEMBRE 1789 ; du 28 GERMINAL an 6, art. 125, nos 9 et 10.

La Convention nationale, sur la proposition d'un de ses membres, décrète que la loi martiale est abolie.

_____

23 JUIN = 1er JUILLET 1793. — Décret qui rectifie une erreur dans le décret relatif à la vente des biens des émigrés. (L. 14, 784 ; B. 31, 197.)

La Convention nationale, sur la proposition d'un membre du comité des domaines, décrète que ces mots : premier et quatre avril, seront substitués à ceux-ci : premier de ce mois, qui se sont glissés par erreur dans l'article 5 de la section IV, décrétée le 3 juin présent mois (1), sur la vente et l'administration des meubles et immeubles des émigrés.

Déclaration des droits de l'homme et du citoyen.

Le peuple français, convaincu que l'oubli et le mépris des droits naturels de l'homme sont les seules causes des malheurs du monde, a résolu d'exposer, dans une déclaration solennelle, ces droits sacrés et inaliénables, afin que tous les citoyens, pouvant comparer sans cesse les actes du gouvernement avec le but de toute institution sociale, ne se laissent jamais opprimer et avilir par la tyrannie; afin que le peuple ait toujours devant les yeux les bases de sa liberté et de son bonheur, le magistrat la règle de ses devoirs, le législateur l'objet de sa mission.

En conséquence, il proclame, en présence de l'Etre suprême, la déclaration suivante des droits de l'homme et du citoyen.

Art. 1er. Le but de la société est le bonheur commun.

Le gouvernement est institué pour garantir à l'homme la jouissance de ses droits naturels et imprescriptibles.

2. Ces droits sont l'égalité, la liberté, la sûreté, la propriété.

3. Tous les hommes sont égaux par la nature et devant la loi.

4. La loi est l'expression libre et solennelle de la volonté générale; elle est la même pour tous, soit qu'elle protége, soit qu'elle punisse; elle ne peut ordonner que ce qui est juste et utile à la société; elle ne peut défendre que ce qui lui est nuisible.

5. Tous les citoyens sont également admissibles aux emplois publics. Les peuples libres ne connaissent d'autres motifs de préférence dans leurs élections que les vertus et les talens.

6. La liberté est le pouvoir qui appartient à l'homme de faire tout ce qui ne nuit pas aux droits d'autrui: elle a pour principe la nature, pour règle la justice, pour sauve-garde la loi; sa limite morale est dans cette maxime: Ne fais pas à un autre ce que tu ne veux pas qui te soit fait.

7. Le droit de manifester sa pensée et ses opinions, soit par la voie de la presse, soit de toute autre manière; le droit de s'assembler paisiblement, le libre exercice des cultes, ne peuvent être interdits.

La nécessité d'énoncer ses droits suppose ou la présence ou le souvenir récent du despotisme.

8. La sûreté consiste dans la protection accordée par la société à chacun de ses membres pour la conservation de sa personne, de ses droits et de ses propriétés.

9. La loi doit protéger la liberté publique et individuelle contre l'oppression de ceux qui gouvernent.

10. Nul ne doit être accusé, arrêté ni détenu que dans les cas déterminés par la loi, et selon les formes qu'elle a prescrites. Tout citoyen, appelé ou saisi par l'autorité de la loi, doit obéir à l'instant: il se rend coupable par la résistance.

11. Tout acte exercé contre un homme, hors des cas et sans les formes que la loi détermine, est arbitraire et tyrannique; celui contre le-

quel on voudrait l'exécuter par la violence, le droit de le repousser par la force.

12. Ceux qui solliciteraient, expédieraient, signeraient, exécuteraient ou feraient exécuter des actes arbitraires, sont coupables et doivent être punis.

13. Tout homme étant présumé innocent jusqu'à ce qu'il ait été déclaré coupable, s'il est jugé indispensable de l'arrêter, toute rigueur qui ne serait pas nécessaire pour s'assurer de sa personne doit être sévèrement réprimée par la loi.

14. Nul ne doit être jugé et puni qu'après avoir été entendu ou légalement appelé, et qu'en vertu d'une loi promulguée antérieurement au délit. La loi qui punirait des délits commis avant qu'elle existât serait une tyrannie : l'effet rétroactif donné à la loi serait un crime

15. La loi ne doit décerner que des peines strictement et évidemment nécessaires : les peines doivent être proportionnées au délit et utiles à la société.

16. Le droit de propriété est celui qui appartient à tout citoyen de jouir et de disposer à son gré de ses biens, de ses revenus, du fruit de son travail et de son industrie.

17. Nul genre de travail, de culture, de commerce, ne peut être interdit à l'industrie des citoyens.

18. Tout homme peut engager ses services, son temps ; mais il ne peut se vendre ni être vendu : sa personne n'est pas une propriété aliénable. La loi ne connaît point de domesticité ; il ne peut exister qu'un engagement de soins et de reconnaissance entre l'homme qui travaille et celui qui l'emploie.

19. Nul ne peut être privé de la moindre portion de sa propriété sans son consentement, si ce n'est lorsque la nécessité publique légalement constatée l'exige, et sous la condition d'une juste et préalable indemnité.

20. Nulle contribution ne peut être établie que pour l'utilité générale. Tous les citoyens ont droit de concourir à l'établissement des contributions, d'en surveiller l'emploi, et de s'en faire rendre compte.

21. Les secours publics sont une dette sacrée. La société doit la subsistance aux citoyens malheureux, soit en leur procurant du travail, soit en assurant les moyens d'exister à ceux qui sont hors d'état de travailler.

22. L'instruction est le besoin de tous. La société doit favoriser de tout son pouvoir les progrès de la raison publique, et mettre l'instruction à la portée de tous les citoyens.

23. La garantie sociale consiste dans l'action de tous pour assurer à chacun la jouissance et la conservation de ses droits : cette garantie repose sur la souveraineté nationale.

24. Elle ne peut exister si les limites des fonctions publiques ne sont pas clairement déterminées par la loi, et si la responsabilité de tous les fonctionnaires n'est pas assurée.

25. La souveraineté réside dans le peuple ; elle est une et indivisible, imprescriptible et inaliénable.

26. Aucune portion du peuple ne peut exercer la puissance du peuple entier ; mais chaque section du souverain, assemblée, doit jouir du droit d'exprimer sa volonté avec une entière liberté.

27. Que tout individu qui usurperait la souveraineté soit à l'instant mis à mort par les hommes libres.

28. Un peuple a toujours le droit de revoir, de réformer et de changer sa constitution. Une génération ne peut assujétir à ses lois les générations futures.

29. Chaque citoyen a un droit égal de concourir à la formation de la loi, et à la nomination de ses mandataires ou de ses agens.

30. Les fonctions publiques sont essentiellement temporaires ; elles ne peuvent être considérées comme des distinctions ni comme des récompenses, mais comme des devoirs.

31. Les délits des mandataires du peuple et de ses agens ne doivent jamais être impunis. Nul n'a le droit de se prétendre plus inviolable que les autres citoyens.

32. Le droit de présenter des pétitions aux dépositaires de l'autorité publique ne peut, en aucun cas, être interdit, suspendu ni limité.

33. La résistance à l'oppression est la conséquence des autres droits de l'homme.

34. Il y a oppression contre le corps social lorsqu'un seul de ses membres est opprimé : il y a oppression contre chaque membre lorsque le corps social est opprimé.

35. Quand le gouvernement viole les droits du peuple, l'insurrection est pour le peuple et pour chaque portion du peuple le plus sacré des droits et le plus indispensable des devoirs.

ACTE CONSTITUTIONNEL.

De la République.

Art. 1er. La République française est une et indivisible.

De la distribution du peuple.

2. Le peuple français est distribué, pour l'exercice de sa souveraineté, en assemblées primaires de cantons.

3. Il est distribué, pour l'administration et pour la justice, en départemens, districts, municipalités.

De l'état des citoyens.

4. Tout homme né et domicilié en France, âgé de vingt-un ans accomplis ;

5.

23

Tout étranger âgé de vingt-un ans accomplis, qui, domicilié en France depuis une année (1).

Y vit de son travail,

Ou acquiert une propriété,

Ou épouse une Française (2),

Ou adopte un enfant,

Ou nourrit un vieillard;

Tout étranger enfin qui sera jugé par le Corps-Législatif avoir bien mérité de l'humanité,

Est admis à l'exercice des droits de citoyen français.

5. L'exercice de droits de citoyen se perd :

Par la naturalisation en pays étranger;

Par l'acceptation de fonctions ou faveurs émanées d'un gouvernement non populaire;

Par la condamnation à des peines infamantes ou afflictives jusqu'à réhabilitation.

6. L'exercice des droits de citoyen est suspendu :

Par l'état d'accusation;

Par un jugement de contumace, tant que le jugement n'est pas anéanti.

De la souveraineté du peuple.

7. Le peuple souverain est l'universalité des citoyens français.

8. Il nomme immédiatement ses députés.

9. Il délègue à des électeurs le choix des administrateurs, des arbitres publics, des juges criminels et de cassation.

10. Il délibère sur les lois.

Des assemblées primaires.

11. Les assemblées primaires se composent des citoyens domiciliés depuis six mois dans chaque canton.

12. Elles sont composées de deux cents citoyens au moins, de six cents au plus, appelés à voter.

13. Elles sont constituées par la nomination d'un président, de secrétaires, de scrutateurs.

14. Leur police leur appartient.

15. Nul n'y peut paraître en armes.

16. Les élections se font au scrutin ou à haute voix, au choix de chaque votant.

17. Une assemblée primaire ne peut, en aucun cas, prescrire un mode uniforme de voter.

18. Les scrutateurs constatent le vote des citoyens qui, ne sachant pas écrire, préfèrent de voter au scrutin.

19. Les suffrages sur les lois sont donnés par *oui* et par *non*.

20. Le vœu de l'assemblée primaire est proclamé ainsi : *Les citoyens réunis en assemblée primaire de......... au nombre de......... votans, votent pour ou votent contre, à la majorité de.........*

De la représentation nationale.

21. La population est la seule base de la représentation nationale.

22. Il y a un député en raison de quarante mille individus.

23. Chaque réunion d'assemblées primaires, résultant d'une population de trente-neuf à quarante-un mille ames, nomme immédiatement un député.

24. La nomination se fait à la majorité absolue des suffrages.

25. Chaque assemblée fait le dépouillement des suffrages, et envoie un commissaire, pour le recensement général, au lieu désigné comme le plus central.

26. Si le premier recensement ne donne point de majorité absolue, il est procédé à un second appel, et on vote entre les deux citoyens qui ont réuni le plus de voix.

27. En cas d'égalité de voix, le plus âgé a la préférence, soit pour être balloté, soit pour être élu. En cas d'égalité d'âge, le sort décide.

28. Tout Français exerçant les droits de

---

(1) Tout étranger âgé de vingt-un ans accompli qui, domicilié en France depuis une année, y vivait de son travail, avait épousé une femme française, etc., était réputé citoyen, et investi *irrévocablement* des droits résultant de cette qualité (tels que ceux d'électeur), sans être obligé de faire aucune déclaration, de prêter aucun serment et de remplir aucune formalité. Les dispositions ultérieures qui ont exigé d'autres conditions et établi d'autres règles pour que l'étranger puisse acquérir la qualité de Français, ne sont point applicables aux étrangers qui alors étaient réputés Français en vertu d'une loi antérieure (10 novembre 1827; Lyon, S. 28, 2, 36; D. 28, 2, 14; *idem* 13 octobre 1829; Colmar, S. 29, 2, 329; D. 30, 2, 25).

(2) L'étranger qui remplissait les conditions exigées pour être admis à l'exercice des droits de citoyen français n'a pas été de plein droit, et par la seule force de la loi, revêtu de la qualité de Français; il y avait nécessité pour lui de manifester, sous l'empire de cette constitution, le vœu de profiter de ses dispositions.

Spécialement, l'étranger âgé de vingt-un ans accomplis qui, en 1793, était domicilié en France depuis plus d'un an et y vivait de son travail, ne peut prétendre aujourd'hui à la qualité de Français, s'il n'a pas alors réclamé cette qualité; peu importe qu'il n'ait pas cessé depuis d'habiter la France, qu'il s'y soit marié, y ait formé un établissement et ait même été admis aux droits de citoyen.

Pour que l'étranger qui réunissait d'ailleurs toutes les autres conditions voulues par la constitution de 1793, devînt Français, il fallait qu'il eût fixé son domicile en France; il ne suffisait pas qu'il y résidât (25 juin 1830; Orléans, S. 30, 2, 213).

citoyen est éligible dans l'étendue de la République.

29. Chaque député appartient à la nation entière.

30. En cas de non acceptation, démission, déchéance ou mort d'un député, il est pourvu à son remplacement par les assemblées primaires qui l'ont nommé.

31. Un député qui a donné sa démission ne peut quitter son poste qu'après l'admission de son successeur.

32. Le peuple français s'assemble tous les ans, le 1er mai, pour les élections.

33. Il y procède quel que soit le nombre des citoyens ayant droit d'y voter.

34. Les assemblées primaires se forment extraordinairement, sur la demande du cinquième des citoyens qui ont droit d'y voter.

35. La convocation se fait, en ce cas, par la municipalité du lieu ordinaire du rassemblement.

36. Ces assemblées extraordinaires ne délibèrent qu'autant que la moitié plus un des citoyens qui ont droit d'y voter sont présens.

Des assemblées électorales.

37. Les citoyens réunis en assemblées primaires nomment un électeur à raison de deux cents citoyens présens ou non; deux depuis trois cent un jusqu'à quatre cents; trois depuis cinq cent un jusqu'à six cents.

38. La tenue des assemblées électorales et le mode des élections sont les mêmes que dans les assemblées primaires.

Du Corps-Législatif.

39. Le Corps-Législatif est un, indivisible et permanent.

40. La session est d'un an.

41. Il se réunit le 1er juillet.

42. L'Assemblée nationale ne peut se constituer si elle n'est composée au moins de la moitié des députés plus un.

43. Les députés ne peuvent être recherchés, accusés ni jugés, en aucun temps, pour les opinions qu'ils ont énoncées dans le sein du Corps-Législatif.

44. Ils peuvent, pour fait criminel, être saisis en flagrant délit; mais le mandat d'arrêt ni le mandat d'amener ne peuvent être décernés contre eux qu'avec l'autorisation du Corps-Législatif.

Tenue des séances du Corps-Législatif.

45. Les séances de l'Assemblée nationale sont publiques.

46. Les procès-verbaux de ses séances sont imprimés.

47. Elle ne peut délibérer si elle n'est composée de deux cents membres au moins.

48. Elle ne peut refuser la parole à ses membres, dans l'ordre où ils l'ont réclamée.

49. Elle délibère à la majorité des présens.

50. Cinquante membres ont le droit d'exiger l'appel nominal.

51. Elle a le droit de censure sur la conduite de ses membres dans son sein.

52. La police lui appartient dans le lieu de ses séances, et dans l'enceinte extérieure qu'elle a déterminée.

Des fonctions du Corps-Législatif.

53. Le Corps-Législatif propose des lois et rend des décrets.

54. Sont compris sous le nom général de *loi* les actes du Corps-Législatif concernant :

La législation civile et criminelle;

L'administration générale des revenus et des dépenses ordinaires de la République;

Les domaines nationaux;

Le titre, le poids, l'empreinte et la dénomination des monnaies;

La nature, le montant et la perception des contributions;

La déclaration de guerre;

Toute nouvelle distribution générale du territoire français;

L'instruction publique;

Les honneurs publics à la mémoire des grands hommes.

55. Sont désignés sous le nom particulier de *décret* les actes du Corps-Législatif concernant :

L'établissement annuel des forces de terre et de mer;

La permission ou la défense du passage des troupes étrangères sur le territoire français;

L'introduction des forces navales étrangères dans les ports de la République;

Les mesures de sûreté et de tranquillité générales;

La distribution annuelle et momentanée des secours et travaux publics;

Les ordres pour la fabrication des monnaies de toute espèce;

Les dépenses imprévues et extraordinaires;

Les mesures locales et particulières à une administration, à une commune, à un genre de travaux publics;

La défense du territoire;

La ratification des traités;

La nomination et la destitution des commandans en chef des armées;

La poursuite de la responsabilité des membres du conseil, des fonctionnaires publics;

L'accusation des prévenus de complots contre la sûreté générale de la République;

Tout changement dans la distribution partielle du territoire français;

Les récompenses nationales.

23.

De la formation de la loi.

56. Les projets de loi sont précédés d'un rapport.

57. La discussion ne peut s'ouvrir et la loi ne peut être provisoirement arrêtée que quinze jours après le rapport.

58. Le projet est imprimé et envoyé à toutes les communes de la République, sous ce titre : *Loi proposée.*

59. Quarante jours après l'envoi de la loi proposée, si, dans la moitié des départemens plus un, le dixième des assemblées primaires de chacun d'eux, régulièrement formées, n'a pas réclamé, le projet est accepté et devient *loi.*

60. S'il y a réclamation, le Corps-Législatif convoque les assemblées primaires.

De l'intitulé des lois et des décrets.

61. Les lois, les décrets, les jugemens et tous les actes publics sont intitulés : *Au nom du peuple français, l'an.... de la République française.*

Du conseil exécutif.

62. Il y a un conseil exécutif composé de vingt-quatre membres.

63. L'assemblée électorale de chaque département nomme un candidat. Le Corps-Législatif choisit sur la liste générale les membres du conseil.

64. Il est renouvelé par moitié à chaque législature, dans les derniers mois de sa session.

65. Le conseil est chargé de la direction et de la surveillance de l'administration générale ; il ne peut agir qu'en exécution des lois et des décrets du Corps-Législatif.

66. Il nomme, hors de son sein, les agens en chef de l'administration générale de la République.

67. Le Corps-Législatif détermine le nombre et les fonctions de ces agens.

68. Ces agens ne forment point un conseil ; ils sont séparés, sans rapports immédiats entre eux ; ils n'exercent aucune autorité personnelle.

69. Le conseil nomme hors de son sein les agens extérieurs de la République.

70. Il négocie les traités.

71. Les membres du conseil, en cas de prévarications, sont accusés par le Corps-Législatif.

72. Le conseil est responsable de l'inexécution des lois et des décrets, et des abus qu'il ne dénonce pas.

73. Il révoque et remplace les agens à sa nomination.

74. Il est tenu de les dénoncer, s'il y a lieu, devant les autorités judiciaires.

Des relations du conseil exécutif avec le Corps-Législatif.

75. Le conseil exécutif réside auprès du Corps-Législatif ; il a l'entrée et une place séparée dans le lieu de ses séances.

76. Il est entendu toutes les fois qu'il a un compte à rendre.

77. Le Corps-Législatif l'appelle dans son sein, en tout ou en partie, lorsqu'il le juge convenable.

Des corps administratifs et municipaux.

78. Il y a dans chaque commune de la République une administration municipale ;

Dans chaque district, une administration intermédiaire ;

Dans chaque département, une administration centrale.

79. Les officiers municipaux sont élus par les assemblées de commune.

80. Les administrateurs sont nommés par les assemblées électorales de département et de district.

81. Les municipalités et les administrations sont renouvelées tous les ans par moitié.

82. Les administrateurs et officiers municipaux n'ont aucun caractère de représentation.

Ils ne peuvent en aucun cas modifier les actes du Corps-Législatif, ni en suspendre l'exécution.

83. Le Corps-Législatif détermine les fonctions des officiers municipaux et des administrateurs, les règles de leur subordination, et les peines qu'ils pourront encourir.

84. Les séances des municipalités et des administrations sont publiques.

De la justice civile.

85. Le Code des lois civiles et criminelles est uniforme pour toute la République.

86. Il ne peut être porté aucune atteinte au droit qu'ont les citoyens de faire prononcer sur leurs différens par des arbitres de leur choix.

87. La décision de ces arbitres est définitive, si les citoyens ne se sont pas réservé le droit de réclamer.

88. Il y a des juges-de-paix élus par des citoyens des arrondissemens déterminés par la loi.

89. Ils concilient et jugent sans frais.

90. Leur nombre et leur compétence sont réglés par le Corps-Législatif.

91. Il y a des arbitres publics élus par les assemblées électorales.

92. Leur nombre et leurs arrondissemens sont fixés par le Corps-Législatif.

93. Ils connaissent des contestations qui n'ont pas été terminées définitivement par les arbitres privés ou par les juges-de-paix.

94. Ils délibèrent en public.

Ils opinent à haute voix.

Ils statuent en dernier ressort, sur défenses verbales ou sur simple mémoire, sans procédure et sans frais.

Ils motivent leurs décisions.

95. Les juges-de-paix et les arbitres publics sont élus tous les ans.

De la justice criminelle.

96. En matière criminelle, nul citoyen ne peut être jugé que sur une accusation reçue par les jurés ou décrétée par le Corps-Législatif.

Les accusés ont des conseils choisis par eux ou nommés d'office.

L'instruction est publique.

Le fait et l'intention sont déclarés par un jury de jugement.

La peine est appliquée par un tribunal criminel.

97. Les juges criminels sont élus, tous les ans, par les assemblées électorales.

Du tribunal de cassation.

98. Il y a, pour toute la République, un tribunal de cassation.

99. Ce tribunal ne connaît point du fond des affaires.

Il prononce sur la violation des formes et sur les contraventions expresses à la loi.

100. Les membres de ce tribunal sont nommés, tous les ans, par les assemblées électorales.

Des contributions publiques.

101. Nul citoyen n'est dispensé de l'honorable obligation de contribuer aux charges publiques.

De la Trésorerie nationale.

102. La Trésorerie nationale est le point central des recettes et dépenses de la République.

103. Elle est administrée par des agens comptables nommés par le conseil exécutif.

104. Ces agens sont surveillés par des commissaires nommés par le Corps-Législatif, pris hors de son sein, et responsables des abus qu'ils ne dénoncent pas.

De la comptabilité.

105. Les comptes des agens de la Trésorerie nationale et des administrateurs des deniers publics sont rendus annuellement à des commissaires responsables nommés par le conseil exécutif.

106. Ces vérificateurs sont surveillés par des commissaires à la nomination du Corps-Législatif, pris hors de son sein, et responsables des abus et des erreurs qu'ils ne dénoncent pas.

Le Corps-Législatif arrête les comptes.

Des forces de la République.

107. La force générale de la République est composée du peuple entier.

108. La République entretient à sa solde, même en temps de paix, une force armée de terre et de mer.

109. Tous les Français sont soldats; ils sont tous exercés au maniement des armes.

110. Il n'y a point de généralissime.

111. La différence des grades, leurs marques distinctives et la subordination ne subsistent que relativement au service et pendant sa durée.

112. La force publique employée pour maintenir l'ordre et la paix dans l'intérieur n'agit que sur la réquisition par écrit des autorités constituées.

113. La force publique employée contre les ennemis du dehors agit sous les ordres du conseil exécutif.

114. Nul corps armé ne peut délibérer.

Des Conventions nationales.

115. Si, dans la moitié des départemens plus un, le dixième des assemblées primaires de chacun d'eux, régulièrement formées, demande la révision de l'acte constitutionnel, ou le changement de quelques-uns de ses articles, le Corps-Législatif est tenu de convoquer toutes les assemblées primaires de la République, pour savoir s'il y a lieu à une Convention nationale.

116. La Convention nationale est formée de la même manière que les législatures, et en réunit les pouvoirs.

117. Elle ne s'occupe, relativement à la constitution, que des objets qui ont motivé sa convocation.

Des rapports de la République française avec les nations étrangères.

118. Le peuple français est l'ami et l'allié naturel des peuples libres.

119. Il ne s'immisce point dans le gouvernement des autres nations; il ne souffre pas que les autres nations s'immiscent dans le sien.

120. Il donne asile aux étrangers bannis de leur patrie pour la cause de la liberté.

Il le refuse aux tyrans.

121. Il ne fait point la paix avec un ennemi qui occupe son territoire.

De la garantie des droits.

122. La constitution garantit à tous les Français l'égalité, la liberté, la sûreté, la propriété, la dette publique, le libre exercice des cultes, une instruction commune, des secours publics, la liberté indéfinie de la presse, le droit de pétition, le droit de se réunir en sociétés populaires, la jouissance de tous les droits de l'homme.

123. La République française honore la loyauté, le courage, la vieillesse, la piété filiale, le malheur. Elle remet le dépôt de sa constitution sous la garde de toutes les vertus.

124. La déclaration des droits et l'acte constitutionnel sont gravés sur des tables au sein du Corps-Législatif et dans les places publiques.

24 JUIN 1793. — Décret qui renvoie les députés Meaulle, Fouché, Phelipaux et la Vallée dans les départemens du centre et de l'ouest. (L. 14, 786; B. 31, 201.)

24 = 26 JUIN 1793. — Décret qui accorde une haute-paie aux compagnies de canonniers des 32ᵉ et 34ᵉ divisions de gendarmerie. (L. 14, 811; B. 31, 200.)

24 = 26 JUIN 1793. — Décret qui rappelle tous les députés absens. (L. 14, 813; B. 31, 204.)

24 = 26 JUIN 1793. — Décret portant qu'il sera érigé, dans les Champs-Elysées, un faisceau en pierre en mémoire de la fête civique faite par les canonniers de Paris. (L. 14, 812; B. 31, 204.)

24 = 24 JUIN 1793. — Décret qui ordonne de procéder à la levée des scellés chez la dame Bourbon. (B. 31, 200.)

24 = 24 JUIN 1793. — Décret de mention honorable d'une délibération de treize communes du district de Pont-Audemer. (B. 31, 204.)

24 = 25 JUIN 1793. — Décret qui traduit à la barre plusieurs administrateurs et citoyens du département de la Haute-Garonne. (B. 31, 205.)

24 = 24 JUIN 1793. — Décret qui transfère l'administration du district de Gannat à Saint-Pourcain. (B. 31, 206.)

24 JUIN 1793. — Décret relatif au paiement des créanciers de Rohan Guéménée. (L. 14, 817; B. 31, 201.)

4 = 26 JUIN 1793. — Décret qui alloue huit cent quatre-vingt mille livres pour la construction de diverses jetées. (L. 14, 814; B. 31, 207.)

24 JUIN 1793. — Décret qui met sous la sauvegarde de la loi les citoyens incarcérés dans les villes de Tarascon, Salon, Aix, Manosque et autres villes du département des Bouches-du-Rhône. (L. 14, 809; B. 31, 206.)

24 JUIN 1793. — Décret relatif à l'organisation du corps de la gendarmerie attachée au service des tribunaux et à la garde des prisons de Paris. (B. 14, 821.)

24 = 26 JUIN 1794. — Décret qui transfère dans les maisons nationales les députés arrêtés, et met en état d'arrestation le député Masuyer. (B. 31, 207.)

24 JUIN 1793. — Décret qui suspend provisoirement les juges des tribunaux civil et criminel du département de l'Eure. (L. 14, 781; B. 31, 205.)

24 JUIN 1793. — Bernay. Voy. 23 JUIN 1793. — Gardes nationales du Puy-de-Dôme. Voy. 19 JUIN 1793.

25 JUIN 1793. — Décret relatif à la formation d'un 87ᵉ département, sous la dénomination de département de Vaucluse. (B. 31, 225.)

La Convention nationale, après avoir entendu le rapport de ses comités de salut public et de division, considérant que le département des Bouches-du-Rhône, auquel ont été annexés successivement, depuis sa formation primitive, les districts d'Orange et de Vaucluse, est trop considérable;

Qu'il est traversé par la rivière de la Durance, dont les débordemens fréquens interdisent plusieurs fois dans l'année aux districts d'Apt, de Vaucluse et d'Orange, toute communication avec le chef-lieu du département et les autres districts;

Qu'indépendamment de cet inconvénient, les districts de Vaucluse et d'Orange se trouvent à une distance trop considérable du chef-lieu du département, y ayant des cantons qui sont éloignés de plus de quarante lieues de Marseille, et la ville de Cavaillon, qui en est la plus rapprochée, en étant à vingt-deux lieues;

Qu'en retirant du département des Bouches-du-Rhône les districts d'Apt, d'Orange et de Vaucluse, ce département aurait pour limites, du côté du Nord, la rivière de la Durance, et aurait encore une grande consistance, restant composé de cinq districts qui contiennent une population d'environ quatre cent mille ames;

Que le district de Louvèze, annexé au département de la Drôme par le décret du 28 mars 1792, se trouve également trop éloigné du chef-lieu de l'administration, la ville de Carpentras, chef-lieu du district, en étant à plus de quarante lieues, décrète ce qui suit:

Art. 1ᵉʳ. Il sera formé des districts de Vaucluse, Apt, Louvèze et Orange, un quatre-vingt-septième département, sous la dénomination de département de Vaucluse.

2. L'administration de ce département et

le tribunal criminel seront fixés dans la ville d'Avignon.

8. Le district de Vaucluse portera dorénavant le nom de district d'Avignon.

4. Les commissaires de la Convention Bazire et Rovère, nommés par le décret d'hier pour se rendre dans le département des Bouches-du-Rhône et départemens circonvoisins, sont chargés d'organiser le département de Vaucluse, et d'arrêter sur les lieux, après avoir entendu les administrateurs des districts, les communes faisant actuellement partie des districts de Vaucluse et Louvèze, qui doivent être annexées au district d'Orange; comme aussi celles des districts de Vaucluse et de Louvèze, qui doivent être retirées de l'un de ces deux districts pour être annexées à l'autre, afin de rendre les quatre districts d'Avignon, d'Apt, de Louvèze et d'Orange, autant qu'il sera possible, d'égale force, en ayant égard à l'étendue et à la population.

5. Immédiatement après avoir arrêté la consistance définitive des quatre districts dont est composé le département de Vaucluse, les mêmes commissaires feront convoquer les assemblées primaires de canton, pour les nominations des électeurs, lesquels se réuniront dans la ville qui sera indiquée par lesdits commissaires, à l'effet de procéder à l'élection des membres de l'administration du département, du tribunal criminel et de l'évêque.

6. Les mêmes commissaires sont chargés d'arrêter les états de liquidation de la dette publique des districts d'Avignon et de Louvèze, qui doivent être faits par les commissaires nommés à cet effet par les départemens des Bouches-du-Rhône et de la Drôme, en vertu dudit décret du 28 mars 1792, et d'indiquer les moyens d'acquitter le plus promptement possible cette dette, tant en principal qu'intérêts. En conséquence, les fonctions de commissaires des départemens des Bouches-du-Rhône et de la Drôme cesseront à compter du jour que le présent décret leur sera notifié.

7. Les mêmes commissaires sont chargés de vérifier les réclamations des patriotes des districts d'Avignon et de Louvèze, qui, par l'effet de la révolution, ont éprouvé des dommages ou des pertes, soit par des emprisonnemens arbitraires, soit en étant forcés de s'expatrier, et de donner l'aperçu des indemnités qui peuvent leur être dues, pour y être statué par la Convention nationale, sur le rapport qui lui en sera fait par son comité des finances.

25 = 25 JUIN 1793. — Décret qui défend de lire à la tribune les pétitions et lettres des députés détenus, etc. (B. 31, 221.)

25 = 28 JUIN 1793. — Décret qui annule un arrêté du département de l'Aisne, qui ordonne la translation des caisses publiques de Soissons à Laon. (B. 31, 221.)

25 = 25 JUIN 1793. — Décret qui autorise le député Boileau à rester en état d'arrestation chez lui. (B. 31, 221.)

25 JUIN = 1er JUILLET 1793. — Décret pour pourvoir aux subsistances du département de la Seine-Inférieure. (B. 31, 221.)

25 JUIN 1793. — Décret portant que la déclaration des droits de l'homme et l'acte constitutionnel seront seulement signés par les président et secrétaires de la Convention. (B. 31, 222.)

25 JUIN 1793. — Décret pour appeler les suppléans des députés absens sans cause, et qui ordonne l'impression de la liste des membres absens par commission. (B. 31, 222.)

25 JUIN 1793. — Décret qui conserve au député Antoine son indemnité pendant sa maladie. (B. 31, 222.)

25 = 25 JUIN 1793. — Décret qui accorde trois cents livres à la veuve Massot. (B. 31, 223.)

25 JUIN = 1er JUILLET 1793. — Décret qui accorde une indemnité de cinq cents livres au citoyen Lacroix. (B. 31, 228.)

25 = 28 JUIN 1793. — Décret qui alloue cinquante-trois mille cinq cents livres pour être distribuées à des dénonciateurs de fabrication de faux assignats. (L. 14, 823; B. 31, 223.)

25 JUIN 1793. — Décret qui met en liberté le citoyen Duhautier. (B. 31, 223.)

25 = 28 JUIN 1793. — Décret qui organise le corps de la gendarmerie attachée au service des tribunaux et à la garde des prisons de Paris. (B. 31, 224.)

25 JUIN 1793. — Décret concernant les adresses des députés des villes, communes, bourgs, etc. (B. 31, 226.)

25 JUIN 1793. — Poudres et salpêtres. *Voy.* 10 JUIN 1793.

26 = 26 JUIN 1793. — Décret portant que les juges opineront à haute voix et en public. (L. 14, 836; B. 31, 232.)

Voy. constitution du 5 FRUCTIDOR an 3, art. 208.

La Convention nationale décrète qu'à compter du jour de la promulgation du présent décret, tous les juges des tribunaux civils et criminels seront tenus d'opiner à haute voix et en public.

26 JUIN 1793. — Décret qui accorde un délai au député Montégut pour se rendre à son poste. (B. 31, 231.)

26 = 26 JUIN 1793. — Décret pour la poursuite de Rodrigue, jusqu'à parfait rétablissement des douze cents livres qu'il doit au Trésor public. (B. 31, 232.)

26 JUIN 1793. — Décret qui étend les pouvoirs donnés aux commissaires envoyés dans les départemens de Saône-et-Loire, de l'Allier et de la Corrèze. (L. 14, 828; B. 31, 232.)

26 JUIN 1793. — Décret qui règle l'emploi de cent soixante-dix rames de papier-assignat, restant de l'émission du 4 janvier 1792. (B. 31, 233.)

26 JUIN 1793. — Décret qui accorde, à titre de prêt, cent mille livres au département des Vosges. (B. 31, 233.)

26 JUIN 1793. — Décret d'accusation contre le général Félix Wimpfen et le député Barbaroux. (L. 14, 742; B. 31, 234.)

26 JUIN 1793. — Décret relatif au remplacement des jurés du tribunal révolutionnaire. (L. 14, 827; B. 31, 231.)

26 = 28 JUIN 1793. — Décret qui accorde une gratification de trois mille livres à ceux qui ont arrêté Charrier, chef des rebelles, et six cents à la femme Bergougnoux. (B. 31, 229.)

26 JUIN 1793. — Décret et adresse aux Français sur les chefs et instigateurs de troubles. (L. 14, 829; B. 31, 234.)

26 = 28 JUIN 1793. — Décret portant que le citoyen Pochelat a bien mérité de la patrie, et qui lui accorde une pension de trois cents livres. (B. 31, 231.)

26 JUIN 1793. — Décret qui charge deux des représentans près de chaque armée de la surveillance du payeur-général. (L. 14, 840.)

26 JUIN 1793. — Décret qui permet à toutes personnes de s'approvisionner d'eaux minérales à Vichy, en s'obligeant de payer les droits entre les mains du fermier. (L. 14, 841.)

26 JUIN 1793. — Décret qui ordonne de donner l'état nominatif des citoyens auxquels on a

affermé des domaines nationaux. (L. 14, 837; B. 1, 230.)

26 JUIN 1793. — Armées contre les rebelles. *Voy.* 22 JUIN 1793. — Barbaroux. *Voy.* 17 JUIN 1793. — Certificats. *Voy.* 21 JUIN 1793. — Commissaires de l'Eure. *Voy.* 17 JUIN 1793. — Commune de campagne. *Voy.* 21 JUIN 1793. — Département de Vaucluse. *Voy.* 25 JUIN 1793. — Députés absens; Diverses jetées. *Voy.* 24 JUIN 1793. — Epiciers de Paris. *Voy.* 21 JUIN 1793. — Faisceau en pierre dans les Champs-Elysées. *Voy.* 24 JUIN 1793. — Habitans de Saint-Domingue. *Voy.* 21 JUIN 1793. — Citoyen Lesterp. *Voy.* 20 JUIN 1793. — Lyon. *Voy.* 21 JUIN 1793. — Tarascon, etc. *Voy.* 4 JUIN 1793.

27 = 29 JUIN 1793. — Décret relatif à l'exposition sur un échafaud des condamnés à la détention et aux fers. (L. 18, 4; B. 31, 246.)

La Convention nationale, sur la question proposée par le commissaire national du district de Bourges, dans sa lettre du 17 mai dernier, de savoir si un prêtre insermenté, condamné par un tribunal criminel du département à la peine de dix années de détention, conformément à l'article 5 du décret du 26 août dernier, doit être préalablement exposé pendant deux heures aux regards du peuple, sur un échafaud, quoique le jugement n'ordonne pas cette exposition; après avoir entendu le rapport de son comité de législation, passe à l'ordre du jour, motivé sur la disposition de l'article 28, titre Ier du Code pénal, portant que quiconque aura été condamné à l'une des peines des fers, de la réclusion dans la maison de force, de la gêne, de la détention, avant de subir sa peine, sera préalablement conduit sur la place publique de la ville où le jury d'accusation a été convoqué, y sera attaché à un poteau placé sur un échafaud, et y demeurera exposé aux regards du peuple, pendant six heures s'il est condamné aux peines des fers ou de la réclusion dans la maison de force; pendant quatre heures, s'il est condamné à la peine de la gêne; pendant deux heures, s'il est condamné à la détention, et qu'au-dessus de sa tête, sur un écriteau, seront inscrits en gros caractères ses noms, sa profession, son domicile, la cause de sa condamnation et le jugement rendu contre lui.

27 = 28 JUIN 1793. — Décret portant que le traitement des ecclésiastiques fait partie de la dette publique. (L. 18, 5; B. 31, 250.)

La Convention nationale, après avoir entendu le rapport de son comité de salut public, décrète que le traitement des ecclésiastiques fait partie de la dette publique.

27 = 28 JUIN 1793. — Décrets relatifs à l'augmentation des récompenses territoriales données aux défenseurs de la patrie. (L. 14, 850; B. 31, 251.)

1er DÉCRET. La Convention nationale, considérant que, le nombre des défenseurs de la patrie s'étant accru, depuis le décret du 24 février, à raison de ses nouveaux ennemis, il est de la justice de la nation d'augmenter les récompenses nationales dans une juste proportion, décrète qu'elle porte à six cents millions les récompenses territoriales données aux défenseurs de la liberté, tant de terre que de mer, par décret du 24 février.

2e DÉCRET. La Convention nationale décrète que le comité d'aliénation lui présentera, sous trois jours, un projet de décret pour distraire de la vente des biens des émigrés une quantité de fonds de terre de la valeur de six cents millions, pour être réservés et distribués aux soldats de la patrie, et que le mode de réserve sera envoyé extraordinairement aux départemens, pour assurer au peuple les récompenses de ses défenseurs, et tracer aux administrations la marche à suivre pour la vente des biens formant l'excédant de six cents millions réservés.

_____

27 = 29 JUIN 1793. — Décret qui augmente le nombre des places de l'Hôtel des Invalides pour l'année 1793. (L. 14, 856; B. 31, 240.)

Art. 1er. Le nombre des places affectées aux sous-officiers et soldats, et qui, au moyen de l'augmentation de deux cents, distraites par décret du 30 mai de celui attribué aux officiers, été porté à trois mille six cents, sera augmenté de quatre cents, savoir : deux cents pour l'Hôtel, et deux cents pour la pension, et ainsi fixé définitivement pour les sous-officiers et soldats à quatre mille pour l'année 1793.

2. Les quatre cents nouvelles places d'admission, soit à l'Hôtel, soit à la pension, seront remplies d'abord par ceux des sous-officiers et soldats invalides qui n'ont pas été jugés admissibles à l'Hôtel ni à la pension représentative, parce qu'ils ne sont entrés à l'Hôtel que depuis le 28 mars 1792, et qu'ils ne réunissent pas toutes les conditions prescrites, la Convention nationale dérogeant, à leur égard, à la rigueur du décret, ainsi qu'elle y a dérogé par ses décrets des 3 mars et 30 mai derniers en faveur des officiers invalides qui se trouvaient dans le même cas.

3. Le surplus des places d'admission, soit à l'Hôtel, soit à la pension, sera rempli par des sous-officiers et soldats qui réuniront les conditions prescrites par le décret du 30 avril = 16 mai 1792; à l'effet de quoi ils seront tenus de produire toutes les pièces justificatives exigées par ledit décret.

4. Le ministre de l'intérieur se fera remettre, dans quinzaine, par le département de Paris, les listes nominatives des sous-officiers et soldats qui remplissent les quatre cents nouvelles places adoptées par le présent décret, et le fera passer, trois jours après, à la Convention nationale.

_____

27 JUIN = 3 JUILLET 1793. — Décret relatif aux aspirans à l'école d'artillerie de Châlons. (L. 14, 859; B. 31, 240.)

Le ministre de la guerre annonce que le cours qui vient d'avoir lieu à Châlons-sur-Marne, pour l'examen des citoyens qui se destinent aux corps d'artillerie, a été très-nombreux, et qu'au jugement de l'examinateur, le degré d'instruction que chacun a montré aurait permis d'en admettre plus de quarante-deux à l'école des élèves entretenus par la République à Châlons, nombre fixé par les lois des 15 décembre 1790 et 22 avril 1792; il demande d'être autorisé à faire passer dans les sept régimens de cette arme, en qualité de deuxièmes lieutenans, les dix qui ont fait paraître une instruction plus marquée lors de l'examen, et de les remplacer par les dix qui, après les quarante-deux, ont paru réunir le plus de connaissances.

La Convention nationale, sur la demande du ministre de la guerre, convertie en motion par un membre, autorise ledit ministre à faire passer dans les sept régimens d'artillerie, avec le grade de second lieutenant, les dix aspirans à l'école d'artillerie établie à Châlons, qui, parmi les quarante-deux qui y ont été admis, ont fait paraître le plus d'instruction, et à ajouter aux trente-deux restans ceux qui en ont approché le plus. Charge son comité militaire de lui faire incessamment son rapport sur les moyens de donner à l'examen des élèves et aspirans toute la publicité et la solennité qu'exigent l'intérêt des élèves et celui de la République, et d'y faire concourir l'examinateur du génie, les commissaires du département et autres personnes indiquées par les précédens décrets.

_____

27 = 27 JUIN 1793. — Décret qui suspend de leurs fonctions les membres du directoire du département de la Meurthe. (L. 14, 843; B. 31, 242.)

_____

27 = 28 JUIN 1793. — Décret qui accorde trente-sept mille six cents livres un sous trois deniers au citoyen Salvador, dénonciateur d'effets précieux cachés dans le château de Chantilly. (B. 31, 243.)

_____

27 = 29 JUIN 1793. — Décret qui alloue trente mille livres pour indemniser les citoyens Mercier, Linger et autres artistes de Lyon. (B. 31, 244.)

27 JUIN 1793. — Décret qui alloue cinquante-trois millions cent seize mille neuf cent douze livres dix sous pour les subsistances et vivres des armées. (L. 14, 855; B. 31, 252.)

27 = 28 JUIN 1793. — Décret qui envoie les représentans Berlier et Chénier dans les départemens de la Haute-Garonne, de l'Aude, du Tarn, du Gard, de l'Hérault et autres circonvoisins. (L. 14, 854; B. 31, 251.)

27 JUIN = 1er JUILLET 1793. — Décret qui charge l'agent du Trésor de rendre compte de ses poursuites contre l'ex-ministre Clavière, pour l'indemnité due aux artistes de Lyon. (B. 31, 345.)

27 JUIN 1793. — Décret concernant des bateaux chargés de savon livrés au pillage. (B. 31, 241.)

27 JUIN = 1er JUILLET 1793. — Décret qui alloue deux cent mille livres pour les dépenses de la fédération du 14 juillet 1790. (B. 31, 246.)

27 = 29 JUIN 1793. — Décret qui nomme le citoyen Poultier à la place du citoyen Bazire, dans le département des Bouches-du-Rhône. (L. 14, 853; B. 31, 247.)

27 JUIN 1793. — Décret qui ordonne de fermer provisoirement la Bourse. (B. 31, 241.)

27 JUIN = 3 JUILLET 1793. — Décret interprétatif de celui qui accorde un million, à titre de secours, au département du Nord. (B. 31, 242.)

27 = 28 JUIN 1793. — Décret qui ordonne la convocation des assemblées primaires pour la présentation à l'acceptation du peuple de la déclaration des droits de l'homme et du citoyen et de l'acte constitutionnel. (L. 14, 845; B. 31, 247.)

27 JUIN = 3 JUILLET 1793. — Décret relatif à la compagnie de chasseurs bons tireurs commandée par le citoyen Maumené. (B. 31, 244.)

27 JUIN = 3 JUILLET 1793. — Décret relatif à la levée de trente mille hommes de cavalerie. (L. 14, 858; B. 31, 244.)

27 JUIN 1793. — Décret qui met en liberté Hauvel, administrateur du département de l'Eure. (B. 31, 252.)

27 = 28 JUIN 1793. — Décret qui met à l'ordre du jour le projet de décret sur les secours publics et l'instruction publique. (B. 31, 250.)

27 JUIN = 3 JUILLET 1793. — Décret qui renvoie les administrateurs et le procureur-général-syndic de la Somme à leurs fonctions, et destitue le vice-président du département. (B. 31, 243.)

27 = 29 JUIN 1793. — Décret de mention civique de la conduite courageuse du citoyen Derudder. (B. 31, 252.)

27 JUIN 1793. — Rohan Guéménée. *Voy.* 24 JUIN 1793. — Tribunal révolutionnaire. *Voy.* 26 JUIN 1793.

28 JUIN = 8 JUILLET 1793. — Décret relatif à l'organisation des secours à accorder annuellement aux enfans, aux vieillards et aux indigens. (L. 15, 6; B. 31, 255.)

TITRE Ier. Des secours à accorder aux enfans.

§ Ier. *Secours aux enfans appartenant à des familles indigentes.*

Art. 1er. Les pères et mères qui n'ont pour toute ressource que le produit de leurs travaux ont droit aux secours de la nation toutes les fois que le produit de ce travail n'est plus en proportion avec les besoins de leur famille.

2. Le rapprochement des contributions de chaque famille et du nombre d'enfans dont elle est composée servira, sauf la modification énoncée au paragraphe Ier du titre III, à constater le degré d'aisance ou de détresse où elle se trouvera.

3. Celui qui, vivant du produit de son travail, a déjà *deux* enfans à sa charge, pourra réclamer les secours de la nation pour le *troisième* enfant qui lui naîtra.

4. Celui qui, déjà chargé de trois enfans en bas âge, n'a également pour toutes ressources que le produit de son travail, et qui n'est pas compris dans les rôles des contributions à une somme excédant cinq journées de travail, pourra réclamer ces mêmes secours pour le *quatrième* enfant.

5. Il en sera de même pour celui qui, ne vivant que du produit de ce travail, et payant une contribution au-dessus de la valeur de cinq journées de travail, mais qui n'excède pas celle de dix, a déjà à sa charge *quatre* enfans; il pourra réclamer les secours pour le *cinquième* enfant qui lui naîtra.

6. Les secours commenceront, pour les uns et pour les autres, aussitôt que leurs épouses auront atteint le *sixième* mois de leur grossesse.

7. Les pères de famille qui auront ainsi obtenu des secours de la nation en recevront de semblables pour chaque enfant qui leur naîtra au-delà du troisième, du quatrième et du cinquième.

8. Chacun desdits enfans en jouira tant

qu'il n'aura pas atteint l'âge déterminé pour la cessation de ces secours, et que leur père aura à sa charge le nombre d'enfans qui ne doivent pas être secourus par la nation.

9. Mais aussitôt que l'un de ces enfans, qui était à la charge du père seul, aura atteint l'âge où il sera présumé trouver dans lui-même des ressources suffisantes pour se nourrir, ou qu'il cessera d'être de toute autre manière à la charge du père, les secours que le premier des autres enfans avait obtenus cesseront d'avoir lieu.

10. Il en sera de même pour les autres enfans qui auront successivement obtenu les secours de la nation, au fur et à mesure que le même cas arrivera pour leurs frères aînés; en telle sorte que le père doit toujours avoir à sa charge le nombre d'enfans désigné dans les articles 3, 4 et 5, et que la nation ne doit se charger que de ceux qui excèdent ce nombre.

11. Les enfans qui ne vivaient que du produit du travail de leur père seront tous à la charge de la nation si leur père vient à mourir, ou devient infirme de manière à ne pouvoir plus travailler, jusqu'au moment où ils pourront eux-mêmes se livrer au travail : mais, dans ce dernier cas, l'agence déterminera les secours, qui devront être gradués en proportion des degrés d'infirmité du père.

12. En cas de mort du mari, la mère de famille qui ne pourrait fournir par le travail à ses besoins aura également droit aux secours de la nation.

13. Ces secours seront fournis à domicile.

14. Si ceux qui les obtiendront n'ont pas de domicile, et que leurs parens, leurs amis ou des étrangers ne veuillent pas les recueillir, en profitant des secours qui seront accordés à chacun d'eux, ils seront reçus dans les hospices qui seront ouverts aux uns et aux autres.

15. Les secours à domicile consisteront dans une pension alimentaire, non sujette aux retenues, incessible et insaisissable, dont le taux sera réglé tous les deux ans par les administrations qui seront établies dans les sections de la République, sur *le prix de la journée du travail.*

16. Ils ne pourront néanmoins s'élever, dans aucune de ces sections, savoir : pour les enfans, au-dessus de quatre-vingts livres, et pour les mères de famille, au-dessus de cent vingt livres.

17. Cette pension commencera pour l'enfant du jour même de sa naissance, et finira lorsqu'il aura atteint l'âge de *douze ans;* elle commencera pour la mère de famille qui se trouvera comprise dans les rôles de secours en vertu des dispositions de l'article 12 ci-dessus, du jour de la mort de son

mari, et durera tant que ses besoins subsisteront.

18. La pension accordée aux enfans aura, pendant sa durée, deux périodes. Elle sera entière jusqu'à l'âge de *dix ans;* à cette époque, elle diminuera d'un tiers, et sera ainsi continuée jusqu'à ce que l'enfant ait accompli sa *douzième année.*

19. Néanmoins, si quelques-uns de ces enfans se trouvaient, à ces deux différentes époques, à raison de quelques infirmités, dans le cas de ne pouvoir souffrir ces retranchemens ou suppressions, la municipalité du lieu du domicile de l'enfant continuera, après y avoir été autorisée par les administrations supérieures, sur le vu du certificat de l'officier de santé près l'agence de l'arrondissement, à le porter sur son rôle de secours pour les sommes qui auront été réglées par l'administration, sans que, dans aucun cas, ces sommes puissent excéder le *maximum* déterminé.

20. Celle accordée à la veuve sera toujours proportionnée à ses besoins, et déterminée par les corps administratifs, sur le vu du certificat de l'officier de santé; elle ne pourra néanmoins jamais excéder le *maximum* qui sera réglé.

21. Les enfans secourus par la nation étant parvenus à l'âge de douze ans, et qui auront montré du goût ou de l'aptitude pour une profession mécanique, seront mis en apprentissage aux frais de la nation.

22. La nation fournira, pendant deux ans, aux frais de l'apprentissage et à l'entretien desdits enfans, si besoin est.

23. Cette nouvelle pension sera également, tous les deux ans, fixée par les corps administratifs; elle ne pourra excéder, dans aucun lieu, la somme de cent livres pour chaque année.

24. Ceux desdits enfans qui préféreront de se consacrer à l'agriculture auront également droit à ces seconds secours, qui, à leur égard, sont fixés, pour toutes les sections de la République, à deux cents livres une fois payées.

25. Cette somme leur sera délivrée sur leur simple quittance, lors de leur établissement, par le receveur de la section de la République où ils seront domiciliés.

26. Ceux qui se présenteront pour réclamer, au nom de l'enfant qui va naître, les secours qui leur sont dus, seront tenus de se soumettre à faire allaiter l'enfant par sa mère.

27. La mère ne pourra se dispenser de remplir ce devoir qu'en rapportant un certificat de l'officier de santé établi près l'agence, par lequel il sera constaté qu'il y a impossibilité ou danger dans cet allaitement, soit pour la mère, soit pour l'enfant.

28. Il sera accordé à la mère, pour frais

de couches, une somme de dix-huit livres; il sera ajouté douze autres livres pour une layette en faveur des mères qui allaiteront elles-mêmes leurs enfans.

29. Les mères qui ne pourront remplir ce devoir seront tenues de faire connaître au membre de l'agence, pris dans leur commune, le lieu où est placé leur enfant, et d'indiquer le nom de la nourrice à qui elles l'ont confié.

30. Dans ce cas, et dans tous ceux où les enfans secourus par la nation ne seront pas nourris dans la maison paternelle, la pension sera payée directement à ceux qui en seront chargés.

31. La nourrice qui sera chargée d'un enfant jouissant d'une pension sera tenue, en cas de maladie, soit d'elle, soit de l'enfant, d'en donner, dans le jour, avis au membre de l'agence dans l'arrondissement duquel elle se trouve, afin que celui-ci en donne de suite connaissance à l'officier de santé.

32. En cas de mort de l'enfant qui lui a été confié, elle sera également tenue d'en donner avis, dans les trois jours du décès, au même membre de l'agence, et de lui rapporter l'acte mortuaire, qui lui sera délivré *gratis* et sur papier libre.

33. Dans tous les cas où l'on réclamera la pension d'un enfant secouru par la nation, elle ne sera payée que sur un certificat de vie, délivré *gratis* et sur papier libre par un officier municipal ou notable, ou tout autre officier public.

34. Si la personne chargée de l'entretien de l'enfant était convaincue d'avoir continué, après la mort de l'enfant, de percevoir la pension qui lui était accordée, elle sera dénoncée à la police correctionnelle, et poursuivie, à la requête de l'agence, en remboursement de ce qu'elle aura reçu illégitimement.

§ II. Secours à accorder aux enfans abandonnés.

Art. 1er. La nation se charge de l'éducation physique et morale des enfans connus sous le nom d'*enfans abandonnés*.

2. Ces enfans seront désormais désignés sous la dénomination d'*orphelins*; toutes autres qualifications sont absolument prohibées.

3. Il sera établi, dans chaque district, une maison où la fille enceinte pourra se retirer pour y faire ses couches; elle pourra y entrer à telle époque de sa grossesse qu'elle voudra.

4. Toute fille qui déclarera vouloir allaiter elle-même l'enfant dont elle sera enceinte, et qui aura besoin des secours de la nation, aura droit de les réclamer.

5. Pour les obtenir, elle ne sera tenue à d'autres formalités qu'à celles prescrites pour les mères de famille, c'est-à-dire à faire connaître à la municipalité de son domicile ses intentions et ses besoins.

6. S'il y avait, dans quelques-unes des époques où ces enfans seront à la charge de la nation, des dangers, soit pour leurs mœurs, soit pour leur santé, à les laisser auprès de leur mère, l'agence, après en avoir référé aux corps administratifs supérieurs, et d'après leur arrêté, les retirera et les placera suivant leur âge, soit dans l'hospice, soit chez une autre nourrice.

7. Il sera fourni par la nation aux frais de gésine et à tous ses besoins pendant le temps de son séjour, qui durera jusqu'à ce qu'elle soit parfaitement rétablie de ses couches: le secret le plus inviolable sera gardé sur tout ce qui la concernera.

8. Il sera donné avis de la naissance de l'enfant à l'agence de secours, qui le placera de suite chez une nourrice.

9. Il sera néanmoins permis à tous les citoyens autres que ceux secourus par la nation, de se présenter à l'agence pour y prendre un ou plusieurs des enfans à la charge de la nation.

10. L'agence, après avoir reconnu qu'il y a sûreté et avantage, soit pour les mœurs, soit pour l'éducation physique de l'enfant, et avoir consulté la municipalité sur laquelle l'enfant sera né ou aura été exposé, en fera la délivrance.

11. Si ces personnes exigent une pension, on leur accordera, pour chaque enfant, celle qui est attachée à chaque âge.

12. Si elles y renoncent, leur déclaration sera portée sur le registre où seront transcrites leur demande et la délivrance qui leur a été faite; le tout sera signé d'elles, si elles le savent, et, dans le cas contraire, par deux membres de l'agence.

13. Les personnes qui se présenteront seront tenues de se soumettre aux conditions suivantes: 1° de ne pouvoir renvoyer ces enfans sans en avoir prévenu le membre de l'agence de leur commune au moins quinze jours d'avance; 2° de faire fréquenter assidûment par les enfans les écoles nationales; 3° de les mettre en apprentissage aux époques indiquées, si ces enfans ne préfèrent s'adonner à l'agriculture.

14. Il sera toujours libre à l'agence de retirer ces enfans aussitôt qu'elle aura reconnu qu'il y a du danger à les laisser plus longtemps au pouvoir de ces personnes.

15. Ces enfans retirés seront mis en nourrice, s'ils sont trop jeunes pour être portés à l'hospice; dans le cas contraire, ils seront placés dans ledit hospice.

16. Chaque municipalité sera tenue d'indiquer un lieu destiné à recevoir les enfans qui naîtraient de mères non retirées dans l'hospice.

17. Quel que soit le lieu indiqué pour ces sortes de dépôts, chaque municipalité doit y faire trouver tout ce qui est nécessaire pour la

santé de l'enfant, et la plus entière liberté pour ceux qui porteront lesdits enfans.

18. Chaque municipalité pourvoira aux premiers besoins de l'enfant, et fera avertir le membre de l'agence pris dans sa commune, lequel à son tour fera appeler une des nourrices reçues.

19. Aucune femme ne pourra être reçue à exercer cet emploi qu'après avoir été admise par l'agence de secours, sur le certificat de l'officier de santé.

20. Il sera tenu par l'agence registre de cette admission; le certificat de l'officier de santé sera également transcrit sur ledit registre.

21. Ces enfans pourront rester chez leur nourrice pendant tout le temps qu'ils seront à la charge de la nation, en se conformant par les nourrices aux dispositions de l'art. 13 ci-dessus; et, pendant tout ce temps, elles recevront la pension attachée à chaque âge.

22. Si, après le sevrage, ou à toute autre des époques où ces enfans seront à la charge de la nation, les nourrices ne veulent plus les garder, et que personne ne se présente pour les prendre, ils seront portés dans l'hospice.

23. Cet hospice, qui ne formera qu'un seul et même établissement avec celui consacré aux vieillards, sera divisé en deux corps-de-logis, totalement séparés, et subordonnés à un régime analogue à chaque espèce d'indigens que l'un et l'autre recevront.

24. Les pensions accordées à tous les enfans auront la même durée et les mêmes périodes que celles accordées aux enfans appartenant aux familles indigentes; en conséquence, les dispositions des articles 15, 16, 17, 18, 19, 20, 21, 22, 23 et 24 du paragraphe Ier, auront lieu à l'égard des uns et des autres.

25. Tous les enfans qui seront secourus par la nation, soit chez leurs parens, soit dans l'hospice, soit chez des étrangers, seront inoculés par l'officier de santé, à l'âge et aux époques qu'il croira les plus propres à cette opération.

26. Dans chaque hospice, il sera formé, dans un lieu absolument séparé des bâtimens où seront les autres enfans, un établissement propre à y placer ceux d'entre eux qui seront soumis à l'inoculation.

§ III. Secours à accorder aux vieillards et indigens.

Art. Ier. Le vieillard indigent sera secouru aussitôt que l'âge ne lui permettra plus de trouver dans son travail des ressources suffisantes contre le besoin.

2. Les secours que la nation doit au vieillard, devant être proportionnés à ses besoins, augmenteront en raison de la diminution présumée du produit du travail.

3. Ces secours seront de deux espèces: secours à domicile, secours dans les hospices; mais ils ne pourront être obtenus cumulativement par le même individu.

4. Tous ceux qui ont un domicile, y recevront les secours que la nation leur accordera.

5. S'ils n'ont pas de domicile, ils pourront recevoir ces mêmes secours chez leurs parens ou amis, ou partout ailleurs dans l'étendue de leur département, ou autre division qui représenterait celle-ci.

6. Ces secours à domicile consisteront également dans une pension alimentaire, exempte de toute retenue, incessible et insaisissable, dont le taux sera fixé tous les deux ans, sur le prix de la journée du travail, par les administrations supérieures.

7. Le *maximum* de ces secours ne pourra s'élever, dans aucune division de la République, au-dessus de cent vingt livres.

8. Cette pension aura trois périodes: le vieillard parvenu à sa soixantième année en recevra la moitié; les deux tiers lorsqu'il aura atteint sa soixante-cinquième année, et la totalité lorsqu'il sera arrivé à sa soixante-dixième année.

9. Le citoyen qui, sans avoir atteint l'une ou l'autre de ces périodes, sera néanmoins, par une déperdition prématurée de ses forces, dans le cas d'obtenir des secours de la nation pourra les réclamer, en rapportant un certificat de deux officiers de santé et de l'agence de secours.

10. Il en sera de même pour celui qui, étant déjà secouru par la nation, croira avoir droit, à raison de ses besoins, à une plus forte pension que celle attachée à son âge; mais, dans aucun cas, elle ne pourra excéder le *maximum* déterminé.

11. Tout vieillard qui recevra la pension entière pourra, s'il le juge à propos, se retirer dans l'hospice qui sera établi dans l'arrondissement où il se trouve, pour y recevoir en nature les secours de la nation.

12. Il aura également la faculté d'en sortir, mais seulement après avoir exposé ses motifs aux administrations supérieures, et en avoir obtenu la permission: dans ce cas, il recevra de nouveau, à domicile ou partout ailleurs où il se retirera, la pension dont il jouissait auparavant.

13. Le vieillard qui se retirera dans l'hospice ne pourra être appliqué à aucun genre de travail dont le produit tourne au profit de la maison.

14. Néanmoins, il sera mis auprès de lui des moyens de s'occuper, s'il le juge à propos, de la manière la plus convenable à ses goûts et à ses facultés; le produit de ce travail volontaire appartiendra dans son entier au vieillard.

15. Le vieillard aura, dans tous les temps,

la faculté de disposer du produit de ce travail, ainsi que de son mobilier.

16. Dans le cas où il n'en disposerait pas, tous ces objets appartiendront à ses héritiers légitimes; ce ne sera que dans le cas seulement où il ne s'en présenterait point, qu'ils reviendront à la nation,

17. Tous les secours accordés par forme de pensions seront payés par trimestre, et toujours d'avance, à ceux qui les auront obtenus.

Titre III. Moyens d'exécution.

§ 1er. Formation des rôles de secours.

Art. 1er. Il sera formé annuellement, deux mois avant la session des corps administratifs, par le conseil général de la commune, deux rôles de secours : dans l'un seront compris les enfans, dans l'autre les vieillards qu'il croira devoir être secourus par la nation.

2. Ceux qui se présenteront pour réclamer des secours remettront au conseil, savoir : les femmes, le certificat de grossesse, qui leur sera délivré par l'officier de santé, l'extrait des contributions de leur mari et les extraits de naissance de tous leurs enfans, et les vieillards, les extraits de leur acte de naissance : ces différens actes leur seront délivrés *gratis* et sur papier libre.

3. Les rôles contiendront le nom de famille de la personne indigente, les causes et les motifs qui l'ont fait porter dans telle ou telle autre classe de traitement. En cas de refus du secours, les motifs en seront également portés en marge du rôle, à côté du nom de la personne qui aura réclamé le secours, et qui ne sera porté que pour mémoire.

4. Ces rôles seront publiés et affichés pendant deux mois; chaque citoyen de l'arrondissement aura le droit de faire toutes les observations qu'il croira convenables.

5. Ces observations inscrites sur un registre qui sera, à cet effet, ouvert au greffe de chaque municipalité, et elles seront signées du citoyen, s'il le sait, ou, à son défaut, par le secrétaire-greffier.

6. A l'échéance de deux mois, le conseil général de la commune examinera les observations qui auront été faites, et y fera droit, en faisant mention, lors de la formation définitive de ses rôles, des motifs de sa décision.

7. Le conseil général de chaque commune est autorisé à rejeter les demandes de secours qui seraient formées par ceux qui croiraient y avoir droit à raison de leur contribution et du nombre de leurs enfans, s'il est reconnu, après la discussion qui aura lieu en présence du réclamant, ou après qu'il y aura été appelé, qu'ils jouissent, malgré la modicité de leurs impositions, d'une aisance qui les met au-dessus des besoins.

8. Les rôles ainsi clôturés seront envoyés, avec le registre des observations, aux administrations supérieures, qui les examineront dans la session du conseil et les arrêteront définitivement.

9. Tous citoyens qui croiraient avoir à se plaindre de ces décisions du conseil général de la commune pourront adresser leurs réclamations aux administrateurs supérieurs, qui y feront droit.

10. Ceux qui, dans l'intervalle d'une année à l'autre, croiront avoir droit aux secours de la nation, se présenteront à la municipalité de leur domicile, et lui adresseront leurs réclamations, avec les titres sur lesquels ils les appuient.

11. La municipalité donnera son avis, et le fera parvenir aux corps administratifs, qui prononceront s'il y a lieu ou non à les comprendre dans un rôle supplémentaire.

12. S'ils sont admis, et que les besoins continuent, ils seront portés sur le rôle général, lors de la prochaine formation.

13. Tous les rôles seront renvoyés par les administrations, aussitôt qu'elles les auront arrêtés, à chaque agence de canton.

14. Chaque administration enverra annuellement, et toujours d'avance, à chaque agence, les secours qui lui auront été assurés par l'effet de la répartition secondaire qui aura été faite.

§ II. Des agences de secours.

Art. 1er. Les agences de secours qui seront formées dans l'arrondissement de chaque assemblée primaire, seront composées d'un citoyen et d'une citoyenne pris dans chaque commune.

2. S'il existait dans l'arrondissement une ville ayant six mille individus, il y aurait deux agences, l'une pour la ville, l'autre pour la campagne.

3. Cette première agence sera composée de huit citoyens et de huit citoyennes pris dans la ville.

4. Les membres de chaque agence seront nommés par les conseils généraux des communes de l'arrondissement, aux époques et avec les formalités qui seront indiquées pour l'élection des municipalités.

5. Ils demeureront deux ans en place, et seront renouvelés par moitié tous les ans.

6. La première fois, la moitié sortira au bout d'un an par la voie du sort.

7. Les fonctions des agences seront de différentes espèces. Elles consisteront :

1° A distribuer, chaque trimestre, aux personnes portées dans les rôles de chaque municipalité, les secours qui leur auront été assignés; à en surveiller l'emploi; à examiner si les pensions ne sont point détournées dans leur destination; à visiter ces citoyens dans leurs maladies; à leur assurer les secours de l'officier de santé : toutes ces dernières fonctions seront particulièrement confiées aux citoyennes ;

2° A déterminer, d'après les demandes des municipalités de l'arrondissement, les travaux qui devront être faits chaque année ; à en indiquer la nature, l'étendue et le lieu où ils seront exécutés, et à surveiller ceux qui y seront employés.

8. Si quelque municipalité de l'arrondissement croyait avoir à se plaindre de la nature et du placement des travaux arrêtés par l'agence, ou si elle les croyait contraires aux intérêts de l'arrondissement, ou moins pressans que d'autres qu'elle indiquerait, elle adressera ses plaintes aux corps administratifs, qui, après avoir entendu l'agence, et avoir consulté les autres municipalités de l'arrondissement, prononceront sur les réclamations.

9. Si, dans le cours de leurs visites, les membres des agences apprenaient que les secours sont détournés de leur véritable destination, ils en avertiront la municipalité où est domicilié l'individu secouru, et la mettront en état de prendre les précautions nécessaires pour remédier à l'abus.

10. Les municipalités de l'arrondissement auront la surveillance sur l'agence de secours ; mais elles ne pourront qu'adresser leurs plaintes aux corps administratifs, qui, après avoir vérifié les faits et avoir entendu l'agence ou les membres inculpés, pourront prononcer la suspension ou même la destitution, suivant la gravité des faits.

11. Les agences de secours seront tenues d'adresser, tous les ans, les comptes de leur gestion aux corps administratifs, qui, après avoir examiné et avoir pris auprès des municipalités les renseignemens nécessaires sur les faits qui pourront présenter des difficultés, les arrêteront, et en feront connaître l'aperçu par la voie de l'impression.

12. Il sera envoyé par les corps administratifs deux expéditions desdits comptes, l'une à l'Assemblée nationale, et l'autre au conseil exécutif.

13. Il sera établi près de chaque agence un officier de santé chargé du soin de visiter à domicile et gratuitement tous les individus secourus par la nation, d'après la liste qui lui sera remise annuellement par l'agence.

14. L'officier de santé sera tenu de se transporter, sur le premier avis qui lui en sera donné par l'agence, chez le citoyen indigent qui aura besoin de ses secours.

15. Il sera en outre tenu de faire, tous les mois, une visite générale chez les citoyens portés aux rôles de secours, et de rendre compte par écrit à l'agence de l'état où ils se trouvent.

16. Il formera annuellement un journal de tout ce que, dans le cours de ses traitemens, il aura remarqué d'extraordinaire, de ce qu'il croira utile à l'humanité et avantageux à la République : il en remettra un double à l'agence, et en enverra un autre à l'administration supérieure.

17. Il sera formé, dans le lieu le plus convenable de l'arrondissement, un dépôt de pharmacie où l'on ira prendre les remèdes sur l'ordonnance de l'officier de santé, à qui il est expressément défendu d'en fournir.

18. Le traitement de chaque officier de santé est fixé à cinq cents livres.

19. L'officier de santé sera nommé par l'agence, à la pluralité absolue des suffrages.

20. Il pourra être destitué par l'administration supérieure, sur les plaintes des municipalités, après une vérification des faits, et après avoir entendu l'officier de santé et l'agence de secours.

21. Il sera également nommé de la même manière que dessus, par chaque agence, une accoucheuse, qui accordera *gratis* ses secours aux femmes qui seront inscrites sur les rôles.

22. Elle sera payée, par chaque accouchement, suivant la taxe fixée par l'agence.

23. Chaque agence rédigera un projet de règlement pour son régime intérieur, la tenue de ses assemblées et autres objets y relatifs ; elle le soumettra à l'approbation des corps administratifs.

24. L'officier de santé aura séance dans les assemblées de l'agence, mais seulement avec voix consultative.

---

28 = 29 JUIN 1793. — Décret relatif aux curés dont les paroisses ne sont réunies aux églises cathédrales que plusieurs années après la fixation des évêchés. (L. 14, 860 ; B. 31, 253.)

La Convention nationale, après avoir entendu le rapport de son comité de division, interprétant le décret du 12 juillet = 24 août 1790, décrète que les curés dont les paroisses ne sont réunies aux églises cathédrales que plusieurs années après la fixation des évêchés ne peuvent requérir que les places vacantes dans le conseil épiscopal à l'époque de la réunion.

---

28 = 28 JUIN 1793. — Décret qui détermine les fonctions des ingénieurs et officiers de travaux dans les ports, et qui confie le soin des mouvemens aux lieutenans et enseignes de vaisseau. (L. 14, 861 ; B. 31, 266.)

La Convention nationale, après avoir entendu son comité de salut public, décrète que les fonctions des ingénieurs et officiers des travaux dans les ports de la République seront désormais bornées aux constructions et radoubs des vaisseaux, et que le soin des mouvemens des ports sera confié à des lieutenans et enseignes de vaisseau, dont le nombre et le traitement seront fixés conformément au tableau ci-après, savoir :

Brest. Trois lieutenans à poste fixe, dont un à quatre mille livres et deux à trois mille livres; trois lieutenans pour être relevés de six en six mois; trois enseignes à poste fixe, à deux mille livres chacun; trois enseignes pour être relevés de six en six mois. — Total, seize mille livres.

Toulon. Deux lieutenans à poste fixe, à trois mille livres chacun, deux lieutenans pour être relevés de six en six mois; deux enseignes à poste fixe, à deux mille livres chacun; deux enseignes pour être relevés de six en six mois. — Total, dix mille livres.

Rochefort. Deux lieutenans à poste fixe, à trois mille livres chacun; deux lieutenans pour être relevés de six en six mois; deux enseignes à poste fixe, à deux mille livres; deux enseignes pour être relevés de six en six mois. — Total, dix mille livres.

Lorient. Un lieutenant à poste fixe, à trois mille livres; un lieutenant pour être relevé de six en six mois; un enseigne à poste fixe, à deux mille livres; un enseigne pour être relevé de six en six mois. — Total, cinq mille livres.

---

28 JUIN 1793. — Décret qui annule la suspension provisoire du citoyen Cicile, membre du district de Nemours, et des membres du conseil général de la commune d'Ecuèle. (B. 31, 254.)

---

28 JUIN 1793. — Décret qui met en liberté le maire et les officiers municipaux d'Issy-Lévêque, et les citoyens Cochard, Duval, Baynel, Richard et Lapille, administrateurs du département de l'Eure. (B. 31, 253 et 268.)

---

28 = 28 JUIN 1793. — Décret de mention honorable de la conduite du citoyen Ledier, administrateur du département de l'Eure. (B. 31, 268.)

---

28 = 28 JUIN 1793. — Décret qui accorde deux mille quatre cents livres, à titre de pension, au citoyen Lavigne. (B. 31, 268.)

---

28 = 28 JUIN 1793. — Décret qui réunit les bureaux de la bibliographie et du dictionnaire des municipalités à la bibliothèque nationale. (B. 31, 253.)

---

28 JUIN 1793. — Assemblées primaires. *Voy.* 27 JUIN 1793. — Citoyens Berlier et Chénier. *Voy.* 27 JUIN 1793. — Chefs et instigateurs des troubles. *Voy.* 26 JUIN 1793. — Condamnés à la détention. *Voy.* 27 JUIN 1793. — Ecclésiastiques. *Voy.* 27 JUIN 1793. — Faux assignats. *Voy.* 25 JUIN 1793. — Gendarmerie. *Voy.* 24 JUIN 1793. — Payeur général. *Voy.* 26 JUIN 1793. — Récompenses territoriales. *Voy.* 27 JUIN 1793. — Subsistances des armées. *Voy.* 27 JUIN 1793.

29 = 30 JUIN 1793. — Décret sur la distribution des prix dans les colléges. (L. 14, 863; B. 31, 270.)

La Convention nationale décrète que la distribution des prix accoutumés continuera provisoirement d'avoir lieu dans les colléges de la République, et que la distribution se fera en présence des autorités constituées.

---

29 JUIN = 2 JUILLET 1793. — Décret qui autorise les condamnés aux fers ou à la réclusion à se faire rejuger, conformément aux nouvelles lois, dans les tribunaux criminels des départemens où ils sont détenus. (L. 14, 865; B. 31, 274.)

La Convention nationale, après avoir entendu le rapport de son comité de législation, décrète ce qui suit :

Les condamnés aux fers ou à la réclusion, qui, aux termes du décret du 3 septembre 1792, ont la faculté de se faire rejuger conformément aux nouvelles lois, pourront user de cette faculté devant les tribunaux criminels des départemens dans l'étendue desquels ils sont détenus, la Convention leur attribuant, à cet effet, toute juridiction, malgré les dispositions, notamment de l'article 3, dudit décret, auxquelles elle déroge en cette partie.

---

29 JUIN = 2 JUILLET 1793. — Décret relatif aux frais de transport des monnaies de cuivre. (L. 14, 866; B. 31, 276.)

La Convention nationale, sur la motion d'un membre, décrète que le transport des monnaies de cuivre qui doivent être distribuées dans les départemens sera fait aux frais du Trésor public, et que le port n'en sera pas retenu aux municipalités et aux citoyens auxquels elles doivent être distribuées en échange des assignats, conformément aux précédens décrets.

---

29 JUIN = 2 JUILLET 1793. — Décret qui réduit le nombre des préposés du service extérieur des douanes, et fixe leur traitement. (L. 14, 867; B. 31, 270.)

Art. 1er. Le nombre des préposés du service extérieur de la régie des douanes sera réduit à douze mille; leurs appointemens, pour la présente année, seront composés de la somme qui y a été affectée par le décret du 23 avril 1791 et du supplément accordé par celui du 11 mars dernier.

2. La répartition du montant de ces sommes sera faite entre les douze mille préposés conservés, de manière cependant qu'un simple préposé à pied des directions de Bayonne, Bordeaux, Metz, Strasbourg, Bewemon, Chambéry, Toulon, Marseille, Montpellier et Perpignan, puisse avoir jusqu'à la concur-

rence de six cent livres d'appointemens, et un lieutenant six cent cinquante livres, et que le traitement d'un préposé des autres directions n'excède pas cinq cents livres, et celui du chef d'une brigade, six cents livres.

3. Le ministre des contributions publiques remettra au comité des finances, dans le mois de juillet prochain, un double de l'état des frais de régie qui aura été arrêté pour la présente année, savoir : pour les brigades, d'après le présent décret, et pour les autres classes des préposés, d'après les changemens devenus nécessaires, sans que les sommes décrétées pour chaque classe puissent être augmentées, et que le traitement des directeurs soit de plus de six cents livres.

29 JUIN = 2 JUILLET 1793. — Décret qui fixe à deux mille livres le traitement des deux instituteurs adjoints des sourds-muets à Paris. (B. 31, 270.)

29 = 29 JUIN 1793. — Décret qui accorde une indemnité de dix-huit livres par jour aux députés à la Convention, pour la convention rhéno-germanique assemblée à Mayence. (B. 31, 271.)

29 JUIN = 2 JUILLET 1793. — Décrets qui accordent douze cents livres au citoyen Janson l'aîné, et une indemnité de cinquante livres par mois au citoyen Ducroisy. (B. 31, 272 et 273.)

29 JUIN = 2 JUILLET 1793. — Décret qui accorde cinquante mille livres à la municipalité de Vervins pour le paiement de ses créances. (B. 31, 272.)

29 JUIN 1793. — Décret qui renvoie au comité des finances les mémoires et pétitions des artistes qui ont fait des découvertes utiles. (B. 31, 272.)

29 = 30 JUIN 1793. — Décret qui surseoit à la poursuite faite contre la commune de Removille. (B. 31, 269.)

29 = 29 JUIN 1793. — Décret qui rapporte celui du 31 mars dernier, qui destitue plusieurs officiers du 40ᵉ régiment. (B. 31, 274.)

29 JUIN 1793. — Décret de mention honorable de la conduite des citoyens de Honfleur. (B. 31, 269.)

29 JUIN 1793. — Décret portant que l'armée des Alpes et les citoyens de l'Isère ont bien mérité de la patrie. (B. 31, 269.)

29 = 29 JUIN 1793. — Décret qui surseoit à l'exécution du jugement rendu contre J.-B. Delaunay. (B. 31, 274.)

29 JUIN = 2 JUILLET 1793. — Décret qui suspend l'exécution de celui du 3 mai dernier, concernant les officiers et sous-officiers des hussards composant les trois premières compagnies du ci-devant 10ᵉ régiment. (B. 31, 273.)

29 = 29 JUIN 1793. — Décret qui ordonne aux députés Babey et Vernier de donner des renseignemens sur l'évasion de Kervélégan. (B. 31, 275.)

29 JUIN = 2 JUILLET 1793. — Décret qui adjoint le sieur Cuisset aux quatre représentans du peuple près l'armée de la Moselle. (B. 31, 275.)

29 JUIN = 2 JUILLET 1793. — Décret qui rend commun au citoyen Cordier le décret rendu en faveur des administrateurs de la Somme. (B. 31, 270.)

29 JUIN 1793. — Décret qui ordonne de donner acte au citoyen Julienne, administrateur du département de l'Eure, de sa rétractation des signatures par lui apposées aux arrêtés de ce département. (B. 31, 270.)

29 JUIN = 2 JUILLET 1793. — Décret qui alloue dix millions pour des secours à accorder aux départemens. (L. 14, 804; B. 31, 275.)

29 JUIN 1793. — Bibliothèque nationale. *Voy.* 22 JUIN 1793. — Curés. *Voy.* 22 JUIN 1793. — Eaux minérales de Vichy. *Voy.* 26 JUIN 1793. — Embargo : Emprunt forcé d'un milliard ; Houchard et Beauharnais. *Voy.* 22 JUIN 1793. — Invalides. *Voy.* 27 JUIN 1793. — Militaires blessés. *Voy.* 22 JUIN 1793. — Citoyen Poultier. *Voy.* 27 JUIN 1793. — Prisonniers de guerre. *Voy.* 22 JUIN 1793.

30 = 30 JUIN 1793. — Décret qui ordonne la suspension provisoire des travaux commencés au collège des Quatre-Nations, et défend à tous corps administratifs de disposer d'aucun édifice national sans y être autorisé par un décret. (L. 14, 869; B. 31, 285.)

La Convention nationale, instruite des innovations commises dans le bâtiment national dit collège des Quatre-Nations, décrète que les travaux commencés dans ledit collège et la bibliothèque en dépendant seront et demeureront provisoirement suspendus ; charge ses comités des domaines, d'aliénation et d'instruction publique, d'examiner les motifs des changemens commencés. Enjoint au département de Paris de fournir auxdits comités tous les renseignemens nécessaires sur cet objet, à la charge par eux d'en rendre compte. Fait de nouveau très-expresses défenses à tous corps administratifs de disposer d'aucun édifice national, sous prétexte de service public, sans y être autorisés par un décret, à peine d'être personnellement responsables des changemens et dégradations, de la cessation des loyers, et autres dommages qui pourraient en résulter pour la République.

---

30 == 30 JUIN 1793. — Décret qui suspend la revente à la folle-enchère des domaines nationaux situés sur les parties du territoire français occupées par l'ennemi. (L. 14, 872; B. 31, 281.)

La Convention nationale suspend l'exécution des décrets précédemment rendus pour la revente à la folle enchère des domaines situés dans les cantons et districts occupés par les ennemis de la République, à la charge par les acquéreurs de payer les intérêts des capitaux par eux dus sur le pied fixé par la loi, et d'acquitter les termes qui se trouveront échus lors de l'évacuation desdits cantons et districts; et ce dans six mois, pour tout délai, à compter de ladite évacuation.

---

30 JUIN == 4 JUILLET 1793. — Décret concernant la recette, la comptabilité et l'emploi des fonds provenant de la vente des bois appartenant à des communautés d'habitans. (L. 14, 878; B. 31, 281.)

Voy. lois du 13 MESSIDOR an 2; décret du 21 MARS 1806.

Art. 1er. La régie nationale de l'enregistrement et des domaines ne s'immiscera plus dans la recette du prix des ventes des bois appartenant à des communautés d'habitans.

2. Les préposés de cette régie cesseront, à compter du jour de la publication du présent décret, de faire le recouvrement du prix de ces bois, tant pour les exercices de 1792 et 1793, que pour les années antérieures, à l'égard desquelles cette régie était substituée aux fonctions de l'ancienne administration des domaines.

3. Le recouvrement du prix des ventes de ces bois, pour ce qui reste dû sur les précédens exercices, ainsi que pour l'ordinaire courant de 1793 et les suivans, sera fait par les receveurs des districts; et les adjudicataires paieront directement entre leurs mains les sommes par eux dues aux échéances fixées par les procès-verbaux d'adjudication, et de la manière qui a été observée jusqu'à présent.

4. La régie nationale rendra, dans le plus bref délai, à chaque communauté d'habitans, un compte, tant en son nom, pour les recettes et dépenses faites par ses préposés depuis le mois de février 1791, époque de son établissement, que comme substituée à la précédente administration des domaines. Ce compte constatera le montant de chaque adjudication, les sommes reçues à compte, celles payées à la décharge de la commune, celles versées dans les caisses des receveurs des districts ou au Trésor public, et ce qui reste à recevoir.

5. La régie pourra commettre ses receveurs établis dans les chefs-lieux de chaque district, ou tels autres préposés qu'elle jugera convenable, pour rendre, en son nom, les comptes des différentes communes situées dans l'étendue de chaque district.

6. Ces comptes seront communiqués aux municipalités respectives quinze jours avant celui qui aura été fixé pour leur reddition par le directoire du district, à la diligence du préposé. Les officiers municipaux convoqueront, dans les trois jours de la réception desdits comptes, le conseil général de la commune, pour délibérer sur chaque article. Le résultat des délibérations, soit que l'article soit accepté ou alloué, soit qu'il soit rejeté ou débattu, sera consigné dans un acte séparé, qui sera signé par tous les membres présens du conseil.

7. Il sera nommé par les conseils généraux des communes un ou plusieurs commissaires qui se rendront au chef-lieu du district avec le procureur de la commune ou son substitut, au jour indiqué, et qui, en présence d'un commissaire du directoire de district, contesteront ou accepteront le compte contradictoirement avec le préposé de la régie.

8. Les comptes ainsi additionnés seront soumis à l'approbation du directoire du département, qui, sur l'avis de celui du district, prononcera sur les contestations auxquelles ils pourront donner lieu.

9. Il ne sera alloué en dépense, dans les comptes qui seront rendus aux communautés d'habitans, d'autres frais de recettes ou de régie que les six deniers pour livre perçus sur le prix des bois vendus antérieurement à la promulgation du décret du 18 == 29 septembre 1791, sur l'administration forestière, sauf à la régie nationale à percevoir sur le Trésor public la remise à laquelle elle peut avoir droit sur les recettes qu'elle aura faites; et à l'égard de la recette du prix des bois vendus postérieurement, les communautés d'habitans ne supporteront d'autres frais que ceux qui pourraient être attribués aux receveurs de district, dans la proportion du montant de leurs recettes.

10. Il sera fait trois originaux de ces comptes, dont un restera dans les bureaux de la régie pour servir à sa décharge; un autre sera déposé au secrétariat du district, où il pourra être consulté par les municipalités intéressées, toutes les fois qu'elles le jugeront convenable; le troisième enfin sera remis au receveur de ce même district, pour, par lui, suivre le recouvrement de ce qui restera dû par les adjudicataires, et acquitter les dépenses sur les ordonnances qui seront délivrées à cet effet.

11. Les préposés de la régie seront tenus de verser, dans le jour de l'apurement de ces comptes, entre les mains des receveurs des districts, les deniers appartenant aux

communautés d'habitans dont ils seront restés dépositaires.

12. Les dépenses à acquitter sur le prix des bois des communautés d'habitans le seront en vertu d'ordonnances délivrées sur les receveurs de district par les administrateurs du directoire du département, qui s'assureront préalablement de ce qui, toute déduction faite, devra revenir à chaque commune.

13. Les directoires de département, en délivrant ces ordonnances, y comprendront d'abord les sommes versées dans les caisses des receveurs de district, soit directement par les adjudicataires des bois, soit par les préposés de la régie nationale.

14. Si la commune au profit de laquelle l'ordonnance devra être délivrée n'a aucuns fonds dans la caisse du receveur du district, ou si ces fonds sont insuffisans et qu'elle en ait en dépôt au Trésor public, le département délivrera une ordonnance provisoire et particulière sur le receveur du district, de la totalité ou de partie de la dépense à acquitter, jusqu'à concurrence du montant de ce dépôt; mais l'effet en sera suspendu jusqu'à ce que les formalités prescrites ci-après aient été remplies.

15. Les administrateurs du département adresseront au ministre des contributions publiques, dans les trois jours de la date des ordonnances provisoires qu'ils auront délivrées en exécution de l'article précédent, un état signé d'eux, qui contiendra copie desdites ordonnances, et l'extrait des arrêtés portant autorisation des dépenses.

16. Le ministre des contributions publiques sera tenu, sous sa responsabilité, de viser sur-le-champ cet état, et de délivrer ses ordonnances sur la Trésorerie nationale. Celle-ci fera les envois de fonds assez diligemment pour qu'ils parviennent, dans le mois de la date des ordonnances, à leur destination; à défaut de quoi les receveurs de district pourront être contrains, ce délai expiré, au paiement des sommes portées aux ordonnances provisoires, sur le produit de leurs autres recettes. En cas d'insuffisance de fonds, cette contrainte pourra s'exécuter contre le receveur de l'enregistrement.

17. Si le ministre a des motifs suffisans pour refuser de viser et ordonnancer les états qui lui seront adressés par les directoires de département, il sera tenu d'envoyer dans la quinzaine de la date de ces états, aux administrations qui les lui auront fournis, les motifs de son refus au bas des mêmes états; et celles-ci arrêteront l'effet des ordonnances provisoires qu'elles auront délivrées.

18. Les directoires de département ne pourront expédier d'ordonnances pour des dépenses autres que celles prévues par les arrêtés et proclamations en vertu desquels les ventes des bois se seront faites, qu'autant qu'il y aura excédant des fonds nécessaires pour remplir cette destination primitive, ou que, par la suite des évènemens et la nature des circonstances, cette destination sera restée sans objet.

19. Dans ce dernier cas, les directoires de département ne pourront autoriser d'autres dépenses que celles qui auront un objet d'utilité publique et général, et qui devront tourner au profit commun des habitans. Les directoires de département sont autorisés, dès cet instant, à approuver les dépenses faites et à faire par les communes pour l'armement et l'équipement des volontaires nationaux qu'elles fourniront, ou pour donner des secours aux indigens.

20. Dans tous les cas, les directoires de département rappelleront, dans les ordonnances qu'ils délivreront, l'espèce de dépense qui en aura déterminé l'expédition, et la date de l'arrêté qui l'aura autorisée.

21. Les dispositions du présent décret sont applicables aux dommages-intérêts prononcés au profit des communautés contre les délinquans, aux produits des glandées, vain pâturage, et généralement à tous les deniers des communes versés dans les caisses de l'enregistrement, des receveurs de district et du Trésor public.

22. Les dispositions des articles 14, 15, 16 et 17, seront exécutées immédiatement après la promulgation du présent décret; mais, jusqu'à ce que les comptes à rendre aux communes aient été définitivement réglés, le ministre des contributions publiques communiquera les demandes à la régie nationale, pour vérifier quels sont les fonds des communes réclamantes, qui ont été versés au Trésor public, sans qu'à raison de cette communication, les délais fixés par l'article 16 puissent être prorogés de plus de huit jours.

3o JUIN 1793. — Décret qui approuve le programme du concours pour le plan de division du local compris entre les rues adjacentes au palais national. (L. 14, 873; B. 31, 276.)

3o JUIN = 3 JUILLET 1793. — Décret relatif au sieur René Moreau, ci-devant lieutenant dans les troupes des Etats de Hollande. (B. 31, 285.)

3o = 3o JUIN 1793. — Décret qui ordonne de visiter l'hôtel de Bretonvilliers, proposé pour y établir une manufacture de fusils. (B. 31, 280.)

3o = 3o JUIN 1793. — Décrets qui accordent une avance de vingt-cinq mille livres à la commune d'Aigueperse, et pareille somme à celle de Pont-de-l'Arche. (B. 31, 286.)

FIN DU TOME CINQUIÈME.